대행스님 법어집

허공을 걷는 길

표지 題字: 대행 스님

한 발 들면
우주의 근본에 모든 유생 무생이 다 한데 들리고
한 발 내리면 한데 덮고
한 손 돌리면 같이 돌고 있으니
우리가 천생 나와 남이 없는 거라

음지 양지 없는 천지
한 손 들어 삿갓 쓰고
해와 달을 석장에 걸어 메고
푸른 산 한 발 딛고 물 한 그릇 떠 마시니
대장부 살림살이 이만하면 족하지 않을까

나는 천당으로 가지 않고
지옥으로 가서 건지려고 했더니
지옥도 천당도 둘이 아닐세
삼라만상 내 마음에 다 들어 있으니
나지 않는다 난다 개의할 게 없노라

일반법회 4권 중 '부처님의 빛' 법문에서 읊으신 세 개의 게송 (날짜 미상)

대행 스님

1927년 일제강점기에 태어난 스님은 어려서부터
'나는 누구인가? 나는 어디에서 왔는가?' 하는
근본에 대한 의문을 참구하다 일찍이 자성의 발로를 체험하였다.
1950년, 스님은 오대산 상원사에서 방한암方漢岩 큰스님을 친견하고
불문에 귀의하였다.
이후 십여 년간의 산중 수행을 통해 불법의 궁극적인 도리를 체득한 스님은
중생 교화에 뜻을 두고 1972년 지금의 한마음선원을 세웠다.

스님의 가르침은 정신과 물질, 인간과 자연, 종교와 과학을 아우르며
서로 조화를 이루고 발전하는 공생의 길로 우리를 이끌고 있다.
불교는 지금 발 딛고 살아가는 이 땅 위에서, 우리의 삶 속에서
맛보고 꽃피울 수 있는 진리임을 알게 하고자
평생을 매진하였던 스님은 2012년 한마음선원 본원에서 입적하였다.

허공을 걷는 길

대행 스님 법어집

허공을 걷는 길

일반법회 2

대한불교조계종
한마음선원

발간사

부처님의 가르침은 모든 중생을 열반의 저 언덕에 이르게 하는 지혜의 뗏목이며 삼계에 비할 바 없는 보배이다. 대행 스님의 말씀 또한 그러하니, 마음을 열고 이 법어를 읽을 때 걸림 없는 지혜와 다함 없는 공덕을 얻게 될 것이다.

스님께서 늘 강조하시는 '생활과 불법이 둘 아닌 도리'는, 하루하루의 삶 그대로가 불법에 어긋나지 않는 한마음의 묘리 바로 그것이다. 그러나 현대 과학 문명은 이러한 마음의 도리를 도외시한 나머지, 생명의 경시는 물론 자연환경의 파괴와 같은 재앙을 자초하고 있다.

스님의 가르침은 정신과 물질, 인간과 자연 그리고 종교와 과학이 조화를 이루며 발전하는 새 시대의 길을 일러 주고 있으니, 한마음으로 읽어 가다 보면 끝내 나와 너 또는 나와 대상이 하나를 이루어 무엇을 하든 걸림이 없는 경지를 체득하게 될 것이다.

스님의 법어는 화려하지는 않지만 깊고 그윽하다. 물이나 공기가 그러한 것처럼 누구에게든 차별을 두지 않으므로 마시고 호흡하는 데 조금의 어려움도 없다. 아무쪼록 이 법어집과 인연 닿는 모든 사람들이 고(苦)에서 벗어나 널리 세상을 이롭게 하는 자유인이 되기를 간절히 발원하는 바이다.

일반법회분 출간에 부쳐

『허공을 걷는 길』 일반법회분은 대행 스님 법어 전집 『허공을 걷는 길』의 다섯 번째 기획물입니다. 일반법회는 정기법회가 정례화되기 전인 1982년 6월 6일부터 1980년대 말까지 본원 법당이나 강당에서 개최된 법회를 말합니다. 선원 설립 초기에 설해진 일반법회 법문들은 우주의 창조, 생명의 진화, 지구 환경의 생성 등 다양한 주제들로 구성되어 있습니다. 그 외에 법회 장소나 형식, 설법 대상에 따라 선실 법회, 금요 친견 법회, 신행회 창립 법회, 법사단 법회, 전국 신도회 임원단 법회 등으로 분류된 법문들이 일반법회분에 포함되어 있습니다.

앞서 발간된 법회분들과 마찬가지로 스님 특유의 어투와 법회의 현장감을 그대로 살리되 독자들의 이해를 돕기 위한 최소한의 편집 과정을 거쳤습니다.

1. 비문법적인 표기

일반적인 용례에 맞지 않는 단어가 쓰였거나 문법의 기준에 맞지 않는 조사가 쓰인 경우들이 있습니다.
예) 부동자세 한 에너지, 한 점의 마음으로서에

2. 조어(造語)의 사용

• 우주 또는 정신세계나 물질세계를 표현하는 적합한 용어가 없거나 사회적으로 약속된 용어가 적절하지 않을 때 조어를 사용하신 경우가 있습니다.
예) 일식, 오토켈, 섭류, 섭유, 겉맥, 중맥, 건성맥, 식각, 무전자

• 뜻을 정의하신 조어

· 섭류: 우주 만물이 서로 귀합(歸合)돼서 돌아가는 것을 말한다.
· 섭유: 우주 만물이 서로 귀합이 돼서 같이 호응되는 것을 말한다.

3. 용어 · 숫자의 의미

현대 과학의 용어나 숫자를 쓰되 그 의미는 다르게 쓰인 경우가 많습니다.

예) · 생물, 광자, 원자, 전율, 전자, 질량, 광자력

· 수성에서 달나라에 가자면 30억 거리나 됩니다.

4. 외래어 표기

외래어는 검색 등의 편의를 위해 현행 외래어 표기법을 따랐습니다. 그러나 느낌을 제대로 살릴 수 없는 단어들에 한해서 스님이 쓰신 그대로 표기하였습니다.

예) 빽(백 back ground) 보당(버튼 button) 기소(기초 きそ)

바란스(밸런스 balance) 테레비(텔레비전 television)

5. 색인

법형제법회, 국내지원법회, 국외지원법회분에서 통권으로 달았던 색인을 일반법회분부터 각 권으로 기입하여 찾아보기의 편리함을 더했습니다.

일러두기

1. 대행 스님 법문의 원전(元典)

한마음선원 출판부에서는 30여 년에 걸쳐 설하신 대행 스님의 방대한 육성 법문을 문자화하여 보존하고, 앞으로 스님의 가르침을 여러 형태의 책으로 발간함에 있어 원전으로 삼고자 본 법어집을 발간하게 되었다. 전집의 형태로 기획된 본 법어집은 법회별로 묶어 전 26권이 발간될 예정이며, 법회별로 출간된 이후에 정리된 법문은 추후에 증보하여 발행할 계획이다.

법어집의 발간 순서와 법회별 법문의 분량은 다음과 같다.

1) 정기법회 4권 / 2) 법형제법회 2권 / 3) 국내지원법회 3권 / 4) 국외지원법회 3권 / 5) 일반법회 4권 / 6) 특별법회 5권 / 7) 담선법회 5권

* 권수나 발행 순서는 사정에 따라 달라질 수 있다.

2. 편집 원칙

본 법어집은 읽는 이로 하여금 마치 법회 현장에 있는 듯한 느낌이 들도록 육성법문 그대로를 문자화하는 것을 편집 원칙으로 삼았다. 이러한 원칙에 따라 스님께서 말씀하신 단어가 사전적인 의미와 달리 사용되었거나, 비유와 예화가 법문에 따라 조금씩 다른 경우도 그대로 두었다. 이에 대해 독자들은 사실에 대한 시비곡직보다는 스님께서 전하려 하신 참뜻을 마음으로 새기는 데 힘쓰기 바란다. 그러나 독자의 이해를 돕기 위해 법문의 본뜻에서 벗어나지 않는 최소한의 경우에 한하여 표준어법으로 바꾸는 작업을 하였다. 이는 문자가 지닌 표현의 한계에 따른 고육지책이었음을 미리 밝힌다.

또한 세간의 말로는 드러낼 수 없는 법의 세계를 표현하심에 있어 스님 특유의 조어(造語)를 사용하시는 경우도 있다. 이에 대해서는 차후에 만들어질 용어 해설이나 색인 작업을 통해 그 뜻을 보다 명확히 할 것이다.

3. 법회의 분류

『허공을 걷는 길』은 법회의 형식, 시기, 대상, 목적 등에 따라 크게 일곱 가

지 법회분으로 분류하였다.

1) 정기법회: 1984년 9월 16일 이후부터 매월 셋째 주 일요일, 한마음선원 본원 법당에서 일반 신도들을 대상으로 열린 정기적인 법회
2) 법형제법회: 1990년 8월 5일 이후부터 매월 첫째 주 일요일, 한마음선원 본원 법당에서 법형제회의 거사들을 대상으로 열린 정기적인 법회
3) 국내지원법회: 1987년 6월 9일 이후부터 국내 지원이 주최한 공식, 비공식 법회(법당 준공 및 이운식과 관련된 법회 포함)
4) 국외지원법회: 1987년 5월 24일 이후부터 국외 지원이 주최한 공식, 비공식 법회 (법당 준공 및 이운 법회, 담선 법회, 외부 단체가 주관한 초청 법회, 방송 · 대담 등 국외에서 설하신 모든 법문 포함)
5) 일반법회: 1982년 6월 6일부터 1980년대 말까지 일반 신도들을 대상으로 한마음선원 본원 법당이나 강당에서 개최된 법회
   (신행회 창립 법회, 신도회 임원단 법회, 전국 신행회 회장단 법회, 법사단 법회, 금요 친견 법회, 선실 법회 포함)
6) 특별법회: 1982년 10월 17일 이후부터 열린 행사 법회, 초청 법회, 정기적 · 비정기적인 특별법회(대담 형식의 법회 포함)
7) 담선법회: 1982년 10월 17일 이후부터 열린 소집단과의 비교적 자유로운 토론과 질문 형식으로 이루어진 법회

4. 법어집의 활용

앞으로 출간될 법어집을 포함한『허공을 걷는 길』법어집 26권은 대행 스님 법문의 원전으로서 용도별 도서 제작, 외국어 번역본 출간, 학문적 연구를 위한 법문의 데이터베이스화, 대중 매체를 통한 포교 활동 등 모든 법문 활용에 있어 그 기반이 된다.

그러므로 각각의 법문을 그 형식과 시기에 따라 구분하고 내용에 따라 단락을 나누었으며 최소한의 편집으로 자의적인 해석을 지양하여 어떠한 형태로 활용하더라도 그 근거를 명확히 할 수 있도록 하였다.

차 례

일반법회①❷③④

일반법회 ❶②③④

좁쌀 세 알과 오백의 도둑 / 내 중심 주장자 / 불자의 공부 / 영원한 점심 / 진정한 예배 / 상천세계에 이르는 길 / 때에 따라서 쓰는 것이 도(道)다 / 지속된 꿈, 지속된 실상의 삶 / 내 밝은 마음으로 세상을 보려면 / 온 누리에 푸르름은 / 일곱 발자국의 가뭄 / 곧바로 들어가야 생활에 끄달리지 않는다 / 진리는 걸림이 없다 / 내세울 게 없는 것이 진리요 길이다 / 부처를 이룰 수 있는 화두 / 깨달음에 남녀가 있으랴 / 참다운 인간의 미(美) / 일상생활이 참선이다 / 공양미 삼백 석과 공덕 / 자기조차도 공한 이치, 공심(共心)을 알라 / 일체 만법이 내 주인공에 있다 / 서춘보 스님의 자재법(自在法) / 거지의 옷 한 벌 시주 / 자기를 믿는 데서 나오는 무수한 능력 / 고추 하나와 물 한 모금 / 청새의 눈 / 선지식이 나신 뜻 / 춘하추동 만 백화 / 우주를 덮고도 남는 마음의 향기 / 나는 어디로부터 왔는가 / 배우려고 하지 말고 놓아라 / 심봉과 프로펠러가 둘 아니다 / 마음 밖에서 부처를 구하지 말라 / 생활 속의 보림 / 선지의 길을 따라 / 백장 스님과 여우 / 구저 스님의 손가락 법문 / 마음과 마음의 전달 / 뱀이 된 주지 / 전체와 더불어 벗어나는 길 / 쉴 사이 없이 꼬리가 꼬리를 물고 풍덩! / 오각이 그대로 장안으로 통하니 / 자기가 자기 은혜를 모르면 / 해와 달을 석장에 걸고 / 통 선사와 호랑이 / 통 선사의 아홉 제자 / 한생각으로 사는 목성 / 우주의 생성과 전개 / 마음을 넓히고 계발하라

일반법회 ①②❸④

천 년 동안 불을 밝힌 호랑이 / 참다운 인생의 걸음걸이 / 돌을 타고 온 아이와 사명 대사 / 보배로운 내 마음의 활용 / 미추왕과 댓잎 군사 / 네가 그대로 이생(利生)이다 / 새들의 진화 / 마음 안으로 굴려서 그 길을 밝혀라 / 오백 생을 닦은 거북이 / 바람 따라 물 따라 / 부처님의 발자국을 좇아 / 한마음 한뜻으로 돌아가는 진리 / 팔만대장경 조성의 참뜻 / 두꺼비 보살로 환생한 어머니 / 참다운 인간의 법 / 참사람의 뜻을 편 단군 / 걸림 없이 들고 나게 하는 마음의 보당 / 진정한 참선과 나를 발견하는 길 / 묘향산 거문고 소리 / 소가 되어 길을 인도한 은사 스님 / 체 장수 아들의 복주머니 / 공 도리에서 솟아 나와라 / 끝없는 진리가 오늘에 있다 / 보배로운 한자리 / 지리에도 인간과 같은 생명과 심봉이 있다 / 해마다 풍년을 이루려면 / 진짜로 믿어서 하나도 남김없이 몰락 놔라 / 금닭 우는 소리 / 자불(自佛) 노승의 주장자 / 어떤 마음으로 음식을 먹어야 하나 / 마음공부 하는 자세 / 인간 몸 받기 어려워라 / 생활 속에서 진리를 파악하고 벗어나

라 / 저승 천자가 된 아버지 / 진정한 효도 / 우주를 한 주먹에 넣고 굴리려면 / 아버지의 죄를 대신한 아들 / 보이지 않는 떡 하나로 지낸 기우제 / 태풍이 생기는 이유 / 화목이라는 연꽃 향기를 피우려면 / 죽은 나무가 죽은 나무를 살릴 수 있어야 / 화톳불에 들어간 비둘기 / 연어 집에 들어 구경하다 / 걸림 없는 한 찰나의 살림살이 / 무심 무행으로 하는 호국 불교 / 창문을 통해 보는 진짜 눈을 믿어라 / 나로부터 근원을 밝혀내라 / 뿌리 없는 기둥

일반법회 ①②③❹

나를 이끌고 가는 진실한 내 한생각 / 지금 배우지 못한다면 / 자성(自性)으로서 자유스러운 생활을 하라 / 만법의 진의를 꿰뚫어 행하라 / 만 사람의 집 / 자유자재하도록 이끄는 길 / 참다운 마음의 공부 / 남을 위해 길을 인도하는 길잡이 / 일체가 가설된 그 자체를 알려면 / 영원한 밝음 / 내 마음의 문을 열어 준다면 / 물이 나하고 같이 살자 하네 / 이름에 속지 말고 모두 맡겨 놔라 / 쓰레기를 버린 인과 / 자기 마음을 잘 이끌어 가는 대인 / 정통으로 놓아라 / 둘 아니게 베풀어지는 자비 / 마음의 길을 걷는 공부 / 마음의 문을 여는 천도 / 남을 건지는 속에 나도 건져진다 / 한마음 주인공을 진짜로 믿어라 / 예불을 모시는 마음 / 소금 장수와 인연 / 육신은 장갑과 같다 / 항상 마음을 다스리며 살아라 / 한마음, 내 영원한 친구 / 진실한 보살행 / 심봉이 되라 / 이러면 어떠리 저러면 어떠리! / 사랑하면 화목이 오고 화목하면 재물이 온다 / 남에게 무조건 이익을 줄 수 있는 지혜 / 마음을 금(金)으로서 들이고 내라 / 말 없이 말을 전달하는 도리 / 돌려서 맡겨 놓아라 / 착(着) 없이 진짜로 놓아라 / 지금은 마음의 발전이 필요한 시대 / 종교가 필요한 이유 / 흙물을 맑은 물로 바꿔 써라 / 생활의 고(苦)를 타파하는 지혜 / 업의 굴레에서 벗어나는 길 / 어리석은 사람은 부처를 구하지만 / 진짜로 믿어라 / 마음으로 내 주인공에 맡겨라 / 세계적인 발판을 세우라 / 무조건 돌봐 주는 것이 부처님 자비다 / 자기 주인공이 자기 육체를 리드한다 / 정신계의 계발을 위해 / 함이 없는 실천 / 한 송이 눈 속에 뿌리 내려 / 싱긋 웃고 넘어설 수 있는 믿음 / 남의 탓 할 게 하나도 없다 / 일체 만물 만생 만법이 다 공하다 / 부처님의 빛 / 나라고 세울 게 없는 공한 나 / 참좌란 무엇인가

일반법회 2

은하계의 성립

1986년 3월 1일

어제 처음 시작을 한 말이요, 그것을 자세히 말로는 형용할 수 없는 얘기기에 한마디 되풀이하면서 말씀드리겠습니다. 우리 이 인간의 마음의 근본에, 우주의 근본도 이 여러분 마음 근본에 있습니다. 그러면 그 마음 근본에 과학이라든가 또는 생리학이라든가 또는 의학이라든가 공학이라든가 모든 과목이, 여섯 개 과목이 다 거기에, 마음에 있습니다. 그렇기 때문에 그 마음의 근본만 안다면 우주의 근본도 스스로 알게 되는 것입니다. 그렇기 때문에 또 나를 길러서, 나를 또 사회인으로 만들어서 어른이 되게 만들듯이, 이 마음도 깨달았다고 깨달은 게 아니고 거기에서 성장할 때까지 또 보림을 해서 그렇게 하라는, 바깥으로는 누설을 하지 말고 항상 안으로 둬서 체험하고 돌아가라는 거를 항상 말씀드렸죠.

그래서 어저께 말하기를 '네 친구' 라고 얘기를 했습니다. 그것은 지수화풍을 말한 겁니다. 그런데 그 지수화풍이 한데 합치고 보니까, 예전에는 합치지 않았었는데 합치고 보니까, 즉 말하자면 큰 성주를 이룬 거죠. 그래서 그 큰 성주를 이루게 됐는데, 성주를 이루었다는 건 무얼 뜻하느냐 하면 지수화풍이 한데 합쳐지니까 거기에서, 즉 말하자면 힘이 솟은 겁니다. 힘이 솟았다는 것은 지수화풍이 한데 합쳐져서 화했다 이겁니다. 화하고 보니까 지수화풍이란 말도 나올 수 없게끔 생겼죠. 그래서 거기에서 고만 성주가 생겼다 이겁니다. 그럼 지수화풍은 없어지고 성주가 됐죠?

그건 뭐냐 하면 큰 우주를 이루었다 이겁니다. 지수화풍으로 말미암아 큰 우주를 생산한 겁니다. 그럼 그 큰 우주를 생산했으면 그 지수화풍이라는 자체는 없어졌죠? 그래서 큰 우주를 생산하고 보니까 거기에서 그 능력으로 인해서, 그 뜻에 의해서, 이건 자동적인 뜻에 의해서 셋으로 나누어졌다 이겁니다. 그러면 그것이 발산돼서 셋으로 나누어지고 보니까 우주가 셋이 됐죠. 그런데 그 우주는 바로 위로 올라가 있고, 우리 지금 알고 있는 요 우주는 중간에 있고, 또 한 우주는 저 아래 내려가 옆으로 밀쳐져 있죠? 그러나 그 세 우주는 한데 합쳐졌죠, 끄트머리는. 한데 합쳐진 그 우주가 뒷면에는 큰 성을 이루고 있죠. 삼각원형을 이루고 큰 성을 이루고 있어요. 그러면 그 성을 이루고 있는 그 뒷면에는 거기에서 또, 즉 말하자면 우리가 애를 낳듯이 그 속에서 나온 그 '불성' 은 여기도 있고 저기도 있고 저기도 있고 그래서 그 압력으로 인해서 빠져나가지도 못하면서 거기서 한 덩어리가 돼서 멀찌감치 떨어져서 그게 도는데 결국은 그것이 무엇인가?

그것은, 우리 여기 앞에 이 태양만 있는 게 아니라 그쪽에도 태양이 있죠. 너무 많죠. 그렇게 된 데다가, 이 지금 그 세 우주 속에서 양면은 놔두고라도 지금 우리가 알고 있는 이 우주 이 자체를 바로 거기에서 다시금 생산을 했습니다. 삼태성을 낳았죠. 그래서 세 별을 만들어서 그 세 별 중에서 낳은 게 바로 일곱 아들을 둔 거죠. 일곱 아들을 둬가지고, 어저께 내가 얘기했죠? 네 아들은 바로 이 모든 생명들, 이 전체 생명들을 내놓으려면, 박카스를 담으려면 박카스 병을 만들듯이 박카스 병의 소임을 맡았다 이겁니다. 그런데 박카스 병 속에 박카스를 넣으려니까 이 삼 형제가 이걸 맡았다 이겁니다. 박카스를 넣는 거를 맡았다 이겁니다, 소임이 다 따로 있듯이. 그래서 사각형으로 된 것은 그릇의 소임을 맡았고, 삼 형제는 바로 이 박카스 자체, 물 자체를 여기다가 넣는 소임을 맡았다. 그래서 수많은 거기에서, 즉 말하자면 모든 게 자기가 삼 형제기 때문에 그 삼 형제도 구 형제가 되는 거예요.

왜? 이 한 사람, 이 한 별 안에 바로 삼각을 가지고 있기 때문입니다. 그게 뭐냐? 바로 자가발전소. 어저께 얘기했죠? 그걸 우리 지금 현재 사람들한테 표현을 하려니까 어쩔 수가 없어요. 자가발전소는 밝음을 뜻한다. 자유자재, 활용과 더불어 자유자재하는 것, 들이고 내는 거를 말합니다. 또 자석이라는 것은 붙으면 붙은 대로 공해서 돌아가는 겁니다. 그러니까 어떤 것이 자석이냐는 겁니다. 마음도 세울 게 없다는 얘깁니다. 그러니까 근본도 근본대로 있지 않으면서 근본이 있기 때문에 그게 돌아가는 거죠. 그래서 그 자석은 둘이 아니다. 둘이 아닌 가운데에 그 자석이라는 건 그냥 만나면 만나는 대로 타 버린다. 세상이 보면 보는 대로 타 버린다 이겁니다.

또 접착제라고 얘기했죠. 접착제는 우리가 생사윤회를 가지고 있는 거, 이 윤회 또는 우리 삶의 지금 행 이런 데에서 전부 그 접착제가 쓰여지는 겁니다. 우리가 여기에서 지금 선생님하고 나하고 둘이 얘길 하나 여러분하고 지금 같이 얘길 하나 한마음으로 돌아가는 겁니다. 듣는 사람이나 하는 사람이나 둘이 아니게 돌아가는 접착제, 즉 접착제가 금방 이렇게 붙었다가 금방 우리가 헤어지면 떠나는 겁니다. 그건 왜 떠나나? 없다 이겁니다. 한 사이가 없다 이거야. 그거는 왜 한 사이가 없느냐? 여러분과 나와 둘이 같이 이렇게 앉아서 얘기를 했는데, 그러면 둘이 아니기 때문에 하나도 세울 게 없다는 얘깁니다. 그걸 잘 파악하셔야 됩니다.

이론적으로 파악해서도 아니 돼. 그걸 모르면 당신네들 가슴 깊이 주인공에 물어봐요. 탐구해 봐요. 그리고 또 거기에 관해요. 모든 건 거기다 일임해서 맡기고요. 만법이 일심으로 들었다가 일심에서 만법이 나가니까, 모든 게 들고 나는 것이 한 사람의 한 점의 마음이라. 도리를 거기에서 풀 생각을 해요.

그래서 그것이 한 별 안에 다 들어 있거든. 그러니까 그것이 한데로 뭉쳐서 근원이 된 것이 그 별 하나의 근원이에요. 거기에서 또 얘기하고 넘어가야 되겠군요. 그 별 하나에 우리 한 사람이라면 그것이 바로 접착제나 자석이나 또는 자가발전소가 셋이 한꺼번에 들어 있어서 우리를 지금 이끌어 가고 있거든. 모든 것을 이렇게 자동적으로 활용하게끔 합니다. 똥 누러 갈 때도 그냥 급하게 금방 가도록 말이야. 그렇게 해 줄 수 있는 그런 능력을 가진 건 한생각이란 말입니다. 한생각의 근본이라 이거야. 한마음 근본. 그러니까 근본이 만약에 사장이라면 그것을 통틀어 가지고 있는 사장이 바로 우리의 근본이야, 마음.

그러면 의학적으로 볼 때도 이 몸뚱이에 전부 분야를 맡아 가지고, 지금 소임을 맡아 가지고 있거든. 지금 외성이, 즉 말하자면 태양계를 끼고 돌듯이, 은하계를 끼고 돌듯이 여기에서 그렇게 지금 돌고 있는 거예요, 정맥 동맥이 돌고 있듯이. 한 찰나에, 즉 말하자면 일곱 바퀴씩 돌고 있다는 얘기예요. 그렇다면 이 소임을 맡아 가지고 있는 것이, 우리가 이 몸을 끌고 가는 것도 바로 한생각에 달려 있다 이거야. 그러면 한생각이 뭐냐? '종주' 다 이거야. '성주' 다 이거야. 그럼 그 성주의 뜻이, 내 성주와 저 우주의 성주와 둘이냐? 그것이 아니다 이거야. 그렇기 때문에 내 이 성주가 끌고 가는 그 자체가 한생각의 능력이기 때문에 뜻이다 이거야, 말 없는 뜻.

그러니까 그 별 세 개가 그걸 맡아 가지고 은하계를 성립한 겁니다. 그럼 은하계가 평면으로 돼 있느냐? 그게 아니다. 이것은 이렇게 젖퉁이처럼 생겼다, 젖. 그러면 이렇게 생겨서 그렇게 생겼지만 우리가 여기서 볼 때는 그냥 평면처럼 돼 있고, 무리가 그냥 돌아가는 걸로 되어 있지만, 자동적으로 그것은, 태양계의 자동적으로 그렇게 돼 있는 그 뒤에는 아주 날카로운, 우리 왜, 저거 먹죠? 얼음 그, 뭐 먹으면 밑에 왜 요렇게 빼죽하죠? 날카롭게 빼죽하죠?

대중 가운데서 아이스크림.

큰스님 응, 태양 자체가 아이스크림 곽처럼 그렇게 생겼어요. 그렇다면 그 태양 자체가 그렇게 생겼으면 어떻게 균형을 세워서 무리가 돌아갈 수 있을까? 그런데 그 뒷받침에는 뭐가 있느냐 하면 고슴도치처럼 생긴 큰, 즉 말하자면 여기에서 저기만치 떨어져서 그것을 균형을 잡고 있어요. 이건 자연법칙이에요. 그렇게 균형을 잡고 있으면서 거기에는 큰 별들이 성을 이루고서 네 혹성이 돌고 있어요, 또. 위성이 돌고 있어요. 여기에서는 바로 일곱 개가 또 돌고 있어요. 그런데 일곱 개에서 두 개는 떨어져 있고 네 개는 또 그쪽으로 돼 있거든. 그렇기 때문에 이것이 전체에 몇 개가 도느냐 하면 열두 개가 뒷받침을 하고 있는 거예요. 그러니 열두 개가 이렇게 돌고 있는 동시에 이 은하계에는 어떠한 문제가 일어났느냐? 은하계에서 그것이 애당초에 생길 때에 그렇게 무리를 이루니까, 큰 별들이 그렇게 많이 모이게 되니까 그게, 모이게 되면 더운 김이 나죠? 쓰레기도 퇴비를 많이 해 놓으면 거기서 더운 가스가 올라오듯이. 그러면 가스가 나오는 그 압력에 그냥…. 그것도 뜻이에요. 그냥 그렇게 된 게 아니에요. 그 성주의 뜻이라고. 집을 짓는데 우리가 우리 마음대로 짓듯이 그렇게 성주의 뜻으로 거기서 모든 것이 분리된 거예요. 별들이 많이 모였다가 이것이 흩어진 거예요.

마음에 맞는 사람들이 신행회를 같이 하죠? 마음에 맞는 사람들끼리 모여서 신행회를 하듯이 혹성도 역시 마음에 맞는 것끼리 모임을 가진 거예요. 모임을 가져서 스스로서 그 궤도를 떠나지 못하는 것은, 즉 말하자면 자석의 압력처럼 돼 있기 때문이에요. 그럼 그 궤도를 떠나지 못해요. 아무리 멀리 있다 할지라도 그건 그 궤도를 꼭 돌아야 돼요. 우리도 남편이다 자식이다 하는, 그 자식이라는 압력 때문에 멀리 떠날 수가 없어요. 그건 자동적이에요. 그렇게 해서 그것이, 혹성이 생긴 거죠. 그런데 궤도를 정직하게 도는 혹성은 거기 은하계에서 발생된 자식들이라고 볼 수가 있죠. 그런데 그 외에 분리돼서 나간 혹성들은 전부 외부에 너무 많이, 암흑 같은 속에서 지금 돌고 있거든요. 거기에서 풍지박산이 돼서 애당초에 생길 때 그저 여기도 나가고 저기도 나가고, 그래서 그 궤도를 자기 나름대로 도는 거예요. 그러니까 식만 가졌지 부모의 어떠한 저걸 받지 못하고 지금 애들이 고아로서 돌듯이 그렇게 돌고 있는 것이 허다히 많거든요. 그것이 만약에 한데 합쳐진다면 또 큰 성을 이루지요. 그렇게 돼 가지고서 우리가 지금 지구라는 이런 여기에서 살고 있거든요.

그런데 우리가 지금 이 공부를 하는 것이 시급하다 하는 원인은, 예전에 임제 스님이, 그 시대에는 이렇게 말할 수밖엔 없었을 테죠. "네 주장자가 없다면 네 주장자를 뺏을 것이로되, 네 주장자가 있다면 내 주장자를 너에게 줄 것이니라." 이런 말을 했습니다. 그건 그 시대에 그렇게밖에 말을 못합니다. 지금은 여러분이 너무 아는 게 많고 너무 깨인 게 많고, 지금은 뛰면서 생각하고 생각하면서 뛰는 시대가 된 것입니다. 그렇기 때문에 그 우주적인 말이나 모든 팔만대장경을 우리가 지금 살아나가는 여기에 끌어서 한데 합치지 않는다면 생활 불교가 될 수도 없거니와 계발도 될 수 없고 생동력 있게 우리가 우주적으로 개발을 못한다 이겁니다.

거기에서 한마디 더 할 거는 우리가 우주정거장을 짓는다, 어떠한 걸 한다 하더라도 허가 없이는 못한다 이겁니다. 성주의 허가 없이 될 수 있겠느냐 이거야. 우주의 성주의 허락 없이 되느냐, 이게. 그럼 우주의 성주가 따로 있느냐? 내 성주가 우주의 성주고, 우주의 성주가 내 성주다 이거야. 이 도리를 알라 이거야. 여기 한국에도 주인이 있다면 바로 그런 문제다. 그럼으로써 여기 여러분이 공부를 하게 되면 집 주인이 엄연히 있어. 그래서 내 정신을 뺏기지도 않을 뿐 아니라 내 혈청 같은 거, 내 능력을 남한테 뺏기지도 않고 모든 것을 남한테, 즉 말하자면 실험을 당하질 않아.

그런데 여러분은 지금, 말하자면 삼차원의 기준을 두고 있어요. 여기가 중세계라고 한다면 그렇죠. 그럼 사차원 세계에 있는 사람들에게 우리는 바로 실험 도구로다가 불릴 수도 있지 않겠느냐 하는 얘깁니다. 실험 도구로서 여직껏 나왔다 이겁니다. 그래도 괜찮습니까? 그리고 또 실험 도구로도 사용되지만, 어느 때는 뜻으로 어떠한 경쟁이 있어서, 때에 따라서는 그 능력으로 어떠한 공기를 흡수할 수도 있다 이거야. 공기를 뺏기면, 우리는 공기가 적으면 병들이 많이 든다 이거야. 이건 스스로서 자연적이다 이거야. 그럼 누가 뺏어 갔는지 누가 가져갔는지, 누가 가져왔는지도 어디서 그러는지도 모른다 이거야. 그런다면 어떻게 하겠습니까?

예전부터 이런 게 있죠. 안락사라는 얘기가 있어요. 저 사람의 그 모든 것을 다 뺏는다면 저 사람은 송장이 돼요. 그런데 그거보다도 더 긴박한 게 있다 이거야. 만약에 안락사를 하되 거기서 혈청까지 다, 그 혈청의 능력, 즉 말하자면 보이지 않는 유전자의 능력, 보이는 유전자의 능력을 몽땅 뺏는다면 아예 그 피를 홀딱 빼는 거나 마찬가지야. 그런다면 그건 껍데기만 남는다. 그런다면 살이 물로 그냥 흩어져 버리고 마는 것이죠. 뼈다귀는 흙이 돼 버리고 말고….

그렇지마는 모든 것이 우리가 주인이 있다면 감히 그럴 수는 없죠. 왜? 그런 뜻이 온다면, 우리는 항상 이 안테나를 세워 놓고 있지 않습니까? 안테나로 표현을 하겠습니다, 주장자를. 주장자는 하나의 근본으로만 있는 게 아니라 사방을 돌아갈 수 있다, 프로펠러처럼. 하나의 주장자가 있다면 그 프로펠러는 항상 돌아간다 이거야, 쉴 사이 없이. 돌아가는 반면에 우주적인 어떠한 문제라도 그 프로펠러가 돌아가면서 그것을 다 지금 흡수한다 이겁니다. 흡수하면 여기서 벌써 알게 돼. 그러면 내가 대치를 하게 돼. 안 그럽니까? 그런데 여러분의 안테나가 있음에도 불구하고 왜 안테나가 없이 사느냐 이겁니다. 안테나는 있는데 안테나가 없어. 왜? 남한테 만날 실험을 당하고 뺏기고 끄달리고 울고불고, 아프다고 울고 몸도 하나 제대로 끌고 다니지 못하고 구덩이에 빠져서 나오려고 울고, 온통…. 그리고 보는 눈이 없어요. 그게 똑똑하지 못하기 때문이야. 안테나가 없으니 뭘 알아? 그러니까 구덩이에 빠질 때라도 나는 그래도 걸어 보겠다고 거기 빠진다 이거야. 그러니 이렇게 답답한 노릇이 어디 있느냐 이거야. 거죽만 보지 속은 못보니 이게 문제고, 또 내가 될지 안 될지 그것도 모르면서 천방지축이다 이거야. 그래 가지고야 남의 실험대로 올라서지 않겠느냐? 이 집 헐어 버리는 건 문제도 아니야.

그러나 한 가닥이 있는 것은 태양계는 태양계대로 성주의 그 태양계의 근본을 가지고 있고, 또 우리 혹성은 태양계의 근본과 이 자석에 의해서 돌아가는…, 표현을 하자면 이 한마음선원이라는 건 자유스럽게 살 수 있는데, 그게 입에서 뱅뱅 돌고 안 나오네. 즉 말하자면 공적인 사찰이 아니라 우리가 지어서 했기 때문에 우리는 거기에 어떠한 지배를 받지 않지만 조계종이라는 그런 실오라기 같은 어떠한 선이 있다 이거야. 그래서 우리도 대의적인 문제는 거기에 같이 돌아가고 있다 이거야. 그래 대의적인 문제가 같이 돌아가는 것처럼 우리 이 지구도 같이 그렇게 해서 돌아가기 때문에 그것을 없앨 수는 없지만 우리가 허영 농락당할 수는 있을 거다 이거야.

이것은 경쟁이다 이거야. 그러면 우리는 우리대로 허약하다 이거야. 그런데 서로 그게 왕래가 상응하지 않는다면, 천지 만물, 유생무생이 다 같이 혼합이 되지 않고 내가 상응하지 못한다면 항상 뺏기게 돼 있어. 부딪치게 돼 있고. 그러면 우리 이 혹성도 그래요. 다른 것이, 즉 말하자면 깡패들이, 나쁜 사람들이 모여서 한번 치고 나가면 한번 망할 수밖에 없는 것도 있죠. 없는 건 아닙니다. 그런 문제도 깡패와 나와 둘이 아닌 그 마음을, 아리따운 마음을 가지고 접착제로 사용한다면, 그것도 역시 애당초부터 깡패가 된 건 아니거든. 근본은 다 똑같다 이거야. 그러니까 좋게 내가 베풀어 주고 모든 것이 한마음으로 돌아간다면 바로 깡패한테 내가 이익을 볼 수도 있는 거고, 내가 이익을 줄 수도 있는 거고, 살인자한테서 나는 살 수도 있는 거고 이런 문제가, 은인이 되고 서로가 서로 한마음이 돼서 돌아갈 수 있는 그런 마음이 된다 이거야. 이건 둘이 아니기 때문에 둘이 되고 둘이기 때문에 둘이 아니라는 얘기야. 이런 문제가 나올 때 근본적인 도라는 게 어디에 있나?

도라는 이름을 누가 냈는가? 도라는 말이 있기 이전 얘기다 이거야. 이 문제가, 모두가. 이름들을 모두 자칭해서 지어 가지고 무슨 위성이니 혹성이니 뭐, 이렇게 지었잖아? 그대로 생긴 대로 이름을 지은 거야. 우리가 났으니까 우리 아버지 어머니가 나의 이름을 지어 주듯이. 그러면 우리가 천체망원경이나 천체컴퓨터나, 천체영사기나 탐지기, 녹음기, 무전기 이런 것이 다 나한테, 오관을 통해서 내가 지금 하고 있는 그 자체가 바로 여기에 다 들어 있다 이거야. 그러면 다른 거는 그게 없느냐? 그게 아니다 이거야. 그게 있는데도 불구하고 여러분은 거기에다 관심을 두지 않고, 나한테다 관심을 두지 않고 만날 이름한테다 관심을 두고, 보이는 형체에다가 관심을 두고 모두 바깥으로만 돌아가니까 자기는 등한시했다 이거야. 등한시하니까 그런 위력이 나올 수가 있나? 그러니까 실험을 당하는 거야. 뺏기고 울고 모두 이렇게 사는 거지. 어떡하겠나?

그럼 오늘은 이만 그칠까요? 질문해 봐요. 질문도 좀 해 볼 수 있는 대로 해 봐요. 함이 없는 겁니다. 여러분이 '내가 말을 하고, 내가 살고, 내가 주고, 내가 망했고, 저놈 때문에 내가 망했고….' 만날 이렇게 사니까 말을 하면 걸려, 마음에. '아, 공부하는 사람이 이렇게 말을 하면 걸린다는데….' 요것도 걸리지 말라 이거야. 우린 자동적이야. 자동으로, 즉 말하자면 심봉이 있기 때문에 프로펠러가 돌듯이, 우리는 근본적으로 그 자석이 있기 때문에 불도 켤 수 있어, 자동적으로. 저 딴데 바깥에서는 발전소가 있다 하면 자가발전소가 아니라서, 불이 나갔으면 "불이 나갔다" 이런 소리가 있지만 자가발전소에서는 불이 나갔다, 불이 꺼졌다 켜졌다 이런 게 없어. 그런 언어도 붙지 않아.

그럼 여기에서, 이 근본 심봉에서 모든 분야에, 지금 우리 국내에서나 세계적으로나 나가는 분야가 그 한군데서 나간다는 거. 그건 우리가 항상 얘기하던 거지마는 한 가지 한 가지, 의학적인 문제는 의학적인 문제, 과학적인 문제는 과학적인 문제, 요렇게 간추려서 앞으로 조금 조금 얘기해 드릴 테니까, 내 심봉에서 모든 게, 여러 가지 천차만별로 돼 있는 가지가지가 전부 여기서 들고 난다는 걸 아셔야 돼요. 질문할 사람 있으면 질문하세요.

질문자(여) 제가 꿈 얘기 좀 할까요?

큰스님 그래.

질문자(여) 꿈에요, 짧은 치마를 입고 뭘 하는데 어떤 여자가 와서 치마를 홀라당 들추더니 밑을 들여다보더라고요. 그래서 "아유, 너는 어째 그리 미운 짓만 하니?" 그러니까 나를 여기를 탁 깨물어요. 여기를 깨물어서, 왜 그렇게 미운 짓만 또 골라 하느냐고 그러면서 제가 코를 요렇게 콱 쥐었거든요. 그랬더니 요거 쥐는 만큼, 아픈 만큼 팔을 잡고 물더라고요. 그래서 저도 힘을 줘서 잡았죠. 꼭 잡았죠. 그러니 너무너무 아프다 보니까 이것이 살점이 떨어져 나가는 것 같은데 나중에는 감각이 없어지더라고요, 막. 그러면서 약이 올라서 이 코 잡는 것만 가지고는 안 되겠어서 넓적다리도 한번 물어야지 하고 넓적다리를 꽉 문다고 물었는데 물으면서 깨 보니까, 그 상대방의 코를 잡은 이 손이 내 팔을, 걔가 날 물고 있던 그 팔을 내가 꼬집고 있고요, 허벅지를 문다고 문 것이 벼개를 물고 내가 깼더라고요.

큰스님 그러니까 꿈과 생시가 둘이 아니다. 생시에 이렇게 공부를 하고 나가는 마음이 있다면 꿈에도 역시 그게 공부거든. 그래서 항상 그렇게 얘기하죠. 억겁을 거쳐 오면서 나는 어떠한 모습으로 거쳐 왔어. 그러니 수억겁을 거쳐 오면서 살던 그 습이, 항상 내가 그렇게 얘기하죠? 짐승으로 살던 노비 문서, 또는 어떠한 생물로 살던 노비 문서, 그 종의 노비 문서를, 수가 없는 거를 짊어지고서 또 나왔다 이거야, 응. 그러면 그 노비 문서를, 모든 걸, 자기하고 싸우는 것도, 꿈에 보이는 것, 뱀이나 뭐 짐승, 돼지, 사람 뭐 인척, 아버지, 부처님 모두 보이는 거 족족 그것은 자기 그림의 모습이다 이거야, 응? 자기 착의 모습이다 이거야. 그러니까 그 모습은 자기지 딴 사람의 모습이 아니다 이거야.

그러니까 그 모습의 상대는 바로 내 주인공이 그 상대를 만들어 놓고 이것을 어떻게 하나 보기 위해서 그건 자기를 시험을 하는 거다. 그럴 때 내가 코를 쥐었는데도 이것은 바로 자기 코를 자기가 쥔 거고 자기 팔을 자기가 문 거고, 그 모습이 열도 되고 백도 되고 이런다 할지라도 그 한 점의 마음은 하나에서 나가는 거다. 그 모습은 열 개 백 개도 되지마는 그 한 점의 마음에서 모습이 수만 개가 나갈 수도 있고 수만 개가 한 점으로 들 수도 있는 것이다. 그렇기 때문에 생시와 꿈과 둘이 아니요, 또는 둘이 아닌 그 가운데 우린 생동력 있게, 이렇게 펄펄하게 살고 있지 않느냐 이거야.

마음이 스스로 이렇게 움죽거리고 연구하고 우리는 이렇게 하고 있는데, 그 자기 주인공에 의해서 나오는 거니 주인공 거지 자기 육신 송장 것이 아니거든. 그러니 송장 이 자체가 생동력 있게 움죽거리게 하는 근본이 있기 때문에 그 근본을 주인으로 삼고 모든 건, 나는 관리인이야. 주인의 심부름 하는 것이지 이 송장이 내가 아니다 이거야.

그래서 만공 스님은 언젠가 이런 얘길 했다죠? 나무하는 사람을 붙들어서 "내가 돈 줄 테니 그 작대기로 날 때려라." 이렇게 해 놓고는 막 두드리니까 "나는, 이 만공은 맞지 않았노라!" 하고 악을 쓰니까 이

나무꾼이 '아이고, 내가 이렇게 때렸는데도 만공이 영 맞지 않았다니 돈도 안 줄 테지.' 요렇게 생각을 했거든. 그래 가지곤 안 때리니까 "너희들 왜 안 때리니?" 하니까 "아, 안 맞았다고 하니 돈 안 줄 거 아닙니까?" 하니까 "그렇지 않다." 그러고 돈을 먼저 주고선 맞았다는 겁니다. 그래서 때리다 보니까 그놈도 그렇게 불제자가 됐고, 그 맞은 사람은 자기가 안 맞았다고 하는 그 이유를 가르치기 위해서 "안 맞았노라! 안 맞았노라!" 한 것이니 그 뜻을 우리 잘 생각해 보자 이겁니다.

그럼 오늘은 이걸로써 마치겠습니다.

만 불 중 진불은 어디에

1986년 3월 1일

큰스님 … 맨 마지막에 그 법을 이룬다고 그랬어요. 누가 이루는 겁니까? 누가 이루냐니까요? 누가 이루는 겁니까? (잠시 사이) 왜 말들을 못해요? 누가 이루는 겁니까?

그전에 대만에 갔었습니다, 불광사라는 데를. 아침 예불에 참석을 했습니다. 그런데 법당에 부처님이 삼 불이 놓여 있으면서도 하여튼 벽 사이로 조그만 부처님들이 수만 개가 있었습니다. 헤아릴 수도 없었습니다. 벽 사이에 이렇게 틈나는 대로, 옛날 문창에 해 놓듯 나무로다가 그렇게 해 놓고 그 안에다가 다 모셨습니다. 그러니 뭐 빌 틈도 없죠, 부처님이. 그러면 그 방 안에 있는데 말입니다, 만 불이 다 부처님이라면 진짜 부처님은 어디 계실까요? 진불이 어디 있습니까? 그 많은 부처님들 중에 말입니다. 이래도 그냥 묵묵부답일 겁니까?

신도1(여) 자기 마음속 아닙니까?

큰스님 마음속 안에 있다면 그 마음속에 있는 부처는 어디 있을까요?

신도1(여) 그 마음이란 다시 말하면 내가 나 아닌 것을 말합니다.

큰스님 내가 아니라는 그 말 하는 사람의 그 말은 어디에서 나올까요? 그 말은 어디서 왔어요?

신도1(여) 공중에서.

큰스님 허허허. 공중에서 온 것은 어떻게 알았습니까?

신도1(여) 분명히 말하면 제 육체 안 어디서 나오겠죠, 성대라든가 배 속에서요. 그러나 이거는 공중에서 나오는 소리로 알고 있습니다.

큰스님 당신 배 속에서 나오고, 당신 몸이 무너진다면 어디로 또 나올까요?

신도1(여) 저는 그 해답을 듣고 싶어서 여기 왔습니다.

큰스님 예전에 사명 대사와 서산 대사가 담설을 한 예가 있습니다. 그런데 사명 대사는 새를 한 마리 쥐고서 "제가 이걸 놔 주겠습니까, 안 놔 주겠습니까?" 했습니다. 그러니까 서산 대사는 아무 소리 없이 나가면서 문지방에 걸쳐 서서 "내가 나가겠는가, 들어가겠는가?" 하더랍니다.

우리는 지금 말담을 하는 게 아닙니다. 지금 사홍서원을 읊었는데 어떻게 해서 끊는다고 말을 했을까요? 끊는 게 옳습니까, 끊지 않는 게 옳습니까? 공에 치우쳐도 아니 되고 말입니다. 만법귀일이라고 했습니다. 공에 치우쳐도 아니 되고 공에 안 치우쳐도 아니 되고, 무로 빠져도 아니 되고 현실주의자로 빠져도 아니 됩니다. 내가 없는데 공중에서 어디서 옵니까?

그 중심이란…, 우리가 공했다 하는 것은 여러분이 지금 하고 있는 이 일들이, 바로 오온에 같이 융합이 돼서 원형을 그대로 이루고 있는 살림살이가, 만법에 의한 이 세상살이가 당신의 그 근본 생명이 있기 때문입니다. 근본 생명이 나한테만 있는 것도 아니고 딴 사람한테만 있는 것도 아닙니다.

오직 그것은, 자기 주인공은 여러분에게 다 각기 있으나 같이 얼크러져서 생활을 하기 때문에 둘이 아니라는 뜻입니다.

여러분이 진짜 거기에 조금 가능성이 있어야 서로 말이 되고 진담이 되고 나중에는 참, 선답이 되는데 이게 답이 되질 않아요. 그러니까 오늘 질문들 하세요. 생활에서 여러분이 하고 싶은 말들 하세요.

옛날에도 한창 그런 말을 했습니다만 어느 스님께 묻기를 "인과가 있습니까, 없습니까?" 하고 물었더니 인과가 없다고 했답니다. 그래서 오백 세나 여우의 몸을 받아 가지고 곡경을 치렀다는 이야기가 있습니다. 그런데 우리가 공부를 하게 되면 인과가 없습니까, 또는 있습니까? (잠시 사이) 아직도 멀었군!

그럼 여러분의 그릇대로 질문들 하세요. 우리가 사홍서원을 아침마다 하고 저녁에도 하고 사시 마지 때도 하고 항상 마음속으로도 그럭하고 평상시에도 집에서 항상 그럽니다. "끊으렵니다" 하고 말입니다. 망상 그런 거를, 모든 거를 끊고 중생을 거두렵니다, 건지렵니다, 이루오리다 하고선 외칩니다. 건지는 것도 아니고 끊는 것도 아니고 이룬다고 생각하는 것조차도 놓아야 됩니다.

그 모두를 맡겨 놓지 않는다면, 스스로서 내가 공하고 세상이 공했는데 공한 가운데 나라는 존재를 어디에서 맛보렵니까? 나라는 존재를 맛을 못 보면 세상의 모든 갖가지 맛을 알 수가 없는 것입니다, 내가 내 맛을 못 보고는. 하나에서 만법을 통하고 만법을 통하는 데서 한생각으로 들고, 들면서 또 통하고 이러는데, 한생각 나고 우리가 말을 하고 움죽거리고 자고 깨고 하는 것이 모든 게, 바로 자기 주인공에서 나오는 것입니다. 나오는 건데 주인공이라고 했기 때문에 세울 것이 없는 것이죠. 그러면서도 우리는 웃고 즐기고 이렇게 다양하게 살고 있지 않습니까? 그것이 바로 자기가 진법을 이루는 데에 길이 되는 것입니다.

그 생각 차이죠. 어떤 사람은 주인공과 자기를 둘로 삼는 사람이 있는데 아직 익지 않았을 때는 둘로 삼고 매달리고, 매달리는 거보다도 관하고 의정을 가지고 이렇게 해 나가고 있고 모든 걸 놓고 돌아가는데 그렇게 돌아가서 가다 보면 모든 것이 하나에서 열까지 내가, 즉 말하자면 운전을 하고 가는 데에 내가 발동을 걸어야 차가 가는데 '아, 주인공이 다 알아서 해 주니깐, 뭐….' 이렇게 하고 생각도 안 하고 가만히 있다면 장속에 금을 묻어 놓고 가만히 있는 거나 마찬가지야. 그럼 바깥으로 빛이 나오지도 않을 뿐 아니라 다른 모양, 모습으로 발전이 돼서 넓힐 수가 없어. 즉 말하자면 사람으로 치면 지혜가 넓어지지를 않는다는 얘기죠. 그건 공에 떨어진다는 얘기야. 이익도 없고 해로움도 밑질 것도 없지. 그러니까 편안하기는 하나 발전이 없는 거죠.

그러니 항상 금을 캐내서 생산을 하고 이러듯이 사람이 차를 타고 갈 때도 기름이 있고 차가 있고 운전수가 있으니까 '뭐, 가자는 대로 그냥 내가 가기만 하면 되지.' 그러고선 가만히 운전수는 주인이 가랄 때만 바라고선 있는 겁니다. 지금 기사들이 다 그렇죠! 그런데 자유자재할 수 있는 것은, 자기 차를 가진 사람이나 자기가 운전하고 다니죠. 그렇듯이 우리는 지금 양면으로 갈라져 있는 겁니다. 남의 기사 노릇을 하느냐, 내가 자가용을 가지고 끄느냐 하는 겁니다. 자가용을 가지고 내가 맘대로 다닐 수 있는 사람이라면 자기가 발동을 걸어서 차를 끌고 다닙니다. 그러니깐 차도 자기가 곱게 끌 뿐 아니라 남의 차가 아니니까 곱게 끌고 곱게 모든 거를 깨끗이 닦고 아주 당연하게 합니다. 그러나 남의 차를 끄는 사람은 당연하게 닦아야 하지만 그건 의식적으로 이것이 남의 차라는 것을 알면서 조심조심 다루고 또 기다리고 있어야 하고 주인이 가잘 때를 기다리고 있어야만 하는 처지가 되죠. 그렇게 해서 남한테 만날 질질 끌려 다니렵니까, 자기가 자가용을 타고 자유자재하시렵니까.

사람이 마음이 가난하고 작으면 모든 것을 해 나가는 것도 가난하게 해 나가. 폭이 좁고 지혜가 넓지 못해서 허공에 바늘구멍도 들어가기가 어려우리만큼 그렇게 살림살이가 가난하죠. 물론 돈이 많고 적고 그거를 따지는 게 아니에요. 돈이 아무리 많다 하더라도 쓸 데다가 못 쓰고 쓰지 못할 데다 쓰는 그런 좁은 사람이 행하는 살림살이라면 아주 가난한 사람이 한 푼 쓰는 것만 못하죠. 그래서 양 무제가 그렇게 많은 시주를 하고 또 그 나라에서 그래도 일컫는 사람이니까 그렇게 했는데, 달마 대사가 공덕이 있다고 칭찬을 해 줄 줄 알고 양 무제는 "아, 이렇게 많이 했는데 공덕이 얼마나 됩니까?" 하니까 공덕이 하나도 없다고 그랬어요. 왜 그랬을까요?

사람이 모든 것을 참, 내가 이렇게 했기 때문에 좋은 일을 남한테 했다고 생각을 하고 내가 주었다고 생각을 하고 또 내가 받았다고 생각을 하고 내가 이렇게 하면 나한테 좋은 일이 다가오겠지 하는 생각을 하고, 모든 것을 양면을 두고서 하기 때문에 벌써 욕심이 앞서고 그러는데, 그것은 자기가 가게에 물건을 사러 갔을 때 물건을 얼마짜리 샀으면 그뿐인데 그것을 되가지고 오려고 하는 거라고, 장사치마냥. 또 장사치한테 물건을 사러 가는 거마냥.

그러나 사러 가지 않고 물건을 달라지도 않고 무주상 보시를 한다. 우리가 부처님 앞에 와서 시주를 하고 정성을 들이고 이러는 것도, 자기가 잘되고 못되고 받아 가고 안 받아 가고 그러기 이전에 자기가 여기까지 왔고 마음이 내켜서 하려고 생각을 했으면 일체 신이 다 알 수 있는 일이고 또 삼라만상 법계에서 다 알고 있는 일인데, 자기 마음이 아니까, 그것을 꼭 받아 가려고 안 해야, 무주상 보시로 들어가야 무주상으로 나한테 오지, 가게에 뭐 사러 가는 거 모양으로 내가 가지고 가면 꼭 받아 와야만 직성이 풀리고, 이런 기복으로만 나간다면 우리는 참된 진가를 이룰 수가 없습니다.

그래서 어떤 분들은 내가 여기 정성을 들였는데 왜 그것이 이루어지지 않느냐 그러고 유감으로 돌아서는 사람도 있고 한탄하는 사람도 있을 겁니다. 그러나 그 안에, 자기 이 사대 오온이 다 공한 안에 다 들어 있는 것입니다. 그것을 못 보시걸랑은, 우리도 지금 몸뚱이를 가지고 이렇게 앉았는데 코도 있고 눈도 있고 귀도 있고 손도 있고 발도 있고 다 한 몸에 붙어 있습니다. 그 이름 자체가 다 다른 이름이지만 한 몸에 붙어 있기 때문에 하나가 움죽거리면 한 몸이 다 움죽거리게 되지요. 그렇듯이 이 우주도 우리가 한생각 하고 돌아가는 대로 이 전체가 다 움죽거리고 있다는 뜻입니다.

그래서 사람이 말로 배워서 말을 잘한다고 해도 몸이 떨어지면 입도 떨어지고 입이 떨어지면 말도 떨어질 것을 어째서 말로 그냥 한데 떨어뜨리느냐는 이야기입니다. 만법귀일이라는 그 뜻이, 내 마음이, 내 생명의 근원이 있기 때문에 내가 바로 이렇게 있고, 내가 있기 때문에 만법을 응용하는 거 아니겠습니까? 그 만법을 응용하는 데도 나가는 것도 들어오는 것도 움죽거리는 게 다 내 한마음에서 항상 나가는 거지 그렇지 않다면, 내가 없다면 만법이 어디 따로 있겠습니까? 만법이 어디 있습니까? 내가 없는데. 여러분이 다 공해서 내가 없다면 병도 모든 게 다 붙을 게 없어요. 그리고 이익도 밑지는 것도 아무것도 없어요.

그 도리를 알면 여러분이 '아하, 이 법당에서 나가면 참 햇볕이 짱짱하고 이 법당에 들어오면 여기가 좀 볕이 들어오지 않는구나!', 이 손바닥을 이렇게 젖히면 '아, 이건 손바닥이구나!' 이렇게 젖히면 '이건 손등이로구나!' 이걸 역력히 알게 돼요. 이것이 무엇이냐? 그대로 내가 화두요, 내가 근본이요, 내가 바로 만법을 응용하는 내 주인공이라는 얘깁니다. 이렇게 해서 바로 자기가 길잡이가 되고 자기가 길잡이에 의해서 움죽거린다는 것을 알아야 합니다. 그러면서도 공한 이 도리가 나와 더불어 같이 앉았을 때는 같이 또 둘이 아닙니다. 말을 한 사람이나 듣는 사람이나 똑같이 순간 듣고 하고 이러기 때문에. 바로 여러분과 나와 같이 앉아서 한바탕 같이 방귀 뀐 셈입니다, 방귀. 누가 했는지 누가 들었는지 방귀 뀐 거와 같으면서도 방귀 소리는 여전히 들리고 있었습니다. 이 소리는 여전히 들리고 있죠?

그래서 예전에도 "개가 불성이 있습니까?" 그거 하치않게 이렇게 나오는 말이지만, 모든 사람이 다 알고 있기 때문에 하치않은 거지 모든 사람이 다 알고 있으면서도 그걸 모르는 겁니다. "개가 불성이 있습니까?" 하니까 있다고 한 사람이 있는가 하면 "개가 불성이 있습니까?" 하니까 없다고 한 사람도 있었거든, 조주 스님처럼. 그러면 어떻게 해서 왜 없다고 했고 있다고 했느냐. 없다고 한 것도 아니 되고 있다고 한 것도 아니 된다면…. 그러면 없다고 하는 거는 없는 대로 공에 치우쳤고 또는 있다고 하는 거는 지금 현실에 치우쳤으니 어떻게 생각하십니까?

신도2(여) 매이지 않고 걸리지 않는다고 생각합니다.

큰스님 뭘요?

신도2(여) 있고 없고에 매이지 않고 걸리지 않는다고요.

큰스님 그거는 말담이 거기에 정확하게 들지를 못했어요. 매이지 않는 것은 공에 걸리지 않는다는 거, 이 생활에 걸리지 않고 공으로 돌아가는 데 걸리지 않는다는 것, 생활에서 걸리지 않는다는 거뿐입니다. 거기에 또 그 환경에 의해서 약간의 다른 말담이, 즉 말한 사이 없이 그게 들어가야 됩니다. 사람사람이 누구나가 다 이 도리를 모르니까. 바로 그것은 세울 게 없는 겁니다. 끄달리지 않는다는 것은 아까, '인과가 없다' 하는 데서 그건 없다고 해서도 아니 되고 있다고 해서도 아니 되기 때문에 인과에 끄달리지 않는다고 해야만이 대답이 되겠는데 없다고 해서 오백 세를 그렇게 지냈답니다. 그러니 그 말끝에는 그 말이 옳지만 그 말끝에는 그 말이 옳지 않죠. 옳지 않은 것도 없는 그 도리를 우리가 지금 배우는 겁니다.

사람사람이 누구나가 다 말로 선문답을 하는 것도 있고 말없이 어떤 사람이 "야, 지금 부처님이 어디 계시냐?" 하니까 석불을 가리키면서 저 부처님이 부처님이라고, 석존께서는 저렇게 계시다고, 이날까지 살아 계시다고 그러거든요. 그러니까 그것은 우리가 색만 보고 취하는 일이지 진가를 모르는 일들이죠. 항상 그래서 제가 얘기해 드리죠? 법당에 들면 법당에 드는 대로 그 모습과 내 모습이 둘이 아니요, 그 마음과 내 마음이 둘이 아니니 항상 여여하게, 여여하다는 말 함부로 쓰지 말고, 내가 숨 쉬고 들이쉬고 내쉬는 것이 그대로 여여함이라고요. 한 치도 끊어지지 않고, 끊어진다 안 끊어진다 언어도 붙지 않는 자리에서 그대로 그냥, 그냥 이렇게 여여하게 우리가 살고 있다는 그 점이요.

만약에 사량으로써 끊는다, 망상이 들어오니까 끊는다 한다면 부처를 이룰 수가 없습니다. 끊는 게 아니라 공해서 내가 억겁을 거쳐 오면서 살던 습에 의해서 내 머리에 자꾸 떠오르는 건데, 그러면 자기 살던 인연을 다 끊을 수가 있나요? 그렇다면 모든 것을 용광로에 넣듯이 다 맡겨 놓는다면 바로 그것이 녹아서 다시 생산이 돼서 계발이 되는 거죠. 그와 같은 겁니다.

질문하실 거 있으면 오늘 질문하시고요. 잠깐 끝내렵니다. (잠시 사이)

어렵게 생각하지 마시고 우리 하치않은 생활이라고 하지만 하치않은 게 아닙니다. 생활입니다. 생활 속에서 우주의 개발도 할 수 있는 그런 여건을 여러분이 다 가지고 계신 겁니다. 우리 인간이 아니었더라면 지금 달나라에 갔다 오고 위성이 오르고 내리고 이렇게 할 수 있겠습니까? 인간이 첨단의 능력을 가지고 있기 때문입니다. 그런데 인간이 그 첨단의 능력을, 만법의 능력을 자기가 계발 못했기 때문에 우리는 못할 뿐입니다.

선문답이니 말담이니 설법이니 하는 것도 이 모두가 알고 보면 도깨비장난이라고도 할 수 있겠죠. 하지만 이 전부 살아나가는 것이 도깨비장난이기 때문에 도깨비 같은 말을 안 하면 안 되기 때문입니다. 그런데 말발이 서지 않지 않습니까? 그러니 어쩝니까? 여러분이 모르면 나도 모르고 여러분이 알면 나도 아는 거지 어떡합니까.

지금 저 해 좀 보십시오. 우리가 지붕을 해 놨으니까 여기는 볕이 안 들어오지 않습니까? 그런데 나가면 저렇게 다 고르게 비춰지고 있네요. 하여튼 가만히 보면 일 년 이태 삼 년 이만치 극성스럽다는 소리 듣고 "참 안하무인이야, 날마다 그냥…." 이런 소리를 들은 사람이라야 그때부터는 됩니다. 어딘가 모르게 좀 눈을 뜨게 되고, 파란 눈을 뜨게 됩니다.

질문자(여) 인간 관계에 있어서요, 모나지 않고 그냥 둥글게 할 수 있는 방법은요?

큰스님 그래 아까 둥글게 하라고 얘기하지 않았습니까? 자기도 사대가 공했고 오온이 다 공했어요. 사대가 따로 있고 오온이 따로 있는 게 아니라 사대와 오온이 다 더불어 같이 공했다는 얘기입니다. 그래서 항상 말하듯이 공생·공심·공용·공체·공식화하고 있다는 얘기입니다. 그렇다면 전체가 다 한데 공했다는 얘깁니다. 부처님 말씀이 "색이 공이고 공이 색이니라." 이렇게 한 것은 보이는 색신이 다, 고정된 관념으로서 생각하는 것도 없고 고정되게 듣는 것도 없고 보는 것도 없고 하는 것도 없으니 아주 역력하게 밝고 검고 하면서도 그렇게 전부 공했느니라 이거야. 공했으면서도 역력하니라 이거야. 자는 건 자고 깨는 건 깨는 거다. 높은 건 높고 얕은 건 얕은 거다. 그건 왜냐?

여러분이 안방에서 가만히 앉아서 테레비를 볼 때가 있고 안방마님이 될 때가 있지만 때에 따라서는 나오셔서 빨래도 하고 쓰레질도 하고 이럴 때는 남의 집 식모거든. 그러면 그 양면의 일을, 거칠고 어지러운 일을 할 때도 있고 내가 잘 빼입고 안방마님으로 나갈 때도 있고 그런 양면의 일을 전체 한 분이 하지 않습니까? 그런데 한 분이 하는데도 한 가지 일만 하는 게 없거든. 한 가지 생각만 하는 게 없거든. 여러 가지 다 하는 것을 두고 만법귀일이라고 그랬어요. 만법을 하면서도 그 한마음 속에서 나가. 그래서 그 한마음 속에서 하는 일들이 한

마음으로 들어. 그러니 한마음으로 든다면 그 한마음조차도 내세울 게 없는 것이 부처니라. 왜? "무(無)" 했던 거는 없어서 무가 아니라 너무 역력하게 돌아가고 있으니까. 돌아가는 것도 없고 돌아오는 것도 없기 때문에 무라고 했고 공이라고 했지, 없어서 무라고 했던 건 아니거든요.

금방 문지방 넘어서고 금방 넘어오고…. 여러분이 항상 말하고 있습니다. 남편을 만날 때는 금방 여러분이 아내의 생각을 하면서 아내로서 남편에게 말을 합니다. 행동도 그렇게 합니다. "여보, 난 당신 사랑해." 하고 말입니다. 그런데 금방 그 자리에서 비켜났는데 애들이 들어와서 "엄마!" 했습니다. 금방 마음이 달라져서 "얘, 그래." 엄마로서 자식에게 말을 합니다. 생각도 그럭하고 행동도….

그럼 이거는 없어서 "무" 했던가요? 너무 그렇게 찰나찰나 역력하게 있기 때문에 "무" 했던 겁니다. 그리고 공입니다. 공했다는 얘기입니다. 그래서 색이자 공이다. 공이면서도 색이고 그렇게 공했으면서도 바로 참너는, 너를 세울 게 없는 너가 돼야 되느니라 하는 겁니다. 그래서 그 말을 듣고서 이해만 해서도 아니 된다는 얘깁니다. 그래서 아까 말씀해 드린 대로 모든 것은 공에서 나오는 거 공에다 놔라 이겁니다. 믿고. 그렇게 역력한 내 주인공이, 주인공이라고 세울 것도 없는 그 주인공은 그렇게 역력하게, 남편 만날 때는 만나고 자식 만날 때는 만나고 그렇게 일 단도리를 잘해 나가는 내가 그대로인데, 항상 나를 떠나서 딴 데서 찾고 맴돌고 남을 원망하고 남을 믿고 거기다 의지를 하고 이렇게 돌아가니까 우리가 자식을 낳아도 자식에게 믿고 기대를 하고 이렇게 하는 것입니다.

그렇기 때문에 자식들이 오히려 마음이 무겁고 그래서 나갈 길을 제대로 나가지 못하는 경향이 여간 많지 않습니다. 내가 할 일만 하면 됐지 무슨 기대입니까? 사랑은 주는 것이 사랑이지 받는 것이 사랑이 아닙니다. 주면 저절로 둘이 아니기에 마음을 전달을 했기 때문에, 행동도 전달을 했기 때문에, 또 마음으로 사랑을 하면 행동도 그렇게 사랑하게 되지요. 그러면 스스로서 마음이 전달이 됐기 때문에 그쪽에서도 산울림 울리듯 전달이 또 되는 것입니다. 스스로서 그렇게 돼야지 내가 타의에다 믿고 의지를 하고, 또 타의에서 잘못했다 잘했다 하고 아웅다웅하고 증오하고 원망하고 잘했다 못했다 이렇게 말썽이 많으니까 화목할 수가 없습니다. 이게 연결돼서 얽히고설킨다면 아마도 우리가 윤회에서 거듭거듭 걸려서 세세생생에 끄달리고 돌아갈 것입니다.

그러니까 편안하게 우선적으로 그렇게 놓고 돌아가는 방법, 자기가 공했으니까 공한 데서 나오는 거 공한 데다가 다시 맡겨 놓고 믿고 물러서지 말라 이겁니다. 어떻게 더 세세히 가르쳐 드립니까? 예를 들어 잘못되는 것은 '아! 나를 테스트하려고 내 참나에서 이렇게 하는구나.' 하고서 주인공에다 모든 것을 감사하게 놓고, 믿고 물러서지 않고, 의정이 나면 거기다 관하고 또 풀리지 않으면 거기다 놓고, 또 의정이 다른 게 나면 또 다른 걸 잡고 또 돌리고 놓고, 공한 자기가 화두니까. 공한 데서 나오는 것 다 공한 데다가 맡겨 놓고 믿고 물러서지 않으면서도 때에 따라서 됐으면 되는 것도 감사하게 놓고. 이 세상살이 생활하는 것이 저절로 되는 게 아니라 내가 있으니깐 되는 겁니다. 그러니까 모든 일체를 다 거기다 놓고 맡기고 물러서지 않고 모든 걸 거기다 관한다면 언젠가는 거기서 샘이 터지게끔 돼 있어.

달마 대사도 9년 동안을 면벽을 하면서 거기서 그 지혜를 넓힌 겁니다. 자기가 이 세상에 생한 거는 알았는데, 본래 생한 것이 아니라 본래 죽을 것도 없다는 그거를 알기 때문에 면벽을 또다시 해서 이 세상이 돌아가는 이치를 익히고 지혜를 넓힌 것입니다. 우주의 섭류를 익히고 능숙하게 무르익었던 것입니다. 그와 같이 우리가 모든 것을 처음에 자기 주인공에, 모든 것이 공했으니까 모든 것을 공한 데다가 놓는다. 공한 데서 나온 것 공한 데다 놓지 어디다 놓습니까? 모든 걸 믿고 놔야 하는데 타의의 부처님은 진짜로 믿어도, 또 남이 말하는 것은 믿어도 자기한테서 스스로 결정을 짓지 못한다면 그렇게 해 봐야 공덕은 하나도 없어. 이익이 하나도 없어. 잘 가든 못 가든 가시밭길이든 자갈밭길이든 내가 가 봐야 그 도리를 알아. 물러서지 말라 이겁니다. 아무리 어떠한 타격과 고난이 있더라도 그 고는 내가 공부할 수 있는 과정이지 고가 아니다라는 얘깁니다.

그렇기 때문에 오히려 주인공에게 자기가 감사하게 생각하면서 나간다면 얼마 안 있어서 그 깊고 깊은 속에서 생명수가 흐를 것입니다, 홀연히. 그럴 때 그 맛을 본다면 이 세상을 다 줘도 바꿀 수 없는 그런 맛일 겁니다. 여러분이 그렇게 해서 그 맛을 보는 그 순간은 지혜를 넓히려고 공부를 해서, 남북통일이 되는 것도 그렇고 세계가 돌아가는 것도 그렇고 우주의 섭류가 돌아가는 것도 그렇고 내 오장육부가 돌아가는 것도 그렇고 다 세세히 아시면서 정돈하실 것입니다. 그리고 끄달리지 않고.

그리고 이 세상에 내 몸뚱이가 탄생한 건 탄생한 게 아니에요. 진짜 마음 자체, 마음 있기 이전이 탄생이 돼야 근본적으로 내가 탄생을 했다는 뜻입니다. 육이라는 것은 벌레도 수만 개 수천 개를 낳고 있어요. 그게 탄생이 아니거든. 우리는 그거를 거쳐서 인간까지 왔으니 고등 동물이라는 겁니다. 그래서 부처 될 가능성이 90%, 100% 있다는 겁니다. 그런데 왜 손바닥만 보고 손등은 못 보고, 손등을 보고 손바닥을 못 봅니까? 그래 가지고 창살 없는 감옥에서 허덕이고, 자기가 창살을 만들어 놓고 거기서 빠져나가지 못해서 허덕이는 그 만법의 응용들이 전부 고(苦)라니 말입니다. 누가 고를 지어 놓고 누가 피를 내놓고 아프다고 울었습니까? 지금 여러분은 50%가 미완성입니다. 100%로 만드세요. 이 세상이 다 공한 이 위치에서 내가 한번 연필 한 자루를 탁 들더라도 우주가 다 거기 연필 한 자루에 딱 딸려 오도록….

그럼 오늘 이만 마치도록 하죠.

내 주인이 없는 집

1986년 3월 2일

어저께 말씀드린 문제에 대해서 이 말씀을 드리고 넘어가야 그 후의 말이라든가 모든 이치를 거기에서, 현실 나에게서 모든 만법이 활용된다는 것을 알 수 있겠어서 이런 얘기를 또 하게 됩니다.

제가 천체망원경이라는 말을 수시로 썼습니다. 그런데 그 말을 많이 했어도 여러분은 그 뜻을 잘 파악하지 못하는 경향이 있는 것 같습니다. 그러니까 천체망원경이라면 우리가 지금 현실에서 개발을 해서 망원경이라고 이름을 붙인 겁니다. 그런데 현실의 망원경이라는 것은 어떠한 부분, 그것만을 망원경으로 볼 수 있는 것입니다. 그런데 그 망원경은 들고 다녀야 합니다, 또. 담아 가지고 다녀야 하고요. 그런데 우리의 이 한 점의 마음에는 무겁지도 않게 그걸 스스로 가지고 있는 겁니다. 우리가 우주 천체를 보려면 자연으로 있는 그 망원경으로, 지금 한 눈으로 전체를 볼 수 있어야만 됩니다. 무슨 일을 하려면 봐야 하죠.

두 번째, 제가 항상 무전기를 말했습니다. 전체 무전기, 자연 무전기가 이 마음속에 들었다고 항상 얘기했습니다. 그렇다면 그 전체 무전기는 우주간 법계를 전체 들을 수가 있기 때문에 내 한생각에 이 모든 걸 들어야, 봤으면 들어야만 됩니다. 그래, 상황을 밝혀야죠? 들어야 됩니다.

세 번째, 이것은 모든 것을 언제서부터 어디까지 어떻게 해 내려왔는가를 또 알아야 합니다. 이것을 바로 숙명통이라고도 하고, 지금은 컴퓨터라고 새 이름을 붙이겠습니다. 그런다면 이 컴퓨터에다가는 항상 내가 어떠한 이름과 그걸 대야, 인간이 있어야 컴퓨터에 나오는 겁니다. 연월이라든가 이런 걸 넣고 성명을 넣고 이래야만 나오지마는 여러분 마음속의 컴퓨터는 천체컴퓨터면서도 자연 컴퓨터다 이겁니다. 그래서 이건 그 내려온 역사를 그대로 수집하게 되는 것입니다.

넷째, 모든 사람들이 그렇게 역대에 내려온 것을 포섭했을 때는 반드시 또 지금 상황은 어떡하고 있나 이것을 봐야 합니다. 지금 누구든지 어떠한 마음을 가지고 행하고 있는가 이것을 똑똑히 파악해야 하는데 이것은 지금 거짓말 탐지기나 이런 거를 뜻하게 됩니다. 이것을, 즉 말하자면 예전 불가에선 타심통이라고 했습니다.

그렇다면 다섯째, 신족. 이것은 바로 우리가 오고 감이 없이 가고 오는 걸 말하는 겁니다. 이 오고 가고 하는 게 없이 가고 올 줄 알아야 되는 것이 아닐까 생각합니다. 그러면 거기에서 무엇이 나오느냐. 요걸 이해가 가게 하려면 이런 말을 해야 되겠습니다. 집을 하나 지으려면 전기공, 보일러공, 또 미장이, 목수, 콘크리트 또는 설계, 이게 전체가 들어가지 않습니까? 내가 만약에 그걸 전체 보고 듣고, 역대 내려오는 것을 전체 알고 지금 현실의 마음을 뚫어지게 봤다면, 그리고 오고 감이 없이 오고 갈 줄 안다면 그것을 확보해야 되지 않을까요? 집을 짓는 주인만 가서는 되지 않죠. 그 공들이 다 이렇게 포섭이 돼서 한 그룹이 돼야만 집을 지을 수가 있는 것입니다. 그렇기 때문에 집을 지으려면 내 한생각이 바로 미장이도 돼야 하고, 전기공도 돼야 하고, 그것을 분리해서 다 화해서 바로 거기에 있는 사람으로서 전체가 내가 돼야 됩니다. 사람이라면 말입니다. 그리고 사람이 아니라고 할 수도 없지만, 우리는 사람이라고 그러지마는 거기에서는 다른 용어로 쓰겠죠.

그래서 모든 이 우주의 섭류는, 어저께 죄 얘기했으니까 그것은 그만두고, 지금 그렇게 해서 가고 옴이 없이 가고 오면서 화해서 만도 됐다가 천도 됐다가 백도 됐다가, 그 일대의 유생 무생이 다 내가 됐다가, 나 하나도 없다가, 이렇게 자재력이 있어야만이 그때는 판단을 할 땝니다. '아, 이건 이렇게 해야지.' 그런 능력이 없어 가지고 판단을 어떻게 합니까? 판단을 해 가지고 그때에 개시를 하는 겁니다. 판단을 하는 것이, 즉 말하자면 내가 판단을 해서 하는 걸 뭐라고 그러느냐면 누진통이라고 했습니다. 그러면 이것이 무엇인가? 책정기입니다, 지금 시쳇말로. 그러면 우리가 모든 것을 책정을 해 가지고 개시할 때는 함이 없이 하는 겁니다. 이것은 여러분이 지금 사실 때에 모든 문제들을 가지고서 이름을 지어서 가지고 있지만 그것이 영원한 거냐? 그것이 한계가 없는 거냐? 한계가 있는 겁니다. 그러나 이 한 점의 마음은 한계가 없는 겁니다. 그래서 참나라는 이 한계가 없는 한 점은 한 점조차 없기 때문에 여러분이 각각 있으면서도 바로 둘이 아니요, 둘이 아니기 때문에 나를 세울 수가 없는 소소영영한 그 자체가 되는 것이라는 얘깁니다.

그러면 어저께 접착 얘기를 했죠. 접착제는 자연 광대무변한 접착젭니다. 그 접착제는 생사윤회에도 쓰이고 우리가 살아나가는 데 생활 속에서도 지금 쓰여 나가는 겁니다. 둘이 아니기 때문에 둘이고, 둘이기 때문에 둘이 아니라는 얘깁니다. 그건 왜냐하면 상대방과 나하고 둘이 얘기를 했는데 그 접착제로 말을 듣고 말을 하고, 서로 한 그 말은 온데간데없는 겁니다. 접착제는 그렇게 붙었다 떨어졌다 붙었다 떨어졌다 하는 그런 자동적인 것입니다. 우리는 그 자동적인 걸 가지고 지금 살고 있습니다.

그래서 어머니 만날 때는 어머니 만나는 대로 내가 거기에 삼각으로서 원형을 이루고, 이 삼각심이 원형을 이루고 지금 돌아간다 이겁니다. 그러면 뜻도 그러하고 마음도 그렇게 먹었지마는 행도 그렇게 나오고 말도 그렇게 나갑니다. 그런데 금방 어머닐 비켜나서 아들을 만나니깐 아버지의 행세로 나옵니다. 요 묘법이 어디에 있습니까? 이건 자동적이면서도 진리적이면서도 이것은 정말 광대무변한 여러분의 묘가 아니고는 아니 되는 것입니다. 금방 말도 달라지고 행도 달라지고 아, 생각도 달라지는 거예요.

그러니 이 모든 오신통을 누가 지금 가지고 있습니까? 여러분이 가지고 있지 않습니까? 그래서 그대로 무진법문이고 그대로 무진설이고 그대로 무진행이고 그대로 무진 삶의 생동력이 있는 지금 삶을 살고 있는데도 불구하고 여러분이 모르기 때문에 여러분의 그 광대무변한 뜻을 발휘 못하고 계발을 못하고 쓰지 못하고 있는 형편이고, 자기를 방관하고 자기를 무시하고 자기를 외면하고 자기를 끌고 나온 자기 주인공이라는 이름 자체를, 이름 자체가 아닌 근본을, 즉 말하자면 그 은혜를 배신하는 겁니다. 배신 행위다 이거야. 그러니까 누가 그 무진, 그 광대무변한 법을 "얘야, 너는 이렇게 이렇게 해라!" 하고서 뜻으로써 길을 인도해 주겠습니까? 길잡이는 자긴데. 그리고 걷는 사람도 자기고! 콩씨가 붙었는데도 불구하고 콩나무는 자기가 콩나무인 줄만 알아요, 네? 콩이 콩나무가 됐는데 콩나무는 콩씨가 제 나무에 붙은 줄 모르고 작년에 씨 심은 그 콩씨를 찾고 있거든. 그러니 얼마나 어리석습니까.

그런데 그 다섯 가지의 문제에서 우리는 여섯 번째에, 내가 판단을 하고서 개시한다. 개시한다는 생각이 없이 스스로 자동적이기 때문에 그걸 알면 뭐, 한다 안 한다가 없이 스스로서 그대로 행하는 것이죠. 이 말을 안 해 드리고는 또 그 뒤의 말이 이어지지 않기 때문에 이 말을 한 것입니다.

그리고 요것이 어떠한 문제가 나오느냐. 부모 밑에서 올바르게 길러지는 사람은 궤도를 벗어나지 않고 걷는데, 궤도를 벗어나는 사람들이 많습니다. 그것은 어른이나 애나 다 똑같습니다. 부모가 있는 사람은 마음이 자석처럼 붙어 돌아가는 겁니다. 즉 말하자면 어머니라는 인정, 그게 자석입니다, 자석. 그래서 그 궤도를 벗어나지 않고 자기네 가정을 벗어나지 않는 거죠. 인간이라는 자석을 벗어나지 않는 겁니다. '내가 인간이라면 이렇게 해서는 안 된다'는 그 마음이 벌써 있기 때문에 벗어나지 않는 거죠.

그런데 거기에서 철을 모르고, 어른이라도 철 모르는 사람이 있거든요. 철을 모르고 우왕좌왕하고 자기 중심을 잃고 사는 사람들에 의해서, 즉 말하자면 패배한 사람들이 어떠한 생각을 하느냐. '난 살아야겠어.' 하고선 잘못된 걸 번연히 알면서도 저지르는 것은 자기가 배고프니까 저지릅니다. 무댓방 저지릅니다. 죽입니다. 또 착취합니다. 이렇게 하는 여러 삶이 국내에서 본다 하더라도 그렇고 세계적으로 본다 하더라도 그렇고, 그렇게 그런 사람들이 지금 각국에 많이 있다고 봅니다. 그렇기 때문에 죽이고 살리고 싸우고 이 야단들을 하죠.

이 말을 내가 왜 하느냐 하면, 그 오신통이라는 자체는 내가 자성을 깨달아서 주인이 돼 가지고 오신통을 내가 부려야 말이지 만약에 내가 내 안의 자성을 찾지 않고 바깥으로만 만날 신을 찾아 돌아다니고 학문으로만 가지고 저거 하고 그렇게 집이 빈 사람들은 항상 끄달리게 돼 있거든. 항상 끄달리니까 이거는 여기에서 들어와도 들어오는 줄 모르고 저기에서 들어와도 들어오는 줄 모르기 때문에 항상 유법으로나 무법으로나, 하여튼 그냥 보이지 않는 사람들이나 생명들이나 보이는 생명들이나 모든 것에 끄달리는 겁니다. 그러면 그렇게 끄달리는 사람이 어떻게 내 몸을 가눠 가면서 이끌어 가지고 갈 수 있나요? 생활을, 가정을 이끌어 가지고 갈 수 있나요? 아니, 사회를, 국가를, 세계를 어떻게 끌고 나갑니까? 그러는 사람들이 어떻게 우주적인 문제를 거론하고 이끌어 나가겠습니까? 그렇기 때문에 공부하기가 그렇게 어려운 것이 아닌데도 어렵다고 생각을 합니다.

내 안에서만 굴리고 내 안에서 배신하지 말고, 자기 주인공을 믿고 패기 있게 물러서지 않고…. 모두 거기서 나고 드는 것인데, 만법이 일심에서 나고 만법이 일심으로 드는 것인데 어떻게 그렇게 배신을 하고 무시하고, 자기는 아무것도 모른다, 나는 뭐 인간이기 때문에 아무것도 모르니까 '신이시여! 아무개 신이시여! 용신이시여! 관세음 신이시여! 무슨 신이시여!' 이 신 저 신 찾다 보니까 이 신, 저 신, 내 신도 잊어버리거든. 허허허…. 아니, 이 신 저 신 찾다 보니까 내 신도 잊어버리는 겁니다. 내 신을 근중하게 생각하세요. 지금 내 몸뚱이를 이끌고 가는 내 신발을 말입니다. 그렇다고 내 신발이 아니라 내 신(神)을 말입니다, 자신(自神)을. 자성신.

그런데 그 말을 하려니까 여기까지 나왔습니다마는, 신까지 이거 괜히 말을 하게 됐습니다. 그래서 그전에도 항상 말씀드렸습니다마는 내 주인이 없는 집은 귀신, 유체, 유령, 세균, 윤회, 유전 이런 것이 다 몰려드는 것입니다. 그러나 내 몸뚱이의 그 모든 생명들이 자기 분야 분야 소임을 맡아 가지고 다 내미는 것입니다. 그렇기 때문에 이 몸을 지금 지탱을 하고 다니는 겁니다. 그런데 그걸 모르고 있으니까, 주인이 모르고 있으니까 내 이 생명체도 다 방관하고 있는 겁니다. 그렇기 때문에 병이 드는 것입니다.

그러면 여기서만 그런가? 그런데 여기서는, 어저께도 얘기했듯이 삼차원에 기준을 둔다면 중세계라고 봅니다. 우리는 지금 삼차원이기 때문에 이차원이나 일차원에 있는 거를 갖다가 막 집어다가 바로 실험대에 올려놓고서 실험을 합니다. 각 분야에서 말입니다. 그건 여러분이 더 잘 아시겠죠? 그런데 만약에 사차원 세계라면 삼차원에 있는 거 막 붙잡아다가 실험대에 안 올려놓겠습니까? 이 모두가, 만약에 오차원, 육차원, 칠차원 이렇게 차원이 있는 탑이 있다면, 십이층 탑이 있다면 그걸 한데 합쳐서 하나로 만들어서 바로 한 개다 이겁니다.

그런데 그 십이층에서 어떤 것이 층층이야? 이렇게 세울 수 없으니까 공했다! 그 하나도 없다! 물감을 여러 가질 갖다 놓고 "어떤 게 진짜 물감입니까?" 한다면 뭐라고 대답하시겠습니까? 어떤 게 진짜 물감입니까? 물감이 지금 열여덟 가지가 있다면 열여덟 가지에서 "진짜 물감이 어떤 것입니까?" 한다면 다 진짜 물감인데 어떤 거를 진짜 물감이라고 해? 그러니까 말을 못하고 "이것은 전부 공했다." 어떤 것을 물감이라고 세울 수 없으니까 공이라고 했습니다. 그와 마찬가지로 우리는 그렇게 차원이, 계단이 있으면서도 계단이 없는 원인은 아까 물감 얘기 했듯이, 그러한 까닭에 그런 차원이 바로 평등이다 이렇게 된 것입니다. 평등이면서도 그 차원은 엄연히 있고, 우리 살림살이의 차원은 엄연히 있어서 소소영영하게 우리가 지금 살고 있으면서, 씀씀이로 쓰이고 있으면서 행하고 말하고 이렇게 지금 살고 있는 겁니다.

그러면 아까 사차원에서 우리는 어떻게 할 것인가. 아까 그 철없는 사람들 얘기 했죠? 이유가 거기 있습니다. 그러면 딴 혹성이라고 철없는 게 없을까요? 그리고 국방이라든가 또는 정보국이라든가 또는 의학계의 연구 실험원이라든가 이런 데서는 뭐라도 갖다가 붙잡아다 실험대에 올려놔야거든. 그러니까 우리는 사차원 세계의 문을 마음대로 드나들 수 없지만 사차원은 이 삼차원에 자기 문 드나들듯 해요. 그렇다면 사차원, 오차원에서 드나들어. 그렇다면 사차원에서는 삼차원에서부터 저 끝에까지 다 드나들게 돼 있어. 권리가 있어. 사차원이라는 권리증을 가지고 있다 이겁니다. 그러면 우리 육안으로 자세히, 그것도 보여야 보여 주는데 보이지 않는 문제가 한두 건이 아니거든. 어느 때에 모두 병이 많이 일어났다 이럴 때는 우리 에너지를 작간에 뺏기기 때문입니다. 그걸 아셔야 합니다. 여러분이 빈집인데, 뭘! 주인이 없는 집에서 좀 뺏기로서니 뭐, 주인이 없으니까 그냥 들어가는데 뭘 그래.

그래서 이 공부를 안 하면 아니 된다고 하는 것입니다. 십 년, 이십 년, 삼십 년 내가 벌이를 해서 먹고 살 양으로 이렇게 앉아 있는 게 아닙니다. 여러분이 내 스승이기 때문에, 일체 만물만생이 다 내 스승이기 때문에, 나는 그 스승한테서 배웠기 때문에 이렇게 스승님들한테 나는 이렇게, 이렇게 하는 겁니다. 여러분이 안 계셨더라면 내가 어떻게, 이 무지렁이가 이런 뜻을 알았겠습니까? 난 조금도 구애받지 않습니다, 무학이라고 해서. 내가 만약에 무학이 아니었더라면 그 진실성이 없었고 진실이 없었더라면 광대무변한 이 이치를 깨닫지 못했을 겁니다.

그러면 거기에서 오는 문제들, 그것을 얘기하고 넘어가야 되겠습니다. 지금 국내적으로나 세계적으로 어떠한 문제들이, 즉 말하자면 이익이 있는 게 아니라 이익이 없다는 얘깁니다. 아래에서는 아래대로 우리한테 주먹에 매여 있으니까 항상 이익을 못 보고 패배를 당하고 마는 것입니다. 지금 생물이나 동물이나 우리 아래 하의 동물들은 우리 사람의 손에 많이 달려 있지 않습니까? 아프다고 막 악을 악을 써도 그 소리도 듣지 못하고 그 소리를 하거나 말거납니다. 그냥 아랑곳없습니다. 붙잡아다 놓고 모습이 개고, 모습이 소고 말이고 토끼고 쥐고, 모습이 그러하니까 그것은 아예 우리 삼차원에서는 갖다 집어다가 실험대에 놓고서, 실험을 해야만 하겠으니까 말입니다. 실험대에만 올려 놓는 게 아닙니다. 생물학자나 이런 사람들이 그런 거를 보고서 파악을 해서 그걸 연구를 하고 그럽니다. 사람을 놓고 연구를 할 수는 없으니까. 물론 사람도 놓고 연구는 하지마는 실험대에 올려 놓고 연구는 할 수 없으니까 말입니다.

그러면 어저께 얘기한 대로 이 우주가 지금 하나가 아니라 셋씩이나 있는데 그 셋 뒤에는 그렇게 방대한 게 있다 이겁니다. 그러면 그것이 어떠한 점에서 나온 것인가요? 요 한 점에서 나온 겁니다, 한 점. 그 방대한 게. 우리 몸뚱이도 지수화풍으로 생겼다고 합니다. 그러면 지수화풍이 한데 모이면 얼마나, 에너지와 가스가 얼마나 그 힘을 발휘하는 줄 아십니까? 우리가 지금 이 모두가 한데 모여서 이렇게 집을 짓고, 이게 몸뚱이가 집이라면 그 속에서 모든 생명들이 생긴 것이 집이 생기니까 생긴 겁니다. 모두가 근원 없는 물질은 없죠. 그러면 여기에서 벌써 몇 부분에 소임자가 있고 바로 회장이 있단 말입니다. 회장, 사장, 공장장 이게 다 있단 말입니다. 육 개국의 공장장이 다 있단 말입니다, 자디잔 건 빼고도. 그렇듯이 오대양 육대주에 전부 이 문제가 들어 있다는 얘깁니다.

그러면 각처 각급에서 앞에는 앞에대로 궤도를 올바로 돌고 있는 거는 우리를 탐험해서, 아까 얘기했듯이 '정신을 어떻게 가지고 있나. 어떻게 살아서 이렇게 화해서 창조가 됐나. 어떻게 돼서 이렇게 하고 있나. 지구 사람들은 어떻게 됐나.' 이것을 파악하기 위해서도 오지마는 만약에 오신통에 말려서, 예를 들어서 노예가 된 그런 부분이 있는 그런 사람들은 잘못되고 잘됨이 없이 무조건 달려들 때가 있는 것입니다. 그러면 보이지 않으면서도 그 에너지를 뺏기는 수가 허다히 많습니다. 우린 여기에서도 에너지를 뺏기지마는 전체 그 힘 있는 데서 아주 멀리서도 딱 잡아들면 빼 가지 안 빼 가는 게 아닙니다.

여러분은 물질만 가지고 얘길 하시는데 천만의 말씀이에요. 예전에 부처님 당시에도 안락사가 있었습니다. 아, 부처님께서는 안락사라는 얘기를 왜 했느냐 하면 그건 무명을 벗겨 준 거지 생명을 죽인 게 아니라는 얘깁니다. 무명 때문에 진짜 생명과 그 삶의 보람을 느끼지 못하고 열 식구를 다 희생을 시킬 때 그때 안락사가 필요한 겁니다. 그러면 그때 안락사를 할 때에 무명만 친 것이지, 그것은 환토를 시키고 살려 준 거지 죽인 게 아닙니다. 건진 겁니다. 그런 자비를 가지고서 안락사라고 했는데 터무니없이 모르고, 이것이 잘못된 것도 모르고 저것도 모르고 안동답답이로 강도가 와서 칼로 찌르듯이 생각하고 자기 배고픈 것만 생각하는데, 그게 그냥 삼켜 버리고 마는 겁니다.

그럼 왜 그런 경향이 생기느냐? 삼차원의 지금 이 공기라든가 이러한 모든, 즉 말하자면 뭐라고 이름을 할까? 여긴 나보다도 더 잘 아시는 분들이 있을 겁니다, 그런 이름은. 이 생활의 모든 거에, 공기를 가지고 우리 생명을 살리고 있는 그런 문제들을 자기네들은 충당할 수가 없습니다. 만약에 추락돼서 여기에 떨어졌다면 자기 호흡을 채울 수가 없습니다. 그래서 생리적으로 우리가 살고 있는 그 모습들이 다르지마는 그 행하는 것도 다르고 살림살이도 다르고 모두 다르고, 여기 지구의 이 생태와 거기의 생태가 모든 것이, 살고 있는 그 근본이 다른 게 아니라 사는 게 다르다는 얘기죠. (녹음 안됨) 우린 요런 거 한 그릇 가지고 배를 채울 수 있는데 거기서는 열 그릇이 한 그릇이거든. 그런데 어떻게 배를 채웁니까? 공급이 안되는 거죠. 그러니까 모든 상태가 죽어지니까 그때는 '나는 살아야겠다.' 하는 그런 경향도 있고 세 가지 종류, 네 가지 종류가 있습니다. 그것은 혹성에 따라서 다른 부분의 형태가 있고 다른 부분의 마음의 도리가 있는 것입니다.

그래서 악과 선이, 선이 있는 것은 여기 지구의 사람들이 만약에 이 성군, 즉 말하자면 성주가 부처님 자린데 성주의 그 뜻을 두루 다 서로 통하게 된다면 어느 누구도 건드릴 수가 없어! 자유자재권을 가졌기 때문이죠. 그래서 그런 것이 있다면 벌써 저기서 들어온다 하더라도 여러분은 모를 겁니다, 보이지 않으니까. 들어오면 들어오는 대로 바로 그 모습을 해 가지고 나도 다닐 수 있는 거니까. 아까 얘기했죠? "내 몸이 열둘도 되고 백도 되고 천도 될 수 있어야 된다. 또 그것도 하나도 없을 때는 없어도 된다. 또는 하나가 될 땐 하나가 된다. 내 씀씀이에 의해서 그것은 사용된다." 이랬죠?

그와 마찬가지로 들어오면 "어, 그래." 그 모습은 형태지 진정이 아닙니다. 그 진정을 내 진정과 더불어 체인지 하면 그냥 없어지는 겁니다. 또 체인지를 하고 내가 그리로 들어가느냐 그쪽을 잡아다녀서 나한테다가 체인지를 하느냐 이게 문젭니다. 그쪽으로 들어가게 되면 그 사람이 나와 같이 그런 일을 저지르지 않을 것이고, 저쪽 거를 끌어 잡아당겨 나한테 넣는다면 또 그것도 마찬가집니다, 상황에 따라서. 좀 아만이 있으면 내가 그리로 들어가 주고, 아만이 없고 참 겸손하다면 그쪽을 나한테다 넣고, 이렇게 상황 따라서 물 흐르는 것처럼 순리적으로 그것을 해 나가고 있죠. 그것을 지혜라고 합니다. 우리가 학이 있다면 학을 다 버리고선 그 백지를 알아야, 백지를 알고 난 뒤에 그 학은 나중에 써도 얼마든지 쓸 수 있는 거 아니겠습니까? 백지를 모르고서야 어찌 그 학을 올바르게 쓰겠습니까? 그러니까 그 모든 문제들이, 지금 상황이 벌어지는 거, 이거 낱낱이 얘기하려면 한도 끝도 없습니다.

그러면 이 궤도를 도는 이 혹성, 외성만 있는 게 아닙니다. 어저께 얘기했으니까 그거는 얘기 안 하고요. 외성들이 이렇게 돌고 있는 이 자체가 바로 우리도 지금 여기서 살고 있지만 이것뿐만은 아니다 이겁니다. 태양도 그것만 있는 게 아니다 이거야. 그래서 전체 한데 합쳐서 그 근본이 어떠한 게 근본이냐. 그렇게 광대하고 크건만 그 근본이 바로 내 한 점의 마음에 들어 있다는 얘깁니다. 그러면 수많은 그것이, 이 지수화풍이 한데 합쳐져서 그것을 이루고 이루고 하면 큰 성을 또 이루죠. 끼리끼리들 모여서 한 팀이 된다면 또 그게 성을 이루는 거죠.

그러니 얼마나 많겠습니까? 우리도 끼리끼리들 살죠? 아, 그게 끼리끼리들 있습디다. 국방부는 국방부대로 끼리끼리, 정보원은 정보원대로 끼리끼리, 지게꾼은 지게꾼대로 끼리끼리, 소 잡는 사람들은 소 잡는 대로 끼리끼리, 아니, 이건 전부 끼리끼리라. 그리고 친구들도 맘에 맞는 사람들끼리 끼리끼리야. 이게 아닙니까? 젊은 애들은 젊은 애들대로 끼리끼리, 노인네들은 노인네들대로 끼리끼리. 이것은 누가 막지 못합니다. 이거는 자연법칙이야. 그렇기 때문에 이 자연법칙으로 돌아가는 이치를 우리는 한 점의 마음으로서에 이걸 깨달아야 된다 이 소립니다.

만법이 어디에서부터 나가느냐 하면 마음 한 점에서 그 모든 작용을 할 수 있고 조절할 수 있고, 컴퓨터, 오신통이 모두 한 점의 마음에 있다 이거야. 오신통이 따로따로 있는 게 아니야. 자동적으로 같이, 눈 간 데 귀가 가고, 귀 간 데 눈이 가고, 코 간 데 입이 가고 말입니다, 이렇게 자동적으로 다 흡수돼서 돌아가고 있으니 이게 얼마나 편리하고, 무겁게 짊어지지도 않고 이럽니까.

여러분은 억겁 전서부터 나오면서 노비 문서를 갖다가 짊어지고 말입니다, 여기서 저 달나라 갈 만큼 그냥 차근차근히 쟁여서는 무겁게 짊어지곤 그 습을 한 번도 떼어 놓지 않고, 그래도 그 자기 노비 문서가 제일이라는데요. 자기라는데요, 뭐. 그걸 짊어지고 그래도 무거운 체도 안 하고 그게 좋다고 웃으니 말입니다. 그리고 그게 사는 거래요. 왜 자유권을 갖고 자유스럽게 살지 못하고 하나하나 끄달리면서 그렇게 살아야만 합니까? 여러분 앞에 창살이 없는 것 같습니까? 창살이 있고 문지방이 높고 천야만야한 산봉우리가 있고 이렇게 하니까 사람이 기가 막힐 때가 있고 불이 일어날 때가 있고 건너가지 못할 때가 있고 야, 이건 한두 건이 아냐.

오늘 여기까지 하고 내일 또 얘기하겠습니다마는 다른 외성에서의 그것도 한 개로 따로 보지 마십시오. 왜냐하면 그 생명은 다 똑같으니까. 그런데 예를 들어서 우리는, 즉 말하자면 5도라고 한다면 그것은 10도까지 뜨겁고 그 기운이 많단 말입니다. 우리는 요만한 기운을 가졌다면 그 사람네들은 이만한 기운을 가졌다 이겁니다. 기운이 그렇게 많은데 기운 없는 사람이 지지 뭐, 별 수 있나요? 그런데 우리가 이 공부를 할 거 같으면 그 기운 이상 가게 다 자비하게 조절할 수 있으니 여기서도 살고 거기서도 살고, 거기서도 사니까 나 아님이 하나도 없을 때 비로소 그것을 다 조절할 수가 있는 겁니다.

그렇다면 수많은 그런 태양들과, 어저께도 얘기했지마는 대의적으로 봐서는 지금 이것이 외성이지마는 외성을, 또 이 혹성을 도는 새끼들 있지 않습니까? 그러나 이러한 문제들이 각각 각처에서 어떤 것은, 딴 혹성에 있는 것은 똑 고슴도치같이 생긴 그런 것도 있고, 여러 가지가지가 많은데 이것을 어떻게 다 일일이 얘길 하겠습니까마는 차근차근히 다음으로 미루고 오늘은 그런 상태를 얘기 안 하고, 그런 얘기를 한다면 도대체 이것을 어떡할 수가 없죠, 뭐. 믿거나 말거나죠, 뭐. 허허허…. 할 수 없는 거지만 말입니다.

생각을 잘해 보신다면, 우리가 여기 세상 돌아가는 거를 잘 파악을 하고서 안다면 그것이 알아집니다. 여러분이 용어를 만들어 놓은 거니까, 여러분도 어머니 배 속에서 나오기 이전에는 이름을 안 붙였을 거예요. 나는 이름을 몰라. 이 말을 할 때는 이전도 없고 이후도 없어.

오늘은 이만 그치겠습니다.

범천과 중천세계

1986년 3월 3일

엊그저께부터 이런 말을 하게 된 것은, 앞날을 기해서 연구하는 사람들이 아니어도 여러분이 앞으로 수십 번을, 수십억 년을 거쳐서라도 이러한 뜻을 알고 그래야만 되겠어서 이런 얘기를 하게 됐습니다.

다른 경전에는 어떻게 용어가 돼 있는지는 모르지만 삼천대천 도솔천국이라고 해도 됩니다. 도솔천국이라고 해도 되고 범천이라고 해도 됩니다. 어저께까지 얘기한 것은 우리가 그 뜻을 어떻게 다 알 수 있느냐는 겁니다. 공부를 하게 되면 그런 걸 어떻게 다 알 수 있느냐는 겁니다. 이런 데서 오관을 통해서 하는 거하고, 작은 데서 쓰는 거하고 큰 데서 쓰는 거하고 같은 종류지만 역시 작은 데서 쓰던 사람은 작은 데서밖엔 못 쓰거든. 넓은 데서 놀아 보질 못했기 때문에.

그래서 지난번에 우주가 셋이라고 한 뜻도 그 우주가 셋뿐만이 아니라 도솔천국이 있다는 얘깁니다. 셋은 셋대로 있지마는 그 뒷면에는 어마어마한 범천이 있다는 얘깁니다, 또. 성주를 이루어서 그렇게 우주가 세 개가 되고도 그 범천에 천국이 있다는 얘깁니다. 이러한 말을 하려면 어느 끝을 어떻게 먼저 잡아서 얘기할 수가 없을 정도로 참 방대한 문젠데, 그런 방대한 얘기를 하려면 우리가 지금 납득할 수 있느냐는 문제가 시급하기 때문에 어저께 그 얘기를 했던 겁니다.

봐야 되고 들어야 되고, 역사를 알아야 되고 현실을 알아야 되고, 또 내가 판단을 할 줄 알아야 하고, 할 줄 알아야 하고, 또 내가 화할 줄 알고 또는 여러 개로 화했다가 하나로 화하고, 하나로 화했다가 하나도 없어질 수 있는 그런, 즉 말하자면 화신이라고 해도 과언이 아니죠. 이름을 붙이기에 달려 있는데 그건 이름 붙일 수가 없습니다. 사실은 이름 붙일 수가 없는 것을 여러분한테 가르쳐 주기 위해서 부처님께서 아마 그렇게 얘기한 것 같습니다. 우리가 나날이 이렇게 움죽거리고 있는 것도 화해서 돌아가니까 그 기준을 삼아서 우리가 크게 생각하고 중으로 생각하고 아주 하로 생각할 수 있는 그런 지혜를 가져 보면 범천왕의 그 뜻도 잘 알 거라고 생각합니다. 그렇게 해서 그걸 알려 해도 그대로 알아지는 게 아닙니다. 내 마음을 두루 깨쳐서 다 성장돼서 아주 하얗게 알아야 됩니다.

그래서 어저께 그 얘기를 했으니까 여기서부터, 처음에 수성에서부터 하려다가 이것은 범천왕을 빼놓고는 도저히 거기에 엉걸리질 않습니다. 그런데 그것이 너무 광대해서 한 눈으로써 요걸 요렇게 만들어 가지고 이걸 지금 얘기를 하는 거라고 봅니다. 그런데 요거 이렇게 하기 이전에 한번 얘기할 게 있는 것이, 아주 묘한 이치가 있습니다. 이거를 얘기할 때에 만약에 이것이 누설이 된다면 벌어지는 문제도 없는 건 아닙니다. 그렇기 때문에 이것을 전부 한마음으로 모든 것을, 즉 말하자면 범천왕이 있다면 범천왕의 마음과 더불어 같이할 수 있고 그거를 대치해서 막을 수 있고 뚫을 수 있고 상응할 수가 있어야 이걸 할 수가 있다는 겁니다. 그렇게 하는 그 속 내용을 일일이 전체 말로는 할 수가 없습니다. 가고 오는 사이 없고 행하는 사이 없이 행하는 거, 자연적으로. 그러한 문제들은 깨닫지 않고는 여러분이 모르는 거니까,

깨닫는 분들과 더불어 앞으로 살아나갈 여러분을 위해서 얘길 해 놓는 것뿐입니다. 모르죠. 얘기해 놓은 것이 없어질는지도, 지워질는지도 모르지마는 그래도 나로서는 그렇게 할 수밖엔 없죠.

그리고 요 말을 또 한마디 해야겠습니다. 세계적으로 보더라도 누가 이런 도를 통해서 이렇게 잘하고 있고 이렇게 위대하다 이런 말이 세계적으로 돌거나 국내적으로 돌거나 이런다면 훼방자가 있다는 얘깁니다. 훼방자는 어떤 훼방자냐 하면, 즉 말하자면 타신으로서의 영력을 가진 사람이나 자신으로서의 영력을 가진 사람들의 행위라고 볼 수 있겠습니다. 열반경지에까지, 범천까지 이루지 못한 사람들은 그런 행위를 하고도 남음이 있습니다. 누구나가 다 그 습을, 즉 말하자면 살던 종 문서를 완전히 떼 버리지 못하게 되면 반드시 그런, 의식적으로 시샘이 순간 일어나는 겁니다. 그렇기 때문에 그런 일들이 벌어지는 겁니다.

그런 것을 다 완전히 완벽하게 울타리 아닌 울타리를 쳐 놓고서, 즉 말하자면 전화 소켓을 빼 놓으면 전화가 동절하듯이, 또 발전소를 탁 빼 놓으면 전부 불이 안 들어오듯이 이렇게 방지를 해 놓고 하는 이유도 있는 것입니다. 방망이로, 철퇴로 치러 들어오면 철퇴가 거기에서 큰 바위에 계란이 와서 치는 거와 같은 그런 이치를 해 놓는 도리죠. 이렇게밖엔 얘기할 수 없습니다. 그래서 그러한 용어를 다 정확하게 들이대지 못한다 하더라도 그 뜻은 똑같으니까 여러분의 용어에 따라서 붙여서 잘 생각해서 쓰면 됩니다.

그리고 이 범천왕이라는 것은 그렇게 어마하고 광대하지마는, 즉 말하자면 은하계도 많고 많지만 지금 이 세계 우주 뒷면은 너무도 방대하고 커서 이 지금 우리의 은하계 이것은, 우리가 지금 알 수 있는 은하계는 중간치라고도 볼 수 있지만 아주 작고, 시에 있는 게 아니라 도에 있는 거라고 볼 수 있겠습니다. 그러나 도솔천에 있는, 그런 천국에 있는 것은 이 은하계 자체 성을 우리의 은하계와 비유한다면, 이거를 한데 합친다 이런다면 숫자적으로 지금 은하계의 그 부피와, 그러니까 이 은하계가 1,380개가 한데 합쳐야 그 은하계 하나가 되는 것입니다. 지금 1,380개라 그랬죠? 1,080개가 넘겠군요. 정확하게 한다면 2,900개가, 2,980개가 돼야, 아니, 950개, 960개, 70개! 70개면 아주 알맞을 겁니다. 그러니까 2,970개가 한데 합쳐진 그 은하계가 그렇게 방대하단 말입니다.

그렇다면 그 방대한 은하계의 지금 문제는 은하계 안에 이 양쪽에, 우리 인간의 유방이 양쪽에 있듯이 이렇게 불쑥 나와서 돌고 있는 것입니다. 그리고 여기는 유방이 한 개처럼 이렇게 가운데로 불쑥하게 튀어나온 자첩니다, 우리 이 은하계가. 평면으로 돼 있는 게 아니라. 그런데 그렇게 돼 있으면서 양면에, 즉 말하자면 하나는 무전 역할을, 모든 데서 들어오는 무전 역할을 받아서, 여기선 전체 무전으로서 방대하게, 전체 알리는 그런 처소국이 있습니다. 양면에 말입니다. 그러면 한쪽은 한쪽대로 그렇게 돼 있고 한쪽은 한쪽대로 그렇게 돼 있다. 이게 가깝게 있는 것은 아니나 그 은하계로 봐서는 상당히 가깝게 있다고 볼 수 있죠.

그러면 또 거기에서 그 은하계를 돌고 있는 외성은, 은하계를 돌고 있으니까 외성이라고 하죠, 여기서. 그러면 그 외성이 열두 개가 돌고 있다는 얘깁니다. 열두 개가 돌고 있는데 하나같이 그렇게 참 찬란하고 그렇게 화려한데 지금 여기에서도 그렇게 된 거는 못 봤습니다. 그 열두 개가 돌아가는 대신에 그 열두 개 하나하나에 외성이 또 돌아가는 것은 아주 저, 굴레 바퀴가, 예를 들어서 지금 이게 외성이 이렇게 돌고 있지만 이거는 그렇질 않고 이 하나에 둥글게 이렇게 돌고 있습니다. 조그만 것들이 이렇게 돌고 있으면 여기서 또 이렇게 돌고 있습니다. 여기서도 이렇게 돌고 있습니다. 여기서 이렇게 돌고 있습니다. 이렇게 되는 그런 외성이 열두 개나 이렇게 돌고 있단 말이에요.

그런 데다 또 이상스러운 거 한 가지는 이 은하계의 가운데 말입니다, 아니지, 은하계의 가운데가 아니라 외성이 돌고 있는 이 가운데 말입니다, 이 가운데서 차가 부산으로 가면 부산에서 오고 가고 오고 가고 이러지 않습니까? 그런데 그 은하계를 끼고 도는 게 오고 가고 오고 가고 이렇게 돌고 있거든요, 이게. 그런데 조금도 어긋나지 않아. 저 돈벌레나 지네나 왜, 발이 많으면서도 하나도 걸리지 않고 잘 가죠? 그와 같이 그렇게 돼 있단 말입니다. 그런 데다가 이 별성들은 여기의 이 별성들처럼 그렇게 생기질 않고 이렇게 사각이 나면서도 한쪽에는 둥그렇게, 부처님 머리 이렇게 해 놓지 않았습니까? 꼭 그 조로다가 한쪽은 그렇게 돼 있으면서, 사각이 이렇게 돼 있으면서 여기는 그렇게 돼 있다는 얘깁니다. 그러니 너무 묘한 겁니다.

그러면서도 그것이 그냥 두서없이 돌아가는 게 아니라 아주 유해지게 그렇게, 그냥 짜라락 짜락 이렇게 그냥 줄, 어떻게 보면 위에서 보면 망같이 생기기도 하고, 옆으로 보면 둥글게 돌아가는 것 같기도 하고, 밑에서 보면 삐죽하게, 모든 게 이렇게 삐죽삐죽하게 나와 있어서 그냥 팽이 끄트머리 돌듯 하고, 이것이 어떻게 고렇게 묘하게 됐는지 모릅니다. 그러니 말로 이것을 다 옮길 수는 없습니다마는 모든 게 그렇게 됐는데 그 우주 자체 내의 이쪽 한군데서는, 즉 말하자면 큰 성을 또 이루고 있습니다. 이쪽 아래로 뚝 떨어져서 아주 큰 성을 이루고 있는데 그것은 뜨거운 게 아니라 밝음만 가지고 있다는 얘깁니다.

왜 그러냐 하면 이 모든 데서 허공에 돌고 있는 이런 게 하나도 보이질 않습니다. 왜냐하면 여기 이 양면에서 그것을 전부, 즉 말하자면 자석과 같은 행위를 하기 때문에 전부 한데로 모아서 성을 쌓고 있습니다. 성이 돼 버렸습니다. 성이 되니까 그 에너지는, 즉 뜨거운 에너지는 전부 공급이 돼서 우리 지금 저 전기 발력으로 다 쓰죠. 그렇게 다 그 능력이, 즉 말하자면 발력이 다 안으로 들어서 각각 모두 양식으로 삼듯이, 전부 그것은 빼고 밝음만 남게 하는 것입니다. 그래 남이 볼 때에는 뜨거운 것 같지만 뜨겁질 않다는 얘깁니다, 불같이 보이지만.

그러니깐 그 화력은 다 빼서 이 우주 안의 모든 별성과 범천에서 다 쓰고 있는 거죠. 그러니까 이 문제가 어떻게 이렇게 기이하고 묘하게 됐느냐는 얘깁니다. 그러면 그러한 문제들이 어디서 나오느냐 하면 우리가 이 깨달음에 의해서 거기까지 도달해야 하는데, 그렇게까지 깨닫는 사람이 드뭅니다. 그렇게 해서 참으로 자유자재할 수 있는 그러한 사람이라야만이 범천에 같이한다 이런 뜻입니다. 그렇게 됐으면 그거는 그쯤 해 두고요.

우리가 지금 이 우주가 세 개가 있다고 하는 동시에 이 지금 범천세계, 세계라는 소린 거기 합당하지 않습니다. 천국입니다, 그냥. 그리고 거기에 태양이 열다섯 개나 됩니다. 그러면 거기는, 예를 들어서 밝았다 꺼졌다 잠잔다 이게 없기 때문에 그대로 천국이요, 그대로 언어가 거기에 배후가 되지 않습니다. 이런 말을 해서 될는지는 모르겠지마는, 생명들이 살고 있지만 없어지는 생명이 아닙니다. 수명은, 예를 들어서 우주가 세 개라 그랬죠? 우주가 세 갠데 이 천국에서는 3,300년이 이 상천세계의 1,300년이 된다는 얘깁니다. 그런데 여긴 천국이 돼서 3,300이 300이 아니고, 이 지금 상천세계에서 3,300년이 된다는 얘깁니다. 이건 그대롭니다. 그래서 삼천이다 수명이다 이런 소리, 언어도 이 천국에선 붙지 않는다는 얘깁니다. 그건 숫자 없는 얘깁니다. 그런데 거기선 수명이 없는데, '수명이 없다' 이런 것은 그 수명이라는 언어가 없기 때문입니다.

이 여기 상천세계, 즉 지금 지구에서 달에 가기만큼의 거리라면 그것이 이 우주에서는 사방이 터졌습니다. 어떤 말을 먼저 해야 할지 모르겠네. 이 사방이 천국과 이 상천세계와 중천세계와 하천세계가 같이 이렇게 뚫렸단 말입니다. 이 상천세계하고는 중천세계와 하천세계가 뚫렸습니다. 뚫려 있는데 또 상천세계에서는 상천세계대로 이 천국하고 이렇게 뚫려 있는 반면에 이 천국의 지배를 받는 것입니다. 이 상천세계에서 지배받는 거는 우리가 지금 이 우주의 지배를 받는 거죠.

우주, 상천세계의 지배를 받는 이 중세계죠. 중세계의 지배를 받는 것은 하천세계죠. 이것이 바로 이렇게 광대하게 돼 있다는 얘깁니다. 그 외에 광대하게 돼 있는 거는 아직까지 지금 말을 못하겠고요. 나중 얘기고요.

그렇다면 지금 우리 이 우주에도, 한 상천세계에도 네 가지의 요소가 법칙으로 돌아가고 있습니다. 네 가지의 요소는 어떤 것인가? 이 법도는 지켜야 한다. 수명은, 즉 말하자면 3,300이다. 우리 여기서 칠 때에 3,300이 거기에서 칠 때는, 즉 말하자면 130년밖엔 안 된다. 그러면 130년이, 즉 말하자면 3년 9일이 됩니다. 3년 9일이 되는데 그쪽에서는 3년 9일이 되고, 여기서는 3,300년이 되는 것입니다, 수명이. 여기서 그렇게 3,300년이 흘러가는 그 나날이 거기에서는 바로 3년 9일이라는 것밖엔 안 된다 이겁니다. 또 저쪽에서는, 즉 말하자면 7,390일이 여기에서는 3,300년이 되는 거죠. 이러니까 이것이 얼마만큼 차이가 납니까, 수명이.

그러니까 딴 데서 보지 말고 우리 지금 미생물에서부터 올라오는 그 동물을 보시라 이겁니다. 어떤 동물은 하루에 그냥 갑니다. 우리는 70년 80년 살고 있는데 하루에 간단 말입니다, 하루살이는. 그걸 따진다면 당연히 그렇죠. 그래서 여기는 중세계기 때문에 상세계, 하천세계가 다 여기 포함돼서 우리가 납득하게끔 돼 있는 데라 이겁니다. 그러니까 그렇게 돼서 그 수명은 그렇게 무 수명이 있고, 상천세계의 수명이 있고, 중천세계의 수명이 그렇고, 하천세계의 수명이 그렇다 이거야. 그러면 여기서 3,000, 정확하게 따진다면 3,300이라고 그런다면, 즉 말하자면 그 하천세계의 수명이 7,020일이…, 아주 이다음 생각을 해서 내가 요렇게 그냥 정확하다고 하는 거를 그냥 얘기하는 겁니다. 7,020일이 될 수 있겠습니다.

그런데 그렇게 수명이 돼 있고 그런데, 그때에 내가 얘기할 때 세 우주 가운데 이쪽에서는, 상세계에서는 일곱 개를 생산을 했고, 우리는 거기에서 세 개를 생산했고 여기에서는 다섯 개를 생산했다 그랬습니다. 그러니까 우리는 세 개를 생산해 가지고 일곱 개를 생산했기 때문에 그렇게 늦어진 겁니다. 늦어지는 거죠. 그럼 여긴 다섯 개를 생산을 해서 두 개밖에 생산을 못했거든요. 그것이 어디의 문제냐? 이건 각성으로 돌아가는 게 아니라 범천의 뜻에 의해서 이것이 주어지는 겁니다, 모두가.

그래서 여기 상천세계에서는 어떠한 법도가 있느냐? 모든 것은 벗긴 벗되 수명이 그렇게 길고 남한테 해롭지 않게 한다. 즉 말하자면 해롭게 하지 않으면서도 발전을 한다. 이거는 특히 늘려야 한다는 얘기죠. 늘리긴 늘리되 모든 것은 전체의 그, 발전을 했으면 행을 그대로 한다. 행을 하되 그대로 몸뚱이가 우리처럼 막 돌아다니면서 그렇게 하는 게 아니라 항상 자기가 화해서 많은 일들을 한다. 그러되, 몸뚱이가 있는 것도 아니요, 없는 것도 아닌 몸을 하되 발전이 되니까, 발전을 하게 되면 어떠한 나무들도 아주 예쁘게 해 놓는다. 그런데 예쁘게 해 놓는데 때로는 그 나무가 전투에 쓰이기도 한다. 군사가 되기도 한다, 이런 문제.

또 범천에서 그 얘길 빼놨습니다. 모든 나무들이 여기서는 청정하고 시퍼런데 거기는 금빛이 난다. 모든 나무 이파리가 전부 황색이 난다. 기둥은 불색이 난다. (녹음 안됨) … 아는데 그 돌 자체가 돌이 아니라 바로 거기에서 뜨거운 에너지를 빼다가, 즉 말하자면 거기에 전부 자기네들이 정원 가꾸듯이 만들어서 해 놓은 것이다. 그건 힘 안 들고 하는데 한 가지 뭐가 있느냐 하면 너무 벌여 놓으면 중세계나 하세계나 상세계에 모두 이것이 금이 갈 수 있고 모든 게 뒤집힐 수가 있으니까 거기에도 그런 거는 법도를 지키고 있다. 법을 행한다.

그래 상세계에서는 모든 것이 여기의 천 배나 넓다. 뭐가 넓으냐? 우주 자체도 조금 넓기는 하지만 우주 자체가 넓은 게 아니다. 모든 우리의 은하계보다도 더 큰 은하계가 네 개나 있으면서도, 그래도 부족해서 세 개가 더 있더라는 얘깁니다. 그러면 그렇게 하면서도 태양계는 몇이냐? 이 천세계보다도, 범천세계보다도 더 많다 이거야, 태양계가. 그렇게 활용이 되니까 할 수 없겠죠. 씀씀이에 따라서 많아지기도 하니까요. 그러면 어떻게 돼서 그렇게 태양이 많은가? 이 태양이 많아야만이 밤 손님이 없어지니까요. 밤 손님은 도둑놈을 말하는 게 아닙니다. 즉 말하자면 마음도 밝거니와 모든 것이 밝게 돌아가니까, 구태여 일을 하고 들어오고, 나가고 들어오고 이런 게 없고 또 자고 깬다 이런 게 없고, 허리띠 매는 일이 없고, 배고픈 일이 없고, 도둑이 없고…. 물론 네 등분으로 해서 나누어졌지만 하나는 아예 이 중천세계로 떨어질 사람들을 비유해서, 즉 말하자면 100분지 1, 그거를 비유한다는 얘깁니다. 그러면 셋으로 나누어졌다고 봅시다, 그건 빼고도. 셋으로 나누어졌으면 그 셋으로 나누어진 그 법도가 바로 아까 얘기한 것처럼 발전, 또는 해롭게 하지 않는 내 마음의 밝음, 밝음이니까 남한테 해롭게 안 하죠? 또 그런 데다가 개발은 아주 해야 되겠죠? 개발은 하되 모든 데 이익하게 쓰여진다는 얘깁니다.

그런데 거기에 문제가 하나 있습니다. 거기에서 4분지 1로써 그렇게 조그마한, 거기에서 삐져서 나온 그것이 이쪽 끄트머리에…. 우리가 수성에서 달나라에 가자면 30억 거리나 됩니다. 우리가 이 지구에서 달나라에 가기만큼 되는 그러한 그 거리가 30억 거리나 거기서 조금 더 된다고 봅니다, 거리가. 그런데 수성에서 가까운 거리에 그것이 삐져나와 성을 이룬 것이, 즉 말하자면 공업국이라고 할 수 있습니다, 공업국. 즉 말하자면 아주 이것저것 다 한데 모여서 그 성을 이룬 것이.

그렇다면 그것은 뭣에 쓰려고 그러느냐면, 자기를 이익하게 하려면 아무 데라도 치고 넘어가는 뜻이 있습니다. 그러니까 엊그저께 얘기했듯이 외계에 내보내서 수집하는 데는 반드시 그 고슴도치 같은, 우리 여기 말로는 비행기라고 하는 그것이 고슴도치 같다 이런 얘깁니다. 그런데 거기서는 그 고슴도치 같은 것이 디굴디굴 굴러서 뜬다. 그런데 상세계에서 뜨는 것은 그냥 삼각형으로도 돼 있고 둥글기도 하고, 이것이 혹성마다 다 다릅니다. 길쭉하게 되기도 하고, 길쭉하게 됐는데 이것이 요기에 부처님 머리처럼 그렇게 되기도 하고 그렇게 그냥 된 것도 있다 이거야. 그것을 어디에 쓰느냐 하면 이것이 바로 도솔천국에서 쓰는 것입니다. 그것은 그대로 자기가 생각만 하면 그냥 서고, 생각하면 그냥 내리고, 생각하면 그냥 떠 가고, 어디만치 내가 가겠다 하면 그냥 컴퓨터에 나오듯이 그냥 가고 오고 그러는 거죠.

그러니까 이 지금 이 상세계에서는…. 참, 어느 끝을 어떻게 잡아야 옳을지 모르겠네요. 수성에서 그 거리가, 즉 말하자면 성을 이룬 공업국이라는 데는, 그 성, 주로 공업국이라고 볼 수 있겠죠. 그런데 우리 지구에서 달에 가듯이 수성에서 여기 거리가 얼마나 되느냐 하면 즉 3,004억 거리가 된다고 봅니다, 수성에서 그 거리가. 그러면서도 거기에서는 가깝게 아주 문턱 드나들듯 한다 이겁니다. 왜 그러느냐? 이 수성이 능력이 우수하기 때문입니다.

그래서 수성에서는 이리로 뺏기진 않아도 항상 그것을 뺏어 온다 이겁니다. 뺏어 온다는 뜻은 뭐냐 하면 그 모형이나 모든 것을 거기에서 연구를 하면 여기에서는 벌써 미리 알고 있고, 그것이 나오면 나오는 대로 그냥 끌어오기도 합니다. 그러면 우리가 어떠한 문제를 보고도 경쟁이 아니라고 볼 수는 없습니다. 조그마한 데서도 경쟁, 큰 데서도 경쟁, 이건 전부 경쟁 아니면서도 경쟁이 있는 것이라고 아주 단언해서 말할 수 있죠. 그것도 경쟁이 아니고 뭡니까? 벌써 높고 얕고, 이런 것이 없는 범천이라면 모르겠지만 범천이 있기 때문에 바로 상천이 있고 중천이 있고 하천이 있고, 그래서 대천세계라고 이렇게….

그러면 이렇게 해서 수성에서 거리가 그렇게 되는데 만약에 여기 구경을 했다고 합시다. 그럼 여기부터 얘기하지 말고 여기부터 얘기합시다. 수성에서 이 거리가 있는데 그 중간에 또 성을 이룬, 이 지구 망보다 조금 더 큰 성을 이루고 있는 것이 있습니다. 어떻게 그것을 다 얘길 할까마는 고기에서 거릴 얘기하려니까 이것이 이렇게 이어지네요. 그런데 이것을 또 돌고 있는 외성이 열두 개나 된다고 봅니다. 그러면 어떻게 이것을 다 얘기하느냐. 하나하나 얘기할 수밖엔 없는 것입니다. 그러니까 이 공업국, 여기부터 우리 얘기하죠. 공업국에 구경을 갔는데 이 공업국에는 전부 이것이 둥굴게 된 게 아니라 세모가 나게끔 됐는데도 이 끄트머리가 날카롭게 되질 않고 둥글려졌습니다, 세모가 돼서. 그런데 이 세모 된 데에 사각으로 문이 있어. 이리로도 통하고 저리로도 통하고 그러는데 그것은 사람의 형체로는 도저히 들어갈 수 없는 겁니다. 겉으로 보기에는 네 가지의 겹겹이 있습니다. 그리고 삼각형으로 된 그 자체 내에 3분의 2는 거미줄 얽히듯 그렇게 됐습니다. 즉 말하자면 인간의 세포가 그렇게 됐듯이.

그런데 거기에서는 거기대로 수명에 대한 것은 이 수성보다도 더 약하다는 얘깁니다, 이건 정반대로. 그러니까 예를 들어서 우리가 70평생, 80평생 산다 하면 그것은 100년, 120년 요렇게밖에는 안 된다고 봅니다. 아주 우리가 백 몇 살까지 산다 이러는 사람이 드문데 그것이 150년이라고도 볼 수가 있겠죠. 그런데 여기에서 우리는 150년이 아니라 150살. 예를 들어서 150회. 그러면 150년이 되나요? 그런데 거기에서는 네 군데 문이 있는데 도대체 이 문이 한 문으로밖에는 들어갈 수가 없어. 들어가도 나와도 그 문을 통하지 않으면 도대체 나올 수가 없다. 한 문으로 들어갔다 한 문으로 나와야 된다는 얘깁니다.

그러면 거기 그 안에 모든 장치가, 지금 우리의 은하계가 있는데 은하계라기보다는 큰 별성이, 이렇게 한데 뭉쳐서 돌아가는 별성이 있으면 태양이 거기 가깝게 있는 게 아니라, 예를 들어서 이걸 은하계라고 표현해도 좋은데 은하계라고는 할 수 없습니다. 한데 무리를 지어서 이렇게 돌아가고 있는데 세 무리를 지어서 돌아가고 있는 겁니다. 한데 붙어 있는 게 아니라 세 무리로. 그러면 이 세 무리를 짓고 돌아가는 이 가장자리에는 물이 삼각형으로 돌아서 오각형을 돌고 있습니다.

그러면 그런 대로 태양은 그 바깥에서 아주 유유히 돌고 있다는 얘깁니다. 혹성은 혹성대로, 즉 여섯 개가 돌고 있는 거죠. 그런데 그 잔 거는, 잔 별성이나 잔 혹성은 또 가장자리로, 똑 우리 염주알 꿰 놓듯 그렇게 멀찌감치 하나씩 이렇게 줄지어 있다는 얘깁니다, 이 혹성마다 죄 각각에. 그런데 그렇게 줄지어 있는데 지네 다리처럼 그렇게 줄 지어서 있으면서 어떻게 그렇게 잘 도느냐는 얘깁니다. 그럼 생명이 안 살고 있느냐? 그렇지도 않다 이겁니다. 네모진 데에 한쪽은 한쪽대로 아주 따뜻하게 이렇게 반 쪽 갈라서서 아주 따뜻하게…. 참, 저거 얘길 안 했습니다.

상천국에 태양이 열다섯 개나 되는데, 아니 열다섯 개가 아니라 그렇게 많은데, 많기 때문에 그런진 몰라도 반으로 나누어서 연방 돌기 때문에 절대로 캄캄한 것이 보이지 않는다는 얘깁니다. 태양이 그렇게 많을 수가 없어. 우리는 지금 태양이 바로만 있어도 밤이 짧을 텐데, 또 그리고 바뀌질 않을 텐데, 둘만 돼도. 그런데 이게 하나면서도 변두리에 가서 있단 얘깁니다. 그렇기 때문에 이것이 영향이 여간 많지 않은 거죠. 요 지구에만 쏘이는 거죠.

그런데 여기는 여기대로 그렇게 돌면서, 이게 헛갈리네요. 이렇게 돌면서, 즉 말하자면 그거 하나만 다시 얘길 해야 돼. 자꾸 이쪽으로 왔다 저쪽으로 갔다 하네요. 그렇게 하면서 그 안에서는 이 여섯 개의 혹성 가운데에 모든 게 자기의 분배대로 소임을 맡아 가지고 있는데 그 안에, 우리가 세계적으로 지금 서독이다 소련이다 미국이다 이렇게 되듯이 그 안의 혹성마다 공업주로서 큰 기업이 제일 아주 우수하다는 얘깁니다. 대의적으로 볼 때 얘깁니다. 그러니까 한 혹성 가운데에 공업기가 아주 제일 크다는 얘기죠. 발전이 많이 된다는 얘기죠.

그래서 이것을 공급을 하는데 어디로 영향이 미치느냐 하면 천국으로도 영향이 가고 상천세계로도 영향이 가는 겁니다. 주로 영향을 주는데 다른 데서 오는 정보도 또 수집해서 거기로 영향이 갑니다. 그러니까 거기는 안테나를 둥글게 해서 모두 이렇게 하나씩만 가지면 다 그냥 그 공업국에 들 수 있는 거죠. 공업이 우선이니까. 그래서 모든 혹성들은 혹성 나름대로 하나의 공업국이라면 이것이 세 가지 종류를 하고 있다. 하나는 나르는 거, 하나는 안에서 다니는 거, 하나는, 즉 말하자면 자석…. (녹음 안됨) 이런 것이 전부 그러한 발전을 위함이요, 또는 공중으로 다니되 어떤 외계가 본다 하더라도 그것이 서로 부딪치지 않게, 끌어들이려면 끌어들이고 말려면 말고 하는 그런 개발을 하는 것이죠.

그러니까 대충 그런 것만 얘기하겠습니다. 중점적인 거요. 그래서 이 수성과 그 공업국, 그 혹성 자체하고 중간에 있는 거기에서는 우리 이 수성과 상천세계와 이 지금 범천세계를 이게 통래를 하고 있는데, 이 수성은 특히 우리 은하계의 직속입니다. 은하계의 직속이라서 공업국이나 이쪽 여기에서 이렇게 들어오는 것, 이 여기는 정보 수집국이라고 해도 과언이 아닙니다. 두 가지 역할을 하는데 하나는 정보 수집하고 하나는 연락병, 즉 말하자면 연락을 하는 거죠. 그것은 어디로 하느냐 하면 여기 범천이 아니라 이 은하계, 우리 지금 여기 우주에 관한 건이죠.

또 이 공업국이라는 건 여기에 관한 건이 아니라 저쪽 상천세계 우주의, 거기의 관할, 관리죠. 거기 붙어 있는 거죠. 이 혹성은, 수성의 가운데 있는 거는 이쪽으로 돼 있는 거고요. 그러면 이쪽도 그렇고 이쪽도 그렇고, 이 우주 사이에는 이렇게 관리가 있습니다. 우리 어느 회사에 가면, 아파트를 가도 그렇게 있죠. 이렇게 관리하는, 지키는 역할을 하는 겁니다. 그러니까 이 지금 수성에서는 직속이에요. 여기서 받아서 직속요. 그러면 이것이 이렇게 되고 이렇게 됐으니까 여기서 거리가 그렇게 멀다는 얘깁니다. 먼데도 이 수성과 여기에서는 그렇게 가깝게 할 수 있다는 거는 체로다가 다니는 것이 아니기 때문입니다.

수집을 하되 아주 체로다가 다니는 게 아니라, 이 체가 다닌다 하더라도 빛처럼 빠르죠. 그걸로 다닌다는 얘깁니다. 빛으로 다닌다는 얘깁니다. 그렇기 때문에 상당히 빠르죠.

그러면 요게 인제 수성 문제입니다. 이 수성에는, 즉 말하자면 이 수성의 3분지 1은 돌이고 3분지 1은 물이고 3분지 1은, 즉 3분지 1이 더 크게, 옆댕이가 더 크니까 이게 3으로 나누려면 이게 더, 3분지 1 반이 되는 거죠. 그래서 요것이 3분지 1, 물이 3분지 1, 돌이 3분지 1이라고 할까? 3분지 1이 좀 적게 돼 있는 거죠. 그러면서 여기는 여기대로 모두 여러분이 생각할 때에 뜨거워서 못 산다고 그러죠. 근데 그게 아니에요. 그렇게 그 뜨거운 압력이 돼 있는데도 거기선 나름대로, 여기에서 우리가 공기를 마시고 이렇게 평온하게 살듯이 그런 정도예요. 성분이 그렇게 다 돼 있어요. 우리 전기가 120볼트 되는 게 있고, 또 220볼트도 되죠? 그런데 220볼트를 쓰는 것도 유유히 쓸 수 있죠. 120볼트 쓰는 것도 유유히 쓸 수 있죠? 그런 거는 작게 쓰려면 작게 쓰고 크게 쓰려면 크게 쓰고 마음대로 조절을 해서 쓸 수 있는 그런 자동식이란 말입니다.

그대로 얘기를 하기 때문에 이게 참 더듬거려지는군요. 한쪽에서는 더운 바람, 한쪽에서는 싸늘한 바람, 한쪽에서는 한가을 날씨같이, 봄 날씨같이 이렇게 되니까 이것이 어떻게 되느냐면 조화가 된다는 얘기죠. 그런데 여기에서는 이 뜨거운 열을 얻다가 쓰느냐 하면 여기에서는 여기대로 뜨거운 열을 아예 자기네, 즉 말하자면 우리가 열을 저거 해서 우리 방마다 뜨뜻하게 하고 열을 저거 해서 전기 쓰고 뭐, 이러듯이 여섯 가지로 쓰는데 그 이름, 용어를 내가 뭐라고 댈 수가 없습니다. 어떻게 쓰일까요? 여섯 가지의 종류로 씀씀이를 쓰고 있다. 그런데 한 가지는 뜨거운 열로 인해서 모든 생활을 해 나간다. 그런다면 여기는 불 때는 게 따로 있고 뭐가 따로 있고 그런 게 아니고, 먹는 게 따로 있는 게 아니다.

천국에서, 범천세계에서는 범천세계대로 범천이 있고, 이 상천세계는 상천세계대로 있어서 이렇게, 또 거기에는 종주가 있지 않습니까? 혹성에는 또 혹성 종주가 있고, 대의적인 종주가 있고 그렇듯이 여기는, 여기 수성의 종주는 그냥 그저 '떡을 한 개를 가지고 먹는다' 이런 문제가 나오는데, 들어가니까 큰 유리관 같은 데가 그냥 붉은, 어떠한 유리관이라면 거기서 제가끔들 하나씩, 그냥 가서 서 있으면 나오는 거 있죠? 그런데 그것이 수도 없이, 동네 동네마다 있다 이거야. 그러니까 해 먹는다, 무슨 뭘 한다 이런 게 전혀 보이질 않더라는 얘깁니다.

나는 여기에서 모든 것을 생각해서 그것을 자세히 지키느라고 거기에 일 보는 사람한테 "주방 있나?" 하고 봐도 주방도 없고 아무것도 없었습니다. 그런데 그 사람은 뭐가 저거 했는지 싱숭생숭 싱숭생숭했습니다. 그것이 자기 혼자만이 사는 게 아니라 나하고 같이 살고 내가 두리번거리니까 저도 두리번거려졌습니다.

그러니 이게 우리 여기에서도 지금 문제란 말입니다. 두리번거려지고 자기는 이리로 가려고 하지만 나는 이리로 가야만 그걸 좀 구경을 하겠으니까, 또 나는 이상스러우니까 그것을 한참 보게 되면서 지체를 하면 그 사람은 거기 주춤하고 서 있어야 되죠. 그러니까 사람사람이 모두가, 못 산다고 하는 데가 없다는 얘깁니다. 그러니까 모든 게 3분지 2는 사람이 살고 있고, 3분지 1은 돌 생명이나 나무 생명이나 이런 것도 살고 있는데 나무는 그냥 천연 나무예요. 돌도 천연 돌이고. 뭐, 죽었다가 깨났다가 하는 게 아닌 나무.

자기네 나름대로 그것을 전부 그렇게 해 놓고 사는데 구태여 문제가 있다면 한 가지 이런 게 있었습니다. 사람을 만들었는데 사람이 꼭 사랑을 하느냐? 사랑을 하느냐, 사랑을 안 하느냐 그것이 붙질 않습니다. 그냥 자기 할 일 하면 되고, 그것 하면 되고 무심심하다고나 할까요? 그런데 그것도 때에 따라서 시간이 없는데 시간도 정해져서 항상 그, 우리의 시간이 있듯이 그 사랑하는 시간이 딱 정해졌어. 여기처럼 이렇게 하면서도 만나고, 못 만날 때 못 만나고 만날 때 만나고 이런 게 아니고, 아주 규정지어 정해져 있더라 이거야. 그런데 여기서처럼 그렇게 사랑을 아주 그냥 '너 아니면 내가 죽는다, 미친다' 이럴 정도로 그런 애틋한 사랑은 없더라는 얘깁니다. 그럼 상천세계에서는 사랑이 어땠던가? 또 상천세계로 왜 가지, 내가? 그럼 여기서 그냥 합시다, 나중에.

그런데 그렇게 하면서 그때에 또 가니까 큰 통이 있었습니다. 아마 열다섯 개, 열네 개 정도는 됐습니다, 이 집덩이만큼 한 통이. 그 통에서 말입니다, 온수가 그렇게 잘 나올 수가 없었습니다. 이게 뒤죽박죽이 되네요, 어떻게. 그런데 거기는, 예를 들어서 우리가 제일 큰 나라라고 하는 데란 말입니다, 제일 큰 나라. 그런데 그 통에서 온수가 나오면서도 그 벽이 전부 유리다 이거야. 유리 같아. 돌인지 뭔지는 모르겠는데 유리 같아. 근데 이게 돌로 된 거는 사실인데 유리 같아요. 그래서 바깥에서 사람이 얼른얼른 다니는데 이 문 쪽으로만 그렇게 비쳤지 이건 안 보이는 유리 같은 그러한 상태가 보이면서 바깥으로는 아주 광채가 나. 말도 못하는 광채가. 이런 사람으로서는 질식을 할 정도로 말입니다. 그러니까 아예 우리한테는 암흑이라고 해도 과언이 아니죠. 눈에 보이는 게 없으니까. 안 보이니까. 그러니까 형체가 있어 가지고는 도저히 힘들다는 얘깁니다. 그리고 기후나 온도, 또는 법도, 또는 계절 이런 것이 전부 달라요. 계절이 없어요. 단지, 그저 있다면 항상 옷을 이렇게 우리처럼 입고 살지 않는다 이런 거예요. 항상 뜨듯하니까요. 아파트에서 살림들 하시죠? 고 셈만 되면 됩니다. 나가도 아파트정도로만 되는 거죠.

(녹음 안됨) … 조록조록 조록조록 달렸었습니다. 그런데 우리 지금 미국이나 소련이나 제일 큰 데라고 보는 데가 그렇게 돼 있었습니다. 그리고 그렇게 큰 통이 있는가 하면 저쪽에는 저쪽대로 작은 통이

있고, 저쪽은 저쪽대로 더 작은 통이 있고, 그렇게 해서 다 살긴 사는데 거기에서도 나쁜 무리들이 있는가 하면, 그 나쁜 무리라는 건 다른 게 없습니다. '내가 이러한 것을 어떻게 발전을 해서 할 수 있으며 다른 데서는 어떻게 살고 있는가? 어떻게 하고 있는가? 그 능력은 어떠한가? 또는 발전은 얼마만큼 했는가? 요량은 얼마만큼 있는가?' 그런 것을 연구하려고 무척 애를 씁니다.

그러면 수성은 사차원이라고 해도 사차원이 훨씬 넘었습니다. 금성은 사차원이라고 볼 수 있겠습니다. 이렇게 얘기해야지 뭐, 별 수 없습니다. 그럼 모든 것은 사차원에서 벌어지는 일들…. 그러면 사차원이 넘은, 사차원 반이 되는 수성. 우린 삼차원입니다.

그런데 이게 무슨 병고입니까? 지금 화성이 있습니다. 화성이 있는데 화성은 무엇을 지금 개발한 줄 아십니까? 어느 생명이 있는, 즉 말하자면 사람이라고 그럴까요? 어떻게 이름을 지을 수가 없죠. 외계인이라고 볼 수밖엔 없죠. 거기에서, 즉 범천의 뜻을 받고 이 은하계를 통해서 화성에 나타났단 얘깁니다. 그러면 이게 화성에 나타나도 북두칠성의 그 뜻이 아니라면 안 됩니다, 또. 그렇기 때문에 거길 거쳐서 여기까지 등장을 해 가지고 지금 3분의 1을 개발하고 있습니다. 그걸 아셔야 됩니다. 그건 아무 때라도 알려지겠죠. 3분의 1은 개발이 됐는데 지금 3분의 2가, 개발이 안 된 것이 3분의 1이라는 얘깁니다.

거기는 어떠한 역할을 하느냐 하면, 지구에서나 이 지금 목성에서는 거기에 터치 못합니다. 마음과 마음을 연결해서 이렇게 동하면 동했지 나쁘게 할 수는 없는데 영향이 어디에 미치느냐 하면 우리 지금 지구에 영향이 상당히 미치고 있습니다. 그것은 어떠한 역할을 하느냐 하면, 그전에 내가 그랬죠. 체 역할을 하고 키 역할을 한다고. 그런 것은 무슨 역할이냐 하면, 즉 말하자면 유전자, 물질 없는 유전자 역할을 합니다. 그래서 여기 지구에 많은 그런 것을, 좋은 마음을 쓰고 그 도리를 알면 목성으로 해서 모든 게 은하계로 통해서 이렇게 해서 상천세계로 이렇게 되지마는, 만약에 그렇지 않다면 지금 우리 지구 안에서 다시 둥글려져야 되는 거죠. 그런데 둥글려지는 것도 좋은데 하나가 나쁘게 했는데 열이 될 수도 있고 백이 될 수도 있다 이겁니다. 그 문제가 있는데 그런 역할을 하는 거죠. 그럼 우리 자연 법계라는 이 문제가 바로 이런 데 있는 것이 아닌가 봅니다.

우리 지금 지구에도 그러한 것이 있는데 저 3분의 1에서 반쯤 둥글게, 북쪽으로 지금, 이 지구의 북쪽으로 법망이 돼 있습니다. 반은 보이고 반은 안 보입니다. 거미줄 얽히듯 했습니다. 여기서 친다면 서쪽으로 돼 있는 부분이 전체에 법망이 돼 있습니다. 그런데 딴 데는, 목성 같은 데는 옆으로 돼 있고 위가 돼 있고 세 군데로 돼 있는데 여기 지구는 두 군데로 돼 있습니다. 서쪽으로 돼 있고 북쪽으로 돼 있다. 남쪽으로는 안 돼 있다 이겁니다.

그러면 지금 화성에는 그런 역할을 하기 때문에 자연으로 생기는 병균이나 이런 것도 아주 많은 역할을 합니다. 타 버리질 않기 때문입니다. 우리 삼차원에서는 도대체 그걸 태울 수가 없는 겁니다. 능력이 부족합니다. 밀어낼 수가 없습니다. 그래서 이 공부를 하게 되면, 즉 말하자면 자석 역할을 해서 그냥 붙으면 타 버리고 붙으면 타 버린다 이런 소리가 바로 이런 겁니다. 그렇게 돼야 될 텐데 아주 쓸모 있는 사람들만이 이렇게 할 수도 있고, 좀 더 쓸모 있는 사람이 많이 나죠, 그렇게 되면.

근데 여기 화성의 역할이 그러한 역할인데 그렇기 때문에, 그러한 역할을 하기 때문에 도저히 여기에서는 인가가 살래야 살 수가 없습니다. 그랬던 건데 요즈음, 여기서 보기에는 북쪽 간방이면서 그게 서쪽으로 한 팀, 북쪽으로 한 팀 해서 요게 3분의 1이라면 거기서 지금 생산이 되고 있거든요. 그런데 그렇게 많은 역할을 이날까지 그럭하고 있었단 말입니다. 곤충들이 수백 개로 나누어지고 이러는 문제들도 그렇지마는, 사람도 애를 열도 낳고, 그렇게 했지 않습니까? 근데 우리가 제압을 안 해도 인제는, 여기에서 만약에 그렇게 개발만 한다면 여기 지구 안에도 그런 곤충들이 많이 생기지 않는다는 얘기죠, 저절로. 지금은 수가 없습니다. 이리로 다 몰아뜨린 거나 진배없는 거죠, 아주.

그럼 전자에 목성에서 가난했을 때에 다 그냥 했듯이 이거는 다 몰아내서 나쁜 건 이리로 다 그냥 해서, 여기서 공부를 해서 위로 올라가고 내려가고 이렇게 해서 자꾸 이게 되는 거죠. 역할이 전부 다른 거예요. 여기에서는 상천으로 가느냐, 중천으로 그냥 떨어지느냐, 하천으로 떨어지느냐 이 문제가 지금 여기에서 시급하게 달리고 있는 겁니다. 그래서 화성에서 그만큼 개발을 하고 있으니까 만약에 앞으로 100년 후라면 아마 거의 개발이 되지 않나 이렇게 보죠. 반은 개발을, 반 넘어 개발을 한다고 볼 수 있겠죠. 지금도 반이 훨씬 넘었다고 볼 수 있겠습니다. 그것은 지구하고 가깝기 때문에 누구나가 직접 거길 통과 안 해 보고는 모를 겁니다.

또 한 가지는, 대충대충 이렇게 얘길 하는데요, 지금 목성에는 목성대로…. 이거 고만둘까요? 오늘은 이만해 둘까요? 그래서 지구에서 사는 법도라든가 모습이라든가 또는 계절이라든가 이런 공기의 그 열이라든가…. 공기의 열이 아주 낮습니다, 여긴. 그러니까 수성이나 금성에서 온다 하면 여기서 못 삽니다. 그래서 화성에는 그림자처럼 그렇게 살다가 지금 개발이 되는 거죠. 전에는 살 수가 없었습니다. 능력이 없으니까 끌어들일 수도 없고 내놓을 수도 없으니까 말입니다. 천지가 먼지투성이고 천지가 암흑같이 그랬으니까요. 그리고 이 지구도 그전에는 암흑이었고 다른 데도 암흑이었죠. 그러나 이것이 천 년, 이천 년, 삼천 년 이렇게 수 겁을 거쳐 오면서 우리는 이렇게 발전한 거죠.

지금은 완전치가 못한 것은 마음을 등한시했기 때문에 완전치 못한 것이지 아주 개발이 완전히 됐다고 보는데, 이 물질적으로만 됐지 지금 정신적으론 되지 않았다는 얘기죠. 그래서 우주적으로 무엇을 하려도 우리는 허가를 딸 수가 없는 거죠. 허가 없는 집을 지었다가는, 정거장을 짓거나 이래도 그냥 타 버릴 수도 있거니와 부서질 수도 있으니까요. 정신적인 이런 공부를 안 했기 때문에 우리는 빈집이 돼서 남한테 항상 침입을 당하고 사는 거죠. 마음의 침입도 되거니와 물질의 침입도 되고 우주적으로도, 혹성적으로도 침입을 당하고 있는 거죠.

그렇기 때문에 실험적으로 실험대에 올려놓게 된 물질적인 이런 인간도 그렇지만 물건도 없어지는 수가 많이 있죠. 그러면 그런 대로 물속으로, 즉 말하자면 뚫렸고, 허공으로도 길이 뚫렸다 이겁니다. 그렇기 때문에 차원이, 우리는 그 길을 모르니까 그 고비 넘겼다 하면 그냥 없어지는 겁니다. 모든 문제가 이 길 아닌 길이 있다는 거를 명심하셔야 됩니다. 그리고 통래가 없는 통래가 있다는 것은 아주 틀림없는 사실입니다. 우리 남쪽으로나 서쪽으로나 동쪽으로, 북쪽으로는 없지마는 그렇게 세 군데로, 우리 지금 이 지구에도 그런 사차원의 구멍이 있다는 겁니다. 그렇기 때문에 세계적으로 구멍이 많이 있으나 아홉 개의 구멍이 전부 있다는 겁니다. 그럼 세계적으로 보면 아홉 개지마는, 우리가 지금 여기에서 본다면, 세 구멍씩이면 얼맙니까? 딴 혹성에는 구멍이 두 개인 데도 있습니다. 목성 같은 데는 두 구멍밖엔 없습니다. 그것은 왜냐하면 자유스럽게 신선이 살고 있다는 얘기거든요.

그럼 오늘은 이걸로써 끝마치죠.

중천세계의 섭류

1986년 3월 5일

요거부터 얘기하고…. 우리가 공부하는 데 있어서 내 마음의 실적을 상당히 깊이 생각하면서, 오로지 지금 공부하는 대로, 모든 것이 주인공에서 일체 만물이 들고 난다는 걸 항상 얘기했죠. 그런데 때로는 남편하고도 각각 생각을 하거든요. 아들하고도 각각 생각, 딸하고도 각각 생각, 부모하고도 각각 생각하거든요. 그건 왜 그렇게 각각 생각을 하게 되느냐 하면 항상 '당신', '나' 이렇게 생각하기 때문입니다.

그런데 사실은 한 나무에 콩이 달렸으니 콩깍지도 똑같은 콩깍지요, 콩도 똑같은 콩입니다. 부모가 자식을 낳고 그 자식이 또 자식을 낳는데, 부모가 자식을 낳았어도 자기를 자기가 낳아 놓고, 자기는 껍데기로서 낳아 놓고도 자기는 죽지 않는, 즉 말하자면 내놔도 내놔도 줄지 않고 들여놔도 들여놔도 두드러지지 않는다 이겁니다. 그렇기 때문에 둘이 아니라는 얘기예요. 자기 모습이며 자기 주인공이에요, 다 통틀어.

이것을 그렇게 하기만 한다면 사람이 모든 지혜와 자비가 스스로 커지게 되고 자기 업, 모든 고가 다 스스로 녹는단 말입니다. 그리고 그 세세한 망상의 습도 홀연히 어느 사이에 다 끊어져서 내가 이 세상에 근본적으로 참, 이렇게 편안하고 이렇게 좋고 이렇게 자유스럽고 이렇게 됐을 때 비로소 화신불이라고 해도 돼요. 그래서 화신불이라는 그 자체는, 우리가 거기에 역시 또 끄달리지 않고 모든 일에 지혜를 넓히고, 그렇게 지혜가 스스로 넓혀지니까 모든 것이 그렇게 세존의 자리를 갖추어 자기가 세존이라는 얘기예요. 각을 이루어서 자기가 세존이 된다는 그런 뜻과 똑같은 얘기예요.

그러면 세존과 나와 둘이던가. 그것도 둘이 아니죠. 그 뜻을 잘 알아야 내가 지금 말하려고 하는 그 뜻을 다 알게 되는 일이죠. 지난번에도 대천세계를 대충 얘기했습니다. 얼른 쉽게 말해서 지금 이걸 중천세계라고 하고 소천세계라고 하고 상천세계라고 합니다. 그것이 한데 모아지면 천이 되고 그래서 '삼천' 해 놓고서 '대천' 이거든. 상천세계만 하더라도 그것은 말로 다 헤아릴 수 없는 것인데 요렇게 우리 중천세계에서부터 얘기를 하겠습니다. 지난번에 대천세계를 대충 얘기했어요.

그런데 어떠한 형으로 대천세계가 놓여 있는가. 또 우리 중천세계는 어떻게 있고 상천세계는 어떻게 있고 소천세계는 어떻게 있는가. 이 지금 우리가 중천세계라고 하는 것은 전체 대천세계에서 나누어진 것을 중천세계라고 하는데, 중천세계에서 상천, 중천, 소천이 또 있거든, 응? 중천에서도 상천, 중천, 소천이 또 있단 말이야. 그러면 우리 중천세계에 상천과 중천, 소천이 거기에 또 들어 있으니 어마어마한 겁니다, 이게.

그러면 그 말 이어 가기 전에, 어저께도 얘기했지마는 오토캐리라고 얘기했죠? 오토캐리 스타. 여기가 은하계라면 이것이 똑바로 있는 게 아니에요. 이 지금 중천세계와 이게 지금 이리로, 이만치 삐뚜름하게 가서 있어요. 이리로 돌아가서 여기에 또 있단 말이에요, 은하가.

또 이리로 돌아가서 또 있단 말이에요. 아래로 뚝 떨어져서 또 있단 말이에요. 그러면 이게 은하가 벌써 셋이에요. 그럼 요 중간에, 이 지금 삐뚤어져 있는 중간에, 우리가 지금 여기를 기준해서 아홉 개라는 혹성이 돌고 있는데 이 중천세계에 규모를 맞춰서 하고 있는 것은 세 개가 이 균형을 잡고 있어요. 그러면 세 개가 균형을 잡고 있는 게 아니라 여섯 개가 균형을 잡고 있다 이겁니다, 이 우주의 균형을. 그렇게 얘기해 두면 좋겠군요, 나중에. 그러면 이쪽 소천세계는 몇 개가 균형을 잡고 있느냐. 세 개가 균형을 잡고 있어요. 상천세계는 몇 개가 균형을 잡고 있느냐. 이것은 아홉 개가 균형을 잡고 있어요.

그런데 이 상천세계와 중천세계의 사이가 이 은하에 이렇게 돌아가서 있으니까 이 은하의 대기권만 떨어진다면 이쪽 대천세계를 바깥에서 돌아가는 외성이…. 이것이 어저께 그저께 얘기한 문제예요. 그럼 상당히 멀죠. 먼데, 이 대기권에서 벗어나기만 했지 어디까지나 여기에 중천세계와 상천세계가 세 군데나 엇갈려서 이렇게 꼬아서 돌아갔거든. 그것은 어떻게 됐느냐 하면 이쪽이 능력이 있으면 빨아들이고 이쪽이 능력이 없으면 빨려 들어가는 겁니다. 그럼 에너지를 잡아들이는 겁니다. 근데 이 외성이 그런 역할을 하고 있는 거란 말입니다, 지금. 그러니까 얼른 쉽게 말해서 우리 지구에도 그런 영향을 받게 돼 있다 이런 문제예요. 그래서 그건 얘기 안 할 수가 없는 거죠.

이 지금 수성이 조그맣다 하더라도, 우리가 더 크다 하더라도 우린 중력이 더 나가지 않아요. 이것은 무겁고, 얼른 쉽게 말해서 석회로 뭉쳐 놓은 거하고 돌로 뭉쳐 놓은 거하고는 천지차이인 거란 말입니다. 작아도! 그럼 그 중력에 의해서 우린 빨리게 돼 있어. 예를 들어서 얘기가 아니라 진짜 그러하기도 하고요. 빛과 중력과 동시에 우리 지구보다 몇 배나 돼 있다 이겁니다. 조그맣다고 '우리 지구보다 조그마니까, 뭐.' 이렇게 볼 것이 아니다 이 소리예요.

엊그저께 얘기한 거는, 내가 뜻으로는 그렇게 생각해요. 그건 뜻으로 부르는 이름밖엔 되지 않아요. 바로 일호에 그 상천세계를, 즉 말하자면 우주 대기권에서 벗어났지만 그 대기권, 즉 우주의 근본으로서 돌고 있는 거니까요. 그러나 자유스럽죠. 대기권에서 벗어났으니까 자유스럽긴 하나, 우리가 이런 게 있죠. 식구가 살다가도 때에 따라서는 대기권에서 벗어나는 수가 있죠. 집을 나가는 수가 있습니다. 나가서 독립하는 수가 있어요. 어느 회사를 중역으로 다니다가도 자기가 대기권에서 벗어날 수도 있는 겁니다. 식구가 살다가도 여자가 뛰어나가든지 남자가 뛰어나가든지 자식이 뛰어나가든지 대기권에서 벗어나는 게 있습니다. 그 대기권에서 벗어나서 자립을 하는 것이 바로 이런 문제가 되는 겁니다.

그러나 대기권에서 벗어났지만 상천세계의 우주의 중력에 의해서 거기에서 자기도 그만큼 길러진 거예요. 예를 들어서 만약에 자석이 큰 돌덩어리처럼 돼 있다면 그 자석에 뭐든지 와서 붙는 대로 붙어 돌아가니까, 붙어 있는 그 자체가 바로 자기를 끼고 또 도니까 그만큼 중력이 커진 겁니다, 인제. 그러니까 자유스럽단 얘깁니다. 자동적이라는 뜻이에요. 자동으로 운반한다는 뜻이에요. 자동으로 돌아가고 자동으로 운반해서 자동으로 산다는 뜻이에요. 그래서 자동으로 사는 성이다라는 얘기죠. 그런데 왜 그렇게 됐는가? 몰라요. 그렇게 돼 있으니까 그대로 얘기하는 것뿐이에요. 뜻으로는 내가 그렇게 알지만 말이에요.

그런데 중천세계의 이 모든 것이, 이 지금 세 은하계가 있는데 우리는 지금 아홉 개가 돌고 있죠. 그런데 지금 은하계를 끼고 도는 것이 아홉 개라고 한다면, 아홉 개 중에서 세 개가 지금 균형을 잡고 있어요, 이 우주 균형을. 이쪽에는 두 개가 균형을 잡고 있죠? 그런데 이쪽의 두 개가 이게, 즉 말하자면 중천세계인데도 상천세계, 중천세계, 소천세계가 여기 또 들어 있으니 지금 여기에 중천세계의 균형을 잡고 있는 것이 세 개라면 균형을 잡고 있는 여기가 또 있단 말입니다. 여기도 이리로 돌아가서 또 있단 말입니다, 두 개가. 그러니 이것이 우리에게 참 너무나 얘기할 수도 없는 광대한 얘깁니다, 이게.

그렇게 돼 있는 것이 여기에서 지금 아홉 개가 돌고 있지만 양면에 지금 이렇게, 이렇게 올라가면서 여기에 균형을 잡고 있거든요, 또. 하나는 이쪽으로 올라가고 하나는 내려오고 말입니다. 이렇게 균형을 잡고 있는 게 있다. 그거는 자체 내에서 생산한 겁니다. 즉 말하자면 이 자체 내에서 우리도 생산하죠? 지구 바깥으로 어떠한 위성을 해 놓고서 씀씀이를 쓸 수도 있고 그러는 거죠.

그러면 우리 대기권에 달도 있고 해도 있고 그렇죠? 그렇다면 돌아가면서 여기는 얼마나 있겠습니까? 여기는 달이 이쪽에, 우리는 하나라고 보는데 여기는 달이 셋이나 되고 해가 그만큼 똑같이 또 셋이 되는 게 아니라 넷이나 된다 이겁니다, 이리로 돌아가서. 그러면 이쪽으로 돌아가서도 또 있단 말입니다, 두 개씩이나. 그런다면 우리 중천세계는 왜 하나냐 이 문젭니다. 이 중천세계에 왜 하나뿐이냐? 하나가 아니다 이겁니다. 우린 여러 개다 이거야, 또. 해가 여러 개다 이겁니다. 이 반사를 응용해서 우리가 자립해서 쓸 수 있는, 즉 말하자면 이게 지구라면 목성 같은 데 이런 데선 자기 내에서 만들어서 쓸 수 있는 그것이 아주 유능하단 말입니다.

우리가 접때도 얘기했죠? 우리는 자립해서 했기 때문에 공 사찰로서 탄압은 받지 않지마는 소속은 돼 있다고요. 그래서 대기권에서 벗어날 수는 없다고요. 그와 같이 즉 자립으로 자꾸 길러 내는 달이 있고 또 해가 있단 말입니다. 그런데 그 해는 어떠한 문제든 지금 이런 해로서 쓰는 게 아닌 해가 그렇게 아주 반사가 돼서 모든 게 이렇게 밝으니까 어떤 것이 해가 아니라고 볼 수 없고, 어떤 게 불이 아니라고 볼 수 없는 거예요. 그러니까 그러한 의미에서 볼 때 이건 수성에서도 달이 있지마는 달이 없어도 해가 가까우니까 거기에서 빨아서 얼마든지 안에 그냥 대낮처럼 쓸 수 있다 이거야.

그럼 생명들이 살고 있느냐? 생명들이 살 것 같진 않죠? 살 것 같아요, 살 것 같지 않아요? 만약에 생명들이 없다면 그 집은 어떻게 지었을까요? 우리가 짓는 거는 모두 지수화풍으로 돼 있기 때문에, 지수화풍이 한데 합쳐지면 거기에서 무슨 질소니 산소니, 무슨 또 수소니 이런 것이 모두 화해서 나오는 그 액체가 바로 가스로다가 그냥 화하거든요. 그러니까 어떻게 말하면 지수화풍으로 한데 합쳐졌기 때문에 능력이 생긴 것이란 말입니다. 그렇기 때문에 '삼천' 해 놓고선 '대천' 해 놓은 게 아주 똑같이, 어느 것이 틀리지 않게 이쪽도 지수화풍이요, 이쪽도 지수화풍이요, 이쪽도 지수화풍이요, 이쪽도 지수화풍이라면 우리가 하나하나 만들어 내는 것도 지금 지수화풍으로 만들어 냈단 말이야.

이런 것도 지수화풍 안 낀 게 어딨어? 전부지. 전부야, 하여튼. 차 오고 가는 것도 전부야. 지수화풍 안 들어간 게 없어. 그러니 어느 거 하나 만들어도 자연의 그 평등을, 이렇게 균형을 잡아 가면서 똑같이 넷이 한데 모였다면 어느 걸 만들어도 네 개가 다 똑같이 들어가게 만들었거든. 이게 동업을 하는 것도 아주 교묘하게 동업을 했거든. 이것이 자연의 법칙이다 이거야. 동업하는 것도 참, 조금도 틀어져서도 아니 되는데 요거는 아주 그냥 조금도 틀어지지 않게 균형을 잡아서 요만한 거 하나를 내놔도 지수화풍으로 다 되게끔 했거든.

그래서 중천세계의 우리가, 지금 여기에서 아홉 개가 돈다면 여기에선 열세 개가 도는 폭이에요. 그렇다면 이 열세 개가 도는 거하고 아홉 개가 도는 거하고 따진다면 여기에 지금 아홉 개 중에서 이 혹성을 끼고 도는 외성이 또 있단 말입니다. 얼마나 많은지 모르는 데다가, 대기권에서 벗어난 그러한 조그만 것들이 돌아다니면서, 조그마한 물체가 바로 자석의 덩어리라면 조그만 것들이 돌아다니면서 또 같이 다 모여 가지고서는 모두 한 클럽을 만들죠? 고런 것처럼 돼 가지고 있는 것이 그렇게 때로는 나쁜 행동을 많이 한다 이겁니다. 그 나쁜 행동이라는 거는 꼭 나쁜 행동을 하려고 해서가 아니라 다른 대기권에서 벗어나서 자유스럽게 살다 보니까 망종을 한다 이겁니다. 그러니까 안하무인이다 이거야.

그러니까 대기권에서 벗어났기 때문에 어떠한 문제를 일으키느냐 하면, 지구라든가 또는 다른 혹성이 돌아가는 대로 대기권에서 벗어나지 않고 가는 놈의 차를 갖다가 대기권을 생각 안 하곤 그냥 들이받는 거 있지. 그러한 문제를 낳는다 이거야. 발생한다. 그래서 차 사고가 나듯이 그런 문제가 생긴다면 그 안하무인 덩어리는, 즉 말하자면 그 집채 같은 거는 수십 채가 한데 합쳐진 거니까 너무 전력이…. 그리고 대기권에서 벗어나서 마구 돌았기 때문에 그 악령한 세력은, 치는 데는 뭐 있거든. 그렇기 때문에 거기에 쪼금만 닿아도 안 되지마는 우리가 이런 공부를 하게 되면 그 조절을 다 할 수 있단 얘기야.

벌써 여기에서, 지구라면 지구에서 어떠한 문제가 이렇게 발생했다. 야, 이것을 뭐라고 이름을 짓더라? 나는 그런 걸 보질 않았기 때문에…. 지금 혜성이라든가 뭐, 그런 게 이렇게 온다 이런다면, 그것이 치면 바숴진다 이런 말들을 하거든요. 그때 언젠가도 한번 혼란이 있었어요. 지구를 따라서 이렇게 그냥 오게 돼서 큰일 났다고 그런 소릴 들었거든요. 그때에 나도 그런 생각을 했어요. '벗어나면 되지, 뭘 그래?' 이런 생각을 그냥 순간 하고 말았죠. 그 순간 하고 만 그것이 그렇게 가벼우냐 하면 중력이 상당히 무겁거든요. 깊이 생각을 해야 돼요. 그리고 거짓말로 알아서는 안 돼요.

그래서 그런 것이 수없이 떠다닌단 얘깁니다. 그런 것도 많지마는 조그마한 것들도 수없이 떠다니거든. 그것은 거기에 공기가 있다면 이것이 가라앉거나 뜨거나 터지거나 어디로 빠져나가거나 이러한 문제들이 중력에 의해서 좀 달라지겠지마는 뜨기만 하면 그건 아무 데로나 그냥그냥 돌아가. 돌아가, 그냥. 그냥그냥 막 돌아가, 그냥. 뭐, 시간과 공간도 없이 막 돌아가는 거야, 그냥. 그래서 그렇게 되는 문제들이 많기 때문에 우리는 거기에서, 우리 마음의 대기권에서 벗어나면 안 된다 이거야, 우리도. 그러면 그 대기권에서 벗어난 것들을 어떻게 해할 수 없어. 해하려고 해하는 게 아니라 될 수 있으면 밀치고 좀 한마음이 되려니까. 그것도 생명이 있는 거거든. 우리도 자석이고 그것도 자석이라면 맞먹어 돌아가니깐 절대로 거기 맞붙어 돌아갈 수가 없어. 미는 힘과 당기는 힘이 같으니까 역시 거기에서 젖 수가 없다 이거야. 이거는 대천세계의 근본 문제다 이거야. 그렇기 때문에 거기에 대항할 수가 없는 거야, 모든 물질이. 한 점의 마음이 그렇게 무서운 거고, 대천세계의 그 한 상투의 동곳이 그렇게 무서운 거예요.

그러면 우리 그 마음과 마음이 그렇게 돌아가는 동시에 우리는 이 아홉 개 혹성이 돌아가는 데에 균형 잡고 있는 것이 세 개나 있고, 그렇게 균형을 잡아서 우리가 이렇게 돌아가는 동시에 수성 위 저 건너편으로 대기권을 벗어나 있어도, 그것이 자유스럽게 돌아간다 하더라도…. 우리 지금 지구 바깥에다가 모두 설치해 놨어요. 어떠한 설치를 해 놨느냐 하면 비디오나 무슨 이런 거, 어디서 뭐가 또 지구에 닥쳐오지 않나 해서 뭐, 이런 걸 전부 세워 놨거든. 그러면 지금 바깥에 세워 놓은 것이 한쪽에 두 개씩 붙은 것을 놓고, 한쪽에는 세 개 역할을 하는 거를 한꺼번에 놔 놓고, 하나는 하나대로 지구의 근본을 지키기 위해서 놔두고, 이런 것이 세 개나 돼 있다고 봐요.

그런데 그렇게 돼 있으면서도 우리가 지키지 못하는 이치가 있거든. 우리 중력이 세지 않기 때문에, 만약에 다른 혹성에서 비행기를, 위성을 띄웠다 하면, 그게 우리 중력보다도 더 세면 이걸 뚫고 들어올 수 있어요. 그렇기 때문에 문이 있는데도 그 능력에 의해서 문이 없고, 능력이 없으면 문이 있다 이거야. 문이 있어서 들어갈 수가 없어. 우리도 역시 능력이 있다면 사방이 터졌고 문이 없고, 능력이 없다면 문이 너무 많아서, 걸리는 게 많아서 전부 문이라. 그래서 "문이 많은 데에 문 찾기 어렵고 문이 없는 데서 문 찾기 어려우니라." 이런 말이 있어요.

이런 말이 있는 게 아니라 지금 내가 하는 거죠. 그거나 똑같아요.

그래서 나 하나를 깨쳐서 이 세상을 똑바로 본다면 이 우주의 섭류도 역시 따라온다 이거예요. 한 자석에 전부 따라와서 명경에 비치듯이 말이야. 반사로 인해서 명경에 비치듯이. 그러면 요만한 거 하나 틀린 게 없거든. 한 눈으로 보는 거는 요만한 거 하나 틀리는 게 없는데 부분적으로 보는 거는 틀리는 게 너무 많아. 지금 과학자들이 말해 놓은 게 어떤 때는 맞고 어떤 거는 틀리는 원인이 있어요. 이게 고정되게 그냥 있질 않기 때문에 틀리는 일이 여간 많지 않아요. 일 년에 한 번씩 변동이 된다는 문제도 우리는 생각해야 돼요. 그러니 아무리 말을 해 놓아도 말을 해 놓고 돌아서면 또 변경이 되고, 말을 해 놓고 돌아서면 또 변경이 된다 이거예요.

그러면 지금 있는 그 어떠한 혹성, 우리 지구도 이만했다 한다면 그 품이나 또는 둘레나 무게나 이런 거는 우리 지구 같은 이런 가까운 데 거는 상상할 수가 있지마는 먼 데 있는 걸 위성을 돌려서 측정을 하려면 어딘가가 틀려도 틀리는 거야, 이게. 그런 거는 그렇게 돌아가는 걸 보고 딱 컴퓨터로 해서 이 둘레라든가 품이라든가 또는 중력이라든가 이런 거를 잴 수 있으나 그것도 쪼금쪼금 틀려 들어가는데, 만약에 이것이 그대로 있지 않다면 어느 때에 가서는 또 해야 된단 말이야. 한쪽이 만약에 이지러졌다든가 또 뭐가 부딪치면 부딪치는 대로, 즉 말하자면 이 허공에 공기의 그 압력이 얼마나 센데…. 그래서 지금 비행기가 이렇게 곧장 뜨지 못하는 원인이 거기에 있거든. 압력이 세서 그냥 터질 테니깐 말이야. 그러니까 그만큼 압력이 센 데에 그것이 돌아다니려니 얼마나 고생이 많겠소. 허허허, 우리 지금 사람이 고생을 하고 돌아다니듯이.

그래도 기준권에선 벗어나진 않잖아요. 여러분이 이렇게 왔다가도 자기네 집으로 다 들어갑디다, 저녁에 보니까, 응? 들어갔다 나와서 또 돌아다니다가 또 들어가고 이럭하던데. 그러니까 그것이 항상 들어가 있는 것만도 아니고 나와 있는 것만도 아니고, 항상 24시간 돌아간단 말이야, 이것이.

그래서 이 모두가 지금 지구에 달은 달대로 천연적으로…. (녹음 안됨) 우리가 자기 자립성을 길러서 연구해 가지고 달을 만들지 못했기 때문에 문제는 있는 거다 이겁니다. 그러면 과학자들의 책임이냐. 그것도 아닙니다. 우리가 이 공부를 못했기 때문입니다. 물질과학으로만 등장을 했기 때문에 그것이 그렇게, 천연적으로 빛을 내고 천연적으로 달이 그 성주의, 즉 말하자면 대천세계의 그 동곳으로 말미암아 이렇게 해서 탁 터지면서, 쪼개지면서 그 모두가 그냥 한 점의 생각으로 뭉친 그 능력으로 그렇게 되는 거지 이게 그냥 이렇게 된 게 아니거든. 하다못해 우리가 가사일을 이렇게 하는 데도 그게 살림이 그냥 되는 게 아니야. 한생각으로 몸뚱이가 왔다 갔다 함으로써 그것이 모두가 정돈되고 돌아가는 거지. 그러면 그 파산시키는 것도 마음이요, 갖다 정돈을 시키는 것도 마음이다 이거야. 그럼 이게 자연이라고 하는데 자연이면서도 이것은 어디까지나 한 점의 그 능력이 없다면 안 된다 이거야.

그렇기 때문에 양면에 달이 있다면 얼마나 좋을까 하는 것도 있지만 이게 지금 비추면서 돌아가고, 이리로 가고 이리로 가고 이렇게 해서도 너무나…. 우리 지금 이 세계를 가지고 하나의 지구 이것만 돌아가고 있는 것 같지마는, 상대적으로 돌아가기 때문에 서로가 반사가 돼서 다른 데서도 비추면서 우리가 영향을 받고 있다 이거야. 왜냐? 달에서 영향을 받고 또 지구에서 영향을 받고, 이렇게 해서 다 이게 겸해서 돌아가니까.

그러니 이 해라든가 달이라든가 이런 것도, 해라는 것이 조그마한 달이라든가 지구라든가 이런 거에는 수백, 수천 배가 된다고 보죠. 무지하게 크다고 볼 수 있겠죠, 해가. 그렇지만 이 은하계에서 동떨어진 그 거리가 얼마나 멀겠습니까. 지난번에 얘기했죠? 그래서 거리가 그렇게 떨어져 있으면서도 우리가 보기에는 같이 붙어 있는 거 같죠. 해도 우리의 지구에 비한다면 그 중력이나 크기가 몇 배라고 그럴까요? 말할 수도 없어요. 한 몇 배라고 그럴까? 한 삼천? 삼백? 삼십? 팔! 팔 배나 돼요. 팔만 팔십, 아니 삼백삼십팔 배. 그렇다면 얼마나 더 크죠?

그래서 이 많은 문제들이 있지마는 지금 공부하는 사람들이 공부를 해서 이것을 잘 응용한다면, 이 대기권에서 이 우주를, 지금 균형이 잡혀 있는 것도 한쪽으로 조금 기울어졌거든요, 이것이. 우리가 집을 지을 때 주춧돌을, 기소를 잘못했으면 이것이 기울어지듯이, 기소 하는 그런 문제가 아니거든요. 이 마음으로써, 한 점의 마음으로써, 능력으로써 이게 되는 거기 때문에 한쪽이 기울어졌다 이거야. 왜 기울어졌느냐? 우리는 어디에서 영향을 받았느냐 하면, 그거 아까 얘기했죠. 저 상천세계의 중력에 의해서 우리는 그렇게 찌그러지고 말았다 이거예요. 이 균형이 찌그러진다 이거야. 균형이 잡히질 못한다. 그런다면 지금 균형이 잡히지 못하는 반면에 지구가 돌아가는 것도 조금씩 조금씩 드틴다. 하루에 삼 초라면 그것도 여간 많지 않아.

우리 모든 문제가 그렇게 돼서 이쪽으로, 이쪽으로…, 물론 똑같이 셋이 나란히 있는 건 아니에요. 그러나 이것이 이렇게 돼서 이렇게 돼서 이렇게 됐다면, 여기에서 또 이렇게 돼서 이렇게 되고, 이렇게 해서 위가, 대천세계는 위로 이렇게 있으면서 위의 끄트머리만 저 아래로 닿는데 이 위가 똑 저 삿갓 쓴 것 모양으로 돼 있거든. 한쪽이 적고 한쪽은 저 아래로 쑥 내려갔으니까. 그러니까 이것이 위야. 이것이 지구든지 뭐든지 그냥 뚱그렇게 생긴 게 아니에요. 항상 이 위가 옆으로 그렇게 됐든지 또는 위로 그렇게 됐든지 꼭 위에 저게 있어요. 머리 올려서 여기 이렇게 수북하게 해 놓은 것처럼 돼 있다 이거야. 그것이 뭐를 말하느냐. 거기에 모든 그 혹성의 바깥에서 오는, 즉 말하자면 우리 세포가 있죠? 머리가 있죠? 그러니까 머리로 또 우리 다 일해 나가죠?

이 몸뚱이를 다 가꾸고. 이 머리로다가 하는 그런 역할을 해요. 그리고 그런 역할을 하는 반면에 이 세포의 모든 이것이 균형이 되고 정맥 동맥이 그냥 오르락내리락 정상적으로 하게끔 하는 것도 바로 여기 이거라.

그래서 이 지구에도 세 군데가 그렇게 균형이 잡혀 있단 얘기예요. 만약에 이 지구 대기권에서 벗어나면 사람이 온데간데없고 물건도 온데간데없어요. 공중으로 하나, 물로 둘 이렇게 해서 세 개가 그렇게, 이렇게 엇갈려서 있거든. 다른 혹성하고 이 빨리는 힘이, 이쪽의 힘, 이쪽의 힘이 이렇게 대기해서 있을 때는 이게 아주 안 보이지마는 여기서 빠는 힘에 의해서 달리거든. 그런 구멍이 세 개나 있다 이겁니다. 물로 둘, 공중으로 하나, 이렇게요. 그렇게 돼 있는데 우리 이 지구만 그런 게 아니거든요. 그러니깐 어떤 혹성이든지 될 수 있으면 자기 능력을 키우려고 무지하게 그 안에서 애를 쓰는 거예요. 자립하는 거예요.

우리도 지금 지구 안에서 세계적으로 볼 때 이 나라 저 나라에서 자기네를 일으켜 세우려고 얼마나 애를 써요. 수상이라든가 또는 대통령이라든가 이런 사람들은 말만 다르고 이름만 다르지 다 똑같은 일들을 하고 있죠. 그래서 똑같은 일들을 하고 있는데 그만큼 서로 생산을 하고 서로 연구를 하고 서로, 네가 쳐들어 오면 내가 치겠다 하는 그것 때문에…. (녹음 안됨) … 달했다는 얘기죠, 화성이나 목성이나 토성이.

그러면 이것은 믿어도 좋고 안 믿어도 좋지마는 요 세 개, 요 세 개, 조 세 개 이렇게는 항상 같이, 즉 말하자면 자기의 소임도 그렇게 맡아 가지고 있을 뿐만 아니라 우리의 식구라는 그러한 뭐가 꼭 있다는 얘깁니다. 그럼 지구, 금성, 수성인데 이 금성에서 양면을 다 지금 조절하고 있는 소임을 맡아 가지고 있다고 해도 과언이 아니고, 이 지금 여기에서 목성…. (녹음 안됨) 화성과 토성이 다 요렇게 잘하는데 이것은 벌써 예전에 여기 이 목성의 대기권을 벗어나지 않고 있던 위성에서 들이 압력을 딱 빨아 냈단 말이야. 빨아 내니까 거기로 그냥 쏠려서 다 가고 거기는 발전이 탁 되고선 여기는 그 살던 생명들이 다 앗아진 거야. 흔적은 있으나, 흔적이 지금 남지도 않았지마는 반 이상은 흔적이 지금 있고, 그 흔적이 있어도…. (녹음 안됨) 잘하려고 무척 그, 체가 없지마는 상당히 그 마음으로 인해서, 생명으로 인해서 돌다가 결국은 목성으로 인해서 다시 깨상하게 됐다 이거야. 나중에 알고 보니까 그것이 인제 사람이 잘 못살다가 잘살다 보니까 좀 주기도 하고 그럴 수도 있는 거죠. 그러니까 역량을 빼 갈 게 없는 데다 이쪽에선 아예 부족하거든. 우리가 동네에서 굶고 그러는 사람이나, 옆집에서 굶을 때에 주듯이. 그래서 그런 역량으로 지금 앞으로는 번성하게 돼 있다는 얘기죠.

그래서 지금은 그 센 바람도 좀 자고, 모든 일을 잘 이렇게 해 나가고 있는 거죠. 앞으로 그러한 문제들이 생긴다면 또 뭐를 하나 조절을 해야 하느냐 하면, 모든 악성이 생긴다면 아니 되죠. 우리 지구하고도 멀지 않으니까요. 오히려 화성과 지구와는, 이게 뜻으로는 내가 볼 때 아예 이게 돈절됐다는 얘깁니다, 가까우면서도. 왜 그런가. 이 대기권에서는 같이 벗어나지 않고 돌아가지마는 우린 우리 게 있고 내 게 있고 네 게 있기 때문입니다, 마음이. 예를 들어서 마음으로 비유합니다. 그래서 혜택이, 여기에서 발전을 하고 그래야만이 좋은데 도대체 우리는 여기 역량을 하나도 얻어 오는 게 없어요. 단지 있다면, 마음공부 한다면 여기에 숨어 있는 그 모든 능력을 우리는 채울 수 있는 거죠.

여기 금성에, 즉 말하자면 사차원이라고도 볼 수 있어요. 사차원이라면 우리의 지금 삼차원, 일차원 이렇게 지금 있는 거죠. 그럼 여기에선 중천세계라고 또 볼 수 있겠죠. 여기 중천세계에선 아주 대가 세거든. 아버지 엄마는 벌써 이미 먼저 났기 때문에 좀 쇠하고, 이렇게 물건들이 쇠하고, 마음은 익었지마는 힘은 없어지죠. 그 아들이 번성해서 그 아들을 또 낳고 이럴 때에 지금 젊은이들이 한창 위아래를 해 나갈 수 있는 그런 능력을 가졌듯이, 그러면 그런 능력을 우리가 가졌는데, 그것이 통틀어 이렇게 돌아가면서도, 삼합이 돌아가면서도 우리는 항상 여기에 영향을 받습니다. 딴 데 그 외계에서는 그러한 문제들이 너무 자동적으로 돌아가고, 자동적으로 하기 때문에 상당히 공업적으로다가 발전이 되고 그래서 무슨 위성을 하나 내서 그 먼 데서도 여기에 빛처럼 그렇게 다니니까 우리는 감당해 낼 수가 없는 거야. 하나라도 자기네가 이익하게 가져가면 가져갔지 도대체 우리에게 이익한 점이 하나도 없는 거야. 자꾸 빨리는 거야. 붙어 가면 붙어 가지 우리가 뺏지는 못하는 거야. 만약에 지금 그것이 쇠라면 우리는 지금 솜이란 말이야, 솜. 돌이 아니라 솜이야. 솜 뭉쳐 놓은 게 아무리 큰들 쇳덩어리 이만한 거밖엔, 솜을 갖다가 이만큼 뭉쳐 놔도 저 쇳덩어리 요만한 것만 못해. 그런 데다가 세 배나 곱이 되니까 말이야. 세 배나 되니까.

그걸로서는 여기에서 또 고만 그치고요, 그렇게 어마어마한 거를 그저 조금씩 조금씩 이렇게 얘기를 하면서 어디까지 갈는진 모르겠어요. 그렇지마는 우리가 이 마음을 깨달으면 이 한 점의 마음이…. 그래 이런 말이 있죠. "이 산 저 산 한 산 푸른 산, 한데 모아 상투 틀고 주장자를 동곳으로", 이 상투 끝을 그냥 꿨단 말입니다. "한데 꿰니 대장부 살림살이 이만하면 족하도다." 하는 그런 말도 내가 가끔 하죠. 세상에 대장부 살림살이 이만하면 됐지 뭘 그러냐 이거야. 이 세상에 나서 내가 어디서 왔는지, 어디로 가는지, 내가 지금 어디 있는지, 무엇을 하고 있는지 그것을 알 때, 시간과 공간도 둘이 아니라는 것을 알았을 때 대장부 살림살이 이만하면 얼마나 족할까.

그래서 부처님 발은 평발이 돼서 한 발로 디뎠고 손 없는 손이 이 온 우주를 아니 닿는 데 없이 닿는다. 한 눈으로 어디 아니 닿는 데 없이 보신다. 아니 닿는 데 없이 듣는다. 아니 닿는 데 없이 냄새를 맡는

다. 그럴 때에 냄새는 무슨 이런 냄새가 아니야. 지난번에도 얘기했지만, 항상 그게 괴상하게만 들릴는지도 모르지만 지금 시쳇말로다가 얘기를 해서 "아이고, 팔만대장경의 그 말하곤 죄 틀리는데?" 이렇게 얘기하는 사람도 있겠죠. 허다히 많아요. 그러나 나는 지금 사람이야. 예전 사람도 아니고 지금 사람도 아니고 미래의 사람도 아니야. 왜? 여기도 있고 저기도 있고 저기도 있고 저기도 있고 나 아닌 게 없으니까 말이야. 예전도 아니고 이후도 아니고 지금도 아니야. 나라는 것 세울 게 없다고 말한 것은 바로 평발로 딛고, 딛는 사이 없이 평발이라 이거야.

그래서 이런 말을 가끔 하지마는, 이 산 저 산 푸른 산, 한 발 들어 내려딛고 한 손 들어 천지 삿갓으로 쓰고 말이야, 덮고, 해와 달을 이 주장자로 모두 걸어서 메고 물 한 그릇 떠 마시니 이 대장부의 살림살이 뭐, 고만이지. 족하지, 뭐. 뭘 바라겠어? 여러분이 먹는 게 바로 내가 먹는 것이요, 여러분의 껍질이 내 껍질이요, 여러분의 그 주인공 자체가, 주가 바로 나요, 또 내 주가 당신네들인데 당신네들은 그렇게, 그렇게 같이 돌아가는 줄 모르고 있기 때문이라 이거야. 당신을 모르는데 어떻게 같이 돌아가는 줄 알아?

만날 그저 '부처님, 날 좀 잘되게 해 주세요. 우리 아들이 이렇게 아프니깐 잘되게 해 주세요.' 무슨 어디가 어떻고 어디가 어떻고 이러고 비는 거, 요런 귀신 짓들이 어디 있어요, 세상에! 나는 그런 것처럼 싫은 게 없거든요, 그전부터. 그래서 무당 집에 가서 무당 없애 주기 일쑤고. 내가 말을 해서 없애 주는 게 아니야. 스스로 안 되게 하니까. 그러고 괜찮게 되면 될 거 아니야? 구태여 말을 하고 인심 잃고 그럴 필요가 뭐 있어?

그러니 여러분도 집안에서 남편한테 인심 잃지 말고, 말하지 말라 이거야. 그리고 주인공이 같으니까 네 주인공에다 해라 이거야. 모든 걸 맡기고 그렇게 해. 안으로 굴려! 왜 바깥으로 말을 해 가지고 인심을 잃어? 그러고는 싸움이 나? 그러고 부화가 들어 가지고 자기도 속상하고 상대방도 그렇고. 그러니까 애들조차도 부모가 저러니까 자기들도 또 한방으로 그냥 슬며시 들어가서 맘 좋지 않을 거고 쾌활하지 못할 거고. 쾌활하고 재미있게 살지 뭣 때문에 그렇게 사느냐 이거야.

그래서 씨앗을 보는 건 돌부처도 돌아앉는다고 그런 게 뭐냐 하면 그것이 아마 제일 마음이 아팠던 모양이야. 그렇다 할지라도 사람이 좀 넓게 놀려면 그거를 오히려 마음을 편안하게 해 주면서 걸리지 말라 이거야. 왜 남의 마음을 상케 해 주면서 그렇게 하느냐 말이야. 그렇기 때문에 사람이 마음이 항상 그렇게 걸리지 않게, 쾌활하고 재밌게 살라 이거야. 그렇다고 해서 나가서 그러라는 게 아니라, 보통 여자들이란 뭐, 그럭할 수도 없겠지마는 남자들이란 그런 예들이 많지. 그런데 이것을 갖다가 온통 발각이 꼭 되게끔 하거든. 그게 무슨 짓이야, 응?

나는 가끔 생각을 해요. 나는 배우기 위해서 모든 것을 수집하기 위해선 어떠한 일에도 뛰어들었거든. 세상에 누가 욕을 하든 말든 그런 거 아랑곳없어. 그럴 때는 속으로다가 그 피가 여기에서 주르르 흐르지. 나는 하나의 그 근본을 내가 캐고 또 근본의 수집을 하기 위해서는 모든 걸 다 알아야 되겠다는 생각으로 그냥, 갈팡질팡이 아니라 그냥 밀고 나가니까 뭐, 눈에 보이는 게 없어, 누가 욕을 하든 말든. 그러니까 그 눈물이야 피지. 남이야 내 속을 어떻게 알겠어. 그림자만 보고 모두 "그림자가 저쪽으로 가네, 이쪽으로 가네." 할 테지. 그런데 그 마음이야 요지부동이고 그 밀고 나가는 힘이야 참, 피가 돼서 온 바다를 시뻘겋게 만든 그런 때도 있었거든.

사람이 노력 없이, 집념 없이, 패기 없이, 믿음 없이 그렇게, 감사한 줄 모르고 사랑을 모르고 이러는 사람이 어떻게 세상을 올바로 볼 수 있으며 또 올바로 이끌어 가지고 나갈 수 있는가. 그리고 우주의 세계, 그 밝은 세계를 볼 수 있는가. 우주의 세계뿐만 아니야. 여기에서 바로 저 남의 집을 들여다보려도 거죽만 이렇게 보이고, 또 저 너머 산에 있는 집들을 보려면 산이 가렸으니까 또 못 보잖아. 산도 올바르게 못 보잖아. 옆면도 못 보고 뒷면도 못 보고. 그러니깐 달도 그래. 지구하고 맞먹어 들어가니 어떻게 그것을 마주 쳐다볼 수, 뒷면을 볼 수 있겠는가. 그러니까 마음으로 봐야 되는 그 밝음. 바로 내 마음에서는 그 달을 전체 볼 수가 있잖아. 지구도 전체 볼 수가 있잖아. 지구 바깥에서 지구를 봐 봐. 얼마나 똑바로 보이나. 그래서 이지러진 것도 몰랐지. 그러나 사람이 또 이지러진 건 알 거야. 사람이기 때문에 그 마음이라는 게 싹트기 때문이야. 그래서 계발을 해서 그렇게 모두 알 거야, 인제는.

그걸 짝 벌려 놓으면 똑 뭐 같을까? 그래서 짝 벌려 놓으면 이렇게 이렇게, 이렇게 이렇게, 이렇게 해서 밑이 이렇게 됐단 말이야. 그래서 이렇게 합쳐 놓으면 위가 이렇게 이렇게 이렇게 돼, 상투처럼. 그러니까 모든 것을 우리가 똑바로 보고…. 내가 이것을 결정해서 이렇게 말하는 것도 만약에 똑바로 보지 못하고 그 책정을, 똑바로 결단을 내리지 못한다면 이건 얘기할 수도 없어. 그리고 내가 얘기하는 것도 이게 틀릴 수가 있어. 왜? 백 년이든지 오백 년이든지 천 년이든지 지나면 어느 때에 가면 이게 또 변경이 돼. 중천이 변하느냐, 삼천대천이 다 변하느냐, 이 문제가 있는 거야. 그럼으로써 어느 혹성 사이에 무리가 오면 끼울어질 수가 있어. 이 혹성이 끼울어진다면 그 세계가 물속으로도 들어갈 수 있고 또 육지로 나올 수도 있는 거야. 이게 정확하게 돌다가 만약에 한 바퀴 휘칵 돌아 버린다면 이거는 그냥 바다가 육지가 되고 육지가 바다가 되는 거야. 이만큼 귀중하단 말이야, 이것이. 그래 나중에 균형을 잡고 보니깐 그렇게 된 거야, 또.

그러니 사람이 집안에서 재미있게 살다가 만약에 한번 잘못돼서 그냥 휘딱 넘어간다면 이게 한참 그냥 하다가, 바로 다시 마음을 정돈하고선 바로 섰는데 벌써 그땐 때가 늦어서 집안이 홀칵 뒤집힌 거야.

허허허…. 그러는 거나 똑같다 이거야.

그러니 여러분이 저 먼 데만 있는 게 아니라, 저 우주 삼천대천세계가 먼 데 있는 게 아니라 내 마음 가운데에 있다. 이 마음 가운데에 삼천대천세계, 중천세계 소천세계 상천세계가 다 이 한 점의 마음에 있으니 그 얼마나 광대무변하고 좋을시구냐 이거야.

그럼 오늘은 이걸로써 마치겠습니다.

우주 개발국으로의 발전

1986년 3월 6일

난 이 세상에서 몸을 받아 가지고 이렇게 여러분과 같이 났어요. 그런데 난 예전부터 이런 생각을 해 왔어요. 모든 사람이 이 우주의 모든 일체를 알 수 있게끔 하려면 끌어내려서 한 이름만 대면, 우주의 일체의 이름만 대면 모든 것이 컴퓨터에 나오게끔 해서 모든 사람이 연구할 수 있는 그 재료를 만들어서 이 지구에도 그렇고, 지구라는 건 여기에서 이름을 붙인 거지마는 말입니다. 하여튼 여러분에게 이익이 돌아가고, 살아나가는 데 수억겁을 거쳐 나간다 하더라도 손색이 없이 만들 수 있는 그런 기초적인, 즉 말하자면 개발국으로, 우주 개발국으로 만들 수 있는 계기로 성장시켰으면 했죠. 30년, 40년 전부터도.

그런데 사람들이 인정을 안 하고 이름도 모를 뿐만 아니라 모든 상태를 하나도 모르니까 결국은 내가 이런 작업을…. 모든 사람들이 할 수 있는 과학이 발전된다면, 또 과학이 조그만큼 발전해서도 아니 되고 모든 발전이 이루어지기를 생각하면서 사람들이 그 마음의 깨침을 성실하게 해 오기를 바라고, 어디에서나 마음의 계발이 돼서 모든 역할을 할 수 있는, 만법의 기능을 가지고서 우리가 해 나갈 수 있는 그런 기력을 갖게 해 줄 수 있는 법은 어떤 것인가 하고 무척 사모해 왔어요. 거기에 만법이 다 하면 우리가 우리 몸을 가지고 지탱하고 나가는 길로부터 모두가 해당이 돼요. 우리가 더 오래 살 수도 있는 그런 문제들도 있죠. 하지만 그런 것도 다 욕심이죠. 저절로, 자연으로 우리들 수명이 그만큼 동등하게끔 이렇게 만들 수 있는 작업이 그렇게 쉽지 않습니다. 사람들이 모두 믿지들을 않아요.

내가 엊그저께서부터 이런 말을 하게 된 것은, 여러 가지 말할 필요가 없다고 보지마는 대충은 얘기해 둬야 되기 때문입니다. 여기에서 지어서 부르는 이름을 가지고 컴퓨터에다 넣으면 안 나옵니다. 한마디만 하면 수집이 되는데 몇십 년, 아니 15년씩 인공위성을 띄워서 그럭해서 천체망원경으로 찍어 나오고 천체무전기로써 소리를 듣고 그렇게 해서 그게 될 일이 아니거든. 그렇기 때문에 컴퓨터의 성능이 여섯 가지의 성능으로 갖추어진 그런 컴퓨터가 생긴다면…. 지금 네 가지의 성능을 가지고서도 그만큼 해 나갈 수 있죠. 지금은 그러해요. 그런데 요즈음 와서 다섯 가지를 보충했다는 점이죠.

그러면 만약에 이것이 지구다 이런다면 지구국에, 지구 혹성에, 즉 말하자면 혹성이라는 거는 우리가 지은 거지마는 말입니다. 혹성에, 여기에 무슨 소련국이나 또는 미국이나 이런 이름이 갖추어져야 하고, 그 안에 말하자면 정치를 해 나가는, 즉 청와대, 이렇게 이름이 붙어져야 이 컴퓨터를 눌러서 수집을 다 할 수 있는 거죠. 그렇죠? 우리가 이름을 넣지 않으면 컴퓨터에 안 나오죠. 그 사람들 모든 내력이 말입니다. 그와 같이 어느 때에 뭐를 했고 뭐를 했고 이것이 다 나오지 않습니까? 그렇기 때문에 그러한 것을 우리가 간단하게 수집할 수 있는 문제가 여기에 있다고 봐요. 이것을 너무 값싸게 들어서는 안 돼요. 이것은 너무 어마어마한 말, 말이 아닌 말이에요. 그렇다면 우리는 지금 저 은하계를 끌어다가 여기에서 모든 일거일동, 세포까지도 알 수 있는 겁니다.

그런데 모든 망원경으로, 천체망원경으로 인공위성을 띄워서 봐도 거미줄같이, 이 육안으론 보이지 않죠. 거미줄같이 망이 쳐져 있는 것이 저게 뭔가 할 정도거든요. 그렇다면 그것이 우리의 컴퓨터, 천체망원경으로, 또는 천체무전기로서 그것이 해당됩니까? 우리가 거기 사람이 돼 줘야만이 이 컴퓨터를 눌러 알 수 있는 겁니다. 내가 만약에 거기 회사의 회장으로서 돼 있다면 그 회사 내용을 다 알 것이고, 어느 은하계의 성주로다가 내가 돼 있다면…. 지금 그 성주라는 말도 여기에서 쓰는 말이에요. 그래서 거기서 쓰이는 이름을 똑바로 알아야 여기 컴퓨터를 눌러도 거기의 모든 문제가 나와요. 그럼 말 한마디에 어떻게 되는 줄 아시죠?

그리고 이 우주라는 생태 자체가 만약에 이름을 대서 넣어 주지 않으면 전체 돌아다니는 이 위치의 문제, 그 한 점을 알 수가 없어요. 그 생태의 거기에서 지금 하고 있는 그 이름을 알아야 돼요. 여기서 혜성이라고 그러죠? 그건 여기서 지은 말이야. 혜성을 알려면, 그 혜성이라고 하는 그 자체는 여기서 지은 말이기 때문에 거기의 이름을 알고 거기 내부의 주동자의 이름을 알아야 그 주동자의 이름으로부터 거기를 낱낱이 세 가지로 알게 되고, 거기에 또 세 가지에 따라서 또 여섯 가지를 알게 되고, 그래서 세 가지의 이름만 알면 다 안다는 얘기죠. 그리고 혹성마다 다 똑같지는 않아요. 이름이 다르니까, 우리도 여러 사람 이름을 다 다르게 썼죠? 다르게 써서 그 이름을 대야 그 사람의 내력이 다 나오고, 뭐를 하고 있는지 다 나오고 그러듯이 말입니다. 그래서 우리는 이 지구라는 혹성 하나밖에 없지만 그 지구라는 혹성 속에 또 혹성이 만약에 여덟 개나 있다면 그 여덟 개의 이름을 다 알아야 돼요. 그러면 혹성 하나하나의 주가, 성주가 돼야 되겠죠.

이 말은, 여러분이 이렇게 앉아 있는데 여러분이 써 먹으라고 그런 소리 하는 게 아닙니다. 여러분은 거기에 따라서 마음공부를 하면 돼요. 그래서 지난번에 엉뚱하게 어디를 먼저 갔느냐 하면, 그 수성 너머 또 무정국을, 즉 말하자면 건너서서 거기, 공화국이라고 이렇게 얘길 했죠? 그런데 거기는 모두 떨어져서 나와서 그렇게 해 가지고 지금 우리 청와대에 있는 사람들, 이름 있는 사람들에게 끄나풀이 될 수 있는 정보에 관한 건을 가지고 있는 사람들이죠. 그건 이름이 또 따로 있어요. 그 이름을 넣으면 다 나오게 돼 있죠. 그러니까 거기에서, 즉 말하자면 반이 나누어져서 그 상태로는 북하고 서하고 영 쓰질 못해요. 우리의 지금 저런 데도, 지구상에도 다 쓰지 못하듯이 쓰지 못하는데다가 삼분의 이가 조금 못 되게, 반반이라고 해도 좋지만 정확히 한다면 삼분의 이 좀 못 되게 이렇게 돼 가지고서 한 국이 있고, 즉 말하자면 국이 아니라 나라가 있단 말입니다.

또 한 나라 중심지를, 중심지의 나라를 오토국이라고 해요. 그건 여기의 이름이 아니에요. 그런데 오토국에서 여기로 친다면 국방부나 경찰이나 이 지금 정보국이나 이런 것을 한데로 합해서 이름을 불러버려요. 그리고 각각 나누어져서 이름이 있는 것이 아니고 거기에서 서로 이것은 나누어서 하는 거니까 그 이름만 대면 그게 다 나오겠죠. 그리고 정부에서 국회의원이라든가 모든 각 분야에 의해서, 경제라든가 그리고 또 법정도 거기에 끼어 있어요. 그런데 이쪽으로도 돼 있고 그쪽으로도 돼 있거든요.

그래서 그 오토국이라고 넣을 수 있는 그러한 문제가, '삼 캐리' 라고 하는 문제가 붙어 가요. '삼 캐리' 라고 부르는 것은 거기의 이름이에요. 그것은 전체의 이 정부에서, 즉 말하자면 청와대에서 다 일 보는 사람들이라는, 그 한데 몰아서 이름을 국회나 뭐, 전체 그런 거를 부르는 거죠. 그래서 오토국이라고만 이렇게 부르고서, 거기의 모든 하처, 즉 국회, 국회의원들 이렇게 한다면 '캐리 인 쿼' 이렇게 하거든. 그것을 우리가 왜 이렇게 해 놓는가? 고렇게 '캐리 인 쿼' 하면 여기도 나오고 저기도 나오거든. 그렇기 때문에 '캐리 인' 하면, '인 일이' 하면 그냥 그 분야에만 나오죠. 그렇기 때문에 어떤 오토국 하면 거기에서, 오토국에서 뭐가 나오고 뭐가 나오고 나오는 율이 그게 다 이렇게, 분야에 따라서 거기서 하는 일들이 다 나오니깐 이름은 다 부르지 않아도 되겠어요.

그리고 이렇게만 해 놓는다면 누구든지 연구하는 대상자들이 그걸 가지고 쓰임을 써 보겠죠. 또 한 가지는 거기 정부에서 쓰는 무엇이든지 전체를 알려면 '에이 고로스 알' 이렇게 돼 있어요. 그러면 그것을 왜 그렇게 쓰나? 여기 영어로 따지면 안 돼요. 그런데 거기는 그렇게 발음이 나가요. 그러면 그것을 쓰는데 나는 그거를 모르지마는 그 이름을 부르면서 그 일들을 하고 있더라는 얘깁니다. 그 일들을 하고 있죠. 거기는 다 끝난 거예요. 누구든지 연구하는 사람들은 그렇게 해서 연구해 보면, 넣어 보면 알겠죠.

그리고 그것이 수성 사이에, 즉 말하자면 여기서 부르는 이름은, 이름조차도 모르죠. '강 서 수 기성' 이렇게 돼 있어요. 그렇게만 넣으면 그 국의 이름이 나와요. 뜻이니까, 이건. 그러니까 그것의 생김생김이 이 지구의 삼분의 일이 품이 적어요. 길이는 이거 세 배나 돼요. 세 배에서 아마 한 일 미터 정도 적을 거예요, 세 배에서. 정확히 따진다면 그렇게 돼 있고요. 그것이, 즉 말하자면 지금 우리 수성 그 사이에 있는 것은 여섯 개로 나누어졌는데 국은 하나죠. 그것은 여기로 치면 안테나가 붙어 있는데 안테나는 어떠한 형상으로 돼 있느냐 하면 둥그렇게 이렇게 나 가지고 거기다가 네 개로 또 들어가 있고요, 네 개에서 한 개를 점을 찍어서 모두 사방으로 나가게 이렇게, 사방이 아냐. 여기는 사방이지만 육방으로 나가요. 또 육방으로 나가 가지고서 거기서 어떠한 역할을 하느냐 하면 한 가닥에, 육방으로 나간 한 가닥에 여섯 개씩, 아니 세 개씩 붙었어요. 그런 데다가 세 개씩 붙으니까, 이 한 줄에 또 세 개가 붙었거든요. 그러니까 여섯 개씩 붙은 거나 마찬가지예요. 그러니까 이 대의 양쪽에 또 있으니까 이 대와 더불어 같이 셋이 여섯 개가 되죠?

그래서 이렇게 가지고서 모든 그것이 작동을 하거든요. 그렇게 해서 은하계로 보급이 되는 거죠. 그건 여기서 치면 외성이라고 볼 수 있는데, 그것은 외성이라기보다도 이상하게 갔다가 왔다가, 이쪽으로 왔다가 이렇게 해서 이렇게 삼각형으로 돌 수밖에 없는 그런 외성이라고 볼 수 있어요. 그래서 그것을 완전히 알려면, '조리 시 컴 푸르' 이렇게 됐거든. '조리 시 컴 푸르 성' 이러면 그 국이 어떠한 역할을 하는지 그것을 다 알게 돼 있죠. 그런데 거기에다가, 즉 말하자면 '주'를 하나 더 붙이면 정확하게 나오겠죠. 그러니까 이 모든 게 어떠한 나라든지 국이든지 이 혹성 자체든지 이러한 그 이름만 대면, 컴퓨터가 성장 발육이 좋다면 거기에서 다 나올 수 있습니다. 그런데 10년, 20년 그렇게 돌아다니면서 애를 쓰고…, 그 낭비는 얼맙니까?

오늘은 그걸로써 마치고 우리가 이 공부를 해야 된다는 점에 의해서, 지금 과학자들이나 생물학자, 모든 사람들이 연구를 하려고 눈이 벌게도 왜, 어디에서…. 여러분 이런 거 하죠? 저 뭡니까? 절에서…, 방생! 이것도 자꾸 잊어버리니 어떡하죠? 항상 입에 붙은 그런 거건만도 자꾸 잊어버려요. 방생한다고 그러는데 여러분이, 내가 항상 그전에도 그랬죠. 방생을 하게 되면 그건 놀부의 짓이다. 방생을 하게 되면 제가끔들 생리에 맞지 않아서 자기의 집을 찾아가느라고 무척 죽고 애를 쓴다. 그러니 잡아 올 때 죽고 갖다 놨을 때 죽고, 갈 때 죽고 넣었을 때 죽고, 가다가 죽고 병들어 죽고 이런다면 어떻게 생각하십니까?

만약에 인간으로서도 부모가 고향에 살아 계시고 내가 서울에 와서 살거나 외국에 가서 살다가 보면 고향을 꼭 찾아가는 법이 있지 않습니까? 그리고 또 언제나 자기 살던 데는 가끔 가서 보죠, 거기 인척들이 있으니까. 그러니까 사람이나 이런 동물이나 생물이 모두, 물에서 사는 생명들도 역시 그것은 있습니다. 즉 말하자면 새끼를 낳고 또는 거기에서 집을 짓고, 여러분은 눈에 보이지 않지만 다 각자 집이 있어요, 물 안에서도. 각자 집이 있어서 자기네들 집 찾아가느라고 무척 애를 쓰는데, 어째서 방생한다고 오히려 못된 일들만 골라 가면서 합니까? 차라리 눈앞에 보이는, 앞에 닥친 불쌍한 사람이 있으면 보태 주고, 또는 앞에 불쌍한 사람이 있으면 건져 주고, 또 마음공부 하는 사람들은 무주상으로서 한생각 무심코 드는 게, 보면 들거든. 들으면 들거든. 마음에 들 때에 그때 함이 없이 그대로 자기 마음먹은 대로 자기와 둘이 아니기에 그대로 된다는 얘깁니다. 그런데 그렇게 어려운 것도 아니면서 폭이 넓은 광대무변한 이 법이 여러분의 한 점의 마음에 달린 것을 구태여 그것을 지어 가지고 놀부의 짓들만 하고 다니니 이 노릇을 어떻게 했으면 좋겠습니까? 그러니 달마 대사께서 공덕이 하나도 없다고 양 무제더러 말한 것이 생각납니다.

그러니 우리 그 생태를 볼 때도 모든 것이 다 똑같지는 않습니다. 우리 사람도 사는 계층이 여러 계층으로 돼 있죠. 잘사는 사람이 사는 법도가 있고, 또 못사는 사람의 법도가 있고, 또 그런 살림살이의 궤도가 엄연히 있습니다. 그것이 사는 건 똑같지만, 잘살면 잘사는 대로 다양하게 잘해 놓고 이렇게 하지만 마음 씀씀이가 그렇지 못할 때는 그건 껍데기죠. 잘해 놓지 못해도, 조금 해 놓더라도 다양하게 내가 쓸 것만 해 놓으면서도 아주 알뜰하고 다부지게 사는 사람들이 많거든요. 그런 사람들은 그런 사람들의 계층이 또 있다는 얘기죠. 그러면 우리가 천차만별로 마음 따라서 모습이 나오고, 모습 따라서 모든 사람들의 마음을 거울같이 볼 수가 있다는 뜻입니다.

그럼 여러분이 행할 때, 얼마나 어리석으면 그렇게 골라 다니면서 그런 일들만 합니까? 나한테 잇속이 하나도 없는 일들만 부지런히 하고 있으니 그 몸을 몇 쪽을 내야만 그렇게 부지런히 뛸 수 있겠습니까? 편안하고 안이하고 잔잔하고 조화를 이루고 생동력 있게 우리가 삶의 보람을 느끼고 살 수 있는 그런 기반이 하나하나에게 주어져 있는데도 불구하고 그렇게 아주 거북살스럽고 껄끄럽고…. 이것은 상대적인 것이 모두 화로 일어나고 가난으로 일어나고, 또는 이 모두가, 즉 말하자면 마음이 가난하기 때문에 모두가 가난이 일어나는 거죠. 파동이 쳐지고, 불상사가 일어나고.

그러는 문제를 생각할 때에 우리가 비교를 해 보자고요. 물에서 사는 생명들도 저희 집을 찾느라고 그렇게 애를 쓰고 있답니다. 저희 집 아니면 새끼도 안 낳아요. 거리에서 낳을 수는 없죠. 우리가 제 집 찾아서 어느 방에서 낳듯이, 그렇지 않으면 병원에서 낳든지. 또 죽을 때도 집에서 죽지 않으면 병원에서 죽는다는 얘기예요. 객사 아니면 말이에요. 누가 오고 가는 데 낚시를 던져서 거기에 꿰여서 죽지 않으면 그렇지 않다 이겁니다. 또 어부들이 붙들어서 막 잡아가지 않는다면, 그거는 객사지마는, 우리가 죽어도 저희 집에 가서 죽고 또 새끼를 낳아도 저희 집에서 낳는 겁니다. 이 모두가 사는 상태가 전부 같은데, 어째서 여러분은 우리만 이렇게 산다고 생각을 합니까. 작으면 작은 대로 크면 큰 대로, 또는 큰 동물이든 작은 동물이든 자기의 생애에 있어서 아낌은 다 있고, 죽음의 안타까움은 누구에게나 다 있는 겁니다.

그래서 깨달은 분이 만약에 어부 노릇을 했다면 모든 것을, 그 무명을 같이 모아서 태워 버리고 그 마음을 한데 모아서 정말이지 이 세상에 성군으로 만들 수도 있는 그런 능력이 있어서 그러겠지만, 지금 배우는 여러분이 자꾸 그렇게 끄달리면서 그렇게 돌아다니다 보면 그게 다 업이 되고 유전이 되고, 그것이 얼마나 많은 인연줄을, 끊지도 못하는 인연줄을 얽히고설키게 해서 세세생생에 끄달리게, 종 문서를 면치 못하게 만듭니까? 살인범의 문서는 그 문서대로, 모든 하고 다닌 그런 짓 하나하나가 문서가 돼서, 우리가 한 생 사는 데에 한 종 문서가 있다면 수억겁을 거쳐서 나온 그 종 문서는 어떻게 다 하렵니까. 그래서 살면서 하나하나, 그 주인공에 모든 것을 태우라는 뜻입니다. 모든 것을 맡겨 놓는다면, 그 능력을 믿고 맡겨 놓는다면, 그리고 물러서지 않는다면, 그리고 감사한 일이 있으면 거기다 감사하게 놓는다면 모든 것이, 일체 만법이 순조롭게 돌아가고 조화를 이루고, 그것이 진짜 사랑이며 그것이 자비입니다.

여러분이 안 되는 것은 부처님의 법이 아니라고 생각을 할 수도 있겠지마는 안 되는 것도, 이런 예를 들어서 한번 얘기하죠. 원주에서 살던 어느 대령입니다. 그런데 서울로 발령이 나서 왔었습니다. 그런데 그때 당시에 월남전이 있었는데, 승진을 시켜 달라고 여기에 극진히 정성을 들였습니다. 승진을 하면 월남으로 갈 거는 몰랐죠. 근데 그 사람이 승진이 안 됐습니다. 그 당시에는 와서 승진이 안 됐다고 막 울면서 나한테 대들곤 했죠. 그럴 때 나는 웃었습니다. "안 되는 것도 법, 되는 것도 법이야. 부처님 법이니 안 되는 것도 이익하게 되는 것이고 되는 것도 이익하게 되는 것이야. 그러니 두 가지 다 이익한 거니 그렇게 알고 가서 꾹 참고 기다려 봐." 이런 소릴 했습니다.

그랬는데 그 후였습니다, 그 이듬해. 노여워서 안 오더니 그 이듬해에 왔습니다. 친구가 승진을 해서 자기 아빠 승진될 자리에 딴 사람이 돼 가지고 월남전에 나갔답니다. 월남전에 나가서 육 개월 만에 죽어서 시체로 왔다는 얘깁니다. 그러면 어떻게 됐겠습니까? 안 되는 것도 이익이죠. 가다가 어떠한 무엇이, 앞에 탁 산더미 같은 것이 있으면 우리 돌아가죠? 나와서 막다른 골목이 생기면 돌아서 나오죠? 만약에 사자란 놈이 들이덤빈다면 우린 왔던 자리로 도로 뛸 겁니다. 안 그럽니까? 그와 같은 겁니다. 그래서 뒤로 물러났다고 해서 그것이 언짢은 일이 아닙니다. 앞이 막히면 바로 물러났다 다시 가야죠. 이것이 여러분에게 조언이 될 수 있고 아주 이 뜨거운, 진짜로 이것이 인간이 사는 도리의 불법이 생동력 있게 지금 움트고 있다고 하는 그 소립니다. 그런데 뒤로 갔다고 해서 부처님 법이 아니고 앞으로 갔다고 해서 부처님 법이다 하는 것은 어불성설입니다.

이 문제는 여러분이 다 믿지 않는 까닭에 내가 이렇게 하고 있다고 해도 여러분은 들어 보지도 못하고 먹어 보지도 못하고 보지도 못했기 때문에 알 수 없어서 아무렇게나 막들 말하는 사람이 있죠. 그러나 그럴 각오를 하고 별의별 거를 다 수집을 한 사람이니까…. 그러니 그러한, 물고기 상태의 얘기로 또 돌아가지마는, 이 모두가 지금 여기서 명태라고 그러든가 또는 은어라든가, 이 고기 이름도 헤아릴 수가 없는 겁니다. 그래서 고기의 상태의 모든 그런 문제들이 이름도 제각각 있지만 제각기 사는 습성도 전부 다르다는 얘깁니다. 사는 건 똑같지만 우리가 한방에 장치를 해 놓는 것도 어떤 때는 이쪽으로 장을 놓는 사람도 있고 이쪽으로 놓는 사람도 있고, 그냥 차곡차곡 갖다 놓는 사람도 있고 뚝뚝 놓는 사람도 있고 뚝뚝 띄워서 놓는 사람도 있고, 밥을 해 먹을 때도 여러 가지 반찬을 해 놓고는 갖다 주욱 놓는 사람이 있고, 단 한 가지라도 맛있게 그냥, 김치는 밑반찬으로 두고 한 가지 그냥 보충으로 갈아서 해 먹는 사람도 있고, 그 습이 여러 가지란 말입니다. 그와 마찬가집니다.

그리고 또 한 가지는, 우리가 살아나가는 이 수명도 여러 가지가지 있어요. 새끼를 낳고 그냥 죽는 그런 생물이 있는가 하면 다 성장을 시켜 놓고 수명을 다하는 그런 생태도 있고, 또는 웬만치 이렇게 다 하게끔 만들어 놓고 그냥 그렇게 하는 게 있고, 그냥 까 놓곤 그냥 가는 놈이 있고, 또 같이 사는 놈도 있고 여러 가지가지란 말입니다. 세상에 고슴도치도 제 새끼를 그렇게 예쁘다고 한답니다. 그럼 고슴도치뿐이냐? 그렇지도 않습니다. 모두가 다 그렇습니다. 세상에 쥐 어미가 그 새끼에게 하고 돌아가는 걸 봐도 그렇고 모든 걸 봐도 겉 탈로만 볼 수가 없는 겁니다.

저런 북극에도 그렇고 저런 남극에도 그렇지만, 북극에도 여러 가지 생명이 못 사는 데도 많고 섬도 많고 사람이 들어가 보지 못하는 데도 여러 군데 있습니다. 그러면 우리가 지금 아는 걸로 봐도 여섯 군데로 나누어져 있다고 봅니다. 그러나 두 군데서밖에 생명을 이룰 수가 없다고 봅니다. 그곳도 사람이 살 곳은 못 되지만 말이에요. 그래도 모두가 새끼들을 그냥 끼고 도는 걸 보면 얼마나 그…. 닭이 알을 품는 것도 보셨죠? 그 더운데도 새끼를 까느라고 그냥 앉아서 그렇게 뭉기적거리고 영 그 자릴 떠나지 않는 법. 여러분은 많이 보셨죠?

그와 같이 그것들도 다 그런 문제를 가지고 있는 겁니다. 그러면서도 다 길러 놓고 죽죠? 그것이 자기이기 때문입니다. 부모가 자식을 낳아 놓고 길러서 다 성장하면 부모는 다 죽는다 이겁니다. 그러면 그 죽는 원인이 어디에 있을까? 바로 자기가 새끼를 낳아 놓고 그 껍데기가 돼서 그만 껍데기가 벗어져 나간 것일 뿐이지, 자기가 자기를 낳아 놓고 껍데기가 벗어져 나가는 거지 뭐 죽는 거냐 이거야. 그러면 날더러 이런 말을 하겠죠. 그럼 자식 못 낳는 사람은 어떡하겠느냐? 자식 못 낳는 사람은 못 낳는 대로 요담에 또 낳으면 되지, 뭐. 지금 현재에 낳지 않는다고 그래서 자기가 죽는 건 아니니까. 그리고 또 모든 자식들이 이 도리를 이루어서 본다면 내 자식 아님이 없습니다. 내 씨 아님이 없고 내 형제 아님이 없고 내 부모 아님이 없이 이렇게 광대무변하게 돌아가는 이 이치가 뭔가. 그리고 부처님이 이렇게 이렇게 예전에 이럭하셨으니까 우리도 이렇게 해야 한다는 이런 고집을 좀 더 뛰어넘어서, 우리가 한 걸음 더 나가서 옷깃을 여미고 내 한생각을 한번 다시 연구할 수 있는, 또 관할 수 있는 참선이 필요합니다. 전부가 참선이라는 그런 데서 한 점을 들어서 관한다면, 부처님의 예전 시대와 지금 시대를 한번 따져 본다면 뜻은 같고 사는 건 같으나 그 모든 개발되지 않은 시대에서 살아 보니까 모든 사람이 개발되지 않았다 이거야. 그리고 개발된 언어도 없거니와 개발된 물건도 없다 이거야. 그렇기 때문에 물로 방편을 삼지 않았겠느냐는 얘깁니다. 그래서 그 시절에는 그때에 있는 걸로만 방편을 댔겠죠.

그러면 지금 천차만별로 돼 있는 이름들이 수만 가진데 거기에다가 비유한다면 여러분은 좀 더 폭을 넓혀서 좀 두 팔을 번쩍 펴고 지혜롭게 위 것 하나 있으면 끌어다가 밑에 열 개를 만들어도 만들 수 있는 거 아닙니까? 이름들이 그렇게 주어져 있으니까 말입니다. 그런데 그렇게 광대무변한 법을 펴셨는데도 불구하고 원 근본 액만 줬더니 물에다 타 먹을 줄 몰라. 여러분은 어떠한 물건을 그 액만 담아 놓은 것을 먹고는 "아이구, 써. 아이구, 시어." 이러하지 말고 '그것을 지혜롭게 물에다가 얼마만큼 타서 이렇게 먹으면 아주 맛이 알맞고 좋더라. 간이 다 맞더라.' 이것을 먹어 보면서 요렇게 해야 요걸 간을 딱 맞춰서 아, 요것은 물 요걸 얼마만큼 떨어뜨리면 되겠다는 이런 계산이 스스로서 나온다는 얘깁니다. 그런데도 그 광대무변한 액체를 그냥, 그 에너지를 줬는데도 불구하고 에너지를 쓸 줄 모른다면 부처님 법에 의해 여러분이 인간으로 태어나서 어찌 사람이라고 할 수 있으며 또는 제자라고 할 수 있겠습니까.

그리고 모든 일들은 부처님이 가르쳐 주시지 않은 그런, 즉 말하자면 모두 속은 모르고 껍데기만 알아 가지고 남이 하는 대로 따라가는…. 그럼 여러분이 이담에 원숭이가 된다면 어떡하시겠습니까? 남이 하는 대로 따라다니다가 말입니다, 네? 원숭이도 수억겁을 거쳐서 원숭이가 됐겠지만 말입니다. 그래서 아까 얘기한 대로 그런 공화지국 그런 데도 하승국, 상승국이 있는데 그 안에, 즉 말하자면 "소련하고 미국하고 있는데" 이 소리나 똑같은 얘깁니다. 그런데 한국에는 지금 털이 거의 없어졌단 말이야. 예전보다 많이 없어졌어. 그전엔 얼굴에도 이렇게 있었단 말이야. 그랬는데 얼굴에는 지금 없어. 그리고 아주 참 별나게 다른 것은 귀가 커. 그래도 공화지국이라 몸을 갖다가 놓고선 스위치만 누르면 저절로 이게 깎아져. 다 돼서 아주 베이지도 않고 그래도 하루에 한 번이나 하루 걸러서 한 번씩은 깎아야 돼.

그러나 상승국은 그렇지를 않아. 즉 말하자면 미국은 그렇지 않은데 소련은 그렇다. 또 소련은 그렇지 않는데 미국이 그렇다. 이렇게 돼 있죠. 그러면 개발이 얼마만큼 많이 된 그런 나라라고 볼 수 있겠죠. 그리고 도시고, 또. 그럼 지금 우리 이 지구 안에는 없는 줄 아십니까? 있습니다. 인간을 보면 본래 그런 털 있는 사람들은 점점점점 다 또 벗게끔 돼 있으니깐. 그 몸을 벗어야 벗으니까.

옛날에도 그런 얘기 했듯이, 종의 문서를 가지고 사는 어떠한 종을, 김대성 씨 전생을 말한 겁니다. 남의 종으로다 있고 머슴 살고 이렇게 하다가 시주를 했는데 그만 죽어 버렸죠. 그 어른이 공부를 했습니까? 종의 문서는 있겠다, 어떡합니까? 죽어야 탈을 벗죠? 그런데 정성 들이고 난 지 사흘 만에 죽었단 말입니다. 그래 죽어서 바로 김대성을 낳은 부모한테 가서 태어나게 됐죠. 그만큼 이름 있는 양반집에 가서 태어나니까 그때서야 같이…. 우리는 그러한 몸을 벗으려면 우리가 보고 듣고 행하고 하는 거, 이런 것도 기복으로만 나가지 말고 좀 더 생각해 볼 수 있는, 즉 말하자면 과감한 패기와 과감한 믿음, 물러서지 않는 그 마음이 투철해야만이 우리가 자유인으로서 자유권을 가지고 어디에서도 손색이 나지 않는 그런 대인이 되는 것입니다. 이걸 깨쳐서 대인은 됐으나 우리가 모습을 지금 이렇게 가지고 있고 또 환경이 이렇게 됐으니 어떻게 하나 이겁니다. 그래 아까 김대성 얘기 그 짝입니다. 그러니까 지금 그렇게 알았으면 이것을 훌렁 벗을 때는 벌써 그것을 벗기 이전에 다 해 놨기 때문에 벗으면 그렇게 되는 것입니다. 우리 모두가 이 뜻을 잘 알아야 됩니다. 오늘 없는 내일이 없고 내일 없는 오늘이 없거든.

그래서 깨친 사람들의 말이 한 점에서 만법이 나고 그 만법을 들이는데 무슨 내일이고 또 어저께가 있느냐고 이렇게 말하지마는 이것이 공해서 같이 인연 따라서, 모두 인연이라는 것이 윤회를 낳는 것입니다. 그 인연이라는 줄에 의해서, 즉 유전이라든가 또는 인연에 따라서 윤회라는 것을 낳게 되는 것이죠. 그러면 세세생생에 그 인연 따라 윤회가 되고 윤회가 됨으로써 자꾸자꾸 윤회에 끄달리는 거죠. 내가 가고 싶을 때 가고 오고 싶을 때 오고, 먹고 싶을 때 먹고 똥 누고 싶을 때 똥 누고 이렇게 자유권을 가져야 할 텐데…. 우리 여기 올라올 때도 그냥 신발 벗고 무심코 올라오죠? 신발 들고 다니는 사람 보셨습니까? 아무 생각 없이 신발도 놓고 올라오고 아무 생각 없이 그냥 하죠, 아무것도 아니니까.

그래서 사량에 의한 집착이라고 볼 수 있겠죠. 그 좋고 나쁜 걸 알아 가지고 말입니다. 금을 보더라도 방에다가 그냥 갖다가 '어, 이건 그거.' 하고 그냥 갖다가 이렇게 놓으면 될 거를 이걸 들고 쩔쩔매는 겁니다. '이거 도둑놈이 어쩌면 어쩌나. 누가 만약에 잘못돼서 이게 다 나가면 어쩌나. 이거는 내 건데.' 이런 생각을 자기도 모르게 자기 마음 뜻으로다가 갖게 되는 거죠. 그런데 여러분이 훔친 걸레는 빨아서는 그냥 내동댕일 치거든. 그렇게 하시란 말입니다. 신발 벗고 올라가듯이, 걸레 빨아서 꼬옥 짜서 놓는 자리에다가 그냥 갖다 놓듯이 그렇게 하시란 말입니다. 모든 일체 만법이, 만물이 다 이렇게, 놓는 자리에다가 그냥 갖다 놓으면 돼요.

그런데 한 군데밖에 없거든, 놓는 데는. 뭐든지, 금이든지 걸레든지. 이게 참선이에요. 꿇어 앉아서 몇 시간씩 하고 '아이고, 나는 해제가 돼서 인제는 나왔다.' 이런 생각조차 이것은 버려야 될 거예요. 해제든 결제든 둘이 아니에요. 결제도 아니고 해제도 아니에요. 항상이에요, 항상. 이게 참선이에요. 단 한 시간을 앉아도 나 앉고 싶을 때 앉아야지 남이 강제적으로, 앉고 싶지도 않은데 강제적으로 앉으라고 한다면, 시간적으로 두고 앉으라고 그런다면 어떻게 되겠어요? 공부하는 것도 그래요, 학생들도 그렇고. 내가 하기 싫을 때는 열 시간을 앉아도 그게 머리에 들어가질 않아. 그러나 열 시간을 놀다가도 '아이고, 이거 해야지.' 하고 들어갔을 때는 머리에 착착 들어오는 겁니다. 단 한 시간을 한다 하더라도 열 시간 몫을 할 수 있는 겁니다. 열 시간을 앉아 있어도 단 한 시간의 몫을 못하는 수가 많아요. 이와 같은 겁니다.

그래서 여러분한테 내가 그런 말을 해 가지고서 "이거 뭐, 알지도 못하고. 그런 게 뭐야. 뭐? 오토국은 뭐고 뭐, 나발 같은 소리야?" 이렇게 하겠지만 그것은 여러분에게 쓰일 게 아니니까 놔두고, 지금 내가 거기에 따라서 얘기한 소리 이것을 잘 귀담아 들으세요. 노예가 돼서는 안 됩니다. 여직껏도 노예로 살아왔는데 노예 문서를 또 짊어지시려고요? 그리고 원숭이처럼 남의 흉내만 내고 다니고 나 잘되려고 착을 두고서 그저 살려 달라고 그러는데 어디 누가 있다고 살려 달라고 하는지 나는 알 길이 없어요. 그것이 내 성품 안에 들어 있다는 그 자체를 여러분이 잘 아셔야 될 겁니다.

그럼 오늘은 그만할까요? 감사합니다.

우주의 섭류도 우리의 살림살이

1986년 3월 7일

어저께 말씀드린 대로 이 우주가 하나만 있는 게 아니라 지금 우리가 우주로 보고 있는 이 우주가 중천세계라고 얘기했죠? 그 중천세계에 있는 은하계도 너무 크게 집을 짓고 있는 거나 마찬가집니다. 그리고 소우주라는 은하계는 아마도 한 사천 개 된다고 봅니다.

그러나 우리가 그 빛과 능력과 같이 돌아간다는 걸 알아야 합니다. 지금 생활 속에서도, 그걸 끌어내려서 본다면 생활 속에서 우리는 빛을 발하고 있고, 모든 이 능력과 빛과 같이하고 있다는 거요. 별 무리들이 돌아가는 그 자체가, 바로 우리 혹성 자체가 돌아가는 것이 그런 능력을 하나는 하나대로 그 빛을 발하고 돌아가고, 하나는 하나대로 그 혹성이 아니라면 돌아갈 수가 없죠. 그렇기 때문에 서로서로 같이 공식(共食)하고 있는 겁니다. 우리 생활 속에서도 그렇게 돌아가고 있죠. 공식하고 있는 겁니다. 여러분이 이러한 말을 들어도 이해가 안 가리라고 생각하면서도 이것은 우리가 정리해야 할 문제가 있기 때문에 이런 얘기를 그냥 하는 겁니다.

수없이 별성들이 많지만 거기에는 모든 살림살이가 같이 섞여서 이 혹성이라는 자체가 돌아간다는 거, 또 그 빛과 능력이, 중력이 둘이 아니라는 거, 서로 주고 서로 받고 하면서 돌아간다는 거…. 지금 세계를 본다 하더라도 한 집입니다. 한 집 속에도 이렇게 많은데 우주 전체에 우리와 더불어 같이 별 무리들이 그렇게 많은 것입니다. 그렇다면 우주의 그 섭류가, 우리 한 가정에 한 식구가 모여서 살듯이 이렇게 모여서 사는 집들이 얼마나 많습니까. 그걸 보세요. 제각기 하나하나도 많거니와 한데 모여서 가정을 이루고 사는 사람이 얼마나 많으며, 큰 회사를 이루고 사는 거, 국가를 이루고 사는 거, 사업을 이루고 사는 거, 이것이 전부 어디의 매개 줄이겠습니까. 혹성이라는 이 자체 속에 또 혹성이 얼마나 많습니까.

그래서 '위가 아래고 아래가 위다' 하는 것은 우리가 조그만 회사를 하든지 큰 회사를 하든지 사장은 사장이지 회사가 쪼그맣다고 해서 사장이 아닌 것은 아니죠. 우리가 가정을 이뤄도, 아무리 가난하고 못살아도 또 잘살아도 그 가정의 남편은 남편이고 왕은 왕이란 말입니다. 그런 까닭에 소천세계가 있다는 얘깁니다. 소천세계, 중천세계, 바로 상천세계가 있다면 대천세계가 있거든, 어저께도 얘기했듯이. 그 많은 숫자가 그 위에 또 소천세계에 나와서 또 삼천세계가 있고, 또 중천세계에 삼천세계가 있으면 삼천세계 중에서 또 대천세계가 있고, 대천세계에 또 나오면 아, 그 종류들이 얼마나 많겠습니까.

그런 거와 더불어 저 하늘을 볼 때에 별들이 동떨어져서 그저 밝은 빛만 낸다고 생각하지 마세요. 우리는 항시 더불어 움죽거리고 있는 반면에 빛을 내고 있죠. 또 가난한 어떠한 사람이 어느 회사에 가서 자기가 만약에 움죽거리고 일을 한다고 한다면 그건 사장을 위해서가 아니라 나를 위해서 일을 하고 있는 거죠. 그런데 사장은 또 자기를 위해서 그 사람을 쓴단 말입니다. 그러는 반면에 우리는 서로 주고 서로 받고 이렇게, 그 어떤 한정이 없이 돌아가고 있는 이 우주의 섭류가 바로 이런 것입니다. 그러니 우리 세계 다르고 그 세계 다르다는 것이 아닙니다.

우리가 지금 현재에 살고 있지만 우리만 그런 게 아니라 저 우주 세계에도 참 살기 좋고 또 좋은 점이 있겠지. 높지. 높은 게 아니라 아까 얘기했듯이 큰 회사의 사장도 사장이요, 작은 회사의 사장도 사장입니다. 우리가 조그마한 내 사장을 모른다면 큰 사장과도 접촉할 수가 없듯이, 내 이 한 몸 끌고 다니는 자기 주인공을 무시하고 모른다면 바깥으로만 돌면서 '어느 신이 나를 도와주나.' 하는 그런 생각에 사로잡히고 거기에 말려서 영영 자기 주인공인 참자기를 맛보지 못하죠.

그러나 참자기 주인공의 맛을 본다면 그 대궁의 주인공도 역시 나와 더불어 똑같단 얘깁니다. 그래서 항상 이런 말을 하죠. 여러분이 깨치면 그 능력을 서로 갖다가 내가 포용해서, 내 한마음 속에 들어 있으니까 내 마음대로 자유스럽게 쓸 수가 있지만 내가 힘이 없다면 그걸 못 써요. 내가 참, 힘이 있는 사람이라면 다 가난하지 않게 살 텐데 힘이 없으니까 가난하죠. 그거 억지로 못하죠.

그와 마찬가지로 역시 공부하는 것도 여러분만이 공부하는 게 아니에요. 내가 어떤 때는 말할 힘이 떨어질 때가 있는데 여러분만 들으라고 이렇게 얘기하는 게 아닙니다. 여러분이 보지 못하는 데도 여러분처럼 생명이 있고 몸이 있고 이러지 않지만 무생명이 있거든. 여러분은 이렇게 방을 차지하지만 그 생명들은 방을 채우지 않으면서도 방에 꽉 찼거든. 여러분이 보기에 방통에 방이 조그맣고 벽이 있지만 내가 지금 말하는 것은 방통도 없거니와 사방이 터졌어. 물론 물질이 있는 것은 벽이 있고 문이 있고 그렇지마는 물질이 없는 것은 벽도 없고 문도 없어요. 그렇건만 그것이, 즉 말하자면 삼천 마일이 된다 할지라도 지금 여기 이 자리에 있는 거라. 이 모두가 멀고 가까움이 둘이 아니요, 너 나가 둘이 아닌 이상 하나도 그것이 어려울 게 없는 거예요.

이 우주의 섭류도 그 어떤 별이든 어떠한 혹성이든 그것이 한마음으로, 한뜻으로 돌아가지 않는다 한다면 모두가 못 살아. 독불장군은 없거든. 별 하나가 빛을 아무리 낸다 하더라도 별 하나만 사는 게 아니에요. 그리고 모든 게, 우주의 섭류도 사람들이 살아나가는 데의 섭류도 다 마찬가지라. 바로 능력의 대결. 능력의 경쟁. 물론 그렇게 하려고 그래서 하는 게 아니라 진리가 그러해요. 남을 죽이고 내가 살려고 하는 게 아니라 섭류가 그렇게 하고 돌아가고 있으니까.

만약에 차가 가는데 제일 큰 차에게 조그만 차가 받혔다면 그 조그만 차는 아스러지고 큰 차는 그냥 구부러지기만 하고 말 거예요. 그와 마찬가지로 우리는 힘이 있어야 돼요, 힘이. 그래서 힘이 없으면 뭐, 어쩔 수 없이 죽는 수도 있죠. 여기 이 사람들만 그렇게 되는 게 아니라 우주의 섭류도 그렇게 될 수가 있는 거죠. 그래서 우리가 변질되듯이 별성들도 몇천 년 가면 자리도 움죽거리게 되고 계절에 따라서 빛도 다르게 자꾸 바뀌어 가면서 변질이 된다는 얘기죠. 빛을 강하게 내는 별들도 있지만 빛을 흐리게 내는 별들도 있거든. 하얀 별도 있는가 하면 누런 별도 있고 푸르죽죽한 별들도 있고 아주 불빛이 밝게 나는 별들도 있다.

그렇다면 지금 여러분이 생각할 때 여러분도 밝은 별이 있고 참, 천차만별로 돼 있지 않습니까. 여러분의 그것이 마음에 달렸다니까요. 모든 것은 마음에 달렸는데 자기의 그 모든 일체 만법이 농후하게, 광대무변한 이 법이 한 점의 마음에 들었다는 걸 모르기 때문에 그걸 활용을 못하고, 그 능력을 발휘하지 못하는 까닭에 우리는 이렇게 힘이 없는 거죠. 무(無)의 법으로나 유(有)의 법으로나 양면이 다 힘이 있다면 그게 둘이 아닌 것을, 항상 우리가 물질로만 살아나가고 물질로만 해결을 하려니까, 또한 상대적으로만 해결을 하려니까 이게 얼마나 힘이 들고 살기가 고통스럽겠습니까.

세상 돌아가는 걸 가만히 보세요. 무전이 없는가 하면 무전이 있고 천체망원경이 있고 아, 천체컴퓨터가 있고, 말하면 말하는 대로 척척 가서, 저기 가서 나오고, 수천 리 밖에도 여기서 테레비로 보고…. 여러분, 가만히 생각해 보세요. 얼마나 사람이 광대무변한가를. 이 나의 천체, 즉 말하자면 무전기가 나한테도 있는 거예요. "나한테"라고 하는 소리는 여러분 각자에게 다 있다 이 소리입니다. 그럼 듣기만 한다고 해서 일이 성사가 되는 건 아니거든. 만약에 보이지 않는 데서 듣기만 한다고 해서, 보기만 한다고 해서 또 거기에 노예가 돼서도 안 되죠, 끄달리니까. 내가 모든 다섯 가지를 다 할 수 있을 때 비로소 책정을 해서 내가 판단을 지어서 할 수 있는 그 능력이 발휘가 되는 것이죠.

그렇기 때문에 우리는 동시에 눈이 간 데 귀가 가고 귀가 간 데 코가 가고 말을 하게 되고 이렇게 되니까 어떤 것이 위다 아래다 할 게 없이 둥근 원형을 이루고 돌아가고 있죠. 이런 섭류가 우리에게만 있는 게 아니라 저런 우주 세계에도 그러한 섭류가 똑같이 그렇게 돌아가고 있는 거죠. 우리도 지수화풍으로 뭉쳐진 거고 거기도 지수화풍으로 뭉쳐진 거고, 거기서 지수화풍으로 뭉쳐졌기 때문에 또한 지구라는 이 동네를 만들었고 이 집을 만들었고, 이 동네가 이렇게 넓혀져서 세계라고 얘기를 할 수 있죠.

그럼 '중천' 해 놓고 거기도 세계가 있지만 이 지구에도 상천이 있고 중천이 있고 하천이 있듯이 이 층계가 얼마나 많습니까. 대국이 있고 소국이 있고 중국이 있고 말입니다. 중국이랬다고 중국 나라를 말하지 말고요. 차원을 말하는 겁니다, 쭉 볼 때. 큰 나라는 큰 나라대로, 좀 작은 나라는 작은 나라대로, 아주 작은 건 작은 것대로 얼마나 많습니까, 나라 수효만 하더라도. 그러면 대국만 우리가 친다고 한다면 소국이 아주 많이 있는데도 이름조차 모르는 데도 있지 않겠습니까. 그렇듯이 저런 우주의 세계도 몰려서 그렇게 은하를 이루고 있어도 조그마한 은하는 치지도 않고 얘기한 거죠.

그러니 사람사람이 살아나가는 데에 전 세계를 비추어 봐도 그렇고 한 국내를 비추어 봐도 그렇듯이 우리가 모든 힘에 의해서 끌어 잡아당길 수도 있고 끌려 뺏기는 수도 있거든. 우리 지금 사는 게 그렇죠. 죄 뺏기는 수도 있거든, 힘이 달리니까. 힘이란다고 기운을 말하는 게 아니거든. 그런 거와 같아요. 그래서 저런 우주의 섭류 그 자체도 바로 힘에 의해서 똑 빨린단 말이야. 그러면 힘이 적은 것들은 힘이 있는 데 가서 다 같이 몰리게 돼 있거든. 그게 인연이라. 사람의 인연도 인연과 더불어 같이 만나듯이 마음에 빨려서 '아, 난 저이하고 살아야겠어.' 하는 마음이 생기는 것도 빠는 힘이거든. 힘에 의해서 다 만나는 인연들이라. 똑같은 힘을 가진 거는 똑같은 힘을 가져서 같이 이렇게 맞서면 싸움이 많이 생긴다 그래서 이것이 조금 차이가 나죠.

그러한 점도 우리가 잘 상상해서 볼 때, 큰 거를 볼 때도 똑같고 작은 걸 볼 때도 똑같다 이거야. 우리 살림살이에서 다 나오는 거다 이거야. 우주의 섭류가 우리 살림살이에서 다 나온다 이거야. 우주다 하고 쳐다보지 말고 또 아주 하천세계다 하고 내려다보지 말라 이거야. 중천세계에 살고 있는 우리 이 섭류나 우주 세계의 그 움죽거림이 그대로 똑같으니까.

우리 인간이 살아나가는 데도 어떨 때는 총을 맞아서 죽는 법도 있고 또 사고가 나서 죽는 법도 있지마는 망해서 너무 허탈해서 죽는 사람도 있고 또 남한테 너무 쇼크를 받아서 죽는 사람도 있고 별사람 다 많지 않습니까. 그와 더불어 같이 저런 별성들도 그렇게 해서 죽는 것이 있거든. 점점점점 빛을 잃고 그러다가 나중엔 떨어지게 되면 떨어지게 되는 대로…. 여기서 보이질 않아서 그렇지 너무 멀고 멀고, 또 이 공기의 힘이 아니라 무중력 상태에서 힘이라는 것은 말도 못해. 그렇기 때문에 떨어지다가 이것은 가루가 돼 버리고 말고 그러는 이치가 되거든요.

우리가 죽으면 다 우리 힘으로 갖다 태워서 먼지가 돼서 날아갑니다. 물로 흘러서 없어지고. 그전에는 묻으니까 그렇게 바람으로, 흙으로, 물로 모두 이렇게 흐르지만 지금은 발전이 돼서 갖다 불에다 태우니까 물도 없고 전부 그냥 타 버리는 거야. 그렇게 발전이 된 거예요.

그럼 우리는 어디서 왔는지, 어디로 가는지…. 우리는 처음에 나온 데로 다시 가거든. 그것이 뭐냐. 내 마음에서 일체 만법을 자꾸 운영하면서도 그 마음으로 다시 돌아간다 이거야. 지금 우리 살아나가는 그거를 한번 잘 생각해 보라 이거야. 나온 자리에서 다시 그 나온 자리에 또, 즉 말하자면 바다에서 파도가 일다가 파도가 자면 다시 그 물에 그냥 가라앉듯이, 우리도 이 자리에서, 사는 이 세상에서 나와서 이 세상에 도로, 물 잦듯이 잦아 버리는 거죠.

그런데 여러분은 자식을 낳고도, 자기를 낳아 놓고도 자기는 자기대로 따로 두니까 자기가 죽는다고 하죠. 그리고 자기가 섭섭하다고 하고, 또 남들이 잘못했으면 증오하고 원망하고, 남편과 부부지간에도 그렇고 자식과 부모지간에도 그렇고 친척 간에도 그렇고 모든 것, 의리를 저버리게 되고 그렇게 산만하게 되는 거죠. 그러나 모든 것이 자기 탓이지 누구의 탓이 아니거든. 일체 만법이 누구의 탓이 아니야, 다. 자기의 탓이지. 우리가 그렇게 되는 것처럼 우주의 섭류도 그러하단 말입니다. 가족을 다섯을 이루면 다섯 별이 이렇게 몰려 있고, 또 이렇게 몰려 있고 저렇게 몰려 있고 이렇게 해서 기준에 벗어난, 혹성을 벗어난 거는 언제나 그 불빛을 샛별같이 내놓고선 움죽거리지 않는 것같이 돼 있죠. 그러나 움죽거리죠. 하지마는 그 움죽거림을 우리가 육안으로는 볼 수가 없는 거죠.

그러면 우리 자체의 이 마음이 움죽거리는 걸 육안으로 여러분이 보실 수 있겠습니까? 마음이 움죽거리는 거 여러분이 육안으로 보실 수 있겠냐고요. 못 보십니다. 그렇기 때문에 이것은 우리 몸뚱이가 돌아가야만이 돌아가는 걸 알거든요. 그와 같이 혹성이 돌아가야만이 이 별들이 돌아가는 걸 안다 이겁니다. 그 밝음을 말하죠. 그러니 여러분의 그 마음이 누구나가 다 거죽으로 나오게 됐거든요. 마음이 그대로 있는 것이 아니에요, 고정되게. 마음이 있으면 불떡 일어나서 벌써 움죽거리게 되거든요. 그러니 얼마나 묘한 것입니까.

이 우주의 섭류를 다 우리 각자가 가지고 있으면서도 그 능력을 발휘 못하고 항상 이렇게 고뇌 속에 살아야만 하겠습니까? 또 자기가 지어 놓은 감옥에서 나오지 못하는 이런 형편에서 나와야만이 내가 사는 이 굴레 바퀴를 돌릴 수 있을 텐데 아니, 독 안에 들어서 어떻게 내 독을 돌릴 수 있을까요? 내 이 독 바깥으로 나서야 내 몸뚱이의 독을 굴리고, 잘 굴리고 다닐 거라. 여러분이 잘 생각해 보세요. 여러분 마음이 독 안에 갇혀 있다면 댁의 몸도 끌고 다니지 못해. 그 마음이 해탈을 해서 바깥으로 문이 따로 없고 우주 또는 이 혹성이 따로 없이 그 불성이 큰 불성이나 작은 불성이나 그 생명이 똑같이 한 생명으로 돌아갈 때, 한마음으로 돌아갈 때, 한 육체가 바로 너 나 이것이 따로 없이 돌아갈 때 우리가 마음대로 나와서 내 몸뚱이를 마음대로 자유스럽게 굴려 가지고 돌아다니는 이런 자유인이 된다 이 소립니다.

그러니 우리 지금 세계를 비춰 본대도 요 지구 한 혹성 속에서 사는 것도 이렇게 분잡한데 그렇게 많은 혹성 가운데 어디에 생명이 없으리라고 생각하십니까? 어디인들 생명이 다 없으리라고 생각합니까? 보이지 않는 생명, 보이는 생명. 집집마다 다 이렇게 살고 있듯이 집이 있다면 벌써 살고 있는 겁니다. 추측으로 저기는 뜨거워서 못 살고 저긴 차서 못 살고 저긴 물이라서 못 살고 추워서 못 살고, 이런 부질없는 생각은 전부 자기 나온 자리에다 다시 놔야 될 겁니다.

그래서 이런 말을 지난번에도 했지만

작년 콩씨 올봄에 심었더니
올봄에 콩나무로 화했도다
어리석은 콩나무는 제 콩 찾기에
제가 가지고 있으면서도 작년 콩씨 찾더라

여러분이 인제는 좀 더 기복을 벗어나서 자성을 이루는 데 역점을 두는 것이 바람직하며, 우리의 이 능력과 더불어 우주 섭류의 능력을 우리가 환경대로, 또는 자기의 씀씀이에 의해서 작으면 작은 대로 크면 큰 대로 환경에 의해서 씀씀이를 맘대로 쓸 수 있다는 그 점…. 내가 에너지라고 생각한다면, 우주 섭류의 그 능력이 에너지라고 생각한다면 그 에너지는 쓰이는 대로, 쪼끔 담을 덴 쪼끔 담고 큰 데 담을 덴 크게 담고 마음대로 살 수 있건만 그것을 마음대로 못하고 죽겠느니 살겠느니, '나', '내 거' 이렇게 하다가 볼일을 다 못 보고, 껍데기를 벗으면서도 마음으로는 벌써 착을 둬 가지고 윤회에서 벗어나지도 못한 채 차원을 가지고서, 금의 차원도 못 되고 무쇠 차원을 가지고서 또 이 세상에 태어나 봤던들 무슨 소용이 있겠습니까.

한 번 태어나기도 어렵고 또 한 번 살기도 어렵고 한 번 죽기도 어렵고 그래서 세 번 그렇게 하기가 어려운 건데 이렇게 태어나 가지고 허무하게 그냥 갈 수 없지 않아요? 이 모두가, 우리가 여기에서만 살다가 여기에서만 태어나는 게 아닙니다. 마음의 한 도리는 이 삼천대천세계와 더불어 한 울 안이 돼서, 마음이라는 것은 체가 없고 무한의 그 능력을 가진 것이 마음이라. 그 능력이라. 그래서 내가 별성 속에 들어가려면 별성 속에 들어가고 사람 속에 들어가려면 사람 속에 들어가고 어디에나 아니 닿는 데가 없는 거라. 새 속에 들어가려면 새 속에 들어가고.

그러니 어느 우주성이, 즉 말하자면 그 성이라고 그런 건 생명을 말하는 건데 아주 능력 있는 그 생명, 즉 말하자면 근본, 그것을 말하는 건데 그것이 능력과 빛과 더불어 지혜와 법과 법도가 뚜렷해서 궤도를 벗어나지 않습니다. 대기권에서 벗어나지 않는, 우리 사람 사는 걸 본다면 그 우주의 세계도, 더불어 우리도 같이니까요. 그러한 동네도 다 벗어나지 않고 살거든요. 그런데 어떻게 법이 다르겠습니까. 형체는 다를지언정 그 돌아가는 이치는 다 똑같은 것을.

그런데 우리가 이렇게 빈약하게, 얻다가 부적을 갖다 놓고 거기다 내 생명을, 그 부모에게 육신의 고통을 줘 가면서 내가 나와 가지고 아니, 그 종이 한 장 거기다가 생명을 걸어요? 나 사는 걸 걸어요, 거기다가? 이렇게 어리석은 양반들이 세상에 어디 있어요? 남의 말에, 새 달에는 어떻고 훗달에는 어떻고 그런 말을 믿고 내 삶의 이 법도를 거기다 맡겨요? 남이 이러란다고 이러고 저러란다고 저러고 아, 제 생명, 제 법도는 얻다 두고요?

"부처의 그 몸과 내 몸이 둘이 아니요." 하는 것은 저 우주의 목성이나 어떠한 은하계나, 대천세계의 대 성주나 이것이 다 내 마음 요 한 점에 같이하고 있다는 걸 아셔야 돼요. 그런데 하물며 얻다가 빌어서 내가 잘되겠다, 용왕님, 하나님, 무슨 뭐? 야, 그런 것을 멀리 찾지 마시고 모두 그 한 점에 다 들어 있다는 것을 아셔야 돼요. 내 마음이 한 티끌이라면 티끌 속에 삼천대천세계가 다 들어 있다는 걸 아셔야 돼요. 그런데 이거를 따로따로 각각 두면서 온통 돌아가니까 세상에 억겁을 거쳐서 돌아도 이건 깨닫지 못하는 거라.

그래서 "둘로 보지 마세요. 둘로 보지 마세요." 하는 겁니다. 생시 때 둘로 본다면 꿈에도 둘로 볼 것이고 죽어도 둘로 볼 것이고, 연방 한마음으로 돌아가는 게 아니라 그 능력을, 자기 나무에 자기 열매가 무르익은 그 맛을 볼 수가 없죠. 자기의 그 한 나무의 무르익은 열매는 만 가지 맛이 나니 한 가지 맛만 보고 '이런 맛은 이렇다' 하고 고집하지 마세요. 뚜렷하게 내세울 게 없는 게 부처다 이거야. 한 과일이 만 가지 맛이 나는 거라. 그러니 아니, 요 맛이 난다고 요기를 가리킬까, 요 맛이 난다고 요기를 가리킬까. 가리킬 수가 없어. 이 속에, 이 손가락 이 하나 속에 대천세계가 다 들어 있고 중천세계가 들어 있고 상천세계가 들어 있고 소천세계가 들어 있다면 여기 다 들어 있단 말입니다. 그러니 이 한 가지의 한 열매에 만 가지 맛이 나는 것이 다 들어 있으니 딴 데 가 찾지 말라 이겁니다.

그래서 지난번에도 얘기했지만 수없이 억겁을 거듭거듭 거쳐 나오면서 내 모습을 바꿔 가면서 얼마나 아팠던가? 얼마나 쓰렸던가? 얼마나 고(苦)에 휘달렸던가? 이런데도 불구하고 지금까지도 그 습을 놓지 못하고 그 노비 문서를 놓지 못하고 종 문서를 지고 다니는 여러분의 그 답답함을 나는 도대체 알 길이 없습니다. 여러분도 나처럼 눈 달리고 코 달리고, 예전 부처님들도 역대 조사들도 다 눈 달리고 코 달렸습니다. 그런데 왜 그렇게 이 절 저 절 다니면서 이 부처 저 부처, 용왕이 나를 돌봐 준다 해서 용왕한테다가 뭐, 지난번에도 얘기했지만, 뭡니까? 고기 잡아 가지고들 다니는 거. 밥이나 해 가지고 물에 넣는 거. 이게 뭡니까!

떳떳하고 광대무변한 한 인간으로서 자유인이 되지 못하고 항상 노예로서 거지 또는 귀신, 이런 짓들만 하고 다니니 도대체 이렇게 해서 똑똑한 사람이 될 수 있겠습니까? 그리고 똑똑한 사람을 낳을 수 있겠습니까? 똑똑한 사람으로 기를 수가 있겠습니까? 아무리 이 가운데 좋은 물건이 있다 하더라도 여러분이 그 물건을 쓸 줄 모르면 아무 소용이 없어. 아무리 이 세상을 다 주고 바꿀 수 없는 보배가 여기 있다 하더라도 쓸 줄 모르면 그건 허탕이야. 보배를 가지고도 당신네들이 쓰지 못하는 관계상 그 보물이 아무 쓸모 없이 됐단 말이야, 모두.

지금 은하계 안에서도, 대체적으로 큰 은하계라고 하는 거보다도 우리 중천세계 이 우주 안에도 이거보다도 더 큰 은하계가 두 개씩이나 더 있고, 또 작은 은하계는 아까도 얘기했지? 한 사천여 개 된다는 얘기, 응? 그렇게 어마어마한 문제들이 있다 그러면 그 안에도 빛이 좀 작은 것도 있고 큰 것도 있고, 또 빛을 내지 못하는 검은 그…, 우리네들 살 때 좀 살게끔 일어서질 못하고 아주 찌들려서 사는 것처럼 하나도 일어서질 못하고 그런 부분 부분이 얼마나 많이 같이 섞여서 돌아가는데요.

우리 사는 거나 똑같은 거야. 우리가 무리를 지어서 지금 돌아치는 거나 똑같아. 뭐가 다른 게 있겠습니까. 나는 개떡같이 봐. 개떡같이. 왜? 개떡같이 보는 것은 내 한 점에 다 나 아님이 없기 때문에 개떡같다 이 소리야. 나를 개떡같이 보는 거니까 전부 다 개떡같고 위대하게 보면 전부 다 위대하게 보고 그러는 거예요. 사는 게 모두 그렇게 돌아가는 거죠. 힘이 있으면 빨아 당겨서 제 거를 만들고 힘이 없으면 거기에 들어가서 종노릇을 하는 것이 보통이거든요. 우리 우주의 섭류도 역시 힘이 있으면 탁 쳐선 그냥 버리거나 짝 빨아들여서 자기 걸로 만들거나 이런 문제들이 숱하게 많으니까요.

지금 이 안에서 살아나가는 여러분도 다 같이 살아가면서 역시 그렇게 살고 있지 않을까요? 아니라고 부정하신다면 부정하세요. 여러분은 살아나가는 데도 그렇게, 즉 말하자면 빈약하게 살아나가는 데도 마음들을 그렇게 쓰니 어찌 뺏기지 않고 삽니까. 하다못해 무당한테도 마음을 뺏기고 살지 않나, 부적한테 뺏기고 살지를 않나, 장승한테 뺏기고 살지를 않나, 남이 용왕이 있다니까 용왕한테 뺏기고 살지를 않나. 전부 이름을 해 놓고 그 이름한테 전부 뺏기고 살아. 정신들이 있는 거예요, 없는 거예요? 내 정신 내가 가지고 사는 거지 왜 자꾸 정신들을 뺏기고 사느냐 이거야!

여기 계신 분들은 안 그러시겠죠, 인제. 여기 계신 분들은 정신 차리시겠죠. 여러분의 마음에 달렸다. 이게 이 마음이 얼마나 기묘하고 묘하고 광대무변한지 여러분은 체험을 안 해 보셔서 그렇지 체험을 해 보세요. 모든 걸 체험하고 안으로 굴리면서 모든 것을 그렇게 해야 하는데 제 아비도 몰라. 제 아비도 제 안에 있는데 모른단 말이야. 제 아비가 여기 있다고 해서 둘로 보지 말라 이거야. 내가 아비자 자식이고 자식이자 아비다 이거야, 그냥 그대로. 그래서 공했다고 그랬잖아. 공이자 색이고 색이자 공이다. 여직껏 끌고 다니는 거, 지금도, 오늘도 부지런히 육신을 놀려서 밥해 먹이고 빨래하는 사람 빨래하게 하고 똥 눌 사람은 똥 누게 하고 가다우를 다 치고 이러고서는 또 여기 나오게 만드는, 이 발걸음을 종종걸음을 걷게 한 그 장본인이 누굽니까. 바로 여러분의 성품에 의해서, 환경을 자기가 조성해 나가고 화합을 시키고 조화를 이루고 이렇게 살아나가는 것도 여러분이지 딴 데서 오는 게 아닙니다.

그런데 '아이구, 이거는 영 안 되니 이놈의 노릇을 어떡하나?' 하고 안 된다고 생각을 했으니까 안 되는 거고 된다고 생각을 하니까 되는 겁니다. 새 달에 무당이 나쁘게 된다니까 그냥 나쁜 줄 알고 쩔쩔매는데 내 주인, 이 주장자 주인이 없으니까 그런 소릴 듣고 말리는 거야. 오히려 귀신한테 말리는 거야. 내가 귀신이 되는 거지. 내가 가고 싶으면 가고 이사 갈 때 되면 가고, 내가 하고 싶으면 하고 떡 해 먹고 싶으면 떡 해 먹고 이러는 거지, 아, 누구에 의해서 해요? 지금 그래도 살기가 고달프다는데 아니, 여기에 끄달리고 저기에 끄달리고 어떻게 편안하게 살 때를 바래요?

고요한 마음, 부끄럽지 않은 마음, 온화하고 자비하고 스스로 자비가 나오고 스스로 지혜가 나오고, 모든 것을 내 주인공을 믿고 내 주인에게다 다 맡겨 놓고, 감사하고, 거기서 물러나지 않는 믿음을 갖고 그런다면 들이고 내는 것이, 즉 일심에서 일체 만법이 나고 일체 만법이 일심으로 드는 것인데 이걸 무시하고서 방황하니까 모든 문제가 틀어지는 거라. '응, 네가 그렇게 나를 믿지 않고, 제가 저를 믿지 않고 그렇게 돌아치니까 너 좀 돌아봐라.' 그러지 그럼 뭐, 어떻게 해요.

그러니까 우리 마음에 달렸다는 것은 우리 한생각이, 마음이라는 이름 없는 바로 그 한 점에, 저 대천세계의 그 생명도, 우주의, 전 세계의 그 뜻도 그 한 점에 전부 들어서 위력을 갖추어 가지고 거기서도 쓰고 여기서도 쓰고, 내가 여기만 있는 게 아니라 여기도 있고 저기도 있고 저기도 있고 나 아님이 하나도 없으니 누구를 쳐 버리고 누구를 때리고 누구를 아프게 하겠소. 그런 위력들을 갖추어 가지고 왜 쓸 수 없고 왜 그렇게 바깥으로만 돌아야 하는지, 고등 동물이라고 했는데 도대체 이것은 고등 동물의 값어치를 상실하고 있다 이거야.

어떤 사람이 이랬대요. 부적을 해다가 베개에다 넣고 그것도 10만 원짜리, 5만 원짜리, 7만 원짜리 이렇게 해서 일곱 장을 사야 뭐, 그 달에 괜찮다고 그래 가지고 그걸 다 사다가 여기도 넣고 저기도 넣고 저기도 넣고 그랬답니다. 그런데 그렇게 넣고 있는 중에 여기를 오게 됐답니다. 여기를 며칠 다니다 보니까 인제 설법을 듣고 그랬는데 “어느 날 밤 꿈에 스님이 오셨습니다.” 그래서 “그래서?” 그러니까 “네가 여기저기 감춰 놓은 것 좀 내놔 봐라.” 그러더랍니다. “감춰 놓은 게 없습니다.” 하니까 “이것도 없어? 여기에 매달려서 네가 잘되려고 하느냐?” 하면서 그 베개에 있는 거 모든 거 다 내놓으라고 그러더니 다 그냥 후루룩 삼켜 버리더랍니다. 이렇게 다 몰아서 넣는데 벌써 확 불이 붙어 가지고 그냥 흔적도 없더랍니다. “그런 꿈을 꿨습니다. 이게 무슨 꿈입니까? 이거 해로운 꿈 아닙니까?” “아유, 저러니 할 수 없지. 저렇게 마음 쓰는 게 가난하니 어찌 살기가 가난치 않을까.” 이런 말을 했죠.

그러면서 처음에는 지금처럼 말을 해 놓고서도 ‘에이그, 저 모습이 내 모습이요, 저것이 바로 나인데….’ 하고선 잘 다독거려서 “그게 아니라 이렇게 이렇게 해서 그것이 다 타 버렸으니 얼마나 좋아. 모든 것을 주인에게 맡기고 살면 편안하잖아.” 이렇게 처음부터 달래 가지고 나가야지 별수 없거든. 허허, 그놈의 그 습을 다 떼 버리려면. 그래 가지고 내가 이렇게 여러분의 심부름을 하는데도 불구하고 그 심부름해 주는 공도 모르고, 그리고 여직껏 자기가 자기 끌고 나온 자기 주인의 그 공도 모르고, 어떡합니까, 그거.

인제 그러지 말고 우리의 주장자, 자기의 주인공 그 자체를 철저하게 믿고 죄송하게 생각하고, 감사하게 생각하고, 물러서지 않도록 하세요. 우리가 하나하나 움죽거리는 거, 보고 듣고 하는 것도, 오관을 통하는 것도 전부 거기에서 나오는 것입니다. 거기 성품에서 다 나오는 거지 어디에서 나옵니까. 싸움을 하는 것도 거기에서 그냥 일어나는 거고 즐거운 것도 거기에서 일어나는 거니까 내가 즐겁다 하면 즐거운 건데 말을 상대방한테다 언짢게 해서 남이 화를 일으켜 가지고, 자기가 긁어 부스럼을 만들어서 싸워 가지고 속상하다는 거거든. 한 대 얻어 걸리고. 이게 무슨 까닭입니까.

이 몸뚱이를 가지고 얼마나 오래 삽니까. 참 묘한 거는 사람도 새끼를 낳고 자기 껍데기는 죽거든요. 어느 정도 성장할 때 죽거든요. 그리고 또 어떤 사람은 성장해서 늙을 때까지도 같이 살다가 가는 수도 있고요. 그런데 그것이 아주 냉정하게 판단한다면 자기입니다. 그게 자기를 낳아 놓고 자기 껍데기가 홀연히 벗어져서 나가는 거죠.

예전에 이런 예가 있었습니다. 예전엔 거미들이 많았죠. 거미들이 초가집 가장자리에 쭉 이렇게 거미줄을 쳐 놓고 거미들이 이만큼씩 한 게 달려 있었습니다. 거미가 어느 해에 새끼를 낳아 가지고는 주렁주렁 거기 매달아 놓고선 새끼가 성장이 되니깐 인제 이 껍데기만 남았습니다. 집을 지어 주려니까 꽁지로 거미줄이 다 나와 가지고 껍데기만 남았거든. 그래서 나무에다가 발을 이렇게 걸고서 바람이 부니까 이놈의 커다란 껍데기가 말라서 휙휙 돌아가거든. 그러니까 새끼들이 뭐라고 그러느냐면 우리 엄마 그네 뛴다고 하거든.

그런데 그러한 생명들은 그렇다 치고라도 우리 인간은 좀 고등동물이니 거기에서 좀 벗어나야 될 거 아닙니까? 응? 자식이 바로 부모고, 부모가 즉 자식이란 말입니다. 따지고 보면 몸뚱이가 몸뚱이를 낳는데 그것도 마음과 더불어 몸뚱이도 같이하고 있는 겁니다. 우리가 따로 떨어져서 있는 게 아니죠. 그래서 마음이 어디 있다고 갖다가 꼭 집을 수가 없는 거죠. 어디 마음이 붙었다고 말입니다. 광대무변한 그것이 한 점의 법이고 한 점의 불성이죠. 그래 '아이고, 내가 이 자식들을 낳아 놨는데 자식이 섭섭하게 하고 이래서 참 이거 괘씸한데 그놈의 새끼, 나가서 죽지도 않아.' 이런 부모도 있거든. 자기더러 자기가 죽으라는 거라, 그게. 그래 놓고도 만약에 막상 그렇게 되면 어떻게 될 겁니까. 부모 앞에 다 닥치는 거라, 그게. 그게 자기니까.

일본 사람들이 불법을 철저하게 믿고 배웠습니다. 그래서 바깥으로 큰소리가 나가지 않죠. 그렇게 무섭게 죽일지언정 바깥으로 소리는 나가지 않습니다. 이것이 왜? 말을 함부로 하지 않는다는 뜻이에요. 행을 그냥 하면 했지 말을 함부로 하지 않는다는 거야. 가정에서 소리가 나가지 않고 애들한테도 말을 함부로 해서 "야, 이 빌어먹을 놈아." 이렇게 욕을 안 한다 이거지. 그러면 이 마음에서 속이 상해서 한 소리기 때문에 딱 거기에 집힌단 말이야, 응? 이게 법이라. 여러분은 막말을 하고 그럴 때 자기도 모르게 그냥 불떡불떡 나오는 소리지마는 그것이 무심이라. 그러니 점점 그 뿌리가 썩어 들어가. 좀이 먹고. 그러니 나무가 싱싱할 수가 없고 이파리가 싱싱할 수가 없지. 그래서 일본 사람들은 그러한 내용의 불법을 알고서부터 남이 뭐를 갖다 주면 빈 접시 안 보내고, 빈 그릇 안 보내고 남이 들어와서 내 고공을 살아 줬다면 그 대가를 꼭 하는 겁니다. 이 불법의 이치가 그렇다 이겁니다. 그럼 불법이 따로 있고 우리 생활이 따로 있느냐. 그게 아니고 우리네 법이 그렇다 이겁니다.

그리고 또 이런 것도 있죠. 예전에 보니까 처녀 때는 이렇게 친구도 남자 친구, 여자 친구 이렇게 사귀고 지내다가도 딱 결혼해 놓으면, 즉 말하자면 약혼식을 해 놓으면 그때서부터는 남자는 여자 친구 안 만나고 여자는 남자 친구 안 만나는 겁니다. 그거 철저합니다. 그만큼 무서운 도리를 가지고 있어요. 그 행동으로 옮긴단 말입니다. 왜 우리는 행동으로 옮기지 못하느냐 이거야. 우리는 마음으로는 천 가지 만 가지 그냥 떠벌리고 잘한다고 하면서도 행은 말하는 거하고 전혀 다르게 돌아가니까, 지난번에도 얘기했지만 둥그런 그릇에 네모난 뚜껑 덮는 거나 한가지니 그 덮으나마나지.

종교라는 자체가 무슨 뭐, 어린애들 장난하는 이런 것이 아니에요. 종교라는 것은 불교든지 기독교든지 가톨릭교든지 알라신이든지 어느 종교를 막론하고 한데 합쳐진 것이 종교예요. 말씀을 말하는 거거든, 교가. 종이라는 것은 지종으로도 쓸 수 있죠. 너무 많으니까. 이것이 불성으로도 쓸 수 있고요. 그래서 종교야. 그런데 그 이름을 지어 놓고 '이건 내 종교, 이건 네 종교' 하니 이 삼천대천세계에 아니, 대천세계 그거 거론하지 않고도 우리가 사는 데에 뭐가 그것이 붙어 돌아갑니까, 네? 한 지구 속에 들어 있으면서 이게 내 종교, 네 종교! 모두 생명이 다릅니까, 사는 도리가 다릅니까, 법도가 다릅니까. 물론 습에 의해서 자기 살아나가는 그 '습도'는 다를지언정, 또 차원에 따라서 가난하고 부자로 살고 이렇게 사는 도리가 다를지언정 어찌 그 법이 다르겠습니까.

그러니 울음도 그렇게 값싸게 울지 말 것이고 웃음도 값싼 웃음 웃지 말 것이고, 사는 것도 값싸게 살 것이 없고 종교 믿는 것도 값싸게 믿지 말라 이거야, 아무 데나. 누굴 믿어, 누구를? 나를 빼놓고 극장에 구경 갈 수 있나? 표를 남의 것만 사 놓고 내 거는 안 사면 내가 아무리 들어가려도 못 들어가, 나는. 딴 사람은 들어갈지언정. 그와 똑같은 얘깁니다. 내 처리를 내가 못하면서, 내 육신도 내가 잘 끌고 다니지 못하면서 남의 중생을 건진다고 어떻게 자부하겠습니까. 육신과 더불어 그 마음을 이끌어 주는 길잡이가 될 수 없다면 속가에서는 여러분이 어머니 아버지 될 자격이 없고 절 도량의 스님네들은 스님 될 자격이 없단 얘깁니다. 부모 될 자격이 없고 이 승가 도량에서는 바로 어버이 될 자격이 없어요. 모두가 다 이 섭류에 따라서 이 한계의 도리를 똑똑히 알고 똑똑히 믿고 똑똑히 걸어라 이겁니다.

오늘은 이걸로써 마치겠습니다.

생활 속의 정(定)과 혜(慧)

1986년 3월 9일

오늘 이렇게 결혼식을 하고 난 뒤에 생각을 해 보니까 결혼식은 온 데 간 데가 없어졌군요. 우리 인간이 살아나가는 데에 정(定)과 혜(慧)가, 혜가 정이요 정이 혜니까 우리가 생각하면서 뛰는 것이 그대로 용(用)이요, 지혜로운 마음으로 우리가 살아나가는 데에 움죽거린다면 모든 일이 거북할 일이 없고 걸릴 일이 없어요. 이것이 자그마한 한 점의, 한 점도 못 되는 그 한마음이 그렇게 위력을 이룬다는 얘깁니다. 이 우주 삼라대천세계를 이룬다는 얘깁니다. 아무것도 아닌 거 같은데 말입니다.

우리 인간의 몸을 가만히 살펴보시고 자기가 지금 행하는 도리를 잘 검토해 보시고, 자기가 지금 무엇을 하고 있는지, 어디로부터 이렇게 걸어왔는지, 지금 내가 집에서 나갔다가 온종일 돌아다니다 다시 그 구멍으로 돌아오니 이건 또 무슨 까닭인가 하는 거를 관해 보도록 해 보세요. 이 모두가 인간의 오관을 통해서 지각이라든가 또는 모든 감각이라든가 촉각이라든가 이 지능이 발달된 사실이 어디로부터 나왔겠습니까? 보고 듣는 대로도 그렇지마는 내가 행동해 보고 모든 것이 감지되고 또는 내가 잘됐다 못됐다 이런 것을 판단할 수 있는 내 근본적인 마음이 있단 말입니다.

그런데 만약에 우리 몸이 한 지구라면, 우리 몸이 지금 껍데기가 이렇게 있습니다. 한 겹, 두 겹, 세 겹. 이 세 겹에서 역할을 어떻게 하고 있는가? 이 세 겹이 바로 기능을 가지고 있는 여섯 가지의 역할을 한다고 봅니다. 그런데 여섯 가지의 그 활용을 그렇게 기묘하게 할 수가 없다는 얘깁니다. 우리가 몸을 갖다가 이 겉껍데기 자체에서, 가죽 자체에서 들이고 내는 역할을 하는데, 즉 말하자면 교차로로서…, 군대에 가 보셨으면 이런 걸 아시죠? 한번 가서 거기 지키고 있으면 또 하나가 지키고 교대하죠? 그런 거와 같이 빠는 힘을 가지고 있다면 내미는 힘을 가지고 있어요. 그래서 추려서 들이고 내고 하는 거죠. 알맹이는 빼고 껍데기는 버리는 그런 역할을 하고 있다 이겁니다.

그런데 말을 그렇게 했지마는 이건 오관을 통해서 연쇄적으로 나오는 겁니다, 이게. 그러니까 그런 역할을 하죠. 그런 껍질이 아주 세밀하게 얇은가 하면 또는 그 속껍질이, 중간의 속껍질이 무척 역할을 하고 있는 거죠. 그래 삼 겹 살이라고 하는 데서 중간의 겹이라고 볼 수 있어요. 이 세 껍데기의 인간이 여섯 개의 활용을 여기에서 하고 있다는 겁니다. 이 육체가 움죽거리는 것이 전체, 이 오각에 의해서 책정을 내리는 근본이 이 다섯 가지의 응용을 하여서 이것이 다 움죽거린다는 뜻입니다.

그러면 이 근본 우주에도, 우주의 섭류도 역시 우리 몸과 같습니다. 우리 몸이 이렇게 돌아가서 다시 제 구멍으로 나오듯이, 우리가 이 지구의 껍데기를 한번 검토해 본다면 그것도 역시 세 겹이라고 봅니다. 그러나 세 겹 중에 한 겹이, 즉 말하자면 사람이 역할을 한다면 두 사람의 역할이 되겠죠? 두 개를 다 담당하고 있단 얘깁니다. 그 가운데서 세 개가 또 담당하고 있으니 이건 전체의 근본 하나에서 이게, 넷 다섯 여섯이 그렇게 되는 거죠. 그러니까 우리 자체가, 가만히 이 몸으로 비유해서 본다면 지구에도 우주에도 전부 섭류가 다 똑같이 돌아가는 것입니다.

나는 과학자는 아닙니다마는 예를 들어서 이 뼈다귀 있는 데나 어깻죽지 있는 데나 머리 껍데기나 이런 거는 아주 얇습니다. 그러나 남이 볼 때는 하나같이 가죽은 가죽입니다. 그렇지만 안에서 볼 때는 이것이 좀 두툼한 데가 있고 얇은 데가 있습니다. 그렇죠? 여러분 몸으로 비유해 본다면 안 그렇습니까? 그와 마찬가지로 지구도 역시 그런 몸과 같이 우리 이 뱃가죽은 세 겹이라도 여섯 겹이 있는 것처럼 상당히 두껍습니다. 살이 있고 기름이 있고, 기름이 있고 살이 있고 이렇게 자꾸 얇은 껍데기까지 그렇게 다섯 겹이 있다고 봅니다. 아주 맨 마지막에는 아주 얇은 비닐 같은 보가 있습니다.

그렇다면 우리 지구도 그러한 환경에 모든 게 똑같이 그렇게 돼 있다는 얘깁니다. 지수화풍으로 뭉쳐진 것도 똑같고 그러한 반면에 거기에서 정과 혜가 둘이 아니요, 또는 지와 능이 둘이 아니요, 그래서 능과 역이 둘이 아니라는 셈으로 오관을 통해서, 우리는 그것을 항상 함으로써 가고 옴이 없는…, 지금 시쳇말로 했죠. 오관을 오신통이라고 이렇게 얘기를 하는데 이것이 오신통에 대한 문제를 얘기를 안 하려야 안 할 수가 없는 게 자꾸 나오네요. 그전에 얘기했죠? 오신통 하면 시쳇말로 탐지기라든가 전체 망원경이라든가 또는 숙명통, 즉 말하자면 컴퓨터라든가 또는 무전기…. 신족통이다 하면 이것이 가고 옴이 없으니까 역시 무전 역할을 하는 거죠?

이 문제들이 다 어디에서 문제가 되느냐 하면 지구에서도 우리의 마음들이 이렇게 살고 있는 생명들 이 자체가, 어저께도 얘기했지만 생명들이 살고 있는, 이 근본의 마음이 받아들일 수 있는 그릇이 있기 때문에, 우리는 지수화풍으로 돼 있기 때문에, 저 북극성도 지수화풍으로 돼 있기 때문에 그것은 태양으로부터 조달을 서로가…. 태양도 큰 별성에 이르게 되자 그 별성 안에 별의별 게 다 있어도 그 조달을 받지 않는 것이 아닙니다. 다 연결이 돼 있습니다. 무전기가 이렇게 연결이 돼 있듯이. 무전기라고 할 수도 없죠.

만약에 이 허공에 법계의 망이 없다면 그러한 능력을 가지고 있지도 못합니다. 법계의 망이 있기 때문에 어떠한 물체가 떠도 그냥 돌아가게 돼 있습니다. 그거는 아주 센 능력이기 때문에 공기가 있으면 우리가 마음대로 요렇게 차단할 수도 있지마는 공기가 무중력 상태에서 시간과 공간을 초월해서 돌기 때문에 그 능력이라는 건 안하무인으로 돌아간단 얘깁니다. 그것을 우리가 잡아서 쓸 수 있는 것이 혹성이며 항성이라고 볼 수 있겠습니다. 그렇다면 우리 별성도 역시 우리에게, 지금 이 마음의 근본 자체에, 우리는 태양이 없어도 아니 되고 서로 한마음 한뜻으로 돌아가지 않으면 안 됩니다. 그것이 태양열로써 우리 지구에 영향을 미쳐 준다 이러는 것도 그것이 오관을 통하지 않으면 지능이 발전을 할 수가 없고, 또는 능력을 표시할 수가 없고 빛이 표시를 할 수가 없어요. 이것이 바로 오관을 통해서 지수화풍이 한데 합쳐서 그 기능을 발휘하니까 거기에서 불이 타오르면 바로 바람이 그 안에서 읾으로써 속에서 타면서 바깥으로 빛이 나게끔 돼 있거든요.

그러면 지금 그 별성과 지구와 우리와, 내 이 몸과 다를 바가 하나도 없는 거죠. 그런데 한 가지 이런 건 있죠. 우리는 옮겨 간다는 뜻이요. 그냥 돌아가는데 우리가 옮겨 간다는 거나 똑같습니다. 우리 하루 종일 옮겨서 디뎠죠, 옮겨서 마음을 먹었죠, 옮겨서 봤죠, 옮겨서 들었죠? 이것이 고정되게 딱 붙어 있는 게 아니라 어디 있는 줄도 모르면서, 이 몸뚱이 안 어디에서 그러한 모든 걸 다, 다섯 가지에 의해서 책정하는 것까지, 판단하는 것까지…, 이게 판단을 어디에서부터 하고, 판단력이 있는 그 자체에서 오관을 들이고 내고 하는 힘이 어디에 있을까? 그렇다면 우리 지구도 역시 그러한 역할을 하는가 하면 허공의 모든 잡석을, 잡석이라고 해도 좋겠죠? 그런 거를 내뜨리고 들여오고 이렇게 해서 우리가 능력을 쓰는 원인도 북극성의 그 뜻이 역시 발휘해 주지 않는다면 아니 된다는 얘깁니다.

우리 생물이 어떻게 해서 생겼을까? 우리 생명은 처음에는 이 다섯 가지가 합쳐지지 않는다면, 즉 말하자면 능력이 없어도 안 되지마는 지수화풍이 한데 합쳐지지 않았다면 빛도 능력도 아무것도 없는 겁니다. 움죽거리는 것도 모두가 거기에서 나오는 거죠. 그게 합쳐져서 근본이 생긴 겁니다. 우리가 이 세상에 어머니 배 속에서 났으니까, 내가 있기 때문에 근본이 있는 거지 내가 없었다면 근본이 없죠. 내가 있기 때문에 근본으로 하여금 이렇게 움죽거리는 거죠. 그런 거와 마찬가지로 우리가 지금 육안으로 볼 때는 에너지를 여기 지구에다 공급을 하기 때문에 생명이 생겼다는 것입니다. 이것도 지수화풍이고 이것도 지수화풍입니다.

그런데 이것의 주된 자기 소임은, 즉 말하자면 온화한 따뜻함, 주로 그런 성품의 소임을 가졌지만, 의사가 내과, 외과 공부는 다 해 가지고 과목을 외과로 두는 거고 내과로 두는 거지, 그 소임을 다 맡지만 외부의 모든 걸 모르면 내과도 할 수 없는 거죠? 알기는 알아요. 그와 마찬가지로 통합해서, 다 이렇게 하나로 뭉쳐서 하나의 자기 소임을 그대로 전달하는 거뿐이죠. 근데 전달하는 게 아니라 이 별성은 지구의 능력에 의해서, 자기가 능력을 받지 못하면 안 되죠. 또 그것은 거기의 빛을 받지 못하면 안 되죠. 그렇기 때문에, 거기에서는 추웠다 더웠다도 하지마는 이것이 한마음으로 통하기 때문에 때에 따라서는 생명체가 생겼다고 봅니다.

우리가 지금 생명체를 만들려고 하지 않아도, 생명을 소생시키려고 안 해도 저절로 이 지구나 사람이나 생명들이 다 생기는데 그런다면 그것이 지수화풍으로 생기고 물건도 지수화풍이요, 모든 게 지수화풍이다 이거야. 지수화풍으로 생긴 것이 타서 재가 된들 그것이 지수화풍이 아닐 수가 없다 이거야. 그래서 그 지수화풍이 화해서 수만, 수

백, 아니 수천억으로 분류돼서 이것이 지금 쓰이고 있는 것이죠. 이름도 수천수만 억이 될 수 있고요. 그렇다면 우리가 그렇게 해서 지금, 이게 말로는 하기가 참 어려운 말인데 나같이 무식한 사람이 방편으로 말 대기도 상당히 어렵습니다, 이게. 어떻게 이름을 붙여야 될는지 몰라서 말입니다.

그러니 깊이와 얇기와 자동적인 운동을 하는 그 도리가 이렇게 이렇게 이렇게 돼 있다는 것만 알지, 지능과 지각이, 또는 정과 혜가, 또는 모든 가고 옴이 없이 가고 오는 무전책정기 이런 것이 전부 포함돼서 거기에서 조달을 하는 이 삼 겹 살의 문제…. 이것이 이 오장육부를 보호하고 모든 생명들을 보호할 수 있는 그런 역할을 하고 있고, 안에서는 그거를 받고서 또 내놓는 역할을 하는 거죠.

그런 거와 마찬가지로 지구도 역시 똑같으니까, 우리 인간의 한 몸이 지구 덩어리라면 이것도 별성의 한 무리들이라고 볼 수가 있죠. 이 혹성 안에 별들이 지금 막 돌고 있죠, 무리를 이루고요. 각자 자기의 집들을 해 놓고선, 자기의 가정들을 해 놓고선 그 가정에서 돌고 돌고 하면서도 나가서 돌아야 되는 거니까요. 그러면 저 지금 허공에 떠 있는, 저 우주에 떠 있는 저것들도 다 그러한 형식으로, 그러한 이치로 돌고 있거든요. 어느 거 하나 버릴 게 없고 어느 거 하나 가질 게 없듯이 우리가 모든 것을 알고 본다면 이 지구도 한 개의, 우리의 육체와 다름없는 어떠한 물체다 이겁니다.

별성이 있다면 반드시 이런 문제가 있죠. 여러분이 어떤 때는 "아이고, 부처가 있기는 뭐가 있어? 내 주먹을 믿어라." 이런 말들을 잘들 하는 남성분들이 있을 거예요. 그러나 내 마음이 따뜻하지 않고 한마음으로 돌아가는 마음이, 즉 말하자면 공심으로 돌아가는 마음이 없다면 그 태양열을 받을 수가 없습니다. 이거 혼자 사는 게 아닙니다. 이 마음 가운데에 전부 다 들어 있는데도 불구하고 내가 둘로 보고서는 "에이그, 그까짓 것 뭐, 내 주먹을 믿어라." 이러거든요. 그것은 어디

가나 외톨이죠. 마음과 마음이 조달되고 마음과 마음이 연결됨으로써 우리는 모든 게 나 아님이 없고, 내 몸 아님이 없고, 내 별성 아님이 없고, 내 혹성 아님이 없고 모두가 그러한데 말입니다. 근데 주고받는 율은 쪼끔 차이가 날까? 이것이 다 같다는 얘깁니다. 만약에 지금 이 혹성 하나만 있고 이런 별성이 없었다면 우리는 여기에서 이렇게 살지도 못하지 않습니까? 폐허의 장막이죠. 그러나 우리는 이렇게 온화한 길을 줬기에, 스스로 줬기에 스스로 물속도 따뜻하고 스스로 새로 생겨 가지고는 화산이 일어나고 돌이 되고, 모두 이렇게 해서 이 세상을 발전시키고 이런 것도 원인이 있으니까 그런 거 아닙니까? 원인 없는 공사는 없거든.

나는 어떤 때는 이런 걸 생각해 봅니다. '야, 이 지구가 어떻게 생겼다고 보느냐. 과학자들은 잘 알겠지.' 하고선 생각해 볼 때가 있습니다. 그러나 '아하, 과학자들도 섬세하게 따질 수는 없겠구나. 왜냐하면 물론 물체가 있는 것은 있되 금방 여기 있다 금방 돌아서 요게 틀어지니까, 있다는 것만 얘기했을 뿐이지 어디 이렇게 고정돼 있다는 얘기는 못할 거다.' 하는 생각이 듭니다. 또 한 가지는 '그것이 몇 킬로나 되나? 껍데기는 몇 킬로가 되고 또 속껍데기는 몇 킬로가 되고 이러나?' 하는 생각도 해 봅니다. 그렇다면 그것이, 과학자들이 말한 거는 난 모릅니다마는 그 껍질 하나하나 두께가 그만큼 두껍다는 얘깁니다. 우리가 상상할 수도 없고 말입니다. 겉껍데기 하나만 말을 한대도 그 속껍데기는 곱 곱이 되는 거죠. 하지마는 우리가 생각할 때는 아주 얇은 껍데기건만도 32킬로나 나갈 정도란 말입니다. 그러면 그 껍데기의 전체로 따진다면 오천백 한 사십 킬로 이렇게 나가겠죠. 이런다면 그 부피가 얼만가 말입니다. 거죽에서는 그렇지마는 이것이 물로 차 있는 데가 있습니다. 마찬가지로 우리 배는 말입니다, 배가 따로 있고 그런 건 아닙니다마는 물에 차 있는 게 있지 않습니까? 가죽이 더 두껍죠? 우리 가죽이 더 두껍죠. 평균 잡아서 그런데 이 뱃가죽이 더 두꺼운 사람이 있거든. 겉 비계가 더 두껍거든. 오장육부가 다 거기에 들어 있기 때문에.

그래서 우리 생명체가 살아나는 것도 거기에 네 가지가 포함해서 있기 때문에 생명체가 생기는 법입니다. 그리고 그 네 가지가 거기에서 생기기 때문에 그 가죽이 두껍습니다. 그럼 지구의 가죽이나 사람의 가죽이나 똑같은 이치가 되는 것입니다. 그러니 모든 걸 말로써 말을 배우려고 하지 말고 누구나가 다 자기 주인공 거기에서, 그 한 점의 마음속에서 일체 만법, 만물만생 이것이 전부 공생 공용 공체로서의 공심으로서 연방 돌아가니 참 광대무변한 이 묘한 원리가 어디에 있는가?

내가 이 세상에 났기 때문에 내가 그걸 생각해 봤고 내가 내 마음을, 참마음이 무엇인가 한번 관해 보기도 했고 내가 이렇게 생각해 본다. 내가 배웠다. 이런 거죽의 물건들도 내가 이렇게 배워 본다. 이 거죽의 물건이, 이것을 뭘로 만들었을까? 아, 진흙으로 만들었을까? 진흙으로 만들었다고 말 한마디는 하나 흙만 들어간 게 아냐. 이것은 불도 들어갔고 물도 들어갔고 흙도 들어갔고 모두가, 바람도 들어갔다 이거야. 말려야 하니까. 이것이 바로 지수화풍이 됐는데 지수화풍으로 구워서 딱 만들어 놓으니까 여기다 별거 별걸 다 담는단 말이야, 응? 그러면 이 컵이 이 세상에 하나도 없었는데 이 컵 하나가 나왔다면 컵에 물을 담아 놓고서 이게 신기하다고 하는 거거든. 야, 이거는 보지 않는 거야. 목마를 때 컵을 무심코 그냥 빨리 집어 가지고 목마른 것만 생각하지 이 컵에 어떻게 해서 이렇게 내가 물을 담아 먹게 됐나를 한번 생각해 보신 예가 누구든지 있느냐 말입니다. 우리 공부하는 사람들이나 그런 생각을 한번 해 보는 거죠.

그런데 모두 생각하는 것들이 공부한다는 게 아니라 종교를 믿는다고 하면, 불교를 믿는다고 하면 가서 비는 거밖엔 모르는 거야. 잘해 달라고 하는 것밖엔 모르고. 이게 도대체 자립성은 하나도 없는 겁니다. 자립을 해서 자기가 자기 마음을 길러서 자기 마음을 발견한다면 거기에서 그 자립이 다 나오고 만법이 거기서 나오고 계발이 거기서 나오고…. 가만히 있는다고만 해서 계발은 아니거든. 자기가 나오기 이전에, 어린애 뱄을 때는 그걸 배 속에다 두고 있으니까 가만히 두지만, 이 세상에 나오고 보니까 울기도 하고 똥도 싸고 하니까 그걸 연방 연방…, 똥을 누었으면 패대기를 쳐야 되느냐, 간단하게 구린내도 나지 않게 잘 요렇게 해서 얼른 쉽게 빨 수 있느냐.

어떤 젊은 사람들은 똥 기저귀를 빨 줄 몰라서 그저 그냥 온통 똥을 마당에다가 죄 뿌려 놓고 말입니다, 겨울에 물이 뿌려지면 똥 깍재기 뭐, 이런 것이 쭉 그냥 얼어붙죠. 이것은 요량으로써, 자기의 그 용을 하는 데도 한 개의 생각으로써 다독거려서 그걸 잘 빨 수도 있는데 요것을 그냥 전부 똥 깍지를 죄 얼려 놓으면 딴 사람들이 보기에 참 아주 나쁜 이치가 많거든요. 그러면 그 한 가지 일뿐만이 아니라 전체, 일체 만법의 활용이 다 그렇다는 얘깁니다. 요걸 어떻게 하면 간단하게 하고 편리하게, 남들이 보기에도 아주 깨끗하게 정돈을 내가 해 가면서 잘 살 수 있을까? 요게 계발이에요.

다 똑같이 이 세상에 태어났어도 그것이 다른 겁니다. 지능과 지혜와 모든 그런 문제들, 요런 것이 한데 오관이 통해져서 요것을 어떻게 요렇게 잘해 나갈 수 있나, 지혜롭게. 다 똑같이 깨달았어도 요것이 바로 다른 점입니다. 똥 기저귀를 똑같이 빨았는데 똑같이 그렇다 이거야. 그래서 그 도리를 완전히 모르고 자라지 않은 사람은 그렇게 될 것이고, 그래도 살아가면서 지혜롭게 잘 어른이 된 사람은 그걸 그렇게 안 할 것이다 이거야. 그러니 그 어른과 아이, 또는 젊은 사람과 좀 나이 먹은 사람, 요거 차이가 있는 겁니다. 그럼 우리 일상생활 살아나가는 데에, 활용을 하는 데에 그것이 적합하게 주어지는 것이 있는데 이것은 어디서 나오느냐? 바로 정과 혜에서 나온다.

그런데 이 모든 것이 요렇게 잘하고 못하고…. 이걸 익숙하게 단련을 시키기 위해서 달마 대사는 면벽을 몇 해 동안이나 했던가? 육조 대사는 몇 해 동안을 그렇게, 그 단련을 하기 위해서 얼마큼 돌아쳤던가? 여러분이 그건 만날 들었으리라고 봅니다. 괜히 그런 건 아니거든. 숙달시키고 단련하고, 응? 농후하게, 어떠한 일이 닥친다 할지라도 내가 눈 하나 깜짝 안 하고 요리를 해낼 수 있는 그런 단련을 하기 위해서 한 것이 아니겠느냐는 얘깁니다. 우리 살아나가는, 내 한 몸뚱이 살아나가는 데 문제가 아니라 우주의 섭리의 그 뜻, 삼천대천세계의 문제를 놓고 볼 때는 이것은 이렇게 단련 안 해 가지고는 안 돼! 그래서 깨달았다 할지라도 묵묵히 돌아치면서 일하면서 참선하고, 참선하면서 일하고, 일하는 것이 그대로 참선이 돼야 된다 이겁니다. 이루종차 참선하는 거 따로 있고 일하는 거 따로 있고, 먹는 거 따로 있고 앉는 거 따로 있고, 모든 게 따로 있다면 이게 어떻게 참선이 되며, 한데 뭉칠 수가 없어서 어떻게 삼천대천세계를 한데 한 주먹에 우그립니까? 아니, 티끌 속에다가 어떻게…. (녹음 안됨)

그냥 뚫어지게, 자기가 가고 옴이 없이 가고 오고 그러니 그 자리가 그 자리겠죠. 이게 엄청난 소린데도 불구하고 아주 값싸게 듣는 분들이 있는가 하면…. 값싸게 듣지 마세요. 우리가 많이 말을 배우고, 지식을 배우고, 학식을 배우고 모든 걸 다 안다고 하더라도 그 한 가지의 뜻을 찾고 계발 못해서, 또는 찾지 못하고 계발 못하고, 이런 문제들이 많으니 우리는 '나는 이런 게 옳다 저런 게 옳다. 이걸 빨리 해야겠다.' 이러한 욕심은 좀 버렸으면 좋겠어요. 이런 것도 놔야 미지수의 우주 세계에, 내가 그 하나에 더불어 같이 들 수가 있는 거지 아니, 내가 요게 들리고, 요게 틀리고, 요건 좋고 이러곤 내 마음이 그래 가지고 몸뚱이가 이리 가고 저리 가고 이럭하다 보면 어떻게 그 미지수의 세계에 내가 한데 합쳐져서 들어가 보노? 마음이 움죽거리면 몸도 움죽거리게 돼 있어요.

그래서 종교라는 이 공부를 하는 데는 누구를 믿고 누구를 의지

해서가 아니고, 누구를 잘되게 하기 위해서, 중들을 먹고살게 하기 위해서 다니는 게 아니에요. 그러면 저 별성, 저 북극성은 지구를 살리기 위해서요? 천만에요. 자기가 살기 위해서요. 둘이 아니니까. 그리고 또 지구는 그 항성을 왜 좇아다닐까요? 왜 좇아다니느냐고! 먹을 게 없는데 왜 좇아다녀? 그건 자연의 이치라. 우리 식구가, 부부가 왜 좇아다니나요? 마음으로 사랑한다는 그 사랑이라는 건 사랑이라는 두 글자를 내놓을 수 없으면서도 사랑하기 때문에 그 압력에 의해서, 즉 말하자면 자석에 의해서 빨려들듯이 한마음이 된 게 아닐까요? 표현할 수가 없죠. 자석이라고 볼 수밖에는 없으니까. 그러니까 모두 자석에 의해서, 지구도 그렇고 그것도 그렇고 다 자석에 의해서 이것은 같이 다니지 않으면 안 돼. 같이 이렇게 있어야 내가 운전을 하거든. 즉 말하자면 거기의 보조를 받지 않는다면 내가 돌아갈 수가 없어. 이탈되니까. 그것도 자석이요, 이것도 자석이다 이거야. 왜? 태양의 자석도 자석이기 때문에, 자석으로 표현을 하는 것뿐이지 자석이라는 건 아니에요. 그런데 그 능력에 의해서 자석도 큰 게 있고 작은 게 있다 이거야. 큰 거는 더 힘을 쓸 거고 작은 거는 작게 쓸 거고 이런 것이다 이거야. 그보다 더 작은 거는 더 큰 자석에 묻어 돌아갈 거고. 어쩔 수 없는 거지, 뭐.

지금 외국에 차선을 자석으로다가 한 데가 있는데요, 그것이 자석을 이렇게 놓고서는 여기 위에다가 이렇게 딱 차단을 해 놓으면 그 위로다가 그냥 떠 가는 거야, 그냥. 그래도 이탈되지 않아, 차가. 그러나 이만큼 되는 거리에서, 요만큼 요렇게 되는데 요렇게 되는 그 이탈에서, 즉 1미터, 그러니까 5미터라고 볼 수가 있죠? 5미터라고 본다면 5미터에서, 그러니까 우리가 은하계와 지구와 어떻게 되겠고, 이 지금 북성국에서, 저 별에서 이 지구가 얼마만큼 거리가 되겠습니까? 가까운 거리지마는 아주 멀고, 멀지만 가깝다 이거야. 그러나 우리가 그 5미터에 있는 그런 거나 똑같은 거란 말이야. 멀다고 그러지만 먼 게 아니라. 즉 말하자면 나라도 미국이 있고 한국이 있고 그래서 우리가 마음대로 거길 갈 수도 없죠. 그런 것뿐이에요. 그러나 바로 어떻게 저거 하면 교통이 될 수도 있고, 가고 옴이 없이 가고 올 수도 있다 하는 거는 그런 뜻이에요. 내가 어떠한 표를 받아야만 가죠? 이 나라에서 가라고 응해 줘야 가는 겁니다. 오는 것도 그렇고요.

그와 마찬가지로 지금 북극성이다 지구다 또는 은하계다, 이 우주 세계의 모든 만물의 기존적인 문제…. 부부가 부부끼리 살아서 애를 낳고 이렇게 사는 것처럼 꼭 그 별성이 아니라면 혹성은 여지없이 홀아비처럼 모든 기능을 상실한다. 또는 별은 혹성이 없으면 모든 기능이 아주 상실된다. 그렇게 맡아 가지고 있는 별은 아주 빛이 농후합니다. 그런데 이 라이터에 기름을 안 넣으면 안 되죠, 껍데기는 있는데. 그런 거와 마찬가지로 기름이 떨어지다 보면 점점점점 불이 작아지죠. 그런 것처럼 별성도 그렇게 작아진다 이겁니다. 그리고 희미해져.

사람도 역시 사랑하는 부부였다가 만약에 딴 데로 갔다거나 죽었다거나 이런다면 상당히 그걸 받습니다. 받으면서 현재에 생활하는 것도 상당히 어렵죠. 그러니까 마음이 얼마나 산란하고 얼마나 힘이 없겠습니까? 그런 거와 똑같은 이치예요. 이 모두 한마음으로 합리적으로 조화를 이루면서 돌아가는 이 한생각의 마음이 그렇게 위대하다는 겁니다.

나는 예전 사람이 못 되고 또 학식이 없어서 그런지 예전에 부처님이 말씀하신 대로 얘기를 못합니다. 못하는 거는 아니나 안 하고 싶습니다. 지금 사람들에게 지금 말로써 표현을 해 주는 것이 좋을 것 같아서요.

그러니 지금 한마디 한마디 이렇게 꾸준히, 이게 똑같은 말을 하면서도 한마디씩 그냥 이렇게 넣는 것이 있으니 우리가 그걸 종합해서 한번 꿰 보면 큰 우주가 성을 이루고, 그 사람의 한마음을 내놓으라면 내놓을 것도 없는 그 속에 아마 우주 삼천대천세계가 다 이루어질 겁니다. 그래서 처음에는 어떤 거 먼저 꿰야 할지 모르고 그냥 듣지만, 나중에 다 듣고 보면 한 개로 그냥 꿰 들 수가 있습니다. 꿰맞출 수가 있는 거거든. 맞춰서 이게 되는 게 아니라 나투면서 찰나찰나 돌아가면서, 이것이 무궁무진한 거기 때문에 찰나찰나 돌아가면서 자기가 그것을 숙달시킨다면 정말 어디고 아니 가는 데가 없고, 손 안 닿는 데가 없고 발 안 닿는 데가 없고, 생각이 미치지 않는 데가 없다 이거야. 어딜 생각을 탁 해 보면 거기의 살림살이가 몽땅 내 마음에 드니 말입니다, 응? 그렇게 넓고 광대무변한 그 살림살이가 죄다 한마음 속에 다 드니 어찌 광대무변한 법이 아니며 묘법이 아니겠느냐는 얘깁니다. 묘법이기도 하지만 묘한 사람들이죠.

그런데 우리만 여기서 살고 있는 건 아닙니다. 왜 우리만 살고 있겠습니까? 다른 혹성들에 수많은 수천 은하가 돌고 있고, 그 외에 그 은하 속에서도 혹성이 돌고 있고, 그 은하 바깥 외부도 그렇게 무리 무리 지어서 돌아가고 있는데 어째서 우리만, 여기 혹성에만 산단 말입니까? 왜? 여러분이 다니시면서 보셨죠. 빈집 있는 거 보셨습니까? 집집마다 다 들어 있어요. 빈집은 다 아직 사 들어오지를 못해서, 새로 지어 놓고 들어오지를 못해서 황폐해 있는 거나 다름없죠.

우리 지구도 처음에 생겼을 땐, 처음에 지어 놨을 때는 주인이 여기 이사를 오지 않았기 때문에 상당히 황폐했고, 거기에는 얼음만이 있었고 이렇게 사계절이 뚜렷하지 못했다는 얘기도 어저께 했지만, 그렇게 황폐했단 말입니다. 만약에 주인이 살지 못하면 그 인근이 더럽기도 하고 바람도 일고 그냥 뭐, 말도 못하죠. 그래서 애당초에 이 주인을 이루게 하기 위해서, 그 주인이 바로 지수화풍 그 자체로 뭉친 거니까 거기에서 내가 나오려고 얼마나 힘을 들여서 용암이 나왔습니까? 내가 살기 위하고 내가 계발하기 위해서 얼마나 애를 쓰고 용암이 돼서 나왔습니까? 그 용암 자체도 여러분이 아니겠습니까? 얼마나 애썼습니까, 거기서부터!

그래 가지고 그걸로 말미암아, 즉 말하자면 북극성으로 말미암아 은하계로 전기를 잡아들여서, 여기 내부에도 전기가 있는데 만약에 모자란다면…. 그런데 이건 모자라는 게 아니라 자가발전소기 때문에 연방 돌아가거든. 연방 돌아가면서 이 환경에 따라서 크게 쓸 거면 큰 전기가 와야 되고, 적게 쓰는 데면 적게 전기가 들 거고 이렇게 해서 우리가 공장에서 지금 쓰는 전기는 그 전기대로 크지 않습니까? 가정에서 쓰는 전기하고 다르죠. 그런 거와 마찬가지로 구덩이가 파졌으면 거기 메워 가지고 물이 넘어가지요. 거기 메우지 않고는 넘어갈 수 없거든.

그렇기 때문에 그만큼 전력이 많이 소모가 된 것도 아니고 소모가 안 된 것도 아니다 이거야. 그건 자기가 용트림한 거야. '나는 여기서 주인 노릇 하고 살겠다. 내가 집을 지어 놨는데 내가 살아야지.' 하고 나온 것뿐이죠. 그러니 처음에는 발전이 안됐기 때문에 모든 게 갖추어지지 않았지만 여러분이 집 짓고서 금방 이사를 가서는 일 년 이태를 갖추어야 하고 그걸 다시 손을 봐야 합니다. 완벽하게 갖추려면요. 잘못해 놓은 데 있는 건 고치기도 하고 이러듯이 다 그렇게 된 거다 이겁니다.

물과 불, 바람, 흙이 한데 합치니까 생명들이 나왔고 발전을 이루었고, 거기에서는 바로 집을 만들었고 식물을 내놨고 동물을 내놨고 이렇게 사람들이 이어져 갔고 얼마나…. 야, 처음에는 물에서 나와서 추우니까…, 물에서 나오기 전엔 그걸 모른단 말이야. 그럼 물에서 나왔다고 해서 어저께도 얘기했지만 흙이 거기 포함되지 않았느냐 이거야. 바람도 흙도 온기도 물속에 다 있다 이거야. 그래서 생명이 나오니까 '야, 이런 줄 몰랐더니 춥기도 하다.' 하니까 그때에 털이 생기게 했던 것이 바로 자기의 자! 즉 말하자면 화의 능력이라 이거야, 진화. 바로 그 힘으로 진화를 했다 이거야. 진화를 해서 털이 붙게 하니 뜨듯하지. 나중에 보니까 살아가면서 점점점점 이게, 기어 다니려니 어떤 때는 일어서기도 하지. 그러다 보니까 '야, 일어서서 다녀도 다니겠다.' 이것이 바로 진화고 창조라. 이건 누가 창조를 했는가? 자기, 당신 장본인들이 창조한 거라 이거야. 이 집도 자기네들이 지었고, 집에서 사는 것도 자기네들이 살고 있고, 이 일체 만물을 누가 만들었나. 자기네들이 만들었다 이거야.

그러면 이 지구 안의 이것이 모두가 정원이라! 여러분은 다 주인이고. 그만큼 해서 정원을 가꿔 놓고 내 집을 내 집대로 가꿨으면 그게 얼마나 거쳐 왔다고 봅니까? 여기만 그런 게 아니죠. 은하계라는 그 동네도 역시 그렇고, 저 동네도 그렇고 저 동네도 그렇고, 다 그렇게 한 거죠. 누가 만들어 주고 그럽니까? '너 이렇게 해서 그냥 나가거라' 이러고선 쪽이 떨어져서 턱 나가니깐 이것이 바로 이룬 거죠. 세간을 내도 그렇죠. 곁방살이로 세간을 냈는데 그게 나중엔 큰 집을 이루었더라. 이런 거나 똑같은 겁니다.

우리가 살아 있는 생명이 없다면 그러한 문제를 이루지 못하듯이, 우리 이 지구나 우주나 대천세계나 소천세계나 중천세계나 이것이 모두가 합류화돼서 하나로 한 줄에 꿴 염주알 하나입니다, 하나! 이 광대한, 무변한 이 법이, 구저 스님은 손가락 하나 드는 데에 광대무변한 삼천대천세계가 그냥 들렸다니, 여러분 생각하면 참 무시무시도 하겠죠. 그러나 얼마나 그것이 좋은 법이요, 자비법이요, 사랑법이요, 아주 법도가 뚜렷한 법이요, 소소영영한 법이요, 뭐 그냥 아주 하나도 거칠 게 없으면서도 소소영영한 아주 특징의 법이다 이거야. 그래서 내일이 어떻다, 오늘이 어떻다, 모레가 어떻다, 어저께가 어떻다 이러는 게 어디에 있겠습니까? 쉴 사이 없이 돌아가는데. 우리도 쉴 사이 없이 돌아가고 저 지구도 그렇지만 딴 것들도 다 쉴 사이 없이 돌아가. 그런데 어디 고정되게 있는 게 있습니까?

이런 예가 있죠. 그전에 홍도에 갔을 때 말입니다, 바다를 한번 저기까지 내다봤습니다. 그리고 한번 생각해 봤어요. 그랬더니 '음, 그래서 둥글다는구나. 아마 이런 걸로다 책정을 했을 거다. 이런 걸로다 잡았을 거다.' 물에 가다가 중간쯤 가면 배가 벌써 보이질 않거든. 증거라, 그게. 아마 이런 걸로 책정을 했을 거다 하는 생각이 들어가요, 과학자분들이. 그러니까 그러한 걸로 봐서가 아니라 벌써 그것은 우리의 뱃가죽이나 한가지라. '허, 내 뱃가죽이 저렇게 출렁거리는구나. 허허, 그렇게 했으면 참 좋겠다.' 그렇게 했으면 참 좋겠다 하는 소리는 그렇게 돼 있는 거니까 그렇게 모두 생각을 한다면 한번 구상할 수 있는 큰 도리가 거기에서 나오죠. 그 배 속 안에서 얼마나 많은 종류들, 고기들이, 생물들이 살고 있느냐 이겁니다, 그 배 속 안에서. 바다 속이 전부 내 배 속이더라 이겁니다. 허허허….

그것뿐만 아니죠? 역시 놀려면 쪼끄만 물에서 놀아서도 아니 되고 큰 물에서 놀면 잘된다 이런 것이 아니라 큰 물 작은 물이 있다면 종합해서 큰 물이 있고 이러니 우리는 마음을 좀 더 넓혀서…. 밥이나 놓고 떡이나 놓고 비는, 방생이나 하러 다니는 그러한 종교가 종교가 아니라 광대무변한 이 법이 바로 내가 이 집을 지어 놓고 정원을 만들고, 자식들을 낳고 바로 이렇게 가정을 이루고 사는 것이로구나. 우리 가정 하나가 대천세계라면, 또 우리 가정 하나가 한 지구 덩어리라면 문을 어디로 낼까, 어디로 낼까 하더니 북극으로도 내고 남극으로도 내고, 이렇게 해서 우리는 북극 남극, 세 군데로 문이 있는데 한 문은 모두 그것을 모른다 이거야. 왜? 물속으로 돼 있기 때문에.

우리 모두가 이러한, 사람이 육안으로는 당최 알 수가 없는 이런 것이…, 우리가 지금 바깥에 나간대도 벌써 알조죠. 바깥에서도 그렇게 똑바로 사계절을 나누어서 가르쳤지 않습니까? 뜨듯한 것도 찬 것도, 아주 뜨듯하지도 않고 차지도 않은 것도, 가을도, 또 겨울에 추수해 들이는 거, 봄에 추수해 들이는 거 요거를 아주 역력히, 이 세상 모든 만물이 우리들을 가르치고 현연하게 나와 있는데도 불구하고 그건 아랑곳없어. 그거는 아랑곳없고 항상 자기가 사는 데 급하고…. 이거 얼마나 우습습니까? 기가 막히지. 큰 시루에 콩나물 한 알갱이가 나와서 내가 제일이라는 거라. 이러니 어떡합니까?

오늘은 이걸로써 마치겠습니다.

지구라는 생명의 근본 원리

1986년 3월 10일

지난번에 대천세계로부터 내려오면서 이야기했는데 잠깐 거기서 멈추고서, 오늘 우리가 살고 있는 이 땅덩어리가 어떻게 돼서 이렇게 살고 있는가? 우리는 부처님이 말씀하신 거를 위에서부터 내려서, 우리가 지금 현대의 시점에서 용어나 모든 것은 자세히 모르지만 현대적으로 알 수 있어야만 될 것 같아서 말입니다. 부처님이 그때 시절에 말씀해 놓으신 것이 뜻이 다 같고 법도 다 같고, 우리 살아나가는 것도 부처님 법이 아니고는 없습니다. 그런 관계상 지금 현재에 그것을 모르고서야 어떻게 되겠는가 하는 생각이 있는 겁니다.

우리는 듣지 않고 먹어 보지 않고 보지 않는다면 생각조차도 나지 않는 겁니다. 일으킬 수도 없는 겁니다. 그리고 행할 수도 없는 겁니다. 그래서 이렇게 뛰면서 생각하고 생각하면서 뛰는 것이 본래 그대로가 참선이라는 거, 이것이 바로 응용되고 감응이 되고, 우리는 항상 부지런히 뛰면서도 참선을 한다는 겁니다. 이게 어디에 앉았다 하는 것도 아니고 섰다 하는 것도 아닙니다. 앉고 서는 건 자동적으로 자유자재하는 것이 아니겠습니까?

그럼으로써 이 지구라는 자체도, 반복해서 다시 자세히 좀 거론을 하려고 합니다. 어저께는 건둥건둥했다고 봅니다. 그런데 사람의 근본 자체의 불성이나 지구의 근본 자리 그 자리가, 자석으로서 뭉쳐진 그 한 덩어리가 소천세계, 중천세계에서부터, 즉 말하자면 떨어졌다고 봅니다. 그러면 소천, 상천, 중천인데 이게 지금 중천 우주의 일입니다. 그런데 우리 중천세계 이 모두가 몇 번째…, 지금 내가 임신이라고 이름은 붙였지만 이 뜻이 아주 중요합니다.

왜냐하면 이게 물질로 보는 거하고 물질로 움죽거리는 거하고 무(無)의, 사무(四無)의 자동 능력으로 이것이 움죽거리는 거하고…. 그전에도 얘기했지만 여러분이 집을 지으려면 내가 이걸 짓겠다 하는 생각이 납니다. 그래서 그 짓겠다는 생각이 있으면 설계를 합니다. 설계를 했으면 바로 집을 짓게끔 들어가는 것이 세 다리를 거쳐서 집이 되는 겁니다. 집을 짓겠다고 하고 완성해 놓는 데는 네 다리를 거쳐야 되는 것입니다.

이런 거와 마찬가지로 우리 지구의 근본 자체가 이렇게 덩어리가 하나 있다면 그것이, 지난번에 얘기했죠? 무중력 상태에서 세파를 거치면서 돌아서, 이게 돌 자석이기 때문에, 자석이라는 건 뭘 뜻하느냐 하면 금석과 더불어 이 철근이 전부 한데 합쳐져서 구워져 가지곤 다시 됐다는 얘깁니다. 그러면 여기에 붙어 돌아가는 문제도 역시, 그게 한데 붙어서 거기에서는 근본이 무슨 능력을 가지고 있어서 그런가 이런 문젭니다. 그러면 그 근본의 문제…, 근본은 즉 말하자면 사무, 자동력. 부동력이라고 해도 좋습니다. 사무 부동력, 사유 부동력, 이것이 한데 합쳐진 바로 '심력' 이라고 봅니다.

그건 왜? 이것이 부동력이기 때문에, 즉 말하자면 유는 뭐고 무는 뭐냐 이러겠지마는, 지금 아까 얘기한 대로 한, 이 생각이 이렇게 살아 있는 것이지 죽어 있는 것이 아니기 때문에 그런 능력을 다 갖춰 가지고 있다는 겁니다. 그러니까 부동력이라고 했고 무 부동력이라고 했고, 사유 부동력, 이것은 발전을 하려는 그런 계시가 지금 있는 것이죠. 이것을 능히 가지고 있다는 얘깁니다. 그래서 이 양면을 다 가지고 부동해서 그 능력을 발휘할 수 있는 그러한 능력을 가졌기 때문에 바로 한 계단 없는 계단이 있습니다. 이 지구 상태가 그렇게 생겼습니다. 우리 인간처럼 말입니다.

그래서 이것이 요 근본 자릴 놔 놓고선 요기 하나 둘, 삼 겹 살이라고 어저께 그랬죠? 삼겹살처럼. 그러면 왜 삼 겹 살이라고 얘길 했는가? 요기는 철근이 들었다면, 철이 들었다면 요기는 바로 동해서 같이 이것이, 즉 말하자면 금속이 들었고, 금속이 아니라 금속과 금속, 이것이 보통 같이 이렇게 있는가 하면 세세히 이렇게 들어 있기 때문입니다. 세세히 들어 있는데 이 세 층 가운데에 세 개의 계층이 이렇게 있다는 얘깁니다. 그렇다면 우리 이 자체가 삼 겹 살이라고 해도 과언이 아닙니다. 삼 겹 살은 삼 겹 살인데 바로 자기한테 삼 겹 살이 다 붙어 있다는 얘기죠. 근본처에 다 붙어 있다는 얘깁니다. 근데 이 삼 겹 살에서 무엇을 운영하느냐는 얘깁니다. 어저께도 건둥건둥 얘기해 놓고 '아이고. 야, 이렇게 얘기해서 이해가 갈까?' 하는 생각도 했습니다마는….

이것이 일 단계에서는 그 근본에서 떠나서, 전자 자동력, 즉 말하자면 전자 자동기 또는 무전통신기, 지금 현대 말로. 이 무전통신기하고 전자 자동기하고 이것이 한데 합쳐서, 여기도 사무 사유가 들어갑니다마는 이것을 포함해서, 즉 말하자면 오동, 력이라고 해도 됩니다, 오동력. 동, 한데 합쳐서 돌아간다는 얘깁니다. 나는 시체 이름도 모르지만, 이 이름도 저 이름도 다 떠나서 우리가 이해만 하면 돼요. 오동 자동기. 자동력! 그럼 오동 자동력이라면 그냥 그렇게 같이 합해서 돌아간다 이겁니다. 그러면 그다음 단계 이것은, 즉 말하자면 자력, 각이라고 할까? 자동력은 언제나 거기 떠나지 않아요, 어디든지. 또는 정각, 력. 즉 말하자면 '정각력' 하는 건 똑바로 인도하는 그런 이치죠? 정각력, 천안력, 천이력, 또는 타심력, 숙명력, 신족력을 거기에서 통력을 해 가지고 가는 것이 바로 이 단계. 근본을 놔두고 일 단계, 여기 이 단계에서 말입니다. 그래서 그 력을 가지고 통제를 하고 있는 것입니다.

또 그다음 단계는, 내가 어저께 뱃가죽같이 그렇다고 그랬죠? 아주 가죽이 그렇게 두껍다 이런 말을 했죠. 그러면 그 단계에서는 촉각, 즉 말하자면 지각으로부터 촉각으로부터 감각으로부터 또는 식각으로부터 또는 청각, 아니 저, 뭡니까. 자꾸 말하다가도 잊어버려서. 내가 뭐라 그랬죠? 지각, 감각, 촉각, 식각, 청각, 이 청각이라는 건 아주 초를 다투어서 여부없이 깨끗하게, 우리 오르고 내리고 하는 것을 깨끗하게 정리한다는 얘깁니다. 이 다섯 가지의 문제가 거론되고 돌아가죠.

이 다섯 가지의 문제가 거론되는데, 여기에서 이 다섯 가지의 문제로 인해서 지각적으로 이게 통합이 되는 겁니다, 지각으로. 통합이 돼서 이것을 발휘하는 데는 들이고 내고 하는 능력만 자석으로서 돼 있는 게 아니라, 아까 처음에 일 단계에서 얘기했듯이 거기는 자동 무전기, 전자 자동기, 참! 자꾸 말이 헤매 가네. 그리고 무전통신기, 이것이 붙어 돌아갑니다. 이건 처음이나 여기나 똑같이 돌아가면서 행하는 거니까 이것이 같이 돌아가면서 이 위에서 맨 밑으로 내려옵니다. 일 단계로 내려옵니다. 일 단계에서 이 근본에게 자꾸 이것이, 즉 말하자면 하루에, 우리가 일 초에 한 번이라고 한다면 백 년이 될 수도 있고 천 년이 될 수도 있고, 삼백 년이 될 수도 있고 삼천 년이 될 수도 있고, 삼만 년이 될 수도 있는 겁니다. 비벼 돌아갑니다. 한번 탁 쳤다 하면 이것은, 즉 말하자면 자동기로서, 전자 자동기로서 이것이 불이 나게 돼 있습니다. 불이 나게 되면 여기에서 공급이 어떻게 되느냐 하면 온통 이것이 그냥, 그 뜨거운 불이라고 할 수도 있습니다. 불덩어리죠.

그러면 그 온기를, 우리는 이렇게 생각합니다. 층이 이렇게 삼 층이 있다면 그리로, 요새 우리 저 아래서 기름을 때는데 밑에서 때면 위층까지 올라가죠? 허허허…. 그런데 그거와 같은데도, 그거와는 조금 달리, 여기에서 비벼서 큰 불덩어리가 이글이글한 그것이 피게 되면 공기라는 그 자체가 오른단 말입니다. 그건 왜냐하면 여기서 전자 자동기로서 또는 무전통신기로서 그 역할을 하는 거야. 이것이 그 역할을 해서, 즉 말하자면 동맥 정맥이 오르고 내리듯이 올리면, 언제든지 뜨거운 걸 올리면 찬 게 내려오고 또 찬 것이 뜨겁게 돼서 올라가면 또 찬 게 내려오고, 정맥 동맥이 오르고 내리듯 그렇게 하고 있단 말입니다. 그렇게 올리고 내리고 하기 때문에 윗층 옥상에서 사는 사람도 생명을 이루고 이렇게 움죽거리고 살 수 있게끔 되는 원인이 생겼다 이겁니다.

그리고 그 맨 끄트머리에 아까 지각으로부터 그렇게 모든 것을 조립해서 나갈 수 있다 하는 것은, 즉 말하자면 거기에서 오르는 압력 때문에 그 위에서는 누르지 않고는 안 된다 이거야. 너무 이렇게 발산되기 때문에. 그렇기 때문에 우리의 지금 살고 있는 이 마음 자체의 능력, 그리고 또 무중력으로서 우리는 근본을 가지고 있고, 또는 이 땅이 생긴 원인, 물이 생긴 원인 그런 것도 다…. 거기에서 우리 이런 거를 한번 예를 들어서 얘기해 보죠. 퇴비를 재는데 속에서는 뜨겁게 삭아서 가스가 나오지만 겉으로는 그게 삭질 않습니다. 그러니까 어떻게 생각하면 삭지 않는 것은 삭지 않는 것대로 위에 그냥 있다는 얘기죠. 속에서만 그렇게 되지. 그러면 속에서 또 발산돼서 나오는 원인이, 이 흙이 몰쳐졌다는 얘깁니다. 몰쳐지고 물이 생기고 이렇게 되니까 이것을 끌고 돌아가는 자동기는 어떠한 점에서 돌아갈까?

어저께도 얘기했죠? 물이 우리 겉껍데기의 뱃가죽 같다고요. 그러면 안에서 나오는 그 압력으로 들여보내고도 남는 찌꺼기의, 찌꺼기라고 할 수는 없지만 자동적으로 그렇게 되겠죠. 거기에서 어떠한 알른알른한, 즉 말하자면 자석의 풀잎이라고 할까. 하여튼 바나나 껍질 이렇게 해 놓은 것처럼 모두가 그런 알른알른한 어떠한 그, 이름을 뭐라고 붙일까요? 그냥 자석풀이라고 할게요. 허허허…. 자석풀이라고 해도 이해가 가겠죠? 위에 그 압력으로 인해서 생기는 자석풀이 된단 말이에요. 그럼으로써 우리는 그 위에서 지금 사는 거예요. 그럼 우린 옥상 위에서 사는 거나 마찬가지죠.

그런데 우리가 그렇게 살기 때문에 저 별을 볼 수가 있고 모두가 있는 거예요. 그럼으로써 거기에서 어떠한 압력으로 인해서 여기에서 어떠한 부동한 뭐가 '아, 이건 이것대로 하지.' 하다가 잘못되죠, 여러분이 살아나가는 것도. 그러면 자동기가, 이게 자동적으로 돌아가면서도 자기 마음이, 즉 말하자면 서로가 마음이 맞지 않아서 충돌이 돼 가지고 일어나듯이 이거는 충돌이 돼 가지고 화산 같은 이런 문제가 일어납니다.

그래서 이런 것이 충돌이 되면 거죽 바깥으로 막 나오죠. 거죽 바깥으로 나와 가지고 아주 피해를 많이 줬지만 그것으로 여러 가지 응용을 하고 있죠. 그게 화산으로 나와 가지고 모든 산을 만들고 또 산을 만드는 반면에 물로다가 또 그냥 장판을 하게 되죠. 그게 인제 오르니까, 화산이 오르니까 구름이 되고 물이 되고 또 증발되고 이렇게 해서 이것이 또 깎여 내리고 또 뭉개지고 이럭하다 보니까 물로도 쓸리고 그냥 여러 가지로 세파를 헤쳐 가면서 모래도 생기고 자갈도 생기고 또는 밑의 생명도 생기고 이 모두가, 지금 이 땅덩어리가 이렇게 생긴 것도 바로 그 위에 떠 있단 말입니다, 응? 그게 만약에 압력이 올라오지 않는다면 우리가 떠 있을 수가 없어요. 그 공기에 의해서, 우리는 공기를 지금 그렇게 누르고 있는 폭이나 마찬가진데, 저절로 거기의 압력이 올라가선 내리눌리는데도 우리가 그걸 모르고 있는 것은, 그게 없다면 우리는 자동적으로 이렇게 자유자재할 수가 없거든. 이것이 얼마나 신기하고 얼마나 묘하냐는 얘깁니다.

이 묘법을 팔만대장경에다 그렇게 실어 놨건만 우리는 도대체 학술로만 경력을 쌓으려고 합니다. 계율이 청정하다 하는 것은 더럽고 깨끗한 것이, 작고 크고, 또는 모든 게 하나도 없는 자리에서 평등이요, 진리요, 이것이 청정한 법이라는 거지, 더럽고 깨끗하고, 웃고 즐기고 또는 아주 괴롭고 하는 데서 이것이 갈라져서 청정한 거라고 한 건 아니거든. 자비라는 것도 그렇고. 그러면 이 깨끗하고 더러운 걸 한데 합쳐 가지고 이게 자비라. 웃고 눈물 흘리고 하는 거를 한꺼번에 합쳐서 이게 자비지, 자비라는 것이 내가 웃고 즐기고 좋고 잘해 주고 이러는 것만이 자비가 아니다 이거야. 죽이고 살리는 게 전부 자비야. 근본으로 따지게 되면 조금도 어긋나는 점이 없죠.

그래서 여기에서 우리가 살면서 저 하늘을 쳐다보면서 '별 하나 나 하나, 별 둘 나 둘' 이렇게도 할 수 있는 원인이 바로 그렇게 복잡하게 있으면서도, 큰 지구 덩어리가 그렇게 복잡하게 있는데 우리 이 몸, 이 자체가 또 복잡하지 않습니까? 우리 살아나가는 한 가정도 복잡하지마는, 세계적으로도 복잡하지마는 국내적으로도 복잡하다. 사회적으로도 모든 게 복잡하다. 이 복잡한 원인들이 한데 합쳐서 돌아가는 원인이 어딨느냐는 얘깁니다.

그러니 이거 심각하지 않게 그냥 그저 살았으니까 '이렇게 사는 건가 보다. 뭐, 이렇게 하는 거지.' 이렇게 생각들 하시고 아무렇게나 자기를 망각하고 산다면 절대 이거는 자기 본분을 지키지 못하며 자기 몸뚱이를 자유롭게 끌고 다니지 못하며, 나아가서는 남의 몸뚱이도 건져 줄 수 없고, 세 치를 몰라서 말입니다. 우리가 남의 일을 보고 물질적으로 도와주긴 해도, 그것이 자비라고? 천만의 말씀이야! 무주상 보시를 할 수 있는 그 능력이 있어야 자비지, 그 준 것은 그저 보시 정도로, 우리가 사회적인 문제에서 이런 거는 무주상 보시가 아니라 보시야, 그냥. 그래서 대가는 받을지언정, 예를 들어서 복은 받을지언정 이 공 도리의 뜻은, 전체 그건 까마득한 거라.

그러니 여러분의 본분 자체가 있기 때문에, 지난번에도 얘기했지만 작년 콩씨를 올봄에 심었더니 콩나무로 화했더라. 콩나무로 화했더니 그 어리석은 콩나무는 바로 저한테 달린 콩씨가 있는 걸 모르고 작년 콩씨를 찾더라. 세상에 이렇게 화해서 돌아가는 이치를…. 그래서 거기에 근본이 있기 때문에 뭐든지 여기 단계 단계 올라와서 우리가 이렇게 육지에서 사는데, 때로는 이런 문제들이 많죠.

화산 같은 게 일어나지 않고도 무기적 무기적 무기적 해 가지고 어느 때인가는 탁 터지면서 산이 물이 되고 물이 산이 되고 들이 되고 이렇게 바꿔지는 때가 있죠. 이럭할 때는 수십 명, 수만 명이 그냥 땅이 갈라지는 대로 들어가는 거야. 이래도 여러분이 자기를 망각하겠습니까?

우리 스님네들은 예를 들어서 한 번 머리 깎고 입산할 때에 모든 것을 다 버리고 불사릅니다. "불사르고" 하는 뜻은 어디 있느냐? 우리가 자석과 같은 마음이 있어서 그 마음에 의해서 애정을 끊지 못하고 착을 끊지 못해서 입산을 못하는데 그 애정과 착을 다 떨어 버리고서 입산을 할 때는 첫 단계의 입산이라. 초발심에서 생기는 그 입산으로서 나왔으니 '어린애가 머리를 깎았다 할지라도 그것은 공손히 예의를 갖추어야 한다' 이런 게 있습니다.

여러분은 지금 당장 머리 깎고 들어오라면 아마 그것도 어려울 겁니다. 그렇다고 해서 스님네들은 거기에 머무를 게 아니라 또 거기에서 한층 더 나아가서 겸손해야 합니다. 자기를 내려놓지도 말고 위로 올려놓지도 말고 중도에서 항상 겸손하고 따뜻하고, 봄날이라야 됩니다. 봄이라야 꽃이 피지 봄이 아니고 겨울이라면, 어느 때는 금방 변덕이 나서 봄이 됐다가 어느 때는 금방 겨울이 되고 이런다면 그것은 가치를 잃습니다.

지금 우리가 여기서 배우면서 생활을 편안히 하는 분들은 참 아주 편안하면서도 자동적으로 돌아가는데 그 얼마나 좋습니까? 좋은 양반들은 좋아하고 그 뜻을 모르는 분들은 "아이고, 이거 뭘 우리가 알아야지. 뭐 어떻게 돼 돌아가는 건지, 난 뭐가 뭔지 모르겠어요." 이러거든. 뭐가 뭔지 모르겠다는 그 소리가 어디서부터 나오느냐 이거야. 어디서부터 나오기에 그러느냐 이거야. 그걸 자기 안으로 한번 되새겨 보라 이거야. 망종으로서 살기도 하고, 잘 살고 웃고 즐기고 괴롭고 이랬던 그 모든 게 어디로부터 나왔는가?

하나하나 우리는 그냥 과감히 나갈 수가 있어야지, 점차적으로. 그래서 점차가 있어요. 점차적으로 다 용광로에다 넣듯이, 자기를 자기가 믿고, 주인공을 믿고 모든 것을 하나하나 다가오는 대로, 머리의 망상을 끊으려고 하지 말고 녹여라 이거야. 끊으려고 하면 끊어지나? 인연줄이 끊어져, 그게? 얽히고설킨 인연줄은 절대로 끊으려고 하면 끊어지지 않아. 둘로 본다면 끊어지지 않을 것이고 둘로 보지 않는다면 녹아 버릴 것이다 이거야, 모든 게.

그럼으로써 거기에서 오온이 자동적으로 돌아가고 자동적으로 됐을 때에 비로소 거기에서 대의정이 날 수도 있는 거야. 내가 탄생이 된 뒤에야 그때 정말 공부할 수 있는 그 길이 있는 거라. 그래서 공부를 할 때, 내가 이 세상에 태어났다고 해서, 배 속에 있다가 이 세상에 태어났다고 해서 금방 어른이 되는 건 아니거든. 그래서 견성이라는 게 죽음에 의해서야 견성이 된다. 그러면 견성이라는 건 '한 번 죽기 어려워라 했더니 두 번 죽기 더 어렵더라.' 이런 뜻, 이것을 다시 한번 새겨 보시도록 해 보세요.

우리가 한 번 죽기 어려워라 했더니, 나 혼자 깨달을 때는 쥐고 갈 수 있는 지팡이라도 있어서 좋았는데 깨닫고 보니까, 낳아 놓고 보니깐 지팡이도 없어졌더라. 참 이렇게 허망하니 이게 돌면서 참 힘드는 거죠. 그래서 같이 죽기 어렵더라. 이 세상만사 일체 만물과 더불어, 나와 더불어 같이 죽기 어렵더라. 이것을 같이 죽기 위해서 하나하나 점차적으로 보림을 하면서 체험을 하면서 돌아가면서, 자꾸 놓으면서 보림을 하는 거라. 그래서 육조 스님께서도 그러고 달마 대사께서도 그러고 모든 스님네들이 깨쳐 가지고도 보림하는 데에 몇 년이 걸려도, 몇 년이라는 말 없이 그냥 그대로 여여하게 걸었으면서도 체험을 하면서 보림을 했더라는 얘기예요.

여러분이 이 뜻을 모른다면 우리가 이 세상에 나왔다는, 인간이라는 보람을 느끼지 못하고 삶의 뜻을 모르고 세세생생에 끄달리면서, 그 인연줄에 얽매이면서 유전과 또는 악령과 세균과 모든 것이 달려드는 대로 육체로는 그런 부담을 가지면서, 내가 집주인이 없으니 어찌 그걸 막을 수 있겠느냐 이거야. 녹이려야 녹일 수가 있나 막으려야 막을 수가 있나. 눈에 보여야 막지. 들려야 막지, 응? 모든 게 이렇게 돌아가고 눈이 컴컴해서 암흑이니 어디가 좋은 줄 알고 어떻게 내가 갈 수 있나? 자유자재권을 가지고 가야 할 텐데 아, 캄캄하고 암흑이거든. 어떻게 가느냐 말이야. 지금 암흑인 사람은 요다음에도 암흑이지. 지금 눈이 뜨여야 요다음에도 눈이 있는 거지, 지금 눈이 멀었는데 어떻게 눈이 떠질 수가 있을까? 몸을 벗었다고 해서, 죽었다고 해서 그게 눈이 떠질 수가 있을까?

(녹음 안됨) … 우리가 방생이다, 또 떡을 놓고 밥을 놓고 비는 것만 알아서는 절대로 안 돼. 부처님 법당에 들르면 그 부처님 몸과 내 몸이 둘이 아니요, 부처님 마음과 내 마음이 둘이 아닐지언대 그리로 한데 뭉쳐서, 한데 합쳐서 '주인공!' 해도 좋고, 이 삼라대천세계의 주인공이 될 수도 있는 거고 아예 나한테로 부처님을 끌어당겨서 하나로 또 '주인공!' 해도 좋고, 이건 자유자재라! 그래서 삼배를 부처님한테 올려도 그것이 자삼보한테 올리는 거지 누구한테 올리는 게 아니다 이거야. 자부처한테 올리는 거다 이거야. 그런데 누가 받았다고 '내가 절했지.' 이런 위세를 부리고 '내가 시주했지.' 이런 위세나 부리고 '내가 얼마 했는데 이렇게 안 돼?' 안 되는 것도 되는 것도 자기 뿌리만 싱싱하다면 가지도 이파리도 다 싱싱할 것을 왜, 누구한테다 해 달라 하느

냐 말이야.

물론 그 한 점의 마음 속에 전부 우주 삼천대천세계 일체 만물만생이, 유생 무생이 다 들어 있고 가깝게 있기 때문에 내가 딴 데로 갈 필요가 없단 얘기야. 그렇다고 해서 불법을 믿지 말라는 게 아니에요. 절에 가되 그럴수록 더 예의는 갖추어야 하고 그럴수록 받들어 생각해야 합니다. 그러니까 위로 모시라는 게 아니야. 위로 모시게 되면 언제나 버릴 때도 있지만 '내 몸과 둘이 아니다. 내 마음과 둘이 아니다. 내 아픔과 둘이 아니다. 모든 것이 나와 둘이 아니다.' 라고 생각했을 때 저절로 섬기는 마음이 생기고 저절로 지혜가 생기고 저절로 그 정법의 이치를 알게 되고, 자비가 스스로 나오고 무주상 보시가 스스로 나오고…. 이것은 공의 이치를 생동력 있게, 우리가 '삶의 보람이 바로 이거로구나.' 하고 알게끔 되는 것이라 이겁니다.

모두가 이 세상에 나왔다가 그냥 갈 수는 없잖아요? 인간으로 나와서 그 뜻을 모르고 우리가 어떻게 부처님 제자라고 하며 어찌 인간이라고 하며, 자연 시대에서 인간으로서, 일등 동물로서의 활약을 한다고 말을 하겠습니까? 하면서도 아는 사람이 있으면 서로 도반들끼리 토론을 하고 모르는 사람한테는 내가 몰라 주는 것이 의당히 겸손입니다. 모르는 사람 앞에는 나도 모르고, 아는 사람 앞에는 나도 동등하게 알고, 아주 무지하게 모르는 사람에게 나도 무지하고, 꽃이라면 꽃이 내가 돼 주고 뱀이라면 뱀이 내가 돼 주고, 또는 짐승이라면 짐승이 내가 돼 주고 또 내가 짐승이 돼 주고, 모든 게 하나하나 미생물에서부터 나 아님이 없이 그렇게 됐을 때 비로소 이것은 보살행이며 또는 세존의 자리라고 합니다. 이 모두를 모습을 가지고 논의하지 말고 그 아리따운 마음을 가지고 봄날을 기대하면서 오늘 이걸로써 그치겠습니다.

사회자 모두 일어나 주시기 바랍니다. '일체제불의 마음' 이 있겠습니다.

큰스님 이 노래를 부르면서도 잘 생각해요.

생활에 끄달리지 않는 정(定)
마음에 끄달리지 않는 혜(慧)

1986년 3월 11일

오늘 처음 오신 분들을 위해서 어저께 얘기하던 것은 이따가 그 뒤를 이어서 잠시 얘기하도록 하고요, 지금 여러 선방을 거쳐서 여기 오신 분들도 많이 있습니다. 그러나 우리가 이 세상에 나오고부터 공했다는 이치를 여러분은 잘 아셔야 할 겁니다. 그런데 화두를 덧붙인다면, 내가 이 세상에 나온 것이 화두인데도 불구하고 그대로 거기다가 또 덧붙인다면 공한 데다가, 즉 말하자면 물질적인 그 자체를 바로 보지 못하게 더 마음으로써 가려 놓는 그런 덧붙이기, 덧문이 또 된단 말입니다.

그럼으로써 우리가 지금 여기에서 공부하는 것은 곧바로 '즉' 들어가는, 즉 이 세상의 모든 진리의 균형이 평등한 구멍을 바로 찌른단 얘깁니다. 그럼으로써 우리가 난 것이 화두며, 화두이자 공했다는 얘깁니다. 그러면 공한 그 자체에서 나오는 만법은 공한 데로 든다. 공한 데로 들고 공한 데서 난다. 이것이 바로 선정이며 지혜다. 지혜는 활용이기도 하고 선정은 근본이기도 하다. 그런데 근본과 활용이 둘이 아니거든. 그러한 데서 그대로 활용을 하되 활용은 누가 하는 건가? 내가 공해서 세울 것이 없다면서 무엇을 활용을 한다 하는가? 이것이 바로 무행으로, 무심으로 돌아가는 이 자연법칙, 즉 말하자면 선정과 지혜를 쌍으로 한꺼번에 넣고 우리는 굴리는 거다 이겁니다. 그럼으로써 우리가 유(有)의 법에서 무(無)의 법을 배우고 무의 법에서 유의 법을 자꾸 배운다면 이 시간이 오래 걸려. 내가 나를 찾기에는 무지하게 오래 걸린다고.

그런데 여러분이 아시다시피 지금 강원에서나 선방에서나 여러 가지로 옛날과 같이 지도를 하기 때문에 상당히 그것이 어려운 지경에 놓여 있다고 봅니다. 옛날이나 지금이나 뜻과 법, 이게 다르다는 것은 아니에요. 방편은 어떠한 방편으로 쓰느냐에 문제가 있는 거고, 또 한 가지는 물 깊이를 알고 물속에 들어갔다 나온 사람이라야만이 그 물속의 이치를 알아서 전달을 하듯이, 전달을 해도 함이 없이 할 줄 알아야 서로가 마음이, 즉 말하자면 에너지가, 자가발전소의 전기가 왔다 갔다 오고 감이 없이 자동적으로 돌아간다는 얘기예요.

지구에도 근본이 있기 때문에 우리가 지혜로운 활용을 할 수 있는 그러한 문제가, 거기에서 그 뜨거운, 즉 말하자면 능력이 나옴으로써, 어저께 접착 풀이라고 그랬죠? 접착 기름에 의해서 막이 돼 버리고 그 막 위에 우리가 이렇게 떠 있어도 이탈이 되지 않고, 즉 말하자면 어느 차의 엔진이 그대로 기름에 의해서, 기름 풀에 의해서 돌아가듯이, 기름 풀에 의해서 심봉은 가만히 있으면서도 바퀴가 돌아가듯이 이렇게 돌아가고 있는 반면에, 이건 자연법칙으로서 그 기름 풀로 인하여 여러 군데 문이, 자동적으로 돌아가서 이 문이 열리게 되면, 즉 말하자면 요리가 안 된 거는 들여다가 요리를 하고 요리를 한 거면 바깥으로 내놓고 하거든. 어저께 화산 얘기도 했죠? 그러면 물속이나 육지나 이런 데를 그대로 요리를 해서 자꾸 내놓으니까, 물속에도 보배가 있고 말입니다, 또 땅속에도 보배가 있지 않습니까? 여러 가지 금이나 철강이나 석탄이나 은 또는 알루미늄 또는 중석, 이런 것이 많이 나오게 되죠.

그래서 이런 것이 반복되기를 수억겁을 거치면서 이게 반복됐다는 얘깁니다. 그럼으로써 우리가 지금 인간으로서 땅을 파도 살게 돼 있고 또는 물을 파도 살게 돼 있고, 어디를 가도 지수화풍이 아닌 것이 없는 거라. 그럼으로써 그 지수화풍의 네 가지 종류가 한데 합쳐지니깐 어떠한 색깔이 나왔고 어떠한 물건이 나왔던가? 우리가 흙을 빚어서 항아리를 만들고 흙을 빚어서 백자를 만들고, 좋은 물건들을 다 만들어 낸 것도, 지수화풍이 합쳐진 것이, 지수화풍으로 합쳐서 또 물건을 생산하고 한 것이 수억겁에 달합니다.

그런데 묘한 것은, 여러분이 가만히 한번 생각해 보시는 것이 좋을 것 같아요. 우리가 물 빛을 봐도 네 가지 종류로 표현할 수가 있습니다. 초록색인가 하면 검은색이고 검은색인가 하면 푸른색이고 푸른색인가 하면 붉은색이고 붉은색인가 하면…, 모든 걸 합쳐서 볼 때에 말입니다. 얕은 데를 보면, 물을 떠서 보면 희다. 이 얼마나 묘한 법입니까? 여러분이 모든 생활을, 일체 만법을 나투면서 돌아가면서 했는데 하고 돌아서니까 바로 본점에서 나가서 본점으로 다시 돌아오니 한 사이가 없더라!

참 이게, 어떠한 것을 들이대도 법 아닌 게 없고 도 아닌 게 없어. 또 한 가지 볼까요? 동물이나 물에서 사는 생물들이나 어떠한 식물이나 모든 것을 다 합쳐서 한번 생각해 보세요. 거기에서 종류는 다 나옵니다. 사람으로 한번 표현을 해 보죠. 황색을 가진 사람도 있고 검은색을 가진 사람도 있고 붉은색을 가진 사람도 있고 흰색을 가진 사람도 있습니다. 그것을 우리가 근본으로 돌린다면 하얗게 백으로 돌아가는 겁니다. 우리가 하얗게 백으로 돌아가는 것은 없어서 백이라는 것이 아닙니다. 그 헤아릴 수 없는 생명들이 바로 헤아릴 수가 없기 때문에 그것을 나툼이라고 합니다. 차원에 따라서 자기가 한 것만치 나툼의 차원에 의해서 이 세상에서 나고 또 꺼지고 나고 꺼지고 하는 그 인연, 즉 말하자면 인연줄이라는 것이 바로 법계를 두고 말하는 겁니다.

우리가 지금 법계라고 한다면 우리 이 몸뚱이에도 법계가 있습니다. 이 세포 하나하나가 움죽거리면서 조달을 하죠. 무전통신을 하고요. 그러면 여기가 아파도 벌써 여기에서 무전통신이 나한테 와. 자기가 아픈 줄을 느끼는 것이 무전통신이라. 누가 여기 아프다고 일러 줘서 그런 게 아니거든. 자연적으로 아픈 걸 알게 돼. 그것이 무전통신이야. 그러면 인간에게만 있느냐 하면 그렇질 않아. 모든 게 다 그래. 차도 어디가 고장 나면 벌써 빌빌 빌빌빌 한다고. 그러면 이것이 바로 신호라. 그런데 이런 인간들이나 또는 어떠한 낮은 동물들이나 또 생물들 모든 것에 다 그런 문제들이 나오는데 그건 자동적으로, 무전통신으로 알게 되는 이 법계의 무전통신줄이라. 육안으로는 볼 수 없는 것이 무전이요, 통신이라 이거야. 그러면 무심으로 오고 가고 하는 이 자체로 인해서 엄청난 문제가 생긴 것이에요.

그러면 사람도 네 가지 색이 나는데 이 네 가지 종류는 지수화풍의 합작으로 인해서 요리가 된 거기 때문에 우린 근본이 거기야. 그렇게 구워서, 이 자석이라는 것은 거기에서 여러 가지 합작을 해서 들어간 거기 때문에 너무 단단하고 거기서 당겨지고 당겨지고 해 가지고 자꾸 이것이 마찰이 되니까, 거기에 무전통신기도 있으며 자동 발전기도 있으며 뭐, 없는 것이 없거든. 그러니깐 이게 자꾸 마찰이 생기는 거라. 이 지금 우리가 불이 없어도 못 쓰고 물이 없어도 안 되고 여러 가지 종류에 의해서 지수화풍 빼놓고는 안 된다 이거야.

그러니 우리는 우리대로 공부하는 이치가 무엇인가? 학술적으로 아무리 배웠다 할지라도, 학술적으로 배우는 것도 참 어려워요. 학술적으로 20년, 25년, 30년을 배워야 강원에서 다 배울 수 있는 거라. 그런데 우리가 강원에서 학술적인 경전을 다 배우기 이전에 글을 먼저 알아야 돼. 그런데 이것을 읽고 넘어가고 읽고 넘어간다고 해도, 6년을 다녀도 안 돼. 글을 다 알아야 자기가 스스로서 아니까 글을 보면 다 거기서 나오게 돼. 그래서 강원을 글만 배우고 나와도 자신들이 다 배울 수 있는 거라.

그리고 또 '참선이다' 하면 이거는 행주좌와 어묵동정이라는 말이 있듯이 일거일동이 참선 아닌 게 없는 거라. 참선 아닌 게 없기 때문에, 우리는 뛰면서 생각하고 생각하면서 뛰지 않으면 안 되는 이 세상이기 때문에 시대에 맞추어서, 즉 "눈 하나 깜빡거리는 것도 참선이다! 그럼으로써 모든 일체를 쉬어라. 놔라. 맡겨라. 물러서지 마라. 그리고 감사해라. 너의 몸뚱이는 네 주인의 시자밖에 되지 않으니까 그 시자가 주인에 의해서 움죽거릴 뿐이지 너는 쉬어야 된다. 너와 더불어 모든 일체를 다 바로 쉬어라." 하는 거죠. 좀 문서를 놓지 않고는 절대 그 문을 통과할 수가 없어.

그래서 예전에 한암 스님께서, 내가 그때에 스무 살도 못 될 때예요. "스님, 얼마만큼 가면 죽습니까? 죽으려고 죽으려고 해도 죽어지지 않아요." 하니까, 내 몸뚱이가 죽어야 하는 줄 알고 말이야. 나는 그렇게 가는데 여기에서 '죽어라, 죽어라' 자꾸 '죽어라' 그러거든. 이거 몸뚱이가 아주 죽어 버리라는 줄 알고 그냥 차 밑에도 들어가고 막 그랬거든. 근데 안 죽어져. 그래서 나는 너무 안타까워서 "스님, 얼마만치 가면 죽습니까?" 하니까 눈을 뜨고 푹 자라는 겁니다. "눈을 뜨고 푹 자야만이 죽느니라." 그러거든. 그거예요, 바로! 여러분이 눈을 뜨고 푹 자지 않으면 통과할 수가 없어요.

우리가 하나하나 움죽거리고 이러는 것은, 즉 말하자면 자동기에 의해서, 전자 자동기, 이게 그대로 돌아가는 거죠. 내 마음에 의해서 스위치만 눌렀다 하면 그냥 자동기로 돌아가는 거라. 그러니 이 자동기로 돌아가는 이 자체가 우리 인간만 그런 게 아니라 모든 물질과 더불어 이 세상의 진리가 전부 그렇게 돌아가는 거라. 어저께 들었던 분들은 충분히 이해하시리라고 믿고 못 들은 분들은 그걸 또다시 한번 반복해서 들으시는 게 좋을 것 같습니다.

그런데 제일 묘한 것은, 그 접착 풀에서 나와서 모든 것을 구워서 내는 데 역점이 있는 것이 참 묘하다는 얘깁니다. 우리 인간도 마음에 한번, 바깥의 일을 모두 오관을 통해서 들여 가지고 다 여기에서 납득이 돼 가지고서 딱 설계를 하거든. 내가 한다는 결정을 해 가지고 내거든. 이것은 구워 내는 거나 마찬가지라. 내가 생각 없이 일을 시작하진 않거든. 그거나 똑같은 문제라. 그래서 하나를 주판을 놓을 줄 알면 만 개도 놓을 수 있고 천 개도 놓을 수 있다. 그럼 시간과 공간이 없는 터인데도 불구하고 사회적인 혼란이 일어나지 않게 하기 위해서, 질서를 지키기 위해서 우린 날짜도 달수도 해년도 이렇게 이름을 지어 놓고 지금 지키는 거다 이거야. 그것도 역시 아니라는 건 아니에요. 그것도 거기 포함된단 얘기죠. 질서를 지키는 것도 당신네 마음이요, 질서를 안 지키는 것도 당신들의 마음이니까. 그래서 잘 지키는 것만 정법이 아니고 잘 안 지키는 것도 사도가 아니고, 사도나 정도가 둘이 아닌 그 하나의 근본에서 정당히 나오는 지혜력….

그래서 물에서 노는 생명들이나 들에서 노는 생명들이나 산에서 노는 생명들이나 모든 생명체들이 모두가…. 우리 인간은 자만심이 있어. 아상이 있고 자만심이 있고. 그래서 자기를 위시하고 자기를 일으켜 세우고 자기가 했다 그러고 자기가 가졌다 그러고, 저놈 땜에 망했다 그러고 저놈 때문에 난 살았다고 하고, 이렇게 하는 까닭에 내 진정을 알 수가 없는 거라. 나를 한번 놓고 되돌아서 나를 한번 보는 예가 없어. 어떠한 잘못된 점이 있어도 저쪽으로 내가 저 사람이 돼 보는 그런 여유가 있어야 할 텐데 여유가 없어. 그냥 막바로 들어가는 거야. "너!" 이럭하고. 그러니 어찌 이 한마음의 도리를 알 수 있으며 평등한 균형이 잡힌 이 진리를 알 수 있겠느냐. 천차만별로 이렇게 수효가 헤아릴 수가 없는 이 모래알 같은 광대무변한 도리를 어찌 한생각에 주판을 다 놓을 수가 있겠느냐? 그 근본에는 이 우주 삼천대천세계의 근본 도리가 하나만 풀리면 다 수학이 놔지는 거야. 주판이 다 놔져! 그러니 어디에 붙여도 도 아닌 게 없고 어디에 붙여도 법 아닌 게 없고 어디에 붙여도 진리 아닌 게 없는 거야. 그리고 어디에다 갖다 놔도 내 자리 아님이 없고 내 몸 아님이 없고 내 아픔 아님이 없고 내 즐거움 아닌 게 없는 거라.

그런데 우리뿐만 아니라 다 그렇겠지마는 억겁을 거쳐 오면서 그렇게 자연으로 인해서, 이것이 허망해서 쓸모가 없다고 그러지만 이 허망한 시자가 아니었더라면 내가 공부를 할 수도 없고, 또 근본 내 씨가 아니었더라면 내 이 콩나무가 안 났을 거야. 그러니 알이 먼저냐 닭이 먼저냐 하는 격이라. 콩씨가 먼저냐 콩나무가 먼저냐? 이것도 먼저가 아니고 이것도 먼저가 아니야. 단지 그저 이 콩나무는 콩나무대로 콩씨가 열리고 또 움죽거리지 않는 거 같으면서 움죽거린다 이거야. 콩나무가 말하는 거 보셨어요? 들으셨어요? 여러분이 내가 하는 소리를 내가 들을 줄 안다면 바로 콩나무의 소리도 들을 수 있고 어떠한 식물이나 동물이나, 무생물이나 유생물이나 모든 것을 다 들을 수 있어. 돌의 말도 들을 수 있고 흙의 말도 들을 수 있어. 볼 수 있고 들을 수 있고 가고 올 수 있고.

그래서 항상 이런 말을 했잖아요? "이 오관을 통해서 내가 부릴 줄을 알아야지 오관을 통해서 내가 말려든다면 아니 되느니라." 하는 건 바깥으로 보고 듣고 바깥으로 돌지 말라. 그래서 불가에서 말하던 오신통이라는 그 자체가, 그전에도 항시 말했지만 오늘 처음 온 분들을 위해서 이런 말을 합니다. 이 '오관을 통한다' 이러는 것은 오신통을 내가 부려야지 오신통에 말린다면 그건 도가 아니니라. 그래서 그것을 시쳇말로 항상 컴퓨터 숙명통, 타심통 탐지기, 무전기 천이통, 또 망원경 천안통, 이 가고 옴이 없는 무전통신을, 즉 말하자면 신족이라 한다. 이 다섯 가지의 문제 이것을 지금 현재에 나와 있는 물질에 관한 건을 봐도 우리가 알 수 있는 거고, 그것을 그냥 상식적으로 알아서도 아니 되고 이론적으로 알아서도 아니 된다. 이론도 아니요, 상식도 아니다. 또 단지 지식도 아니야. 스스로서 샘물 나오듯이 내가 퍼도 퍼도 줄지 않고 넣어도 넣어도 두드러지지 않는 참나의 그 샘물, 생명수. 그것이 온 천하를 덮고도 남고 굴리고도 남고 들고도 남는다 이거야.

우리가 이 도리를 알게 되면 대천세계와 중천세계, 상천세계, 소천세계를 모두 종합해서 알기 때문에 이 지구에 관한 건도 세세생생에 앎으로써, 우리 지구 한 물건이 내 몸과 같다 이거야. 그러니 지구 그 자체가, 즉 말하자면 '지충'이 움죽거리면 움죽거리는 대로 이것은 지진이다 뭐다 거기에 많은 문제가 되고 있죠. 그리고 또 이게 자연의 법칙이지만 사람도, 어저께도 얘기했듯이 가정에서 폭발이 생긴다. 바깥으로 말이 막 나가죠. 이게 폭발입니다. 그런다면 집안이 들썩하죠. 이것이 바로 지진입니다. 우리가 비교해서 생각해 본다면 모두가, 이것이 한 진리에 속한 얘기죠. 내가 만약에 책을 보고 배워서 여러분한테 얘기한다면, 이따위는 책에 있지도 않아요.

그러나 이것을 포함해서 부처님께서는 한마디로 규정을 지었지 않습니까? 한 점의 마음에 있는 거다. 정(定)과 혜(慧)를 둘이 아니게 균형을 잡아 가면서 모든 것에 끄달리지 않는다면, 모든 생활에 끄달리지 않는 정과 마음에서 끄달리지 않는 혜가 같이 균형을 잡고서 돌아간다면 이것은 아주 천체물리학으로서 지금 등장해서 배울 수 있는 그런 거나 마찬가지로 이 문제가 이렇게 돌아가고 있으니 얼마나 좋으냐. 이것이 말로 하니깐 그렇지 세상에는 더 볼 수 없는 공부라!

여러분이 이 세상에 나와서 사람으로서 인정을 받고 남 달린 코도 달렸고 남 달린 눈도 달렸고 귀도 달렸고, 이 오관을 통해서 엽렵하고 똑똑하게들 모두 인간으로 태어났는데 여기까지 와서 그냥 갈 수는 없다는 그러한 각오가 뚜렷하게 섰다면, 사람이 여자든 남자든 마음은 둘이 아니니까, 그 마음에서 한 칼을 뽑았다면 그냥 낄 수는 없는 거지. 칼을 뺐다가도 무서워서 달아나간다면 잔등이에 칼이 꽂히니까.

누구나가 이 세상에 나왔다면 그만큼 벌써 권리를 가지고 있는 거야. 공부할 수 있는 권리! 이 세상에 태어나서 "응애!" 할 때 벌써 권리증을 가지고 나온 거야.

그런데 우리가 참선을 한다 하는데, 좌선을 하고 앉음앉음이를 배우고, 또는 모든 관하는 걸 화두를 갖고서 앉았어도, 이 앉는 거를 삼매에 들어서 잘 앉는다 하더라도 도가 아니야. 공에 빠지기 십중팔구라고! 그리고 육신은 망가지고. 그때는, 무르팍이 쑤신다거나 육신이 아프면 바로 이 통신이, 전자 자동기가 제대로 돌아가지 않고 통신이 제대로 되질 않고 마비가 돼 버려. 마비가 돼 버리면 뭘 가지고 쓸 수 있는가?

그렇다고 해서 몸을 아끼라는 게 아니라 몸을 아끼지 않아도 스스로 아껴져. 이 도리를 알라 이거야. 아, 제 물건 제가 해 놓고 제가 아끼지 않아? 저더러 아껴라 그러지 누가 아껴 줘? 자기가 만들어 놓고 자기가 끌고 다니면서, 아니, 제 물건 제가 아끼지 않아? 천부당만부당한 소리지! 여러분, 생각해 보세요. 아주 자기 몸을 아낀다고 그냥 모두 바깥에서 야단들이고 약을 먹는다 보약을 먹는다 온통 야단을 하는데, 그리고 '나는 이렇게 벌었고 내가 가졌고' 이러는데 그것은 오산이야. (녹음 안됨)

학교에서 애들이 가지고 다니는 컴퍼스 있죠? 이것을 하나 딱 땅에 치고선 이렇게 돌아갑니다. 그리고 위 대가리는 바로 위를 딱 기준해서 자기가 쥔 겁니다. 그렇다면 이 컴퍼스가 어딜 균형을 잡아서 놓고 뚱그렇게 그려야 동그랗게 그려질까요? 이리 놨다 저리 놨다 하면 뭐, 그게 동그랗게 그려지나요? 만날 걸리지. 이와 같은 거라. 사람이, 여러분이 그냥 균형을 잡아서 지금 스스로 하고 있는데 바깥으로 돌지만 않는다면 균형이 잡아지는 거죠. 그런데 '지충' 이 잡아지질 않아! 그러면 무너지는 데는 무너지고 깨지는 덴 깨지고, 밑으로 빠지는 덴 빠지고 위로 올라오는 덴 올라오고 이렇게 뒤죽박죽이 되는 거죠.

그래서 자기네들이 만들어서 자기네들이 하고, 자기네들이 이 대천세계로부터 지수화풍이 크게 성을 이루어서 이렇게 우리는 중천세계에 또 세 개로 내려와서 아홉 개가 지금 돌고 있지 않습니까? 세 개와 아홉 개가 어떻게 됐을까? 삼각원형을 이루고 돌아가는 이 원형은 바로 여러분이….

그전에 내가 그랬죠? 전에 아주 젊었을 땝니다. 뭐, 탑을 세운다, 부처를 세운다, 뭘 한다, 집을 짓는다 그래서 내가 하는 소리가, "스님, 불사를 좀 해 봅시다." 하면 내가 하는 소리가 "에이그, 자기가 집인 줄 모르고 집은 뭐 또 지어?" 이러고, 탑을 짓는다고 한다면 "자기가 탑돌이를 하면서 무슨 탑을 또 세워?" 하고, 또 부처를 조성한다면 "부처는 자기가 부천데 무슨, 부처의 몸이 자기 몸이고 그 부처의 마음이 자기 마음이고 그런데 자꾸 집만 지어서 뭘 하나?" 그것도 자기가 한 소리지만 바로 자기가 해 놓고 자기가 배운 거라. 내 집만 내 집이 아니거든.

모르는 사람들을 위해서도 이렇게 해 놨는데 이것 해 놓는 것도 하나만 해 놓으면 족하지 칠성이다 독성이다 산신이다 죄 해 놓고 모두 붙여 놓으니 이거는 배우는 사람이 산란해서 배울 수가 있어야지. 저기 놓질 않아서 우리 아들이 나쁘게 될까 봐 걱정…. 야, 이것은 피땀을 흘려서 번 돈으로 정말 진짜로 쓸 수 없게끔 만들어 놓는단 말이야. 그리고 미치광이를 만들어 놓고, 미치광이가 되고, 부적이나 해서 팔고. 우리가 이 세상에 그래도 참생명을 가지고 태어나서 한 종이의 그림에 우리가 생명을 맡길 수 있는가!

내 몸뚱이에 맡기는 게 아니야. 우리 부처님께서 몸뚱이를 맡기라고 한 게 아냐. 내 근본에서 내 몸뚱이는 스스로 끌고 다녀! 구차하게 애쓸 필요 없어. 살려고 애써도 살아지지 않는 거고 죽으려고 애써도 죽어지지 않는 거야. 그런 힘이 있다면 바로 자기 주처에서 끌고 다닌다는 것만 알아야지. 그럼 양면을 다, 선과 혜를, 선정과 지혜를 모든 걸 한데 합쳐서, 쌍으로 합쳐서 뭉쳐 돌아갈 때에 그때 홀연히 종 문서를 몽탕 태워 버리는 거라. 닿기만 하면 타. 닿기만 하면 타 버리니까 '세상에 대장부 살림살이 이만하면 족하도다!' 할 수 밖엔 없는 거야.

예전에 비구니는 일곱 번 죽어야 성불한다고 했어. 못한다 이거지, 당대에. 당대가 어딨느냐 이거야, 내 말이. 당대가 없음으로써 현재도 없고 현재가 없기 때문에 미래도 없다. 없는 가운데 우리 지금 이렇게 떳떳하게 있는데 여자 남자가 둘일지언정 어떻게 마음이야 둘일 수 있겠느냐? 남자는 마음이 이렇게 생기고…. "어떻게 생겼소? 그것 좀 내놔 보쇼, 어떤가. 남자의 마음을!" 그러고 싸운 예도 있어요. 그땐 조금 팔팔했으니까. 허허허…. 지금은 그러거나 말거나지만 말입니다.

그래서 지금은 이러죠. 아, 작은 그릇에는 작게 들어가서 내가 똑 맞게 만들고 아주 티끌에는 티끌에 맞게끔 내가 거기 들어가 주고 큰 그릇에는 큰 그릇대로 채워 주고 또 아주 작거나 크거나 내 그릇에 맞춰서 할 사람은 내 그릇에 맞추고…. 이렇게 두루두루, 즉 말하자면 물물두두, 두두물물 이렇게 해서 우리가 두리둥실 두리둥실 만 가지 맛이 나도록, 만 가지 맛을 봐도 아주 천연적으로 맛이 나게끔 하는 것이 우리의 도리가 아닐까. 작다 크다 탓을 할 수 있다면 부처님께서 가르쳐 준 그 본(本)도 없거니와 이렇게 천차만별로 구성돼 있는 이 진리를, 어찌 그걸 감탄하고 알 수가 있을까.

예전에 백봉 국사가 그런 말을 하셨대요. 백봉 국사 그분이 "이 세상 돌아가는 걸 잘 파악해서 나와 더불어 같이 죽고 같이 나투고 할 줄 안다면 그대로 파악해서 견성성불까지 할 수 있느니라." "견성성불이 따로 있습니까?" 하니까 "그것은 따로 있지 않다. 하지만 점차가 있다. 계단 없는 계단이 있느니라. 나 죽기 어렵고 남과 더불어 같이 죽기 어렵고 이 세상 만물하고 나와 더불어 같이 나투기 어려우니라. 깨달았다 하더라도 깨달았단 말 하지 말라. 모든 걸 체험하면서 같이 돌아가면서 모두 같이 죽는 보림을 다시 해야 된다. 그러면서 그 보림이 됐으면 다시 또 내놓을 때에 같이 나툼을 알아야 한다."

그런데 무전자가 있고 유전자가 있고, 유생이 있고 무생이 있다 이거야. 그건 뭐냐? 아까도 얘기했듯이 보이지 않는 데서 무전통신이 오고 가고, 보이지 않는 데서 자동 전자기가 지금 돌아가고 있거든. 그럼으로써 보이는 데로 나오는 거거든, 그게. 어저께도 얘기했듯이 내가 집을 지으려고 생각을 했는데 생각하는 거를 상대방이 누가 알겠습니까? 그 생각을 한 거를. 집을 지으려고 설계를 뜨러 다니니깐 그 집 짓는다는 걸 알았다 이거야. 거기까지 나오기까지는 바로 무심이다 이거야. 무심 유심이 둘이 아니게끔, 그것이 바로 무심으로서 무행을 하는 것이 둘이 아니라는 것을 알게 된다면 여직껏 네가 너의 성품으로서 지금 돌아가고 있는 그 자체가, 바로 발가락 하나 움죽거리는 거, 발로 걸어 들어오는 거 이게 전부 참선이라!

때에 따라서 내가 한 말을 되하고 그러는 거는 배우는 사람이 늘 오시는 분들만 오시는 건 아니기 때문에 때에 따라선 한 말 되할 때가 있습니다마는 한 말을 되한다 하더라도 거기는 또 다른 점이 또 붙어 돌아가니까 여러분은 잘 생각해서 들으세요. 우리가 매일같이 이렇게 하는 것은 여러분이 아니었더라면 어찌 내가 이 도리를 알았겠습니까. 내가 고마워서 그래요. 왜냐하면 내가 이 세상에 나와서 일체 만물이 조화가 돼서 돌아가는 저 고목, 또는 저 푸른 산의 벌레 먹은 나무들, 비틀어진 나무, 곧장 올라간 나무, 그 만 가지 풀들 그런 것이 아니었더라면 내 어떻게 이 이치를 알았으며 갖은 돌과 모든 여러분이 아니었더라면 어찌 내가 이 도리를 알았을까. 야, 개구리 하나도 내 스승 아닌 것이 하나도 없구나. '이 개구리 어머니는 어떤 것이며 개구리 아버지는 어떤 것인가?' 허허, 이런 것도 생각해 봤고요, '올챙이 아버지 올챙이 어머니는 어떤 것인가?' 이런 것도 생각해 봤고 또 그 생각을 하려고 한 게 아니라 앉아 있을 때는 한없이 그렇게 내 마음이 편안하고, 물을 하루 종일 들여다보고 앉아 있어도 편안한 거라. 그럴 때 갑자기 어디서 개구리가 톡 튀어나온단 말이야. 그럴 때는 나도 모르게

"허, 네 엄마 네 아버지는 어디 있니?" 이럴 수밖에 없는 거라. 내가 이렇게 늙지 않았을 때는 상당히 고독하고 외롭고 배고프고 춥고 이랬거든. 그런 때가 아니었으면, 그렇게 강박하지 않았다면 내 이거를 쥐고 그렇게 맴돌지 않았을 거야, 응? '잘 먹고 뜨듯하고 배부르고, 부모 형제가 다 우러러 받들어 주고 그랬다면 내가 어떻게 그렇게 그걸 잡고 나갔을까?' 이런 생각이 나요.

그러니까 이 공부 할 때는 배가 너무 불러도 아니 되고, 그거는 상식적으로 우리가 생각해서 하는 거죠. 또 부모 형제를 다 버리고 입산한다는 거는 내가 알 때까지는 부모 형제를 내가 생각으로 가깝게 '나는 부모 형제가 이렇게 있지.' 그렇게 거길 기대지 않으려고 그러는 거야. 그렇기 때문에 그런 모든 것을 여기에, 생각날 때마다 자기 주인공에 모든 걸 놓는 거라. 그것이 몸도 둘이 아니요, 마음도 둘이 아니라. 역시 조상도 그렇고 부처도 그렇고 다 공심이니까. 그리고 공체라. 공용인데 어찌 둘이겠는가 이거야. 내가 마음을 먹으면 거기서도 안정되고 내가 마음이 흔들리면 거기서도 흔들릴 것을…, 내 물이 흔들리는데, 이쪽의 물이 흔들리는데 어찌 저쪽 물이 안 흔들릴까? 내 마음이 편안하게 그렇게 놓고 있다면 가사도 전부 잘되는 거라, 편안하게.

그래서 우리 신도님들이 하는 말이 있어요. 내가 하나 편안하고 내가 한번 쓱 돌리니까 전부 편안하게 돌아가고 잘되더라. 내 동생도 이렇게 못하고 있다가 잘되고, 우리 오빠도 잘되고, 우리 가정도 전부 잘됐다 이거야. 왜 그렇게 되는가? 그러니까 살기 위하고 먹기 위하고 이래서 걱정할 필요도 없거니와 부처님한테 '이거 해 주, 저거 해 주!', '이것이 안됩니다.' 칠성한테 가 빌고 어디 가서 빌고 용왕에게 빌고, 모든 각처에 가서 빌지 말라 이거야. 하물며 부처 앞에 가서도 부처도 나하고 둘이 아니어서 내가 삼배를 올리는 것도 바로 자기 자삼보에 올리는 거거늘 그렇게 마음이 산란해서 돌아간다면 나 찾기는, 십중팔구는 못 찾아! 그 차원으로 그대로 죽어 버리고 없어진다면 또 다행한 일이지마는 그 차원의 인연줄에 의해서 윤회로써 끄달리고 업보에 끄달리고 하는 것을 누구한테 한가를 할 게 있느냐 이거야.

그러니 모든 게 이게 둘이 아닌데 속지 말라 하는 것은 내 이 한 점의 마음 가운데에 칠성도 있고 독성도 있고 다 있다 이거야. 그게 나툼이야! 손이 아니 닿는 데가 없고, 이 마음이라는 게 체가 없기 때문에 이 지구 바깥도 벗어날 수 있지 않아요? 한번 여러분이 좀 더 생각을 깊이 해서 이 지금 밝은 세상에, 천체물리학이 지금 막 돌아가는 이 세상에, 아니, 정말이지 자동적으로 돌아가는, 자동적으로 움죽거리는…. 엊그저께 그런 말도 했죠. 이게 참, 나는 알지도 못하고 뜻으로만 이런 얘기를 했죠. '오토캐리' 라고요. '스타' 이렇게 얘기했죠? 그럼 성이라고 하는 거나 똑같아. 우리 불성을 말하는 거죠. 그렇다면 이 우리 성주가 누구냐 이거야, 성주가. 자동적으로 성주가 있기 때문에 이게 돌아가는 거 아니냐 이거야. 자동적으로 운반하고 말이야. 그런데 이걸 무시해도 아니 되고 무시 안 해도 아니 된다 이거야.

이 모두가 사람사람이 거기는 이름을 그렇게 붙였기 때문에 그렇게 말한 거죠. 그러니까 이런 걸 말해 가며 서서히, 서서히 조금조금 얘기할 수밖엔 없네요. 지금도 물에서 노는 이 자체뿐만 아니라 인간들도 이 구조가, 항상 말하지만 이 몸에도 전부 공장장들, 사장들이 있어 가지곤 전부 이 회장의 한마음에 달렸다 이거야, 이 몸도. 천차만별로 이게 이렇게 헤아릴 수가 없어, 이 구조가. 머리나 이 오장육부나 세포나 어디에고. 이걸 다 알면 우주 전체를 알 수 있어.

우리 살아나가는 데에 참 위급하고 모든 게 그냥 급급하고 아주 죽겠지마는, 예전에도 그런 얘기 했죠? 세상에 나온 게 없기 때문에 갈 것도 없노라고요. 옮겨 놓을 뿐이지 어디 갈 게 있으며 어디 올 게 있는가? 본래 근본 그 불성 자체의 성주는 그대로 있건만 몸뚱이가 떨어져서 지수화풍으로서 다 흩어진다는 거. 그것도 묻을 때 얘기지 지금은 화장하니깐 뭐, 오히려 지수화풍으로 흩어지고 말고 할 것도 없어요.

마음 본부의 결정

1986년 3월 12일

여러분은 지금 갖은 각색으로 옮겨 가면서 나투어 가는데 마음 씀씀이를 내놓으라고 하신다면 아마 누구라도 못 내놓으실 겁니다. 내놓으실 수 없겠죠? 내놓을 수 없으면서도 다양하고 소소영영하게 씀씀이를 쓴다는 거, 그거 여러분 잘 아시죠?

우리 이 몸뚱이 하나하나가 혹성이라고 생각할 때, 이런 얘기도 많이 했죠, 이것이 혹성인데다가 기계적으로 돼 있다는 사실 말입니다. 여러분이 더 잘 아실 거예요. 그런데 그것이 어디로 오는지 가는지, 이것을 모르기 때문에 여러 가지로 복잡한 거죠. 인간의 그 모든 기계적인 체가 생길 때에 바른팔에서 왼다리로, 왼팔에서 바른다리로 이렇게 꼬여서 삼등분으로 할 수 있는 것입니다. 이 생김생김이, 기계의 조직이 이렇게 세밀하게 돼 있는 것입니다. 그래서 우리가 끊어지지 않으면서도 왼쪽에서 바른쪽으로, 바른쪽에서 왼쪽으로 이렇게 삼등분이 돼 있다는 그 사실도, 또는 상반신, 중반신, 하반신으로 친다면, 지난번에도 얘기를 했지만 딴 데만 그런 게 아니라 이 우리 몸뚱이도 한 혹성의 기계적인 자동 전자기나 다름없다는 얘깁니다. 그리고 무전통신기도 역시 마찬가지고요.

그렇다면 지금 우리 이 머리에도, 즉 말하자면 "오관을 통해서"라고 얘기를 항상 했죠. 그런데 감각이니 지각이니 하는 문제도 바로 우리 두뇌에 기계적으로 돼 있다는 얘깁니다. 또는 무전통신기도 바로 양면에 맞달려 있다 이겁니다. 기계같이 그렇게 돼 있고 천체망원경도 바로 뒤쪽으로 있다는 얘깁니다. 그러면 탐지기나 컴퓨터나 역시 다 있다는 얘깁니다. 그래서 이 오관을 통해서 하달을 하는 게 아니라 본부로 전합니다. 일단은 본부로 전해서, 스스로서 자동적으로 전해서 본부에서 책정을 해야만이 바로 하달을 합니다. 그런데 그것은 우리가 살아나가는 이치에서 우리가 하고 안 하고, 또 좋다 나쁘다 하는 그 책정을 결정짓는 데에서 오는 거고, 정맥 동맥이 스스로 돌아가는 자동 펌프는 그대로 연방 초(秒)에, 즉 어디고 하달이 되지 않는 데가 없고 전달이 되지 않는 데가 없습니다.

본래 우리가 살긴 살되 가정에서 무슨 이런 일을 해야겠다, 이런 일은 한 달에 얼마씩 이렇게 든다, 이건 이렇게 해야겠다, 또 남편과 아내와 자식과 더불어 이렇게 이렇게 결정을 짓고 나가야겠다, 이래야 산다, 또는 이런 일을 해야 할 텐데, 이거는 어떻게 해야 옳을까 하고 서로 얘기하다 책정이 돼야만이 그것이 하달이 되는 겁니다, 모두가. 그리고 순수하게 이렇게 그냥 살아나갈 때는 그냥 자동기가 돌아가죠, 전달이 되고. 그래서 항상 그런 책정을 하고 안 하고 이것이 문제가 아니라, 기계적으로 돼 있는 이 문제들을 지금 볼 때에, 아까도 오관을 통해서 그렇게 연락이 되고 그렇게 초에 한 번, 맥박 뛰는 데에, 한 번씩 딱 하는 데에 벌써 다 돈 거예요, 손끝 발끝까지. 그 얼마나 빠릅니까?

여러분이 그 묘한 물건을, 기계적인 묘한 물건을 여러분이 지니고 바로 그 장소에 있으면서도 자기를 모르는 거죠. 그렇게 빠르고 그렇게 옮겨 다니면서 그렇게 손끝 발끝을 하나 남김없이 돌아간다는 말입니다. 그러면 이 조직체라는 것이, 우리 인간 몸의 조직체가 얼마나 생명들이 많고 얼마나 공장장들이 많은가? 우리 한번 그냥 얘기 삼아 해 보죠. 만약에 세포의 조직 공장장이 있다면 근육 공장장이 있어요. 이 공장장으로 하여금 모든 하달이 되고 모든 전달이 되고 이렇게 되는 거죠. 아주 기묘하게요. 그리고 간장장, 쓸개장, 이자장, 소장, 대장, 직장 또는 콩팥장, 방광장, 이 등뼈의 우측장 또는 좌측장, 이 두뇌장…. 이 모두의 관할을 가지고 있는 이 장들이 밑에 하달을 해서 모두에게 전달이 되는 겁니다. 그래서 이것이 연쇄적으로 이렇게 자꾸 받아서 돌아가는 거지요.

그렇다면 그 수효가 얼마일까요? 아마도 이렇게 위에서 장으로 직장까지 내려가게끔 그 모든 운영을 하는 데는 이 생명체들이 근육, 세포, 이 모든 문제에 있어서 모두 작용을 해 주지 않는다면 그건 죽은 거죠. 그렇기 때문에 모든 물건들이 잘 소화를 시키고 잘 나올 수 있는 그런 문제가 돼 있음으로써 똥도 버릴 수가 없죠. 똥에도 생명이 있고 똥에도 세균이 있어서 이익을 발부해 주고 또 해로움을 주기도 합니다. 이익만 준다고 해서는 아니 되죠. 그러면 이것이 오관을 통해서 모두 들이고 내고 본부로 전해지되, 본부에서는 움쭉 안 해도 자동 전자기처럼 그냥 그 한생각이 바로 왔다 갔다 하는 거죠.

그러면 기계적인 어떠한 물질을 가지고 우리가, 지금 그렇게 묘하게 기계적으로 돼 있는 이 한 점의 기계가, 이것이 아무것도 아니라고 한 뜻은 무엇이냐? 묘하게 그렇게 생겼는데도 "아무것도 아니니라." 한 것이 무엇인가를 한번 생각해 보셨습니까? 본부의 그 한 점의 마음이, 부동한 그 한 점이, 한 점이라고 세울 것도 없는 그 부동한 한 점이 모든 것을 책정하고…. 그런데 그 부동한 한 점이 여기에 나한테만 있는 것은 아닙니다. 모든 여러분에게 각각 다 있는 것입니다, 똑같이. 그러면 인간에게만 그렇게 주어져 있느냐 하면 그것은 그렇지 않습니다. 물론 큰 회사도 있고 작은 회사도 있고 방계 회사도 있고 뭐, 별의별 회사가 다 있습니다. 집안에서 쪼끄맣게 공장 하는 회사도 있고 물건을 해서 수출하는 회사도 있고, 여러 가지 회사가 있는 거를 한 번 잘 생각해 보십시오. 내 몸뚱이 안에도 수많은 회사가 있다는 거.

우리가 지금 세계적으로 본대도 나라가 그렇게 있는가 하면 회사가 그렇게 있고 그런데, 연쇄적으로 크다 작다 이것뿐이지 그 구조는 똑같습니다. 또 한 점 마음의 부동한 그 자체, 하나도 없는 그 하나가 바로 우주를 삼킨다고 하는 그 뜻입니다. 그건 왜? 전체 그것은 같으니깐 말입니다, 크나 작으나. 작은 회사는 뭐, 이름이 다른가요? 예를 들어서 방편으로 이렇게 말을 한다면 큰 것도 회사고 작은 것도 회사다 이거야. 작은 나라도 나라는 나라고 큰 나라도 나라는 나라야. 그럼으로써 뭐든지, 미생물에서 점차적으로 진화돼서 나온 저런 생명들도 불성이 있는가 할 때 그것도 불성이 없는 게 없죠. 본래, 크나 작으나 생겼다 하면 불성이 있기 때문에 생긴 거니까.

한 나라가 있습니다. 근데 공장이 많습니다. 전체 본부에 대통령이 있습니다. 대통령이 있으면 대통령에 의해서 모든 부서에 하달이 되듯이 그렇게 되는데, 여러분은 어디 어느 공장에 불이 나서 죄 탄다 하면 본부에서 할 수 있는 그것을 하지 않고 팔팔팔팔 뛴단 말입니다. 아무리 말을 해도 듣질 못해. 거기서는 받질 못해, 전달을. 불이 났다는 걸 알기 때문에 여기 두뇌에 이 오관을 통해서 들기는 하는데 그게 직접 같이 돌아가질 않아. 그건 무슨 소리냐 하면, 이 기계적으로 돌아가는 거는 그대로 돌아가는데, 그 기계적으로 돌아가는 거를 자유자재할 수 있는 그것은 할 수 없기 때문에 기계적으로 돌아가는 것만 돌아간다 이겁니다. 그럼 불이 났으면 난 거야. 그 수습은 못해. 그만큼 났으면, 타게 되면 타게 되는 거고 쪼금 타고 고만두게 되면 고만두는 거고, 그거는 거기에 의해서 그냥 해 나가는 거라, 공장장에 의해서. 본부를 거치지 않고 우리는 살거든. 본부를 거치지 않고들 모두 여러분은 산다 이겁니다. 본부의 결정도 없이 공장장 마음대로 한단 말입니다.

지금 그걸 비유해서 한번 볼까요? 공장 내에서 어떠한 수습을 하려면 참 어렵습니다. 그러나 정부를 통해서 정부에서 하달을 하게 되면 아주 금방 복구를 합니다. 또 금방 일들을 해내고, 전부 하달이 되고 말입니다. '영등포' 하면 영등포로 말입니다. 이렇게 하달이 되는데, 여러분은 본부를 통하지 않기 때문에 그렇게 극난한 고통을 받는 것입니다. 그 본부에서는 천체 모든 세계의 왕이, 이 몸뚱이가 세계라고 한다면 그 몸뚱이 세계의 왕이, 본부에다가 해서 본부에서 하달이 돼서 한다면 초도 안 걸려.

그런 놈의 거를 아이구! 여기 이 다리가 저리고 이게 마비가 되고 무슨 어디가, 간이 어떻고 무슨 소장이 어떻고 대장이 어떻고…. 아무리 그래 봤자야. 아니, 본부에다가 전달을 안 하고 어떻게 거길 다 해결을 하느냐 이거야. 내가 그 속으로 들어갈 수가 있나? 어떻게 해? 남의 손을 빌리지 않으면 안 되는 그런 입장에 놓여 있는 거라. 내가 차라리 그 공장을 만들어 놓고 내가 해체하고 다른 공장을 또 만들고 이러는 것이 옮겨 가는 거라. 주인이, 본부가 없어지는 게 아냐. 그 생명들이 다 내 몸뚱이와 더불어 물질적인 것은 없어진다 하더라도 그것이 한데 합쳐져서 본부에서 그냥 하나로 되는 거야. 그래서 하나로 됐다가 흩어져서 전부 공장을 세운다면 제가끔들 부서를 찾아 가지고 가는 거고.

그럼 이 몸뚱이뿐만 아니라 세계적으로 한번 그런 걸 거론해 봐요. 다른 데 황무지가 됐다, 물이 안 난다 그 모든 문제들이 어떠한 문젠가. 여기 처음에 이사 오니까 물이 여기 통 안 난대요. 물이 안 난다고 야단법석을 하고 집도 못 짓고 그래서 돈을 많이 들여서 관악산 그쪽에서 흘러 내려오는 물을, 크게 파 가지고선 이리로 조달을 하려니 무척 힘이 들었지요. 그러나 우리가 전부 상응할 수 있다면 정부의 하달을 받아서…, 정부에서 하는 일이라면 왜 물이 없겠습니까? 여기에서도 가게 하고 저기에서도 가게 하고, 모두 줄이 있는데.

또 어디가 폐허가 됐다고 합시다. 그러면 그런 대로 세계적으로 볼 때에 지금도 우리 인간들이 발 못 닿게 된 그런 지역이 많이 있지마는, 지금은 많이 닿지마는 그래도 닿지 못하는 데가 많죠. 개발하지 못한 데도 많고요. 그런데 지금 우리가 이렇게 개발하고 이렇게 운동할 수 있는 거는 바로 이 본부의, 즉 움죽거리지 않는 부동한, 즉 말하자면 근육이라 그래도 좋고, 부동한 자세가 있기 때문에 그 힘으로 우리는 이렇게 운동을 하는 겁니다. 사람만 이런 게 아니라 자연의 법칙이 이렇게 큰 것입니다.

이렇게 광대하고 무변한 것을, 솔직하게 말하자면 밥이나 해 놓고 떡이나 해 놓고 빌고 이러는 걸 종교로 안다면 이거는 너무나 잘못됐어. 이렇게 신선하고, 인간이 얼마나 고귀하고, 참모습이고, 하나하나 움죽거리는 대로 묘하고, 자동적인 기계면서도 그 기계를 움죽거리게 하는 그 자신의 성품이나 또는 자신의 본부가 있어서, 이 본부가 다 할 수 있는 그 부동한 자세의 능력이 있기 때문에 바로 성품이 모든 걸 운영을 하는 거예요.

그러면 우리 이 몸에도 어떤 한군데가 마비가 됐다, 또는 이 생명체들이 죽으니까 간이 굳어 간다…. 생명이 죽어 가면 이게 굳어 가거든. 황무지가 되는 거라. 폐허가 되는 거야. 그런데 그걸 살릴 수가 없는 거지. 왜 살릴 수 없느냐. 본부에다가 안 했기 때문에 그 장소에서 그냥 그걸 살리려니 힘들지. 회사가, 정부에 거론이 되지 않은 회사들은 한번 망하게 되면 망해, 그냥. 그런데 정부에서 하는 회사는 절대로 망하는 법이 없어. 이걸 이렇게 비유해야 여러분이 알겠습니까?

그래서 정부에서 하는 회사는 망하지 않듯이, 모든 일체 이 본부에서 하달을 해서 하는 일은 절대로 그게 마비가 되지 않아. 만약에 폐허가 될 지경이다 할지라도 다시 복구가 될 수 있어. 이건 자연의 법칙이면서도 묘한 자신의 근본적인 능력이야. 능력이 없으면 죽어! 어떠한 부분이든지, 세계적으로도 그렇고, 무(無)의 상응력도 그렇고, 이 우주의 근본도 그렇고 모두가 내 힘이 없으면 죽어! 어떤 혹성이든지 마찰이 되고 끌리고 잡아먹히고 끌려가고, 이 지경이야. 지금 사람도 그렇지, 뭐. 자기 본부를 세우지 않고는 절대 그것은 승산이 없어. 이 몸은 무너지면 그만이라고 하지만, 무너지고 이게 허황되다고 생각한다면 바로 한쪽이 기울어지는 거라. 살고 죽고 하는 것이 둘이 아닌 데에 의해서 자동적으로 옮겨 갈 수 있고 자동적으로 모습을 바꿀 수가 있는, 죽는다 산다 이런 언어가 붙지 않는 자기의 참 본부. 참 본부에서 모든 걸 해 나가야 할 수 있는 그런 세계가, 바로 내 몸뚱이가 세계다 이거야. 그래서 세계의 자신, 자삼보(自三寶)! 삼보는 바로 본부에서 삼보를 운영하는 거야.

그런데 모든 게, 간뿐만이 아니라 모든 일을 그렇게 그르쳐 나간다 말이야. 우리가 기계적으로 생각을 한다고. 의학적으로 본다면 바른발이 아프면 바른발에다가 침을 놓거나 또 양의사도 바른발이 아프면 그 아픈 데를 수술하거나 또는 아픈 거기에 약을 쓰고 하죠. 근데 본디 정부에서 하는 일은 바른 다리가 아프면 왼다리를 쳐. 왼다리에서부터 조정을 해 나가. 왼다리가 아프면 바른다리에서부터 조정을 해 나가고.

그것은 왜 그런가? 이것이 바른 데서부터 왼쪽으로 가 있고, 왼쪽에서부터 바른 데로 가 있으니까 그런 거야, 이 도리가. 이 세계가 그렇게 생겨 먹었다 이거야. 부스럼이 난 거나 뼈가 부러졌다거나 그런다면 그 자리를 하지마는 그렇지 않은 관절이라든가 어떠한 문제가 있을 때에는 절대로 그것은 그렇게 한군데에 머물러 있는 게 아니야. 그러니까 모든 것은 정부에서 하는 일이라. 내공 정부. 내공! 주인 정부! 허허허….

그러니까 몸에 비유를 한대도 이 공부를 안 해서는 안 되리만큼 철저하게 해야만이 된다는 그런 점이 있습니다. 우리가 요렇게 요 모습을 가지고 요기 있다가 요리로 갈 때에 요리로 간 거, 요 사람이 요리로 온 거는 아는데, 요기 가고 오고 요걸 모른다 말이야. 요 간 자리, 온 자리 이걸 모르는 거야. 요기서 요기 옮긴 것도 다른 모습으로 갖다가 탁 놓으면 모르는 거야. 똑 그 모습으로만 갖다 놔야 알지. 그런다면 여러분이 말이야, 즉 말하자면 당신 자식이나 또는 부모가 죽어서 여러분의 가정으로 다시 태어났다 하더라도 그 모습을 바꿨기 때문에 모르는 거라. 여러분, 잘 아시겠어요?

그러니 언제 적의 부모고 언제 적의 자식이냐 이거야. 자식도 부모도 없는 자리라 이거야, 이건. 자식이라는 소리가 붙지도 않고 부모라는 소리가 붙지도 않아. 그래서 부처님께서 말씀하시기를 "부처가 즉 중생이고, 중생이 즉 부처니라. 즉 색이자 공이고 공이자 즉 색이니라." '즉'이라는 그 자체가 너무 철두철명한 거라. 왜 '즉'을 넣었을까 이거야. 공이자 색이고 색이자 공이라 이러지, 왜 '즉' 소리가 들어갔느냐 이거야. 이 참 기묘하고 기묘한 도리.

여러분이 이렇게 앉았으니까 말이지 임신을 한다 하더라도, 우리도 그렇게 났으니까 말이지만, 내가 그전에도 정자와 난자가 한 번에 5억이나 들끓는다고 했죠? 왜 5억이라고 말을 했을까? 지금 의학적으로는 3천도 그냥 우수하게 되는데 왜 5억이라고 말을 했는가? 한 생명이 생긴다면, 물질이 생긴다면 그 물질 속에 그 생명이 얼마나 많기에 한 몸이 생기겠습니까? 아직 점령을 안 했다 하더라도 요러한 생명이 하나 생겼다 하면 벌써 구조는 다 있는 거라. 그러니 그렇게 하다가 한 마리가 딱 임신이 됐을 때는 그 여러 마리가 한 마리로서 전부 귀합이 되는 거야. 물질이 되는 게 아니라.

아까 얘기했듯이 모든 그 생명은 하나니까 거기로 다 해서 하나가 돼 버리는 거야. 하나가 돼 버리니까 그거는 물로 그냥, 즉 말하자면 없어지고 마는 거죠. 그런데 우리가 볼 때는 그건 다 죽고 없어지고 한 마리만 된다 이러는데, 천만에! 5억 마리가 아니라, 만약에 개수로 따진다면 3천 마리라면 3천 마리가 한 마리가 돼 버리고 마는 거야. 그걸 알아야 돼. 가고 옴이 없이 그렇게 무궁무진하다는 그 뜻을 우리가 모르고는 본부 맛을 못 봐. 그런 데다가 애가 들어설 때에도, 들어서서 삼 개월이 된다면, 삼 개월 되기 전만 하더라도 엄마와 자식과 탯줄에 의해서 들고 나고 들고 나고, 주고받고 주고받는단 말입니다.

어떤 사람은 이런 예가 있었죠. 임신을 하자마자 남편이 고만 교도소에 가게 됐답니다. 걔를 낳을 때까지 그 교도소를 다녔답니다. 거길 다니면서 본 거라는 건 그거밖에 본 게 없어. 열 달 내내! 만 아홉 달을 만기가 되도록 그것밖에 본 게 없어. 허구장창 나서면 사식 가지고 다니고 허구장창 옷 가지고 다니고 그것 걱정하고 그냥, 모두 온통 그것 걱정이라. 그러다가 아이를 낳았는데 걔가 어떻게…. (녹음 안됨) … 거기를 수백 번 수만 번 다녔다 할지라도 그 영향이 미치지 않을 것을 말이야. 몸뚱이가 아무리 다녀도 마음이 그렇게 말리지 않았다면 그렇게 되지 않았을 것을, 그놈의 거를 그렇게 보고 그렇게만 생각하고 그렇게 모든 게 보는 대로 그냥, 생각하는 대로 들어간 거야. 그 영향이 어디 가겠어요? 물질의 영향도 보급이 되는 거고, 마음의 영향도 바로 보급이 되는 것입니다. 그러니 얼마나 부질없는 일들을 하고 있느냐 이겁니다.

그리고 또 한 가지는, 지금 만신 집이나 뭐 이렇게 있는데 만신 집이라고 해서 그것이 나쁘다는 건 아닙니다. 만신이 있기 때문에 부처가 있고 그런 거니까. 그러나 우리가 국민학교를 다녔으면 중학교 갈 줄 알고 고등학교 갈 줄 알고 대학 갈 줄 알고 대학원 갈 줄 알아야지, 그리고 사회에도 나설 줄 알아야 인간이 아닐까요? 그거나 마찬가지로 좀 더 우리가 알 양으로 노력을 해 봤더라면 그런 걸 알 수 있지 않겠어요? 그렇게 나가다 보면 그 영향이 어디에 미치느냐 하면 애한테로 다 미치는 거야. 그래서 그 유전을 받아 가지고 무당 어머니면 무당이 또 난다는 얘기가 있어요. 그게 유전이야.

그것만 그렇게 되는 게 아니지. 소소하게 우리 살아나가는 데도 그 영향이 애들한테 얼마나 미치느냐는 거를 알아야 합니다. 내가 먹는 대로 영양이, 의학적으로는 먹는 대로 영양이 애한테 간다. 약을 먹으면 약의 영양이 가고 이런 것만 알았지, 보이지 않는 기묘한 그 뜻은, 그 전달이 되는 거는 도대체 모르거든. 인연에 따라서 만나서 내가 임신을 했다면 자기의 그 영향대로 거기에 영향이 미치게 되거든. 그러니 내가 작으면 그 아이도 작지 어떡하겠습니까? 영향을 자꾸 받았으니까. 그래서 "콩 심은 데 콩 나고 팥 심은 데 팥 나느니라." 이런 말을 했지 않습니까.

우리가 인간으로 태어나서 비록 가난하고 쪼달리고 배우지 못하고 어떠한 영향을 받는다 할지라도 마음이야 가난해서 되겠습니까? 마음이 가난하지 않다면 모든 일이 전체 가난하지 않아요. 하다못해 죽을 한 그릇 먹어도 허허 웃으면서 '대장부 살림살이 이만하면 족하도다.' 하고 아마 허허, 하늘을 보고 웃을 거야. 이 정도로 돼야지, 지금 우리가 공마당에, 어떠한 손바닥만 한 데 오물쪼물 모여서 살고 있는데, 뭐가 그렇게 대단하다고 네 가정 내 가정 찾고 온통 야단들을 하는지 나는 도무지 아주…. 이 지구 한 덩어릴 딱 놓고 따져 본대도 손바닥만도 못한 놈의 거를 가지고 온통 야단들이거든. 도무지 이게 될 노릇이냐 말이야.

그런데도 불구하고 그 애들이 배 속에서 받는 영향은 너무도 큰 거야. 그런 데다가 사회 상식이라든가 교양이라든가 이런 건 또 태어나서 받는단 말이야. 태어나 가지고도 받아, 그놈의 걸. 애 보는 데 별 욕 다 하고 별 싸움 다 하고, 그저 나가고 들어오고…. 벌어먹는 것도 중하지마는 벌어먹는 것도 사람이 본부가 있다면 본부에다 연방 전달을 해 가면서 상응한다면, 만약에 부부가 벌이를 하느라고 애들을 놔두고 다니더라도 그 애들이 천생 착해. 본부가 항상 지키고 본부가 항상 있기 때문이야.

그런데도 불구하고 고아들처럼 내버리고, 먹을 거나 주고 그저 조금 저거 하면 돈이나 주고 이러니까 애들이 외롭고 '야, 집에 들어가 봤자야 뭐, 그것도 없는데 친구한테나 가야지.' 이럭하다 보면 망가지는 거야. 그러니까 벌어먹고 사는 것만 중요하게 생각하지 말고 남편들도, 젊은 사람들은 이거 꼭 들어 둬야 할 일이라고! '나는 벌어먹고 살기 위해서 이러니까 남편이라도 생각해 주겠지.' 천만에! 자기의 욕구가 제대로 되지 않을 땐 아무리 정성을 다해서 살려고 애를 써도 그것은 아랑곳없어. 그걸 알아야 돼. 그렇기 때문에 천 리라도 쫓아다니면서 살아.

그리고 또 한 가지는, 어느 가정에서든지 내가 일하는 걸 좋아하는 게 아니라 남편의 손이 안 닿을 때에 일하는 건 괜찮아. 와서 가깝게 닿을 때는 언제나 내가 항상 사랑을 주는 어머니가 돼야 돼. 동생이 돼 주고 딸이 돼 주고 때에 따라서는 할머니도 돼 줄 수 있어야 그 가정이 풍부하고 그 본부의 근본을 따라서 오직 해 나갈 수 있는 그런 것이 있다 이거야. 또 남자는 언제나 아버지로서 아버지의 행을 다하면서 결국은 아버지도 됐다가 친구도 됐다가, 또는 동생도 됐다가 아들도 될 수 있는 그런 이치가 있어야 그 집안은 화목하고 재미있는 집안이에요.

이러한 문제들을 모두 안다면 사랑이 무엇인지 이것을 알거야. 사랑? 사랑이 뭐 말라빠져 죽은 사랑이야? 도대체 그러한 값싼 사랑, 값싼 눈물, 값싼 행동. 아이그! 눈 감고 아웅이지. 도무지 나는 신청부 뒷다리 같아. 뭐, 죽느니 사느니 하다가도 그저 조금 어떻게 됐다 하면, 딴 데 좀 냄새를 맡았다 하면 그냥 이거 언제 봤더냐. 어떻게 할 수가 없으니까, 자기가 등우리를 만들어 놓고 할 수가 없으니까 그냥 있다 뿐이지, 이건 그냥 뭐…. 그러한 값싼 사랑은 차라리 사랑이란 말도 하지 말아야지 사랑은 뭐 말라빠져 죽은 사랑이야, 그게? 진짜 부처님의 자비는 그런 것이 아니야. 못났든 잘났든 아름다운 자비. 이 자비로, 이 본부의 법으로써 모든 일을 행해 나가는데 아니, 우리 가정뿐인가, 몸뿐인가, 세계뿐인가! 우주 삼천대천세계의 모든 근원이 바로 한 점의 마음에 달려 있으니, 이 높은 뜻을 어떻게 여러분이 아시겠습니까?

모르기 때문에 여러분은 열심히 자기 주인공에 의해서 진실하게, 값싸게 찾지 말고 진실하고 무겁게…. 오뚜기가 무거워서 어디다 내던져도 우뚝우뚝 서듯이. 시장바닥에 내던져도 우뚝우뚝 서듯이. 여기 다니다 보니까 잘못돼서 "아이고! 내가 아무리 다녀도 효득이 없던데요. 그거 뭐, 다니나 마나지." 그것은 여기 온다고 해서 잘못되는 게 아니야. 자기가 이미 벌여 놓은 게 있기 때문이야. 그거를 수습을 하려면 크게 수습을 해야 할 걸 작게 수습을 할 수밖엔 없는 도리가 있기 때문이지. 여러분이 그렇게 자갈밭이 닥친다, 가시밭이 닥친다, 낭떠러지에 떨어져서 금방 죽는다 하더라도 눈도 깜짝거리지 말아야 되는 것이 본부를 찾는 법이야.

그러면 아까 얘기하다가 중동무이했지만, 어린애 임신을 해서 그렇게 한 달이 가, 두 달이 가, 석 달이 가, 이렇게 가다 만 9개월이 되면 다시 돌아서 다시 본점으로 돌아와서 있게 되거든. 그것은 몸뚱이가 본점으로 돌아오는지 안 돌아오는지…. 그 속에, 그냥 쪼끄만 속에 들어 있다고 해서 그게 아니라고. 비닐 봉지에 싸여 있는 것처럼 막이 그것도 두 막, 세 막이 이렇게 비닐 속에 싸여 있는 거라고, 물주머니에.

그래서 우린 야, 예전에도 물주머니에서 나왔더니 지금도 물주머니에서 나오더라 이거야. 쪼끄만 주머니든 큰 주머니든 주머닌 주머니 아냐? 물주머닌 물주머니지. 그래서 나오려니까 물주머니가 탁 터졌다 이거야. 우리가 예전에도 물주머니에서 탁 터져서 나왔어. 모두가 이렇게 해서 다시 원점으로 돌아왔을 때 참, 배는 부르지 방광은 눌리지, 그러니까 오줌은 자주 마렵지. 이렇게 돼서 모든 게 이렇게 되는 거야. 사람사람이 이 모두가 한 달, 두 달, 석 달 이렇게 갈 때마다 그 영양의 보급이, 어머니가 섭취하는 대로 영양이 가면서 그 마음의 차원의 영양도 거기에 흡수된단 말입니다. 본 자기의 그 내려오던 업의 습, 즉 살아오던 습이 많이 남아서 그게 인연 따라서 업이 되고 그러는데, 유전이 되고 그러는 데다가 또 어머니하고 체인지가 되니까, 어머니도 그렇고 아버지도 그렇고 다 그렇죠. 그 영향을 얼마나 받겠습니까?

예전에 노인네들 말씀하실 때 이런 게 있지요. "너는 끄트머리도 먹지 말고 머리도 먹지 말고 중간만 먹어라. 중간만 먹어라. 네모반듯한 걸 먹어라." 이렇게 말 한마디 하는 게 이게 뭔 줄 아십니까? 그 물건을 반듯하게 먹으라는 게 아니에요. 그런데 그게 아주 "반듯하게 먹어라." 이렇게 유래가 됐거든. 그래 그거라도 반듯하게 먹으면 '내가 요거 반듯하게 먹으니까 애 마음도 반듯하게 되겠지.' 하는 마음이라도 먹으라고 그렇게 한 거죠, 모르는 사람들한테. 물건이야 끝을 먹든 머리를 먹든 중간을 먹든 그건 상관 없어. 마음 주동만 똑바로 선다면 이것도 아니고 저것도 아니고, 내가 전달하고 전달하고 그 좋은 전달이 항상 이렇게 되게 돼 있기 때문에 그거는 되지 말라고 그래도 돼. 죽으라고 그래도 죽지 않아. 몸이 죽는다고 그래서 죽는 건 아니니까 말이야. 그리고 그 어머니 아버지는, 아들을 금방 낳아서 억지로 길렀다 하더라도, 외아들이 금방 죽었다 할지라도 눈 하나 깜짝 안 할 거야. 어느 때의 아버지고 어느 때의 아들이고 어느 때의 자식이었던가 말이야. 어느 때의 부부였고. 모였다 흩어지고 흩어졌다 모이는 것이 우리 차원에 따라서 흩어졌다 모일 뿐이에요.

내가 항상 말하죠? 깡통 모이는 덴 깡통 모이고, 넝마 모이는 덴 넝마 모이고, 헌 종이 모이는 덴 헌 종이 모이고, 금 모이는 덴 금이 모이고 이렇게 돼 있다고. 그런데 인간도 차원대로 그렇게 그렇게 끼리끼리들 모두 모여 살고 있다고. 너무나 교묘하고 너무나 이 모든 것이 보면 보는 대로 거저 볼 게 없는 것이 이 세상이에요. 이렇게 좋은 법을 아니, 부처님한테다가 나 좀 잘되게 해 달라고 그냥 그렇게 해서야 되겠습니까. 하기야 그래야 또 이런 공부도 하지요.

그 정성이 지극하니까 다니다 다니다가 어떻게 되니까 인제 그 골목을 찾았단 말이야. 그래서 자기 골목을 자기가 찾아 가지고 자기 보물 찾는다는 거예요. 그것은 길이 더뎌! 즉각 들어가라 이거야, 즉각!

오늘은 그럼 이것으로써 끝을 마치겠습니다.

그냥 그대로 내 탓

1986년 3월 13일

큰스님 여러분 중에 의문 나는 일이 있으면 질문하세요. 오늘은 자청해서 말하고 싶진 않군요. 말만 듣고서 그냥 넘기고, 한번 의심도 해보지 않고, 한번 자기 걸로 만들어 볼 생각도 없고 그냥 듣고만 간다면 귀만 남게요?

질문자1(남) 제가 한 말씀 여쭙겠습니다. 이 지혜라는 것은 어디에서 나옵니까?

큰스님 정(定)과 혜(慧)가 있습니다. 선정이다 지혜다 이럽니다. 그런데 선정이 이 본마음을 말한다면 지혜는 바로 활용을 말합니다. 그런데 그 활용과 선정이 둘이 아니거든요. 우리가 어디서 나오고 어디서 나온다고 그러는데 각각 나오는 데가 하나도 없습니다. 그냥 자기 성품에 의해서, 근본의 성품으로서의 활용, 지혜, 또는 눈으로 보고 귀로 듣고 모든 것을 오관을 통해서 자기 발력이 그 한군데서 전부 천만 가지 나오는 거지, 그 천만 가지 나오는 것을 지혜롭게 활용을 할 수 있는 것이 거기에서 나오는 거지 딴 데서 나오지 않죠. 모두가 한마음 속에서 나오니까요.

그래서 우리가 공부를, 공부라기보다도 인간으로 태어났다면 자기가 어디서 왔는지, 어디로 가는지 그것쯤은 알아야 될 거 아니냐. 또 살아가면서도 지금 내가 무엇을 하고 있는지, 어디서 이렇게 묘한 법이 나와서 내가 움죽거리고 있는지 그거를 모른다면, 엊그저께도 얘기했듯이 내 몸 하나 이끌어 가지고 갈 수 없는 이런 문제가 생기는 거죠.

물론 부처님 법은 그대로 우리가 아픈 것도 법 안 아픈 것도 법, 죽는 것도 법 사는 것도 법이라고 해서 '이것이 진리다' 하고 얘기를 했지만 우리가 왜, 이런 게 있지 않습니까? 좀 더 지혜롭고 약삭빠르고 모든 거에서 깊숙하게 자기 주관을 세워서 지혜가 넓은 사람들은 좀 유유하게 살아나가고, 또 그렇지 못한 사람들은 아주 마음이 지혜롭지 못하기 때문에 남한테 항상 이렇게 밟히고 또는 거절당하고 또 화목지 못하게 되고 또 상대방하고도 거리가 생기고, 이렇게 함으로써 적합하게 가정을 이끌어 나갈 수가 없는 그런 형편에 의해서 가정 파탄이, 자꾸 싸움이 생기고 이런 문제들이 많이 생긴다는 얘기죠. 그러니까 그러한 문제들이 생기는 원인도 바로 자기거든. 누구의 탓이 아니라.

그런 것처럼 부처님께서도 아프셨으나 중생들을 위해서 그대로가 법이라는 걸 가르쳐 주기 위해서 보이셨다고 그랬는데, 물론 부처님께서는 "육신 이것은 바로 내 주인의 거고 내 주인의 시자고, 내 주인으로 인해서 형성됐으니까 주인으로 인해서 이렇게 가기도 하고 오기도 하고 무너지기도 하고, 모든 일체 만물이 다 이렇게 변질되고 부서지고 이러는 것이니라." 하고 가르쳐 주기 위해서 방편을 쓰시느라 잠시 잠깐 잠깐씩 이렇게 하셨단 말입니다. 그건 방편으로 쓰신 거지 자기가 아파서 그런 건 아니란 말입니다.

그런데 여러분도 그래요. 만약에 그 고통을 받고 몇 년씩 아프다가 옷을 벗는다면 얼마나 지루하겠습니까? 평화롭고 티끌 하나 묻지 않게, 내가 발랄하고 생동력 있게, 삶을 보람 있게 그렇게 살면서도 후떡 옷 벗어 버리려면 잠시 잠깐 그것도 아프지 않게, 아프다고 한다면 상대방들도 고통을 받게 하지 않고 나도 고통받지 않고 그건 양념으로, 진리가 이러하다 하는 것만 가르쳐 주면 얼마나 좋겠습니까?

나는 여러분을 이렇게 만나면서 어떤 땐 말할 생각이 안 나. 아니야, 말하기 싫을 때가 있어요. 왜냐하면 설법하기 전에 때로는 여러분을 만날 때가 있습니다. 그 처절한 거, 그 내용 모든 걸 이렇게 보게 되면 아예 '아유! 말은 해 뭘 해.' 하고선 그냥 하기가 싫단 말입니다. 이것이 하루 이틀 말한 것도 아니고 한두 달 말한 것도 아니고 한두 해 말한 것도 아닙니다. 그 숱한 나날을 말입니다.

그런데 여러분이 때에 따라서 아주 꼭 물어야 할 이치, 그걸 질문 한번 했으면 좋겠는데…. 물론 아주 익어 들어갈 때는 질문할 필요가 없죠. 점검만 하면 되니까. 털어놓고 질문을 하고 점검을 하고 이럴 줄을 모르세요. 항상 말을 해 주니까, 이건 그냥….

질문자2(남) 부처님의 대원경지를 모든 중생들로 하여금 다 이해하고 알 수 있도록 화통하게 말씀 좀 해 주십시오.

큰스님 허허, 말을 해서 될 일인가요?

질문자2(남) 그래도 이 무식한 중생이 어느 정도 귀가 뚫리게끔 활구선과 의리선 그러한 구분과 대원경지상을 말로써 한다면 물론 안 되겠지만 알고 납득이 가야만이 그렇게 되는 거 아니겠습니까?

큰스님 사람이 닦지도 않고 그것부터 생각해서는 아니 됩니다. 사람이라는 게, 내가 항상 얘기했듯이 억겁 천 년 전에서부터 모든 자기 습을 가지고, 종 문서를 짊어지고 지금까지 살고 있습니다. 그런데 그 경지는, 모든 게 닿기만 하면 타 버리는 그런 이치에 도달해서 그대로 그럭하고 있는데도 불구하고 여러분은 그것을 모르니까 그것을 되짚어서 그 높은 경지가 따로 있는 것처럼 자꾸 묻는다 이겁니다. 자기가 알아야 할 거를 알아야 '아, 이거는 높게 있는 게 아니고 얕게 있는 것도 아니로구나. 이건 바로 나한테 있는 거로구나.' 하고 알 텐데 말입니다. 만약에 나한테 있는 걸 알게 되면 바로 타의에도 내가 있는 걸 알고 저 사람이 나 아님이 없다는 걸 알게 되고 또 나와 더불어 같이 나투고 있다는 걸 알게 되고, 그런다면 뭐가 걱정이겠습니까?

말로 해서 아는 걸로써 삼천대천세계의 근본 그 본처를 꿰뚫는다면 얼마나 좋겠습니까마는 그렇게 물어서 해결해 가지고 되는 게 아님으로써, 우리가 학식이 많다고 되는 것도 아니고 이것은 오로지 자기 주인공에서 만법이 나오는 것을 자기 주인공에 되놓는다. 맡겨 놓는다. 맡겨 놓지 않고는 도저히 그 습을 뗄 수가 없어. 그런데 그 습이 없다면 인간 자격이 없죠, 또. 망상이 망상이 아니고 습이 습이 아니죠, 본래는. 그러나 그 습이 있기 때문에 문이 가리었고, 눈도 가리고 자기 마음도 가리는 거라, 본래 문은 없건만. 그래 그걸로 인해서 그러니까 거기 일심에서 나오는 거 일심에다 놔라 이거야. 놓으면 홀연히 거기에서 다 알게 돼서 그때는 점검만 하고 돌아가면 될 걸, 말이 무슨 필요 있습니까? 하지만 이날까지 말이 필요 없으면서도 말이 필요하기 때문에 얘길 했던 거죠.

질문자1(남) 한 가지 더 여쭙겠습니다. 신통력이라는 거와 지혜라는 것이 어떤 건지요?

큰스님 신통력이라는 것은…, 이렇게 계단 없는 계단이 있습니다. 자기가 완전히 죽었을 때 자기가 탄생을 하는 겁니다. 자기 껍데기를 벗고 말입니다. 다 태워 버리고. 그랬을 때에 그 오관을 통해서, 거기 말리지 않고 그 오관을 부릴 때 그때 도력이라고 합니다. 그럼 그때에 지혜와 더불어 선정과 자비가 이게 포함해서 들어갑니다. 그런데 그것을 그렇게 해도 그때에 내가 세워서 되는 것이 아닙니다. 오관을 통해서 부릴 때, 즉 말하자면 오신을 부릴 때 결국은 자기가 체험하고 다시 보림하려고 그걸 체험하고 돌아가면서 또 놓게 됩니다. 그래서 세 치만 알아도, 한 치만 알아도 자기 몸은 이끌고 갈 수 있고 병 같은 거 이런 거는 할 수 있지 않겠느냐 하는 겁니다.

그러니까 생활 속에서 여러분이 여기저기 가 찾지 말고, 자기 그 한 점의 마음에 있으니 그렇게 좀 거북하게 살지 말고, 내 고귀한 생명을 여기저기다 붙이지 말고 이렇게 살아라 하는 뜻에서 이렇게 일러주고 있습니다마는 사람이 한 번 그렇게 죽어서, 즉 그전에도 표현을 했지만 임신을 하기도 어렵지만 임신을 해서 생산하기도 어렵다 이겁니다. 그래 "그것이 어려운 줄 알았더니" 하는 소리를 "나 한 번 죽기 어렵다 했더니 한 번 죽기는 쉽더라. 한 번 죽기는 붙들고 갈 거라도 있어서 그래도 쉬웠는데 두 번 죽기 어렵더라." 했습니다.

그건 왜냐하면 내가 한 번 죽어서 탄생을 해서 어린애 임신해서 생산하는 것처럼 나오긴 나왔는데, 탄생은 됐으나 도대체 물리를 몰라, 어린애가 나온 것처럼. 다 자라야 어른 노릇을 할 텐데. 그래서 어른 될 때까지, 성장할 때까지 보림을 다시 해서 놓고 성장을 시키는 겁니다, 자기가 자기를! 그래 성장을 다 시킨 뒤에 또 "더불어 같이 죽기 어려워라." 하는 겁니다. 그래 같이 죽어서 그게 다 됐다면 "더불어 같이 나투기 어려워라." 했습니다. 이것이 바로 열반까지 이끌어 가는, 둘 아닌 한 길인데 내가 한 길, 길 없는 길을 발 없는 발로 디딜 줄 알아야 하는 것이 원칙인데다가, 손 없는 손으로써 닿을 데 없는, 닿을 데 있는 데까지 아니 닿는 데 없다 이거야. 그르고 옳은 게 하나도 없어. 만약에 그르다, 옳다 이거를 분리한다면 반드시 이건 어긋나. 둥그런 그릇에 네모난 뚜껑 덮는 거나 한가지라고 얘기했듯이.

예전에 이런 말이 있었죠. 어느 사람이 와서 "이것이 옳습니까?" 하니까 그르단 말은 하나도 안 하거든. "어떤 게 정법입니까?" 이렇게 말을 하니까 "응. 그것도 옳다." "저 얕은 산은 저 높은 산하고 어떤 게 차이가 납니까?" "얕은 산도 옳고 높은 산도 옳다." 그래서 한 번 죽기는 어렵다 했는데, 한 번 죽기는 쉬운데 같이 죽기는 어렵거든. 그건 또 둘째라. 전부 같이 나투기 어렵다 이거야! 이 뜻을 말로만 횡하게 아는 게 아니라 내가 실천을 할 수 있는 그런 게 문제예요. 거기에는 티끌 하나 붙질 않아! 그르고 옳은 게 붙질 않아. 이런 공부 하는 사람들은 마음에다가 '아, 저건 틀리다. 저건 옳다.' 그런 걸 가지면 절대 이건 할 수 없어. 미지수의 그것을, 한 구멍도 없고 티끌도 없는 그걸 한 숨에, 찰나에 뚫을 수 없어. 물론 그렇게 해 나가다가 점차 뚫을 수 있을지는 모르지. 그러나 미해질 수도 있거든. 하도 따지니까. 왜 그렇게 달기는 좋아하는지…. 달기를 좋아해서 몇 근이나 되는지 그게 의심난다고, 응?

사람사람이 누구나가 한번 "야, 참 너 만나서 좋구나." 하는 그 소리가, 아주 웃으면서 그 소리 한번 하는 게 몇 근이나 될까? 그래서 나는 그르고 옳은 것을 "선을 지킨다면 선의 업이 있고 악으로 간다면 악의 업이 있다. 선과 악을 다 놔라." 이러고 싶은 거라. 잘되고 못된 거를 다 놓지 않는다면 그건 치우쳐.

엊그저께도 얘기했지만 이 지구가 부동한 자세로서 그 긍지를 가지고 지축이 흔들리지 않고 있음으로써 사방에서 조여드는 그 자체로 인해서 자석과 같다. 어느 거 하나 붙어도 타 버리고 만다. 타 버리는 관계상 살아난다. 그런데 이 유생 무생이 다 이렇게 해서 살고 있는 이 원리를 왜 모르는가. 우리 인간 하나하나도 혹성이다 이거야. 별성이다 이거야. 한 사람의 한 점의 마음의 불덩어리가 온 우주 세계를 다 집어삼킬 수도 있는 거다. 그런데 그렇게 집어삼킬 수 있는 그 오묘한 마음을 가지고 만날 저울질만 하고 있으니 이 공부를 어떻게 할 수 있을까? 이 세상에 나와서 저울질하다 간다면 저울질밖에 못하지 어떡하나. 차원에 따라서 끼리끼리 모이고 모두가 그렇게, 사람도 차원대로 살고 있고 끼리끼리 모여서 회사에 들어갔으면 회사원이지, 뭐. 장사하면 장사꾼들대로 모일 거고. 이 세상 이치가 다 그런 거예요.

그래서 보이지 않는 그 세계를 우리가 보이지 않는다고만 하지 말고 내 내면을 볼 수 있을 때, 내공을 볼 수 있을 때 홀연히 그 내면으로 인해서 천 리도 요 눈앞이라. 조그마한 그 불씨 하나가 삼천대천세계를 집어삼킨다고 그랬어. 그런데 하물며 우리가 이것저것 따지고 뭐 남는 게 있어서 몽탕 다 태워 버릴 수 있겠나? 본래 태워 버리고 있어. 그런데 그걸 모르니까 그러는 거지. 마음으로 그렇게 쌓아 놓으니까 그렇지! 무조건이지, 뭐를 이렇게 달고 저렇게 달고…. 그게 도대체 몇만 근이나 된다고.

그전에 8·15 해방 되고 나서 내가 스무 살이 됐던 그때 얘깁니다. 한암 스님한테 갔는데 예전에는 차가 그렇게 없고 길도 험악하고, 서울에서 거기 가려면 차를 타고도 하여튼 무지하게 걸었단 말입니다. 홍성으로 해서 이렇게 넘어가는데 아주 그건 뭐, 길도 그냥 험악하고 말입니다. 그러니까 며칠이 걸려서, 얼굴은 흙투성이고 그건 뭐, 말도 못해. 나 생긴 거 보라고. 조막댕이만 한 게 얼마나 그때 험했겠나. 그런데 눈물을 질 흘리면서 "스님! 얼마나 가면 죽겠습니까?" 그러면 한암 스님이 있다 하는 소리가 "눈 뜨고 푹 자면 돼. 죽는 거야, 그게." 이 말씀 한마디가 참 실감 났어요.

눈 감고 자는 거는 그게 자는 게 아니지. 눈 뜨고 자야, 언다가 시장바닥에 갖다가 팽개쳐도 우뚝우뚝 서. 잘된 거 못된 거를 남의 탓으로 돌려서도 아니 되고, 또는 잘된 거 못된 거를 건져 들어도 아니 되고, 잘된 거 못된 거를 일일이 계산해도 아니 되고 그런 거지. 그래서 속으로 똑똑하더라도 좀 겉으로는 무식한 척하면서 둔한 척하는 게 좋을 것 같아. 이 공부는 둔하지 않고는 도대체 될 수가 없어. 벌써 오관을 통해서 이 사량으로 전부 알거든. 이 머리로 다 알아 버려. 감각이니 지각이니 보는 거 듣는 거, 이게 여기 기계적으로 다 있는 거거든. 여길 통해서 다 그냥 자기한테 전부 오는 게 있으니 언제 그놈의 걸, 헤아릴 수도 없는 게 그냥 스쳐 가는데 언제 그놈의 걸 세워?

언제나, 누구나가 그저 모든 게, 이 세상의 모든 게, 어떠한 문제가 있다 할지라도 그건 자기 탓이라. 이 세상에 자기가 나왔기 때문에 자기가 봤고 자기가 거기 갔기 때문에 들었고, 자기가 있었기 때문에 말다툼을 하게 되고 자기가 있었기 때문에 모든 게 이렇게 상황이 있는 거라. 그래서 가만히 생각하게 되면 모든 게 내 탓이지. 못난 내 탓이야. 잘나지도 않았고 못나지도 않았고 그저 그대로 내 탓이야. 내 탓이라는 그 한마디의 뜻이 눈 뜨고 자는 일이라. 가정에서도 언짢은 일이라든가 부부지간이라든가 자식지간이라든가 모든 일에 대해서 말을 참 이익하게, 상하지 않게 말을 해 줄 뿐 아니라 말을 해서 상할 일이라면 하지 말고 안에다 굴려야 하고 안에다 놔야 된다 이거야, 내공에다. 모든 걸 내공에서 나오는 건 내공에다 다시 놔야 돼. 잘되고 못되고, 잘된 거는 감사하게 놓고 안된 거는 안돼서 맡겨 놓고. '나는 공부를 하겠다 못하겠다, 이런 것이 공부다' 이런 거 다 놔야 돼. 급하다는 거까지도 놔야 돼. 그렇게 놓지 않는다면 어떻게 내가 나온 자리, 내가 나기 이전 자리를 알 수 있으며…. 이전 자리를 알게 되면 이전도 없고 이후도 없어.

대만에 갔을 때, 내 이거 세 마디째 지금 하는데 거기는 벽에도 그냥 요만한 부처님을 다 총총히 박아 놨습니다. 말이 통하질 않아요. 그런데 거기 비구니들은 일본 말로 통하고 이러더구먼. 영어로도 통하고. 그런데 "여기 진짜 부처님이 어디 있습니까?" 하니까 큰 부처님, 아주 부처님이 웅장하더라고. 그 부처님을 들이대더라는 얘기야. 그럼 난 할 말 없어. 그걸로써 또 잘됐다 못됐다도 없어. '아이고! 순진하셔라.' 허, 웃을 뿐이야.

그럭하고 이쪽으로 나와서 걸상 있는 데 앉았는데 아무 소리 없이 거기 불광사의 성운 대사가 부지런히 꽃을 들고 와요. 꽃을 들고 이렇게 오면서, 꽃 한 송이를 이렇게 날 갖다 주고선 돌아간단 말이야.

'아하! 뭐라고 스님한테 말씀을 했구나. 이 스님네들이 말씀을 드렸구나.' 하는 생각이 퍼뜩 들면서 그저 웃으면서, 말이 통하질 않으니까, 말이 통하지 않아도 좋거든. 쳐다보고 웃을 수밖에는 없지.

불광사의 성운 대사도 뭐 그렇게 대작 불사를 크게 해 놨다고 해서 큰스님이 아닌 거라. 그러나 한편 볼 때 그 원력이 아니라면 자연으로 그렇게 될 수가 없어, 또. 하려고 해도 아니 돼! 하려고 해서 되는 게 아냐. 우주 삼천대천세계 유생 무생의 모든 마음들이 한마음으로, 하나로 들어야 될 수 있는 그런 문제라. 예를 들어서 내가 세 사람 가지고 인부를 쓰려면 세 사람만 쓰고, 때에 따라 환경에 따라서는 또 열 사람 쓰게 되면 열 사람 쓰고, 자기 자유라. 이렇듯이 그 원력은 한계가 없어.

그래서 내가 그런 얘기 잘하죠. 부처를 여기 열 개를 모아 놓고 진짜 부처가 어떤 거냐고 한다면, 여기 여러분이 있는데 어떤 사람이 진짜 사람이냐고 한다면 누구라고 할까요?(녹음 안됨)

사람들이 묵조니 간화니 하고서 모두 좌선들을 하고 화두들을 쥐고 이럭하고 있는데 외려 화두를 잡는 게 오히려 막는 거야! 이거 끊어질까 봐 걱정, '이거 어느 스님한테서 받았는데….' 하는 그 착! 어느 스님이 따로 있나? 내가 이 세상에 나오고부터 내가 화두요, 내가 공했는데 나로부터 생기는 거지 거기에다 덧붙여서 또 그놈의 거 끊어질까 봐 걱정, 이건 도대체…. 결제하면 결제하는 대로 결제했다고 하루 8시간이고 9시간이고 앉는 것이 능사가 아니거든. 서는 것도 서는 게 아니고 앉는 것도 앉는 게 아니라.

예전에는 나가서 일하고 앉을 틈도 있었지마는 지금은 지금대로 뛰면서 생각하지 않으면 못 사는 세상이거든. 그게 전부 참선이라. 우리가 지금 참된 세상에, 이러한 세상에 그렇게 돌리지 않는다면 생활불교가 어떻게 되며 진짜 참선이 어떻게 될 수 있는가. 그럼 스님네들만 공부하지 스님네들 아닌 사람들은 전부 공부 못 하겠네? 벌어먹어야 할 테니까. 벌어먹는 것이 전부 참선인데 이것저것을 다 일일이 따진다면 길은 언제 가?

옛날에 여러분하고 저하고 이렇게 만나기 전에, 그것도 전이 아니라…. 사람이 이런 게 있죠. 이 뜻을 알라고요. 삼천 년 전이 오늘이요, 오늘이 삼천 년 전도 되고, 그래서 삼천 년 전이 바로 삼천 년 후도 될 수 있고 전도 될 수 있고 오늘도 될 수 있는 거라. 한계가 없어. 이건 사람이 지어 놓은 이름이고 질서야. 시간과 공간이 초월됐다면 진실로 이 지구 바깥을 벗어나 보라고, 어떻게 되나. 그 무중력한 힘이 너무 가해지니까 막 돌아갈 뿐이야. 한계가 없이 막 돌아갈 뿐이야. 어떻게 충당할 건가? 항아리 속에서 항아리를 어떻게 굴리나? 항아리 바깥에서야 항아리를 굴릴 수 있지 않은가? 내가 내 바깥으로 벗어나야 나를 굴릴 수가 있는 거라. 지구 바깥에 벗어나야 지구를 굴릴 수가 있는 거야.

이 세상에 모두가 다 이렇게 기묘하고 묘하고…. 엊그저께도 얘기했지만 바로 전자 자동기와 무전통신기가 모두 겸해서 이것이 본(本) 부동한 자세를, 즉 말하자면 비비고 돌아가기 때문에 모두가 한 개, 한 개 전자로서 요렇게 붙어 돌아가는 게 이것도 전자고 이것도 전자다 이거야. 붙어 돌아가는 반면에 우리는 지금 이렇게 살고 있는 거야. 거기 화력으로 인해서 나오는 압력에 의해서 바로 우리의 생명을 살릴 수 있는 공기를 쓸 수 있게끔 돼 있는 거야. 이거는 천체 과학이기보다는 우리의 천체 자연 진리이면서 법칙이야.

우리가 살아나가면서 야, 불법이 이렇고 저렇고 이렇고 저렇고 하는데 다 옳죠. 옳은 건 뭣 때문에 옳다고 하느냐? 이 세상엔 자라는 애들이 있고 태어나는 애들이 있고 또 미생물에서부터 거쳐 오는 생물이 있고 동물이 있고, 무정물이 있고 식물이 있고, 모두가 천차만별로 그런 생명들이 있는 거예요. 그 생명들이 있어서 점차적으로 올라오는 그 뜻에 의해서 볼 때 우리가 언제 적의 부모고, 언제 적의 자식이고,

언제 적의 친척이고 그랬던가. 모두가 이럭해서 차원대로 모였다가 흩어지고 흩어졌다가 또 차원대로, 내가 깡통의 차원이라면 깡통끼리 모일 거고 넝마끼리 모이고 금대로 모이고, 이렇게 모여서 살다가 또 흩어지는 거라. 흩어졌다 모였다 흩어졌다 모였다 하는 것을 뭐가 그렇게 잘됐다 못됐다, 이게 정법이니 사법이니, 이거를 따지고 들어야만 하는가. 어린애 적엔 모를 거고 좀 컸으면 철을 알 거고 더 어른 됐으면 더 철이 나서 이 세상살이를 다 알 거고, 그것뿐이야. 그래서 사람이라는 것이 늙었으면 애 노는 데서는 애가 돼 주고, 그럼 말썽 없을 거 아냐? 젊은이들 노는 데는 노는 대로 젊은이가 돼 주고, 늙은이가 있으면 늙은이가 돼 준다면 얼마나 겸손하고 자비하고, 그 모두가 모르면 모르는 대로 나도 몰라 준다면 얼마나 편리하겠어. 알면 아는 대로 나도 알아 주고. 나 아님이 없는데.

내가 항상 그러지 않남? 법당에 올라가도 그 부처님 몸이 내 몸이요, 바로 부처님의 마음도 내 마음이니 둘이 아닌 고로 거기에서 절을 삼배를 올려도 자삼보에 그대로 하는 것이다. 거기로 한데 합쳐도 되고 이리로 한데 합쳐도 되고, 이리 가도 하나고 저리 가도 하나다. 그렇게 해서 공부를 하게 되면 그 하나마저도 내세울 게 없다는 걸 알게 되고 그것은 부처님의 뜻을 그대로, 우리가 세존의 자리에 같이할 수 있다는 그런 결론이다. 그것이 자유인이다. 무엇이 두려워?

이 세상을 가만히 보니까 똥통의 구더기도 나름대로 살더라고. 활보하고 살아. 그거는 똥이 없으면 안 되잖아? 우리는 똥이 있으면 구리지마는 구더기는 똥이 있어야 좋아해. 똥 무더기 하나 이렇게 길에 있어 봐. 보물 만났다고 얼마나 좋다고 할 거야. 그러나 사람은 더럽고 구리다고 싫다고 돌아가지. 이 세상 살림살이가 다 그러하니까. 차원대로 천차만별로 그렇게 돼 있어.

연쇄적으로 잡아먹고 잡아먹히고 그러니 경쟁의 시대라고 볼 수도 있어. 이 우주의 삼천대천세계도 경쟁이야. 불과 불이 한데 붙으면,

능력이 있으면 있는 대로 잡아먹게 되고 부숴 버리고, 크면 큰 대로 작으면 작은 대로 연쇄적으로 그렇게 나가고 있는 거야. 작아도 무게가, 중량이 많이 나간다면 허풍선이처럼 커도 그것은 지는 거라. 타 버리고 말아 버려. 이 모두가 이렇게 돼 있는데 이 한 가닥의 보이지도 않는 불씨 하나가 삼천대천세계를 전부 태워 버릴 수 있다 이 소리지. 그렇게 하려면 내 몸에도 이익이지만 모두 전체에 이익이라. 국가적으로나 세계적으로나 우주적으로나, 일체 유생, 무생적으로나 유주 무주로나 모두 하나도 빠짐없이 말이야.

여러분은 아니다 기다 하는 거를 몽땅 자기 주인공에 맡겨 놔야 된다 이거야. 거기서 참자기가 나오지 않고는 도대체 그 맛을 몰라. 만 가지 맛이 나는 거를 어떠한 맛이라고 내놓을 수 있을까? 그래서 처음에는 주인공이라고 이름해서, 그건 이름 그대로가 주인공이라. 거기다 놓게 돼서 이날까지 해 왔어도 한 사이도 없고 모두가 옮겨 갈 뿐이야. 죽는 것도 죽는 게 아니고 사는 것도 사는 게 아니고 생시도 아니고 꿈도 아니야. 옮겨 갈 뿐이야, 염주알 굴리면 옮겨 가듯이. 염주알 굴리면 옮겨 가듯이 한번 올리면 이 뒤는 벌써 없어. 앞으로 가지 않았기 때문에 없고 연방 이 발이 땅에 붙질 않아, 연방. 연방 붙질 않고 가는 거야. 만약에 붙었다면 여기에 고정되게 붙어 있기 때문에 이건 열려고 해도 열 수가 없어.

그전에 내가 체험한 얘기를 한번 할까요? 상원사 토굴에서 저 신림 저기까지, 그때에 어머니가 돌아가셨다는 통기를 십 년 만에, 누가 찾아 찾아서 거기까지 찾아와서 통기를 하는 거예요. 어머니를 무척 오래 전에 어려서 헤어져 가지고서 또 만나기는 했으나 그렇게 같이 있지를 않았죠. 그 후에 만나고도 10년이 지나간 거야. 그랬는데 돌아가셨다고 그러는 거라. 그때 뭐라고 말을 하느냐 하면 내가 그렇게 되고서, 또 우리 오빠가 있었습니다. 일본 제국 때 나가 가지고선 전사했거든요. 그러니까 이 입으로 피를 쏟으시면서 몸이 반신불수가 돼 가지고 삼 년이나 애를 쓰시다가 돌아가셨다는 얘깁니다. 그 순간 그냥 듣는 대로 아무 생각 없이 '가 보긴 해야지. 가도 안 가도 나에게는 상관이 없지만 남의 마음을 상하게 해 줄 수는 없잖아.' 그랬죠.

그래서 토굴 거기서부터 신림까지 뛰는데 얼음 빙판, 거기는 그 전에 길도 없어. 얼음 빙판이 사람이 얼마나 다녔는지 반들 반들 반들한 거라. 발이 붙어서 조금만 지체를 했다 하면 미끄러지는 거야. 천이백 고지거든. 그래서 그때 염주를 생각한 거야. 그때에 만약에 내가 발을 여기 붙였다 하면 착이 붙어서 찰나찰나 돌아갈 수가 없어. 그걸 생각한 거야. 그래서 막 발을 붙이고 거기 붙기도 전에 또 뛰는 거야. 그러니까 어떻게 됐느냐면 막 뛰어내려 가다가 나무 한 가지 붙들고서는 빙그르르 돌아선 또 내려가고 하니까 길도 쉽거니와, 그거 아무것도 아니지, 뭐. 그렇게 가는 거야 가는 거고, 내가 생각하기를 그렇게 했단 말입니다.

이 생각이 문제야. 생각을 평탄하고 둥글고 어질게, 겸손하게…. 항상 누구에게 겸손하게 하라는 것보다도 자기 스스로 마음이 겸손해야 돼. 항상 뾰죽하게 폭 뚫는 것보다도 스르르 돌려서 남 맘 상하지 않게 이렇게 할 수 있는 그 마음, 그 마음이 모두를 이익하게 할 수 있는 자비요, 지혜라. 남이 잘못한다고 해서 "너 왜 그렇게 잘못하니?" 하는 거하고 "얘, 이럭하면 이렇게 잘못되는구나." 하는 거하고는 달라. 그건 감정이 생기고 이건 감정이 안 생겨. "아휴, 그런가요? 그렇겠군요." 하고 외려 미안해해. 그럴 때 "미안할 거 없어. 사람이 살다 보면 말이야, 이거보다도 더 잘못하는 일도 있고, 이거보다도 사람이 죽어 나가는 수도 있고 그런데 아이그, 사람이 죽고 살고 이거 뭐, 다 떨쳐버린 거를 뭐 이거 가지고 그래?" 그러죠. 그러니 '내가 지금 죽는대도 눈 하나 깜짝 안 한다.' 하는 그러한 생각이 있어야 돼.

그래서 지금 내가 이 말을 한 뒤에 생각해 보라고. 우리가 지금 고정되게 말을 하는 게 있을까, 고정되게 듣는 게 있을까. 고정되게 보는 게 있을까, 고정되게 행하는 게 있을까. 만남이 고정된 게 있을까. 뭐가 남는 게 있을까. 고정된 게 하나도 없잖아? 찰나찰나 돌아가면서 옮겨 놓을 뿐이야. 말도 옮겨 놓을 뿐이고 행도 옮겨서 돌아갈 뿐이야.

천지 만물 동곳으로 꿰 메고
석장에 해와 달을 꿰어서 메고
한 발 들고
한 그릇의 물을 마시니
만 가지 맛이 나면서
그것은 대장부의 살림살이
아, 족하도다

하는 거나 다름 없는 거야.

이 세상에 내가 잘났다고 하려고 이 공부 하는 거 아니거든. 못났대도 좋고 잘났대도 좋고. 그 모든 게 나, 과거의 난데 그것이 다 내 모습이요, 나요, 내 마음이요, 내가 미생물에서부터 거쳐 온 걸 알았기 때문에 그것이 다 바로 나 아님이 없는 것이고, 내 형제 아님이 없는 거라. 저기 송장이 수북하게 쌓였다 하더라도 그것도 바로 내 친척 아님이 없고, 내 몸 아님이 없고, 그것도 내 송장 아님이 없는 거라. 나도 만약에 내 이 근본이 아니라 이 분별심만 딱 떨어진다면 이건 송장이야. 사람이 혼백이라고도 하고 죽었다고도 하고 그러지마는, 영이라고도 하고 뭐, 별소리 다 하지마는, 우리가 성품으로 인해서 만법을 응용하고 지금 살아나가는 게 그대로가 여여하다 이러지마는 그 성품이 어디로부터 나오는지 그것을 똑바로 우리는 실감해야 돼. 실감치 않고는 안 돼. 누구나가 다 그럭하고 살지 뭐, 안 그럭하고 사는 사람 있나?

그렇게 알고도 참, 달마 대사도 그렇게 면벽을 하고 육조 선사도 그렇게 십여 년이나 돌았고, 그런 것이 어디에 요점이 있을까 하고 그 후에 생각해 본 겁니다. 그 후에 생각해 본 게 아니라 그걸 내가 체험해 보니까 '아하! 이것이 2차 아닌 2차의 보림이구나. 내가 크기 위해서는 체험하면서 보림을 다시 하면서 아주 쟁이고 쟁이고 쟁여서 쪼끔도 움죽거리지 않게 만들려고 보림을 하는구나.' 하는 걸 느꼈거든요.

알고 본다면 지금 이 지구도 그렇거든. 자석 하나가 떨어져 나왔다면 그것이 몇 다리 거쳐서, 즉 말하자면 대천세계에서 이루어진 것도 지수화풍으로 이루어졌고 지수화풍이 한데 합쳐져서 성을 이루니 거기에서 이게 폭발이 된 것도 역시 자연의 이치고 그게 법도라. 법칙이라. 그 생명 없는 생명이 있기 때문이라. 정돈이 되고. 이게 우연이라고 할 수는 없거든. 모두가 우연이 하나도 없어! 그래서 돌아다니고 돌아다니고 아, 무중력 상태에서 그냥 뭐, 쉴 사이 없이 돌아가니까 이거는 전자라. 전자기나 똑같은 거라. 자석과 같은 거라. 무전통신도 거기 한데 겸해서 돌아가는 거라.

우리가 지금 살아나가는 데에 오신통이, 시쳇말로 항상 하죠? 컴퓨터, 탐지기, 무슨 녹음기 또 망원경, 책정기 또는 무전기 이런 것이 모두가 오신통에 관한 건이다 이거야. 역시 천안통이니 천이통이니 타심통이니 숙명통이니 신족통, 이 다섯 가지의 문제에 말리면 안 된다 이거야. 그것을 우리가 알았으면 그것도, 그렇게 알아도, 봐도, 들어도 그건 도가 아니다 이거야. 우리가 집 짓는다고 아무리 떠들고 다녀도 집을 지어 놓기 전에는 그거 아니다 이거야. 집을 지으려면 벌써 안에서부터 내가 생각해 가지고 겉으로 나와, 설계가. 설계가 나와 가지고 집을 짓기 시작해서 기초를 한단 말이야. 기초를 해 가지고 집이 올라가는 거라. 그런 거나 마찬가지로 본다고 해서, 천 리 안을 본다고, 아니 삼천 대계를 다 본다고 하더라도 도가 아니다 이거야.

그거 왜 그렇게 말씀을 하셨느냐. 가고 옴이 없이 천 리를 아니 닿는 데 없이 다닌다 하더라도 그건 도가 아니라고 나까지도 인정해요. 난 절실히 그걸 인정해요. 또는 이 세상천지 말을 다 듣는다 하더라도 도가 아니라고 난 생각해요. 지나온 역사를, 숙명통을, 또는 지나온 과거를, 여러분의 과거를 이 세상에 태어나기 이전부터 다 안다고 그래도 아니다 이거야. 남의 속을 빤히 들여다볼 수 있게 안다 하더라도 도라고 말할 수 없다 이거야. 왜?

그것은 이 내 본부의, 즉 말하자면 정부 아닌 정부가 정부라고 할 수 있나요? 한 나라면 대통령으로 인해서 국민이 있는 거라. 그와 같이 우리 이 내 마음 한 개의, 그 한 점의 마음이 전체를 돌리는데 그게 오관을 통해서 그렇게 안다고 그래서 그것이 도냐 이거야. 내가 수천 리 밖의 물건을 봤다 하더라도 도가 아니라는 점은 왜냐? 이거를 내가 이렇게 들어서 봤으면 들어서 줄 수 있고 먹을 수 있어야 되는 거야.

그래서 집을 지으려고 생각했으면 설계를 떠서 하는 게 문제지나 집 짓는단 말을 하는 게 이게 문제가 아니다 이거야. 집 짓는 게 문제지. 아무 소리 없이 집 짓는 게 문제야. 실행을 하는 게 문제지 말로 "나는 집을 몇 채를 지을 수도 있어. 이게 짓는 거야." 하고 설계를 가지고 아무리 다녀도 소용없어! 외려 아무 소리 없이 그냥 집 한 채 짓는 것보다 못해. 행 한 번 하는 거보다 못해. 그래서 오신통을 그렇게 유창하게 안다 하더라도 때로는 타신이 들려서 그러는 사람도 있고, 아, 보이니까 이거 장땡인 줄 알고 오신통에 말려서 이게 도라고 온통 그러는데, 천만에! 이것은 내가 부하로 쓰는 거야, 부하로. 내 본인의 부하야.

여러분이 눈 쓰고, 코 쓰고, 입 쓰고, 귀 쓰고 다 쓰더라도, 이 손도 이렇게 쓰건만도, 십대 제자라고 하죠. 그런데 나는 이렇게 생각해요. 제자가 따로 있나? 허허허…. 이것도 나요, 이것도 나요, 나 아님이 없기 때문에 나 세울 게 없다 이거야. 그래서 없어! 세울 게 없잖아. 소소영영한데 어떤 거를…. 손가락이 열 개라는 건 누구나가 다 알아. 어떤 손가락이 제일 중요한 손가락이라고 할까요? 이 열 손가락 중에. 어떤 손가락이 진짜 손가락이라고 할 수 있겠어요? 물론 쓰이는 데는 이것도 능력이 있고, 이 새끼손가락은 능력이 없겠죠, 좀. 그러나 우리가 대의적으로 볼 때 어떤 거를 손가락이라고 하느냐는 얘깁니다, 이름해서. 다 손가락이지.

나는 그전부터도 법당에 몰래 들어가서 밤을 새우고 새벽이면 몰래 나오고 그러기도 많이 했죠. 꼬박 그냥 앉아 있기도, 밤을 새워서 그냥…. 그것도 누가 앉으래서 앉으면 못 앉아 있어. 아, 다리가 굳어서 앉아 있을 수 있나, 밤새도록? 내가 앉고 싶으니까 앉게 되는 거야. 그러니까 앉고 싶으면 앉고 서고 싶으면 서고, 내 마음은 결제 해제도 없다 이거야. 그러나 모든 것을 전체 놓고 돌아간다면 그 결제 해제가 없으면서도 결제 해제가 있고, 있으면서도 없는 걸로 그냥 하는 거야. 너무도 아주 슬기롭게 넘어가거든, 모두가. 유(有)의 법 무(無)의 법을 무시하지 않고 항상 이렇게 평등하게 맞춰 가면서.

그래서 참선이라는 게, 지금 모두가 오히려 막아 놓고 있구나 하는 걸 생각을 해요. 야, 간화선이니 묵조선이니 하고 거론들을 하는 것도, 저렇게 시비들을 하니 언제 갈 길을 가노? 간화선이면 어떻고 묵조선이면 어떻고, 또. 허허, 이게 정법이면 어떻고 정법 아니면 어때? 어쩌라는 거야, 글쎄! 도대체! 이유가 그렇게 많아 가지고 언제 이유가 없는 데 맛을 내가 볼 수가 있어? 이유 없는 델 맛을 보려면 이유가 없어야 될 거 아냐!

예전에 그렇게 "눈 뜨고 푹 자야 죽느니라." 그러고 그전에 이런 얘기를 하셨거든요. "머리 깎아 주세요." 그러니까 "글쎄, 깎아야 할 텐데, 내 생전에는 이게 처음이자 마지막인지도 모른다." 그러시면서…. 항상 이렇게 점검을 했기 때문에요, 그 스님한테. 이렇게 점검을 하고 항상 다녔기 때문에 그렇게 뭐, 난 나대로 이렇게 다니면서 항상 누구 원망하지도 않고, 모든 게 내 탓이니까. 내가 이 세상에 난 탓이지 아, 누구 탓입니까, 응?

그래서 하룻밤 자고 가려고 이렇게 들어서면 발길로 찬단 말이야. 그러면 정강이가 그냥 뭐, 으스러지는 거 같죠. 그래도 빙그레 웃음이 나요. 왜? '내가 어디가 집이라고 이렇게 찾아다니누. 야, 너도 참 우습기도 하지. 참 저분 고맙기도 하지? 내 정강이는 깨졌지마는 내가 들어가서 일부러 자려고 그런 것도 아닌데, 내 어떻게 하나 보느라고 한 거니까 내 탓이지. 내 경험 하려고, 내 경험을 쌓기 위해서, 내 공부하기 위해서 그랬던 거지. 그 사람 비위를 거슬려 가지고 남이 발길로 차게 남 수고를 시켰던 거지.' 오히려 미안한 거라, 응? 왜? 나로 인해서 그 사람의 심기가 돋게 만들었어. 나로 인해서 수고를 하게 만들고. 내가 길에 엎드러지면 남을 수고를 시키고…. 난 남 수고시키는 것이 제일 싫거든, 아주. 같이 죽고 같이 살고 이러는 이치가 아닌 이상에는 그게 둘이면 안 돼. 둘로 생각하는 사람한테는 그렇게 죄 짓게끔 하기가 싫어. 그러니까 모두가 나인 거예요. 문제를 삼지 않는 세계를 맛을 보려면 문제를 삼지 마세요, 생활 속에서도.

모두가 에너지가 돌아가듯 내 한생각에 주인공의 그 에너지는, 그 불씨는 누구에게나 다 있기 때문에 한 가정이 화목해질 수도 있어요. 내 한 불씨를 거기에다가 그저, 저 사람을 위해서 하더라도 여기다 해야 돼. 내 전화기를 돌려야 그 전화기로 가. 만약에 그 전화기로 그냥 들어간다면 거기가 연락이 안 돼. 여기다가 해야 돼. 여기 스위치를 눌러야 그 스위치도 눌러져. 연락이 되는 거야. 이치가 안 그런감?

난 내가 실험 안 해 보고는 말할 수 없어. 그걸 숙달시키느라고, 나도 그걸 체험을 하고 다시 보림을 하고 이러느라고 근 몇 해 동안을 얼마나 이 산 저 산 돌아다녔는지 몰라. 문패도 없는데도, 주막도 없는데, 어디 갈 길을 내가 찾아가는 길도 아닌데, 헛턱대고 말이야. 그렇게 헛턱대고 가는 길에 그렇게 가다 보니까, 바로 길 없는 길이라는 걸 알게 됐고, 발 없는 발이라는 걸 알게 됐어. '아하! 이게 진짜 길이 아니로구나.' 이 모두가 한 발 떼 놓으면 없고, 한 발 떼지 않아 없고, 때로는 싱긋이 웃고 길을 갈 때 '아하! 세금도 내란 말 안 하고 얼마나 좋던가.' 오만 데 다 다녀도 땅세 내라는 사람도 없지, 또 저 콘크리트 바닥에 그냥 하루 종일 저거 하다 저녁에 드러누워도 뜨끈뜨끈하거든. 지금 사람이 이렇게 많지 그전엔 사람 그렇게 없었어. 저녁이면 조용하지, 뭐. 그냥 '아이고 참! 세상에 각장장판 오룡 기와집이 어떻게 이만하랴. 이거 세도 안 받잖나?' 그때 생각이지. 참 좋았어요. 흥겨워서 웃고, 혼자 즐겼단 말입니다.

사람사람이 누구나가 남의 탓, 남의 생각, 이게 잘된 건가 못된 건가 이거 보다 보면 절대로 공부…. 나 갈 길이 바빠. 그거 하다 보면 못 가요. 그 자리가 그 자리겠지마는 그 자리가 천리만리야. 그 자리에서 그 자리 가기가 천리만린데 어떻게 가느냐 이거야. 앉은 방석에서 그거 한번 요렇게 돌아앉는 그 자리가 그렇게 천리만리, 아니 수억만리라. 우리가 이렇게 공부하려면요, 그냥 그저 모든 걸 겸손하게…. 이런 게 있죠. 사랑도 그냥 가면적인 값싼 사랑이 있죠? 그게 아니에요. 즉 죽고 살고 하는 걸 동시에, 울고 웃는 것을 합친 자비, 겸손함 이거라야 탓이 없고 말이 없어요. 그럭함으로써 항상 더하지도 않고 덜하지도 않으면서 모두가 그것이 그냥 이 한 점의 마음 속에 다 들어 있는 거예요.

그러니까 그렇게 우리가 공부를 한다면 세세생생에 끄달리지 않을 것이고, 그리고 또 자녀들한테도 영양이 바로 비 내리듯 주어질 거예요. 이 물질로 영양을 섭취를 시키는 게 아니라 뿌리 없는 뿌리에 기둥 없는 기둥이 멈춰서, 멈춰서 꽂힌 게 아니라 쉴 사이 없이 돌아가는 그 뿌리 없는 뿌리에 영양을 담뿍 항상 줄 수 있는 그러한 이치가 있다면 스스로서 돌아가는 걸 스스로서 알게 되고 스스로서 그 사람은 어느 때 연이 닿으면 또 그 공부를 하게 되죠.

우리가 생활 속에서 머리 깎고 중이 된다는 것은, 이런 게 있죠. 호랑일 잡으려면 호랑이 굴에 들어가야 한다 하는 소리가 있습니다, 속담에. 이 단생에 우리가 이 순색을 입고서 있으면 모르는 중생들이 모두가 믿고 들어오니까 이것은 건질 수가 있지만, 머리를 안 깎고 그냥 평민으로서 이 공부를 했다면 똑같이 했다 하더라도 무주상 보시를 하고 무주상으로서 건질 수는 있을지언정 보이는 데서 이렇게 모두 찾아오지는 않는 거다. 그러니까 소소한 문제들은 빼놓고 대의적으로 건질 수는 있고 대의적으로 활보할 수 있는 것이다. 그러니까 공부하라. 머리 깎는 사람만 공부하는 게 아니다 이거야.

내 몸이 없어지면 부닥침이 없어서 그 무진 업도, 습이라고 하지. 그 인연의 습이, 인연줄이, 그 습이 끊어지질 않아. 끊으려고 한다면. 끊는 게 아니라 녹이는 거야. 그걸 망상을 끊어라, 끊어라 하는데 끊는다면 끊어지나? 꼬리가 꼬리를 물고 꼬리가 꼬리를 무는데. 그냥 생기는 대로 자연적으로 놓는 거야. 맡겨 놓는 거야. 거기서 나온 거니까 거기다 다시, 아주 상말로 그전에는 그렇게 말을 했지. "네 자리에서 나온 거 네 자리에다 쑤셔 넣어라." 이러지마는, '넣을 게 어딨고 그런가?' 하지만 우리가 이 습을 놓으려면, 그러지 않아도 습이 자꾸 생기는데 나오는 대로 습을 놓는 겁니다.

우리가 살아나가는 대로, 이게 모두 누가 하는 겁니까? 원동력의 이 주처에서 하는 것 아닙니까! 그럼 주처에서 나오는 것 주처에다 다시 맡겨 놓는 데에, 믿고 물러서지 않고 감사하고 그렇게 놓는 데에 거기에 의의가 있습니다. 어저껜가 누가 그러던데요. 일 년을 꼬박이 하니까 되더라고요. 여기 식대로만, 내가 꼭 그렇게만 인정을 하고 그렇게 들어가니까 처음에는 뭐가 뭔지, 길이 있는 건지 없는 건지 두루뭉수리 같다는 겁니다, 여기 오면. 딴 데는 길이 엄연히 있는데 여길 오면 길이 없다는 거라. 두루뭉수리 같거든.

그러나 예전에 석존이 계실 당시에도 그렇게 가르치셨지. 묵조선이다 간화선이다 화두다 계법이다, 이런 것 없었잖아. 그런 게 없었으면서도 얼마나 철통같이 계율을 지켰느냐 말이야. 지키지 않으면서 지킨 거야, 그게. 그래서 이러한 참선을 진짜 하는 사람들은 오히려 계율을 지키는 사람 이상 가게 아주 철두철명한 거야, 오히려. 지킨다는 사람은 외려 못 지켜! 자기가 죽지 않는데 어떻게 지켜?

오늘은 이걸로써 끝을 마칩시다.

본래 사랑하고 있으니 착을 두지 말라

1986년 3월 14일

중요한 고비를 넘기기 위해서는 항상 뒤따르는 문제들이 생활 속에 붙어 돌아갑니다. 더군다나 이 절 저 절 다니는 그 자체가, 예를 들어서 내 마음이 이리로 가고 저리로 가고 하기 때문에 이리로 저리로 이렇게 방황하게 되거든요. 그렇기 때문에 딴 데 절의 스님네들이 생각한다면 왜 이 절에서 딴 절로 가지 말라고 하나 하겠지만, 잠시는 가지 말라고 한 이 뜻을 알게 될 겁니다. 스님네들이 들을 때는 '아, 부처는 한 부천데 자기 절에만 끌어들이려고 그러지 않나.' 이렇게도 생각할지 모르죠. 그러나 이런 게 있습니다.

사람이라는 것이 모두 내 주장자가 완벽하게 서고 보림이 완벽하게 되고 내가 홀연히 내 한 소식을 깨쳤을 때는 그 보림이 완전히 돼서 흔들릴 리도 없고, 주춧돌이 완전하면 집이 흔들릴 리도 없듯이, 무너질 일도 없듯이, 그렇게 돼야만이 어디 딴 데를, 사방을 다닌다 할지라도 자기의 주춧돌은 완벽한 겁니다. 그렇기 때문에 '이리저리 가도 뭐, 내 부처 내가 있다는데….' 하고 '부처는 한 부처라는데….' 하고선 이

절 저 절 다니면 산란해지고 내 주장자가 완벽하게 서지지 않는 반면에…. 우리 한번 생각해 보십시다.

우리가 병원에 가면 죽어 가는 사람한테 피를 넣어 주게끔 돼 있습니다. 그런데 A라는 피는 똑같은 A라야만이 거기다 넣어 줄 수 있지 그렇지 않으면 부작용이 일어나고, 아니, 넣어 주지도 않습니다. B형이라도 넣어 주지 않고 O형이라도 넣어 주지 않습니다. 그래서 첫째, A라는 그 피가 같아야 된다는 얘깁니다. 우리 공부하는 일도 역시 둘로 본다면 절대로 그것이 같이 들어갈 수가 없는 거죠. 내 피를 이쪽에다 이어 줄 수도 없고, 이 피를 나한테다 넣어 줄 수도 없는 겁니다. 이 뜻을 잘 생각해 보셔야 합니다.

그래서 자식을 낳았다 하더라도 그 자식에 착을 두지 마라. 또는 형제에 착을 두지 마라. 부부에 착을 두지 마라. 그 착을 떼라, 떼라 하는 원인은, 착을 두지 않는 것은 이미 본래 사랑하고 있기 때문이다. 본래 사랑하고 있기 때문에 그 착을 떼 주기 위해서도 그렇고 뿌리를 싱싱하게 해 주기 위해서도 그렇고, 깨침을 깨치게 해 줄 수도 있는 그러한 문제는 어떠한 것이냐.

아까 얘기했듯이 물질을 보고 착을 둔다면 절대로 그것은 같이 들어갈 수가 없습니다. 둘이 되기 때문에. 정말이지 부처님 법이란 죽는 것보다도 더 진하게 사랑하고 있는 겁니다. 왜 집착을 두지 말라고 하는 줄 아십니까? 너무 사랑하기에 진짜 사랑을 알라고 하는 겁니다. 자기는 가면적으로가 아니라 진짜로 사랑한다는데, 물질을 보고 사랑을 하게끔 돼 있습니다. 그렇기 때문에 그런 사랑은 때에 따라서 벌이를 못해 온다거나 또 가정에서 부인이 아파서 드러누웠다거나 어떠한 문제가 일어나서 아주 발에 턱턱 채일 정도가 된다면 그것은 점차적으로, 불쌍하고 참 안됐다는 생각은 그지없지만 나중에 가서 결국은 '그저 고생하지 말고 어서 죽었으면….' 이 생각이 드는 겁니다.

또 한 가지는, 벌이를 못하고 내내 몇 년간 놀아 보십시오. '저거는 아이고, 그냥….' 이렇게 점차적으로 애정이라든가 이런 건 다 떨어지게 돼 있습니다. 이 문제들이 진짜 사랑을 할 줄 모르기 때문입니다. 진짜 사랑이라는 것은 눈물이 아니라 피가 흐르는 겁니다. 진짜 사랑이 뭔 줄 아십니까? 그래서 자비라고 했습니다. 그렇듯이 진짜 사랑을 알려면 내가 같이 들어갈 수 있어야 된다는 얘깁니다. 그래서 한 번 죽기 어려워라 했더니 두 번 죽기 어렵다 하는 것이 같이 들기 어렵다는 얘깁니다. 상대를 두고 나를 두고, 항상 이렇게 되니까.

물론 물질로서 상대는 상대대로 있지요. 하지만 그 상대와 더불어 일부러 둘이 아니라고 생각 낼 필요는 없어요. 그러나 어떠한 문제가 생겼을 때 나하고 인연이 돼서 아는 사람이나 친척 간이나 자식지간이나 부모 자식, 이게 너무나도 사랑하기 때문에 그 착을 떼라는 겁니다. 사랑하기 때문에 같이 돌아가는 거죠. 같이 돌아가고 있는데도 불구하고 같이 돌아가는 거는 생각지도 못하고 물질을 가지고서 거기에 연연하고서 사랑한다느니 또는 거기에 연연하고서 내가 잊지 못하고 '너는 이렇게 이렇게 돼야 할 텐데….' 아니, 그쪽 사람은 생각도 하지 않고 나는 나대로 생각하고 그쪽은 그쪽대로 생각하고 가는 겁니다. 그러니 쌍방이 다 다른 길로 가는 거죠. 문제가 얼마나 큰지 모릅니다.

그렇기 때문에 여러분이 이 공부를 한다 하면 마음이 정돈돼야 하고 마음이 정돈되게 되면 육신도 정돈되게 됩니다, 스스로. 그렇게 해서 나중에 다 알았을 때에 결과적으로 아무 델 다녀도 흔들리지 않고 우뚝우뚝 선다는 얘깁니다. 그런데 우리가 비교해 보자면 애들을 낳아 가지고서 성장할 때까지, 만약에 부모가 이 부모로 바뀌게 되고 저 부모를 섬기게 되고, 이리로 가고 저리로 가고 그런다면 그 어린애가 어떻게 되겠습니까? 다 길러질 때까지는 자기 어머니가 길러야 되지 않겠습니까? 그와 마찬가집니다. 그러니 우리가 지금 그것을 어떻게 꼬집어서 얘기할 수가 없어서 이렇게 비교를 해서 얘기합니다마는 정말 진정한 사랑이라면 이런 게 있습니다.

자식이 자기가 자활할 때까지 아주 부모를 그리고 생각하는 점이 있습니다. 그거는 잊지 못하는 일이죠. 그러다가 어느 때 홀연히 자기가 자활하고 가족이 생기고 이렇게 된다면 은연중에, 예전처럼 그렇지 않고 떨어집니다. 그 착이 떨어지면서 다시 늙으면서 또다시 그립습니다. 자기가 부모니까 그리운 겁니다. 부모가 되고 늙어 가면서 자기 부모를 다시 한번 어린애가 된 듯이 생각해 보는 거죠. 그때에 가서 또 그립습니다. 어렸을 때 자라면서 당해 보지 않은 사람은 모를 겁니다. 자식이 어머니를 생각하고 부모를 그리는 마음, 그건 이루 말할 수 없는 겁니다. 또 부모가 자식을 생각할 때도 그건 쭉 계속해서였습니다. 부모가 자식을 생각하는 건 계속해서 여념이 없는 겁니다. 진짜 내가 죽으면 죽었지 저 자식을 죽여서는 안 된다는 그런 마음을 가지고 부모는 항상 계시거든요. 그렇듯이 그러한 마음이라야 되는 겁니다.

그런데 그 마음이 이 육신을 붙들어서는 되지 않는다는 얘깁니다. 마음을 같이하면서 활력성을 넣어 줘야 몸과 마음이 자활을 할 수 있는 어떠한 길을 자기가 스스로서 마련하고 간단 말입니다. 그 몸을 붙들면 어떻게 되면 잘못 돌아갈 수가 있죠. 그건 진짜 사랑이 아닙니다. 몸은 놔두고 마음도 아예 항상 펼쳐 놓는 겁니다. 펼쳐 놓되 항상 같이 있으니까 내가 가는 데에 그 자식이 가고, 그 자식이 가는 데에 내가 가는데 뭣 때문에 그것을 붙잡고 애탄지탄합니까?

어떤 사람은 이런 사람도 있죠. "야! 형제가 단 둘인데 어떻게 그렇게 할 수 있느냐?" 이러는 사람도 있습니다. 너무 사랑하는 까닭에 그 물질의 착을 뛰어넘게 하기 위해서 냉정하게, 어떤 부처님은 그렇게 얘길 했답니다. "언제 형제가 있었던가. 너의 형제는 벌써 이미 죽었고 너의 형제는 없느니라." 하고요. 그런데 그걸 한번 뒤집어 생각하면 그건 너무 사랑하기 때문입니다. 형제뿐만은 아닙니다. 여러분과 똑같이 요만큼도 차이가 나지 않고 여러분과 똑같이…. 왜 그렇게 되느냐?

내가 억겁 소릴 잘하지마는 그 모습을 바꿔서 바꿔서 이날까지 점차 바꿔 나왔습니다. 바꿔 나오는 동안에…, 난 이걸 생각했습니다. 이 집에서 저 집으로 모습을 바꿔서 갖다 놓으면 그 집 식군 줄 알고, 이 집에서 저 집으로 가면 저 집 식군 줄 안다 이겁니다. 전자에 살던 인연은 아예 까맣게 없는 겁니다. 그런데 내가 생각하고 내가 아는 바로 봐서는 그렇게 뒤섞이다 보니까 내 형제가 아닌 것이 없고 내 부모가 아닌 것이 없고 내 자식이 아닌 것이 없고, 전체 이것은 내 남편 내 부인 아닌 것이 없어요. 이렇게 사랑이 깊고 깊은 줄은 정말 미처 몰랐다는 생각이 예전에 덜컥 들었습니다. 그래서 막 울었습니다.

그래서 말을 하기 싫어도 하기 싫다는 말 없이, 하기 싫다는 생각도 없이 이렇게 항상 앉아 있는 겁니다. 여러분은 이것이 쉬운 일 같지만 여러분에게 돈을 수만 냥 갖다 주고 나처럼 이렇게 하라면 어려울 겁니다. 항상 차를 타고 가나 오나, 걸어가나 자나 항상, 베개의 골이 편안하게 놓여 있지 않으면서도, 내 몸은 편안하게 놓여 있다고 보지마는 마음이 항상 이렇게 같이하고 있기 때문에 편안하지 않다고 봐도 아니 되지만 편안하다고 봐도 아니 됩니다.

그래서 때로는 여러분도 살아나가려면 돌아서서 자식들 모르게 눈물을 흘릴 수도 있고, 또 자식이 부모 모르게 눈물을 흘릴 수도 있는 겁니다. 너무 잘 알죠. 나도 지금까지도 어떤 때는 돌아서서 눈물을 흘릴 때가 있고, 어떤 땐 말하기도 싫을 때가 있죠. 어떤 분들을 만났을 때에 너무, 그걸 말로 형용을 할 수 없을 때 '에이, 말로만 하면 뭘 하나.' 이런 생각도 어떤 땐 들 때가 있습니다. 그렇지만 '그런 거 하기 싫다.' 이런 거보다도 대의적으로 우리가 생각할 때 '그게 아닌데…. 하나도 남이 아닌데….' 하는 겁니다. 그래서 이렇게 나 발견하려고 공부하는 거는 좀 더 쉽다고 봅니다. 그런데 그걸 발견을 해 가지고 보림하기도 참 어렵고, 그것을 보림해 가지고도 또 이 세상에 다시 나오기도 상당히 어렵습니다.

그러니 우리가 처음에 A형의 피가 둘이 아니어서 같이 들어가서 한 우주를 돌고 다시 한 바퀴 돌아서 아, 이게 한 피로서 적응이 돼 가지고 그 몸체를 다 돌고 난 뒤에 다시 O형이 될 줄도 알고, B형이 될 수도 있다는 얘깁니다. 한 번만 그렇게 돌아 나올 수 있다면 그것은 또 O형도 될 수 있고 B형도 될 수 있단 얘깁니다. 그렇기 때문에 모든 점에 있어서 내가 첫 번에 벌써 마음이 내 주인공에다 모든 것을 놔 가면서, 맡겨 가면서, 물러서지 않고 믿으면서, 감사하면서…. 안 되는 것도 그것이 안 되는 게 아니고 되는 것도 바로 그대로 자기 주인공이 있기에 그것을 활용을 하고 사는 겁니다. 그래서 활용이라는 건 지혜라고 봅니다. 우리가 지혜라고 본다면 벌써 사고력이 충만하고 감각력이 충만하고 지각력이 충만합니다. 그래서 무전통신기로서 벌써 왔다 갔다 하죠. 그리고 참, 전자 자동기도, 이런 이름으로 표현합니다마는 이게 전자 자동기라고 볼 수도 있는 겁니다. 우리 인간이 자연적으로 이렇게 움죽거리게 되고 돌아가는 이 마음 자체가 얼마나 기묘합니까? 그럼으로써 육신도 움죽거리게 되고, 이것이 참…. 그러면 예전의 얘길 좀 할까요.

예전에는 기차를 타도요, 좌석도 변변치 않고 추울 때는 얼마나 추웠는지 모릅니다. 그러면 거기에 수만 명이 타려고 애를 쓰다가 그냥 꽉 들어차죠. 전차에도 꽉 들어차서 이걸 이렇게 할 수도 없었던 땝니다. 그런 때 기차를 타고 멀리 가다가 보면 아, 오줌이 마려워서 죽겠거든요. 그때 생각한 점입니다. 오줌이 마려워서 죽겠는데 말입니다, '야, 지금 여기서 오줌이 나오면 안 되잖아.' 하는 생각이 순간 들게 되면 벌써 이 두뇌로 통기가 가죠. 그럼 이게 벌써 무선통신깁니다. 나는 생각으로 그랬는데 거기에 가면 벌써 '넌 그러면 이 문을 열면 안 된다.' 하는 게 아래로 즉각적으로 내려가죠. 즉각적으로 내려가서 그 오줌통을 딱 줄이고 있는 겁니다. 줄이고 있으면 점점 오줌이 괘서 이게 불어납니다. 불어나도 문을 열지 말라는 신호가 그쪽으로 갑니다. 그럼으로써 그것을 참으면 참는 대로 그것이, 즉 말하자면 오줌 들어가는 걸 중단을 시키면서 거기를 열지 못하게끔 하고 이렇게 늘어난 채로 그냥 참습니다. 참았다가 어느 때에 딱 누면 그 오줌통만 늘어났을 뿐이지 그것은 상관이 없는데, 보통 사람들로서는 몸에 해롭다고 그럽니다. 몸에 해로운 것이, 팽창되고 보면 바로 두뇌로 자꾸 올라오고 자꾸 급하다고 신호가 올라오니까 혈관에 부작용이 일어나죠. 그리고 콩팥에 벌써 부작용이 일어나죠?

그러니까 사람 사는 데에 그것뿐만 아니라 모든 게, 우리가 마음 쓰고 살아나가는 데 일일이 걸리면서 이렇게 사람이 부자연하게 살면 항상 몸뚱이까지, 신호가 발끝까지 갑니다. 이걸 모르고 그냥 사시지마는 모두 마음먹는 대로 그렇게 돌아가거든요. 그래서 마음에 그 본부가 있다면 바로 신호를 하고 근본적으로 오관을 통해서, 즉 말하자면 본부의 지령에 의해서, 여기 하달자가 있죠. 그래서 지각이며 감각이며 바로 통신기며 자동기며 이런 게 여기에 다 있거든. 보고 듣고 하는 것도 여기에 다 있거든요. 듣는다 본다, 지각이다 감각이다 이게 기계화되듯 했거든요. 모든 것이, 이 전체가 다 기계화같이 됐단 말이에요.

사람으로서는 도대체, 육안으로 이렇게 지켜보는데 연구 안 하고는 도대체 어느 줄이 어느 줄인지 갈피를 못 잡게 서리고 있는 겁니다. 그거는 어떻게 말하면 지금 지구나 이 전체 우주 안에 들어 있는 그 생명체들이 다 이렇게 움죽거리는 것이 세포에 모두 줄이 있듯이, 그것을 가지고 인간의 법계가 있는가 하면 우주의 법계가 있고, 혹성의 법계가 있고 태양의 법계가 있고, 다 법계가 나름대로 작으면 작은 대로 있고 크면 큰 대로 있다 이겁니다. 그러니 우리가 한번 마음을 먹는다면 여기 근본, 즉 본국이 전체 대천세계와 이 중천세계와 소천세계에 들어 있는 어떠한 물질이라면 거기 법계가 다 종합해 있고 오관이 종합해 있기 때문에 역력하게 이게 돌아가거든요, 전체가. 내 몸의 연체가 돌아가듯.

그래서 한생각을 하면 내가 생각하는 대로 여기서 다 신호가 가고 돌아가듯이, 이 지구에도 그렇고 저 지구 바깥에, 우주에도 그렇고 다 그렇게 같이 돌아가기 때문에 삼천대천세계의 법계에 내 한생각이 전체 모르는 데가 없다 이런 뜻입니다. 그래서 본인이 아는 것을 우주간 법계에서 안다 이겁니다. 그러면 우주간 법계에서 아는 것을 본인이 알아야 할 텐데 본인은 모른다 이겁니다. 본인이 모르고선 있으니까 항상 종 생활만 하는 겁니다. 자발적으로 그것을, 즉 말하자면 우주간 법계에서 알고 있으니까 내가 여기서 알고, 여기서 아니까 거기서 알고 있겠고, 이렇게 통신이 된다면 내가 그것을 끌어 내려서 이용도 하고 거기도 모든 것을 다 봐서 자동적으로 움죽거리는 것도 좀 더 이렇게도 움죽거려 보고 이렇게도 움죽거려 보고, 그 돌아가는 대로 돌아가긴 돌아가되 사용을 이렇게도 하고…. 물론 법계의 근본적인 법은 있되 이것이 물건이라 하면 물건을 갖다가, 내가 이렇게 놓기도 하고 이렇게 놓기도 한다 이거야. 그런데 이걸 못하는 거야, 모르니까. 모르니까 거기 지배를 받게 돼 있거든, 모르니까. 지금 내 몸, 나 이 한 사람, 각자 한 사람 안에도 벌써 자기의 근본, 그 본체의 지배를 받고 산단 말입니다. 내가 자기 본(本), 즉 말하자면 본국을 모르니까 항상 오관으로만 통해서 이렇고 저렇고 이렇고 저렇고 하고 사는 겁니다. 그러니까 항상 여기의 지배를 받게 되죠. 여기의 지배를 안 받게 되면 딴 데서의 지배도 안 받습니다. 자유스럽습니다.

때로는 이런 이치도 있죠. 어느 사람이 공동묘지에 가서 참 오랜 세월을 겪었답니다. 때에 따라서는 밤중에 잠을 자다 보면 다리 절름발이도 나오고 어린애도 나오고 어른도 나오고 젊은 사람도 나오고…. 내가 만약에 모른다고 한다면 거기 앉을 리도 없겠지만, 어떤 사람이 말입니다, 거기 앉아서 나오면 나오는 대로 그것을 받아들였단 말입니다. 이것을 거부하면 이것은 일이 생기죠. 어린애고 어른이고 다 받아들이니까, 이건 받아 넣으면 두드러지지도 않는단 말입니다. 모든 걸 주인공에다 받아 넣으니까, 이걸 하나로 보지 둘로 안 보니까, 오면 오는 대로 받아서 체인지 시켜 버리니까 그냥 없어지죠? 없어지는 게 아니라 모습만 없어졌다 뿐이지 넣어도 넣어도 그것은 바다와 같다는 얘깁니다.

내 본부가 따로 없기 때문에 그 본부도 따로 없단 말입니다. 모습도 따로 없다 이겁니다. 수만 개를 넣다 보니까 '아, 이런 거지.' 또 거기서 그 사람이 배운 게 뭐가 있느냐 하면 그때에 그 걱정을 했답니다. '야, 저 사람들을 다 각자로 보지 않고 다 다루려면 그럼 군인들은 어떻게 다루나?' 이런 거를 걱정을 했답니다. 왜? 자기 모습은 초라하니까 어떻게 저 사람들을 다 다루나 하는 생각을 했답니다. 그러는데 자기가 거기에서 무뜩 아, 체가 없고 또 체가 없는 반면에 거기선 지혜가 잇따르니까 결국은 나도 모습을 바꾸면 될 거 아니냐는 얘깁니다. 거기가 소령이라면 난 대령으로 하면 되지 않느냐. 만약에 군인이라면, 일등병이라면 소장으로 하면 되고 그렇게 바꾸면 그쪽에서는 모르니까. 그 차원에서는 절대로 바꿀 수가 없거든.

우리가 공부를 못하고 죽거나 이래도 바꿀 수가 없는 겁니다. 아주 틀 안에 딱 박힌 거지. 자기 차원에 의해서 살다 보니까 지게 지는 것만 알았거든요. 공업 계통만 알았거든요. 공업으로 발전을 한 사람은 거기에서 이탈 못합니다. 생전 그걸로써 종사를 하게 되죠. 그와 마찬가지로 그 차원에서는 벗어날 수가 없습니다. 그래서 그 마음이 살던 습에 의해서, 자기가 어떠한 직에 의해서 나는 어느 사단에 있었다, 어느 사단에 누구 앞에 있었다 이런다면 누구 앞에 있었다는 걸 바로 그 상대방이 알고 있지 않습니까? 그러면 벌써 그 상대방이 알고 있는 걸 내가 알게 되는 겁니다. 그렇기 때문에 자기가 모셨던 상관으로서 내가 위임을 한단 말입니다. 그래 가지고서 그걸 다루는 거죠. 다루면 어떻게 다루느냐? 무슨 큰일 났을 때나 이 전체 우주…, 만약에 그런 수만 명을 내 한 속에다 넣었다가 이다음에 쓸 때 그 수만 명을 다 풀어 놔도 되는 겁니다. 두드러지지도 않고 또한 줄지도 않습니다.

이렇게 묘한 대 법력을 여러분이 다 가지고 있으면서도 그걸 사용치 못한다는 건 말도 안 되죠. 그래서 보현보살이니 문수보살이니 이렇게 화신으로, 보신으로 나툰다. '보신' 하면 보현을 말하고 '화신' 하면, 즉 말하자면 우리가 항상 나투어서 옮겨 가면서, 모습을 바꿔 가면서 옮겨 간다는 얘깁니다. 우리가 죽어서도 그대로 그 모양대로 나오지는 않습니다. 또 딴 모형을 가지고 딴 모습을 가지고 나오는 겁니다. 딴 모습을 가지고 나오기 때문에 또 딴 사람이 모르는 거죠. 연방 연방 모르고 돌아가는 겁니다. 그러니 얼마나 속고 돌아갑니까? 그리고 그렇게 모습을 바꿔 가면서 헤아릴 수 없는 나날을 이렇게 걸어왔는데 자기가 걸어온 그 길도 모른대서야 어떡합니까?

그리고 제일 사랑하는 거는 내가 그 모습을 바꿔 가면서 이렇게 여직껏 나를 끌고 온 나의, 바로 내 부모라고 해도 과언이 아닐 겁니다, 비유한다면. 그러면 내가 내 부모를 생각하는, 그 자식이 고아로서 찾는 그 마음, 또 부모가 자식을 잃고 찾는 그 마음이 동시에 같이하는 겁니다. 그래서 우리 단생의 부모라기보다도 내가 수없이 모습을 바꿔 가면서 나오게 된 그 동기를 볼 때 근본처인 부모, 그리고 그 근본처 부모는 멀리 있나 하고 찾았더니 항상, 그 모습을 수없이 거듭거듭 이렇게 바꿔 왔는데도 따라서 같이했단 말입니다. 그러니 세상에는 육의 부모나 지금 형제들이나 모든 겁을 거쳐 오면서 우리가 그 모습…. (녹음 안됨)

그러니 가짜 사랑만 알고 진짜 사랑을 몰라서 되겠습니까? 그 사랑이라는 것은 눈물이 아니라 피가 한 방울 흐르게 되면 강을 메우고 덮어도 남음이 있는 겁니다, 진짜 사랑의 눈물이란. 그래서 여러분한테 항상 얘기하는 것은 진짜 사랑하기 때문에, 진짜 여기에 그대로 있기 때문에, 같이 한 줄에 꿰여 있기 때문에 냉랭한 거 같지만, 그 냉랭한 모습을 내가 어루만지고 자꾸 이러다가는…. 그거는 모습 가지고, 물건 가지고 얘기가 아니란 말이야. 그건 물건이야, 어디까지나. 모습, 물건. 그러나 그 물건 아닌 진짜는 바로 여기 한 줄에 꿰여 있는데 왜 착을 바깥으로 두느냐 이거야. 그 모습 따라 두느냐 이거야. 진짜는 여기 있는데.

그거를 알면 바깥으로 그 모습을 찾아서 사랑하느니 뭘 하느니, 그거 안됐느니 됐느니 하고 방황하고 다니지 않을 거다 이거야. 여기에 있기 때문에. 그리고 믿음직하고 아주 태연하고. 태연한 거는, 왜? 참 떳떳하니까 그럽니다, 틀림없이. 그렇게 된다면 주위의 모든 환경이 떳떳하게 돌아가니까요. 그러니 받아들이는 사람이 그렇게 받아들이질 않을 때, 그것은 자기가 같이 꿰여서 있건만 자꾸 마음이 달아나 가니까 모습이 자꾸 방황하게 되고 같이 혼합이 되지 않는다는 얘깁니다. 그래서 모습도 같이 돌아가지만, 동체지마는 이 마음이 동심이기 때문에 그 동심의 근본처가 바로 여러분의 각자 그 부모, 진짜 수없이 거듭거듭 해 나온, 한시도 떨어지지 않은 그 부모인 것입니다. 그래 그 부모를 찾으려고 생각한다면, 그 부모는 자식을 찾으려고 애를 쓰는 겁니다. 그래서 부모와 자식이 둘이 아니라는 얘깁니다. 그래서 내 근본처의 참나하고 지금 현재의 나하고 둘이 아니어서 항상 바란스가 맞게 이렇게 돌아가는 겁니다.

오늘은 또 질문도 좀 해 보시고 그럭하세요.

질문자(남) 평소에 법을 찾고자 하는 그 마음이 간절한데, 현실도 꿈이고 꿈도 꿈이라고 말씀하셨지 않습니까? 그런데 현실에서 찾고자 하는 마음이 간절한데 꿈속에서는 왜 같이 이어지지 않습니까?

큰스님 이런 예가 있죠. '내가 항상 같이 있어야 된다' 그런 거는 신경쓰지 마세요. 꿈에 모습으로 같이 다닌다고 해서 같이 다니는 게 아니거든. 즉 자긴데, 뭘 또 모습을 같이 이어서 보려고 하느냐 이거야, 응? 자기가 지금 그대로 앉아 있는데. 거기에 자기가 둘이 아닌데. 이 모습은 집과 같은 거야. 한집에 들어 있으면서 왜 바깥에서 자꾸 그 모습이 오길 바라지? 그거부터 벌써 둘이라는 거 아냐? 왜 그런 데다 신경을 써? 본래 그냥 같이 있는데. 본래 같이 있으니까 그 모습이 안 나타나는 거지 아, 본래 같이 있지 않다면 그 모습이 나타나지 않겠어? 그러나 둘로 보는 사람은 일일이 모습이 각각 보여. 그러나 같이 있는 사람은 일일이 각각 보일 리가 없어. 그리고 또 그것도 그 살아나오는 습에 의해서, 인연에 따라서 인연줄이 항상 그 모습으로 보이거든. 아는 사람 모습으로 보이는 거야. 아까 얘기했잖아, 내가?

그럼 부모로 보인다고 해서 '에이구! 이게 조상들이 이렇게 되는구나. 조상들이 또 어떻게 됐나 보다.' 이렇게 걱정을 하거든. 그럭하지 말라 이거야, 이제는. 응? 조상이 보이면 그 뜻이 뭐냐? 그건 부처님도 될 수 있고, 내 부처가 말이야, 그 사람 모습으로 그렇게 화해서…. 그것이 왜 그러냐 하면 상대방끼리 항상 살던 그 습이 있기 때문에, 그걸 떼지 못하기 때문에 그 모습으로 나타나는 거야. 그러면 고조부가 계신데 고조부 얼굴을 봤어야지. 그래서 아버지 모습으로 또 보이는 거야. 고조부가 아버지의 모습으로 나타나고 또 어느 친구로 나타나고…. 그건 법에 의해서.

그래서 이게 세 층으로 나눌 수 있어. 모든 꼭대기에서 자기를 지배하기 위해서 이렇게 나타나는 것은 부모로 보이고, 부처님으로 보이고, 윗분으로 보인다 이거야. 그리고 동등하게 보이고 또 아래로 보이고. 이것이 자기 인연이야, 다. 모습이 나타난 걸로 이렇게 생각하고 저렇게 생각하지 말라 이거야. 모습 따라 끄달리지 말라 이거야. 모습을 따라 끄달리면 내가 할 일을 못해. 내 마음이 결정을 지어야 할 텐데, 벌써 결정을 짓는 것이 모습 따라 자꾸 끄달리기 때문에 여기 본부에서는 결정을 못 짓는 거야. 만약에 모습 따라서 그렇게 하질 않고 본부에 다, 모든 것을 여기에 다 '그 모습도 옛날의 내 모습이요, 그 속에서 나왔으니 바로 나인 것이다.' 늙은 나하고 젊은 나하고 생각해 볼 때 모습만 바꿨을 뿐이라는 것만 생각해요. 그러니 그 모습에 끄달리지 말라 이거야. 왜 모습에 끄달려?

만약에 여기 이렇게 앉아 있는 여러분하고 나하고 "뭐가 어떻고 뭐가 어떻고 이렇습니다. 좀 돌봐 주십시오. 이렇게 이렇게 이렇게 해 주십시오." 그러면 그건 내 마음이지, 그렇게 마음을 가져왔기 때문에, 그 사람 마음하고 내 마음하고 둘이 아니기 때문에 그건 내 마음이지 말 자꾸 하지 말라 이거야. 이럭하고 저럭하는 건 다 내 마음이니까. 그러니까 어떤 때는, 애들이 잘못 생각을 해 돌아갈 때 어른이 생각을 해서 그 아이의 마음을 잘 캐치해 가지고 어른이 해 주는 것처럼 같이 돌아가는 거예요. 그런데 이것이 항상 따로따로 이렇게 계산을 한다면 계산으로만 돌아가는 거라. 그러니 윤회는 면치 못하죠?

우리가 어디에 있든지 윤회라는 것은 끄달려서만 윤회가 아니라 어디고 안 닿는 데가 없기 때문에 윤회라는 것입니다. 참, 그게 듣기 좋은 얘긴데 상하가 있기 때문에 그렇습니다, 중이 있고. 끄달리는 것도 한계가 있는 거죠. 이런 사람은 이렇게 끄달리고 저런 사람은 저렇게 끄달리고 저런 사람은 저렇게 끄달리고 하기 때문에 이게 상·중·하가 있는 거죠, 끄달리는 것도. 그것도 역시 마음에 달려 있는 거죠. 그래서 우리가 상·중·하를 다 놓는 그것을 해야 우리는 자유권을 갖고 어디에도 그건 거론 안 될 수가 없는 거죠. 이 원리를 이렇게 아시면서도 모든 거를 자기 본부에, 주인공에 일임하고 맡겨 놓지 않는다면, 그리고 거기에 가깝게 있기 때문에 다 해결이 될 거건만도 그걸 의심을 하고 "아이고! 주인공에 아무리 맡겨도 안되고 맡겨지지도 않고, 이런 것이 이렇게 복잡하니 공부도 할 수 없습니다." 아이, 그 복잡한 게 바로 그건데 뭐 그렇게 그거 따로, 또 공부하는 거 따로 두고 생활 그거 어려운 걸 따로 두느냐 이겁니다.

그전에 그랬어요. 언젠가 하루는 한암 스님한테 가느라고 나섰다가 비가 부실부실 오는데 산소에서 한 사나흘, 공동묘지에서 샜거든요. 난 산소에 올라가면 꼭 그렇게 듬직하거든요. 그것도 역시 '사람으로 살던 그 사람네들이 그래도….' 이렇게 생각됐던 모양입니다. 그러니까 묘지가 아니라면 허전해. 무섭기 이전에 외려 든든하다는 얘깁니다. 모든 게 나하고 한마음 한뜻이고 나는 일으켜 세우는 게 없으니까 그리로 쑥 들어가거든, 아예 마음이. 어리나 점잖으나 전부 늙었으니까. 본래 어린애 어른이 어딨소? 여러분도 늙어서 애가 됐고 애가 됐으니까 늙어 가고 늙었으니까 또 애가 되고, 그렇게 나오는데 그 마당에 애 어른이 어딨겠소? 전부 늙었지. 아, 그 늙은이들끼리 서로 만나면 동시에 한마음이라. 그런데 뭘 그래요? 그런데 우리가 살던 습이 있으면, 어린애로도 나오고 어른도 나오고 그냥 여자도 나오고 남자도 나오고, 별게 다 나오거든요.

이러한 것을 가지고서 '야! 나는 이런 걸 봤고 이런 걸 봤고 이런 걸 봤고….' 이거는 아니 됩니다. 보이는 거 가지고도 말이 아닙니다. 그걸 똘똘 뭉쳐서, 즉 말하자면 한마음이 될 수 있어야 그 모습은 보이지 않으면서도 유능한 능력을 발휘할 수가 있는 겁니다. 때에 따라서는 칼을 들 수도 있고, 칼을 내릴 수도 있고, 칼을 휘두를 수도 있는 겁니다. 부처는 가만히 공에만 빠져서 있는 게 부처가 아니죠. 부처라는 게 어떤 게 부처입니까? 이 세상에 가만히 멈춰 있는 게 부처입니까? 부처가 멈춰 있기 때문에 부처는 활용을 하는 겁니다.

지금 지구 자체가 그 심봉이 있기 때문에 압력을 가해서 똘똘 뭉쳐 놓고서 거기에서 참 화력이 나오니까 그 압력에 의해서 우리가 이렇게 살고 있듯이, 공기를 먹고 살고 있듯이 또는 발전을 이루듯이 또 죽기도 하듯이, 타 죽기도 하고 부딪쳐 죽기도 하고 이러면서도 발전을 이루는 겁니다. 어떻게 보면 쓸쓸한 마음이 가을 솔바람이 부는 것 같아요. 인생이라는 것이 거듭거듭 거쳐서 한 발짝 한 발짝 옮겨 놓을 뿐인데, 이거를 가지고 뭘 그러나. 옛날에 수억겁을 거쳐서 나왔다는 거는 우리의 말이지 수억겁을 거쳤어도 거친 사이가 없고, 앞으로 수억겁을 간다 하더라도 갈 곳이 없다. 갈 것도 없고 올 것도 없고 지나온 것도 없는 것을…. 그러면서 그대로 시원한 바람에 젖어서 그냥 물 내려가듯이 그냥 이렇게 미끄러져 내려가는 거죠. 이러면서도 이것이 발전을 이루는 거죠, 발전을. 그냥 무중력 상태로서 돌아가면서도 이것은 발전을 이루는 거 아닙니까? 때에 따라서 물건이 닥치면 물건을 집어삼킬 수도 있고, 물건이 닥치면 집어 줄 수도 있고, 모든 우주 간에 평등하면서도 질서가 있고 법이 있고 법칙이 있습니다.

만약에 좌선을 하고 그냥 앉아 있는 시간, 그것만 한다면 공에 빠지기 십중팔구가 되죠. 아주 고요히 앉아 있는 습관은 잘 길러져서 뭐, 끄떡없이 몇 시간도 그냥 앉아 있을 수 있는데 그 편안한 것만 알고 편안한 데 빠지면 아예 공에 빠지기가 십중팔구, 그걸 공부 잘한다고 그러죠. 저분은 공부 잘하고 삼매에 들었다고 그러죠. 그러나 그것은 아닙니다. 사람이 뛰다가도, 즉 난리가 났으면 칼을 빼서 휘두르는 거고 또 가다가도 뭐, 덮으려면 덮고, 가다가도 서서 밟으려면 밟는 거지 아니, 그대로 앉아서…. 만약에 오는 거를 막지 못한다면 가는 것도 잡지 못해! 그런데 어떻게 중생이니 부처니, 건지느니 안 건지느니 이럽니까? 건지는 사이 없이 그렇게 건질 수 있는 것이 참…, 그것을 맛보지 못한 사람은 그 너무나 포근한 눈물겨운 자비를 모를 겁니다.

만약에 여기에서 그믐밤에 머릴 풀고 산발을 하고 나타난다면 여러분은 피해서 아마 기겁을 하고 놀라서 달아나갈 겁니다마는 나는 안 그렇습니다. 오히려 그 자기 모습, 그 모습이, 그 마음이 불쌍해서 나는 더군다나 더 함께 같이해 주는 그런 형이거든요. 그 눈물은, 어떠한 분이든지 다, 때에 따라서 환경에 따라서 주어진 그 아픔은 작고 클 뿐이지 똑같습니다. 그래서 무서워서 못 들어가는 사람은 그것은 함께하지 못하기 때문입니다. 무섭긴 뭐가 무섭습니까?

옛날에 이런 예가 있었죠. 내 주인이라고 표현하죠. 내 길잡이라고 할게요. 스스로서 내 마음이 길잡이라면, 스스로서 내가 따라가는 그 둘이 아닌 그게 있었습니다. 그런데 어느 때에 그믐밤이었습니다. 밤중인데 이렇게 골목이었습니다. 그때 처음 나갈 때 얘깁니다. 그런데 천야만야한 돌로다가 이렇게 지붕이 되고 아주 그냥 수풀 속이고 돌 틈이고, 그 아래로는 전부 공동묘지고 그러니까 무시무시하죠. 누구나가 그믐밤에 그렇게 혼자 있으라면 아마 어림도 없을 겁니다마는 그 안에 턱 들어가 앉으니까, 네가 정히 나를 알고 싶걸랑, 정히 날 보고 싶걸랑 이 지금 돌 지붕, 거기서 내가 나올 테니 그걸 지키고 있으라는 겁니다. 거기를 밤새도록 쳐다보고 있었어요. 그렇게 숙맥이라고, 허허허….

정말 너를 보고 싶다 이거야! 너를 이렇게 알기는 하나 네 그 모습을 보고 싶다고 그랬으니 얼마나 우습습니까? 그러니까 미련한 그걸 내 지금 얘기합니다. 그렇게 미련하게 굴었기 때문에 그 짙은 눈물이 나왔는지 모릅니다. 그래서 사실은 그 돌 틈에서도 나오더군요. 돌 틈에서 안개가 서려서 그 돌도 눈물을 떨어트리더군요. '이 불쌍한 것아!' 하고요. 허허허, 아침 새벽에 글쎄, 거기서 물방울이 뚝 떨어지는데 내 이마에 툭 떨어지거든요, 큰 방울이. 거기에서 고만 '아! 그렇구나. 네 모습을 네가 보라 하는 거로구나. 이 눈물 방울은 바로 네 눈물 방울이자 내 눈물 방울이야.' 거기에서 그만 너무…. 그러니까 그것은 맛본 사람이나 보지 못 볼 겁니다.

이렇게 큰 자비의 마음은 줄지도 않고 늘지도 않고 항상 그대로 있으면서, 우리가 지금 이렇게 있는 것도 어떻게 있는 줄 아십니까? 우리 있는 이 흙 밑에 물이 차 있기 때문입니다. 지금 물이 만약에 줄어든다면 지층이 주저앉습니다. 그러나 비가 와서 이렇게 흘러 내려가서 강을 이루는 거, 강을 이루어도 지층이 무너진다면 그 물은 바로 말라 버립니다, 딴 데로. 그리고 파동이 생깁니다. 파동이 생기면 그 물이 틈을 타서 새 가지고서는 뜨거움과 더불어 같이 일어나게끔 돼 있죠. 그러니 여러 가지로 생각할 때, 수많은 생명들이 잃어져 가면서도 그렇게 일어나지 않는다면 우리가 그 큰 뜻을 모르지 않습니까? 우리의 진짜 샘물이라는 것은 꽉 찬 그 속에서 바로 생수가 나오는 것입니다. 우리도 생수 뜨러 다니죠? 여기서 모여서 짠물이나 무슨 물이나 다 이렇게 건수가 들어가서 나오는 건 그건 생수가 아닙니다. 그 아주 밑바닥 속에서, 꽉 차 있는 데서 한 줄기 나오는 그것이 바로 생수죠.

어떤 때는 제가 그 속에서 그냥 한마음으로 돌아가면서, 눈시울이 뜨거울 때가 있어요. 그런데 그것은 너무, 이 말을 어떻게 해야 여러분한테 이해가 가고 그거를 도대체 어떻게 말을 해야만 될는지 어떤 땐 아주 캄캄하단 말입니다. 뭘로 표현을 해야 이것을 그렇게 알게끔 일러 드릴 수 있을까 하고 말입니다. 돈이고 먹는 거고 다, 입는 거고 다 귀찮아! 단지 어떻게 가르치나, 어떻게 알게 하나…. 이런 것밖에 없다는 것도 그것도 귀찮아. 단지 여러분이 스스로서 어떻게 그것을 맛을 보게 될 수가 있을까. 내가 어떻게 해 드릴 수 있을까가 아니라 어떡하면 저분들이 다 형제고 내 몸 아님이 없는 것을 알 수 있을까.

그런다면 우리 지구 안에서도 그러한 폭풍이라는 건 많이 줄어들죠. 우리 세포에 막이 있듯이 지구에도 막이 있거든요. 지난번에 얘기했듯, 접착제 풀 막이라고요. 난 이름을 몰라. 그러니까 생긴 대로 그렇게 얘기하는 거뿐이에요. 접착제, 그 흐르는 물에 의해서 우린 이렇게 돼 있다고요. 그것이 우리가 법칙에 의해서, 자기네들 마음 쓰는 데 의해서 그게 사이가, 틈이 나면 폭발이 되거든. 그러니 인연에 따라서 인연줄을 끊으려고 해서도 아니 되고, 모든 것을 용광로에 넣어라 하는 것도 일리가 있는 겁니다. 모든 것은 닿기만 하면 불에 타 버리니 이게 용광로가 아니고 뭡니까? 자석 모양으로 끌어들여선 그저 그냥 태워 버리는데 말입니다. 그렇게 타 버리지 않는다면 우리가 지금 보석이 어딨고 금이 어딨고 석탄이 어딨겠습니까?

이 세상만사를 말로 어떻게 다 헤아릴 수가 있겠습니까마는 여러분이 스스로서 생활 속에서 알아서, 스스로서 자기를 깨달아서 이 우주 만유가, 이 섭류가 이렇게 돌아간다는 걸 알게 될 때, 그저 얕은 데는 좀 괴고 높은 데는 좀 줄이고 이럭한다면 너무나 평등하게 잘 돌아갈 수가 있는 시대를 자기가 자발적으로 개선하고 개발시키는 거죠. 여러분이 지게꾼을 한다 할지라도, 노동을 한다 하더라도 그 마음의 도리, 법칙은, 그 도리를 쓰는 것은 지위가 얕다고 해서 못 쓰는 거 아닙니다. 정말 큰 뜻으로 한몫하는 거죠. 늙고 젊고가 어딨으며 애 어른이 어딨으며, 여자 남자가 어딨으며 또는 부자가 어딨고 가난이 어딨습니까, 그 일 하는 데. 마음 쓰는 데.

오늘은 이만 줄이겠습니다.

청수에 한자리를 해야 자유인

1986년 3월 15일

여러분이 수차적으로 이렇게 다니시면서 공부하려고 애를 쓰시는데 듣기만 하고 겉으로 사량적으로만 감응이 돼서 다녀서는 아니 됩니다. 여러분이 한번 깨쳐서 살아나가는 데에 여러분의 생활에만 이익이 되는 게 아니라 우리 국가적으로도 그렇고 세계적으로도 그렇고, 우주적으로도 서로 상응이 되고 서로 돌아가는 이치를 그대로 한순간에 뚫어야만이 우리 자체가 자발적으로 활용을 할 수 있는 그런 범위가 커지는 겁니다. 그래서 모든 내 몸과 내 가정과 내 국가, 내 사회, 내 세계, 내 우주를 그대로 이 한 몸으로 비유한다면 너무나 상세히 나오는 것입니다.

우리가 듣고만 다녀서 그것을 이루지 못한다면 여기 온 본의, 보람이 없어. 왔다 갔다 왔다 갔다만 하면 뭘 합니까? 여러분도 사회에서 살면서 일한답시고 왔다 갔다 왔다 갔다 하다가 차비만 버리고, 다 버리고선 돈도 벌지 못하고 그냥 허탕 친다면 이게 사는 겁니까? 이게 사람이 하는 일이냐고요? 그와 똑같은 일입니다. 그럼으로써 우리가 듣는 것도 새겨서 굴려 놓고, 감사하게 놓고, 물러서지 않는 믿음을 진실하게 가지고, 모든 하나하나 움죽거리는 것이 다 나와 더불어 상대와 나와 둘이 아니게 항상 주인공에서 모든 일체를 한다는 걸 아셔야 됩니다. 우리 우주 삼천대천세계를 내 몸뚱이 하나의 혹성으로 보고 방편으로 비유를 한번 해 볼까요?

우리가 우주를 몸체로 해서 우주 안에 다 들어 있죠? 몸체를 우주로 생각을 하고 혹성으로 생각을 한다면 이 몸에 닥치고 몸에서 일어나는 거, 모든 사는 거, 모든 것이 바로 청수로부터 드는 것입니다. 이 청수라는 것은 근본, 나의, 즉 말하자면 생명의 근원인 것입니다. 불성이라고도 하죠? 그럼 바로 여기 청수에 드는 것은, 모든 각지의, 전체의 법망이라고 그러죠? 즉 말하자면 통신이 되는 것입니다, 어떠한 일이 닥치면. 전신으로 통신이 되는 겁니다. 전신으로 통신이 돼서 그 통신이 어디로부터 드느냐 하면 청수로부터 든다 이겁니다. 이건 내가 이름 지은 거니까 그저 틀리더라도 그냥…. 이름은 틀려도 좋아. 난 이름을 모르거든. 내가 나오는 대로 그냥 이름은 짓는 거라.

그래서 여기서부터 어디로 하달이 되느냐 하면 대뇌로 하달이 되는 거야. 오관을 통하는 거야. 이것이 오관을 통한다 하는 것은 항상 얘기했듯이 우주적으로나 지금 우리 요런 지구로나 또는 큰 은하계로나 이것이 다 통달이 돼. 같이 돌아가. 똑같아, 구조가 조그맣든 크든. 조금 다르면 부유하게 사는 거, 또 조금 더 나라가 크면 어떤 사람이고 더 계발을 해서 더 유능한 사람도 더 많고 그렇듯이 그것만 다를 뿐이야. 그렇듯이 여기에서 대뇌로 연락이 되면 그 대뇌에서는 연락을 전체 받아 가지고 전체 연락을 여기다가 하면 전체 거기서 올라가는 거야. 그래서 거기에서는 뭐가 동원이 되느냐 하면, 즉 말하자면 탐지기라든가 컴퓨터라든가 또는 망원경이라든가 또 통신기라든가 이런 것이 전체 거기 종합돼. 즉 말하자면 지각, 감각, 촉각 이런 게 다 동원되듯이.

그래서 동원이 돼 가지고서 거기서는 뭘 하느냐 하면 자동력으로 인해서 전부 전체 하달을 해. 동원시키는 거야. 작동하는 거야. 예를 들어서 본래, 즉 말하자면 자동적으로 돌아가는 거는 돌아가는데 그 자동적인 것이 있다고 보는 것이 뭐냐 하면 청수란 말이야. 여기에 이 청수가 있기 때문에 부감이 받아들이고서 대뇌로 올리고 그러는 거야. 그럼 이거 부동한 자세야. 즉 말하자면 우리가 생명이 없으면 상대도 없고 나도 없고 느끼지도 못하고 움죽거리지도 못해. 그렇기 때문에 그 생명이라는 존재는 어디에 붙어 있는 것도 아냐. 우리가 죽고 사는 걸 생명이라고 그러는데 그거는 생명이 아냐, 진짜.

그러면 거기에서 하달을 할 때는 뭐를 하느냐 하면 그냥 공장장이 공장을 돌리듯이 일을 시킨단 말이야. 작동을 시켜. 그러니까 이렇게 작동을 시키면 벌써 거기에서 소뇌가 있고 간뇌가 있고 이렇게 또 중간뇌가 있고, 이렇게 해서 모두 한 팀, 두 팀, 세 팀, 네 팀, 다섯 팀이 한데 동원이 되는 거야. 동원이 돼서 이 전신을 다 누비는 거야, 어디가 어떻게 됐나 하고. 그럼 어디가 잘못됐다 하면 거기에 모두 울력으로써 작동을 하는 거야. 그렇게 하듯이 이 모든 섭류가 다 그렇단 말이야.

그렇다면 그 모든 전체의 기관에 뭐든지, 여기에 통신이 들어올 수 있는 그런 청수가 내가 돼야 되는 거 아니겠어? 그 한자릴 해야 되겠죠. 거기서 알면 바로 자기가 대뇌를 시켜서 다 하듯이. 그건 자유인이라. 그러면 내 몸체가 그렇게 구조가 돼 있고 내 구조가 그렇게 돼 있음으로써 세상도 그러하다 이거야. 이게 이 국내로 비유를 해도 되고 세계로 비유해도 되고 우리 지구, 우주로 비유를 해도 돼. 이렇게 세밀하게 돼 있어.

그런데 여러분이 이렇게 다니면서 얘기만 듣고 '아, 그러려니.' 하지만 내가 부딪쳐 보지 않고 내가 아파 보지 않아서 몰라. 그거 느끼지 못해. 남이 저렇게 아프다 하면 '아, 그거 그렇게 아프려니.' 이렇게 하지 자기가 경험해 보는 것만은 못해. 그러니까 자기가 경험을 하고 체험을 해야 되지 않겠느냐 이거야. 그렇다고 해서 아프라고 그러는 게 아냐. 실감을 해야지, 자기가. 사람이 살다 보면 아프기도 하고 가정에 혼란이 오기도 하고, 가난이 들기도 하고 우환이 들기도 하고, 병이 들기도 하고 파산이 될 수도 있고, 이건 일이 되는 노릇이 없이 안되기도 하고 여러 가지라. 가지각색으로 지금 사람이 고를 받고 있는 거야. 그렇다면 그런 데서 오는 모든 것을 내가 항상 거기다 맡겨 놔라. 맡겨 놓되 좋은 일이 있으면 감사하게 놓고, 내가 좋은 일을 했다 하더라도 감사하게 거기 놔라 이거야. 좋은 일을 한 거는 '하, 내가 좋은 일을 했지.' 그러는데 '내가' 가 어딨어? 모든 게 한몸 한뜻 한마음이라 이거야, 여기가. 그러니 각각 볼 수 없잖아? 이 몸뚱이가 지구 덩어리라고 해도 지구로서는 어떻게 각각 볼 수가 있나 이거야. 내 집안 전부 한 식군데.

그러니까 그렇게 해서 우리가 모든 것을 거기 감사하게 놓고 좋은 일을 했으면 '아, 감사합니다.' 하되 이렇게 좋은 일 한 것도 바로 자기가 했다고 생각을 하지 마라. 모든 것은 자기 청수에서 하는 것이지, 청수에서 대뇌를 거쳐 속달로 오관을 통해서 모든 거 하는 거지 나는 물건이야, 물건. 청수에서 이것을 쓰기 위해서 물건이 나온 거야. 이 물건은 부서지기도 하고 망가지기도 하고 그러지만, 내 청수라는 그 자체의 불성은 절대로 망가지지도 않고, 본래 죽지 않기 때문에 산다 죽는다는 언어가 붙질 않아. 그걸 불성이라고 그래. 자성이라고 그러고.

자성과 불성이 둘이던가? 아니거든. 그러면 예를 들어서 지금 나와 저 지구가 둘인가? 둘이 아니야. 지구 속에 더불어 같이 있어. 그렇기 때문에 이 집도 집이요, 지구도 집이라 이거야. 그렇다면 모든 걸 감사하게 놓고 믿어야 돼. 첫째, 믿고 두 번째, 믿었으면 거기다가 맡겨라. 맡겨 놔라. 좋은 일이 생기면 감사하게 놔라. 안된 일이 생기면 안되는 것도 거기서 하는 일이니까 거기에다가 맡겨 놔라. 그리고 믿었으면 물러서지 마라. 의정이 나면 의정이 나는 대로 거기다 놔라. 놓고 또 의정이 나면 또 놔라. 의정이 났을 때 또 딴 의정이 생기걸랑 먼저 쥐었던 거는 놔라. 모든 걸 놓고 돌아간다. 모든 걸 놓고 돌아갈 때, 보림이 돼서 완전히 내가 탄생이 됐을 때는, 그때는 놓고 또 쥐고 그런 게 없어. 체험만 하고 돌아가면서 또 보림을 하는 거야.

그러니 우리가 모든 것을 놓을 때는 나는 첨보해서 믿기 때문에 나라는 존재는 첨보해서 거기 벌써 죽은 거야. 그렇기 때문에 공부하는 것이 첫째 문제지, 듣고 이렇게 하는 것이 첫째 문제가 아니다 이거야. 들었으면 듣는 것도 한번 새겨서 생각하고 거기다 놓는 거야. 공부 한창 할 때는 여러분도 그것을 생각해 볼 점이 있을 거야. 의정이라는 건, 대의정이라는 건 스스로 의정이, 대의정이 날 때가 있어. 그건 스스로 자기가 말끔히, 티끌 하나 없이 다 거기다 놓고 돌아갈 때, 생활에서 자기 움죽거리는 거 그냥 그대로 다 맡겨 놓는다면, 선이고 악이고 다 놓는다면 거기서 대의정이 나. 그건 스스로 나오는 의정이야. 그럴 때 그 의정을 붙들고 '야, 도대체 이것은 뭔가? 참너가 도대체 뭔가? 참너가 있으니까 이 의정이 나오는 게 아닌가? 이게 뭔가?' 하고서 그때 관하는 거지, 남이 주는 거, 남이 얘기한 거 이런 거, 그거는 의정이 아냐. 그건 사량에, 망상에 지나지 않아. 그렇기 때문에 자기 속에서 스스로 의정이 난 거를 자기가 관하는 거야, 그게. 내가 생겼으니까 내 속에서 스스로 의정이 나는 거지 내가 생기지 않았는데 어떻게 스스로 의정이 나겠어? 나로부터 이 세상이 있는 거야.

그래서 그 방법이 다름으로써 더딜 수도 있고 방법이 빠름으로써 빨리 그것이 생산이 될 수가 있어. 그러니까 집을 지어도 그렇지마는, 어린애를 낳아도 빨리 생산이 되는 사람이 있고 늦게 생산이 되는 사람이 있듯이 사람마다 그 마음 씀씀이가 천차만별로, 전부 근기가 다르기 때문에 그것은 탓 안 하겠어. "빨리 해라" 한다고 해서 빨리 하고

"늦게 해라" 한다고 그래서 늦게 하는 게 아니거든. 근기에 따라서, 여러분에 따라서…. 어떤 사람은 날더러 선맥을 따라 잡을 게 있게끔 주시지 왜 그렇게 허탕하게 하시느냐고 그러는데, 이거 봐! 사람이 자기로부터, 이 세상에 자기가 났기 때문에 자기가 난 것부터 화두야, 그게. 그걸로 인해서 의정이 생기는 거고 그걸로 인해서 생활이 생기는 거고 만법이 생기는 거고 그런 건데, 어디에서 그 만법의 이치를 판단할 수 있는 그런 능력이 나올까?

그러니 모든 것이 나 아님이 없다는 그 원리를 아는가? 나 아님이 없다고 한 원리. 아는 사람이 있으면 좀 더 이 이치로만 토론을 해도 좋아요. 우리가 큰스님네들 법상 앞에서는 한 치도 어긋남이 없이 질문하고 대답하고 이래야만 되는 게 아니라, 우리가 애를 기르려면 별별 짓 다 하고 길러. 그와 똑같아. 내가 높은 게 없고 얕은 게 없어, 사랑하는 마음이란. 진짜 사랑을 한다면서 이런 거 저런 거 가리고 내가 높다고 해서 모두 법상에 올라앉아서 탕탕 튕기고 그런다면 어떻게 자녀들을 키우나! 내가 만약에 자녀들을 키우려면 자녀들 속에 내가 뛰어들어야만 자녀들을 키울 수가 있어. 모르면 모르는 대로 나도 그 모르는 속에 들어야 하고 말이야. 망하면 망한 대로 나도 망한 데로 들어서서 바로 이끌어 주고 하는 것이 부모 아닐까? 그렇다고 해서 내가 부모라는 건 아냐.

어저께도 얘기했듯이 "공동묘지에 가니까 전부 늙었더라." 이랬지? "애도 어른도 여자도 남자도 없이 전부 늙었더라. 늙은 데 가니까 나도 늙었더라. 그래서 나 너 할 거 없이 전부 한꺼번에 늙어 버렸으니 그 손은, 손 없는 손이 한 손밖엔 없더라. 그 손도 손이라고 이름 지어서 말할 수도 없더라." 이런 말을 어저께 했죠. 그랬듯이 지금 듣는 것만이 능사가 아니고 우리가 들었으면, 한번 새겨서 이 머리로 이해가 됐으면 딱 청수로 놔! 주인공에다 놔! 그것도 믿음직하게 믿으니까 놓는 거라야지 믿지도 않고 그냥 '에이, 될 대로 돼라.' 그러고 놓는 게 아냐. 믿음으로써 놓는 거야. 어떤 사람이든지 자기를 자기가 못 믿고 만날 남을 더 위대하게 보고 남의 물건을 더 좋게 보고 이런다면 부처님의 그 이름도 뛰어넘을 수 없어. 그걸 터득함으로써 부처님도 나한테 가깝게, 주인공 안에 나와 더불어 둘이 아닌데 어째서 그것을 거론하겠어. 높고 낮고 이런 걸 거론하겠느냐 이거야. 그러니까 이 오관을 통해서 내가 좋은 소릴 들었으면 좋은 소리 들은 그 장본인도, 이걸 듣고 느끼고 알았던 것도 내 여기에 바로 주인공이 있기 때문이 아닌가! '아! 이 주인공 감사해라.' 이러고 거기다 놓는 거야, 또.

여러분이 가만히 앉아서 아무 생각도 없이 있으면 공에 빠진 거나 마찬가지야. 아무 생각도 없이 그냥 듣고 갔다가 그냥 듣고 오고 이런다면 발전성이 없고 작동성이 없고, 즉 말하자면 그 발랄함이 없는 거라. 생동력이 없어. 사람이 살아가는 데에, 한 발 딛고 한 발 놓고 한 발 딛고 한 발 놓고, 도대체 과거의 업이라는 것이 붙을 자리가 없이 우리는 지금 이렇게 흐르고 흘러 돌고 있어. 그런데도 불구하고 우리가 '하, 그렇게 오늘은 얘기하더구먼.' 그러곤 그냥 듣고만 가 버린다면 겉에서 듣고 겉에서 그냥 흘려 버리곤 그만두는 거야. 주춧돌에다가 아주 깊이깊이 기초를 안 하고.

처음에 놓는 보림을 하면 차츰차츰 다 놔지고 다시 또 보림을 할 때는 체험하고 보림을 하는 거야. 이렇게 해서 모든 것을 다 둘이 아니게끔, 두 자리가 아니게끔, 두 말이 아니게끔, 두 생명이 아니게끔, 두 체가 아니게끔, 두 아픔이 아니게끔 이렇게, 슬프고 아주 기쁘고 이런 것이 둘이 아니게끔, 슬프고 또 기쁘고 이런 것이 한데 합친 한 방울의 물처럼, 한 방울의 피처럼 이렇게 만들어서…, 천차만별로 하고많은 게 이 물이라면, 그 피라면 바로 그것이 둘이 아닌 거라.

여러 마디 오래도록 해서 되는 게 아닙니다. 그 뜻을 받아서 공부하는 분들도 많고 또 그 뜻을 헤아려서 잘하시는 분들도 많아요. 그러니까 지금 하시는 분들은 그렇게 엽렵하고 똑똑하게 하시라 이겁니다.

그렇다고 해서 묵언을 해야 한다, 무슨 또 좌선을 해야 한다, 간화선을 해야 한다, 묵조선을 해야 한다, 방선을 해야 한다 이런 거, 그것은 이름이 어폐가 있어. 어드메에 고정되게 한 못을 박아 놓은 게 아냐. 뿌리 없는 기둥과 같아. 내가 이런 일을 이렇게 한다면 여기 박아지고 금세 찰나에 또 이리로 오고 이리로 오고 이렇게 옮겨서 가기 때문에 이것은 어느 곳에 붙어 있는 게 아니란 말이야. 그러니 그렇게 광대무변한 그 묘법이 바로 여러분 그 한마음에 들었다 이 소리죠. 그러니 우리가 이 공부를 열심히 하게 되면 자기 신체적으로도 좋지만 가정적으로도 또는 국가적으로도 아주 우리가 지금 이 시대에서 좋은 결산을 볼 거예요.

옛날에는 몸이 나서고 말을 하고 몸을 움죽거리고 무기를 들고 이렇게 해서 호국 불교를 했지만 지금은 그러한 오(五) 도력을 부리면서 앉아서 호국 불교를 하지 않으면 안 되는 세상이에요. 옛날에 칼, 창 이런 거 가지고 쓰던 시절이 변해서 총이나 대포나 이런 걸로 또 했어요. 그러나 그것도 이젠 소용없어요. 그러니 뭘로 쓰겠소? 지금은 뭘로 써야 되겠소? 여러분이 지금 현재에도 안방에 앉아서 세계를 보고 있는 판국에 말이야. 내 한생각이 수없는 내 몸이 되고 내 생각이 되고 내 마음이 되고 이래야만 이것이 호국 불교를 지탱해 나가고 선맥을 지탱해 나가고, 모든 것이 나 아님이 없이 다 생동력 있게 활동을 할 수 있어야만이 내가 이쪽에서 번쩍, 저쪽에 가서 번쩍 하지 않을까요? 동시에 같이 나갈 수도 있어. 동시에 들고 동시에 나고 이렇게, 만법을 응용하는 데는 손색이 없어.

그러니 될 수 있으면 여러분이 공부를 해서 앞으로 좀 더 우리가 발랄해진다면 얼마나 좋아지겠소? 그러니 괜히 차비만 들이고 왔다 갔다 왔다 갔다 하지 말라 이거야. 변소에 들어가도 그렇고, 화장실에 들어가도 자기가 화장실에 들어갔기 때문에 거기 부처가 있는 거라. 일체 부처가 거기 다 계셔. 자기가 들어갔기 때문이야. 법당에도 자기가 들어갔기 때문에 부처가 계신 거지, 자기가 없는데 무슨 부처가 있겠나!

우리가 절을 운영하면서 벌어먹고 살고, 먹는 데, 입는 데, 운영하는 데에 쓰이게 할 양으로 이 절을 운영해 나간다면 그거는 천만 번 부당한 짓들이야. 어디 가서 벌어먹지 못해서 중이 돼 가지고 부처님의 그 뜨거운 뜻을 저 시장바닥에 뭐 팔듯이 팔아서 먹고 살겠나! 그 성스러운 뜻을. 그러지 않아도 눈물이 날 지경인데, 응? 머리를 깎아서 신을 삼고, 아니 몸을 갈아서 가루가 된들 어찌 그 뜻을 다, 그 어마어마한 뜻을, 그 묘한 광대무변한 뜻을…. 아마 모르면 그냥 모르고 지나가겠지만 그 뜻을 알게 된다면 너무나 싱그럽고 광대무변하고 모두가 고마운 거라. 나로부터 모두가 고마워. 그래서 나로부터 모두가 고맙고 모두로부터 나로 고마운 거야. 내가 고마운 거야.

모두들 이런 얘기 잘들 하죠? 이 몸은 허망한 거니까 아픈 것도 법이요, 안 아픈 것도 법이고 또한 부처님께서도 아프셔서 모든 중생들한테 인간은 이렇게 허망한 거니까 이렇다 하고 보여 주셨다고 했어. 그랬는데 내가 생각할 땐 부처님 말씀도 딴 사람들이 그렇게 결집을 했다고 봐. 그런다면 우리가 사는 동안에 아프나 찌나 내가 생동력있게 살고 들이고 내고 한다면, 구태여 그렇게 아주 지지한 그런 병에 휘달리지는 않지 않겠느냐. 방편을 써도 고상하게 방편을 쓰고, 여러분과 같이 말이야. 물론 그래. 일부러 그렇게 해서도 아니 되고 그러니까 모든 사람들이…, 난 이렇게 말하고 싶구먼. 어긋났다 해도 좋고 어긋나지 않았다 해도 좋아. 단지 '그 공부를 하게 되면 내 몸을 내가 끌고 다닐 수도 있다.' 이런 생각이 나. 어떻게 됐든지 그 뜻을 알게 되면 알게 될 거야, 내 이 말을. 자기 몸을 자유스럽게 끌고 다닐 수가 있다. 그럼으로써 여러 사람들을 자유스럽게 끌고 갈 수가 있다는 얘기야.

그래서 누가, 어떠한 것이 침입해서 나를 아프게 할 수는 없어. 가담할 수도 없고, 질 수도 없어. 그러면 나만 그러냐? 여러분도 다 그래. 자기를 이름해서 주인공이라고 한다면, 그 주인공으로 인하여 내 몸이 옷을 벗는다면 그때는 그대로 가루가 된들 그걸 받지 않겠어? 그렇게 해서 받을지언정, 이것이 자연의 법칙이야. 그러나 타의에서 나를 쳐서 내 몸을 아프게 하고 타의에서 내 몸을 벗게 한다. 절대 못해! 모두가 사람들이 자유스러워야 돼. 벗을 때 가서는 엄연히 벗고!

사람이라는 게 이런 방편이 있어. 제자들이 너무 해이해지고 그럴 때도 어떠한 뜻을 보기 위해서, '내가 아프면 저 사람네들이 어떠한 생각을 하나.' 하고 그 생각을 지켜보면서 몸이 아프다고 기댈 때가 있거든. 그래서 생각이 잘못 돌아가면 다시금 또 그런 설법에 의해서 다시 고쳐 주고 이렇게 해서 끌고 가는 거라. 이런 방편을 하셨지.

(녹음 안됨) … 마음에 의해서 한 체인데 어찌 자기가 자기 죽일 수 있겠어? 인부들이 공장장을 죽일 수도 없거니와 아니, 회장을 죽이면 어떻게 해? 그러니까 회장이 따로 있는 게 아니라, 즉 자기라! 자기가 자기 죽이는 법은 없거든. 생각해 봐, 모두가! 자기가 자기 죽일 수 있나. 그러나 자기가 자기 죽일 수는 있어. 그건 무슨 소리냐? 죽이는 게 아니라 옷 벗는 거. 죽이는 게 아니라 옷 벗는 거야. 옷을 갈아입을 뿐이야. 그러면 죽어서나 옷을 갈아입는가 하면 부처님께서는 그게 아냐.

금방 삼천 년 전 오늘 이렇게 앉았다면, 내가 순간 만약에 부처님이라고 한다면, 여러분에게 어떠한 일이 있을 때, 급한 일이 있어서 전화가 왔다 해. 그런데 이것을 "급한데 어떻게 합니까?" 했을 때 내가 만약에 당신 속으로, 내가 직접 당신이 된다면 그건 금방 옷을 벗은 게 아닐까? 그런데 벗긴 벗었는데 벗은 사이도 없고 입은 사이도 없단 말이야. 이 묘한 법을 모두 알아야 돼. 그래야 호국 불교도 하잖아?

그러면 오늘은 이걸로써 마치죠.

지구의 은하계 운행에 대하여

1986년 3월 18일

큰스님 … 그 점은 우리가 만날 얘기해서 여러분이 다 아시리라고 믿습니다. 내가 왜 이런 얘기를 자꾸 하느냐 하면 여러분이 불교를 잘못 알기 때문에 기복으로 자꾸 나가고, 자기가 위대하다는 거, 광대무변하다는 거 그걸 모르고 자기 마음 가짐가짐을 항상 거기서 끄달리고 독 안에서 애를 쓰니까 이런 말도 하게 된 것입니다. 말을 안 하려도 안 할 수도 없고, 하려면 당최 어떻게 거론해야 할지 모르겠고…. 여러분이 생각해 보고 또 맛을 보고 나가 봤어야 내가 말하기도 시원할 텐데 말입니다.

그래도 요즘은 전자보다 조금 귀가 뜨이시고 눈이 뜨이시고 그런 분들이 수차적으로 나오시게 돼서 이런 말을 하게 됐습니다. 이런 말을 하게 된 이 자체도 오늘 너무 고맙게 생각을 하고요. 참 고맙습니다. 이런 말을 그래도 거론이라도 하게끔 돼서 말입니다. 전자에는 같이 몰랐기 때문에 여러분이 모르는 말을 아무리 해 봤자야 소용도 없고 그래서 거론을 하지 않았던 겁니다. 우리는 지금 한 배를 타고 이렇게 가는데 그냥 말로만이 아닙니다.

우리가 태양을 끼고 돈다고 하는데, 수성이나 금성이나 이 지구나 이것이 돌고 있는 그 자체가, 바로 태양이 일 초에 은하계를 끼고 도는 것입니다. 은하계 한 바퀴 도는 게 일 초라면 수성은 하루라고 봅니다. 또 금성은 이틀이라고 보고 이 지구는 사흘이라고 봅니다. 그렇다면 왜 이것이 그냥 이렇게 반듯하게 돼 있는 것이 아닌가 하면 태양은 은하계를 끼고 돌아야 하기 때문에 이게 이렇게 돼 있죠. 그래야 태양은 또 은하계를 끼고 돌아갑니다. 그런데 이 은하계를 끼고 돌아가는 것도 이렇게 돌아가기 때문에, 우리 지구가 연방 이 지금 태양이 돌아가는 대로 돌아가면서 은하계가 돌아가는 대로 또 태양은 돌아가는 겁니다. 꽁지가 꽁지를 물고 꽁지가 꽁지를 물고 말입니다.

그렇기 때문에 이거를 비교를 해 보죠. 해와 달이 어떻게 해서 그믐이 있고 보름이 있고, 또는 밤이 있고 낮이 있는지. 우리가 그것을 비교할 때 이 태양이 은하계를 끼고 도는데 아래로 이렇게 돌아가기 때문에 그것이 돌아가다 위로 갈 때, 즉 말하자면 우리가 지금 배를 타고 여기까지 와도 그게 어딘지 모르는 겁니다. 그 장식이 그대로 돼 있기 때문에 어디까지 갔는지 모릅니다, 이 지구 자체가. 딴 데로 만날 돌고 있는데도 제자리에 한번 오려면 그렇게 많은 시간이 걸립니다. 만약에 일 초가 사흘이라면 얼마나 멉니까? 그렇건만 어디에 가서 있는지 모른다 이겁니다. 그럼 왜 북극성은 항상 그 자리에 있느냐는 얘깁니다. 왜 달도 그 자리에 있고. 항상 같이 돌기 때문입니다.

그러니 우리가 상식적으로가 아니라 이것은 근본적으로 내 마음을 깨닫지 않으면 이 도리를 몰라. 그래서 이 지구 바깥으로 벗어나기 이전에 나한테서 벗어나야 지구 바깥으로도 벗어날 수 있지 않겠습니까? 지구 바깥으로 벗어나야 태양 바깥으로 벗어날 수 있고, 태양 바깥으로 벗어날 수 있다면 은하계 바깥으로 벗어날 수 있어. 그래서 우주 바깥으로 벗어나야 상세계를 알고, 중천세계를 알고, 소천세계를 알

아. 거기서도 벗어나야, 세계에서 벗어나야 대천세계를 알아. 대천세계에서 벗어나야 그것은 자유인이라.

이렇게 무궁무진한 이 법을 소홀히 생각하고, 밥이나 놓고 떡이나 놓고 비는 것이 종교라고 하면서 의논들 하고 숭상하고 이론으로 그치려고 하고, 또는 목탁이나 쳐서 그냥 이끌어 주려고 하는 그런 모습, 또 경만 읽는다고 해서 그것이 다 됐다고, 마쳤다고 생각들 하고, 부적이나 갖다 놓고 내 고귀한 생명을 거기다 의지하고, 남한테 물어보고 삶을 거기다가 맡기고 그렇게 사는 인생을 어떻게 대인이라고 보며 사람이라고 볼 수 있겠습니까?

줄창 말하지만 우리가 억겁을 통해서 진화돼서 이렇게 창조가 돼서 여기까지 이렇게 발전해 온 것도 얼마만큼 아프고 쓰리고…. 여러분도 다 보시죠. 세상을 다 파악해 보세요. 도끼로 때려서 죽이는 것도 있고, 태워서 죽이는 것도 있고, 또는 실험대에 올려놓고 죽이는 것도 있고 별의별 죽음이 여간 많지 않습니다. 얼어 죽고 빠져 죽고, 타 죽고 밟혀 죽고 그저 이렇게 해 가면서 여기까지 올라온 겁니다. 여러분, 깊이깊이 생각하셔야 됩니다. 우리가 지금 현실에서 요거 아픈 것을 가지고 아프다, 찌다 이런 말 할 겨를이 없습니다.

이렇게 해 오면서 사후 또는 업보, 이런 문제들도 여러분이 해 놓고 여러분이 받는 것입니다. 누가 긁어 주고 또는 피를 나게 했고, 누가 그랬습니까? 모두 자기 자체가 한 겁니다. 우리가 그 차원을 넘지 못해서, 내가 있던 그 항아리를 굴릴 줄 몰라서 내가 나를 이끌어 가지고 다닐 줄 모르는 그런 사람들이 어떻게 남을 굴려서 이끌어 갈 수 있겠습니까? 마음을 조절하고 마음이 같이 상응해야 그 몸도 같이 갈 수 있는 겁니다. 근데 마음이 부동하고 마음이 도대체 따르지 않게끔 돼 있는 거는 지금 현실의 상황입니다.

그러니 해와 달이 그렇게 엇갈려서 돌아가는 이치를 우리가 겨울, 여름 이 양면으로 두고 볼 때 가을이 오려면 점차적으로 겨울이 오는 겁니다. 요 교차롭니다. 봄이 오려면 여름을 상징하는 또 이 교차로가 있습니다. 그래서 이것이 한 번 돌아가는 데에 하나는 오고 하나는 가니까 여지없거든, 이것이. 그러니까 이것은 반쪽은 가리게 되고, 반쪽은 항상…. 그러게 저런 달 같은 데서는 보름, 보름이거든. 보름, 보름이야. 여기는 하루에 밤이 있고 낮이 있고 이렇게 24시간 돼 있지만, 보름만큼씩 하루야, 그게. 보름이 하루라고, 이게. 그렇다면 우리 이 보름이, 즉 말하자면 하루로 비유한다면 여기의 보름이 말입니다, 이 참 심각한 문제가, 돌아가는 이 자체가 반반 가려져서 그렇게 되는 것은 되는 거나, 그거 한 번 가려져서 돌아가는 데에, 사람들이 그 교차로에서 얼마나 해를 입는지 모릅니다.

그 교차로에서는 인간에게 주어지는 것이, 힘이 100% 오다가 반밖에 오지 않습니다. 힘이 그만큼, 즉 말하자면 태양열이라고 할까? 태양열이라고 하는 건 너무 값싼 말이 돼서, 에너지라고 합시다. 그 에너지가 반밖에 안 와. 그런 상대방에서 오는 것 때문에, 우리는 항시 이 도리를 모르기 때문에 지장을 받아. 몸에도 지장을 받고, 살아나가는 데도 지장을 받고, 모든 게. 이 배, 바로 이 무람선 자체가 전체 그 영향을 받는다 이거야. 이 영향을 받는 것을 어떻게 조절을 할 수 있을까?

그래서 반쪽인 것도 아니고 한 쪽인 것도 아니다 하는 도리를 알면 이것은 영향을 안 받습니다. 왜? 태양의 그 광대무변하고 그렇게 교차로가 돼서 돌아가는 그 근본의 뜻이 양면의 뜻을 한꺼번에 쥐어서 내 한 불씨에 모두 자활이 된다면 그것은 항상…. 거긴 근접을 못하게 되고 또 지장이 올 수도 없고 여기에서 지장을 줄 수도 없는 것이 바로 우리의 선행이라고 봅니다. 항상 그것을 같이 갖다가 같이 몰아서 때에 따라선 이 전 세계에 같이 쓸 수도 있는 겁니다. 그렇게 위력이 있습니다. 그런가 하면 모두 삼 단계로 나누어진 은하계의 문제도 태양이 끼고 도는 그걸 전체, 아니 중세계의 전체를 가지고, 우주 전체를 가지고 능력을 발휘한대도 될 수 있으나 그 능력이라는 건 너무 어마어마해서 요만큼 떼어다가 여기 전 세계에 우리가 에너지 양식으로 쓴대도 무방합니다. 그런데도 불구하고 우리 한 몸을 끌고 다니지 못해서 애를 쓴다면 이건 너무 부당한 일입니다.

불교라는 게 무엇이 불교인지 여러분은 상상을 못하고 있어요. 불교가 무엇입니까? 여러분의 마음의 촛불이, 우주를 덮고도 남음이 있는 그 촛불이 태양을 태우고도 남음이 있고 같이할 수도 있는데, 어찌 그것에 그렇게 소홀합니까? 그래서 종잇장에다 그거 하나 쓴 것에다가 그 고귀한 생명의, 그 광대무변한 그것을 갖다 거기에다가 비유하고 거기에다 의지를 한다니, 거기에다 맡긴다니, 남의 점쟁이의 말을 듣고선 거기에다가 내 생명과 내 가정을 다 맡긴다니 말이나 될 법한 일입니까? 도대체 부처님이 가르쳐 주신 그 뜻을 어떻게 생각하고 그렇게 한만히, 소홀하게, 가르치는 사람도 그렇고 배우는 사람도 그렇고, 그렇게 해야 되겠습니까?

지금 시대가 이렇게 발전이 돼서 옷깃을 단단히 여며 보고 한번 생각해 볼 수 있는 그런 엽렵한 인간이 돼야만이 우리가 지금 무람선을 타고서 어디까지 갔는지 그것까지도 생생히, 소소영영하게 알 수 있다고 했습니다. 그랬는데 우리는 지금 내가 어디로 가는지, 어디서 오는지, 나 자체가 버스를 타고도 말입니다, 그 안에 장치해 놓고 그 안에서 지금 돌아가는 줄도, 차가 가는 줄도 모르고 살고 있는 거나 마찬가집니다. 버스는 지금 막 달리는데 우리는 지금 그냥 그 자리에 있는 겁니다. 있는 줄 안다 이겁니다.

그러니 어떤 땐 가소로울 때가 많아요. 야, 이 배 밑창 요 손바닥 같은 데 모두 옹기종기해 가지고선 아이고, 네가 잘났느니 내가 잘났느니, 이게 정도니 이게 사도니, 또는 이것을 이렇게 해야 하느니 저렇게 해야 하느니, 이걸 뺏고 싸우고 총질을 하고 죽이고 살리고 야, 참 대단하구나, 모두! 이거 뭐, 어떻게 보면 그냥 오몰조몰 오몰조몰, 우리가 저 시골 뚱뚯간에 가 보면 그냥 오물오물하고 야단들 하는 그런 거나 뭐 다를 게 있나. 도대체 무엇을 지고 가야 하고, 무엇을 많이 먹고 가야 하고, 무엇을 잘 해 입고, 무엇을 잘 쌓아 놓고 그렇게 살아야만 하는가! 이 유람선을, 아니 무람선을 타고 말입니다. 그래서 그 무람선에서 벗어나려면 나의 이 육신 가운데서 나도 벗어나야 돼.

그래서 여러분한테 과한 소리를 가끔 합니다. "언제 적의 자식이고, 언제 적의 부모야?" 하고. 허허허. 그것은 물론 사랑하지 말라는 건 아닙니다. 진짜 사랑하면서도 착을 두지 말라는 겁니다. 물건을 많이 쌓아 놓고도 그건 관리인이라고 생각하십시오. 벌기보다도 관리를 잘하는 것이 더 어렵습니다. 어디다 씀씀이 쓰는 것도 쓸 줄 아는 사람이 쓰는 것이지, 쓸 줄 모르는 사람은 쓸 줄도 모르죠. 양 무제는 쓸 줄을 몰라서 공덕이 하나도 되지 않았답니다. 그렇게 많이 쓰고도.

그랬는데 우리가 알지 못하게 갖다 준다고 해서 그게 무주상 보시가 아니에요. "이거 쓰십시오." 하고 갖다 준다 하더라도 그게 무주상 보시가 되게끔, 돼 있게끔 스스로서 알아야 된단 말입니다. 갖다 줘도 갖다 주는 사이가 없고 받아도 받은 사이가 없어. 그게 무주상 보시라. 저 사람이 말을 했는데 내가 말을 받았다 해서, 즉 말하자면 그것이 둘이 되면 그게 무주상이 아닌데, 그건 공덕이 하나도 없는 거지, 둘이라면. 근데 서로 만나서 전달하고 이렇게 줬어도 둘이 아니거든. 내가 내게 줬고 내 돈 내가 받았고, 서로가 둘이 아니거든. 그럴 때에 무주상이 되는 거고 그럴 때에 공덕이 되는 겁니다.

여러분이 가게 가서 물건을 살 때에 내가 그 돈의 대가를 가져오려고 가지 그냥 가져가는 게 아닌데 어떻게 둘이 됩니까? 예? 나는 반드시 그 대가를 가져오려고 갔는데 누구 준 사이 있습니까, 없습니까? 여러분이 갖다 주고 여러분이 가져왔으면 쓱싹 둘이 다 아니고 없죠, 뭐. 순간 갖다 주고 받고 그런 것뿐이지, 그 사람하고 나하고 가져오고 자시고도 뭐, 어떠한 뭐가 없어. 아예 무가 돼 버렸어. 그 도리를 알라 이거야. 이 세상 도리가 바로 부처님 도리요, 우리 진리요, 우리의 법이니까요. 하나도, 즉 말하자면 싸라기 반 토막 하나 에누리가 없는 것이 세상의 진리예요. 그렇게 소소영영하고요. 좀 더 사람이 너그럽게 쓴다면 전부 나 아님이 없는데 이 사람이 여기 거를 갖다 써도 그것은 내가 쓴 거고, 그 사람이 내게 갖다 줘서 내가 쓴 것도 내가 쓴 거라. 그거 참 이상스러운 말을 한다고 그러시겠지만 난 그게 아니에요.

누구나가 삶을 살면서 재미있게 사는 사람이 있고, 재미없게 사는 사람이 있습니다. 난 재미있게 살아요. 왜? 모두가 나니까 어떤 때는 내 주머니에 돈이 없으면, 내가 쓸 게 없으면 없는 대로 또 못 쓰고 그럴 뿐이거든. 저 사람이 없어서 그걸 줬다고 해서 내가 저 사람에게 줬다 이런 게 없거든. 그, 나니까. 순간 만날 때 나야. 쓸 때도 나니까. 그렇게 생각한다면 주고 자시고 한 게 뭐 있습니까? 생각만 그렇게 하라는 게 아니에요. 그러해요, 진리가. 없는 말을 하는 게 아니에요.

그러니 해와 달이 그렇게 하면서 우리는 저 편을 밝혀 주고 이 편을 밝혀 주고…. 우리 이 중세계는 일을 하지 않고는 먹고살 수가 없는 세계라. 그런 참 묘한 이치가 있죠. 여러분이 그것을 한번 생각해 보시면, 아까도 얘기했듯이 지구와 혹성들이 태양을 끼고 돈다 그러면 태양은 돌지 않는 걸로 생각을 할지도 모르죠. 그러나 과학적으로 돈다고 합니다. 그거는 이 혹성들을 끼고 도는 게 아니라, 지남철에 뭐 달리듯이 줄이 없는 줄이 있어 가지고서 거기에 따라서 우리는…. 예를 들어서 그전에도 얘기했죠. 자석으로 우리가 차를 외국에서 만든다. 그러면 약 반, 즉 말하자면 1m면 1m의 반, 반이 공간이 떨어져서 그냥 차가 공중으로 난다. 그건 왜 하나도 외착 없이 그렇게 날고 있는가? 자석의 기운 때문입니다. 여기도 자석이 붙었고 저기도 자석이 붙었는데 조절을 잘해 놔서 언제나 그 조시대로 난다.

그러니 이러한 상황 속에서처럼 역시 이 모든 것이 자석에 의해서 통신이라든가, 자동 발전기라든가 자석의 그 금속이 모두가 한데 합해져서 세 번 네 번씩, 세 개씩 이렇게, 사람이라면 세 사람이 조절을 하게 돼 있다 이겁니다. 그래서 이것이 하나도 외착 없이 돌다가 잘못…, 이 지구라는 거는, 다른 혹성은 안 그런데 똑 두 개만 그렇거든. 가다가 보면 꼭 어디까지 가느냐 하면 태양에 가까이, 이 태양이 은하계를 끼고 돌 때에 거기에서 나가면서 무리가 있어, 지구에는. 항상 그게 무리가 따르게 마련이야. 거기에서 꼭 그 발판이 서서 아슬아슬하게 넘어갈 때가 있어. 그럴 때 지장이 조금 있는 겁니다. 그렇다면 그때에 우리는 조금 약간의 비틀비틀하는 그런 문제들도 있겠죠.

그런가 하면 우리 지금 태양계가 은하계를 끼고 돈다 하면 이 은하계는 이 우주를 지금 끼고 도는 거죠, 전체. 우주를 끼고 도는 데는 질서 정연하게, 이 지금 은하계가 작은 은하계들은 수없이 많지만 대범하게 큰 은하계는, 지금 은하계가 있는 뒤로도 있고 아래로도 있다 이거야. 옆으로도 있고 뒤로도 있으니 이것이 질서 정연하게 우주를 도는 반면에 우린 덩달아 따라서 그냥 꼬리가 꼬릴 물고 꼬리가 꼬릴 물고, 하나도 그냥 있는 게 없이…. 우리 지금 여기 몇 동에, 2동에, 3동에 이렇게 있으면요, 그 동대로, 즉 말하자면 우리 반, 통 이러면 통에 따라서, 우리 반에 따라서 이렇게 돌아가듯이 이렇게 돌아가고 있다 이거야. 그러니 요만큼 하나, 꼬리가 꼬릴 물지 않은 게 없어. 저렇게 많은 것들이. 그럼 우리 지금 이 지구 안에 이렇게 많은 사람들이 제 집 찾아 들어가는 거 보면 참 용하죠. 제 동 찾아가고 제 동네 찾아가고. 호적이 다 있고 이렇듯이, 우린 물질적으로 돼 있지만 그건 물질적이 아닌데 그렇게 질서 정연하다 이겁니다.

그래서 이것은 중천세계만 그렇지만 또 상천세계는 상천세계대로 그렇다 이거야. 그러면 대천세계에서는 이 중천세계, 상천세계, 소천세계를 또 나란히 그렇게 끌고, 그 대천세계를 끼고 도니 어떡합니까? 야, 어마어마하죠? 그래서 그 대천세계를 좇아서 이 중천, 소천, 상천이 끼고 돌고 같이 따라다니면서…. 내가 옛날 얘기 지난번에 했듯이 쥐란 놈이 강을 건너가는데, 고조할아버지가 풍덩 빠지니까 꼬리에 꼬릴 물고 또 고조할머니가 풍덩 빠지고 아, 그 밑으로 줄줄줄줄 따라서 그냥 꼬리에 꼬릴 물고, 꼬리에 꼬릴 물고 강을 건너가는데 아, 평생을 두고 해도 다 못하거든요, 그거는. 꼬리에 꼬릴 물고 풍덩 풍덩, 나중엔 "풍덩 풍덩 풍덩" 이렇게 해 가지고 그 정승의 딸을 얻더라는 셈으로 말입니다.

그렇듯이 이렇게 광대무변한 이 뜻을, 어떻게 해서 우리가 물리가 터지고 지혜가 넓어지고, 이 대천세계와 전체를 이 한 팔로다가 껴안을 수 있을까 이겁니다. 그럼 팔이 길어야 되지 않겠습니까? 그런데 여러분은 내 팔 짧은 줄은 모르고 도대체 그걸 탓을 하는 겁니다, 자꾸. 왜 네가 이리로 오지 않고 그러느냐고. 아, 내가 가면 되지, 손까지 거기 닿으면 될 거를 왜 오지 않느냐는 겁니다. 그건 둘로 보기 때문이죠. 이 문제가 심각합니다. 종교라는 게 뭘 가지고 종교라고 하는지 너무도 어이없는 일이 한두 건이 아니에요. 법사님이니 무슨 스님들이니 해 가지고 사주 책을 놓고 보지를 않나. 도대체 사주 책뿐입니까? 그러니까 역학쟁이, 사주쟁이, 관상쟁이 또 뭐, 뭐쟁이, 뭐쟁이 해서 쟁이 쟁이가 그렇게 수도 많은데, 그걸 탓을 하는 건 아닙니다. 우리가 한 배 타고서 이렇게 해서 되겠느냐는 얘깁니다. 그래도 알아야 면장을 하듯이, 알아야 여기서 살던 그 인연으로 인해서 여기서 벗어나서도 여기를 돌볼 수 있다 이겁니다. 부모가 날 낳고 길러 줬기에 내가 부모가 있다는 걸 알고 부모를 섬기듯이, 조상을 섬기듯이.

종교 믿는 분들은 그저 요 세계 요 세계, 허허, 세계가 왜 세계가 됐는지 모르겠습니다마는 그 이름 따라서 그대로 세계죠. 우리가 한번 축소해서 이렇게 본다면 과거심, 현재심, 미래심, 삼세심이 세계가 될 수도 있고 또는 생명과 분별과 육신이, 삼합이 한데 합쳐졌으니 바로 삼위일체고, 그러니 세계가 될 수도 있다. 내 몸뚱이 하나가 세계가 될 수도 있고. 이 안에 얼마나 구족하게 들어 있는데요, 묘하게. 이 안에서도 지금 무람선을 타고 가거든요. 아니, 우리가 배를 탔는데 또 우리는 그 속에 있는 생명들의 배가 돼 버리고 말았거든요. 바깥세상을 내다보지 못하니까 이 안에서 저희들끼리 파워를 일으키고 그러다가 이 배가 망가질 때가 있어요. 구멍이 뚫리고 말이야. 그래서 한데서 물이 들어오고 그러면 그냥 에이고, 죽는다 그러고, 가라앉으면 저희들도 어떻게 해서 배가 그렇게 됐는지도 모르는 채 모두 몰살을 하거든요. 허허, 참….

그래서 이 지구가 망가지는 것도 우리 인간이 마음을 잘 써야지 그렇지 않으면 충돌이 되고, 그렇지 않으면 안에서 파워를 일으키고, 그런다면 정말 화산 같은 거, 이런 것이 물속에서도 일어나고 땅속에서도 일어나고 뭐, 별의별 데에서 많이 일어나지마는 그래도 물이 많은 데서 많이 일어나죠. 그러면 그 생명들이 얼마나 많이 희생됩니까?

그래 여러분이 정말 고등 동물이라고 해서 이렇게 자체 내에서 '자식을 덜 낳자, 씨를 너무 많이 뿌리지 말자' 해도 미생물이나 정말 이런 벌레들은 많은 생산을 하고 있습니다. 그러나 약을 뿌려서 많이 죽거든요, 또. 하지만 이렇게 잘한다고 우리가 제일이라고, 인간이 제일로…. (녹음 안됨)

한생각으로 이루는 호국 불교

1986년 3월 19일

예전에 부처님께서 꽃 한 송이 든 이유와 또 가섭이 씽긋이 웃은 이유를 여러분도 이 불가에 인연이 돼서, 다 들어서 알고 있으리라고 믿습니다. 그런데 여러분이 귀로 들었을 때 '그것이 무엇인가?' 하기 이전에 우리가 '아! 그랬다더라. 그것은 둘이 아니기 때문에 그랬을 거다.' 이렇게만 그저 귓가로 듣고 넘어가고 말곤 하죠, 모두가. 그런데 부처님이 꽃 한 송이 들 때 그 꽃 한 송이에 어떠한 것이 포함돼서 방편으로써 꽃 한 송이가 번쩍 들렸을까요? 어저께 여러 가지 말씀을 드렸는데, 그 꽃 한 송이에 문제가 있는 게 아니라 꽃을 들었다는 데에 문제는 있습니다. 그리고 웃는 얼굴이 아니라 웃었다는 가섭에 그 문제가 있죠. 그런데 가섭과 부처님의 그 꽃 든 것이 말이에요, 도대체 그 꽃도 없고 웃은 것도 없었어요.

그것은 왜냐하면 어저께 얘기했듯이, 그 도리를 내가 항상 얘기해 드려도 그것을 여러분이 이론으로 듣는다면 이론일 것이고, 누구나가 공부를 하지 않는다면, 내 마음을 발견하지 못한다면 이해가 안되

는 일입니다. 전체가 이해가 안돼. 없다고 해도 이해가 안되고 있다고 해도 이해가 안되고, 웃었다 해도 이해가 안되고 꽃을 들었다 해도 이해가 안돼. 즉 말하자면 한자리! 하나를 번쩍 쳐들 때는 벌써 주고받는 사이 없이 가섭이 법을 이어받았다. 한자리를 말하고 공심을 말한 거죠.

그래서 우리가 항상 그런 말을 쓰고 있죠? 공심 공용 공체 공식, 이것을 항상 얘기하죠. 그래서 그럭하는 데에 그 묘심, '정법안장' 이렇게 말들을 하죠. 그러면 정법이라고 하는 것을 말할 때는 여러분이 정법이라고 하는 거 다르고 그분이 정법이라고 하는 그 말이 다른 거예요. 왜 그게 다른 거냐? 깨닫지 못하고 정법이라고 하는 거는 말로 떨어지는 거고, 그분이 정법이라고 한 것은 말없이 꽃 한 송이 든 게 바로 정법이 될 수 있거든요. 그래서 공심이니 공용이니 공체니 이런 것이 귀합된 하나의 근본을 가지고서 한번 근본을, 즉 말하자면 꽃 한 송이로 비유해서 탁 들었을 때는 전체가 다 들린 거예요.

그랬을 때에 비로소 우리는 앉아서 호국 불교를 할 수 있는 겁니다. 지금 우리 몸이 다녀서 가정이나 또는 생활, 사회, 국가, 세계, 이렇게 전부 다니는 게 아니에요. 그러면 우리가 위에서, 즉 무루의 법, 유루의 법이 이렇게 지금 등장을 하고 있는데 저 숱한 별들이 모두가 나라고 한다면, 여러분이 만약에 그 깨침을 깨쳐서 둘이 아니라고 할 때, 그 모두가 돌 하나도 나 아님이 없을 때에 무슨 역할을 할 수 있는가. 묘심이 되면 묘용을 할 수 있거든요. 그래서 우리 이 자체가 사실은 어마어마한 얘기고 어마어마한 작용인데도 우리는 그걸 느끼질 못하기 때문에 허 실수로 들어서 넘어가요, 그냥. 실감이 안 나니까.

그리고 어저껜가 그렇게 얘기했죠. 소인은 죽 끓고 밥 끓는 거 좇아다니면서 그거 냄새나 맡지만 대인은 그런 데 여념이 없다고요. 이 뜻은 어디에 문제가 있느냐 하면, 즉 말하자면 무루의, 이 세상의 모든 생명들과 그 공심의 묘용이 다 나인 거라. 나라고 했다고 해서 나 하나

만 지금 세우는 게 아니라 여러분 각자 모두가 그렇게 지금 물질로만, 유루, 유위법으로만 사니까 그렇지 무루와 유루가 한데 합쳐져서 나 아님이 없을 때에 그 힘을 어떠한 환경에 따라서, 이러한 환경이라면 이런 데 쓰고 저런 데 환경이라면 저렇게 쓰고, 이걸 맘대로 자유자재할 수 있는 그런 묘용이 능히 여여하게 있다는 얘깁니다.

그러면 우리가 만약에 군사적인 문제가 거론된다면, 내 이런 말을 하는 거는 시기에 따라 이런 말도 하게 되는 거죠. 지금 만약에 편안하기만 하다면 이런 얘기는 안 하죠. 참 이건 말로 형용할 수 없는 얘기를 하는데요, 어떠한, 즉 말하자면 군부라든가 이런 문제, 군사적인 문제가 거론이 된다 할 때, 또는 내 국토에 어떠한 문제가 크게 벌어지는 일, 이러한 문제들을 거론한다면 자기가 그 자리 그 방석에, 그 배에 탔지 않아요? 그 배 안에서 일이 벌어지는 것을 어떻게 보고만 있으랍니까? 가는 거 잡지 말고 오는 거 막지 말랬는데 그 자리에서 여러분도 지금 같은 배를 타고, 즉 말하자면 무람선을 타고 지금 같이 가고 있는 거예요. 지금 현재에도 가고 있는 거예요.

그래서 어떻게 말로 형용을 할까 한다면, 예를 들어서 간단히 비유하자면 미국이다 할지라도 바로 앉아 있는 자리고, 저 달나라라고 할지라도 앉은 자리고, 멀고 가까운 게 없어. 대천세계다 할지라도 앉은 자리야. 몇 억겁 광년이 된다 할지라도 앉은 자리란 말이야. 그런 데다가 우리가 손살피 말하자면 지금 국내의 문제라든가 가정 문제라든가 사회 문제라든가 이 발판이 제대로 완고히 틀이 잡혀서 서 있는 그런 형편이 못 된다고도 볼 수 있어요. 되긴 됐으나 우리가 정돈이 되지 않았다. 사람의 마음이 정돈이 되지 않는다면 모두가 정돈이 되지 않아요. 마음이 한데 뭉치지 않는다면 모두가 정돈이 되지 않는 폭이죠. 물론 마음들을 계발하고 뭉치려고 애를 쓰는 그런 모습들이 많이 보입니다. 하지만 만 명이 그렇게 몸들이 일어나서 한데 뭉친다고 애를 쓰기보다 한 사람이 한생각을 하는 데 의의가 있다는 얘깁니다. 몸

으로도 그렇게 해야 하지만 한생각이, 아까 석존이 꽃 한 송이 드는 데 우주 전체가 들린다고 했죠?

그런데 그러한 한생각에 우리 공부하는 사람들이 자기가 주인공에 들이고 내고 들이고 내고 하는 그 덩어리를 몽땅 하나로 들 때에 결국은 그러한 군부라든가 어떠한 군사적인 문제라든가 무기라는 문제, 또는 거기에서 활용하는 그러한 양면, 사면, 삼면 이렇게 둘러싸여 있는 이 지금 우리의 조그마한 땅덩어리 반 덩어리가, 여러분이 편안하다 그러면 편안한 것이고 시급하다 그러면 시급한 거라고. 그러나 우리가 걱정할 게 없다 하는 것은 그래도 실낱같은 그 한 티의 불씨라도 붙들고 있기 때문에, 불씨라도 붙들고 있기 때문에 그 불씨로 하여금 모든 것을 정돈하고 나가는 거야.

왜, 이런 게 있죠? 여기서 금방 부딪쳐서 손이 깨진다든가 또는 물에 덴다든가 할 때 얼른 그 감각이, 즉 말하자면 청수로부터 올 때 두뇌까지 가지도 않고 그냥 여기서 해결해 버리는 거. 즉 말하자면 두뇌에, 대뇌에 부감이 딱 해결해 버리고 대뇌까지 올라가지 않게 하는 그런 방식과 같은 문제도 없는 건 아닙니다. 여러분도 살림할 때 그럴 수 있죠. 남편한테 얘기 안 하고서 해 버리는 게 있고, 남편한테 얘기 꼭 해야 하는 게 있고 그렇죠? 우리 살림과 다 같아요. 그렇다면 우리의 문제들도 우주와 더불어 같이 상응을 해서 하는 일이 있고 그냥 자기 하는 대로 오관을 통해서 보고선 그냥 정하는 게 있습니다.

그 오관을 통해서 보고 그냥 정할 때는 여기 한 배에 탄 이 국내나 세계적으로 볼 때 이런 꽃 한 이파리도, 돌 하나도 전부 군사가 될 수 있다는 그 점입니다. 대내적으로 군사적인 문제가 일어난다, 이북과 이남이 싸우게 된다 그런 문제가 일어날 땐 저기 별들이 전부 나 아님이 없기 때문에 전부 내려와서 같이해 주는 거예요. 그러니 하다못해 염주 하나를 가지고 있다고 해도 그렇습니다. 여러분의 눈에 보이지 않는 그 칼이 한번 훌쩍 들리면 그게 신호거든. '모여라! 저기도 저

기도!' "둘이 아니라면서 왜 쌍방을, 상대를 놓고 그렇게 말씀을 합니까?" 그런다면 이런 게 있죠. 자비라는 것은 죽이는 것도 법, 살리는 것도 법이거든, 환경에 따라서. 열 사람을 살리기 위해서 한 사람을 죽이기도 해. 그러니까 죽인다 살린다 이러는 게 다 건지는 겁니다.

예전에 남전 스님이 고양이 목을 베었다는 얘기가 있습니다마는, 조주 스님이 그 소리를 듣고서 짚신을 머리에다 이고선 그냥 아무 소리 없이 나갔다는 격이죠, 예를 들어서. 그것은 무명만 쳤다 뿐이지, 고양이의 무명이 바뀌어야 할 게 아닙니까? 만약에 자기가 목을 벴다면 그 책임은 있거든. 그러니 다 건진 거라. 고양이도 건지고 수좌들도 건지고 그 스님도 건지고, 다 둘이 아닌 거예요. "둘이 아니다, 둘이 아니다" 한다고 해서 또 건질 게 없다는 건 아닙니다. 때에 따라서 국내에 무슨 일이 생기면 우리 공부하는 사람들이 그 마음 자세가 그렇게 돼 돌아가야만이 우리의 자녀들한테나 모든 형제들한테나 부모한테나 우리들한테 모두 극난한 문제가 생기지 않는다는 얘기죠. 우리 한 배가, 만약에 어떻게 잘못해서 한쪽이 부서진다거나 또는 몇 사람이 죽는다거나 또 백분지 일이라도 죽는다 이런 문제가 나온다면 그것은 어디에서부터 벌어지느냐 하면 요 국내 안에서 문제가 생기는 바람에 배 전체에 문제가 생겨.

그런데 우리는 보이지 않는 데의 '나' 가 있고 보이는 데 '나' 가 있는 거예요. 보이는 데 나는 이 육신을 보고 상대를 맞추어서 살아나가고, 바로 동체로서 이렇게 연쇄적으로 이 사람이 저 사람을 주고 저 사람이 또 나를 주고 이렇게 해서 같이 동체로서 살아나가지마는, 무루의 그 나 아닌 참나가, 그거는 체가 없기 때문에 수만 수천이 될 수 있어. 그래서 아무리 움죽거릴 수 없는 돌덩어리다 할지라도 바로 내가 그 돌덩어리를 보는 순간 벌써 이 돌은 살아 있는 거야. 저 나무 이파리 하나하나가 바로 법신이 돼 버리고 화신이 돼 버려. 화해서 군사가 돼 버려. 양식이 없을 땐 양식으로 돼 버리고 군사가 없을 땐 군사로 돼 버리고, 이 모두가. 무기가 없을 땐 무기가 돼 버려. 부처님의 그 뜻, 한생각만은 절대, 천지차이야. 이 도리를 모두 여러분이 느끼고 알아서 여러분이 스스로서 배부른 줄 알고 스스로서 그 법이 존엄한 줄 알고 묘한 줄 알고, 마음 심이라는 그 불씨가 그렇게도 어마어마하고 광대무변한 거를 스스로서 알아야 되겠다는 얘기죠.

그러니 우리 이 공부하는 사람들이 어저께도 얘기한 거와 마찬가지로 참으로 우리를 발견해서 알아야지, 기복으로 다니고 모두가 욕심만 차서…. 스님네든 또 생활을 하는 분들이든 간에 이것은 진리의 살림살이니까요. 그러니 여러분이 생각할 때에 '모든 종교라는 것이 가서 이렇게 이렇게 하는 것이 종교인가 보다.' 하지마는 어떤 때 생각을 하면 그래요. 참 저렇게 욕심 안 부릴 것도 부리고 부릴 것도 부리고, 착을 놓을 거건만도 착을 붙여서 바둥바둥 애를 쓰고 그러거든요. 걱정 하나도 할 게 없는데 그러거든.

지금도 얘기하고 올라왔습니다마는 "아, 어떤 자리가 좋습니까?" '아, 내가 여기다 짓겠다.' 하면 이 자리가 좋은 자리고 내가 '이 날이 좋겠다.' 하면 좋은 날이고 야, 배고프면 먹고 가겠으면 가고, 오겠으면 오는 게 이게 진리라. 이게 만법이고 이게 활용이라. 이게 묘법이야.

그러니 여러분한테, 보지도 못하고 맛도 못 본 분들한테 내가 이런 말 하는 건 안됐지만, 여러분이 들을 줄 알면 그때는 저 별의 문제도 우리들과 같아. 모든 것을 그렇게 얘기를 하고 싶어도, 지금 얘기가 하기 싫어. 그러면 돌에다 대고 하는 소리나 똑같으니까. 얘기를 하려고 하다가 중동무이하고 딴 데로 나가는 거야, 지금. 여러분의 마음에 달린 거라, 모두가.

그러니 수많은 폭탄을 싣고 갖다가 떨어뜨린다 할지라도 그렇고, 스위치를 눌러서 전체를 죽인다, 전체를 태운다 이런 문제가 있고 그렇다 할지라도 한생각만은 못해. 핵무기를 여기서 해 놓고 저기서 해 놓고 이런다 할지라도, 핵무기가 하나도 없다 할지라도…. 그러니 여러분이 좀 더 내가 나를 통해서, 여러분과도 둘이 아니기에 나를 통해서, 여러분을 통해서 둘이 아닌 말을 할 수 있게끔 좀 해 주세요. 열심히 하세요.

내 주인공 일심에서 만법이 나온 거, 그 만법이 일심으로 다시 들고, 일심에서 나오는 거 또 일심에 다시 드는데 거기다가, 나온 데다가 다시 놓는데 뭐가 그렇게 어려워요? 믿어야만 할 수 있는 거죠. 믿고 거기다 놓고 맡겨! 맡기고 지키고 또 나가고 그저 연방 오는 대로 맡겨 놓고. 연방 오는 대로 맡겨 놓는다면 지난번에도 얘기했듯이 짐승으로 살아오던 업, 생물로 살아오던 업, 날아다니는 새로 살던 업, 그 습이, 다 뭉쳐서 찰나찰나 돌아간 그 습이 낱낱이 떨어진다 이거야. 녹아 떨어져. 그렇게 다 떨어져야 그때에 홀연히 그 뜻을, 내가 지금 말하는 뜻을, 말로 하다가도 중동무이하고 이렇게 말을 못하게 되는 이 이치를 아실 수 있어요.

그런데 우리 국내 문제가 딴 데로부터 일어날 수도 있죠. 우리 차가 아무 소리 없이 가는데 만약에 어느 딴 차가 뒤를 받는다거나 앞을 받는다거나 옆을 받는다고 한다면 가차 없이 정말 박살을 낼 거예요. 가만히 있는데도 그런다면. 그것은 이런 게 있죠. '부처님은 더하고 덜함이 없고 다 평등하다' 이러는데 언제나 사람이 때에 따라, 환경에 따라서 반드시 칼을 뽑을 때는 바로 한 발 내려딛는 법입니다.

어떤 사람이 부처가 되기 위해서 공부하나요? 그림자처럼 공에 빠져서요? 할 때는 하고 앉을 때는 앉고 누울 때는 눕고 먹고 싶을 때 먹고 자고 싶을 땐 자! 이것이 진리야, 근본적으로. 생동력 있고, 발랄하고, 탁 세우면 하늘을 받칠 수 있고, 한번 굴리면 뿌리가 없이 딩굴딩굴 구를 수 있어야 돼! 그렇지 않다면 부처님 법이 아니고 진리가 아니게? 수많은 혹성들이나 수많은 별성들이나 모든 것이, 어저께 그저께도 얘기했듯이 꼬리가 꼬리를 물고 돌아가는 이 묘한 이 묘법을 구경을 못한다면…, 여러분은 구경을 뭐, 뒷집 어린애 이름인 줄 알고

"구경 구경, 법구경" 하는데, 그 책이 법구경이 아냐. 진짜 법구경을 하려면 여기에서 번쩍 저기에서 번쩍, 찰나찰나, 한번 맥박 뛰는 대로 여기 가서 서고 저기 가서 서야 돼.

그 소리는 그만두고라도 지금 시급한 것이 우리 국내에 어떠한 문제가 생기더라도 막아 나갈 수 있는 대비 대책이 필요한데, 바로 여러분의 가슴속에 그 보배가 하나씩 다 있으니 그 보배가 수많은 갖은 각색의 무기가 될 수도 있고 갖은 각색의 신장이 될 수도 있고, 장군이 될 수도 있고 군사가 될 수도 있고, 바람을 일으키려면 바람을 일으키고 자게 하려면 자게 하고, 급하면 급한 대로 되는 거야. 그 무기는 바로 여러분 가슴에 있어.

그러한 어떠한 게 있어도 이 여기의 무기는 산지사방으로 오방을 다 나갈 수 있는 거니까. 그리고 줄지도 않아. 미사일보다도 더 무서운 거야. 그러니 그 무섭다는 것은 사람을 죽이는 것만 능사는 아니거든. 죽이지 않고 덜 죽이고 또는 사람 마음을 곱게 만들어서 잘 리드해 나가는 것도 역시 방편이자 진실이고 급하면 급한 대로 다루는 법이야. 급하면 급한 대로 드르르 한번 치는 거지 어떡해? 그렇게 하지 않으면 안 되리만큼 지금 상황이 아주 심각하게 벌어지고 있어.

그렇다고 해서 급하다는 것이 아니라, 급한 거야. 사람은 모두 급하지 않아. 그런데 마음들이 전부 급하게, 만약에 양면에서, 삼 면에서 일어나는 문제가, 이쪽은 그저 오면 같이 싸워서라도 물러서지 않는다는 생각은 하고 있으나 사람이 각중에 자는 걸 찌를 수도 있어. 알았어요? 그런 비겁한 사람들이 있단 말이에요. 비겁한 사람이 있기 때문에 바로 비겁한 일이 벌어지고, 비겁한 마음을 갖기 때문에 비겁한 상황이 일어나서, 우리는 그래도 그 비겁한 데 지지 않으려고, 죽지 않으려고 노력하는 그런 마음들이 있기 때문에 서로 쌈이 벌어지는 거죠.

그러한 앞으로의 문제들을 미리미리 대비 대책을 해서 그런 일이 없도록 한생각들 해 두는 게 좋을 거예요. 왜? 집안 가사만 문제가 아니에요. 가사와 첨보된 문제죠. 국가적인 일도 내 한 가정의 일이에요. 내 가정의 일이 국가적인 일이고요. 쪼끔도 다른 게 없어요. 국가에 어떠한 일이 벌어지면 바로 우리 가정에도 벌어지고 마는 거죠. 국민에게 벌어진단 말입니다. 국민이 살 길이 없어요. 내가 6·25 때 그렇게 이리저리 다니면서 죽을 고비를 많이 겪었는데 만약에 나라가 편안했더라면 내가 그러고 다닐 필요가 뭐 있나요? 그러니까 아주 가깝게 밀착돼 있다는 점입니다. 국민과 한 나라가, 즉 말하자면.

그래서 정부에 조금 아쉬운 점이 있다 할지라도 그것은 상황에 따라서 덮어야 할 일이 있죠. 우리 가정에서도 급한 일이, 상황이 있다면 좀 웬만한 건 덮어 두는 겁니다. 사람사람이 누울 자리를 보고 다리를 뻗으랬다고, 이러한 모든 거를 모르고 있다가, 어저께도 얘기했지만, 싸우다가 배가 파산이 되면 다 죽는데…. 즉 말하자면 내 몸뚱이도 그렇고요. 지구 벌레들이라고 그러지마는 지구 벌레 속에 또 세계가 있거든. 오대양 육대주가 여기도 있거든, 이 속에도. 그래 우리가 막 돌아다니면 이 속에서는 지금 배 타고 간다고 그럴 겁니다. 인배 타고 간다고. 우린 지구배 타고 간다고 그러고 여긴 인배 타고 간다고 그럴 겁니다. 그래 인배 타고 지금 우리가 뛰면 그것들도 뛰고 그러는데 저희는 가만히 그 속에 있으니깐…. (녹음 안됨) … 안 뛰는지 모르죠.

그리고 이걸 분화구라고 하겠죠? 아니, 북극이라고요. 남극이라고 하고요. 이리로 들어와야 사니까. 호흡을 해야 살거든, 여기도. 우리가 호흡이 끊어지면 여기도 다 끊어지니까. 바로 북극이 우리 지구의 호흡기니까. 그러니 우리 안에서 우리 사람이 팔팔 뛰고 돌아다니는지 뭘 어쩌는지도 모르고 그 안에서 서로 쌈박질들을 해 가지고선 모두 그냥 잘못되면 이 인배가 어디고 꿰진다고. 꿰져. 그럼 병나면 죽지, 뭐. 저희들도 죽고. 저희 죽을 줄 모르고 그런다고! 우리도 그래. 지금 자기네들 죽을 줄을 모르고 괜히들 그런다고. 배 터질 줄 모르고 말이야.

그러니 여직껏 말한 것도 하나도 쓸모가 없다고 해도 과언이 아니에요. 단 한 가지, 마음에 보배가 있고 무기가 있고, 이름 아닌 참부처가 거기에 있고 법신도 있고 화신도 있고 신장도 있고 군부도 있고, 다 거기 있으니까 이 보배 하나면 만법을 응용할 수 있으니 대비 대책이 필요하다 이런 겁니다. 오늘은 중요한 그 대목 그것만이 필요한 겁니다. 그렇다면 비겁하게 남한테 그러지 않고 아, 스무드하게 멋진 일꾼들이 되겠죠. 아니, 잘 지켜 나가겠죠. 발전도 잘되고요. 교류도 잘되고 상응, 조화도 잘 이루고 이런다면 나아가서는 발전 안된 나라도, 하치못한 나라지만 구제를 더 할 수 있고요. 무기도 발전이 되고 공업도 발전이 되고. 그러나 우리의 이 보배 하나 가지고 우리 국내의 사람들만 정신력이 투철하게 한생각 넣어서 에너지가 돌아간다면, 그렇게 연구하는 데도, 연구하는 사람들도 잘 연구가 되게끔 돼 있거든. 그러니 모두가 이익이라. 그래서 내가 그러지 않습디까?

가정에서 남편이나 자식들, 부모나 모든 걸 나쁘다고 하지 말고, 잘못했다고 말하지 말고, 싸우지 말고 안에다 굴려서 모든 걸 자기 전화통에다 놔라! 맡겨라! 거기서 하게끔 놔라! 그러면 저절로 돌아간다. 이 묘법을 어찌 알겠는가? 해 봐라! 왜 자기가 자길 못 믿는가? 길잡이를 믿으라 이거야. 아니, 길잡이를 믿으라는 게 아니야. 따르라는 거지. 믿는 건 자기 보배, 자기만 믿어. 그 안에 다 들어 있으니까. 여러분과 나하고도 둘이 아니니까 말이야.

오늘은 긴박한 그러한 상황을 미리 여러분한테 고것만, 우리 여기서 공부하는 사람들만 한생각 그렇게 해 두면 절대로 손색이 없어. 그런 줄 아세요. 그리고 한마디 더 할 건, 무기를 그렇게 그전부터 많이 해 놨어도 무기 절반이 못 쓰게 된다 이 소리야. 여기 사람들은 가만히 있는 사람 죽이러 가진 않아. 죽이러 다니지도 않고, 본래. 어디 불종이 아니라 아주 망종이 있으면 그런 수가 많죠. 서로 경쟁하고 서로 죽이려고 하고 서로 잡아먹으려고 하고, 형제간에도 서로 고소를 하고 그러듯이. 죽이려고 하고 약을 먹여서 죽이기도 하고 남한테 가서 몹쓸 욕도 하고 아주 의리를 끊으려고 하고, 이런 일들도 허다히 많죠. 그런 입장이나 똑같은 얘기죠. 그러니 그것을 남을 해하게 하기 이전에 막기 위해서는 그렇게 안 하고는 안 되죠.

여러분, 내가 이 말 한마디 오늘 이렇게 하는 거, 그 한 점으로 인해서 여기 올라왔다는 겁니다. 그 한 점! 그 한 점이 우리 국내의 모든 분들 또는 외국에 나가 있는 분들도 모두 살리는 법입니다. 이런 문제가 거론되면 모두가 이 리듬을 타고 이 에너지에, 그 자비가 전부 거기 돌아가요. 그거 아셔야 돼요. 두 가지 여건이 있어요. 혼자가 아니라 여러분하고도 둘이 아니고, 저 중천세계, 소천세계, 저 대천세계도 상천세계도 다 둘이 아니지만, 부처님의 능력이 없어서가 아니라 여러분과 둘이 아니기 때문에 그 도리를 알면 여러분도 가정에서 어떠한 문제가 생겨도 눈 깜짝 안 하고선 턱턱 넘어갈 겁니다. 서로가 합심해서 서로 이런 도리를 아시라는 겁니다. "아직 난 공부가 안됐으니깐 이거 안되지." 이런 소리 하지 마세요. 급하면 급한 대로 하는 거예요. 이가 없는 사람 고기 못 먹는다 그러죠? 잇몸으로도 잘 먹습디다, 급하니까. 그러니 급하면 급한 대로 사는 거고, 모두가 이렇게 되는 겁니다.

그러니 그 소중한 보배로서 오직 급한 것을 급한 것대로 해결할 수 있는 대비 대책이 필요합니다. 이것이 바로 우리가 앉아서 호국 불교 하는 그런 정신, 그것을 활용하는 겁니다. 태양의 근본, 그 근본도 마음의 근본이니까 여기 그 근본에서부터 오관을 통해서 모든 걸 넣음으로써 씀씀이를 활용을 한다 이겁니다. 그러니 그런 거부터 해 놓고 또 내일 얘기하면 더 좋지 않아요? 그 한 점이, 가정만 생각하지 말고 그 한 점이 우리 국내에는 큰 보배가 될 수 있어요. 그러니 그런 줄 아세요.

통달한 사람의 살림살이

1986년 3월 20일

큰스님 … 거기에서는 운전하는 것도 없고 아무것도 없어요. 섬에서는 타고 나갈 배가 없고 거기까지 배가 들어올 수도 없고 이래서 그 유람선 아니면 타고 나갈 수가 없고 무엇을 장만할 수가 없었어요. 그랬는데 어느덧 그 배는, 선장도 없는 유람선은 그냥 무조건 와서 닿는 거예요. 처음에는 아무것도 없는데 타기만 하면 갔다가 또 그대로 거기 그 자리에 내려서 좀 했다가 또 오면 그 자리에 있어서 또 타고, 오면 그냥 갔다가 또 왔다가…. 그렇게 그 빈 배가 사람이 없는데도 여여하게 그렇게, 파도가 친다 하더라도 리듬을 타면서 골짜기면 골짜기, 또는 파도치는 데는 파도치는 데, 아무리 일렁거리고 가고 오고 해도 절대로 손색이 없는 거라. 그리고 여전히 그 섬에서 사는 사람네들을, 시간을 보지 않아도 항상 봄이 오면 왔다가 그렇게 한 차례씩 해 주고 또 어딘가 모르게 가 버리는 그러한 유람선이 하나 있었대요.

그와 같이 우리네 살림살이도 통달을 해서 각을 이룬다면 모든 사람들이 이렇게 서로 얘기를 하고 상대가 있고 살림을 하고 이래도 그대로 그냥 하는 거지 거기에 이유가 없어요. 끊는다, 끄달린다 이런 것도 없고, 한다 안 한다, 잘못됐다 잘됐다 이런 게 도무지 거기 붙지를 않아요. 그래서 어저께 얘기했던 것은 여러분이 끄달리고 자꾸 이렇게 '아, 우리가 이렇게 해서 되나. 그것은 부처님들이나 하지.' 부처님들이 누군가요? 여러분이 없이 부처가 어디서 납니까?

그렇기 때문에 사실은 모든 것이, 우리가 비유를 한다면 이 지구 안에도 배가 얼마나 갖은 각색으로 많습니까? 차도 얼마나 갖은 각색으로 많습니까? 그와 같이 우리나라도, 우리가 이 한 배라고 한다면 그 한 배 안에 또 배가 있거든. 소련 배, 미국 배, 한국 배 또는 일본 배 이렇게 각 나라의 한 팀들이 전부 배라. 배 안에 배가 들어 있는 거야. 그랬는데 요 말을 왜 하느냐 하면 '아, 부처님 법이라는 것은 아니, 여기도 저기도 둘이 아니라고, 전체 대천세계가 둘이 아니라면서도 무슨 저렇게 이유가 붙나, 응? 내 나라만 나란가? 내 가정만 내 가정인가?' 이렇게 생각할까 봐 얘기하는 거예요.

그런데 내 이 한 가정이 배라면 내 배 안에 가족들이 있으니까 벌써 여기 침입을 해 들어오면 이것부터 막아야 돼. 내 발등에 불 떨어지면 벌써 내 발등부터 탁 털고선 저기 쫓아간다고. 그와 마찬가지야. 앞에 닥친 거 마다하고 저 먼 데 있는 거 욕심부려서 내가 도와준다고 아무리 그런들 나부터 있어야 저길 도와줘. 그렇기 때문에 이게 법칙이며, 이게 평등에서 바로 한 법도가 있는 거라고. 법이 들어간다 하면 벌써 평등에서 한 발 내려서는 사이 없이 내려서는 것이 바로 이게 법도라.

그러면 이 법이 있고, 부처님이 평등에 있고, 평등하다고 해서 우리가 '아! 저 나라가 저렇게 다 죽어도 어떻게 그쪽만 봐줄 수 있나.' 또는 '우리나라가 망가져도 이쪽만 봐주는 게 뭐…. 부처님은 모두 전체, 일체 손 안 닿는 데가 없다는데, 모두 공해서 안 닿는 데가 없다는데 우리나라가 어디 따로 있나.' 이렇게 생각하지 마시라 이겁니다. 앞에 닥치는 대로, 우리나라가 편안하고 내가 편안하면 남을 돕게 되고, 내가 편안치 않으면 나부터 먼저 편안하게 만들어야 될 거 아닌가 이거야. 이것이 통달한 사람에 한해서는 그대로 여여하다 이거야. 그대로 똥 마려우면 똥 누고 배고프면 밥 먹고 잠자고 싶으면 잠자고 일하고 싶으면 일하고 모든 것이, 딴 사람 만나서 얘기하고 듣고 보고 하는 게 전부 여여한 거라, 그대로. 그대로야, 그대로.

그러면 앞에 닥친 우리 배가 있고 저 집 배가 있고, 이 큰 배 안에 배가 들어 있고 또 배가 들어 있고 한데, 우리 집 배에 만약에 어떠한 파동이 일어난다 한다면 이거 대비 대책을 해야 돼. 여기가 편안할 때 저기 저 배에 무슨 일이 있으면 저 배로 들어가서 내가 그 배에 또 같이 한 식구가 돼 주는 것이 바로 자비요, 그것이 지혜라 이거야. 이게 평등이요. 앞의 것을 해결 못하면서 저 뒤의 걸 어떻게 내가 그리로 뛰어넘을 수가 있는가.

이 배와 저 배가 거리가 이렇게 가까우면서도 우리는 몸으로, 물질로는 도저히 할 수가 없는 거라. 그래서 이 배에 있다가 저 배로 뛰면 저 배의 바로 한 식군 거야. 이 배로 오면 이 배의 한 식군 거야. 이러니까 어느 배 쳐 놓고 나 없는 배가 없다 이런 말이야. 그럼 여기만 그렇냐. 그렇지 않아. 저런 별 세계도 그렇고, 저런 우주 세계의 모든 것이 나 아님이 없고 내 자리 아님이 없으니, 그 또한 내 마음 아닌 게 어디 있겠느냐 이거야. 그래서 우리가 지난번에 얘기했듯이, 핼리 혜성도 법도에 어긋나지 않게끔 하기 위해서 이 혹성에, 모든 이 중세계에 돌고 있는 어떠한 정보원이기도 해. 잘하는 사람은 잘하는 대로 도와주고, 못하는 건 못하는 것대로 빼서 해결할 수 있는 그런 보이지 않는 세계의 법도가 있어. 우리 보이는 세계의 법도가 있고 질서가 있고 하듯이 말이야.

그러면 이것이 엊그저께도 얘기했지만 사람이 '부처다', '평등이다' 할 때는 평등하고, 여러분이 사시면서 편안할 때는 또 편안하시죠?

또 일어날 땐 일어나야죠? 일할 땐 일해야죠? 말다툼할 땐 말다툼하는 거죠? 그렇게 하고 살듯이 평등법에서 부처님이 평등한 거라, 언제나. 평등한데 거기에서, 즉 철퇴를 든다 할 때는 바로 법신이 되는 거죠. 이것은 말하자면 우리나라에도 대법원이 있고 법원장이 있고 검사가 있고 판사가 있고 이렇게 있듯이, 즉 말하자면 무(無)의 이 법도, 법이라는 것이 평등에서는 법이라고 언어가 붙지 않지만 평등이 있기 때문에 법이 있는 거야. 평등 공에서, 즉 말하자면 이 법이 없다면 어떻게 조화를 이루고, 어떻게 질서를 유지하고, 어떻게 질서 정연하게 하나도, 싸라기 반 토막 에누리도 없이 이렇게 정돈이 돼 갈 수 있는가. 만약에 그 법도가 없다면 어떻게 이 배가 탈선이 되지 않고 이렇게 정돈을 하고 돌아갈 수 있을까 말이야. 우리 배만 배가 아니니까, 모든 게 다.

내가 그전에 항상 그랬죠? 내 이 주인공 안에 신장도 있고 또 용왕도 있고 칠성도 있고 산신도 있고, 부처도 있고 화신도 있고 보신도 있고 문수도 있고 다 거기 있으니, 예수도 있고 성모 마리아도 있고, 거지도 있고 또는 부자도 있고 별의별 게, 일체 만생 만물이 다 거기에 그 마음이 같이하고 있으니, 여기 가서 빌고 저기 가서 빌고 그러지 마라. 내가 어떠한 일이 있으면 거기다가 맡겨 놓으면, 바로 생각만 해서 맡겨 놓으면 컴퓨터에 입력하는 거와 같다.

그러면 거기에서 컴퓨터에 딱 나오면 정리하는 것이 있다, 또. 그러니 그러한 데다 다 맡겨 놔라. 이렇게 해서 들어간다면 이게 두 가지를 겸해서 공부하는 거다. 하나는 모든 업을 녹이면서, 한쪽으로는 업을 녹이면서 한쪽으로는 바로 생산을 이루면서 이렇게 나가는 거다 이거야, 양면을 다. 그러니 놓는 게 따로 있고 드는 게 따로 있다면 공부하는 데 늦으니까, 드는 거와 놓는 거 동시에 같이 들어가라 이 소리야. 그러니 그것을 둘 다, 드는 거와 놓는 거를 다 놓는다면, 놓고 한생각을 돌린다면 그건 자기 의향대로 돌아가는 거지. 이 돌아가는 마음은, 즉 말하자면 유람선이 아니라 무람선이라. 형체가 없으면서도 그 배는 여여하게 돌아가니까 말이야.

거기에는 없는 게 없이, 내가 철퇴를 들어서 될 일이라면 철퇴를 들고, 칼을 들어서 될 일이라면 칼을 들고, 즉 말하자면 로케트를 타야 하는 일이 있다면 로케트를 타고, 또는 영계가 잘못된 일이 있으면 영계를 잡아다 꾸짖어서 다시금 이것을 돌려서 같이 혼합이 되고…. 모든 게 이렇게 가니까 두 마음은 하나도 없는 거야. 그럼 "철퇴를 들었으면 어떻게 그것이 두 마음이 아닐 수가 있겠느냐." 이렇게 말하겠지만 그러니까 법도라 이거야. 그래서 잘하는 거 못하는 거, 또는 이것을 방지해서 잘 이끌어 줄 수 있는 것이, 우리네 지금 모든 경찰에서도 그렇지만 정보대에서도 그렇고 법정에서도 그렇고, 잘되는 거는 잘되는 것대로 아무 탈이 없지만 못됐으면 붙잡아다 잘 인도해서 내놓기도 하고 또는 징역도 살리고, 이러는 게 있잖아요?

그래서 우리는 잘못하지 않음으로써, 이 도리를 앎으로써 창살 없는 감옥에 갇혀 있지 않겠다 이거야. 그러고도 또 자유스럽게 자유인으로서 자유권을 가지고 우리는 살 수 있다 이거죠. 우리가 공부를 해서 들어가는 동시에 우리는 같이, 놓는 거 드는 거를 다 동시에 놓고 자기 마음의 그 지금 행을 지켜보면서 관하면서 모든 걸 겸해서 나가니까, 우리가 어떠한 급한 일이 있다면, 아무리 힘이 없고 그래도 급한 일이 닥쳐서 악에 받치면 자기의 생명 떨어지는 것도 모르고 일을 할 수가 있는 그런 문제가 있어요. 그런 거와 마찬가지로 자기가 일념으로써 믿고 거기에다가 한생각 굴려서 놓는다면 우리의 국토도 든든하게 이루어지지 않나 이렇게 봅니다.

그러니까 우리의 생각들이 뛰기 때문에 몸들도 뛰는 거지, 생각들이 뛰지 않는데 어떻게 몸이 뛰겠소. 사람의 마음이 아주 차분하고 가라앉고 일어나기도 귀찮은 그런 지경이라면 일어나기도 싫은 거거든. 몸이 일어나지질 않아. 그런데 마음이 '아, 그래도 일어나야지.' 한다면 몸이 일어서지거든. '난 일어날 수 없어.' 그런다면 몸이 안 일어나. 안 일어나지는 거지. 그와 마찬가지로 운전수의 패기권은 바로 자기 마음이 가지고 있는 거라. 그러니까 우리가 아주 튼튼한 반석을 만들 수 있는 주동자인 주인이라. 이 한국의 우리 국민이 주인인 거라. 그러면 주인이 자기가 사는 그 배를 반석으로 만들지 않으면 누가 만들겠나? 그 집이 망가지면, 그 배가 망가지면 한 배 탄 우리가 전부 고통을 겪는데.

우리가 그래서 한생각을 하되 안의 이 몸뚱이도 한 배나 마찬가지거든. 그 배 속에 또 생명들이 들어 있으면서 그 생명들 배에도 또 있거든. 부분 부분 또 배가 많다고. 이 속에 배가, 한 팀 한 팀이. 그러니까 우리가 생각 한번 이끌어 가지고 가는 그 생각이 바로 거기에까지 동해서 미치게 된다 이거야. 그래서 어느 부분의 배 한 척이 망가질 수도 있고 그런데, 망가지지 않고도 순조롭게 진행돼 나갈 수가 있다 이거지.

그러니 모두 우리 살아나가는 데에 이치가, 이 삼라대천세계가 전부 결부된 거라. 우리 하나도 빠짐없이 결부가 됐어요. 법망 없는 법망이 있고, 줄 없는 줄이 있고, 오고 가는 길이 없는 길이 있고. 그래서 북극성도 이 지구와, 달도 지구와 더불어 같이 이렇게 줄 없는 줄이, 바로 삼계의 줄이 이리로 통했다면 삼계의 줄이 그리로도 통했어. 그래서 삼계 삼계, 육계가, 육 줄이 한데 합쳐서 돌아가고 있으니 연결려서 우리는 그대로 손으로 이렇게 쥐고선 등을 이렇게 들고 가는 거나 마찬가지야. 지구가 인간이라면 바로 이렇게 등을 하나 들고 가는 거나 똑같은 얘기야.

그래서 전체 우리 이 지구를 배라고 생각한다면, 배를 타고 가는데 동서남북이 없는데도 우리는 똑같이 그걸 따라가기 때문에 그것이 어디서나 그냥 그대로 있는 것 같고, 북두칠성도 그렇고 똑같이 돌아가기 때문에 똑같이 그게 있으니까 항상 움죽거리지 않고 있는 거 같은 기분이 드는 것뿐이지. 쉴 사이 없이 돌아가는데 말이야.

그래서 개발이 되지 않은 혹성에는, 즉 말하자면 공기가 제대로 압력이 없으니까 우리가 발을 딛고 다닐 수가 없어요, 그런 데는. 그것은 개척해야 하는 거라. 사람의 마음이 동해서 그와 그와 개척을 함으로써 보이지 않는 미지수의 세계에 들어 같이 동할 수 있다면 바로 공기와 더불어 같이 땅에…. 우리가 지금 어떻게 땅에 발을 붙이고 다닐 수 있을까? 우린 자석과 같은 압력에 의해서 지금 발을 땅에 디뎌도 디딜 수가 있는 거예요. 일체 모든 물질이 전부 압력에 의해서 그걸 지금 누르고 우리는 딛고 다니는 거라. 나무가 심어져도 뿌리가 바로 땅속으로 박히고. 만약에 그게 없다면 나무 뿌리도 땅속으로 스며들지 못해요. 또 우리가 걸음을 걸어도 그렇게 땅에 착착 붙질 못해요. 모든 만물이 이렇게 소생되는 것도, 심어서 우리가 따 먹을 수 있고 저절로 무르익어서 꼭지가 익어서 떨어지듯이 이렇게 되질 못해요.

들이는 공기로 인해서 순환을 시키고 또는 압력으로 인해서 빨아들이고 하는 그런 힘이 있기 때문에 우리도 또 힘이 있는 거예요. 우리가 그 영향을 받지 못한다면 우리는 또 힘이 없는 거예요. 그렇기 때문에 몽땅 이 전체 대천세계의 근본이 한 티끌 같은 이 우리 마음의 근본이라고 얘기했잖아요. 이 마음의 중요한 이 부분을, 부분이라고 한다면 어폐가 있겠지만 이건 부분도 없고 없으면서도 그렇게 여여하고 그렇게 광대무변하고 그렇게 아무것도 없는 것입니다. "마음이 어딨습니까?" 해도 "어딨습니까?" 하기 때문에 광대무변하다 이거야.

그래서 비유하건대, 여러분이 말을 하고 지금 운동을 하고 이렇게 살고 있는 그 자체가 어디로부터 좇아 나왔을까? 상대가 있으면 상대가 있는 대로, 내가 있기 때문에 상대가 있고 상대가 있기 때문에 그 상대로 인해서 말이 좇아 나왔고 또 저쪽에서는 내 상대가 있기 때문에 그 내 상대로 인해서 말이 좇아 나오는 것뿐이야. 그렇다 해서 네가 했다 내가 했다 할 것도 없이 말이야. 그렇게 여여함이라. 그대로 했음이라. 그대로 그냥 그렇게 할 뿐이야. 이 도리를 깨닫지 못한다면 항상 뛰어야 하고, 정법이 있고 사법이 있고, 또 걷어 쥐어야 하고 놔야 하고, 이런 게 거듭거듭 붙어 돌아가기 때문에 이 양면을 다 놓는, 습을 놓는 그것을 바로 공부시키는 거죠. 그래서 말할 것도 별로 없지마는 말할 게 너무 많고, 또 말할 게 많은가 하면 한번 보면 또 말할 게 하나도 없고 그런 거예요.

우리 이 세상에 살아나가는 사람들이 도대체 그 도리를 몰라서 음지 양지 없는 한 줌의 땅덩어리에서 이것이 이렇고 저렇고 이렇고 저렇고 하다 보면 거기서 벗어날 수가 없는 거예요. 벗어날 수가 없다면 모든 게 천체에서 벗어날 수가 없어요. 우리가 얼마만치 이렇게 창살 없는 감옥에서 헤매고 돌았는데 또 그 창살을 자기가 만들어 놓고 자기가 벗어날 수 없다면 우린 영원히 끄달리고 돌아가야 하죠, 자기 습대로. 종 문서를 잔뜩 무겁게 짊어진 채. 잘했다 못했다를 자꾸 착을 둠으로써 거기에서 또 업덩어리를 짊어진 채.

사람은 물질로나 마음으로나 항상 마음이 놓고 간다면, 그대로 여여하게 한 사이 없이 놓고 간다면, 놓고 간다는 소리조차도 없는 거죠. 그대로 하는 거죠. 그러되 마음이 그렇게 스스로 곧고 스스로 지혜가 있고 스스로 청정함으로써 스스로서, 우리 살아나가는 것도 저 아까 유람선 말했듯이 빈 배가 출렁거리는 물 위에 있는 거와 같죠. 아무리 배가 출렁거려도 출렁거림이 없어. 생각이 없어. 생각이 없는 게 아니라 자연 그렇게 하는 거기 때문에 이 몸뚱이는 빈 배와 같다 이거야. 누가 아무리 속상한 말을 한다 해도 속상할 리도 없고 개의치 않아. 아무리 누가 욕을 한다 하더라도 그것에 개의치 않아. 빈 배와 같아서. 모두 우리가 빈 배와 같은 것은 무얼 뜻하느냐 하면, 이거는 어디까지나 송장 덩어리와 같은 거야. 그러나 송장 덩어리도 없으면 안 되겠기에 자기가 형성시켜서 자기가 끌고 다니는 한 배와 같은 거죠. 그럼 주인이 없어도 배는 있으니까, 주인은 보이지 않아도 보는 사람은 주인을 볼 수 있다 이거야. 여러분도 자기 주인이 있기 때문에 자기 배를 끌고 다니지 않을까요?

그래서 우리는 지금 이렇게 압력의 그 자석 같은 힘을 가지고 그걸 누르고 지금 딛고 다니는 그 발밑이 전죽 배 밑과 같은 거예요. 배 밑바닥 같은 거예요. 딛고 다니는 이 땅덩어리도 배 밑창과 같은 거예요. 그러니 참 신기한 것은 우리가 이리로 봐도 그렇고 저리로 가도 그렇고 울타리가 딱 씌워져 있고, 전깃불이 밝아서 저렇게 있고 야, 달도 해도 저렇게 있고 똑같이 항상 끌려서 돌아가기 때문에, 꽁지가 꽁지를 물고 꽁지가 꽁지를 물고 이렇게 돌아가기 때문에 우리가 지금 어디를 돌아가는지 그거 모르는 거예요. 그러니 우리가 그대로 항상 그 배 안에 불은, 전등은 그대로 켜져 있으니까 아, 그대로 그것만 볼 뿐이죠. 그리고 뭐가 지나가면 지나가는 대로 아, 저거 지나가는 건 보이거든. 그러니까 그런 것들을 가지고 연구하는 겁니다. 지나가고 지나와도 우리 같은 배라, 그것도. 한 개의 배야.

그런데 우리가 한 팀 속에서 내부 일 보는 사람이 있고 외부 일 보는 사람이 있듯이 외부의 혹성이, 외부의 핼리 혜성이나 이런 것도 외부의 일꾼들이라. 그것도 자기의 소임을 맡아 가지고 하는 것들이기 때문에 괜히 그렇게 돌아다니는 게 아니다 이거예요. 지금 여기 정보대들이 돌아다닌다 해서 괜히 돌아다니는 걸까? 우리도 괜히 이렇게 돌아다니는 걸까요? 이게 사는 거기 때문에, 어떠한 소임을 맡아 가지고, 부인들은 안 가정의 소임을 맡고, 또 학생들은 학교의 배움의 소임을 맡고, 또 아버지들은 어떤 회사의 소임을 맡든 장사의 소임을 맡든 자기 나름대로의 소임을 다하고자 해서 돌아다니는 거거든. 그와 마찬가지죠.

그래서 우리가 여기서 만약에 70년, 80년, 90년, 아니 9백 년, 천 년 이렇게 한다면 거기서 하루밖에 되지 않는 문제라고 보죠. 일곱 시간, 여덟 시간 이거밖에는 보지 않는 거라. 칠백 년이라면 일곱 시간밖에 안 되는 거야. 그렇다면 얼마나 차이가 납니까? 여기서 말을 하려니까 일곱 시간이니 칠백 년이니 하지 말이 거기 붙어 돌아가질 않는 거라. 그러니 이 뜻을 알려면 깨치지 않고는 이 뜻을 몰라. 이 뜻을 알면 칠백 년이 따로 없고 일곱 시간이 따로 없는 거라. 일곱 시간에다 칠백 년을 갖다가 부합을 시켜서 아예 일곱 시간도 없고 칠백 년도 없는 거라. 내가 그대로 하면 그대로 그냥 하는 것뿐이야. 요 문지방 바깥을 나가나 미국에 가나 똑같이 그냥 할 뿐이야.

여러분이 그렇게 멀고 먼 저 달을 한번 생각해서 요거를, 지금 여러분이 여기 와서 계시는데 집은 다 아시죠, 보셔서. 그러니까 여기에서 집을 보는데 그렇게 한생각 탁 내서 집을 보시듯이 전체를 보시지 않습니까? 깨닫는다면 달나라도 전체 볼 수가 있는 거죠. 그럼 전체 보는 것이 도(道)냐? "보는 것만 가지고 도가 아니니라." 이랬단 말이야. 여러분은 집을 지금 아주 손살피 다, 어디에 뭐가 있고 어디에 뭐가 있고 그것을 다 아시지만 그래도 모르는 게 있어. 자기가 그렇게 씀씀이를 쓰고 그렇게 하면서, 대부분 다 살림하면서 어디에 뭐가 놓여 있고 그런 거는 알지만, 어디에 뭐가 어떻게 돼서 채 돌보지 못한 것도 있거든. 그런 거와 같이 내 몸도 자기가 배면서도 그 배 안에 있는 자체도 모르거니와…. 아주 가깝게 있죠. 그렇지 않아요? 내 배 안에, 몸뚱이 안에 있는 거니까. 너무 가깝게 있는 그 세계를 모르는 거라.

그리고 자기네 가정에도, 그렇게 보고 다니면서도 우리도 그렇죠. 골목의 뒤꼍에 뭐가 지저분한 게 있어도 치우지도 못하고 보지도 못하고 다니는 것도 있죠. 그러니까 한 집 안에도 자기가 일상생활에서 쓰는 거나 어디 있는 거 알지, 그 외에는 찾아야 돼. 찾아야 돼. 손살피 다니면서 내가 보고 그러지 않는다면 나오질 않는 거라. 또 치울 일도 없고. 안 하려고 그러면 치울 일도 없어. 그렇듯이 우리가 저런 우리의 집을 보듯이 그렇게 볼 수 있는 거 아니겠습니까? 보기만 하면 또 뭘 합니까? 오고 감이 없이 오고 갈 수 있어야 하고, 들을 수 있어야 하고, 서로 상응할 수 있어야 하고, 모든 그 내력을 알 수 있어야 하고, 지금 어떠한 것을 하고 있나를, 어떻게 지금 움죽거리나 그것도 알 수 있어야 하고, 그 다섯 가지를 다 알아야만이 거기에서 내가 아, 즉 그대로 할 수 있는 거죠.

그래서 우리가 물로 비유를 한다면, 이게 달나라라면 물이 있는 걸 번연히 봤다 이거야. 그런데 내가 목마른데 물을 마실 수 없다면 그건 도가 아냐. 이것이 불법이다, 불법이 아니다를 떠나서 내가 그대로 마실 수 있어야 하고 들을 수 있어야 하고, 볼 줄 알아야 하고 그 물이 어디서 생겼나를 알 수 있어야 하고, 그 물이 현재 있나 없나, 이것이 독이 있나 없나 이것도 알아야 하고 하는 것이 바로 오관이라.

그래서 내가 똑바르게 볼 수 있는 눈이 없다면 이 두 눈이 어두운 거라. 내 마음의 눈이 밝아져야 이 두 눈도 밝아지는 거지, 내 마음의 눈이 컴컴하고 없다면 이 두 눈도 바로 가명이라. 속 눈으로 볼 수 없어서 겉만 보고 다녀. 그러니 실패가 얼마나 많겠습니까? 실패가 많은 동시에 남의 사정을 몰라, 또. 남의 속도 모르니까. 아, 눈도 없고 귀도 없는데 어떻게 남의 속을 알 수 있겠나. 그러니 남의 속을 모르니까 남의 그 불쌍한 것도 들여다볼 수 없고, 옷을 잘 입었으면 '아이, 저 애는 참 괜찮겠다.' 이렇게 볼 수 있고, 아주 험난하게 입었으면 '저 애는 불쌍하구나.' 이렇게밖에는 볼 수 없는 거지. 아주 차고 찬 사람들은 옷을 아무리 험하게 입었다 할지라도 아주 부자가 있거든. 돈 부자가 아니지. 부자라는 것은 내 아비와 자식이 둘이 아닐 때에 부자야. 상봉했을 때. 그게 만약에 아비와 자식이 둘이 각각 있다면 나는 모든 것을 모르고 그저 천방지축 뛰는 애와 같아.

얘기하다가 이렇게 딴 줄로 들어가다 보면 이 줄 얘기하다가 그 줄을 놓치고, 어떻게 빨리 돌아가는지 그 줄을 놓친다고. 허허허…. 하이 참 내, 우스워서. 그래서 그 줄을 잡아 쓰는 것도 용한 일이라. 응? 간 곳이 없는 거야, 벌써 어디쯤 갔는지. 그러니까 까마득한 거야, 여기에서. 말을 하다가도, 딴 줄로 들어가서 그 줄 놓치면 그냥 까마득한 거야. 그러니 줄이라는 게 따로 없고, 평등한 데서 내가 줄을 끌어서 쓰는 거지 줄이 따로 "네가 끌어 써라." 그러고 있는 게 아니야.

그래서 법망이라는 그 줄은 육안으로 볼 수가 없지만 허공에 꽉 찼어요. 그러니 끌어 쓸 것도 없고 안 끌어 쓸 것도 없지만 그렇게 빨리 돌아가는 이 틈에서, 즉 말하자면 한번 생각 일으키는 그 자체가 그냥 한 줄 들면 주루루 달려 올라오는데, 주루루 달려 올라오면 달려 올라오는 대로 이것이 이리로 나가다가 저거 하면 이리도 돌아가고, 이리로 돌아가다 보면 이리로도 돌아가고 이렇게 돼 버려. 그러니까 이게 말인지 뭔지 도대체 이게 설법인지 뭔지 알 길이 없는 거라. 뭐, 들치락날치락 이러고 하지마는 그 밥그릇에 그 밥이라, 그래도. 그 배 안의 일들이지 그 배 바깥의 일들이 아니다 이 소리야. 아무리 들쑹날쑹 해도.

그래서 아까 얘기했듯이, 철퇴를 든다 이럴 때는 내가 금방 부처가 됐다가 금방 법신이 돼. 금방 화신이 돼, 이게 첨보해서 돌아가니까. 동시에 들으면서, 저기서 큰 소리가 나면 귀로 들으면서 눈이 벌써 그리로 가거든. 동시에 이 오관이 빙글빙글 돌아가는 거야. 그러니까 때로는 화신이 됐다가 보신이 됐다가 그냥 신장이 됐다가, 철퇴를 들었다가 칼을 들었다가 온통 별짓 다 하는 거야. 그리고 보물이 없는 게 없이 있으니까 그렇게 여러분한테 원하는 대로 그것이, 진짜로 여기에 통달만 한다면, 통하기만 한다면 그것이 저절로 주어져. 여러분이 원하는 대로 주어져도 이것이 줄지도 않고, 아무리 빼 가도 줄지도 않거니와 아무리 이쪽에다 넣어도 두드러지지도 않아. 그만큼 광대무변하고 이 세상 이치가 그렇게 좋은 법이라고 봐요.

그러니 때에 따라서는 그게 중요한 거라. 우리가 긴박해서는, 철퇴를 들어야 할 땐 철퇴를 드는데 드는 대신 철퇴만 들어서 되는 게 아냐. 철퇴라는 것은 주장자를 말하는데 주장자를 들었으면 요량이 있어야 되겠죠. 이것은 요량이 있어야 하는데 상대가 어떻게 걸어왔나, 지금 뭐를 하고 있나, 뭘로 지금 그 대책을 세웠나 하는 거를 잘 알아야 그걸 해낼 수가 있는 거지, 아무것도 보지 못하고 그게 어떻게 된 건지 어디에서부터 뭘로 대책을 세우는지 이것도 모르고서야 어떻게 하겠나. 그렇기 때문에 그 공부를 못 한 분들은 주인공에 맡겨 놓으면, 한 생각 해서 그렇게 맡겨 놓으면 이 주인공에서 다 할 거다 이거야. 자동기로서 이 단추만 누르면, 로보트가 왜, 자기 할 일 다 하지. 생각만 그렇게 넣어 주면 내 생각대로 그냥 하는 거 있지? 그것은 천리만리에 가서도 내 여기서 생각만 해서 딱 눌러 놓으면 거기에서 다, 줄 없는 줄이 붙어서 그게 다 하고 돌아가.

그렇듯이 이 법이라는 게 그렇게 엄청나게 무변하면서도, 참 무서운 도리면서도 아주 가볍고, 또 가벼우면서도 대범하고 엄청난 일이라 이거야. 그러면서도 아주 시원하고 또 강제스럽지 않고 그냥 하는 거, 그냥 그대로 하는 것뿐이야. 누구를 위해서 한다, 나를 위해서 한다 이런 것도 없어. 그냥 할 뿐이야. 로보트가 일을 할 때에 그냥 할 뿐이야. 이 몸뚱이는 로보트와 같은 거야. 그냥 할 뿐이야.

그런데 그 로보트를 경영하는 주모자가, 만약에 로보트를 만든 사람이 있어서 그걸 응용한다면 바로 그 생각 하나가 그렇게 중요한 거야. 이 지구가 배라면 그 생각 하나가 전체 이 지구의 배를, 수천수만 배를, 이 지구 안에 들어 있는, 그 배 안에 든 배를 전부 태워 버릴 수가 있어. 근데 그거 조절하는 데는 그거밖엔 없어, 그 보배들. 그 보배밖엔 없어. 그 보배! 한 점 없는 한 점의 그 마음이 우주를 굴릴 수가 있고 또는 우리 배를, 전체의 배를 살릴 수가 있는 그런 문제가 있거든. 한마음 한뜻으로 돌아가게 만들고 자연적으로 이 배에 문제가 생기면 배를 살려야 하니까 이 배에 들어 있는 모든 사람들을 뱃사공이 살리는 거야. 또는 여기에서도 할 수 있고 저기도 할 수 있다면, 여기 편안하다면 여기에서, 딴 데서 그러면 또 딴 데, 꼭 여기다 저기다가 없으니까. 응? 여기다 저기다가 없고 항상 그대로니까 여기다 저기다, 이 배다 저 배다 할 게 없이, 이 로보트라는 자체를 만들어 놓은 주인이 여기다 만들어 놨으니까, 로보트를 만들어 놨으니까 어쩔 수 없이 그 자리에서 나는 생각하게 돼 있다 이거야. 일을 하게 돼 있고. 그럼 만들어 놓은 장본인이 바로 자기의 주인공이라면 바로 이 로보트도 여기에 있는 거라. 그렇기 때문에 여기에서 이 로보트는 일을 하면서도 그 주인은 여기서만 일하는 게 아니라, 저기서도 연구하고 저기서도 다 한단 말이야, 어느 배에서든지. 때에 따라서는 여기에서 일을 보고 다 보면 저쪽에 가서 또 볼 수도 있고.

그런데 벌써 일이 벌어진다 하면 상대성 원리라. 그러니 부처로서 가만히 있을 수가 있나? 그러니 법신이 되는 거고 보살이 되는 거지. 그래서 그렇게 내려와서는 그쪽을 벌써 이렇게 생각만 하면 그쪽이 어떻게 어떻게 해서 이렇게 사람을 나쁘게 하는지, 좋게 하는지 그걸 알 수가 있는 거 아냐? 이게 숙명통이라고. 타심통이고. 그러니까 그렇게 해서 좋은 사람 열 명을 살리기 위해서, 즉 말하자면 나쁜 씨를 갖다가, 정말 나쁜 사람들을 다섯 명 죽일 수가 있는 거야. 죽인다 해도 몸, 이 로보트 자체만 깨 버리지 그 안에 들어 있는 사람은 절대 건드리지 않아.

그렇기 때문에 우리가 이치를 따지고 본다면 너무도 세밀하게 우리 한 점의 마음에 전부 들어 있는 거고, 한 몸에 전부 들어 있는 거다 이거야. 이 세상 이치와 법칙과 이 살림살이가 말이야. 그러니 이 중천세계를, 저 상천세계 소천세계를 대천세계가 또 이끌고 돌아갈 때에 아니, 그 삼천세계가 지금 우리 이 은하계를 전부 끌고 돌아다니지를 않나, 은하계는 태양계를 끌고 돌아 다니지를 않나, 태양계는 혹성들을 끌고 돌아다니지를 않나, 혹성은 별들을 끌고 다니지를 않나. 이렇게 연결돼 있는 거야.

그러면 우리는 무엇일까요? 우린 이 지구 배 속 안에 들어 있는 곤충이나 한가지야. 작게 치면 그렇고 크게 치면 아주 배라고 비유해도 좋고, 배가 여러 개가 배 안에 들었다. 또 그 배 안에 또 배가 들어 있다. 그 배 안에 또 배가 들어 있다. 이렇게 연방 연쇄적으로 나오는 이런 이치에 의한 문제를 우리는 크게 생각하고 포용해서 좀 더 지혜 있게, 넓게 이렇게 하면서 그대로 여여하게 아, 우주의 통신은 당신, 그 한 점이란 점도 없는 그 당신이 하는 거니까 당신이 알아서 다 처리하라고 맡겨 놓으면 얼마나 좋겠나 이거야.

우리 인간은 한계가 있는 거야. 부서지고 변하고 옮겨 가고 이러니까 사실은 내가 여기다 다 맡겨 놓는 것이 제일 편안한 거라. 주인을 아끼고 관리하고. 관리할 것도 없는 관리를. 그런데 관리할 게 없는 게 뭐냐. 내가 손발이 있으니 십대 제자는 아래 위에서 다 보살피고 있는 거야, 응? 내 몸뚱이를 끌고 다니는 발이 있는가 하면 내 몸뚱이를 돌보는 손이 있다 이거야. 이것들은 내 제자가 아니고 무엇이냐 이거야. 몸뚱이의 제자가 손발이라 이거야. 마음의 제자는 그 몸이고.

오늘은 이걸로써 끝을 마치겠습니다.

우주 생명들의 묘한 살림살이

1986년 3월 21일

여러분이 잡숴 봤고 또는 다루어 본 음식을 내가 드린다면, 서로가 '아! 저 맛은 저럴 거다.' 하고선 알 수 있겠지만 여러분이 보지도 못하고 또는 마음을 내 보지도 못한 얘기를 한다면 여러분하고 나하고 마음이 맞질 않아. 그래서 이게 조달이 제대로 되지 않을 때도 있고요. 그래서 여러분은 듣고선 흘려버리는 수가 많거든. 괜히 남 말을 해서 한데 떨어뜨리지 않도록….

우리 인간의 생김생김이나 저런 별성들의 생김생김이도 그렇지만 이 지구 안의 우리가, 즉 국민이 별이라고 한다면 은하계를 통해서 별들이 전부 국민과 같이, 흩어져서 살긴 하지만 그 줄에 의해서 바로 상응, 상통하면서 살거든요, 법도를 지키면서. 그러듯이 그 별성들도 법도를 지키면서 살고 있거든요. 저 별성을 가만히 보세요. 어느 쪽이든 머리가 될 수 있고 어느 쪽이든 발이 될 수가 있고 어느 쪽이든 손이 될 수 있어요. 그런데 우리가 평면적으로 볼 때에 별성이 모두가 둥글고 그렇게 돼 있으니까 저쪽에서 봐도 그렇게 보이고 이쪽에서 봐도 그렇게 보이고, 저쪽에서 봐도 그렇게 보이고 이쪽에서 봐도 그렇게 보인단 말입니다. 그렇게만 모형이 생긴 게 아니거든. 그래서 삼각원형을 이루고 있다 하는 것은 누구나가 다 알듯이 내 마음의 삼각원형을 이루고 있다. 이쪽에도 삼각, 저쪽에도 삼각, 이쪽에도 이쪽에도…. 사각을 이루고 있으면서도 둥글어. 아무 쪽에서 봐도 별은 별이야. 똑같아. 그리고 한쪽이 사람의 모습과 같아. 두 팔을 벌리고 가만히 보세요, 안 그런가.

그 별성의 뜻이 어떠한 관계상 우리의 등불이 돼 줄 수 있고, 우리의 마음을 조달하면서 마음과 마음을 연결해서, 우리의 마음 씀씀이에 의해서 거기에서 받아서 그 뜻을 전달을 하는가? 아마 이 지구의 소임자라고 해도 과언이 아니에요. 우리 마음의 뿌리의 근원이라고 해도 과언이 아니고요. 근원인 그 자체는 서로 합일해서 돌아가나, 그 마음의 뿌리는 같이 돌아가나 결국 그 마음 씀씀이에 의해서는 항상 뒤지고 있으니까요. 그래서 태양의 근본도 인간의 마음의 근본이 되듯이 별성의 근본도 역시 인간의 마음의 근본이거든, 작으나 크나.

그래서 언제나 별성은 이 지구 안의 여러분의 마음 씀씀이에 의해서 어느 나라든지, 즉 중국이면 중국 또는 이북이면 이북, 이남이면 이남, 이런 문제 등등이 모두 소련 미국, 각 나라의 그 한 구조 구조가 씀씀이가 어떻게 돼 있나 검사를 하는 게 아니라 우리의 씀씀이를, 우리가 아는 것을 그쪽에서도 다 알고 있거든. 그렇기 때문에 어떠한 나라가 그렇게 돼 있으면 물물이 이렇게, 컴퓨터처럼 자연적으로 그쪽으로 전달이 돼 버려. 그리고 그쪽에서도 전달이 돼서 이쪽으로 다 순행을 하게끔 돼 있거든. 어떻게 법망이 줄이 보이지 않으면서도 그렇게, 무전통신이 연락 두절 없이 그렇게 되는지…. 그 얼마나 신기하고 묘합니까!

그러면서 그쪽은 그쪽대로, 우리 여기서 미거한 사람들이 거기에서는 살 수 없다고 생각하는데, 별성 그 자체 내에서도 그렇게 삼각원형을 이룬다 하는 거는 뭘 뜻하느냐 하면 첫째, 진흙물로써 돌아가는 자동식, 그다음엔 맑은 물로써 돌아가는 자동식, 그다음에 금속물로써 돌아가는 자동식, 이것이 전자, 전기를 일으키면서 모든 것이 야광이 된다는 얘기입니다.

예를 들어서 우리가 예전에 왜, 노인네들이 담뱃불 붙이려면 이러한 거를 가지고선 이렇게 보는데 크게 보려면, 이런 거 보이죠? 유리 둥그런 거. 그걸 뭐라 그러죠? 응? 돋보기 같은 유리 큰 거. 응, 그런 거를 가지고서 보면 태양빛이 이렇게 비치면 막 다른 것도 탑니다. 타기도 하고 크게도 보일 수 있고. 그러한 투명한 자체로서 간막이 막아져 있다는 사실. 그의 반사로써, 그 투명한 자체의 그 반사로 인해서 뭐든지, 물이든지 어떠한 물질이든지 그렇게 광이 난다는 겁니다. 광채가 나는 그 자체가 밝은 날은 밝은 날대로 광채가 나지 않지만 컴컴한 날은 컴컴한 대로 광채를 이루고 있다는 점이요. 날이 흐린 날도 때에 따라서는 반사를 일으키면 번쩍번쩍하고, 보이지는 않아도 그런 때가, 드문드문 그렇게 될 때가 있죠. 그러한 문제 등등이 모두 자연 구상으로서 이렇게 묘하게 이루고 있으니 얼마나 그것이 신비하고 참, 기가 막혔는지 모릅니다.

우리의 당년초라든가 우리의 무명초라든가 이 자체 모두가, 우리는 덮고 입고 이런 문제들이 있지만 그런 데는 벗는다 입는다가 없이 항상 무성하다. 그것이 해에 따라서 밤이 있고 낮이 있다면 별문젠데 밤낮이 없다. 밤에도 야광이요, 저 목성처럼. 목성에도 안에, 내부에 모든 것이 그렇게 갖추어져 있기 때문에 밤낮이 없고, 하루 이십사 시간이라면 단 한 시간, 반 시간 동안밖에는 어둠침침한 날이 없다. 그런데 이 별성에서는 어둠침침한 게 없어. 유리관에 그 푸르름이 항상 그렇게 되어 있고, 우리는 죽었다, 살았다, 자란다 이러지만 하루에도 그렇게 무럭무럭 그냥 심으면 자라. 심어서 자라는 게 아니라 자연 이게 초목이라.

그러면서도 삼각형으로 나누어서, 즉 말하자면 뿌리 이렇게 난 이 자체가 바로 우리 이 손가락에 무전 전선줄이 돼 있듯이 전부 전선줄이 돼 있고, 이것은 즉 말하자면 자동 전기지. 이렇게 여기까지 다 돼 있듯이 그렇게 돼 있단 말입니다. 그러니깐 칸칸이 톱니처럼, 안에서는 이렇게 책정이 된다 이거야. 그다음에서는 책정이 되지 않고 오르락내리락하면서, 이쪽을 오르락내리락하는 역할을 하면서 바깥으로 오르락내리락하는 역할을 언제든지 자동적으로 하고 있다. 그러면서 그 안에는 안에대로 모든 물질 자체가 그것을 공급해서 다 쓰는 거야. 자동적으로 나가고 들어오고 나가고 들어오고 해.

그러면 사람이 살 수 없을까? 너무 미인이 살고 있다 이거야. 사람은 사람대로 누구나가 다 '그러한 데 어디 사람이 살고 있을까?' 그러지만 여기하고 거기하고는, 즉 말하자면 사람 사는 질이 달라. 뭐냐하면 여기는 죽음이 있지만 천연으로 사는 게 있듯이 언제나 항상 살아가면서, 즉 말하자면 천 년이다 만 년이다 하는 거죠. 그런데 마음 씀씀이를 잘못 쓸 때에 비로소 그 안의 별들은 스러져 가고 다시금 그것이 이리로 떨어지게 돼 있어. 이쪽으로 떨어져서 나게 돼 있다고, 사람의 몸을 통해서. 그러면 고생을 죽도록 해서 다시 굴러서 훈련을 받아 가지고 다시 오르게끔 해 가지고 다시 또 거기에서 훈련을 받아서 다른 혹성으로도 갈 수 있고 딴 데로도, 은하계로도 동네로 이동을 하는 거야.

그럼 연방 이동을 해서 우리가 체로 치는 거와 같이 그렇게 세 단계로 나누어서 그렇게 자꾸 우리 마음 씀씀이대로 돌아가는데, 자동적인 거는 누구의 탓이냐? 여러분의 마음의 탓이 되는 거죠. 여러분의 마음에 따라서 자동적으로 흘러서 차원이 높은 데로 가는가, 차원대로 얕은 데로 떨어지는가, 차원이 아주 낮은 데로 떨어지는가. 또 식물로 떨어지는가, 동물로 떨어지는가, 그냥 얕은 생물로 떨어지는가. 생물이야 다 똑같은 생물이지만 동물로 떨어지느냐, 식물로 떨어지느냐,

무정물로 떨어지느냐, 돌이 되느냐. 이 문제 등등이 여러 가지, 천만 가지 만만 가지 여러분의 마음 차원에 따라서 주어지는 것이죠.

그러면 '어머니의 상'이 어떠한 현상으로, 평면에 보이는 거는 아니지만 정말 또렷또렷하게 운행을 하고 있다는 사실을 여러분은 언젠가는 여러분 자식 대에라도 알 수 있게 계발이 될는지도 모르죠. 사람 사람이 세 단계로 나누어졌다 하는 것은 사람이 위가 있으면 중간이 있고 중간이 있으면 맨 아래의 기준이 있듯이, 즉 정부가 있으면 정부대로 그 아래에 정부의 일을 도맡아서 보는 사람들이 있는가 하면 역시 국방부가 있고 또는 내무부, 외무부가 있고 이렇듯이, 그 별성 자체가 지구에 있어서는 시장이나 똑같다 이거야. 즉 말하자면 서울시면 서울시의 시장. 지금 우리 지구 자체, 우리 혹성 하나밖에 없는 건 아니니까. 우리 근본이 이 혹성의 껍데기로 본다면 거기에…, 즉 말하자면 이건 지구와 같은 거니까.

그러니까 이 혹성을 다루는 북극성이나 남극성이나 이러한 거, 남극성은 지금 얘기 안 하겠습니다. 이 북극성에 따라서 거기에 사람들이 살고 있다는 거. 그러나 남성과 여성을 갖추어서 살고 있다는 거. 그럼 남자의 모습은 안 보이고 여잔데 때에 따라서 무수한 활용을 할 수 있다는 거. 화할 수 있다는 거. 그리고 자식을 낳지 않는다는 점. 자식을 낳지 않아도 그대로 사람이 될 수 있다는 그 점 말입니다. 화해서 살고 있다 이거야. 화성에서 화해서 살고 있다.

이 화해서 사는 것은 한쪽은 금관을 쓰고 있는 거고 한쪽은 그냥 왜, 의사들이 진찰을 하려면 이렇게 매고, 앞에 이렇게 별을 달고 한쪽에는 여기에다가 둥그런 거 하나를 갖다가 붙이고 달고, 그렇게 자기 나름대로, 자기 소임 맡은 대로 표시를 하고 있다 이거야. 그렇다면 그 뒤에다가 한 그 사람에 대해서는 항상 여기 주변을 돌고 있는 것이나 똑같다 이거야. 이 법계를 돌고 있다 이거야. 그러면 별성이 돌고 있느냐 하면 별성의 모습 자체 화신이 돌고 있다 이거야. 그럼 법신이 돌고 있느냐? 이 별을 상징한 것은 바로 법을 다룬다 이거야.

그런데 우리가 마음을 잘못 쓰게 되면 그만큼 받아들이는 그 역량 자체가, 우리가 그 도리를 모르기 때문에 항상 거기에 끌려서, 예를 들어서 이렇게 잡아당겨도 그냥 지남철에 끌려가듯 끌려가는 거나 마찬가지지. 자석 기운은 어디고 다 있어요. 우리 이 지구에도 그렇지만 인간의 마음에도 자석 기운이 있거든. 인간의 마음에도 자석 기운이 있어서 자기가 좋으면 빨아들일 수 있는 거고 또 자기가 나쁘면 배척하고 이러는 거, 들이고 내는 거를 자유스럽게 한다 이거야. 우리 별성도 역시 마찬가지로 그렇게 작용을 하고 있다 이거야. 사람도 모습을 그렇게 가지고 있는가 하면 그 작용 자체가 바로 세 단계로 그렇게 나누어져서 들이고 내고 들이고 내고 하는 단계가 이 단계도 그렇고 이 단계도 그렇고 이 단계도 그렇고, 연방연방 들이고 내니까 어떻게 되느냐 하면, 여섯 단계가 되는 거나 마찬가지지만 세 단계로 돼 있다 이거야.

자동식으로 돌아가는 그 자체가 얼마나 묘했던지, 뭣이든지 물건이 하나 이렇게 있어도 모두가 화해서 그것은 너무나 그냥 번쩍 번쩍 번쩍 모두가 야광이다 이거야. 그러니 보석 아닌 게 없다 이거야. 보석이라기보다도 어느 물질이든지, 사람도 예를 들어서 타올을 깔고 섰더라 이랬을 때, 깔고 선 걸 봤다 할 때 그 타올이 그냥 야광이 비쳐서 번쩍번쩍하는 거야, 별같이.

그러니 그러한 묘한 이치가 어디에 있느냐. 우리 이 우주 간 전체가 이 모습들도 다르거니와 또는 살림 법도도 다르고, 또 사는 생명의 수명도 다르고, 모두가 이렇게 생겼으니 이 묘한 도리가 어디에서부터 이렇게 됐느냐는 얘깁니다. 그 별성에는 모든 것이 그렇게 돼서 못 살고, 또 수성에서도 뜨거워서 못 살고 태양에서도 그렇게 못 산다고 하는데, 그러면 죽은 것은 생명이 없는데 어떻게 그렇게 광을 비춰 줄 수 있을까요? 응? 생명이 없는 송장인데 어떻게 그러한 빛이 나올 수 있느냐는 얘깁니다. 반드시 생명이 있기 때문에 나온다는 걸 알아야 합니다.

만약에 내 몸이 송장이라면, 즉 말하자면 영력은 반드시 있는데 송장이 됐을 뿐이죠. 그런데 물체로 본다면, 만약에 태양이다 별성이다 할 때, 별성과 태양하고는 또 달라. 이건 야광이고 그것은 불로서 뜨겁게 해 줄 수 있는…. 야광도 뜨거운 거지. 뜨겁긴 뜨거우나 모든 게 우굴우굴 그렇게 끓어서 그냥 죄 해결이 나는 게 아니다 이거야. 어디까지나 반사다 이거야. 반사! 반사를 이루는 거다 이거야.

그러면 그러는 대로 인간이 뜨거워서 못 사는 법이 없다. 왜? 살아나가는 그 수명도 다르고 모습도 다르고, 또는 뜨거운 곳에서 사는 게 있고 찬 데서 사는 게 있고, 뜨겁지도 않고 차지도 않은 데서 사는 게 있고, 캄캄한 밤중에 사는 데도 있고, 낮에 사는 데도 있어. 그러니 그것을 탓할 것은 없다 이거야. 우리가 이렇게 산다고 해서 저 사람이야, 우리하고 똑같을 수가 있나? 야광 세계에서 사는 사람들은 모든 게 야광으로 비추니까 밤낮이 어디 있겠어요? 이것은 허무맹랑한 소리가 아니다 이거야.

그러면서도 안에 있는 그 자체의 뜻을 가지고서 사는 사람들은 여기와는 다른 것이, 그걸 어떻게 표현을 해야 할지 모르겠는데, 여기에서는 이 껍데길 벗고 죽고 산다 이러는데 거기서는 껍데길 가지고도 껍데기가 죽는다 산다가 없어. 하루에 퍼뜩 생겼다가도 퍼뜩 이걸로다가 화하고 저걸로다 화할 수도 있으니까. 일을 할 때는 일복 입는 거나 마찬가지야, 몸뚱이가. 우리는 몸뚱이 위에 또 옷이 있는데 그것은 몸뚱이와 더불어 옷이 바뀌져. 이런 묘한 법이 어디 있느냐 이거야. 그러니 이것이 어떻게 보면 '아, 보살들이로구나.' 이렇게 볼 수밖엔 없지. 우리 육안으로 볼 수 있느냐 하면 육안으로 볼 수가 없는 거야. 진짜 눈이 있어야 볼 수 있는 거라. 그러니 어떻게 보살이 아니겠느냐는 얘기야. 그리고 뿌리들을 길러 줄 수 있는, 건져 줄 수 있는 그런 마음 자체가 그 능력을 가졌으니 그건 자식을 기르는 어머니의 모습과도 같았다 이거야, 내가 생각할 때.

여러분이 깨달으면 어느 것도 나하고 둘이 아니다 이거야. 그것을 볼 수 있는 것은 이 마음이 거기에 같이할 수 있기 때문에 그 모습도 둘로 나누어지지 않지 않느냐 이거야. 그 모습 속에 들어가면 내가 그거 아닌가 이 소리야. 그가 나한테 들어오면 내 모습이 그 모습이 아니냐 이거야. 살림살이 법도가 다르다 뿐이지 같이하는 길에는 둘이 아니다 이거야.

그래서 사람은 이 몸이, 내가 사는 게 아니라 마음을 길러야 한다. 마음을 계발해야 한다. 마음을 깨달아야 한다. 이 모습은 늙어서 하얗고, 또 젊었다 하더라도 얼마 안 가서 늙어 버리고 하니 마음을 깨달아야 한다. 마음이 아름답고 마음이 깨달았고 계발이 된다면 어디고 나 아님이 없다. 천사라도 나인 것이요, 부처라도 나인 것이요, 관세음보살도 나인 것이요, 바로 그 모두가 내가 아닌 게 없는 거라. 그렇게 화해서 마음이 어디고 닿지 않는 데가 없어야 손도 닿지 않는 데가 없을 거 아니냐 이거야. 한 발로 이 땅을 디뎌서 온 누리를 다 디딜 수 있다면 그 얼마나 대장부의 마음 살림살이겠느냐.

여러분도 이 모습으로, 지금 보살로서 이 모습으로 타고 났다고 해서 한탄할 것도 없고, 또는 잘되자고 생각할 것도 없고 못되자고 생각할 것도 없다 이거야. 단지 우리가 살아나온 그 습만 뗀다면, 습만 녹일 수 있다면 홀연히 자기는 스스로 나오게 돼 있어. 그런데 그 습을 못 떼고 무뜩무뜩 그것이 나올 때 '난 이런 습이 자꾸 나와서….' 그러고 먹고사느라고, 먹고사는 것만 앞에 지금 아롱거린다 이거야. 먹고사는 게 아롱거린다면 그 아롱거리는 것을, 모든 걸 누가 하느냐 이거야. 모든 것이 이 나를 형성시켜 놓은 나, 참나가 그렇게 내 형성을 지금 해서 이렇게 움죽거리게 하는 작용을 하는 것뿐인데 왜 내가 바둥바둥하느냐 이거야. 굶든지 먹든지 죽든지 살든지, 옆의 사람이 죽든지 내가 죽든지 그건 상관이 없이 마음을 턱 놓고 모든 걸, 내 한 몸 탁 버린다면 아무것도 무슨 그런 게 없는데 말이야.

내 자식들도, 부부지간이라든가 형제지간이라든가 몸만 각각이지 마음이 둘이 아닐 때에 비로소…, 죽으면 죽는 대로 몸을 벗으니 만약에 간단하게 그냥 아예 승천할 수만 있다면 오히려 그렇게 좋을 것을, 왜 이 몸을 하루라도 더 쓰고선 이렇게 고생을 해야 하는가 이거야. 그렇게 생각하면 아예 그냥 간편하고 오히려 눈물커녕 콧물도 안 날 텐데 그 도리를 몰라서 그런 거야.

옛날에 어떤 부부가 살았는데 아들들을 오 형제를 낳았더랍니다. 오 형제가 다 잘돼서 잘 사는데 그 노인 영감님은 이 공부를 열심히 해서 그 도리를 다 알아서 아주 깨달아서 참, 그렇게 호인이 없었더랍니다. 그런데 마나님이 먼저 돌아가셨거든요. 마나님이 돌아가시니까 전부 그냥 아이구, 어떡하면 좋으냐고, 혼자 홀아비가 돼서 어떡하면 좋으냐고 하니까 그 영감님이 춤을 덩실덩실 추면서 기생들을 불러서 춤을 추게 하고 장구를 치게 하고 모두 이렇게 하면서, 사람들이 "스님네를 모셔다가 염불을 해 드리지, 천당에 가시게요." 하니까 "이미 천당에 오르는데 뭣 때문에 염불을 하며 뭣 때문에 그렇게 시끄럽게 하느냐. 우리가 이렇게 덩실덩실 술 마시고 즐겁게 놀고, 음식 맛이 이렇게 좋은데…." 하면서 기생들을 불러다 놓고 노인들을 모두 청하고 부인의 친구분들을 모셔다가 전부 춤을 추고 놀면서 하는 소리가 보라고, 눈에 안 보이느냐고…. 저기 저렇게 구름을 타고 물기둥을 따라서 승천하는 거, 저렇게 좋아서 승천을 하는 거를 보고 내 어찌 울겠느냐 이거야.

그러시면서 아니, 울기는 왜 우느냐고 말이야, 너무 좋아서 나는 지금 어쩔 줄을 모르는데. 내가 먼저 이렇게 올려놓고, 먼저 가게 해 놓고 나마저 또 가면 이 세상에 이렇게 복잡할 게 없단 말입니다. 자식도 내 가운데 물줄기처럼 항상 이렇게 돼 있는데, 물줄기를 잡아당기면 아들의 마음이요, 물줄기를 잡아당기면 손자의 마음이요, 몇 대로 내려가면서 손자가 있다 하더라도 한 물줄기인데, 내가 이 물줄기를 이 손에도 쥐었다면 구태여 내가 올라가도 그렇고 내려와도 그런 것을 뭘 그렇게 사람이 죽었다고 우느냐. 이것은 승진하는 거니까 울기커녕 오히려 잔치를 해서 여러분이 잘 자시고 우리 마누라 저렇게 승천을 하니 얼마나 좋겠느냐고 하면서 그렇게 좋아서 춤을 추더라는 겁니다.

그런 거와 마찬가지로 우리가 사람이 죽었다고 해서 '이거 불쌍해서 어떡하나.' 아니, 불쌍한 건 자기가 불쌍하지 왜 남이 불쌍해? 아이, 죽어서 어떻게 될 줄 알고 불쌍하다고 하는 거냐 이겁니다, 응? 어디로 가는지 그것도 모르고 어디서 오는지 그것도 모르면서 뭘 울어요? 그래, 여러분이 생각해 봐요. 좋은 꿈을 꾸고도 그 꿈이 얼마나 좋은지 나쁜지 그것도 모르면서 '아이구! 내가 꿈을 이렇게 꾸었으니 이 노릇을 어떡하면 좋은가.' 그러고 바둥거리거든. 왜 알지도 못하면서 그걸 이름을 지어 가지고 구태여 긁어 부스럼을 만드느냐 이거야.

또 장가를 들이거나 환갑이 돌아온다거나 생일이 돌아온다거나 시집을 보낸다거나 이런 문제가 있다면 아니, 가만히 있다가도 어디 가서 물어본단 말이야, 응? 이날이 좋은가, 언짢은가? 이날 해야 옳으냐, 안 해야 옳으냐? 혼례를 해야 옳으냐, 안 해야 옳으냐? 이 사람이 좋으냐, 나쁘냐? 백년해로를 하겠느냐, 못하겠느냐? 또 어느 날짜가 좋으냐? 이렇게 자기가 긁어 부스럼을 만들어 가지고 발칵 뒤집어 놓는 거야. 가만히 있을 건데도, 스무드하게 평범하게 잘 갈 건데도, 자기네들이 우정 마음을 내 가지고 그렇게 만들어 가지고 호로록 뒤집어 놓는 거야. 물을 휘휘 저어 가지고.

사람들이 그렇게 좀 침착하지 못하고 무슨 일이 있으면 더 엎친 데 덮친 격으로 만들어 놓는 거죠. 좋고 나쁜 거, 궁합이라는 것은 자기네 삼합이 맞아서 부모와 자식과 그 색시와 다 삼합이 맞으면 궁합인 거지 궁합이…. (녹음 안됨) … 무꾸리 한마디에 거기에 다 맡길 수 있느냐 이겁니다. 부적 한 장에 맡길 수 있으며 무꾸리 한마디에 내가 올팡갈팡, 삶의 그 고귀한 생명을 거기에다가 맡길 수 있느냐 이겁니다. 한번 그 처지를 보고 내 처지를 봐라 이거야. 무꾸리해 주는 그 사람이나 무꾸리를 옳다고 받아들이는 나나 똑같은 귀신들이라.

사람사람이 누구나가 다 그렇습니다. 내가 '안 아프다! 이건 안 아프다!' 하고서 가면 안 아픈 것입니다. '네가 끌고 다니는 거 네가 하겠지.' 이 소리도 없는 거예요. 훌연히 아주 참 통달한 사람들에게는 무슨, '네가 이걸 끌고 다니니 네가 잘 끌고 다녀라.' 이런 말 자체도 없는 거예요. 그냥 그대로 하는 것뿐이에요. 그대로 한 발 한 발 딛고 나가는 것뿐이야. 그런데 무슨 엇갈릴 게 있고 잘못 걸어갈 게 있어요? 그렇게 많은 다리를 지네가 가지고 가도 조금도 엇갈릴 게 없는데. 누가 그런 말을 했죠. 지네가 발이 많아서 아주 끄달리지도 않고 잘 가다가도 옆에 있는 놈이 "너는 다리가 그렇게 많은데 어떻게 그렇게 끄달리지도 않고 어긋나지도 않고 잘 가느냐." 하니까 그때서야 멈칫하고 어긋나서 갈 수가 없더라는 거야, 응? 그래 남의 말을 듣지 말라 이거야. 왜 남의 말을 듣고선 자꾸 끄달리고 엇갈리느냐 말이야.

그러니 우리 모든 살림살이가 여기 지구의 살림살이가 다르고, 지구의 살림살이가 다른가 하면 지구 안에서도 미국의 살림살이가 다르고 여기의 살림살이가 다르고, 국적이 다르고 모두가 달라서 영 생각할 게 없는 그러한 사람들도 있고, 아직 계발이 못돼서 말입니다. 그런가 하면 여러 가지각색으로 그 살림의 법도가 있지 않겠습니까? 그렇듯이 우리가 지구인으로서 이렇게 하는 것도 그렇지만 다른 혹성에, 다른 별성에 이렇게 사는 생명들도 얼마나 고상하고 좋은지 모릅니다. 우리보다 더 좋은 데가 많거든, 또.

그러니 여러분이 중세계에 여기까지 올라왔다면 좀 더 하생들을 한번 검토해 볼 수 있는 그런 여건을 가지고, 또 거기에 공부를 할 수 있는 여건을 갖고 자꾸 연구를 해 나가야 되는데도 불구하고 그냥 전부 딴 데, 살아나가는 데, 당장 밥먹는 데 당장…. 이거는 나무로 비유한다면, 뿌리가 싱싱하다면 가지는 저절로 칠 거고 가지 치면 이파리는 저절로 싱싱하게 붙을 것을 '아휴! 가지가 이쪽으로 나갈 텐데, 저쪽으로 나갈 텐데…. 이파리가 요리로 붙어야 할 텐데 저리로 붙어야 할 텐데….' 뿌리가 근본적으로 살면서 자연적으로 붙어 돌아가는 놈의 거를 가지고 왜 그러느냐 이거야! 응? 자기네들이 그런다고 해서 가지가 이쪽으로 갈 게 이쪽으로 가나? 이파리가 붙을 게 안 붙나? 또 이파리가 붙지 않을 게 붙을 건가?

그러니 우리가 들이고 내고 들이고 내고 연방 자동식으로 돌아가는 건 여기나 거기나 다 똑같아요. 그러면 우리 무(無)의 법이, 한번 생각해 볼까요. 무의 법, 이 마음으로 지은 업보를, 바로 무에서 우리는 자기가 한 것대로 그 업을 받게 돼 있어. 그렇기 때문에 그 무의 모든 이 죽은 혼백이라든가 이런 것도 두려워할 게 없다 이거야. 부처가 두렵지 않다면 혼백도 두렵지 않다 이거야. 모두가 바로 사람의 마음이요, 생명이요, 모든 게 나하고 둘이 아니기 때문이다 이거야. 그러니 무섭고 두렵고 잘못될 일이 하나라도 있느냐 말이야. 귀신도 자기 못되게 할 수는 없거든. 생각해 봐요, 귀신이 자기 못되게 할 수 있나. 그리고 부처가 부처를 죽일 수도 없고. 자기가 자기 죽일 수 있나요?

그래서 예전에도 그런 말이 있었죠? 내가 이런 말 종종 했죠. 어느 스님이 그렇게 유명하셨답니다. 그랬는데 마적 두목이 "네가 그렇게 유명하다면 네 가슴에 철판을 끼지 않는 이상에 내 칼 안 들어가나 보자." 하고선 계곡을 지키고 있는데 슬슬 앞으로 오시거든. 속으로 이런 생각을 했어요. '흥, 저 죽을 줄도 모르고 내 앞으로 다가오는구나.' 했는데 앞으로 다가오시면서 아주 웃음을 띄면서 오시거든요. '안다고 하더니 아는 게 뭐 있나.' 이런 생각을 하는데 앞에 딱 닥쳤습니다. 그래서 그 스님더러 하는 말이 "당신의 가슴 속에는 뭐가 들었기에, 그렇게 유명하다고 하는데 당신의 가슴에 내 칼이 안 들어가겠습니까? 당신의 가슴 속에 뭐가 들었나 한번 갈라 보겠습니다." 하고선 칼을 드니까 스님이 웃으시면서 하는 소리가 "추운 겨울에는 꽃이 피는 법이 없고, 추운 겨울에 자네가 고목을 잘라 본들 고목 속에서 꽃이 피겠나. 스스로 녹는다면, 스스로 봄이 오면 스스로 꽃이 필 것을…." 그러니까 그 마적 두목은 '아! 내 마음이 추운 겨울의 얼음덩어리와 같구나. 내 마음속에서 꽃이 피지 않으니…. 저 마음속에 꽃이 들어 있는 것도 아니고 마음먹기에 달렸구나.' 하는 거를 생각하면서 그때에 뉘우치고 칼을 떨어뜨리고 그 앞에다 절을 하고 제자가 됐다는 얘기도 있습니다.

그랬듯이, 우리 마음이 그렇게 봄에 눈이 녹고 꽃이 피듯이, 우리가 주면 받고 받으면 주고 이렇게 같이 상응하면서 그 마음을 넓혀 갈 수 있다면 홀연히 자기 마음을 자기가 그렇게 밝게 볼 수가 있기 때문에 남의 마음도 볼 수 있고 남의 모습도 볼 수 있지 않은가. 그리고 둘이 아니게 항상 상응할 수가 있고, 저 동네 가서 번쩍해도 거기 가서도 내가 되고, 저기 가서도 내가 되고 저기 가서도 내가 되고, 아무리 뜨거워도 쇳물이 아니라 그것은 어디까지나 그 모습을 가지고 있지만 천연색이라. 항상 천연색으로다가 푸르고 천연색으로다가 항상 살고 있으니 우리가 하루를 천 년이라고 한다면, 그 하루를 천 년으로 치니까 얼마나 많은 생을 그대로 호의호식하면서 살겠습니까?

우리는 모두가 자기가 만들어서 이렇게 고생을 하는 겁니다. 여러분이 만들어서 이렇게 고생하는 거지 누가 고생을 하라고 갖다 내던져서 그런 건 아닙니다. 요즘 나도 생각을 깊이 해 보는 그런 일이 많습니다. '누가 만들어서 이랬는가?' '아, 네가 그렇게 생각을 했다.' '그것은 무슨 생각이냐?' '나는 될 수 있으면 불쌍한 사람을 돕기 위해서 이렇게 해야겠다' 는 생각이 어느 때에 있었기 때문에 이렇게 둘로 어울려진 거야. '좋고 나쁜 것을 몽땅 놔 버리고 착도 없었더라면 내가 오늘날에 여러분 앞에 이렇게 같이 있으면서, 이렇게 또 나도 흘러가면서 공부를 하려고 애를 쓰지 않았을 것을. 애당초부터 그렇게 하나를 또 가지려고 했기 때문에, 하나를 꼭 하려고 했기 때문에, 나쁜 건 다 버리고 좋은 걸 하려고 했기 때문에 오늘날에 내가 이렇게 또 해야 하지 않나.' 이런 생각을 합니다. 여러분이 나쁜 것도 좋은 것도 다 놔 버린다면…. 모든 것이, 좋은 걸 하는 것도 고(苦)요, 나쁜 걸 하는 것도 고입니다. 이 모두가 다 고라고 생각한다면 고인 것인데, 알고 보니깐 내가 해 놓고 내가 받는 거기 때문에 고라고 할 것도 없고 고가 아니라고 할 것도 없습니다. 그냥 이렇게 갈 뿐입니다.

그래서 그것을 알고 보면 알고 보는 대로 이 모습으로 얼마 동안이나 기간을 두겠습니까? 이 모습이 있을 때에 그 도리를 알아서, 내가 선도 악도 모든 것을 녹여 버리는 데에 문제는 있는 것입니다. 잘한다고 하는 것도 욕심입니다. 내가 이렇게 해 주고 내가 이렇게 좋은 일을 하겠다는 것도 바로 욕심입니다. 그러면 그렇게 안 하면 어떻게 하십니까? 이것은 스스로서 그냥 그대로 둘이 아닌 까닭에 아픔도 둘이 아니요, 모습이 움죽거리는 것도 둘이 아니요, 모두가 그 생각에, 모자라면 모자라는 대로 들고 또 잘하면 잘하는 대로 들기 때문에 항상 둘이 아니게 살아가면서, 우리가 그 도리를 지금 살아서 알아야지 죽은 뒤에 이미 때는 늦는 겁니다.

이렇게 변화무쌍하고 광대무변한 변함없는 이 진리. 이것을, 여러분이 모르는 이 소리를 어떻게 내가 다 합니까? 세밀하게 얘기하려도 세밀하게 얘기할 수 없는 도리가 있습니다. 그 도리를 남용하고 폭로한다면 여러분한테도 그렇지만 우리 모두에게 어떠한 미침이 있어요. 그 도리를 여러분이 안다면 별문제지만. 그리고 또 이런 게 있죠. 옛날에도 사람사람이 모두가 예언을 해 가지고 긁어 부스럼을 만들어 가지고 그것이 전부 잘못 돌아가게 만드는 일도 있었거든요. 또 유명한 사람들, 깨달은 사람들을 다 잡아다가 죽이고 또는 잡아다가 가두고 이따위 짓을 한 것처럼.

내가 요새 광명사에 영의 탑을, 영탑 공원을 만들려고, 우리나라에선 최초입니다. 그렇게 하니까 그 이름을 납골로다가, 허가를 그렇게밖에는 생각하지 못하는 거예요. 누가 발전을 하고 이것을 개발을 하려고 하는데 협조를 할 수 있는 거는 정부에서 일하는, 밑에서 일하는 사람들이 전부 뒷받침을 해 줘야, 국민의 뒷받침을 해 줘야만이 새로이 개발을 해서 우리 역사가 달라지도록 할 수 있는 문제가 생기는데도 불구하고, 전자에 이렇게 내려왔기 때문에 이대로 이대로 하는 겁니다. 그걸 좀 바꿀 줄을 몰라요. 바꿔서, 이름도 바꾸고 모든 것이 이렇게 참 신선하고 좋고 이렇게 자꾸 나라의 살림살이를 바꿔 나갈 수 있는 개발이 필요한데도 불구하고 그저 이름 그대로, 그저 하던 방식 그대로…. 윗사람이 어떻게 일일이 다 합니까? 아랫사람들이, 일하는 사람들이 그런 소릴 들으면, 아, 국민으로부터 이렇게 이렇게 제안이 들어왔다 하면 아, 이거를 잘 좀 생각해서 위로는 상서를 올리고 아래로는 자기가 그렇게 해 줄 수 있는 능력을 가지고 뒷받침을 해 줘야 하는 것이 일꾼의 한 사람이 아니겠습니까? 국록을 먹고 사는 사람들이.

그런데 누가 개발을 해서 무엇을 한다고 그런다면, 나라에 이익이 되게 하려 하면 그것을 외려 천부당만부당하게 찢어발겨 가지고는 그냥 아주 복잡하게 만드니 어느 누가 그렇게 개발을 하려고 하겠습니까. 차라리 편안하게 그냥 끄달리지 않고 살려고 하겠죠. 이 모두가 불충분한 데서 나오는 겁니다. 진실한 마음으로서 진실하게 국가를 위하고 충성을 다하고 국민을 위해서, 또 가정을, 사회를, 자기를, 모든 걸 위해서 할 수 있는 진실이 있다면 거기에서는 이름도 바꿀 수 있고 또 개발도 할 수 있고 상서도 올리고, 이렇게 해서 다 할 수 있는 겁니다.

일본에는 벌써 그것이 해결이 됐기 때문에 묘지가 따로 없어요. 절간에 요만큼씩 한 부도탑이나 영탑이 전부 이렇게 보기 좋게, 길가에 지나가면서 봐도 보기 좋은 거라, 이거는. 전부 보기 좋게 그렇게 공원처럼 돼 있고 나무도 심고 꽃도 심고 전부 탑이 그렇게 돼 있어서 길가에서 보고도 그냥 너무나 그게 정돈이 돼서 좋은 거 있죠. 그런데 이것은 납골이 뭐야, 납골이! 응? 세상에 아무리 죽은 사람이라도, 그래, 집을 요렇게 지어 놓고선 거기다가 요렇게 사람 모양으로 뼈를 늘어놓는 그게 뭡니까, 그게. 기껏 생각해 낸다는 게 그것을 생각해 냈어. 또 한 가지는 그렇게 생각해 낸 걸 갖다가 지금 납골이라고 이름을 해 가지고, 이 탑을 준엄하게 세우는데도 불구하고 이것을 납골로 그냥 선포를 해야 하니 이게 뭡니까? 탑을 뭐라고 말을 해야 할까? 준엄한 사원인데도 불구하고 같이 그냥 납골로 생각해. 이게 뭡니까?

그러니 우리가 살림살이하는 데도 요모조모 잘 해결해 간다면, 살림살이하는 데도 조금만 잘하면 조금 낫게 살 수 있어. 만약에 돈을 삼십만 원이나 이십만 원이나 가지고, 똑같은 돈을 가지고도 이 집은 가난하고 이 집은 괜찮습니다. 지혜가 있어야 되니깐. 그렇듯이 모든 걸 사람이 마음먹고 행동하고 그러는 데에 그 살림살이 규모가 있는 것이, 나라 일이라든가 모든 것이 다 그렇죠.

살림을 하면서도 어떤 사람들은 내 입에 맞지 않는데도 남이 이렇게 해 먹었으니까 우리도 사다가 이렇게 해 먹는데 영 입에 이렇게 들어가지도 않아. 여러분이 살아나가는 데 편안하게 살려면 딱 입에 맞게 바꿔야 합니다. 한 가지 김치는 기본으로 두고 이것은 밑반찬으로다가 바꿔 가면서 찌개로 또는 어떠한 반찬으로 이렇게 해서, 간단하게 서너 너덧 가지면 족하고 세 가지면 족하고 두 가지면 족하고 한 가지라도 족하다. 내 입에만 맞으면 됐지, 뭐 그렇게 여러 가지가 필요합니까? 여러 가지 아무리 좋은 게 있어도 내 입에 맞지 않은 건 다 필요 없는 거라.

그전에 이런 예가 있었죠. 저기 부산 어딜 갔는데요, 너무 배가 고파서 들에 나가니깐 왜 땡대풀 있죠? 그걸 땡대라 그러죠? 그거 요만큼 심어서 봄에 날 때 그거를 갖다 모조리 걷으니깐 그냥 산더미 같죠. 그걸 가져다가 푹 삶아서 벗겨서는 큰 다라이를 빌려서 거기다가 이렇게 해 놓고 이것들 짜서 잡수라고 그러니까 그걸 어떻게 먹느냐는 겁니다. 그래서 딱 짜다가 고추장에다가 무쳐서 먹어 보더니 야, 그게 참 맛있다고, 얼마나 그 며칠 동안 반찬이 됐는지 말입니다. 그러는 동안에 나는 그걸 가지고 그 집에서 밥을 얻어먹었죠. 그런 거나 마찬가지로 머리를 쓰면 내가 굶을 일이 없어요.

사람사람이 누구나가 내가 진실하게 한다면 그것도 약이 될 수 있으니까요. 그 풀이 사람에게도 그렇게 해로운 풀이 아니거든요. 약이 되는 풀이랍니다. 그 모든 진을, 나쁜 그것을 모두 없애 주는 역할을 하거든요. 그러니까 나는 그것을 해다가 그렇게 줬는데도 아주 잘 먹으니 좋고, 된장에 볶아 먹어도 좋고, 그게 얼마나 좋습니까? 그러니 그때서부터 밥이 남아나지 않더군요. 그땐 또 먹을 게 없기에 더 그렇더군요.

그러니깐 우리가 때에 따라서, 환경에 따라서 남이 사는 거 보지 말고 나 사는 데에서 환경에 따라서 개발을 해 나갈 수 있는 살림살이, 지혜 있는 살림살이를 해 나갈 수 있다면 우리들 살아나가는 데도 조금 역할이 될 수 있지 않은가. 우리의 불법이 우리 생활에 있는 거지, 생활 불교지, 생활을 따로 하면서 불교가 있는 건 아닙니다. 나는 여직껏 살아도 여러분한테, 여러분이 못살아도 좋으니까 부처님 앞에 자꾸 바치면서 자꾸 빌라고 한 예는 없습니다. 여러분이 괴로우면 나도 괴롭고 내가 괴로우면 여러분도 괴로우니 서로가 서로를 위해서 서로 살자고 한 것이죠.

그리고 나는 내가 살자고 이러는 건 아닙니다. 절대로 그건 아닙니다. 여러분이 조금이라도 배움에 이익이 돼서 살림살이를 그대로 항상 불법으로서, 항상 참선으로서, 항상 근본의 한 점의 마음으로서 일체 만법을 운영할 수 있는 그런 지혜를 가지고서 좋은 깨달음을 깨닫게….

그럼 오늘은 이것으로써 마치겠습니다. 감사합니다.

금성을 구경하다

1986년 3월 22일

큰스님 … 조금씩 거론하는 문제, 지구 안에서만이 문제가 아니라 바깥 세계의 모든 구경을 여러분이 할 수 있는 것도 그렇지만 우리 지구 안의 세계적인 개발도 역시 여러분의 마음에 달려 있으니까요. 이 지구가 황폐해서 처음 시작할 때에 지구라는 몸뚱이가 얼마나 고초를 받았는지 그것도 여러분이 생각해야 될 겁니다. 우리 몸뚱이가 갓 나와서 살아나오는 동안 얼마만큼 그 역경을 겪었습니까. 물론 순수하게 살아나가는 분들도 있겠지만 많은 역경을 겪어 왔습니다. 지금도 겪고 있고요. 그렇듯이 지구라는 이 몸뚱이 하나도 여러 몸뚱이들한테 휘달리면서 이끌고 나오느라고 무척 수고를 했다고 봅니다. 그래서 금성이라는 그 자체도 그렇겠지만, 오늘 조금 거론하려고 합니다.

이 금성의 개발 이것도, 즉 말하자면 공업의 개발이 있는 것도 우리보다 먼저 개발을 했고 마음을 깨달았기 때문에 아마 우리보다 먼저 사차원에 가까웠다고 볼 수 있겠습니다. 우리가 금성의 일부터 생각하자면 문제가 있겠지만, 우리는 우리대로 그렇게 개발할 수 있다는 점을 아셔야 합니다. 또 그렇게 개발할 수 있는 그 능력이 우리한테 주어지는 것도 마음에 달렸다는 얘깁니다.

우리 마음이 물질로만 자꾸 얽매여서 끄달리다 보면 진짜 그 한 점의 마음을 깨닫지 못해서 망가뜨리는 수도 있습니다. 불법 이 자체가, 불교라는 이 자체가 마음 깨닫는 불교입니다. 불 하나가 얼마나 소중한지 아십니까? 마음 하나가 망가뜨릴 수도 있고 전부 살릴 수도 있습니다. 그런데 말입니다, 불씨 하나를 봐도 그렇습니다. 마음이 근본이라면 이 불씨 하나가 엄청난 일을 저지를 수도 있고 엄청난 일을 해낼 수도 있는 겁니다. 우리는 그렇게 광대무변한 묘법을, 우리 자체가 그 보물을 가지고 있으면서도 우리가 그렇게 활력을 행할 수 없다는 것은 계발이 안됐기 때문입니다. 우리네 마음을 깨닫지 못하고 계발을 못하고 그러니까 결국은 들이고 내는 그 마음의 능력이 서질 않죠. 껍데기로만 그냥 빙빙 돌아가니까 말이에요.

그러니 우리가 이 지구를 비유해 본다 할지라도 예전, 6세기 때나 이럴 때도 그렇고 세계적인 난들이나 이 모든 것을 볼 때에 얼마나 지독한 문제들이 많았습니까? 예전에 황폐하고 개발이 되지 않고 그랬을 때에 이 우주 자체의 문제도 있다고 봅니다. 하나하나가 개발이 안 됐을 때니까 얼마나 그것이, 즉 말하자면 이 대기권에서도 벗어날 수 있는 그런 거죠. 인간으로 친다면 깡패가 떨어져 나가서 일을 저지르듯이 말입니다. 그래서 거기에서 부딪치고 부딪치고 그렇게 해서 온통 그 쪼가리가 떨어져서 나간 그것이, 즉 말하자면 깡패라고도 볼 수 있습니다. 안하무인이거든. 그러니까 대기권이고 뭐고 그냥 안에 들어서서, 아무 데고 들어서서 그냥 깡패 짓을 하는 거나 똑같은 얘기죠. 세계적인 문제를 볼 때도 얼마나 역경을 겪었습니까? 집채 같은 불덩어리가 떨어져서 주르르 흐르고는 죄 태워 버리고 헐어 버리고 죽여 버리고, 거기에 사람도 그냥 바람에 날려서, 불에 날려서 죽은 사람이 얼마나도 많습니까? 벌레처럼 말입니다.

지금은 좀 덜합니다만, 그러한 문제들이 생긴 그 자체도, 우리 자체의 마음이 정돈되지 않았기 때문입니다. 우리의 마음이 정돈된다면 어디에서도 침입을 못합니다. 여러분이 창문을 올바르게 발라 놨는데 어찌 바람이 들어오겠습니까? 그와 마찬가지로 우리가 마음의 정돈이 완벽하다면 자기의 집을 자기가 지킬 수 있는 그런 여건이 되죠. 그러니 그 황폐했던 시절을 생각하면 우리가 지금 개발이 됐다 하더라도 딴 혹성에 비한다면 너무 늦었다는 감이 듭니다. 우리 한국뿐만 아니라 이 세계를 볼 때에 어느 나라 어느 나라는 지금까지도 신발을 신지 않고 다니는 백성들이 있다 하는 그런 문제입니다.

그러면 여기만 그런 건 아니지만 우리를 비교해 볼 때에, 세계적으로도 어느 나라 어느 나라, 어느 지역, 이렇게 해서 다 다르듯이 혹성 자체도 벌써 다른 거 아닙니까! 먼저 개발이 됐다면 개발이 된 데는 그렇게 바로 물이 얼음이 되고 얼음이 물이 되듯이 그렇게 변화해서 모든 물질이, 영양소가 다 한데 합쳐진 원소 자체가, 수소라고도 하고 그런 모든 게 산소와 더불어 이렇게 한데 합쳐진 그런 액, 물이 우리의 모든 문제를 해결해 줄 수 있는 그런 여건이 된다고 봅니다. 그리고 바로 그런 것이 우리한테도 주어져 있다는 얘깁니다. 이 마음의 불이 얼마나 귀중하고 무서운 도린 줄 여러분은 모르실 겁니다. 그러니까 그걸 아시란 말입니다.

그러면 그런 대로 금성으로 따진다면, 지난번에도 얘기했지만 덩어리는 비슷하나 이것이 조금 더 크다고 볼 수는 있지만 중력은 그것이 더 무겁다는 얘깁니다. 그렇기 때문에 부피가 크다고 해서 더 중력이 나가는 게 아니고 비슷비슷한데 중력은 조금이라도 더하면 더했지 덜하지 않다고 봅니다. 여기에는 인간의 생김생김도 4단계로 나누어져 있지만, 지난번에 얘기했죠? 희고 붉고 검고 누르고 이렇게 했지만 거긴 3단계로 나누어져 있습니다. 희고 검고 붉고. 여기만 사람이 살고 있는 게 아닙니다. 그러면 그런 대로 먼저 개발이 된 데가 있고, 나중 개발이 된 데가 있고, 우리같이 이렇게 개발이 되는 데도 있고, 아주 개발을 못한 데도 있습니다. 황폐한 그런 혹성도 있겠죠.

그러면 그런 대로 우리가 참, 마음 밝음을 뜻해서 이 공부를 하는 것인데 만날 글자에 매이고 물질에 매이고 사는 데 매이고 그 습을 놓지 못해서 항상 애착에 끄달리거든요. 그러니 이래도 한세상 저래도 한세상 살 거라면, 그러한 삶에 의한 고초라면 그 고초의 힘으로써 우리는 깨달아서 갈 수 있는 그 길을 택해야죠. 그렇다고 해서 살지 말라는 건 아닙니다. 지금 현재의 여러분이 살아나가는 가정이나 모든 걸 버리라는 게 아닙니다. 버리지 않으면서도 굳건히 생각하고 착을 두지 말고 모든 거를 맡겨 놓고 그대로 빈 배가 물 위에 떠서 그냥 둥실둥실 떠가듯이 이렇게 순리적으로 떠가라는 얘기죠.

그래서 그런 3단계로 나누어져 있는데 공업 기지로서 능히 할 수 있는 문제는 어디에서부터 그렇게 개발이 됐느냐는 얘깁니다. 그건 사람의 마음을 깨닫고 본다면 연구할 필요가 없지 않습니까? 연구는 자기가 생각하면 생각하는 대로 연구인 걸 따로 굳이 10년, 20년, 30년 연구를 해야 합니까? 그러한 개발 지구에 결국은 연구원들이 있기는 있지만 그렇게 세밀히 무슨 물질 하나를 놓고 연구하거나 그런 연구가 아니고, 한생각을 해서 연구를 하는데, 모험을 어떻게 하고 어떻게 한다는 그런 생각에서 연구를 하는 겁니다.

그럼 공업 지구가 어떻게 그렇게, 인간이 여기보다도 10곱이나 넘게 그렇게 돼 있는 건가 이겁니다. 생각이 그렇게 11곱이나 더 되니 말입니다. 따지고 본다면 11곱이나 더하니 어쩝니까? 그럼 빛을 지금 응용한다는 얘깁니다. 아직까지 우리 지구에서 빛을 응용하는 데가 있습니까? 물론 거기에 발판이 서 있다고는 보지만 거기에 따른 그 문제들이 얼마나 개발이 됐겠습니까?

그러니 하나하나를 지켜볼 때, 인생은 이렇게 왔다 이렇게 가는 거, 어차피 칼을 뺐으면 끼지 말고 가자. 불법이 어떠니 저떠니, 밥이나 놓고 떡이나 놓고 비는 게 너무 비참하다. 앞으로 어떠한 고비가 닥친다 하더라도 그것을 관여 않고 그냥 걷는다. 무찌르고 걷는다, 그냥. 흙 속에 빠지면 어떻고 물 속에 빠지면 어떻고 불 속에 빠지면 어떤가. 나 하나를 놓는다면 모든 것을 갖다 붙일 데가 하나도 없어.

그래서 그러한 세계도 있고, 거기에도 때로는 신발을 양말 삼아 신는 거는 그만큼 개발이 됐기 때문입니다. 우린 양말 신고 신을 신지만 양말 없이 신으로 양말이 돼 있는 겁니다, 너무 부드러워서. 이렇게 개발이 됐다는 얘깁니다. 그러니 살기가 거추장스러운 게 아니라 아주 간편하고 깨끗하다는 얘기죠. 여기에서는 비행기가 이렇게 굴러서 뜨지만 거긴 그냥 뜬단 말입니다. 그만큼 개발이 됐다는 그 점을 아셔야 합니다. 우리 마음의 여건이 그만큼 모자라서 이 세계 자체가 그렇게 고역을 당했다는 것도, 거기에서도 물론 앞에는 그랬겠지만 지금 얼마나 앞서 가고 있습니까?

괜히 이렇고 저렇고, 그런 데는 못 사느니 저런 데는 사느니 하고 난설을 할 필요가 없어요. 아는 척할 필요도 없고 모르는 척할 필요도 없어요. 단지 나를 깨달으면 모든 게 스스로서 오관을 통해서 스스로 보고, 가깝고 멀고 차이가 없이 그냥 볼 수 있고, 그대로 서로 내가 아님이 없이 내가 될 수 있고, 또는 거기에서 모든 걸 들을 수 있고 이런 것이 바로 주어지는데, 왜 우리는 그렇게 자기를 자기가 못 믿고 자기를 무시하고, 남의 이름을 거론하고, 남의 형상을 거론하고…. 그렇게 믿음을 가져야만 바로 가는 겁니까? 외려 그것이 왜곡되고 바로 가는 길이 아닙니다. 자기가 없다면 모두 없는 거죠. 사랑도 자기가 있기 때문에 사랑이 있고, 괄시도 자기가 있기 때문에 괄시를 받는 거고, 자기가 있기 때문에 즐거움도 있고 또는 슬픔도 있고 그런 거 아니겠습니까? 이 원리를 알아야지, 종교가 어떤 것인지 그 원리를 모른다면 얼마나 방황하겠습니까?

그럼으로써 세계적인 문제도 그렇지만 국내에도 그렇고, 우리 가정도 그렇고 내 몸도 그렇고, 모든 것이 자기 한생각을 계발을 못했기 때문에, 그런 여건이 주어질 때 크고 작은 거 다 몽땅 그렇게 여건이 주어지지 않고 자꾸자꾸만 황폐해 가고 개발이 더디고, 연구를 10년 20년 해야 겨우 나올까 말까 하는 그런 문제가 있으니 어떡합니까. '한생각을 해서 그리면 벌써 이것이 이렇게 되겠구나. 무중력 상태에서 이렇게 생명들이 많으니까, 이 무중력의 힘이 이렇게 가해지니까 이 힘을 더 가해서 나갈 수 있는 그런 문제들이 여기에 있구나.' 하는 거를 알아서 연구를 해서 물질을 해내야만이 이게 첨단을 이룰 수가 있는데도 불구하고 우리는 수없이 이렇게 거듭거듭 연구를 해도 힘드는 거 아니겠습니까?

또 하나같이 일이 다른 것은 무엇이냐? 무기를 만들 때 죽이려고 만드는 거는 별로 없다 이거야. 여기는 꼭 상대와 상대를 두고 죽이려고 하는 것밖에는 될 수가 없다 이거야. 전부 물질로다가 모두 가고 이름으로 가고 모두 이렇게 가기 때문에, 진짜 종교를 모르고 진짜 인간의 참삶을 모르고 참나를 몰라서 참 저기를 모르는 겁니다. 나를 모르는데 어떻게 저기를 알겠습니까?

그러고 본다면 모든 게 개발을 해도 슬기롭고 아주 엽렵하게 쓰일 수 있는 그런 개발이 될 수 있는 것인데 우리는 꼭 보당 하나 누르면 전체가 타 버릴 수 있는 그런 일들만 연구하고 있단 말입니다. 마음의 계발이 된다면 그런 거야 여기서 개발을 안 해도 딴 데서도 그건 이리저리 부딪치게 하면 왕창왕창 부딪쳐 버리는 건데요, 뭐. 쪽 떨어져 나간 그런 혜성, 그 불덩어리 하나만 갖다가 탁 치면 그냥 부서지죠. 다 그렇게 될 수 있는 그 마음의 작용이라는 용이 얼마나 묘한지, 스스로서 그대로 하는 거죠.

그런데 우리는 그렇게 부수는 것도 힘들게 연구를 해야 하고 만드는 것도 힘들게 만들어야 하고 야, 이거 모두 어떻게 돼서 이렇게만…. 천국을 만들지 못하고 그냥 악착같이 싸우려고만 하는 그런 세계가 됐나요? 서로 살 양으로들 애를 쓰는 그런 한집 식구가 서로 상대를 하면서 서로 못살게 하고 그렇게 해야만 되는 그 뭐라도 있는지…. 얼마나 이 모습을 가지고 살겠다고 그럽니까, 글쎄? 이래도 한세상 저래도 한세상인 거를. 이래도 한세상 저래도 한세상이라면 좀 똑똑하고 톡톡하고 좀 지능 있고 계발 있고 지혜 있고 이런 길로 택해서 온 우주를 한 주먹 안에 넣고 용을 할 수 있는, 스스로서 용이 될 수 있는 그런 계발이 필요하지 않을까요?

금성의 문제도 그렇습니다. 우리는 지금 땅덩어리도 요상하게 돼서 오대양 육대주가 그렇게 돼 있고 그렇지만, 거기는 3단계로 나누어져 있는데도, 섬이 이렇게 있다면 섬으로 연결되고 인공으로써 이렇게 건너오게 하고, 여기 육지가 돼 있으면 이 도시가 너무나 크고 찬란한 겁니다. 그러나 한 가지 다른 것이 있습니다. 두 가지, 세 가지가 다르다고 볼 수 있겠습니다. 아까 얘기했듯이 사람의 종류가 세 가지로 나누어져 있다. 또 나무가 없다. 풀로 걸어가게 돼 있다. 북쪽으로만 꽃나무들이 서 있다. 또 지구 껍데기는, 지난번에 접착제 물로써 껍데기가 돼 있는데 접착제로써 이게 참 매끈매끈하게 들고 나고 들고 나고 이렇게 3단계로 나누어서 된 것은 다 같은데, 속도 그렇고 다 같은데 껍데기가 금속으로 돼 있다. 금속으로 돼 있으면서 두께가 너무 철저하게 무겁게 껍데기가 돼 있다는 점입니다.

그러면 그 껍데기 위에 맑은, 즉 말하자면 원소 자체가 아주 맑은 물로 보이는 그런 영양제의 물이라고 볼 수 있을까요? 수소라고 할 수 있을까요? 그것은 모든 물질 영양이 한데 합쳐진 수소라고 볼 수 있겠습니다. 그렇게 해서 그것이 흐르는 그 자체가 바로 땅덩어리를 들고 있거든요. 그런데 오르고 내리고 오르고 내리고 하면서 찬 거는 찬 것대로 뜨거운 건 뜨거운 대로 서로 오르고 내리면서 또 양면에는, 가장자리로는 그 역할을 한다. 찬 거나 더운 거나, 이것이 찬 건 찬 것대로 어깨를 식히고 더운 건 더운 것대로 어깨를 식힌다 이런 문제가 돼 있다 이거야. 그러니까 오르고 내리는 그 동맥이 있다면 가장자리에 또 오르고 내리고, 이쪽으로 가면 이쪽으로 가고, 흘러서 들어가는 단계가 그렇게 완벽하게 세 단계로 나누어져 있음으로써 우리가 지금 발을 이렇게 붙이고 살죠.

그렇게 그 껍데기가 다르고, 또 한 가지는 공기 문제인데 그 사람네들이 만약에 여기 와서 산다면 공기가 모자라서 못 삽니다. 공기 주머니를 해서 끼고 돌아다니기 전에는 부족합니다. 거기는 공기가 너무 참 맑고 깨끗하고 아주 도수가 높아. 그래서 지역적으로도 그렇지만 체질적으로도 그렇게 돼 있어. 그렇기 때문에 큰 나무들이 없는지 그건 모르겠어요. 하지만 어쨌지 하여튼 그렇게 돼 있으니까.

그런데 이 몸뚱이로 봐서 생각할 때 그럼 수명은 어떤가? 우리가 평균 80평생 산다고 한다면 거긴 120, 130이다 이거야. 왜? 공기로 인해서다 이거야. 공기의 부족이 우리에게도 있는 거지 없는 건 아닙니다. 약간 부족됩니다. 부족되지만 그대로 누르고 사는 거죠? 부족되지 않은 세계에서는 그대로 부족되지 않은 대로 그 체질이 다르죠. 그리고 얼뚤 다르기도 하지만 정신력으로 돌아가는 것도 얼뚤 다르죠. 그만큼 우리도 여기에서 진작 마음으로 계발이 된다면, 이 지구의 어느 구멍이라도 하나 뚫어 놓는다면, 마음의 구멍을 뚫어 놓는다면 저절로 공기를 우리가 스스로 마시고 살 수 있는 그런 계기가 되지 않나 이렇게 봅니다.

이 모두가 다 같으면서도 이렇게 조금조금 다른 점이 있다는 말입니다. 모든 것이 그렇게 돼 있으면서도, 우리는 우리대로 이쪽에서 가서는 이쪽에서 가는 대로 그렇고 이쪽으로 오는 사람은 오는 대로 못 살고 이렇게 되는 거. 물론 어떠한 공급을 해서 공기를 담아 가지고 온다면 되죠. 여기서도 공기를 담아 준다면 되고요.

그런데 못 사는 이유가 있겠죠. 여기는 쌀로다가 그렇게 하지만 거긴 주로 식사하는 것이 율무같이 생긴, 즉 말하자면 수수 알갱이처럼 된 하얀 것이 여기의 쌀, 우리들 먹는 것처럼 그렇게 돼 있고, 조그만 사과같이 돼 있는 게 나무에 조롱조롱 매달리면 그것을 빻아서 가루로 만들어서 그걸로 주식을 하는 그런 멋진 생활을 한다는 얘깁니다.

우리 자체는 너무도 지금, 여기는 벌레가 많고 당최 짓기가 얼마나 어렵습니까? 근데 공기로 인해서 그런지는 몰라도 모두 벌레가 따로 없어. 이 중세계만이 그냥 없는 거 없이 여기는 있어. 어떻게 벌레로부터 그냥 없는 게 없이, 이름 모르는 벌레도 너무도 많아. 그러니 구더기 속에서 사는 거나 한가지라, 이것이. 어디 땅에 좀 앉아 있으면 그냥 개미니 벌레니 기어오르거든. 이 모두가 어떠한 점에서 이렇게 다를까? 이 마음의 도리를 깨닫지 못해서 그렇지 않은가. 우리가 전부 불국토를 만들 수 있다면 우리 지구도 불국토로서 이루어지고 한생각으로써 연구 대상이 되고 물질로써 '이렇게 하면 되지.' 하면 연구가 되고, 이렇게 된다면 아주 정말 풍부한 세계가 될 수 있지 않겠습니까?

이렇게 제대로 할 수 있는 여건을 가지고 있는 고등 동물로서 우리는 여직까지 무엇을 어떻게 했습니까? 우리 한국만 하더라도 역사를 비참하게 남겨 놓고 말입니다. 앞으로도 역사를 어떻게 두시렵니까? 싸움이나 하고 요새처럼 데모나 하고 그냥, 모두 붙잡아 가고 붙잡아 오고 이러는 세계의 역사를 그냥 남기시렵니까? 이 세상에 모두 살아나가는 게 나는 뭐가 뭔지 모르겠어요. 그렇다고 해서 내가 무슨 정치를 하는 사람도 아니고 의사도 아니고 부처도 아니고 아무것도 아니에요. 그러나 이런 말도 못하라는 법은 없겠죠? 나 하고 싶은 대로 하는 거예요.

나는 무엇이 되겠다는 생각도 없어요. 그리고 남이 타락을 한다 할지라도 내 몸 하나 버리면 그뿐인 것을 구태여 구애받고 살 게 뭐 있어요? 내가 나를, 못난 나를 깨닫는 데에 무엇이 거기 붙어 돌아갑니까? 무엇이, 누가 막습니까, 그걸! 나한테는 티끌 하나 붙지 않아요.

'내가 뭐가 될까? 내가 잘돼야지. 내가 깨달아야지. 내가 이름을 참 높게 가져야지. 내가 불가에서 우승을 해야지. 인간으로서는 첨단을 걸어야지.' 이런 욕심이 없기 때문에 붙을 거 하나도 없어. 벌레라도 좋고. 벌레는 벌레대로 살 것이니까. 누가 그런 능력만 있다면 해라 이거야! 이렇게 한다고 해서 "너를 벌레로 만들어 놓겠다." 이런다면 좋아! 난 각오가 서 있어. 벌레라도 좋고, 만들어 놓을 능력이 있으면 만들어라 이거야. 구더기라도 좋아. 똥독 안에서 똥물을 먹어 가면서 산다 하더라도 그 나름대로 활보하고 사니까. 구더기가 된다 하더라도 내 이 마음은, 철통 같은 그 마음은 그렇지 않아. 구더기로 살면 구더기로 그대로 사는 거야. 원망 안 해. 그것도 내가 부족하니깐 그런 거지 누구 원망을 해, 응? 원망할 데가 하나도 없어. 남이 나를 죽인다고 하더라도 원망할 게 하나도 없어. 왜? 흥, 남이 죽이게끔 몸을 타고 났으니까 할 수 없는 거지 뭘 그래? 안 그렇습니까? 그래도 남을 죽일 생각은 없어. 왜? 가뜩이나 못난 게 남까지 죽여?

그러니 그렇게 무수히 그러한 데서 참, 그 사랑들을 하고 사는 거를 볼 때에 우리 이 지구 안의 여러분과 같이 이렇게 살면서, "스님! 이렇게 고통스럽고 이렇게 이렇습니다. 이건 이렇습니다. 저건 저렇습니다." 할 때마다 나는 눈물겹고 가슴이 아파. 나 자체는 돈도 싫고 옷도 싫고 먹는 것도 싫고 다 싫어! 그냥 돼 가는 대로 먹게 되면 먹고 입게 되면 입고 걸어가게 되면 걸어가고, 닥치는 대로, 물 흐르는 대로 그냥 사는 거뿐이야. 여러분은 그 도리를 알아서 '이 선원의 도량을 이렇게 운영해 나가는 데 내가 시주 좀 해야지.' 하는 생각이 있으면 스스로 시주하고 또 하기 싫으면 하지 않고…. (녹음 안됨)

그러니 여러분이 열심히 해서 모든 것을, 자기 습을 다 태워 버리고 거기에서 홀연히 자기, 참자기를 찾아서 이 살림살이를 해 나간다면 자기 몸으로부터, 가정으로부터, 이 세상, 세계로부터 얼마나 이익이냐 이거야.

지금 내가 말했듯이 그러한 점이 다르다는 점. 그러니 다르다는 점 한 점으로 인해서, 몇 점으로 인해서 전체가 다르게, 법도가 다르게 돌아가. 사는 거는 다 같지만 우리처럼 이렇게 허리띠 끈을 졸라매고 애를 쓰지 않아도 산다 이겁니다. 사람 아닌 사람이, 일하는 사람이 따로 있어. 우리 사람으로서는 명령만 내리면 할 수 있는 기계가 있고. 우리는 손수 나가서 목도를 해야 하고 젊어져야 하고 그러는 것을 아직도 벗어나지 못하고 있지 않습니까? 모두가 극매야 하고 하루하루 땟거리가 없어서 애를 쓰는 분들도 많고, 하루하루 시장 바닥에 나가서, 하다못해 콩나물이라도 팔아서 들여오는 사람도 있고 별의별 사람이 다 많으니까요.

요다음에는 또 딴 동네로 가 봅시다. 우리 오늘은 이만 줄이기로 하고요. 여러분이 될 수 있으면 자기 모든 거, 들이고 내는 그 자체가 바로 공이라는 거, 그 공에서 나오는 거 공에다가 다짐하고 믿고 놓고 거기다 맡겨 놓고서 물러서지 않는 그 마음, 그리고 거기다가 틈틈이 앉아서 좌선할 때면 관하라 이겁니다. 일을 하면서도 관하고. 당신의 뜻을 알기 위해서, 당신과 둘이 상봉하기 위해서 이렇게 공부를 하고 있으니 나는 상봉하고 싶다고 관하라고. 그리고 당신의 뜻을 알고 싶다고 관하라고. 잘 적에도 '꿈에라도 당신이 나를 그렇게 둘로 가게끔 하지 말고, 당신이 있기에 나를 형성시켰으니까 나와 더불어 내가 알게 해야 당신의 심부름을 하지 않겠느냐.' 이렇게 해서 홀연히 깨친다면 그렇게 할 말도 없어지는 거죠. 모두가 없어집니다. 그대로 그냥 하는 것이 됩니다.

화현하는 생명들

1986년 3월 23일

어저께 금성에 대해서 말씀을 드렸는데 황당무계하게 들으셨을 겁니다. 우리가 인간으로서, 생물로서 이런 체가 있는 삼차원 세계에서 생각할 때는 상상할 수도 없습니다. 거기에서 생물이 살 수 있다는 그 점도 상상할 수 없는 겁니다. 그리고 또 우리가 생각하는 하나하나의 점에 의해서 의심이 안 갈 수 없는 겁니다. 그러나 진리란 어느 환경에 따라서, 체질에 따라서 사는 거죠. 세계적으로 본다 할지라도 뜨거운 땅이 있는가 하면 찬 땅이 있고 찬 물이 있는가 하면 뜨거운 물이 있듯이. 이 땅속에서도 온천물이 나오죠? 또한 어느 곳에서는 찬 얼음만 얼어 있죠? 이런 문제 등등을 여러분이 살펴보세요. 때에 따라서는 황당무계한 말일지라도 그것은 어엿한 이 진리에 관한 건입니다.

그걸 말하기에 앞서 옛날에 6·25 때 있었던 실화를 얘기해 드리죠. 6·25 때 저는 스물세 살이었습니다. 그런데 영등포 둑이 있었습니다. 그래서 밤중에 밤새도록 양면에서 총질을 하고 그 오고 가는 불빛은 말도 할 수 없었습니다. 그랬는데 저희들 몇몇 사람이 대전을 향해서 가다가 말고 거기서 막상 그 총질이 무서워서 둑 밑에 무슨 저, 저거 있었습니다. 질그릇 굽는 데요. 그런 흙덩이 옆으로 흙을 많이 갖다 쌓아 놓은 데가 있었습니다. 그래서 거기에 있으면서 밤을 새웠습니다. 그랬는데 아침 새벽이 됐습니다. 무서워서 나가지도 못한 채 있는데 사람들이 밝으니깐 와하고 나가면서 짐을 지고 전부 남쪽으로 향했습니다. 그럴 때에 우리도 같이 이렇게 따라서 나섰습니다만 거기에서 있었던 얘기는 뭐 놔두고요.

우리는 연기가 나가고 그러면 안 되니까 움 안에서, 즉 말하자면 그릇 만드는 그 안에서 밥을 좀 해 먹으려고 사람들이 옹기종기 모여서 감자를 찌기도 하고 그랬습니다. 근데 어떤 사람이 총알을 맞고 아궁이 흙덩이 있는 데로 달려들었습니다. 그러니깐 피난 가던 사람들이 같이같이 감춰 주기를 얻다 감춰 주었느냐 하면, 흙덩이 이렇게 앞에 쌓인 그 뒤쪽으로다가 사이가 이렇게 났었습니다. 그래서 그 흙덩이를 이렇게 내고선 그리로 간신히 몸을 비벼서 들어가게 하고선 흙덩이를 다시 쌓았습니다. 그런데 숨기긴 숨겼는데 실수를 했습니다. 그 움으로 들어오는, 그릇 만드는 바깥으로 피가 떨어진 거를 아차 생각을 못했습니다.

그랬는데 새벽같이 달려들면서 총에다가 창을 끼워 가지고 모두 가슴에다 들이댔습니다. 여기 사람이 들어왔다는 얘기죠. 그때에 모두들 말하는 사람들이 그렇게 말을 하고 나도 그렇게 말을 했습니다. 언뜻 급하니깐 어떻게 아무것도 생각이 안 나고 동무들이라고 얘기를 했습니다. 우리 오빠도 그렇게 나갔다고 했습니다. 그러자 여기에 들어온 사람이 없었느냐 이겁니다. 저 문 바깥까지 피가 떨어졌는데 어디로 간 곳이 없다는 얘기죠. 그래서 없다고 딱 잡아떼니까 죽이겠다고 했습니다. 그때만 하더라도 내가 너무 당돌했습니다. "사람이 한 번 죽지 두 번 죽느냐? 왜 진실을 모르고 그러느냐. 동무들은 진실을 모르느냐?" 하고서 대들었습니다. 그러니까 만약에 드러난다 하면 그냥 안

두겠다 하고 돌아섰습니다.

그때에 급하니깐 그냥 들여보냈는데 그 흙에 피가 흥건하게 고였습니다. 한 열댓 사람들이 있었는데 그 사람네들이 모두 헝겊을 찢어서, 보자기를 찢어서 처매 주고, 또 저고리 솜에서 빼서 거기다가 이렇게 놔 주고선 약들 넣어 가지고 온 걸로다가 죄 발라서 처매는 줬습니다. 처매 주고 빨리 나가라고 했습니다. 우리도 가야 할 테니까. 그래서 먹을 거 한 덩어릴 이렇게 물을 축여서 쥐어서는, 소금을 발라서 이렇게 해서 한 덩어릴 줘서 그 안에서 먹게 해 가지고선 보내 줬습니다. 보내 주고선 막 짐들을 지고 모두 나갔습니다.

그런데 내 일행은 셋이었습니다. 근데 바깥에서 온통 소리가 왁짝 났습니다. 그래 나가서 이렇게 보니까 아, 그 맑은 하늘에 은 빛깔이 번쩍거리면서 화광이 이렇게 비쳤습니다. 이렇게 비치면서 그냥 살며시 내려오는데, 소리는 없는데 바람이 세게 불더군요. 그러면서 내려왔습니다. 내려오는데 보니깐, 그걸 가지고 뭐라고 그러느냐면 접시비행기라는 겁니다. 모두들 야단법석이 났습니다. 가다가 말고 말입니다. 그래서 나도 이렇게 쳐다보니깐 내려올 때는 봤는데 올라갈 때 본 새가 없습니다. 이걸 어떡합니까? 감쪽같은 거예요. 한 번만 본 게 아니에요. 그러니까 높이 뜬 것도 봤고 내려온 것도 봤고, 그거 하나만 있는 게 아니에요. 다섯 갠가 여섯 갠가 떠 있었어요, 그때. 그런데 어째서 내려오는 건 봤는데 올라가는 건 못 봤느냐는 얘깁니다. 사람들이 와하고 쳐다보는 순간 감쪽같이 없어진 겁니다. 그걸 언제까지나 생각하고 또 생각해 봤습니다마는, 그전에는요, 지금은 생각을 안 합니다. 그게 보통 그럴 수 있다는 걸 알기 때문에요.

요런 연못에서 살던 고기는 바다를 모릅니다. 이치를 모르듯이. 어저께 얘기한 것은 여러분이 생각할 때도 그렇고 지금 과학자들이 얘기하는 걸로 봐서도 그렇고 내가 생각하는 데도 그렇습니다. 황당무계한 얘기를 했다 하는 겁니다. 그러나 그렇지가 않습니다, 이 모두가.

어저께도 얘기했듯이, 목욕탕에 들어가 보세요. 뜨거운 물을 따라 내면 김이 서리죠? 김이 서려서 함빡 보이지도 않습니다. 그런 거와 같은 겁니다. 예를 들어서 이것이 밑의 모든 게 작용을 해서 뜨거우면 위에서 식혀서 또 내려갑니다. 그렇기 때문에 그것은 뜨거운 데가 있는가 하면 찬 데도 있다는 얘깁니다.

우리가 정맥이 있으면 동맥이 있을 것이고 동맥이 있으면 정맥이 있다는 겁니다. 이걸 계산적으로 해서가 아닙니다. 그래서 인간으로서 이렇게 갔을 때는…, 우리가 이런 것이 있습니다. 여러분은 이걸 상상하시지도 못할지 모릅니다. 그래서 공부하시라고 그러는 겁니다. 예를 들어서 누가 침입을 해 들어온다, 물질이 들어온다 하면 싹 바뀌집니다. 문이 이쪽으로 됐다가 이쪽으로 쓱 뒤집어지면 이거는 정반댑니다. 이렇듯이 그 환경도 전체가 달라지는 수가 있습니다. 물질이 그 사람들에게는 한 발짝 들어서면 한 발짝 들어서는 대로 그 대기권을 들어서지 못하게끔 돼 있습니다.

그러니까 한 시간 두 시간도 힘든 그런 역경을 겪어야 합니다. 그 문제는 세 군데나 뜨거운 데가 있기 때문입니다. 그 모든 게, 그렇게 넓은 데의 세 군데라는 게, 세 군데 조그마한 데를 말하는 게 아닙니다. 그래서 모든 것이 들고 나고 들고 나고 하는 데에서 그러한 것이 아니라면, 즉 말하자면 가스나 수증기나 우리가 여기에서 쓸 수 있는 모든 여건이 거기에도 너무 많다는 얘기죠. 또 이 천둥 번개 할 때 전기가 이렇게 붙죠? 공중에서 그럭하는 걸 많이 봤거든요. 난 다니면서 많이 봤습니다. 그런데 그거와 같이 전기를 공중에서 항상, 즉 말하자면 지구보다도 더 힘을 강하게 가지고 있습니다. 그렇기 때문에 태양의 열을 항상 빨아들이는 역을, 전기를 자꾸 빨아들이는 역을 가지고 있는 거죠. 수증기가 돼서 바깥으로 안개가 서리면서 항상 이렇게 드니까. 내리고 오르고 내리고 오르고 바깥에서 식혀서 또 내리고 이러니까요.

그러니까 열을 받는 그 반면에 한 가지 좋은 것은 뭐가 있느냐 하면 너무 좋은 물건들이 많이 난다는 점입니다. 그런데 쓸모가 없는 거죠. 우리들한테는 쓸모가 있지만 거기에 사는 사람들은 쓸모가 없는 겁니다. 왜냐하면 연구하는 그런 것도 없으니까. 생긴 대로 자기가 그대로, 그대로 생각해서 그냥 쓰는 거죠. 남아 돌아가는 거죠, 모든 게. 그러니 상상할 수도 없는 겁니다. 그래서 불에서 사는 생명이 있다면 물에서 사는 생명이 있고 바람에서 사는 생명이 있고 흙에서 사는 생명이 있다는 얘깁니다. 우리가 한 가지로 단정할 수가 없다는 얘깁니다. 살 수 없다, 산다 이런 거를 단정할 수 없다 이런 얘깁니다.

한 가지 또 제가 실험한 얘기를 할까요? 여기 처음 와서도 내가 그거 실험을 했는데요, 그전에 저 산에서 다닐 때 말고요. 요기서도 여기에 제가 제일 처음 이 집을 지은 겁니다. 그런데 상여 두는 집이 여기 바로 올라오는 입구에 있었습니다. 거기가 그 자리입니다. 그래서 그걸 헐어 버리고 여기 전부 개간을 했는데…. 여긴 공동묘지였답니다. 그런데 제가 가만히 볼 땐 딴 사람은 도대체 모두가 그렇게 사는 거 같지 않은데 말입니다, 나는 모든 게 그렇게 그대로 살고 있는 거를 봤거든요. 무척 싸웠습니다, 내 나름대로….

나는 누구한테나 몸을 바꿔서 자꾸 할 수 있는, 화현할 수 있는 문제들이 참 심각한 문제라고 봅니다. 사차원이다 하면 사차원의 문제가 어떠한 점이 있느냐 하면 그런 요소가 있다는 얘깁니다. 예를 들어서 금방 이렇게 집이 나타났다가도 금방 집이 없어질 수도 있는 겁니다. 이런 문제가 황당무계하고 상상력으로 생각한다고 하겠지만 그게 아닙니다. 우리에게는 두 가지가 다 포함돼 있습니다, 물체와 바로 영혼과.

그러나 사차원이 된다면 물체가…, 요런 거를 한번 생각해 보세요. 여러분이 사실 때에 요 부분적으로 쪼끔 있는 것, 그 사랑, 그거 한 점을 가지고선 막 사람이 울고불고 찌고…. 그것을 가지고 삶의 보람이라고 하는 겁니다. 그러나 난 그렇지 않습니다. 그것은 어떠해서 그렇지 않은가? 이 사랑이라는 요 짧은 요것 때문에 우리가 지속적으로 이렇게 가서는 안 된다는 겁니다. 사랑을 자유스럽게 주기도 하고 받기도 하는 그런 지속적인 문제가 있다면 그런 짧은 거 하나 가지고 끄달릴 거는 없다는 얘깁니다.

그런 문제가 거기에 서려 있기 때문에, 때에 따라서 여기에서 문제가 있었던 것도, 창문을 열고선 이층에서 내려다보면 어엿하게 모두 죽 서서 모두들 담뱃불을 붙이고 있었습니다. 그런데 나만 그것을 봤을까요? 물론 이것이 오관을 통해서, 모든 것이 눈이 밝으면 보이지 않는 데의 그 생명들도 보인다는 겁니다. 그런데 저런 산중에 돌이 쭉 많았었습니다. 지난번에 설악산 그쪽으로 이렇게 오는 데도요, 그냥 단풍이 많이 지고 돌들이 많이 섰는데 그 돌들도 만약에 그렇게 삶의 보람을 느끼고 산다면 여러분, 날더러 황당무계하다고 하실까요? 거기에도 다 생명이 있는데요. 체는 자기 마음대로니까요. 그것도 생명이 있기 때문에 듣고 있거든요. 듣고 있고 보고 있단 말입니다. 이 마음의 눈으로 보고 있단 말입니다.

그렇기 때문에 우리는 몰라도 그 돌들은 다 어느 때에 어떻게 되고 그런 걸 다 알고 있단 말입니다. 흙도 알고 있죠. 산도 알고 있단 말입니다. 그런데 어떻게 우리만 우리라고 하겠습니까? 우리만 산다고 어떻게 합니까? 이것은 돌에 찍히면 그냥 쓰러져 가는 하나의 몸뚱이지만 그것은 이렇게도 하고 저렇게도 할 수 있는 그런 여건을 조성하고 있거든요.

포천에서 이런 일이 있었거든요, 또. 그때 신문에도 나고 그랬지마는 포천 할머니라고 하는 분이 저 상원사 절의 공양주 노릇을 했습니다. 공양주 노릇을 했는데 그 집이 포천이었습니다. 그랬는데 거기 군인들이 막 들어와서, 즉 몇 사단 몇 사단이 무지하게 들어와 가지고선 거기 산을 전부 파헤치고 그랬습니다. 그런 때에 거기에 준수한 노인이 오셔서 생시에 말하듯 여기를 사흘 후에 이것을 하면 아무 기탄

이 없을 테니 사흘 후에 닦으라고 하라고 이렇게 이르더랍니다. 그래서 그냥 생시에서처럼, 아니, 생시니까 생시의 사람인 줄 알았답니다. 그런데 돌아서서 보니깐 그 사람은 아주 흔적이 없더랍니다. 그래서 '어디로 돌아간 거지.' 이렇게 무심했답니다.

그런데 그 이튿날 또 나타났더랍니다. 그래 사흘을 나타났는데 도대체 군인들이 그걸 들어 줍니까? 그냥 돌을 막 짜개 내고 그러는데, 큰 돌을 짜개 냈는데 이런 구렁이가 그냥 토막토막이 나왔답니다. 자기네 집을 옮기고 난 뒤에 그렇게 하라고 그랬는데 그거를 말을 안 들어서 그렇게 토막토막 내고 난 뒤에 그날로 그냥 번개가 치면서 비가 쏟아지기 시작을 하는데, 초저녁에는 비가 안 왔답니다, 번개만 치고. 그랬는데 군인들이 천막을 치고 다 들어가서 자는데 밤중에, 일하다가 곤히 잠자는데 그냥 비가 오는 줄 모르게 쏟아져서 싹 쓸었지 않습니까, 아주 몇 사단을. 그냥 논이고 밭이고 다 쓸어서, 이웃의 논이고 산이 다 그냥 무너져 가지곤 전부 내리덮었답니다. 그런데 포천 할머니네 그 집만 산이 무너져서 요렇게 막아 줘 가지고는 그 집의 논만 괜찮았답니다. 이 얼마나 묘한 법입니까? 이것이 근래의 일입니다. 내가 상원사에 있을 때니까요.

또 한 가지 얘길 하는데 원주에서 그 기름집서껀 모두 원주 사람들이 한 40명이 올라오게 됐습니다, 버스를 타고. 내려갈 때에 버스를 타고 또 가야 할 텐데 그때에 내가 이런 말을 했습니다. "여러분, 오늘 가실 때는 저 빨간 다리 밑으로 해서 저쪽으로 가세요." 이렇게 얘길 했거든요. 그런데 이분들이 길이 험하다고 이쪽으로 그냥 갔답니다. 무시한 거죠. 근데 버스가 와서 그 버스를 타려고 하니까 어떤 노인네가 또, 이 버스가 갈 때 고장 날 테니깐 절대로 타지 말라고 하더랍니다. 아침에 내려가는데 말입니다. 그런데 그걸 무시하고 "아이그, 노인네도 참 망령이야!" 이랬답니다. 지팡이를 짚고 그냥 허술하게 옷을 입고 그러니까 "망령이야!" 했더랍니다. 그러곤 그 버스를 그냥 타고 가려 하니까 "에이, 조심들 하쇼." 하면서 돌아서는데 감쪽같이 없어졌다는 거예요.

그랬는데 버스를 타고 가다가 그 버스가 그냥 홀랑 뒤집혀서 뒹굴었단 말이야. 뒹굴었는데 여기에서 간 사람 40명이 하나도 다치질 않았다는 겁니다. 그래 안경만 깨지고 모두 그렇게 되니까 외려 거기 버스 운전수가 딴 차로 데리고 가서, 그 회사에서 안경도 물어 주고 옷 찢어진 것도 모두 물어 주고 그래서 돈 없는 사람이 외려 받아 가지고 갔다는 겁니다. 그래 비료도 사고 그랬다고 그러면서 아주 외려 잘됐다고 그러면서 좋아하더군요. 이런 문제들이 어떻게 생길까요? 이것도 무시할 수 있을까요?

부처님께서도 방에 한두 사람이 앉아 있어도 설법을 하셨답니다. 그건 왜? 길을 가다가 한두 명이 앉아 있어도 설법을 했거든. 그래서 한 명이 앉아 있는데도 왜 설법을 하시느냐고 하니까 이 방 안에 꽉 찼다고 하시더랍니다. 그러니 이 지금 보이지 않는 세계와 보이는 세계, 우리가 이렇게 교차로가 되는데, 항상 우리는 없어졌다가 다시 생기고 없어졌다 다시 생기고 이렇게 교차로에서 돌고 있습니다. 교차로에서 돌면서, 우리가 생시에 살면서 영력이 충만하다면 죽어서도 영력이 충만한 것이고, 살아서 영력이 충만치 못한 것은 죽어서도 충만치 못하기 때문에 눈이 어두워서, 즉 말하자면 개집도 큰 기와집으로 알고 들어가고 이러거든요. 이런 상황을 어떻게 세밀하게, 이 묘한 상황을 어떻게 말로 다 하리까? 그래서 말로 못하는 겁니다. 만약에 말을 했다간 이거는, 이 우리가 사는 세계에 초점을 맞춰서 생각을 하려니까 이건 황당무계한 소리라 이거야. 그러니 미친 사람 안 되려면 차라리 말을 안 해야 된다 이거야.

우리도 그래요. 우리가 이치로 생각해 봐도 그래요. 폭발을 해서 쪽이 떨어져 나가서 그냥 집이 됐다고 하지만 그건 천만에요. 이거는 모두가 물과 불과 흙과 바람이 생명이 있기 때문에 그렇게 한데 모여서 큰 성을 이루는 거예요. 그러고 성을 이루면 그것은 물질적인 우리 인간이 어떠한 기계를 대고 쪼개는 게 아닌 자연사란 말입니다. 자연법칙이란 말입니다. 그러니 그런 자연법칙이 아니라면 이런 큰 우주가 생길 수도 없고 별성들이 그렇게 많을 수도 없고 이 혹성들이 그렇게 많을 수도 없어요. 모든 사람들이 별이라고 하고 혹성이라고 이렇게 말들을 하고 행성이라고 이렇게 이름을 짓고 뭐, 이런 이름들을 사람들이 연구하는 대로 자기네들이 이름을 지어서 붙인 거지 거기에 본래의 이름이 붙어 있는 건 아닙니다.

어느 때인가 한번 제가 저 청계산이라고 하는 데를 누비고 다닐 때, 아주 캄캄한 밤중이었습니다. 그런데 풀섶에 그냥 쓰러져서 이렇게 비스듬히 드러누워 있었습니다. 그때에 나 자체 내의 나와 내가 그런 말을 했습니다. '야, 나는 나대로 그대로 있는 게 아니야. 너는 이렇게 캄캄한 밤에 있다 할지라도 모든 것을 십 리 안팎으로 이렇게 밝게 비춰 줄 수 있고, 항상 너에게는 빵떡이 있다.' 떡이 있다 이거야. 그런데 그런 순간에 어디에서 뭐가 내리느냐 하면 저 높은 데서 이만한 불덩어리가 내려오는 것처럼 그냥 막 번개를 치면서 내려오자마자 난 고개를 푹 거기 파묻었습니다. 그런데 어떡하다 보니 환한 기가 나서 쳐다보니까 전부 산이 타는 겁니다. 그 이튿날 산에서 불났다고 그러지만 그것은 온 데 간 데가 없고 너무 깊은 산이라 사람들이 그때는 올라오지도 않았어요. 지금 같아서는 모두 올라오겠죠.

그래서 여러 차례 그러한 문제들이, 지금 이렇게 얘기하는 거뿐만 아니라 밤중에 그, 뭡니까. 춘천을 끼고 돌아가는, 즉 저수지나 또는 개천이 구학리서부터 그냥 쭉 내리 뻗쳤습니다. 저 춘천까지요. 그걸 끼고 가는데 말입니다, 밤이나 낮이나 걸은 거예요. 그러니깐 비가 오면 지금도 정이 들어서요, 저, 다리 밑이 아주 정이 들었거든요. 지금도 흐뭇하거든요, 생각만 해도요. 내 안방 같고요. 그래서 그렇게 그 다리 밑에 앉아 있으면요, 모든 소리가 그냥 뭐, 말도 못하게 소리가 들릴 때도 많이 있습니다. 우리만 사는 게 아닙니다.

그러니 나는 그걸 벗으로 삼고 친구로 삼고, 내가 항상 그러죠. 귀신이 여러분한테는 귀신이지만 나한테는 벗이고 친구다. 여러분한테는 마구니가 될 수 있을지언정 나한테는 아주 친절한 친구거든요. 그러니깐 자기가 자기 죽이는 법은 없으니 친구로 삼아라 이겁니다. 모든 걸 두려워하지 말라 이겁니다. 부처님을 높다고 해서 높은 걸로만 위에다 올려 앉히지 말라 이겁니다. 모든 게 내 마음과 같고 나와 더불어 같이 있는 것이라고요. 물론 큰스님네들이 이 소릴 들으면 모두 날더러 그런 소리 한다고 비방한다고 그럴지는 모르지만, 모든 걸 높게 보지 말고 낮은 거를 낮게 보지 말고, 없는 거를 없게 보지 말고 있는 거를 있게 보지 말라는 얘깁니다.

이런 얘기 또 한마디 할까요? 저 압구정동이 있습니다. 말 무덤이라고 또 있고요. 이름은 다 바뀌어 모르겠습니다마는 예전 이름입니다, 그게. 예전에 나라에서나 또는 일본 사람이 있을 때에 말이 죽으면 전부 말 무덤이라고 거기다가 갖다 묻었답니다. 사람들이 말이 죽어도 먹질 않고 항상 묻었어요. 그래서 그게 말 무덤이라고 이름이 정해진 거랍니다. 근데 하루는 말입니다, 이건 내가 본 게 아닙니다. 들은 얘깁니다. 하루는 비가 오고 천둥 번개를 하는데 앞이 보이질 않으니까 논물을, 밭 등성이를 전부 이렇게 괴려고, 비가 너무 쏟아지니까 예전에 이렇게 걸치는 저 볏짚으로다 만든 거를 쓰고 모잘 쓰고선 삽을 들고 가는데 별안간에 그냥 '펑' 하는 소리가 나더랍니다. 그러더니 그 말 무덤이, 말을 묻은 그 자리가 푹 패이는 그런 장면을 봤는데, 쳐다보니까 물이 아름드리로 올라가더랍니다. 그러면서 그 말이 말입니다, 거기에 묻혀서 올라가는 것 같더랍니다. 그래서 그것을 모두 퍼뜨리고 그렇게 얘길 했는데도 지금 같지 않아서 그것도, 즉 말하자면 옛날 얘기로 묻혀 있는 거죠.

또 한 가지는, 이러한 신비한 일도 여기뿐만이 아닙니다. 세계를 통해서도 아마 있을 겁니다. '있을 겁니다'가 아니라 '있습니다' 이래야 옳겠죠? 지금 압구정동 있는 그쪽으로 그전에 큰 연못이 있었습니다. 그 연못이 왜 파졌느냐 하면 천둥 번개를 하면서 불덩어리가 떨어지면서 거기가 푹 패였다는 겁니다. 그러면서 거기서 자연수가 나와 가지고선 물이 많이 고여서 그게 연못이 됐다는 겁니다. 근데 일제 시대 때에 비구니 스님네들을 잘못 다뤄 가지고서는 이 비구니 스님네들이 비관을 하고선 그 연못에 빠져 죽었답니다. 그러고부터 저녁이면 항상 우는 소리가 났답니다. 우는 소리가 항상 저녁이면 나니까, 농사짓는 사람들이 밤에도 나가서 얼렁거리고 그러는데, 도대체 우는 소리가 나니까 이거는….

그래서 항상 스님네들을 보면 얘기하고 그렇게 했는데, 그 압구정동에서 나신 청해 스님이라고 하는 분이 아홉 살에 출가를 해서 열아홉 살 되던 해에 자기네 부모를 찾아보러 거길 처음 왔었답니다. 그랬는데 거기 오자마자 전부 그런 얘기들이 있으니까 그 열아홉 살 먹은 스님이 거기에다가 백지를 뭘 어떻게 하더니 쪼르르 말아서는 탁 셋을 넣더랍니다. 그날 저녁부터 울음소리가 그쳤다는 얘깁니다. 울음소리가 그치더니 그 이듬해, 3년 되던 해에 비가 오고 하더니만 그, 뭡니까. 거기서 용이 되어 올라갔다고 하는데, 그 일꾼들이 본 걸로 비유해서 말을 듣자면 무지개를 타고선 전부 세 스님네들이 올라가더랍니다. 그걸 봤다는 겁니다. 그러고선 그 연못이 물이 짝 말라 버렸거든. 어떻게 됐겠습니까?

이것이 옛날 얘기로만 들을 수가 없는 과학적인 문제도 되는 겁니다. 이건 인정할 수도 없고 안 할 수도 없는 문제지마는 인정할 수밖엔 없는 것은 나 같은 사람이나 그럴 테죠. 우리가 실감을 할 수 없는 것은 이 마음을 깨쳐서 안다면 실감이 납니다. 허무맹랑한 일이 아닙니다.

언젠가 제가 돌아다니면서 먹지 못하고 그래서 그랬는지 피가 목

구멍으로 많이 넘어왔습니다. 만약에 그러한 도리가 아니었더라면 내가 지금쯤 살아 있지도 못해요. 그랬는데 어느 데에 가다가 '아, 이 풀이면 되겠지.' 하고선 그게 무슨 풀인 줄도 모르고 탁 뽑아서는 돌에다가 씻어서 놓고선 돌로다가 찧어서 그 시퍼런 물을 마시고 있는데…, 입을 대고선 그냥 빨아 먹는 거죠. 그날 저녁에 어느 산소 파진 데서 가랑잎을 모두 갖다 넣고선 몸이 좀 피로하니까 거기다가 몸을 의지하고 기대고선, 예까지 다 덮고선 이렇게 누워 있었습니다.

그랬는데 그날 눈을 감고 있지도 않은데, 모든 벗들이 왔습니다. 이런 소리 하면 모두…, 내가 얘길 그래서 안 해요. 와 가지고선 야, 뜨거운 물 갖다 주는 놈, 찬물 갖다 주는 놈, 약 갖다 주는 놈 모두 생겼습니다. 그런데 그 모든 여러 알갱이가 한 알갱이로 뭉쳐지니까 바로 '나' 죠? 이 지구도 쪽쪽이 흩어졌던 이 알갱이가 한데 모아지니깐 커진 겁니다. 여러분의 마음도 조끄마한 자기 개별적인 하나의 티끌과 같은 거지마는 한데 모으면 바로 그렇게 크나큰 보이지 않는 큰 성이 됩니다. 그리고 큰 성이 되려면 하나도 없게 해야 모든 걸 한데 모을 수 있으니까, 둘이 아니게 될 수 있으니까 전 우주의 근본이 한데 합쳐지고, 헤어졌다 합쳐지고 헤어졌다 합쳐지고 그런 작용이 우리가 스스로 되는 것입니다.

그래서 어저께 금성에 대해서 얘기한 것도, 망념뿐만 아니라 상상력으로써 저분은 얘기한다고 할 겁니다. 물론 상상력이라도 좋고 믿지 않아도 좋고 다 좋습니다. 여러분이 부지런히 내 마음과 같이만 될 수 있다면 아마 나를 의심 안 할 겁니다. 그리고 세상을 잘, 반듯하게 볼 겁니다. 내가 반듯하게 얘기했지만 우리가 물질로써 보이지 않고, 만약에 이 물질 눈으로써, 육안으로써 볼 수 없다고 해서, 내가 볼 수 없다고 그래서 딴 사람도 볼 수 없다고 말할 수는 없는 겁니다. 그리고 살 수 없다는 거, 이거는 더군다나 더욱더 그렇습니다. 여기에 기준을 둬서는 안 됩니다. 왜 지구에다 기준을 둡니까? 뭔 생명이든지 뜨거운 데서도 살 수 있는 생명이 있는가 하면 아, 정반대로 돌아가는 이치도 있는데 어떻게 여기에다 기준을 합니까?

모르겠습니다. 거짓이 없는 한마음이 이날까지 내려오면서 그 하나하나 모인, 그 눈물방울이 한데 모여서 큰 성을 이루었다면, 그 성으로 하여 이 세상의 이치를 그저 나는 내 나름대로 안 것뿐이고 또 그 성의 생명이 전부 분해됐다가 다시 모였다가 할 수 있는 그런 능력을 우리가 다 가졌다는 겁니다. 이건 우연히도 아니고 자연도 자연사도 아닙니다. 자연, 그 자동기로서 이렇게 돌아가는 이치니깐 말입니다. 우리가 마음을 잘 쓰면 우리의 세계적인 문제도 잘 돌아갈 겁니다. 기름을 잘 치면 엔진이 잘 돌아가듯이.

궁금한 게 있으면 질문하세요. 터무니없는 말 했다고 따귀를 때린다 해도 할 수 없죠. 나로서는 거짓을 할 수가 없죠. 그런데 여러분한테는 거짓이 될 수도 있는 겁니다. 하나만 보고 둘을 못 본다면 아니 되고, 둘을 보고 셋을 못 본다면 아니 되고, 그 하나를 더군다나 못 보기 때문에 셋 다 못 보는 거죠. 틀림없이 살고 있다면 어떡하겠습니까? 그런데 우리가 청와대를 들어가려니까 모두가 막아서고 거긴 절대로 개인이 못 들어간다는 결론하에 못 들어갑니다. 그러나 들어가는 놈은 들어가거든요.

의심나는 일들이 있으면 말씀하세요. 답변하죠.

질문자(여) 제가 여쭙겠습니다. 스님, 주인공을 찾으면 왜 이렇게 골이 아프죠?

큰스님 주인공을 찾는 게 아니라 있는 거를 발견하는 겁니다. 찾기는 뭘 찾아요?

질문자(여) 근데 골이 아파요.

큰스님 골이 아프게 누가 하시랍니까? 슬슬, 마음을 편안히 두고 욕심 부리고 빨리 하려고 애를 쓰지 않는다면…. 편안하게 항상 순리적으로 흘러 돌되, 항상 순리적으로 하세요. 그리고 즐거운 마음을 가지고. 그것도 아주 상을 찌푸리고 심각하게 생각하고 이러지 마시고요. 그냥 웃으면서 '허, 주인공. 네가 만날 하고 돌아다니지 않느냐. 그러면 아, 내가 이 몸을 이렇게 움죽거리게 한 것도 당신이 아니냐.' 하면서 사랑도 해 가면서, 슬금슬쩍 말이에요. 애정도 가져 가면서 아, 이럭하다 보면 다 만남이 있을 텐데 왜 그래요? 골치 아프게 왜 해요? 사랑을 하려면 진짜 하세요. 골치 아프게 하지 마세요, 신경 써 가면서.

진짜로는 아주 끊임없는 사랑일 것입니다. 내가 아내로 쓰려면 아내로 쓰고 남편으로 쓰려면 남편으로 쓰고, 애로 쓰려면 애로 쓰고 마음대로 할 거거든요. 얼마나 사랑스러운지, 내 몸이 조금만 저기 해도 내 손을 빌려서 말입니다. 요거 요거, 웃으시라고 이러는 겁니다. 내 손을 빌려서 엉덩이도 두들겨 주고, 응? 내 손을 빌려서 요기도 만져 주고 이렇게 일분일초도 떼 놓지 않고 사랑할 수 있는 이 사랑, 임이시여. 임은 누굴까요? 내 임이시여. 내 공 안의 바로 내 임이시여. 그렇게 짙은 사랑은 보다가도 처음 봤습니다. 이 사랑은 수만금을 주고 바꾼대도 바꿀 수가 없는 거고 세상을 다 주고, 아니 세계적인 대통령하고 바꾸자고 해도 바꿀 수가 없는 것입니다, 그토록 그렇게. 말로 형용할 수 없는 보배죠. 다양하게 쓸 수 있고 다양하게, 모든 것을 다양하게 할 수 있으니 내가 딴 사람을 사랑할 수도 있고, 딴 사람이 나를 사랑할 수도 있고 그 모두가, 그 사랑은 정말이지 값싼 사랑이 아니라 아주 말도 못하는 자비인 것입니다.

나는 어떤 때 혼자 싱긋이 웃고 갈 때가 있습니다. 여러분, 이런 말을 하면 흉보실 테지마는 이것이 느낌으로 오는 것 가지고는 안 됩니다. 여러분이 홀연히 활짝, 달통해야 해, 달통해야. 야, 저 혼자 고정되게 있는 거는 아니거든. 모두가 나투면서 바꿔지면서 나투면서 화해서 돌아가는 거거든. 그렇기 때문에 때로는 '야, 너 지금 어딜 가? 아이, 추운데.' '그래, 너나 나나 다 마찬가지로 내가 추우면 너도 춥고, 네가 추우면 내가 춥고 네가 따뜻하면 내가 따뜻한데 뭘 그래?' 이러고 그냥 빙긋이 웃고. 이게 심심하면 이렇게 할 수도 있고 요렇게 사랑을 나눌 수가 있는 거거든. 자기 마음대로예요. 말할 것이 없는 그 반면에 바로 사랑을 할 수 있다는 거, 이 점.

여러분이 아무리 사랑을 해 봤자야 나같이 사랑해 본 사람은 없을 겁니다. 여러분이 아무리 부부지간에 정말이지 사랑스럽게 산다고 하더라도 아, 뭐, 이십사 시간 사랑한다고 해도 조금 같이 있다 나가고, 나갔다 저녁에 들어오고, 쳇바퀴 돌듯 그렇게 하는 사랑은 그건 사랑이 아니에요. 똥 누면 똥 밑씻개로 씻겨 주고 이러는 게 사랑이지. 밑도 씻겨 주지, 밥도 먹여 주지 야, 이거 잠을 자도 편안치 않으면 꼭 모로 드러눕혀 주지. 야, 얼마나…. 이건 정말이지 느껴 보지 않은 사람은 모를 겁니다.

예전에 내가 그랬다고 그러지 않습니까? 꼭 내가 말하다 보니까…. (녹음 안됨) 그러니까 가랑잎, 풀잎 이런 거 다 구겨 넣으면 그 풀잎에서 화기가, 가스가 나와서 더워져. 그러니까 그거 한 둥구리 갖다가 긁어 넣자 이거야. 그러니 손 좀 빌려 달라 이거야. 그때만 하더라도 그것을 아차 생각을 못한 겁니다. 내가 창피하고 부끄러운 일이지만 '아빠' 라고 이름을 붙여서 이렇게 했으니까요. 그러니까 너무 사랑한 거죠. 아빠와 내가 아니라 내가 아빠고 바로 내가 나죠. 그런데 그때에 '손 좀 빌려 줘?' 하면서 생각이 든 겁니다. 그러면서도 그걸 납득을 못하고 다 쓸어 모았어요. 쓸어 모아 가지고선 다 넣고는 '추운데 들어가야지.' 그러고 내 몸뚱이가 들어간단 말입니다. 허허허…. 그때에 '아하, 이 원리가 바로 이 십대 제자는 나를, 몸을 위해서 이렇게 신장이 돼 주고 발은 모두가 내 임의 발이요, 손은 임의 손이요, 눈도 임의 눈이요, 코도 임의 코요, 모두가 임이시여. 나는 여자도 아니고 남자도 아니고 아무것도 아니구나. 단지 임만이, 임만이, 사랑할 수 있는 임만이….' 이러면서 거기에서 아주 많은 것을 송두리째 느끼고서 송두리째 내던지게끔 되었죠, 마지막으로.

그러니까 우리가 모든 역경을 거치면, 아무리 부부지간에 친절하다고 하더라도 병에 걸리거나 벌이를 못하거나 이런다면 그것이 바로 남이라는 거, 나 이외의 남이라는 거를 아셔야 됩니다. 자식도 역시 마찬가집니다. 기를 때, 또는 같이 몸 성해서 살 때, 내가 벌이 잘할 때…. 참 이것이 우리가 그 도리를 알면 일 년, 이태, 삼 년, 십 년을 놀고 내가 밥그릇을 들고 얻어다가 같이 오손도손 먹는다 하더라도 아마 사랑을 할 수 있을 겁니다, 이 도리를 알면. 진짜 사랑을 할 수 있는 것을 알려면, 진짜 이 도리를 배우셔야 진짜 사랑을 할 수 있는 겁니다. 죽어도 내 몸과 같이, 살았어도 내 몸과 같이, 벌이를 못하고 또는 아프고 이런 게 어디 나변에 있습니까? 사랑인데. 마음의 사랑인데.

사랑을 하려면 그토록 사랑을 해야지, 사랑을 하는 것이 요변덕을 떨고선 그저 나한테 이익이 없으면 버리는 그런 사랑이라면 사랑이라는 말도 하지 마세요. 아주 입에 붙이지도 말라고요. 나는 그런 소리만 해도 지금 눈물이 날 지경입니다. 사랑은 그토록 피가 어린, 그 피 한 방울 한 방울 떨어지는 것이 그게 사랑이라고요. 사랑의 핏방울을 여러분은 느껴 보지 못했기 때문에 그럴지는 모르지만 내 한 사랑의 핏방울은 그게 아니었으니까요.

그래서 여러분이 이렇게 수없이, 나는 여러분을 만나기 전에도 수없는 사람들을 만났습니다. 방이 없다면 바로 "아이구, 저거 추워서 어떡해." 그것은 바로 내 몸이 추워, 내 몸이. 그렇기 때문에 주머니에 있으면 주머니에 있는 대로, 또는 "나 돈 좀 줘." 이래서 "쓰는 데는 말하지 마라." 하고서는 쓸 때도 있고, 이렇게 해서 그저 가다가도 오다가도 살다가도 이렇게 살아나가고는 있지마는, 누가 나한테 돈을 준 사이도 없고 내가 방을 얻어 준 사이도 없고 집을 사 준 사이도 없고, 한 사이도 없고 안 한 사이도 없고, 앞으로 할 것도 없고 아무것도 없어요. 내 임이 너무 많아서 내 임이 하신 것들이기 때문에. 어떤 거를 내 임이라고 할까요? 여러분이 다 사랑스럽군요. 내 몸과 같이, 내 마음과 같이 말이에요, 여자고 남자고.

그럼 오늘은 이걸로써 마치겠습니다.

마음의 밝음을 나누는 인연

1986년 3월 24일

오늘 또 보름입니다. 모든 사람들이 보름이라고 마련해 놨으니까 보름이겠죠. 그런데 한마디 할 것은, 우리가 기복으로써 기도를 드린다고 한다면 저 사천세계로부터 대천세계로 오르질 않습니다. 단지 그 마음의 불씨가 직접 통신이 돼야만이 대천세계로 향할 수 있는 그런 이치라고 봅니다. 우리가 지금 "안으로 굴려서 찾아라. 안을 계발해라. 마음을 발견하라." 이러한 뜻이 거기에 있는 겁니다. 이 마음으로, 안으로 보당을 눌러서 찾는다면 그 마음의 불씨가 바로 대천세계의 근본으로 올라서 그 불빛이 항상 밝아서 하달을 하게 됩니다. 사천세계로 그대로 하달을 하게 돼서 우리한테 영향을 미치게 하지마는 만약에 그렇지 않다면 자연법칙에 의해서 여러분이 살아나가는 그 도리를 판단해서 남이 정하는 법에 끄달린단 얘깁니다. 이 소리 알아듣겠습니까?

우리가 직접 우리 몸을 비교해서 본다 하더라도, 어떠한 문제가 안으로 돼 있다면 여기 어디에 타박상을 입는다 하더라도, 그전에도 얘기했지만 예를 들어서 어디 차에 부딪친다, 넘어진다 하더라도 아차

할 때 벌써 이 대뇌로 오른다 이 소립니다. 그래서 하달을 하게 돼 있죠, 통신을 해서. 전 신경줄이나 세포 이 자체가 전부 하달이 되는 겁니다. 그와 마찬가지로 돼 있다 이 소립니다. 그렇기 때문에 이 마음의 불씨라는 것이 천국을 마다하지 않고, 또 멀다 하지 않고 오르락내리락한다 이 소립니다.

그럼으로써 악의 인연과 선의 인연 이런 것이 어디에서부터 주어지느냐는 겁니다. 그래서 여러분에게 "공부를 하시오. 공부를 하시오. 바깥으로 찾지 말고 안으로 찾으시오. 안에서 밝힌다면 무엇이 부족하리까." 하고 말을 항상 하지 않습니까? 그래서 악의 인연과 선의 인연, 이런 것도 붙지 않으련만 여러분이 바깥으로 항상 찾고 바깥으로 항상 돌기 때문에 그런 문제가 생기는 겁니다.

여러분이 애기를 가지실 때도 항상 태몽이 있죠. 그 태몽에 뱀이 보인다든가 또는 말이 보인다든가 소가 보인다든가, 즉 말하자면 식물의 차원이 보인다든가 동물의 차원이 보인다든가, 물에서 노는 생물의 차원이 보인다든가, 또는 천국의 차원이 보인다든가 인간의 차원이 보인다든가, 이러한 문제로 인해서 여러분이 그 태몽을 갖게 돼 있습니다. 벌써 태몽을 보면 어떤 차원인지 알 수가 있다는 얘깁니다. 그럼으로써 우리가 그것을 알고 있기 이전에 우리 마음을 그렇게, 모든 것을 그렇게 굴려서 내 마음을 발견하고 계발한다면, 어느 누구라도 그것을 가리지 않는 그 능력이 있다면 스스로서 여러분한테 좋은 인연의 씨가 다가오는 것입니다.

그렇기 때문에 모든 인연들을 가만히 본다면, 어떠한 사람은 태몽을 꾸었을 때 꽃을 꺾어 받았다든가 또는 과일을 받았다든가 화분을 받았다든가, 그냥 뿌리째 서 있는 나무에 과일이 열린 걸 봤다든가 이러한 문제가 있는가 하면, 뱀을 봤다든가 염소를 봤다든가 또는 사람을 봤다든가 여러 가지로 그런 문제가 생기죠. 갖은 각색이죠. 또는 물에서 큰 잉어를 낚았다든가 또는 물에서 생기는 생물을 봤다든가 받았다든가 이러한 문제도 있고요. 그러니까 그것도 종류는 다 똑같지마는, 작고 크고 여러 가지로 어떠한 종류에 의해서 차원이 주어진다는 얘깁니다. 그것이 모습에 의해서 주어지는 거뿐만 아니라, 그 모습을 보고 차원을 본다는 얘깁니다. 그 문제 등등이 모두가 여러분이 해 놓고 받는 것이지, 누가 주는 게 아니라 자기가 그 차원에서 그 차원대로 받는 것입니다. 그래서 공부하는 사람들은 악의 인연과 선의 인연을 다 놓고 맡기고 돌아가라고 했습니다.

그런데 우리가 지금 그 도리를 몰라서 헤매는 사람들에 한해서는 이런 것이 없다고 볼 수가 없는 것입니다. 어떤 사람이 이러한 문제가 있었습니다. 가난해서 빚을 진 게 아니라 너무 사람이 큰 것만 생각하지 조그만 건 생각 안 하고, 밥이라도 먹으려고 애를 쓰지 않고 장사를 한다고 돈을 뭉청 얻었다가 망했습니다. 망하고 보니깐 빚쟁이는 빚쟁이대로 달라고 어떻게나 졸라대는지 도대체 살 수가 없더랍니다. 그런데 오막살이 집 한 채마저 문서를 내놓으라고 그러니 어떡합니까? 어쩔 수가 없어서, 자식들을 거리로 나앉힐 수가 없고, 잘못은 자기에게 있지마는 자기도 살아 보려고 그러다가 그렇게 된 거니까 할 수 없이 물에 빠져 죽었더랍니다.

그런데 빚을 준 사람이 자식이 없었더랍니다. 근데 그 부인은 너무나 착하고 아름답고 마음씨가 그렇게 좋았답니다. 그런데 그 남자분은 너무나 강박하고 돈만 알고 빚을 받으러 가서 자꾸 집문서를 내놓으라고 얼마나 다그쳤던지 그만 빠져 죽은 거죠. 그 사람한테만 그런 게 아니라 돈을 모을 때는 그렇게 강박하게 아주 피 한 점 안 나오고 물 한 점 안 나오게끔 해야 돈을 모으겠지요. 하지만 돈 모으는 것도 어느 정도죠. 그런 게 아니겠습니까? 순리적으로 그냥 버는 거하고, 즉 말하자면 한 되를 꿔 줬으면 두 되를 받으려 하고 그 이자 받은 데서 이자의 이자가 또 붙어 돌아가서 나중에는 큰돈이 돼 가지고 그걸 다 받으려고 하는 그러한 욕심이 있는 사람에 한해서만이 이런 문제가 나오는 거죠. 이자 받고 그러는 데 문제가 있는 게 아니라. 지금도 그런 사람이 많습니다.

그래서 어느 때엔가 부인이 꿈을 꾸니까, 물에 빠져 죽은 그분이 탁 와서 하는 소리가, 부인에게 내가 빚을 갚지 못하고 죽어서 이걸로라도 갚노라고 하면서 큰 잉어 한 마리를 잡아다 주더랍니다. 그래서 그 잉어를 받았는데 그 달부터 태몽이 있어서 어린앨 낳으니까, 그 집이 어린애가 없다가 어린앨 낳으니깐 뭐, 그냥 야단법석이 난 거죠. 그랬으나 바로 그분이 인연에 따라서 그 집의 자식이 된 겁니다. 자식이 돼서 아들이 됐으나 자라면서 항상 아버지하고 앙숙이라. 뭐가 앙숙이냐 하면 만날 돈을 달래서는 내다가 쓰고 가방은 내던지고 아, 이렇게 행패를 부리니 아들이 하나가 돼서 그냥 뭐 달라는 대로 아버지가 주기는 하나 자라 가면서 점점 극악해졌습니다. 자라 가면서 정말 극악해져서 아들이 돈을 그냥 훔쳐다가라도 쓰고 훔쳐다 쓰고 훔쳐다 쓰고 그러니까 도무지 이 아버지가 견딜 수가 없어서 그냥 병이 들었습니다. 병이 들어서 죽고 나니까 그 재산이 다 없어지고 얼마 안 남았는데 아니, 그 아버지가 죽고 나니깐 그렇게 어머니한테 효자고 아버지가 돌아가시고 난 뒤에는 다시는 그러한 법이 없더랍니다.

이것을 생각해 보셨습니까? 우리가 요기서 살다가 요기다 옮겨 놔도 그것이 무엇이고, 그것이 어떠한 인연에 의해서 우리 집으로 왔는지 그것도 모르는 겁니다. 그러면 그런 대로 그렇게 왜 아버지가 죽고 난 뒤에 그 어머니에게는 잘했던가? 그 어머니는 그런 분이 아니라 마음씨가 아름답고 참 정직하고, 남편이 그러는 것이 너무나 애석해서 그 집이 빚으로 인해서 죽었다는 소릴 듣고 항상 마음에 걸려했던 분이거든요. 그래서 남편이 죽고 나서는 자기가 좀 더 그런 권리가 있으니까 동네 이웃이라도 그렇고, 좀 불편한 사람들을 보면 좀 나누어 주기도 하고 그렇게 아름다운 마음씨를 가지고 있었더랍니다. 그래서 그 아들이 아버지 죽고 난 뒤에는 저절로 착해지고, 어머니한테 잘하고 순리적으로 돈도 잘 벌고 돈도 갖다 없애지 않고 이러다 보니까 동네서 "야, 저 아버지가 그렇게 강악하고 그렇게 저거 하더니 저 사람 죽고 나서 저 아들 멈춘 것 좀 봐. 그 아버지는 벌을 받아서 그래." 하고 죽어서도 뭐, 굉장히 사람이 많이 올 것 같았는데 오지도 않았거든요. 얼마나 강악하게 했던지 말입니다.

그러니 모두 이런 것을 우리가 눈으로 보지 못하는 게 아니라 현재에 보고들 있습니다. 그러면서도 어디에서 인연이 돼서 이렇게 왔는지 그걸 모르죠. "아이고! 우리 자식은 어떻게 이런 원수덩어리가 태어나 가지고…." 이러거든. 원수덩어리는 원수덩어리를 만들어 놨기 때문에 원수가 되는 거거든. 왜 아버지가 죽고 난 뒤에 그 어머니한텐 잘 합니까? 속을 안 썩이고. 어머니 불쌍하다고 하고 항상 다리 팔을 주물러 드리고, "내가 속 많이 썩여 드렸죠." 하면서. 자기도 모르는 사이에 그렇게 되는 거거든. 그게 인연이라.

어떤 사람은 이런 예가 있었습니다. 이것을 예를 들어서 말하는데 거짓으로 알지 마십시오. 이게 진실된 이 생활 속에서 지금 허영 벌어지고 있는 일입니다. 여러분은 모르고 그냥 살지만 그러한 일이 허다합니다. 어떤 집에서 강아지를 하나 얻어다가 키웠습니다. 그런데 그 어머니가 너무 착하고 그 부부가 참 착했더랍니다. 그 강아지도 목욕을 항상 시켜서 사람과 같이 언제나 안에서, 밥을 줘도 물에다 헝덩그르르하게 그냥 뜨물처럼 주지를 않고 오밀조밀하게 해서 잘 먹이고 이러니까 강아지가 커서 개가 돼도 그 은혜를 항상 고맙게 생각을 하고, 우리로 따진다면 "엄마" 소리는 못해도 엄마라고 항상 속으로다가 생각을 했던 거죠. 아버지라고 생각을 했고요.

그랬는데 어느 날 남편이 큰 나무덩이를, 장작을 패다가 고만 장작개비가 날아가서는 이 머리를 쳐서 그냥 즉사를 했단 말입니다, 개가. 즉사를 하니까 애통지통하다가 동네에서 모두 이 개를 잡아먹겠다고 하는 거를 내 집에서 키운 거 절대로 남한테 잡아먹히게 하지 않겠다고 해서 뒷동산에다가 묻었습니다. 그걸 잘 묻어 주고선 "아이, 우리가 너를 죽였구나." 하곤 그냥 항상 꺼림칙한 마음을 가지고 있었는데, 그것이 사그라지기까지 이태가 걸렸답니다.

그러다 어느 날 꿈을 꾸니깐 그 개가 탁 나타나더니 이 남편과 부인의 바지 자락을 쥐고 늘어지곤 자꾸 멍멍 짖으면서 놓질 않더랍니다. 그런데 부인의 꿈에는 와서 손가락을 물더랍니다. 살아 있는 것처럼 "아휴! 너 어디 갔다 왔니?" 하니깐 이 손가락을 물더랍니다. 그게 태몽이 돼 가지고 어린앨 낳았는데 아주 장골을 낳았답니다. 그랬는데 그렇게 효자일 수가 없거든요. 즉 말하자면 내 몸을 이렇게 벗겨 주고 무명을 벗겨 주고, 어머니 아버지의 그 인정으로 인해서, 그 은혜로 인해서, 그 자비로 인해서 내가 이 옷을 벗게 됐노라고 하면서 꿈에 또 나타나더랍니다. 그러더니만 장골을 낳아 가지고 그렇게 효도를 받거든.

그래서 짐승이든지 사람이든지 마음을 인의롭게 쓰고 착하게 쓰고 항상 내 몸을 그 몸으로, 그 사람으로 한번 돌아가서 생각해 볼 수 있는 그런 여유, 항상 인내가 있고 자비가 있고 지혜가 있어서 한번 돌려서 생각해 볼 수 있는 여유를 가져라 이겁니다. 그럼으로써 우리는 그러한 악한 인연을 짓지 않고 모든 것을 맡겨 놓고서 살아나가는 반면에 스스로서 언제나 질서와 계율을 지키면서 스스로서 지혜를 넓혀 가면서, 그러한 악의 인연이 아니라 아름다운 선의 인연으로서 스스로서 주고받는 그 불빛처럼 밝음을, 주고받는 불빛으로 항상 밝아서 살게 되는 것이죠. 그렇기 때문에 밝은 마음으로써 언제나 죽지 않는, 꺼지지 않는 그 불빛에 의해서 밝게 살 수 있는 그 인연들이 같이같이, 서로서로, 끼리끼리 만나게 돼 있습니다.

그러니까 여러분은 뭐 하나도 나 아니게 보지 마시고 또 아무리 악한 종류의 사람이라 할지라도 언제나 마음속으로 탄압하지 말고 미워하지 말고 아하, 이것도 내 인연에 따라서 바로 내 탓이지 누구의 탓이 아니라고 생각하시면서 꽉 눌러서 거기에 맡겨 놓도록 하세요. 이 모두가 인연법에 의해서 여러분이 짓고 여러분이 받는 것이고, 지속적으로 해 놓고 지속적으로 받고 있으니까요. 우리 공부하는 사람들은 그래서 종 문서라든가, 종 문서라고 표현했습니다마는 여러분이 억겁을 거쳐 나오면서 살던 그 습의 종 문서는 모두 태워 버리시라고 지금 그러는 거 아닙니까?

그래서 우리가 현재에 살아나갈 때도 보름날 지금, 우리 마음의 촛불을 켜서 대천세계의 저 천국으로, 대천국으로 바로 통신을 하는 거나 마찬가집니다. 그럼으로써 그 통신이 가게 되면 이 태양계도 바로 마음의 근본이라고 했으니 모든 게 어느 방향으로든 안 돌아가는 게 없습니다. 내 원하는 그 마음, 그것이 전체 돌기 때문에 사왕천으로 하달을 해서 여러분한테 이익이 가게끔 될 수 있는 겁니다. 남이 법을 정하는 거하고 내가 상소를 올리는 거하곤 다릅니다.

그래서 그것이 우리 하나하나가 살아나가는 데에, 지금 이 보름날, 또 초하룻날 올리는 이 촛불이, 우주 어느 곳에 아니 닿을 수 없이 닿을 수 있는 그러한 밝음이 어디에고 다 통신이 되는 것입니다. 그래서 이익이 있는 거지, 여러분은 "아, 이거 아무리 10년 20년 절에 다녀도 도대체 아무것도 모릅니다." 하는 분들이 많이 있죠.

그러니 우리가 가난하고 가난치 않고 그거를 떠나서 우리 마음의 밝음을 찾음으로써 바로 마음이 가난치 않게 되고 아주 안정되고, 언제나 방황하지 않게 되고 진득해지고 점잖아지고 말수가 적어지고 편안해지는 겁니다. 그럼으로써 우리는 전체의 모든 것이, 전자의 내게 있었던 것도 전부 녹아져 버리는 까닭에 현실에도 살기가 무난해지는 겁니다. 그러니 가환이 있고 병고가 있고 그런 문제가 있는 거를 앞세우지 마시고, 내 마음의 그 주인공으로부터 밝음을, 거기에서부터 빛으로 인해서 과거의 업보나 가환이나 그런 모든 것을 녹여 버리게끔 해 줄 수 있다면 여러분이 스스로서 밝아짐으로써 생활이 곤궁해지질 않는다는 겁니다. 물론 죽을 먹더라도 마음 편안하게 먹을 수 있다 이겁니다. 그렇다고 해서 죽을 먹는 사람이 금방 밥이 먹어지는 건 아닙니다.

그러나 이런 게 있죠. 지혜를 넓혀서 내가 그릇을 크게 만들면 바로 그릇대로 담아지는 겁니다. 여러분이 부지런히 뛰지도 않고 그냥 어디에서 떨어지는 줄 알고 이렇게 해서는 안 되고, 내가 부지런히 뛰면서 생각하고, 생각하면서 뛰고 이런 것이 그대로 주인공의 참선이라고 볼 수 있다면, 여러분의 가정에도 우환이 없을 거고 세세생생에 끄달리지 않을 것입니다. 천국이라는 게 어디가 천국입니까? 마음이 천국이라면 세계 전체가 다 천국인 것입니다. 그러나 마음이 가난하고 아주 지옥이라면 전체가 다, 오는 거 만나는 거 모두가 지옥인 겁니다. 그러면 그럴수록 더 끄달리고 그러면 그럴수록 더 괴로우니 이것이 한생각 하기에 달렸다는 얘깁니다. 이 한생각이 얼마나 중요하고 밝음을 가져올 수 있는 그런 여건이 되는지 모릅니다.

예를 들어서 우리가 앉아서 테레비로 세계적인 문제를 보듯이, 우리가 저런 천국에서 앉아서 어느 부분이다 어느 동네다 어느 혹성이다 어느 별이다, 이렇게 본다면 아주 면경을 보는 거와 같습니다. 면경을 봐서 거기에서 뭐를 하는지, 지금 밥을 먹는지 똥을 싸는지 전부 알게 돼 있으니 어찌 속이겠습니까? 속일 수가 없는 겁니다. 그래서 여러분이 공부를 하게 되면 바로 손바닥같이 볼 수가 있다는 그 사실을 여러분은 믿지 않아서는 아니 됩니다. 여러분 마음의 거울에서 다…. 내가 항상 이런 말을 하죠? 모든 여건에 대해서 차원에 따라서 모든 걸 듣기도 하고 보기도 하고, 냄새도 맡을 수 있고 맛도 알 수 있고, 책정도 할 수 있다. 이 모두가 바로 저, 몇억 광년이다 할지라도 요 문 밖이 바로 광년이 될 수 있는 그러한 이치가 있으니, 이리저리 돌아다니면서 무슨 검토를 합니까? 그러니 여러분이 이 묘법을, 여건을 다 가지고 있다는 겁니다.

그리고 아까 얘기했듯이, 물에서 나는 게 있고 산에서 나는 게 있고 들에서 나는 게 있고, 모든 게 바람결같이 참, 저기서 달같이 밝아서 해가 내 앞으로 와서 치마 앞에 안긴다거나 이러는 것도 있고, 요런 초립동이가 나와서 나한테 안기는 수도 있고, 부처가 보일 수도 있고 그렇게 해서 낳는 어린애도 있고…. 그러니까 그런 모든 걸 볼 때 모든 것이 바로 내 집에서 일을 해 놓은 것대로 오는 겁니다.

그러니까 그런 것도 우리가 생각할 때, 물질적인 걸 가지고 "임신하게 되면 반듯한 걸 먹어라. 위 대가리도 꽁지도 먹지 마라." 하는 것보다, 우리 마음 하나 똑바르게 잘 안으로 굴리면서 쓴다면 똑바른 어린애를 낳을 겁니다. 모두가 끼리끼리 모이게끔 돼 있으니 심오한 그 도리를 여러분이 잘 알아서 앞으로 해 나가실 수 있다면…. 지금 이미 늦었다고, 어린앨 다 낳아 놓은 연에 이런 말씀을 하시면 어떡하느냐고 그런다면, 좀 이미 늦은 점도 있지만 늦은 것이 아닙니다. 낳아서 이렇게 지금 성장했다 할지라도 참, 이 마음의 도리로써 다스린다면 스스로서 그 마음의 역량이 그대로 밝아지면서 다 성장이 크게 잘됩니다. 나쁜 것도 좋게 되고요.

그리고 착을 두지 마시고 항상 안으로만 굴리면서 항상 뿌리를 도와줄 수 있는 그러한 문제를 가지셔야 됩니다. 겉으로 착을 두시고 귀엽다고 만날, 잘못해도 그저 "아이, 그럭하지 마라." 그냥 이렇게 하곤 자꾸 뒷받침을 해 준다면 자식 버립니다. 여기 지금 앉아 계시지마는, 애당초부터 그런 인연으로 닥쳐온 문제들을 해결하려면 안으로 굴려서 해결할 수밖엔 없는 겁니다. 이미 낳아 놓은 어린애라도 아주 기박하고 참 그, 뭡니까? 부모도 일찍 여의게 되고 이런 사람들도 많지 않습니까? 그런 문제들도 자기가 그렇게 만들어 놨기 때문에 그런 겁니다. 그렇기 때문에 그런 거를 유복하게 만들어 주려면 마음으로 항상 굴리면서 뿌리를 도와줌으로써 싱싱하게 자랄 수 있고 또는 이파리도 싱싱하게 돌아갈 수가 있고, 상대와 상대가 모두 거론이 된다 할지라도 아주 유하고 지혜롭게, 슬기롭게 돌아갈 수가 있다는 얘깁니다.

여러분이 그러한 말씀을 하십니다. "여기 이 절에 오고 나서 우리 애가, 그렇게 나쁘던 애가 참 착해졌습니다." 이런 소릴 하거든요. 전에는 통 그런 예가 없었는데, 그저 돈 한 푼이라도 달라는데 안 주면 그냥 유리창을 부수고 이렇게 하던 아이가 그저 점점점점 착해지면서 장독 자리에서 소지를 해도 "어머니, 이거 드시기 무거우신데 제가 들까요?" 하고선 손을 걷고선 같이 해 드리고, 어머니의 일을 그렇게 도와준답니다. 지금은 들어가서 공부를 잘하고 그러기 때문에 너무 고마워서 그 마음의 고마움을 금치 못합니다.

이것을 어떻게 생각하십니까, 모두? 이 한생각을 잘해서 안으로 굴려서 모든 뿌리들을 싱싱하게 해 줄 수 있는 그 능력을 여러분이 가지셨습니다. 날더러 해 달라기 이전에 여러분이 그렇게 하시면서 나에게 얘기 한마디만 한다면 같이 한마음으로 돌아갈 것을…. 그러니 이 마음의 에너지가 그렇게 융통성 있게, 마음을 내는 대로 돌아가거든. 응? 만약에 마음이 그렇게 옹졸하고 바깥으로만 굴리고 바깥으로만 그렇게 아둥바둥하고 팔팔 뛰면서, 우리 집이 이렇게 돼서 누굴 나무라고 누구를 원망하고 서로 싸우고 이렇게 돌아간다면 이거는 집안도 화목지 못할 뿐 아니라 점점점점 가환이 있고 마음이 벌어져서 애정도 없어지고, 나중엔 그게 무엇입니까? 사는 게 그게 사는 겁니까? 밉건 곱건, 잘 못생겼건 잘생겼건, 없건 있건 마음이라도 화목해서 우리가 산다면…. 아니, 부자라고 행복을 가져올 수 있겠습니까? 부자라도 가져올 수 없는 집은 가져올 수 없습니다. 가난하다 할지라도 행복을 가져올 수가 있는 것은 마음입니다.

이 부처님 불법이 항상, 우리 부처님만이 참 광대무변하시고 그런 게 아니라 여러분이 다 그렇게 할 수 있는 여건을 가지고 있는 100% 인간이란 말입니다. 그렇기 때문에 우리 인간들이 서로가 그런 도리를 알아서 전부 융통성 있게 온 세계, 아니 온 세계라기보다도 온 우주의 전체가 한마음으로 돌아갈 수 있는 그런 여건이 될 수…. (녹음 안됨)

아, 저런 말을 황당무계하게 저렇게 말을 해, 과학적으론 그렇지 않은데. 이 과학적으로는 물질로 꼭 나타나야만이 있는 줄 알고 그것이 파악되고 그것을 연구하고 합니다. 그리고 물질로다가 모든 거를 그렇게 연구하죠. 그러나 물질이 아닌 그 근본 원소 자체는 우리가 육안으로 볼 수 없고 헤아릴 수가 없는 겁니다. 그런 데서 나오는 이 엄청난 문제들을 어떻게 해결을 하겠습니까? 여러분의 마음의 불씨 하나가 대천세계와 더불어 사천세계와 중천세계 모두를 전부 소통한다면, 즉 말하자면 통신이 된다면 이것은 대 영광입니다.

그저 이론적으로만 "둘이 아닌데. 둘이 아닌데 뭐가 붙을 게 있어?" 아주 천연덕스럽게 이렇게 해 버리는 그 말. 그 도리를 모르고서 그렇게 말을 했다면, 그리고 알지 못하는 사람들에게 천연덕스럽게 '이거 알지 못하는 사람들에게는 내가 이런 말을 해도 되겠지?' 하고서 함부로 말했다가는 그건 어림 반 푼어치도 없습니다. 그 업보, 그 죄는 어떡합니까? 그 도리를 모르는 사람에 한해서는 말 한마디 한마디 잘못하는 대로, 한데 떨어뜨리는 대로 자기가 지어 놓은 그 업에 의해서 끄달리게 돼 있으니까요.

그럼 오늘은 이만 줄이겠습니다.

마음공부 하는 어류

1986년 3월 25일

오늘은 물에서 노는 어류에 대해서, 거기에서 성장하는 모습을 잠깐 얘기하겠습니다. 물에서 노는 생물들도 천차만별로 차원이 돼 있고 모습도 천차만별로 돼 있습니다. 그러나 인간과 어류가 또는 동물 자체가 서로 교환이 되고 있다는 사실입니다. 물속에서도 이 마음공부를 하는 어류들이 있거든요. 만약에 거기의 천 년이라면 여기의 십 년이 될 수 있겠습니다. 그래서 어류들도 차원에 따라서 돌고 돌다가 무뜩 우리네들 공부하는 것처럼 생각이 났으면 그것을 추구하고 마음의 촛불을 항상 켜고 있답니다.

요즈음 여러분도 공부하시면서 마음의 촛불을 한 번도 꺼트린 예가 없이 하는 분들이 많이 생겼습니다. 여러분이 법당에 들어와서도, 촛불을 켜는 것이 촛불이 아니라 마음의 촛불이 켜져야 촛불이 되는 것입니다. 촛불을 아무리 켜도, 등을 사월 팔일 날 아무리 켜도 촛불이 아닌 것이 있고, 그것은 그냥 불인 것입니다. 이 뜻을 여러분이 다 아셔야 되겠기에 이런 얘기도 저런 얘기도 하는 겁니다. 나는 여러분처럼 책을 봐서 얘기하는 거, 그거는 마땅치 않습니다. 못하든 하든 자기가 생긴 대로, 아는 대로 그냥 하는 것이죠.

그래서 물에서도 그렇게 차원대로 가기 때문에 어류 자체를 아, 예전에는 그렇게 많이 잡아서 먹거나 이런 예가 없었습니다. 지금은 뭐, 천 년이 가고 백 년이 가고 이러게끔 놔두질 않죠. 그러나 그전에는 세계적으로 볼 때에 유명하게, 그 어류들이 많이 커서 참 별의별 모습을 다 하고 다닌 적도 있고 그렇습니다. 지금도 펭귄 같은 이런 걸 보면 걸어 다니게끔 돼 있고 아주 어떻게 보면 신사 같기도 하죠.

그런데 지금 그러한 것을 생각해 볼 때 물속에서 살면서도 하(下)의 생물들을 잡아먹지 않고 돌 틈에서 공부들을 하는 그런 어류가 있거든요. 그런 것들은 한 번 한 팀 넘어갈 때, 이렇게 진화가 돼서 죽고 또 모습을 바꾸고, 죽고 또 모습을 바꾸고 이렇게 해서 인어가 된답니다. 인어는 유방이 사람처럼 양면으로 그렇게 돼 있습니다. 여러분이 인어를 보지 못하셨으니까 그렇지 꽁지가 그렇게 돼 있을 뿐 아니라, 꽁지도 처음에는 한쪽으로 돼 있다가 나중에는 양면으로 돼 있으면서 뿔이 셋으로 나뉘어서 가운데는 불쑥 더 나오게 이렇게 돼 있죠. 그러면서 유방이 생기고 꼭 사람처럼 모습을 그렇게 가지고 있죠. 그런 것은 좀처럼 해서 나타나지 않습니다. 그래서 다시금 인간으로 태어나게끔 돼 있죠.

그런 것은 여러분이 태몽을 받을 때에, 예를 들어서 물속에서 무슨 빛이 나왔다든가 물속에서 무엇을 받았다든가 이런 문제가 있을 때에 그런 역할을 갖죠. 또 하얀 할아버지가 물 위로 나와서 뭘 줬다든가 이런 문제들이 모두 역할이 되는 겁니다. 우리가 보이는 물질로다가 태몽이 드는 게 아니라 보이지 않는 데의 그 씨앗이 그대로 마음의 씨앗이라는 말입니다, 그게. 그래서 거북이나 또는 물에서 사는 짐승들이 너무 많은 공부들을 했는데, 예전에는 백 년, 이백 년, 삼백 년 이렇게 살다 보니까, 천 년이래야 우리 인간으로 말한다면 십 년밖에 안 되니까요. 고기들의 수명은 그렇게 짧으니까 말입니다.

우리가 지금도 가만히 지켜본다면, 어류들이 알을 낳느라고, 또 알을 낳아서 새끼가 되기까지 모래톱에 나와서 그렇게 애를 쓰는 거를 볼 때, 또 거북이도 모래 틈에 나와서 알을 까느라고 배가 고파도 참고, 몇 날 며칠을 참고 그렇게 하는 걸 보면 사람 외딴칩니다. 그렇게 해서 자기가 놀던 고향을 찾고 또 자기가 새끼를 깐 고향을, 즉 자기가 난 자리를 찾는다는 얘깁니다. 그런데 우리가 지난번에도 얘기했지만 방생을 한다 하면 그게 살리는 법이 아니라 아주 죽이는 법이죠. 제가끔 나름대로 거북인 거북이대로 고기는 고기대로 저희 고향 찾아가느라고 무지하게 애씁니다. 저희들 노는 그 장소 찾아가느라고요. 그러니 고통을 주는 거는 말도 못하죠.

우리가 일제 시대 때에도, 만날 그런 얘기 합니다만 탄광으로 징용으로 끌려가서 수많은 사람이, 삼분의 이는 다 죽고 삼분의 일만이 살아왔다고 봅니다. 그런 거나 뭐 다른 게 있습니까? 사람도 역시 징용으로 끌어 가서 쓸 거는 다 쓰고, 8·15 해방 되니까는 되는 대로 그냥…. 태워다 주는 겁니까, 어디? 풀어 놓는 거지. 고기들 물에다 풀어 놓듯이 말입니다. 그 머나먼 데에서 그렇게 해 놓으니 그때야 뭐, 차가 변변합니까? 차가 있습니까? 그저 가는 것만 좋아서 기차 꼭대기 위에도 그냥 붙들고 타고, 지붕에도 타고 이러고 오다가 꽁꽁 얼고 떨어지고 뭐, 말도 못했습니다. 그렇게 해서 다 죽는 거를 내 자신이 기억하는지라, 고기들 방생하는 것도 보면 '에이그, 저것이 징용 감얼이로구나, 모두.' 이렇게 생각합니다.

그래서 아주 좀 더 애석하기도 한 문제가 있습니다. 그런데 여러분은 그 도릴 모르거든요. 도무지 한 치도 몰라! 그런데 그 고기들 좀 보세요. 모래 틈에다 알을 까 놓고요, 그거 성장할 때를 기다리면서, 아, 남녀라고 보죠. 수컷이나 암컷이나 그것이 다 성장해서 물이 들어오면 새끼들이 다 나갈 수 있게끔 해 놓고 바로 자기들은 죽습니다. 이

거를 생각해 보십시오. 얼마나 애틋하고 얼마나 기묘하고, 인간의 생존이나 그 생물의 생존이 얼마나도 비참합니까. 또 비참한가 하면 얼마나도, 애정이라고 할까, 부모자식지간의 정이라고 할까? 그런 어류들도 자기의 목숨도 다 버려 가면서 그렇게 하는데 인간으로서, 그래도 부처 될 가능성이 100% 있다고 하는 고등 동물로서 그런 뜻을 모른다면 이건 말도 안 된다는 얘깁니다.

이 천차만별로, 차원대로, 모습대로 그렇게 다른 그런 생물들이 지금도 돌 틈에서 남을 해하지 않고 그저 이끼만 먹고 이러면서 공부하는 어류들이 있다는 사실을 여러분은 까맣게 모르실 겁니다. 그런데 그것들은 인간으로 태어나 가지고 어느 천 년이 돼야만이 또 부처를 이룰 수 있는 인연이 된다고 했으니 얼마나 어려운 그 고비를 넘겨야 하겠습니까? 우리는 이렇게 고등 동물로서 인간이 돼 가지고도 그 먼저 과거에 걸어온 몇억 년, 억 년이 아니라 억겁을 거쳐서 오고도 자기가 걸어온 그런 걸 본 듯 만 듯 하거든요. 자기가 거쳐 온 그 길인데도 불구하고.

그런데 예전에 이런 일이 있었습니다. 거북이가 천 년이 걸려서, 인간 사는 대로 하면 십 년이 걸려서 결국은 천국에다가 '나는 사람이 되겠다' 고 했답니다. 사람이 되는 것은 무엇 때문이냐 하면, 예전에는 어부들이나 무역을 하는 사람이 물건을 해 가지고, 삼이라든가 그릇이라든가 이런 걸 배로 싣고 다녔습니다. 그러니까 그러한 것들이 때가 돼서 고개를 내밀고 물 바깥으로 한번 내다볼 때에 사람이 보이면 사람이 보이는 대로 그걸 연상하게 된답니다. 그래서 진화가 되는 거죠? 보지도 못하고 듣지도 못했다면 참 상당히 어려운 문제죠, 깨닫기 전에는요. 깨달아도, 그만큼 깨달아 가지고도 그 몸을 벗어나서, 물속, 그 물 집을 벗어나서 땅덩어리로 올라와 가지고 인간의 허물을 쓰고 또 천 년을 견뎌야 하니 얼마나 착한 일을 해야만 되겠습니까? 그리고 깨달아야 되겠습니까?

그래서 사람이 되겠다고 무척 애를 쓰다가, 어느 날 거북이가 천 년을 견디다가 그 날짜가 지나서 한 번 나올 기회가 있었답니다. 자기 마음은 깨달았으나 도저히 이 모습을 가지고는 사람하고 상대가 되지 않더랍니다. 그래서 고개를 한번 내밀어 보는데 어느 순간 보니까 물가에 하얀 소복한 여인이 보이면서 배가 닿더랍니다. 그거를 보자마자 그 배를 따라가면서 자기는 '아, 이 모습을 벗어야겠다' 는 생각을 하고는 몸을 버렸습니다. 몸을 버리되 어떻게 버렸나 하면, 그 몸을 해 가지고 자기가 자진해서 그렇게 버릴 수는 없기에, 즉 말하자면 무역상한테 그냥 보이게끔 해서 잡힌 거죠. 잡힌 거보다도 모래톱에 엉금엉금 기어 나오니까 그 배에서 내려서 쉬던 사람들이 큰 거북이가 이렇게 나오니 저걸 팔아서 한몫 보겠다 하고서는 잡았습니다. 그 참, 아주 가만히 앉아서 떡을 받은 셈이죠. 예전에는 약으로다 많이 쓰여서 그렇게 큰 거북이를 한번 만나면 그때 돈으로 엽전이 백 냥, 이백 냥씩이었답니다. 중국 사람들이 사 가니까.

그런데 거북이가 자기 그 모습을 벗을 양으로 모래톱으로 기어 나와서 가만히 죽은 듯이 있으니까 사람들이 나와서 뭘 갖다 주더랍니다. 그런데 자기는 자기 몸을 버렸는지라 아무거라도 주는 대로 그냥 먹었답니다. 근데 그것이 술이었답니다. 지금은 약이 있지마는 그전에는 약도 없고 그러니까 그 큰 물건을 데리고 가려면 술을 먹였답니다. 그래서 술을 주니까 그냥 먹고 보니 거북이가 생각할 때 '아, 이거를 먹으니까 어찌 몸이 이상하고 몸을 가눌 수가 없구나. 예라! 몸을 가눌 수가 없든 있든 내가 이 몸을 벗어야만이 될지언대는 이 몸이 무슨 필요가 있나?' 하고서는 그냥 먹고 취하고 그래서 가는 대로 그냥, 그저 하는 대로 가만히 죽은 듯이 있었답니다. 그랬는데 그거를 갖다가 팔 양으로 장으로 가서 턱 내놨는데 너무나 엄청나게 크니까, 중국 사람이 대상인으로서 물건을 싣고 왔다 또 사 가느라고 거기에 옹기종기 서서 배에다 싣고 가려고 했답니다. 그걸 중국 사람들은 배에 있는 쓸

개나 모든 걸 끌어내고 피 빼내고 이럭하고선 그것을 다시 말려서, 속에다 짚을 넣어서, 그거 하나만 팔아도 얼만지 모른답니다. 예전엔 그랬답니다.

그래서 그것을 인제 팔려고 내놨는데, 이 거북이는 기가 막혔답니다. 몸을 버렸어도 죽는 마당에 '금방 이 몸을 벗기나 했으면 좋겠는데 어쩌나.' 하고선, '고통을 받고 이렇게 죽을지언대 금방 이 모습을 벗었으면….' 사람처럼 이렇게 생각을 했더랍니다. 그랬는데 어느 순간 한 스님이 지나가다가 보시고선 잠자코 내려다보고 계시니까 거기에다가 고만 서로 통과를 했답니다. 이 통과는 도저히 아무나 할 수 없습니다. 그러니까 그 스님이 그 값을 척 치르더니만 자기가 가지고 다니는 장도로다가 목을 그냥 팍 찌르는 순간 그것은 그대로 그냥 죽어버렸답니다. 그러니까 사람들이 "스님이 왜 이렇게 살생을 하십니까?" 하니까 "살생이 아니니라. 나한테 이렇게 몸을 벗기 위해서 여기까지 나와서 고초를 받는다면 그 어찌 살생이 되겠는가? 이 옷을 벗어 버리고 훨훨 날아야지." 하면서 그렇게 칼을 빼더니마는 피를 씻어서 다시 넣으면서 "여보게, 요다음에 만나세. 자네 만날 길이 있을 것인지 없을 것인지는 모르나 꼭 만날 것이네." 하고선 떠나거든. 그러니 모르는 사람들은 거북이더러 "자네, 요다음에 만나세." 하니 이게 무슨 이치냐 이겁니다. 그러니 별 미친 사람 다 봤다고 하면서 떠났겠죠. 그런데 그 무역 상인 부부를 보는 순간 거기에 태어나겠다고 생각을 한 거만큼은 좋은데, 태어나겠다고 한 게 아니라 그 부인을 보는 순간 참, '저런 모습이라면….' 이렇게 생각한 거죠. 그랬는데 마침내 그렇게 옷을 벗고선 그분들에게 태어났답니다. 그 태어난 분이 누군 줄 아십니까? 제갈공명이랍니다.

여러분, 이 세상 모두가 그렇게 십 년 탑을 공을 들여서 아니 되는 게 없어. 그런데 공을 들이지 않고 객담하듯 그냥 바깥으로 나도니 공덕이 될 수가 있나? 바깥으로 왜 돕니까? 내가 항상 말끝마다 마음으로 돌아가고, 설법을 해도 마음으로 결국엔 돌아가죠. 내가 왜 그렇게 말을 꼭 해야만 하는지 여러분은 생각해 보십니까? 이 모두가, 어떠한 낮은 동물이든지, 어저께도 얘기했지만 개도 사람이 될 수 있는 그런 마음가짐만 갖는다면 모습이야 어떻든 무슨 상관 있겠습니까? 우리가 못났든 잘났든 가난하든 부자든, 어떠한 모습을 했든 모습이야 무슨 상관 있겠습니까? 한 찰나 내가 모습을 바꾸려면 모습을 바꿀 수 있건마는.

그러나 우리는 벌써 인간으로 모습을 가지고 있거든요. 그런데 이 모습, 이 인간의 모습까지도 우리는 벗어나려고 그러는 겁니다. 인간으로서 몸을 받아 가지고 그 길 없는 길을 얼마나 헤매면서 또는 몸 없는 몸을, 공한 몸을 끌고 다니면서 얼마나 비참하게 아팠습니까? 그러니 그런 도리를 우리가 연쇄적으로 검토해 볼 때에 너무도 우리와 똑같다는 얘깁니다. 우리와 똑같을 뿐만 아니라 우리가 거쳐 나온 과거를 본다면 한 찰나에 지금 현재지마는, 우리가 모르고 억겁을 거쳐서 진화돼서 찰나찰나 나투면서 모습을 바꿔 가면서 나왔을 때에…, 예전의 부처님 말씀이 생각납니다. "사생자부이신 부처님께서 어찌 뼈다귀에 절을 하십니까?" 하니 "그것이 내 형제인지도 모르고 내 부모인지도 모르고, 모두가 내 형제 내 부모 아님이 없느니라. 그러니 내 부모의 뼈다귀도 될 수 있고 내 할머니의 뼈다귀도 될 수 있고 내 형제의 뼈다귀도 될 수 있으니 어느 뼈다귀가 남의 뼈다귀라고 말하겠는고?" 이렇게 말씀을 하시자 그 제자들은 "미처 이런 도리를 몰랐습니다." 하고선 부모를 생각하면서 그냥 땅을 치고 울었답니다. 이랬듯이 우리는 그 도리를 좀 더 알아야 할 일이 있기에 우리는 알아야 합니다.

그래서 부처님께서 49년 동안 설하실 때에 마다 안 하시고, 길에서도 한 사람 만나든 두 사람 만나든 "사람이라면 이런 도리를 알아야 하노라." 하시면서 그렇게 마다 안 하시고 설법을 하셨다는 그 이치를 우리는 즐겁고 감사하고 고맙게 생각을 하면서…, 그 고마운 것을 어떻게 말로 다 하리까? 이 뜻이 이러한 도리이거늘…, 우리는 모두가 남이 아닙니다. 부처님도, 저렇게 앉아 계시는 저분이 예전에, 삼천 년 전에 계셨던 부처와 더불어 같다는 얘깁니다. 그건 왜? 여러분의 몸이 그 몸이요, 여러분의 마음이 부처님의 마음이기 때문입니다. 여러분이 부처님의 마음을 갖지 않으셨다면 자손들을 낳아서 그렇게 내 목숨이 앗아진다 할지라도 내 자식을 살려야 한다는 그런 아리따운 마음을 먹지 않을 겁니다. 스스로 그런 마음이 생겼고 스스로 자비가 나오고 스스로 사랑이 나오고, 불쌍한 사람을 길을 가다 만나면 스스로 불쌍하게 생각이 드는 자연스러운 그 마음이 바로 부처님 마음이 아니고 뭐겠습니까? 그런데 그 도리를 모르고 우리가 활용을 할 줄 모른다면 억겁을 통해서 진화되면서 모습이 항상 윤회에 끌려 다니면서, 유전에 끌려 다니면서, 인연법에 얽매이면서 이 도리를 어떻게 다 면하리까?

그래서 제갈공명이 태어나서 20살이 되자 그 스님이 하얗게 머리가 세어 가지고 나타나서는 "너, 생각나느냐?" 하니까 제갈공명이 "생각납니다. 나는 생각이 나지만 이 세상에서 인간으로서 보람 있는 일을 하고 천 년을 거쳐서야 다시 스님같이…, 스님 앞에 가렵니다." 했답니다. 삼국지라면 여러분이 다 아실 테니까 다른 말을 안 하겠습니다마는, 그래서 나라의 일을 그렇게 충성심으로 다 보다 보니까 생명이 가는 날이 어느새 닥쳤답니다. 옷 벗을 날은 닥쳐오고 나라의 일은 그렇게 벌어져 있고 하니까, 기원을 하면서 마음의 촛불을 켜고선 앉아 있었더니, 그 촛불이 꺼지지 않는다면 너는 연장할 수가 있다고 했답니다.

그래서 마음의 촛불을 켜고 딱 앉았는데, 막 불을 당겨서 올라왔는데 고만 바깥에서 문을 열고 호들갑을 떠는 바람에 그 불이 그냥 순간, 그렇게 급하게 문을 열고 야단법석을 했기 때문에 순간 그 마음의 촛불은 고만 내려앉았답니다. 그래서 '할 수 없구나. 옷 벗는 기한이 된 것은 할 수 없구나, 자연법칙은.' 그럭하고선 자기는 그 죽은 몸을 이끌고, 그 죽은 모습을 가지고 또 대군을 물리쳤다고 합니다. 얼마나 무서웠으면 그 모습만 보고도 그냥 물러가겠습니까? 이랬듯이 그분이 그렇게 용맹스러웠고 이 천지를 모두 잘 알아서 나라를 성립을 시키고 그랬다는 얘기도 있습니다마는 끝을 못 마치고 그렇게 간 게 아쉬워서 무척 애썼답니다.

항상 이렇게 말씀해 드리는 그 뜻은 내가 높다고 해서 이런 말 하는 것도 아니고 낮다고 해서 또 처질 것도 없지만, 우리가 한 인간으로서 내 부모 내 형제 아님이 어디 있겠습니까? 우리가 억겁을 통해서 진화돼서 이렇게 됐다면 여기서 금방 한 식구로 살다가, 부모로 살다가 벌써 조카가 되고 조카로 살다가 벌써 딴 집으로 또 태어나고 그런다면 이거는 도대체 언제 적의 부모고 언제 적의 자식이고, 그냥 그대로 내 형제 내 부모, 모두가 그렇지 않습니까? 억겁을 거쳐 나오면서 뒤섞인 이런 부모 형제인데 어디 따로 있겠습니까? 뒤섞이고 뒤섞이고 또 뒤섞이고, 오르고 내리고 오르고 내리고…. 우리의 몸뚱이도, 항상 그런 말씀을 드리지만 정맥 동맥에서 피가 오르락내리락하는 것이 어찌 정맥에만 있고 동맥에만 있겠습니까. 온 누리에, 온 누리라는 것은 이 온몸에, 손끝 발끝마다 다 오르락내리락하면서 온 몸뚱이를 다 돌고 있지 않습니까? 그런데 어느 피가 다르고 어느 피가 정맥이고 어느 피가 동맥이겠습니까?

그러니 우리가 한마음 한뜻으로서 이 도리를 알려면 마음 깊이 자기 주인공에다 억겁을 통해서 종이 됐던 그 문서를 다 태우시라 이겁니다. 잘못되는 거 잘되는 거, 가환이 있는 거 가난한 거, 괴로운 거 아픈 거 쓰린 거 모두를 내 주인공에 맡겨 놓고 진짜로 믿으신다면, 그렇게 물러서지 않으시고 항상 감사하게 생각하고 그러신다면, 안 되는 것도 '바로 당신이 하시는 것이기에….' 하고서 놓으신다면 바로 다시 돌아서 다시 돌아올 것을, 그렇게 조급하게 안 됐다고 하면서, 부처님을 믿어도 소용없다고 그러면 자기를 못 믿는 거지. 누가 뭐, 부처님이 오라고 했어요, 가라고 했어요? 응? 자기가 있기 때문에 부처가 있는 거고, 세상이 있는 거고, 살림이 있는 거고, 생활이 있는 거 아니겠습니까? 자기로 인해서 이 세상 모두가 있는 거기 때문에 자기로 인해서 만법이 나고 자기로 인해서 만법이 든다는 것을 여러분이 잘 깊이깊이 사무치게 생각하시면서 바로 자기 주인공에 모든 것을 맡겨 놓으시고 거기에서 생활을 해 나간다고 믿으셔야 합니다.

(녹음 안됨) … 행선이자 참선입니다. 앉아서 좌선만 한다고 해서 참선이 아닙니다. 앉고 서는 것이 다 참선이니 여러분이 잘 생각하셔서 귀중한 오늘에, 귀중한 몸 벗기 전에…. 하다못해 산중 깊이 들어 있는 짐승들도 마음공부를 하고, 하다못해 물속에 들어 있는 생물들도 마음공부를 해서 인간으로 태어나거늘, 어찌 인간으로 태어나서 부처님의 그 뜻과 더불어 한자리에 끄달리지 않고 사실 수 있는 그 극락을 모르십니까? 이렇게 말한다고 해서 극락도 욕심내지 마시고 빨리 하려고도 욕심내지 마시고, 언제나 이런 거는 있어야 하죠. 꾸준히 모든 걸, 들이고 내는 거, 하나 움죽거리는 것도 꾸준히 관하시면서….

이건 송장이에요. 여기에서 혼백만 빠지면 이건 송장이야. 이 성품이 다 이걸 운용을 해 주는 거기 때문에, 성품이 있기 이전 바로 참자기가 있기 때문에, 생명이라는 게 씨가 있기 때문에 바로 성품이 있고 성품이 있기 때문에 육신이 움죽거린다는 걸 여러분이 직감으로 잘 아셔야 돼요. 자기 떠나서 부처님이 따로 계신 게 아니에요. 자기가 생겨서 자기가 부처님이 있다고 생각했기 때문에 거기 계신 거죠. 여러분의 몸뚱이가 바로 부처님의 법당이요, 그 법당 안에는 여러분의 자성, 자부처가 바로 거기 도사리고 계시다는 얘깁니다. 쥐려야 쥘 수도 없고, 보려야 볼 수도 없고, 잡으려야 잡을 수도 없건만 어떻게 그렇게 묘하고 그렇게 광대무변하게, 온다 간다 말도 없이 그렇게 자유스럽게 자동적으로 움죽거리게 하시나. 그러면서도 천차만별로 고정되게 있지 않고 찰나찰나 나투면서 마음이 달라지는 것은, 수많은 일체 부처,

일체 중생, 유생 무생이 다 한꺼번에 한마음에 들어 있기 때문에 수시로 들락날락 들락날락 나투어도 여러분이 그 이치를 알아야 여러분이 고정되게 있지 않다는 것을 아실 겁니다. 그래서 일체 부처가, 일체 법신, 화신, 보신이 다 내 한마음 속에 있기 때문에 산신이 따로 있고 용왕이 따로 있고 모든 게 따로 있지 않습니다. 조상이 따로 있고 그런 것도 아닙니다.

어떤 어려운 사람이 끼니가 간 데 없는데 제사가 닥쳤답니다. 아들을 두지 못하고 외딸을 둔 부모가 돌아가셨는데 그 외딸은 시집을 가서 사는데 얼마나 가난했던지 시집살이하느라고 그 어머니가 돌아가시는 것도 채 못 보고, 그러다가 제사가 닥치니까 그 딸의 가슴이 너무나 아파서 냉이를 뜯어다가 죽을 쒔답니다. 죽도 보리죽을 쑤었는데 자기가 먹을 것을, 그것도 한 그릇도 못 되는 멀건 거를 장독 위에 깨끗하게 물로 닦고선 거기다 얹어 놓고 '어머니 아버지, 이것도 두 그릇 떠 놓을 게 없어서 한 그릇 떠 놨습니다. 어머니 아버지는 내 마음에 계시니 이 마음에 계신 어머니 아버지는 둘이 아닌 한마음으로서의, 제 정성으로서의 이것을, 뜻으로 받으소서.' 하고선 거기에 앉아서 목이 메어서 울었답니다.

그날 저녁에 꿈을 꾸니까 어머니 아버지가 현현하게 오시더니 "얘, 부처님과 나와 이렇게 있는 게 아니라 나는 너의 부처니라. 바깥에 있는 부처도 너의 부처고 나도 너의 부처니라. 네 마음 가운데 있다면 네가 먹는 대로 내가 먹고, 잘 먹건 못 먹건 같이 먹고 있는데 뭘 그렇게 상심을 하느냐?" 하시더랍니다. "네가 굶으면 나도 굶고 그러는데 뭘 그렇게 상심을 하느냐?" 하시는 소릴 듣고는 홀연히 깨쳤답니다. 그래서 꿈을 깨고 나서 '이것이 꿈이 아니고 생시가 아니고, 생시도 꿈이고 꿈도 생시구나.' 하는 생각을 하면서 감사하다고 가슴에다가 손을 얹고 '어머니 아버지가 여기 계셨다면….' 하고서는 얼마나 고마워했는지 모릅니다. 그 부모는 또 부처님을 믿어 가지고 딸 하나 낳은 거라 부처님을 지극하게 믿었답니다.

그러한 이치도 있듯이 여러분이 부처님을 믿는다고 하고서는 헛 믿으러 다니지 마십시오. 우리가 보통 생활하면서 믿으러 다닌다 할지라도 믿으러 다니는 게 아니라 여기 와서는 길을 인도받는 거고, 믿는 것은 여러분의 주인공, 마음 안에 있는 것을 믿는 것입니다. 자기의 마음을 믿고 그래야 자기를 끌고 다니는 주인이 자기를 잘 끌고 다닐 거 아닙니까? 여러분이 그거를 모르고 자기 주인공을 믿지 못한다면 여러분의 부모를 믿지 못하는 거고 부모를 배신하는 거고 바로 그렇습니다. 바로 자부처는, 자기 안에 들어 있는 자부처는 법의 조상입니다. 자기 육신을 진화시키고 자기를 끌고 다니는 자기 주인공이란 말입니다.

그래서 내가 이런 소리 가끔 잘하죠. 작년의 콩씨를 올봄에 심었더니 그 콩나무에 콩이 다시 열린 줄은 모르고 그 콩나무는 작년 콩씨를 되찾더라. 여러분이 알아듣기 쉽게끔 비유해서 이렇게 얘기해 드리는데 경전으로 말을 하자면 어려운 일이 여간 많지 않습니다. 또 경을 읽어도 그 뜻을 모르니 어떡합니까? 그래서 지금 우리가 살아나가는 생활 속에서 이렇게 얘기해 드리는 겁니다, 끌어내려서. 이 세상살이가 한두 건입니까, 어디? 그러니까 조심스럽게, 인간으로 태어났으면 항상 잘되고 잘못된 거를 스스로 다 아시고, 나쁘고 좋은 것을 스스로 아시고, 이런 걸 스스로 알고 질서를 지키며 교양을 갖고 학식을 쌓으며 이렇게 살고 있는 것이 인간이 아니겠습니까?

인간으로 태어나서 우리는 어디에도 굴하지 말고 항상 겸손하고, 내 부모와 같고 내 자식 같고 내 자리 같고, 모두가 나 아님이 없으니 어떻게 남의 부모라고 치고 남의 자식이라고 치고 남의 형제라고 치겠습니까? 어느 모습을 봐도 어느 마음을 봐도, 어느 걸 봐도 내 아픔같이, 그냥 이 가슴에서 같은 피가 움죽거리고 있습니다.

그전에 이런 일이 있었습니다. 길을 지나가는데 가재가 살겠다고 길을 막고서 두 팔을 이렇게 벌리고선 오똑하게 서 있습디다. 길을 가니까 밟힐까 봐. 그것도 살 양으로 하는 거라. 내가 그걸 보고선 껄껄 웃었습니다. "야, 가재야. 너는 왜 가재라고 이름을 했지?" 하면서 "너도 살겠다고 그러는데, 생명이 있는 거는 전부 살겠다고 이렇게 나서는구나. 내가 너를 왜 밟니? 미리 그렇게 좌절하고 그러지 마라." 하면서 풀 이파리로다가 이렇게 끌어서 물에다 넣어 주곤 지나갔습니다마는, 그게 방생입니다. 방생이 어떤 것이 방생인지 그것을 똑똑히 아셔야 합니다.

이 물이 강이나 연못이나 이런 데서 수증기로 올라가서 다시 내려오거든요. 그래서 땅으로 스미는 것도 있고 강으로 흘러서 바다로 들어가는 물도 있고 연못에 그냥 고이는 물도 있습니다. 그럼으로써 절간에 미꾸라지나 거북이나 새우 뭐, 이런 고기들이 많이 떨어졌습니다. 예전엔 물에 많았기 때문입니다. 지금은 많이 잡아 내기 때문에 그렇질 않지만 말입니다. 그러면 도량에서 그냥 펄펄펄펄 뛰었습니다. 그럼 스님네들이 "야, 방생하자." 하고선 통을 들고 주워 담아서 물에다가 갖다 넣어 주곤 했습니다.

그게 방생이지, 도대체 여러분은 왜 물에서 가만히 노는 걸 잡아다가…. 자꾸 사 가지고 갖다가 넣으니까 자꾸 잡아오죠. 그 어린 것들을 말입니다. 왜 그럽니까? 어떤 사람이 이런 예가 있었거든요. 병이 들었는데, 병이 든 게 아니라 아주 힘이 약하다고 해서 어머니가 그, 뭡니까? 뱀 말입니다. 뱀을 사다가 그걸 죽여 가지고는 탕을 해서 아마 줬던 모양이죠. 근데 공부하는 뱀이었단 말입니다. 그러니까 탈이 나는 겁니다. 그냥 아무것도 모르고 천방지축 하는 거는 좀 덜한데 공부하는 걸 갖다가 그렇게 해 놨으면 큰 문제가 됩니다. 그 공부도 끝나기 전에 그렇게 됐기 때문에 얼치기가 된 거 아닙니까? 그러니까 그 문제가 어디에서 생겼느냐 하면 그것이 그 집의 애로 태어난 겁니다. 애로 태어날 때 꽁지가 달린 겁니다. 이렇게 해서 태어나는 수도 있거든요.

예전엔 그런 예가 더러더러 많았지만 지금은 아주 깨고 깨고 모두 참, 발전을 많이 했지 않습니까? 그래서 지금은 좀 덜합니다마는 지금은 그런 모습으로 태어나기보다도 아주 사람이 미치기도 하고, 그냥 잘못된단 말입니다. 병신이 되지 않으면 미치고…. 그런 업보가 한번 붙으면 우리가 이런 공부를 해서 녹이지 않는다면 대대로 유전이 되지 않습니까, 또. 그러니 이게 얼마나 고초가 되는 것입니까? 먹는 것도 좋지만 말입니다. 도대체 먹고 사는 데에 뭐가 그렇게…. 아니, 식물 하나 꺾기도 정말 안된 생각이 드는데 동물까지 그렇게 해야 됩니까? 남이 죽여서 갖다 파는 거는 어떻게 사 먹는다고 하지마는 그 생으로 펄펄 뛰는 거를 어떻게 그렇게 잡습니까? 여러분이 산 짐승을 자시지 않아도 살 수 있지 않습니까?

여러 가지가지 때에 따라서는 참, 아까 얘기했듯이 칼로 퍽 찔러서 죽여도 그것은 자비로써 살린 거지만, 도인이 하시는 일은 그것이 무명만 쳤다 뿐이지 바로 살린 것이지마는 여러분은 그러한 이치도 못 되면서 만약에 남의 생명을 앗아 간다면 그건 말도 안 됩니다. 그래서 모든 분들이 세상을 살아가면서 분수껏 살아야 한다. 나한테 오지 않는 걸 억지로 개천을 건너뛰어서까지 뺏으려고 한다면 개천에 빠진다. 이런 문제들이 왕왕 우리 살아나가는 데 있지 않습니까?

그래서 욕심을 어느 정도껏 두라는 얘깁니다. 중도에다 항상 두고, 항상 중도에 두되 중도에 두는 거마저도 자기 주인공에 맡기면서 선하고 착실하게, 좀 더 겸손하고 자비하게 사랑하면서 우리가 살아나가면서도, 항상 좋은 말은 남한테 해 주고 언짢은 말은, 신경 쓸 일은 얘기하지 말고 안으로 굴리고, 남편하고도 서로 싸우지 말고, 나가서 이틀, 열흘, 한 달을 자고 들어온다 할지라도 듣기 싫은 소리 하지 말고 안으로 굴려서, 모든 거를 내 탓으로 돌리고 바로 내 주인공에다 맡겨 놓는다면 그 사람은 그렇게 나가서 자래도 안 자. 그런 도리를 아시란 말입니다. 그 도리를 알아야만이 우리가 조화를 이루고서 참복락을 이루는 거지, 그런 도릴 모르고 어떻게 복락을 이루고 공덕을 이루면서 무심으로서의 그 광대무변한 법을 들이고 낼 수 있겠습니까?

그러면 오늘은 이만 그치겠습니다.

어류의 삶과 부처님의 인도(引導)

1986년 3월 26일

오늘은 어저께 말씀드리던 어류에 대한 얘기를 마저 끝마치겠습니다.

동해가 있으면 서해가 있고 남해가 있고 또 북쪽으론 압록강이 있고 또 한강이 있고 낙동강이 있습니다. 이 문제가 왜 거론되느냐 하면 사람이 공부를 해서 내 마음을 깨친다면 그때부터 진짜 공부로 들어가는 겁니다. 그래서 여기 지구의 세상으로부터 모든 걸 검토해서 대천세계까지 치더듬는 것입니다. 그러면서 자기의 마음에 보림해 가면서 결국은 모든 습과 또는 체험과 모든 것을 해 나가는 것입니다. 그렇게 해서 내려와서 자기 마음으로 다시 돌아오는 것입니다.

물론 다시 돌아오고 돌아가는 것도 없지만 공부할 때에 그렇게 어디고 아니 닿는 데 없이 체험을 안 하면 아니 되는 거죠. 그렇기 때문에 그렇게 해서 돌아와서 다시 부처님 말씀대로 그 모든 것이 내 자리 아님이 없고, 내 몸 아님이 없고, 내 아픔 아님이 없고…. 어류들이나 이 모든 것이 다 중생이니까. 내 몸에 대한 것도, 이 몸도 중생인 거

라. 그런데 선의 중생이 있고 악의 중생이 있거든. 그럼으로써 중생이니 부처니 하는 것이죠.

그러면 물속에서 사는 생명들이 천차만별로 있는가 하면, 무정물이라든가 식물이 그렇게 천차만별로 돼 있고, 동물들이 천차만별로 그렇게 돼 있습니다. 돌의 생명이든지 어떠한 거든지, 물질이라면 그건 생명이 없는 것이 하나도 없습니다. 그래서 체험을 다 하고 난 뒤 그때서야 이 자유자재권을 가지고서 자유자재할 수 있는 거죠.

물에서 노는 생명들이 그렇게 천차만별로 돼 있지마는 안타깝게 인간의 살림살이와 삶과 그 도리가 어쩌면 그렇게 같습니까. 그러니까 그 생물들이 모두 물에서 살면서 진화되고 모습을 바꾸고 이렇게 사는 동물도 있다는 얘깁니다. 살다 살다 보니깐 진화되고 모습을 바꾸기도 하고 또 자기 앞가림도 해야만 되는 것이 생명들 아니겠습니까? 그렇기 때문에 태로 낳는 게 있고, 알로 낳는 게 있다는 얘깁니다. 입으로 낳는 것도 있거든. 입으로 낳아서 입에서 기르는 그러한 어류도 있다는 얘깁니다. 태로 낳는다 하는 건, 한 가지 예를 들어서 상어라든가 이런 큰 짐승들도 그렇고 숭어*라든가 이런 것도 다 태로 낳는 겁니다.

모두가 이렇게 천차만별로 돼 있을 때에 알을 한꺼번에 5만 마리도 낳을 수 있고 또 몇만 마리도 낳을 수가 있는 겁니다. 2백 마리, 3백 마리 이렇게 많은 것을 낳지만 태로 낳는 거는 사람들이 하나나 이렇게 낳는 것처럼 숫자가 적습니다. 그래서 그거는 알뜰히 자기가 보호해서 기를 수 있고 또 아주 알을 깨뜨려서 배 속에서 길러서 나오니 얼마나 알토란 같습니까? 우리 인간들처럼 배 속에서 보호해서 길러서 바로 사람이 돼서 나올 수 있다면 그것은 누구한테 착취당할 일도 없죠.

그런데 이 알로 낳는 거는 착취를 많이 당한단 말입니다. 알로 낳

* 태생 어류의 예를 잘못 말씀하신 듯함.

아서 이렇게 뭉치 뭉치 놓는다면 또 그것을 착취해 가는 그런 고기들이 있어서 다 잡아먹거든요. 그럼 이게 몇 마리 성사를 못 보는 거죠. 고기들이 그렇게 해 가면서도 어떠한 어류는, 미꾸라지도 그렇지마는 진흙땅을 파고서 그 속에 들어가서 알을 낳게 되면 스스로 그렇게 묘한 것이 없어요. 스스로 자기의 그 에너지를 꺼내서 실로 만들어서 매달아서 천장에 모두 알들을 만들어서 요렇게 끼워 놓기도 하고 그러는 어류들도 있다 이겁니다. 그러면 거기에서 저절로 까서 이렇게 나올 때까지 보호해 주는 것도 있고 알을 싸 놓고 그냥 가는 어류도 있거든요.

우리 인간도 그냥 낳아 놓기만 하고 그저 무심히 그렇게 돌리는 부모들도 있거든요. 또 그냥 낳아 놓고 죽는 사람도 있고 이런 것과 똑같이 말입니다. 그렇게 돼 돌아가고, 또 입으로 낳는 것도 입에서 다 길러서 바로 그 물 알 주머니에서 탁 터져서 나가면 새끼가 그냥 나가서 물에서 놀다가 또 자기 집인 줄 알고 들어오게 된다 말입니다. 그럼 입에서 다 크도록까지 길러서 내놓는단 말입니다. 배에서 길러서 내놓는 거는 큰 상어 같은 거, 또는 상어뿐만 아니라 숭어라든가 이런 것들도 다 그렇게 해서 내놓거든.

그런데 이런 신기한 얘기도 있습니다. 얘기가 아니라 그렇다는 그 사실. 우리가 가자미나 넙치 같은 거를 사다 먹죠? 여러분이 사다 먹을 때 언제나, 하치않은 그런 어류지마는 그거를 상세히 생각해 본다면 너무도 묘한 것입니다. 모두가 다 그렇습니다. 그러면 고기를 잡아먹을 때도 그렇고 물을 입에 넣었을 때도 아가미로 물은 나가고 건더기만 건져서 먹는 것, 또는 우리가 정맥 동맥이 통하듯이 나쁜 물질이 있으면 그것을, 이산화탄소나 이런 거는 빼 버리고 자기가 영양 있는 것만 들여놓는 그러한 조개들도 있고 다 있단 말입니다.

옛날에는 그렇게 애기하더군요. 너희들이 부모에게 눈을 흘기거나, 시부모들한테 눈을 흘기거나 나쁜 짓을 해서 저렇게 가자미가 됐다 그러는데, 그전에 조그맸을 때는 그걸 그렇게만 알아들었어요. 또 우스운 얘기 좀 하죠. 옛날에는 정월달이면 북어를 한 쾌 두 쾌씩 들여놨습니다. 그럼 그걸 젓가락으로다 눈깔을 빼 먹었죠. 어렸을 때요. 그런데 "네가 죽어서 내 눈깔 내놓으라고 그런다면 어떻게 하겠느냐." 하기에 그 눈깔을 빼 먹지 못했습니다. 그런 예가 있었죠.

그랬는데 그 가자미 눈을 가만히 보고선 왜 너는 모로 그렇게 박혔느냐 생각을 하니 그 가자미는 항상 남한테 먹히기만 했단 말입니다. 그러니까 물바닥에서 내 몸을 가려서 어떡하든지 수를 써서 내 방어를 해야 할 텐데 방어할 길이 없단 말이야. 그리고 이것이 납작하기 때문에 항상 밑바닥에 깔려 있으면서 방어를 해야 할 텐데 그 모습을 바꿀 수도 없고 방어할 수도 없고, 눈이 양쪽으로 돼 있으니 이것을 반듯하게 들면 한 눈밖에 도대체 볼 수가 없단 말입니다. 그러니까 거기에서 자기가 생각을 했습니다. 가자미가 생각하기를 '야, 내가 이렇게 납작하게 엎드려 있으면, 즉 밤에는 까맣게 되고 또 낮에는 하얗게 돼야만이 될 수 있지 않은가.' 또는 눈이 이렇게 한데로 몰려야 드러누워서도 눈으로다가 다 보지 않습니까? 두 눈으로 다 볼 수 있죠. 그러니깐 그러한 생각을, 자기가 부자연하니까 생각을 했던 것이 그게 진화력입니다, 진화력! 그러니깐 그러한 마음이 생겼기 때문에 그것이 스스로서 그렇게 돌아간단 말입니다. 있던 자리에서 옮긴단 말입니다. 얼마나 묘합니까? 그러니 처음에 났을 때는 양쪽으로 눈이 돼 있었지마는 점점점점 가면서 그렇게 모로 딱 두 눈이 돼 있으니까 이놈의 가자미가 탁 붙어서 드러누워도 이렇게 볼 수 있죠, 다. 그러한 방어를 해서 살고 있는 그런 어류도 있단 얘깁니다.

그러면서도 말같이 생긴 그런 어류도 있고 또는 소같이 생긴 것도 있고, 또 용같이 생긴 것도 있고 날개가 달리고 비늘이 거꾸로 붙고, 비늘이 그냥 말도 못하게 예전에 이무기라는 그런 용처럼 생겨서 사는 것도 있고 또는 상어도 아주 그 참, 점점점점 진화력을 가지고서 조그맸을 때부터 더 클 때까지 살아가면서 고난과 시련을 겪으면서, 파도에 휘달리면서도 늠름하게 자기가 공부를 하면서, 자꾸 진화되니까 그게 백상어가 된다는 얘깁니다. 그래서 몸이 하얗게 된 것은 재주가 훌륭하고, 자기 앞가림을 다 할 수 있고 자기 마음이 진화돼서 융통성이 있으니 결국은 고래상어나 이런 거는 전부 물에서 왕이죠. 즉 말하자면 산에서 사자처럼 말입니다.

그래서 그 진화력을 튼튼히 가지고 있기 때문에 만반의 준비를 해서 벌써 미리미리 소통을 하니까, 즉 말하자면 무전통신기가 있기 때문에 다 그걸 통하죠. 판단도 하죠. 인간 모르는 거보다 더 잘 알고 있죠. 그렇기 때문에 그러한 물속에서도 천차만별로 차원에 따라서 힘이 있고 차원에 따라서 힘이 없고, 이러한 어류들도 천차만별로 그런 능력이 있다는 얘깁니다. 때에 따라서는 상어도 그런 능력이 있어서 푸른 상어가 있는가 하면 검은 상어가 있고 또 색색을 가진 어류도 있고 별의별, 말로 어떻게 다 할 수 없으리만큼 그렇게 천차만별로 생겨 있고, 마음이 그렇게 천차만별로 돼 있고, 재주가 훌륭한데 그 재주가 천차만별로 돼 있더라 이겁니다.

그러면 그런 대로 때에 따라서는 진화력을 가지고서 그 능력이 무쌍하다면 바로 날개가 달릴 수도 있는 겁니다. 그래서 날기도 하죠. 그러니 그것은 물에서, 어류라고 하기 이전에 물의 동물이라고 할 수 있죠. 그러니까 막 난단 말입니다. 그러니까 여기에서 100미터든 50미터든 막 날아서 돌에 가서 한참 궁리를 하다가 또 물로 내려가곤 하고 이렇게 합니다. 나무에도 올라가서 나뭇가지에 걸쳐서 있다가도 가고 풀섶에 있다가도 다시 내려가고 이러는 수가 많다는 얘깁니다.

그렇게 공부하신 어느 부처님께서 사대의 모든 오온의 근본을 이렇게 내려 보시니까 그렇게 모두 차원이 돼 있고 천차만법으로 광대무변하거든요. 그래서 강을 한번 스르르 돌고 계신데 어느 어류는 나무 끝에 올라서 있고 하나는 돌 위에 있으면서 날개가 달려 있고, 나는데 아주 묘하더랍니다. 그랬는데 거기에서 슬프게 울고 있더랍니다. 그래서 “너는 왜 그렇게 울고 있느냐?” 하니까 “사정이 이러하고 이러해서 저는 수천 년을 물에서 이렇게 살고 있었는데 이제는 이 몸을 벗고 싶습니다. 그래서 날아 보고 이렇게 해도 이 모습이 이와 같이 생겼기 때문에 도저히 스님처럼 그렇게 걸어 다닐 수가 없습니다.” 하더랍니다. 그래서 그 자리에서 바로 그 스님께서는 “알았다.” 하시면서 “네 마음과 내 마음이 둘이 아닐지언댄 바로 그 몸은 홀연히 벗어나리라.” 하시면서 그 어류를, 백상어든 어떠한 어류든 그런 차원에 있는 어류는 바로 동물로, 인간으로 인도하시고 또 차원이 낮은 거는 낮은 것대로 또 걸어 다니게 인도하시고 또 아주 낮은 거는 낮은 것대로 자기 앞가림을 할 수 있게끔 스스로서 정하시니, 어디고 손이 안 닿는 데가 없더라 이런 겁니다.

우리 손 손이, 발 발이 안 닿는 데가 없다 하는 것은…, 그렇기 때문에 둘이 아니다. 여러분과 나와 둘이 아니요, 내 자리 아님이 없다. 그러니 공부하는 사람들이 자리를 찾아가서 내가 이 공부를 해야겠다 하거나, 저기 위대한 스님 또는 위대한 공부하신 스님네들이 계셨던 자리를 찾아다니면서, 기도 자리를 찾아다니면서 이렇게 공부하는 사람들은 공부를 못한다는 얘깁니다. 그 한자리건만 나로부터, 지구 세상으로부터 전체 위로 대천세계까지 오르고 내리면서 체험을 하면서 이렇게 닦아서, 여러분과 같이 둘이 아니라고 하는 그 뜻까지, 자기가 자유 활동을 할 때까지는 내가 알았다 몰랐다 할 게 없다 이거야. 그래서 그렇게 공부를 해 가지고 알았다 몰랐다 할 게 없는 거기까지 가 보고 나면 또 내가 나라고 내세울 게 없다 하는 게 있습니다. 그러니 얼마나 광대무변한 것입니까.

그러니 그 모두가, 이 물에서 사는 것들도 자기 앞가림들을 그렇게 묘하게 잘하고 추우면 추운 대로, 소라들도 몇 종류가 되는데 자기 앞가림을 자기 앞가림대로 합니다. 나는 큰 소라를 보고 이렇게 생각했습니다. '아하, 너는 추우니깐 바로 문을 닫는구나.' 그 문을 갖다가 아주 하얀 문으로 싹 가려 버려. 그럼 우리가 추워서 문 닫는 거나 마찬가지다 이거야. 그러는 거나 마찬가지로 우리가 추우면 소름이 끼치고 꽉 달라붙고 그 모든 따뜻한 운기가 바깥으로 새지 않게 옷을 덥게 입고 하는 그런 우리 동물들의 그 묘법.

그 어류들도 그렇게 방어를 하면서 추우면 추운 대로 방어를 하고 더우면 더운 대로 방어를 하면서 모든 것이 일체 만법을 활용을 하고 있으니 그 얼마나 묘합니까? 이 세상에 모두가 그렇게 묘법에 의해서 동심으로서 바로 동생, 공체, 공식화하면서 연쇄적으로 잡아먹히고 잡아먹으면서 이렇게 살아나가는 우리 생명들이 묘하다기보다도 어떤 때는 '어, 불가사리 같구나!' 이렇게도 생각을 해 봅니다마는 그것은 자연적으로 그렇게 돼 있기 때문에 어쩔 수 없는 사정이죠. 자연입니다, 그것이. 자연 법계에서는 어쩔 수가 없이 그렇게 돼 있으니까요.

그러니 우리 자체가 생각을 해 보면 모든 것이 어쩔 수 없어서 어떤 거는, 조개 같은 거 이런 것도 피가 흐르는 게 있고, 그것도 상류 계급에 있는 거나 차원이 높은 거는 피가 흐르고, 그렇지 않으면 무투명하게 피가 없이, 붉은 피가 없이 그대로 있어요. 조개란 놈도 어떤 거는 내고 들일 수 있는, 맑은 물을 들여가고 헌 물은 내놓고 이렇게 하는 그런 것이 다 우리 정맥 동맥이 순환을 하듯이 그렇게 순환을 하고 있더라는 얘깁니다.

그것을 참, 하나를 보면 열을 보고 열을 보면 백을 보게 되는 겁니다. 또 한 가지를 해 보면 열 가지를 하게 되고, 열 가지를 해 보게 되면 백 가지 천 가지 만 가지를 하게 되는 것입니다. 조기를 가 보게 되면 바로 저기를 갈 수도 있고 또 한 가질 보게 되면 그것을 또 한번 검토해 보게 되고 이렇게 함으로써 참, 천하에 일등 가는 이 공부라고 봅니다. 이 천하에 일등 가는 공부를 우리가 인간으로 태어나서 그것을 벗어나지 못하고…. 어류들도 벗어나려고 그렇게 애를 쓰고 진화력을 가지고서 그렇게 몸을 이리 바꾸고 저리 바꾸고 하면서 자꾸 인간으로서 화하는데, 인간으로서 그 몸을 벗지 못하고 내 배 속에 들어 있는 생명들이 천차만별로 모습을 가지고 이렇게 살고 있는데, 그 생명들이 살고 있는 것을 한 생명이라고 볼 때, 바로 그 생명들이 한데 합쳤기 때문에 우리의 생명이 있는 것입니다.

그런데 그것을 몰라라 하고 그냥 그저 먹게 되면 먹는 게 아니라 어떡하든지 어떠한 방법을 써서라도 착취하고 먹고, 이렇게 살려고만 하지 말고 인의롭게 리듬을 타고…. 강제성을 띠어서 훌쩍 뛰어넘으려고 하지도 마세요. 리듬을 타면 스스로서 오르고 내리고 오르고 내리고 하는 것을, 그것을 강제적으로 더 뛰어 올라가려고 하고 악을 쓰고 악을 낸단 말입니다. 속이 상해서 펄펄 뛰고. 또는 좋으면 좋다고 그냥 야단이고. 왜 그렇게 중도를 지키지 못하면서 사람들은 진짜 사랑을 모를까.

그러면 여러분이 이날까지 불교를 믿어 온 그것이 얼마나 허망했던가 생각을 깊이 하실 겁니다. 무엇이 불교인지, 무엇이 인간의 참도리인지, 무엇이 보람 있고 생동력 있는 삶인지, 어디서 왔는지 어디로 가는지 도대체 분간을 못하고 나라고 하고 내 거라고 하고 내가 했다고 하고, 망하는 거는 네가 망하게 해서 내가 이렇게 망했다고 하고, 모두가 이렇게 탓을 하면서 그 습을 놓지 못해서 이 인간의 탈을 벗지 못하면서 항상 좌천되고, 또 승진하는 사람도 있고 좌천하는 사람도 있고….

이렇게 여러분의 한 점의 마음에 의해서, 당신네들을 죽이고 살리는 건 당신네들 마음 한 점에 있다 이거야. 지금 살아나가면서 여러분이 그 고통을 받고 죽을 때가 돼도 그냥 순수하게 먹을 거 다 먹어 가면서 살다가 편안하게 옷을 벗었으면 좋겠는데, 2년이든지 3년이든지 또 이렇게 먹지도 못하고 펄펄 뛰고 그냥 옷도 못 입고 구덩이가 파지고, 등이 깨지고 피가 흐르고 이렇게 고통을 받고 옷을 벗어야 하는 그런 입장에 놓여 있을 때 여러분도 깊이 생각해야 합니다.

자기 고통은 자기 고통이지만 나로 인해서 남이 고통을 그렇게 바치니 그것도 한번 생각해 볼 점이 있죠. 나는 남을 그렇게 괴롭히고 싶진 않습니다. 여러분의 자식이다 할지라도 자식이 부모에게 그렇게 해야만 되는 법이 어딨습니까? 부모가 잘하게 되면 그냥 어느 결에 가는 줄 모르게, 조금 그저 노곤하다가, 먹을 거 다 먹고 사랑할 거 다 하다가 가시면 그 정과 사랑과 깊은 그 인연에 의해서 착도 없이 그렇게 사랑할 수 있지 않겠습니까? 그런데 그 참, 지겨운 착을 또 갖게 하고 그 지겨운 마음을 갖게 해서 죄를 더 짓게 만들고 말입니다. 그게 누가 만들어 주는 겁니까? 여러분이 그렇게 했기 때문에 자식들도 그러한 지겨운 마음을 갖게 되고 자식들도 고만 죄를 또 잇게 된단 말입니다. 그러니 누구의 탓입니까, 모두가. 하나서부터 열까지 말입니다. 그러니 모두가 내 탓이지 누구의 탓이 아닙니다. 그 반면에 부처님 마음이 바로 내 마음이지 어디 딴 데 있는 게 아닙니다.

이 도리가, 지금 어류 얘길 했는데 이것이 간단하게 끝날 일은 아니지마는 이렇게 간단하게 끝을 내는 겁니다. 왜냐하면 여러분이 그 이치, 알로 낳는 거, 태로 낳는 거, 입으로 화해서 낳는 거 이것이 천차만별로 돼 있고 그것들이 알을 낳고도 다 잊어버리고 잡아먹히고 이러면서도 그래도 살 궁리들을 다 합니다. 그러니까 그게 얼마나 모르면 그렇게 됩니까?

그런 것들도 그런가 하면 또 태로 낳아서 그렇게 잘 이끌어 가는 그런 동물에 가까운 물속의 어류가 있단 말입니다. 자기방어를 할 수 있는 그런 한 가지 묘기는 다 가지고 있습니다. 우리 인간도 다 가지고 있듯이. 묘기가 있으면 이게 부족하고, 이게 좀 성능이 좋으면 이게 부족하고. 인간들도 그렇지 않습니까? 우리 소들도, 즉 말하자면 뿔로 대치를 할 수 있는 묘기가 있고 말은 뒷발로다가 그 묘기를 가지고 있고. 모두가 보면 하나서부터 열까지 다 가지고 있단 말입니다. 그것만 예를 드는 거지.

또 박쥐란 놈 좀 보십시오. 인간의 모습처럼 다리가 있고 머리가 있고 팔이 있습니다. 그런데 그 팔과 다리와 발가락이며 머리도 모든 것이, 즉 말하자면 날개에 전부 힘줄처럼, 뼈처럼 다 부착이 돼 가지고 이게 움죽거리면 그냥 나는 거죠. 그것을 산에서 유심히 보곤 했습니다. '야, 신기하구나, 모두가. 자기방어를 다 해서 저렇게 다닐 수 있고 날 수 있고 길 수 있고, 또는 물에서 사는 물의 사자들은 아주 그 속도가 말도 못하고. 그러니 그것을 우리가 볼 때에 천차만별로 너무나 엄청난 세계라고 봅니다.

또, 그런 어류들도 때에 따라서 동물에 가까운 그것이 간이라든가 허파라든가 정맥이라든가 이러한 것이 다 있단 말입니다, 동맥도 있고. 그러니 얼마나 묘합니까, 이게. 세포 하나하나가, 또는 구절구절이 다 돼 있고 말입니다. 그러니 한만히 남의 생명을 앗아 가겠습니까? 그래서 우리 불가에서는 부처님 법에 의해서 이런 말을 했습니다. "살아 있는 짐승들을 먹지 말라. 살생을 하지 말라, 첫째. 네 생명과 같고 네 아픔과 같으니라. 전자의 겁을 거쳐 오면서 그 모습이 바로 네 모습이니라. 그때에 너도 그렇게 아픔을 당했느니라." 그렇게 자세히 말씀은 안 하셨어도 "살생하지 말라." 한마디로 끝을 맺었습니다. 내가 잔소리를 이렇게 덧붙여서 하는 거죠.

그러니 때에 따라서는 그 한 마리가 펄펄 뛰는 것도, 어떤 때는 여러분이 방생을 할 때 애석한 생각도 있습니다마는, 애석한 생각도 없이 나는 나대로 심부름꾼에 지나지 않는, 밑 씻어 주는 그, 뭡니까? 쓰레기 치우러 다니는 그런 사람에 불과합니다. 부처님이 무엇이 높습니까? 여러분은 어머니 아버지라는 이름을 갖고 있지만 자녀들에 대해서는 심부름꾼에 지나지 않습니다. 추우나 더우나 벌어서 '이것을 어떡하면 공부를 시키고, 어떡하면 잘 먹이고, 어떡하면 굶기지 않을까. 어떡하면 헐벗기지 않을까.' 하는 생각에 여념이 없이 돌아칩니다. 바로 윗분이라고 말만 해 놨지, 윗분이기 때문에 그런 심부름을 아니 하면 안 되게끔 돼 있지 않습니까?

그런데 그런 어류들도 천연적으로 벌써 그렇게 자기가 의무적으로 해야 한다는 것이 자연법칙으로서 그렇게 돼 있다는 겁니다. 그러니 얼마나 사랑하면 아귀가 터지도록 입 속에서 기르며, 아프면서도 아프단 말을 못하면서 그것을 길러 내야 했고 아프다는 소릴 못하면서도 배 속에서 길러서 그것을 또 내놔야 했을까요. 우리 인간하고 뭐가 다릅니까? 알을 낳아서도 어떡하면 안 죽일까 하고 풀잎으로 둥우리를 틀어서 그 안에다가 알을 낳는가 하면, 어떡하면 죽이지 않을까 해서 구덩일 파고 그 속에 들어가 낳는가 하면, 어떡하면 그렇게 죽이지 않을까 해서 천장에다가 매달아서 알을 놓고서 까게 하는가 하면, 수컷은 수컷대로 암컷은 암컷대로 입 속에다 알을 넣고 그거를 10일 동안, 예를 들어서 말을 하자면 일주일이고 열흘이고 보름이고 간에 자기 입 속에다 넣고 그 알이 다 까질 때까지는, 부화될 때까지는 굶어야 해. 그러니 그 어미 아비가 얼마큼 노력을 해야 하는지 상상할 수도 없다 이거야.

그러니 우리 인간과 뭐가 다릅니까? 그 삶과 아픔과 그 인내와 자비는 누구에게나 다 있는 것입니다. 우리 동물만이 가지고 있는 게 아니라 어류들도 그렇게 가지고 있으니 눈물이 안 날 수가 없습니다. 얼마나 울었던지, 얼마나 기가 막혀서 하늘을 쳐다보고 웃었던지 모릅니다. 내려다보고 울고, 올려다보고 웃고. 세상에 올려다봐도 그렇고 내려다봐도 그렇고, 세상에 나라고 할 것도 없고 그라고 할 것도 없이 무엇을 탐내며 무엇을 가져야 하며 무엇을 어떻게 해야 합니까?

그래서 부처님께서 말씀하시기를 "물이 파도가 쳐도 한 생각도 없이 빈 배 떠 가듯, 일렁일렁 빈 배가 리듬을 타고 가듯이, 리듬을 타고 그저 돌듯이 이렇게 살아나간다." 했습니다. 그러면서도 소소영영하게 모든 것을 나 아님이 없이 돌보시면서 49년을 길을 인도하셨으니…. 사월 팔일이 다가옵니다마는 사월 팔일만 탄생하신 날이 아닙니다. 수없는 나날이지마는 바로 어저께도 지나갔으니, 앞으로의 내일은 오지 않았으니 오늘의 그 거둠 거둠이 길잡이 노릇을 하신 부처님께서는 수없이 길잡이를 했건만 흔적이 없단 말입니다. 그러면서도 지금까지, 여직까지 지금 현실에 이렇게 살아 계시니 말입니다. 여러분은 삼천 년 전에 돌아가시고 열반하셨다고 말씀을 하시면서 사월 팔일이 되면 부처님 오신 날이라고 생각하시겠죠. 그러나 우리 마음들이 있고, 이 묘법이 있고, 무한의 능력이 있는 이상 부처님은 항상 살아 계십니다. 여러분이 없다면 부처님이 어딨겠습니까? 부처님이 없다면 여러분이 어디 있겠습니까?

여러분은 그러한 능력으로 마음의 진화력을 가져서 이날까지 모습이 변하면서 나투면서 옮기면서 돌아서 이렇게 인간으로까지 등장을 했고 이 자리에 바로 이렇게 앉아 계신 겁니다. 우리가 생각하면 생각해 볼수록 너무도 기묘하고 때로는 슬프기도 하지만 슬프다고 어찌 말을 하겠습니까? 또는 어찌 좋다고 말하겠습니까? 그리고 없다고 어떻게 말할 수 있으며 있다고 어떻게 말을 하겠습니까? 그저 그대로 하면서 그대로 돌 뿐입니다. 소소영영하게 돌 뿐입니다.

오늘은 이걸로써 끝을 마치겠습니다.

끄달리지 않는 법

1986년 3월 27일

큰스님 … 물에 사는 동물이라고 하고 또는 동물에 가까운 그런 어류들이 있다는 것도 얘기했고, 어류들이라 할지라도 우리와 마음이 둘이 아니고, 그 몸 자체의 모습도 둘로 봐서는 아니 된다고 했습니다.

오늘은 식물에 대한 문제, 요걸 잠깐 거론하려고 합니다. 식물들이 꽃이나 나무만 식물이 아니라, 우리가 지금 일체의 반 이상 소유하고 있고 또는 나중에 대의적으로 본다면 전체가 그렇게 될 수 있습니다. 그것은 왜냐하면 우리가 지금 먹고 사는 것도 전부 식물에 관한 건입니다. 지금 여기 있는 것도 종이 하나하나가 전부 식물이요, 이 나무 하나하나가 식물입니다. 쌀도 식물이요, 밀가루도 식물입니다. 하나서부터 열까지 모두가 식물 아닌 것이 없으리만큼 돼 있습니다. 중요한 것은 우리가 식물을 가꾸기도 하고 먹기도 하고 이러는데 우리는 연쇄적으로 공식하고 있다는 그 점입니다.

그런데 여러분이 왜 그 업에 의해서, 과보에 의해서 끄달리며 윤회에 끄달리며 가환에 끄달리며, 모든 게 그렇게 끄달리고 있는가 이런 생각을 한번 해 보셨습니까? 모든 거를 둘로 본다면 이것은 끄달리게 돼 있습니다. 한마음 한뜻으로서 어떠한 걸 배척하지 않고 모두, 우리가 하다못해 쌀을 먹을 때도, 밥을 먹을 때도 감사하게 생각해야 됩니다. 우리 고등 동물에게 모든 것을 바치고 있습니다. 바치고 있는 것을 감사하게 생각 안 하고 우리는 아무 생각 없이 그저 있으니깐 먹으려니 하고, 또 두 번째는 식욕으로 탐을 두고 또는 착을 두고 욕심이 있고, 고정되게 내 거라고 생각하는 이러한 습이 있습니다. 그것을 모두 둘로 보지 말고, 자기 주인공에서 나오는 거 주인공에다 놓는다면 모든 게 해결이 되는 겁니다. 그건 왜냐하면 밥을 한 그릇 먹었을 때 그 쌀은, 그 식물은 나의 모습이요, 그 식물의 생은 나의 생이란 얘깁니다. 그거뿐만 아니라 우리가 일체를 다 가지고 논의할 때 하나도 나 아님이 없는 것입니다.

예전에 어떤 사람이 어머니가 차에 치여서 옆구리가 아프다고 하면서 "아, 늑막이 들었는데 어떡하면 좋겠습니까? 그런데 누가 토끼를 잡아서 마늘을 넣고 고아서 먹으면 괜찮다고 하니 어떻게 불자로서 살생을 합니까?" 그럽니다.

예를 들어서 선정과 지혜는, 지혜는 지혜의 용이라고 그랬습니다. 우리가 들이고 내는 용, 그 자체가 무엇이냐? 선정이라 하면 우리 몸이 마음을 다스리고 마음이 몸을 다스린다 이 소립니다. 이 둘을 한데 합쳐서 지금 얘기하는 겁니다. 그러면 균등을 잡아서 같이해 나갈 수가 있기 때문입니다. 그러면 거기에서 선이다 악이다 이러는 걸 떠나서 선정이다 지혜다, 이것을 몰락 균등을 잡아서 한데 놓는다면 이건 끄달리지 않는 법이 바로 그런 데 있는 것입니다. 스스로서 끄달리지 않고 스스로서 우리가 그 본점에 모든 것을 놓을 수 있는 그런 보림을 할 수 있다면 또 한 가지, 어저께도 얘기했지만 공부를 해 가면서 또 체험해 가면서 다시 보림을 해야 한다는 문제가 나오죠.

그런데 식물 그 자체가 모두 보림하고 놓는 데에 끄달리지 않는다는 이치가 있습니다. 여러분같이 그렇게 끄달리고 거기에서 둘로 보기 때문에 어떤 사람은 나무를 파서 옮기거나, 산을 올라가거나 그래도 마구 꺾죠? 둘로 보기 때문입니다. 만약에 나로 본다면 꺾을 수 없습니다. 그리고 우리가 지금 생물이나 식물이나 동물을 이렇게 먹을 때도 언제나 감사하게 먹되 감사한 그 마음을 놓으란 말입니다. 감사하게 놓고, 맡겨 놓고 물러서지 않고 모든 것을 똘똘 뭉쳐 놓는다면 이것이 바로 일상생활 그대로 참선이 되는 것입니다. 일상생활에서 떠나서 부처님 법이 있다면 그것은 어긋나는 법입니다. 내가 지난번에도 얘기했지만 똥그란 그릇에 네모난 뚜껑 덮는 거나 마찬가집니다. 어디까지나 새 버리고 말죠.

그러니 우리가 한생각 하는 것이 얼마나 귀중한지 모릅니다. 우리 인간들에게는 무한의 능력이 근본적으로 주어져 있습니다. 그런데 자기가 발견하지 못해서 무한 능력의 활용을 제대로 못하고 우리는 50% 미완성으로 살아나가게 돼 있는 겁니다. 그래서 3차원에 머물러 있지만 우리는 4차원, 5차원, 6차원, 7차원, 9차원까지도 바라볼 수 있는 그 무한의 능력이 본래 주어져 있는 것입니다. 그런데도 우리가 계발을 못해서 그렇게 못하고 있는 거 아닙니까?

우리가 살아나가는 데에 식물이나 생물이나 또 낮은 동물이나 인간으로서 살아나가면서도 항상 내가 했고 너 나, 너희들, 이렇게 상대를 두기 때문에, 마음으로 그렇게 상대를 두고 욕심을 두고 또 아상을 가지고 이렇게 사니까 항상 그것이 덧붙어 돌아가는 겁니다. 우리가 산 사람이 열이라면 보이지 않는 생명들이 열입니다. 반반 이렇게 교차로를 이루고 있는데 거기에서 둘로 본다면 그거 항상 끄달리게 돼 있지 않습니까? 죽은 마음이나 산 마음이나 어찌 둘이겠습니까? 마음이야 둘이 아니죠. 모습이 다를지언정 어찌 둘이겠습니까? 항상 얘기하지마는 서쪽으로 지면 거기가 동쪽이 되고, 동쪽으로 뜨면 거기가 서쪽이 되고 이러는데 만약에 우리가 그것을 널리 본다면 우주 삼천대천세계가 그대로, 그대로 한마음으로 한 점에서 돌아가는 것을….

오늘은 여러분한테 질문을 받고자 합니다. 질문할 거 없어요?

질문자(남) 스님께서 뭐든지 어려움에 부닥치면 마음에 놓으라 말씀하시잖아요? 어떤 마음에서 그렇게 놔야 되는지….

큰스님 우리가 이 세상에 이 몸을 가지고 탄생을 했으면 그게 사대가 공한 것이거든. 그리고 또 상대, 모든 오온이 공한 거라. 그래서 일상생활에서 내 본국의 본점에서, 처음에 공부할 때는 본점에다, 본점에서 모든 거 일체 만법이 나오니까. 내가 있음으로써 상대가 있지? 그렇지? 생활이 있지? 그것이 내가 있기 때문에 있는 거라. 그래서 내가 그냥 공했으면서도 화두라, 이게. 그대로.

그럼으로써 일심에서 만법이 나오고 만법은 일심으로 든다 그랬어. 그럼 어째서 하고 가는 자기가 자기를 못 믿느냐 말이야. 믿고 물러서지 않고 거기다가 맡겨 놔야 되지 않나 이렇게 봐. 이것은 지금 시대의 일상생활에서 조금도, 티끌 하나 남김없이 우리는 다 공해서 나투면서 옮겨 갈 뿐이야. 염주가 돌아가지? 우리 앞뒤가 없는 염주가 항상 돌아가고 있잖아? 이 지구 자체도 그렇고 우주 자체도 그렇고 인간 살아나가는 것도 그런 거라. 항상 제자리걸음을 하고 있고, 항상 고정된 게 하나도 없고. 그런데 거기서 나오는 거 거기다 놔야지 어디다 놔? 누가 했기에 믿질 않는 거냔 말이야.

그래서 삼위일체라고 했지마는 처음에는 역시 운전수가 있으면 차가 있고 기름이 있는 거라. 이 세 가지의 이름은 다를지언정 한 몸에 한마음으로 돌아가는 거라. 그러니 그저 턱밑에다가 한데 붙여 놓고도 과거심이니 현재심이니 미래심이니 하거든. 그러니 얼마나 더뎌. 그리고 내가 공해서 이름해서 주인공이라고 했는데 거기다 또 주인공의 그 문제를 가지고 화두를 가지면 이게 문을 오히려 막는 법이라. 예전에는 순진해서 그렇게 해 가지고 공부를 했지만 지금 시대에는 너무 아는 게 많아. 아는 게 많아서 문을 닫아 버려, 모두가. 그러니 이런 방식으로 하지 않는다면 공부할 사람 없다 이 소리야. 양면을 다 들고 다 놔라 이거야. 선과 악을 다 맡겨 놔라 이거야. 겁을 통해서 그 종 문서는 불살라야 하니까.

내가 항상 그런 말 하죠? 작년 콩씨를 올봄에 심었는데 콩나무로 화했으니까 콩씨는 없어졌지? 콩나무가 돼 버렸으니까. 내가 콩나무란 말이야, 각자. 그럼 콩나무의 콩씨는 열렸겠지, 또. 그런데 작년 콩씨를 찾고 있다 이 소리야. 얼마나 더디냐 이 소리야. 과거의 겁을 통해서 업이 있다 할지라도 그것을 몽땅 짊어지고 내가 지금 현재 있는 거라. 그건 물질로 돼 있는 게 아니고 체가 있는 게 아닌 게 돼서 내 마음에 의식적으로 가지고 있는, 컴퓨터에 들어가 있듯이 의식적으로 들어가 있는 것이 겹겹이 있다 이거야. 그런 거를 모두 나오는 대로 거기다 놓지 않으면 그 습을 뗄 수가 없고 그 습을 녹일 수가 없어. 홀연히 참자기의 그 생수가 나올 수가 없지.

그러니깐 그것을 발견하려면, 그것을 계발하려면 거기에 놔야 되는 거지. 믿고 놔야 돼. 자기가 없는데 뭐가 있어. 그러니까 부처님 말씀도 "네가 이 자리에 있으면 네 앉은 자리에 전체, 우주 전체가, 그 자리가 도량이니라." 저기 가 앉으면 저기에 부처가 있는 거고 아, 여북하면 변소에 가면 변소에 계시다니까. 그렇게 놓지 않으면 어떻게 그 미지수의 세계를 뚫을 수 있을까. 뛰어넘을 수 있을까 말이야.

그래서 부처님도 그렇게 말씀하셨거든. "일상생활이 그대로 참선이다." 앉으나 서나, 행주좌와 어묵동정이 그대로 참선이라고 그랬거든. 어째서 그것이 말로만 그렇게 빙빙빙빙 돌아가느냐 말이야. 실천이 안되고 말이야. 부처님이 가르쳐 주신 그 뜻이, 49년을 설했는데도 불구하고 여직껏 그 선맥을…. 여러분이 인간이라면 옷깃을 다시 한번 여미고 정신 차려서 생각해 볼 점이 있지 않으냐 이 소리야. 어떻게 그럭하고서 인간이라고, 50% 미완성을 가지고도 인간이라고 할 수 있을까. 50%를 마저 채워야 우린 균등하게 나갈 수 있는 거라. 무루와 유루를 한데 합쳐서 지혜롭게, 슬기롭게, 여여하게 나갈 수 있는 거라, 그대로. 어저께도 얘기했듯이 빈 배가 일렁일렁 물에서 리듬을 타고 그냥 돌아가듯이, 우린 무심으로 항상 여여하게 그렇게 사는 것이 개인의 바로 근본이요, 또는 자유인의 근본이라.

모든 것은 한마음의 한 점에 들어 있으니 이 한 점이 우주 전체 대천세계를 전부 들 수도 있고 굴릴 수도 있고 덮을 수도 있으니 그것을 일컬어서 부처님의 한 발로, 한 평발로서 디뎠다 이 소리야. 발이 평발이라서 그런 게 아니고. 평이마, 평손, 평눈. 평눈은 넓은 것을, 어디에 아니 닿는 데가 없는 것을 말하고 청눈은 바로 언제나 청정하게 중심을 잡아 가지고 있다는 얘기야. 우리가 중심을 잡아서 청정하게 돌아갈 수만 있다면 지혜도, 넓은 지혜도 언제나 가지고 있는 거 아니냐 이런 소리지.

그러니 우리 생활 속에서 불법을 찾지 못한다면 불법이 어디 따로 있나? 부처님 앞에 가도 그 부처님 마음이 내 마음이요, 부처님 형상이 내 형상인데 어찌 둘이겠나, 모두가. 하나서부터 열까지 지렁이의 생명도 생명은 생명이니까. 어찌 다르겠나. 지렁이가 꿈틀꿈틀하고 가는데 그걸 한번 밟아 봐. 우리가 지나가는데 누가 따귀를 한번 때려 봐. 아프다고 하기 이전에 들이덤빌 거야. 그리고 아픈 거야. 그것도 아파해. 뭐가 달라? 차원이 달라서 그렇지, 모습이 달라서 그렇지, 생명을 아끼는 거는 다 마찬가지 아니겠어?

그렇기 때문에 만공 스님이 이런 말씀을 하셨다고 해. 저 나무하는 사람들더러 돈을 줄 테니까 자기를 지겟작대기로 물씬 때리라고. 그래 때리니깐 "만공은 맞지 않았다." 하거든. 맞지 않았다는데 어떻게 돈을 받아? 그러니깐 그 나무하러 갔던 사람들은 맞지 않았다고 하니까 돈 안 줄까 봐 안 때렸지. 그래서 왜 안 때렸느냐고 그러니깐 "만공은 안 맞았다고 그러니 돈을 안 주실 거 아닙니까?" 하니까 미리 선돈을 주고 맞았다는 거야. 맞으면서도 그것은 실험이라. 그 스님께서 몸소 실험하기 위해서 그런 것이라. '정말 이놈! 네가, 네가 정말 공해서 없느냐? 네가 정말 이렇게 몸을 맞으면서도 네 몸이 공했다고 할 수 있겠느냐?' 하고 한번 실험해 본 거지.

스님네들이 공부할 때 초심으로서 입산을 해서 선각을 이루고 또 선맥을 잇고 이러는 이치가, 그 정신을 잇지 않는 것이 아니라 정신을 우리는 굴리고 있다 이거야. 본국에서, 본처에서 우리는 이 오관을 굴리고 있는 거라. 굴리고 있는 거지 정신에 말리는 게 아냐. 내 마음이 왜 정신에 말려? 정신에 말리면 그것은 바로 잘못돼 돌아가는 것이야. 귀신 아닌 귀신이야. 이 눈으로 올바르게 이 우주 전체를 본다 하더라도 그것은 도가 아니라고 그랬잖아?

내가 요즘 여러 가지 이렇게 얘기를 해도 그거를 내가 부릴 줄 알고 책정할 줄 알고 할 줄 알아야지, 그걸 보기만 하고 안다고 말을 해서는 절대로 그건 아니다라는 얘기야. 듣기만 해서도 아니 되고, 가고 옴이 없이 오고 간다 해서 그것이 도가 아니야, 또. 남의 속을 빤히 들여다본다고 해서 그것이 도가 아니란 말이야. 남이 여태 걸어온 그 길을, 겁을 통해서 걸어온 길을 다 안다고 그래도 그것도 도가 아니야. 단지 그 다섯 가지의 문제를 내가 행할 수 있고 직접적으로 굴릴 수 있어야 돼. 그래서 지혜는 도구와 같다 그랬어. 무기와 같다 그랬어. 무기! 선정은 내 몸을 다스리면서, 올바로 가게 하면서 모든 것을 놓는 데 불과하지만 거기에서 놓고 들어가면 지혜는 바로 무기와 같아서 다시 한 번 그 무기로써 모든 거를 지혜롭게 해 나가면서, 그 무기로써 굴리면서, 용을 하면서, 체험하면서 다시 보림을 하는 것이 우리 선각들의 문제라.

옛날에 이런 분들도 있었어요. 어느 스님께서 병이 들었어요. 그랬는데 어떠한 객승이 한 분 오셨거든. 그 스님께서 "약은 턱밑에다 두고선 왜 그렇게 고통을 받으시오?" 하니까 스님께서 "턱밑이라니?" 하고선 눈을 감고 가만히 계신 거야. 난 그런 것도 봤거든. 그러니깐 그 스님께서 이 세상의 모두가, 식물이, 동물이 전부 약 아닌 게 없다 이거야. 모든 게 약 아닌 게 없는데 구태여 한 풀, 한 약초 이걸 뽑아다가 해 먹기 이전에 그 풀에, 바로 약초의 모습이 있는 그 속에, 안 보이는 액체의 유전자에 그 약이, 아주 선명한 약이 있다 이 소리야.

그러니 항상 얘기하듯이 내 주인공에는 일체 부처가 다 들어 있고 일체 만물만생이 다 들어 있는 거라. 그래서 거기에서 한생각에, 바로 한 찰나에 석가가 되고 한 찰나에 보살이 되고 법신이 되고, 문수가 되고 보현이 되고, 또 산신이 되고 칠성이 되고 용왕이 되고, 상대가 되고 판사가 되고 이렇게 자꾸 찰나찰나 돌아가는데 무엇을 바깥에서 그렇게 찾아야 하느냐 이 소리야. 그리고 얽매여서 만날 바쁘게 돌아치고, 기도처가 따로 있는 줄 알고 기도처 찾으러 다니고….

그러니까 모든 것은 지금 젊은이가 얘기했듯이 못났더라도 자기를 믿어야 돼. 처음에는 자기를 바로 뿌리 없는 작대기로 알고 뿌리 없는 기둥에다가, 뿌리 없는 그 자체가 모두 나오는 걸 뿌리 없는 그 기둥에다 놔. 자기 주인공에다 모든 걸 맡겨 놓으면 바로 그 속에서 홀연히 마음의 탄생이 되는 거야. 그걸 놓지 않고는 탄생을 이룰 수가 없어요. 또 탄생이 된다 하더라도 그 습을 녹이지 못하면, 항복받지 못하면 언제나 습에 끄달려서 깨달음도 미해지고 마구니처럼 그렇게 길을 잘못 드는 수가 많아요. 그래서 항상 마음으로는 몸을 다스리고 몸으로는 마음을 다스려서 양면을 다 놔라 이러는 거야. 공부하는 사람들한테 이런 말을 하지 않을 수가 없어서 하는 거뿐이야. 그러면 '주인공에다 놓고 맡기고 하는 거라면 도둑질을 해도 괜찮지. 주인이 시키니까. 주인이 하는 거니까.' 이럭하고 놓을까 봐. 그래서 마음은 몸을 다스리고 또 몸은 마음을 다스려서 항상 균등하게, 평등하게 중도를 삼아서 항상 놓으란 얘기지.

우리가 이 세상에 모든 걸, 먹고 사는 것도 입고 사는 것도 살아나가는 것도 하나 고정된 게 없이 하고 나가거든. 가만히 생각해 봐요. 오늘 보리밥을 먹었으면 보리밥 그냥 있을까, 응? 그냥 쌓아 두나? 아깝다고? 배설해 버리지? 삶아 먹고 또 배설해 버려. 항상 걸레로 훔쳐도 그저 아낌 없이 빨아서 훽 거기 그냥 뭐, 착이 없이 그냥 놓는다고. 그렇게 하라고, 모든 것을. 운동을 하면서도, 살림을 영등같이 하면서도, 생동력 있게 하면서도 그 하나하나 하는 것이 자기 성품에서 나오고, 그 성품의 그 영원한 생명이 바로 거기에 근본적으로 있다 이 소리야.

우리가 그저 다양하게 항상 거기서 나오는 거 거기다 되맡겨 놓고, 거기서 나오는 거 거기다 되맡겨 놓고…. 그럼 24시간 잊어버리고 했다 하더라도 24시간이 1초라. 한생각 생각날 때, 일 다 해 놓고 저녁에 생각난다 하더라도 그 시간이, 하루 24시간이 그 1초가 돼 버려, 그냥. '아이고, 내 이거 화두를 붙잡고 있다 놓쳐서 어떡하나.' 이러는 끄달림은 거기서 용납 안 해. 그래서 천 일이 하루요, 하루가 천 일이라 이거야. 삼천 년 전 부처님께서 계셨던 게 아니라 삼천 년 전이 오늘이요, 삼천 년 후가 오늘이야. 오늘의 영원함은 항상 살아 있고 생동력 있고 항상 계신 거야. 그래서 부처님 오신 날이 따로 있는 게 아니라, 우리가 바로 오늘 지금 현재, 내일은 아직 안 왔고 어제께는 벌써 갔고 그러니 오늘인 거라. 영원한 오늘에 부처님은 항상 계신 거라. 본래 오시지 않았기 때문에 가실 곳도 없어. 언어가 붙지 않는단 말이야, 항상 계셨기 때문에. 항상 밝기 때문이야. 우리네 마음들이 만약에 그런 엽렵한 마음들이 없다면 어떻게 좋고 나쁜 걸 알며 어떻게 살림살이를 해 나갈 수 있겠습니까? 슬프고 기쁘고 이렇게들 엽렵하게 알고 있지 않습니까?

어제께도 얘기했지만 물속에서 사는 어류들도 그렇게 자비와 인내가 그렇게 사람과 똑같이, 사람보다도 더 참 진실하게 자연의 법칙에 의해서 그렇게 하고 있는데 말입니다. 세상에 우리는 그래도 고등 동물이라 배가 아파서 낳아도 그냥 이렇게 떼어 놓고 기르지마는 야, 얼마나 어렵습니까? 모든 거를 샅샅이 볼 때 하나서부터 열까지 소홀할 수가 없고 소홀히 볼 수가 없고 소홀히 생각할 수가 없는 겁니다. 그렇기 때문에 어떤 것이 옳다, 어떤 것이 그르다 이럴 수가 없는 겁니다. 그리고 어떤 것이 높고 어떤 것이 낮고 이런 게 없습니다. "부처님 자체도 뛰어넘어라." 이렇게 말하는 것을 여러분은 어떻게 들을지 모르지만 부처님을 가장 내가 사랑하고 아끼고 내 가슴속에 항상 있기 때문에 뛰어넘으라고 하는 겁니다. 거기 뭘 하러 이름 찾아서 형상 찾아서 다닙니까? 진짜 내 마음하고 부처님 마음하고 둘이 아니라면 뭐 때문에 형상을 찾아서 다니며 또 뭐 때문에 이름을 찾아다니며 기도처를 찾아다니겠습니까. 내가 가는 대로 부처님 계신 곳이지. 그렇게 찾는다면 모두가…. (녹음 안됨) 부처님, 아니 부처님뿐만 아니라 우주간 법계에서 다 통신이 된다니까. 여러분이 바깥으로 항상 '칠성이시여, 명 길게 해 주시오. 약사보살이여, 나 이거 낫게 해 주시오.' 아무리 그래 봐. 그게 통신이 되나.

내가 주욱 설하고 내려온 그 자체는 여러분이 의심 가는 게 있거나 또는 점검하고 넘어갈 일은 넘어가야 하니까 그렇게 하는 겁니다. 지금 여러분이 이 방에 이렇게 앉아 있지마는 온 누리에 나와 같은 이러한 선의 중생이 있고 악의 중생이 있고 차원 차원의 뭇 중생이 있는 것입니다. 보이는 사람이 이렇게 많다면 수많은 안 보이는 생명들이 얼마나도 많겠습니까? 여러분은 한 사람이 앉아 있지만 한 사람 속에는 수많은 생명이 지금 모여서 같이 앉아 있지 않습니까? 지금 여러분이 이렇게 몇 분 안 되시는 거 같아도 수많은 중생이 지금 됩니다.

그래서 여기 오셨다 가시고 하신다면, 이 주인공에다 모든 걸 맡겨 놓고 그렇게 하신다면 내 뭇 중생이, 이 육신에 들어 있는 온 중생이 다 이끌어서 한마음으로 돌아가니까 내 몸 튼튼하니 좋고 건강하니 좋고, 또는 가환이 물러나니 좋고 식구들이 전부 조화를 이루니 좋고, 화목하니 좋고 사랑할 수 있으니 좋고…. 그래, 뭐가 틀린 게 있습니까?

불교는 떡이나 해 놓고 밥이나 해 놓고 빌고, 또는 고기나 잡아 가지고 방생한다고 다니는 그게 불교가 아니에요. 물론 세상에 사람이 있으니깐 천차만별로 그런 것도 있고 저런 것도 있겠지마는 그런 걸 가릴 줄 알고, 그것이 남한테 이익하게 하는 건지, 어느 생명에게든지 이익하게 할 수 있는 건지 그거를 알아서 행할 수 있다면 그게 다 나오지 않겠습니까? 만날 내 욕심에 눈이 어둡고 남의 생명은 아랑곳없고 이렇게 생각하니까 모든 게 욕심이 되고, 그것이 업보가 되고, 그것이 망상이 되고 그것이 바로 가환을 불러오는 것입니다.

지금 여기 우리 지구 안에는 수많은 생명들이 살고 있습니다. 그러나 다른 혹성에도 생명들은 살고 있으나 모습이 없는 데도 있고, 모두 모습을 가지고 있지만 육안으로는 볼 수 없는 모습이요, 평화로운 모습이요, 그것은 자유자재권의 모습입니다. 그런가 하면 또 여기만 생명들이 살고 있는 것도 아닙니다. 그러니 우리가 생각해 본다면 내가 나라고 할 게 하나도 없습니다. 이 수효가 많은 이 우주 삼천대천세계에 우리는 먼지 하나 될까 말까 하는 문제가 있는 것입니다. 그러나 먼지 하나 될까 말까 하는 그 마음의 불씨가 온 우주를 덮고 우주를 밝힐 수가 있다는 사실을 아셔야 합니다.

여러분이 항상 가환이 끊고 우환에 끄달리고, 마음이 가난하면 집안도 가난하듯이 생활의 모든 것에 그렇게 끄달리고 있는데 그 끄달리는 거를 전부 놓으려면, 그렇게 평화롭게 살려면 그렇게 하시는 방법밖엔 없습니다. 부처님 법밖엔 없어요. 어느 종교니 종교니 해도 종교라는 게 뭔지도 모르고 각자 내 종교가 좋고 네 종교는 귀신 단지고, 이렇게 하는 기독교나 가톨릭교, 알라신 모두가, 불교인들이라도 그렇고 다 이것을 둘로 보면 아니 된다는 얘깁니다. 그래서 가는 거 잡지 않고 오는 거 막지도 않고 항상 태연하고 아주 늠름하고 여여하게 항상 걸림이 없어야 되겠죠, 그냥. 그렇게 하듯이 말이에요.

오늘은 질문 없다면 이걸로써 끝마치겠습니다.

우리의 조상은 흙과 물이다

1986년 3월 28일

오늘은 우리의 조상이 어디 있는가. 그 얘기를 거론하겠습니다. 우리의 조상은 흙과 물이라고 볼 수 있겠습니다. 그것은 왜 그런가 하면 흙과 물이, 정자와 난자가 합일되지 않았더라면 우리의 생명이라는 것이 나오질 않았습니다. 생명이라는 것도 없겠죠. 우리가 50억으로 돌아가서 잠시 잠깐 거론해 볼 때, 정자와 난자가 합일이 되지 않았다면, 물과 흙이 합일이 되지 않았다면 우리의 생명체들이 없었으리라고 봅니다. 그런데 한데 합쳤기 때문에…. 예를 들어서 또 덧붙여 거론을 하지 않으면 안 되겠군요.

지수화풍이 한데 합쳐서 성을 이루어서 모든 것이 이렇게 자식들을 낳아 놓듯이 주욱 전부 벌어져서 쪼개졌기 때문에…, 쪼개진 것은 어떤 문제냐. 그것도 사랑하기 때문에 온도가 일어났고 습도가 일어나서 바로 그것을 가지고 생명을 이룬 것입니다. 자동적으로 온도가 돌아가고 습도가 돌아가니까 결국은 그것이 압력에 의해서 이렇게 분산되고 또는 새끼들을 많이 낳아 놓게 됐고, 거기에서 떨어져 나간 새끼들이 또 자식을 낳게 된 원인이, 근본이 바로 흙과 물과 불과…, 불과 바람은 바로 흙과 물 때문에 생긴 거라고 봅니다.

그렇게 해서 우리 이 지구가 생긴 이래로 보면 그때 당해서는 아주 볼품없는 한 개의 폐허라고 해도 과언이 아닐 겁니다. 그러나 거기에서 물과 흙이 스스로 자동적으로 사랑을 했기 때문에 거기에서 바로 생명이 생긴 것입니다. 생명이 생겨서 수없이 그 모습을 자꾸자꾸 바꿔 가면서 그 모습이 커진 것입니다. 우리가 지금에 와서 본다면 사실은 미생물에서부터 생명들이 하루, 열흘, 백 날을 지낸다 하더라도 얼마 되지 않지만 그때의 습도나 온도가 너무 광대했기 때문에, 그때는 이 지구가 아주 따뜻한 온도로서 극히 회전이 빨랐다는 얘깁니다. 그러니까 일 년이라 하면 예를 들어 백 년을 도는 거와 같이 돌았단 말입니다. 회전이 빨랐단 말입니다. 그 연료가 풍성했으니까. 온도나 습도가 풍성했으니까 말입니다.

그래서 생명체들이 많이 생기게 되고 나무들도 무정물들도 무럭무럭 자라게 되는 거죠. 그러니 이 모습을 바꿔 가는 속도가 얼마나 빨랐겠습니까? 그러니까 그 생명들이 무지하게, 쪼금만 지체하다 보면 무척 커졌으리라고 봅니다. 그건 회전이 빠른 탓이거든요. 그리고 온도나 습도가 아주 왕창, 지금 같지 않고 그렇게 뜨듯했다고 보고 회전이 빠르니까, 거기엔 바람도 일고 공기도 그렇게 생기고 그러니까 사람이 아닌 그러한 모습을 가지고서 거창하게 숲이 생기고 많이 그렇게 자랐다고 봅니다. 여기서 소나무가 자라는데, 소나무뿐만 아니라 풀도 자라는데 일 년 동안에 얼마나 자라겠습니까마는, 일 년이 만약에 백 년이라고 한다면, 그렇게 회전이 빨랐다면 얼마나 빠르게 자랐겠습니까? 우리가 한번 생각해 볼 점이 있는 겁니다.

그런데 처음에 개발할 때에 어머니 아버지가 그때의 모습이 그렇게 바뀔 거라고 그런 생각을 안 하고서 사랑을 했던 거죠. 나중에 그렇게 왕창 확대가 될 줄 몰랐죠. 서로 잡아먹고 서로 그럴 줄은 몰랐는데 나중에 보니까 그렇게 많은, 엄청난 문제가 일어났던 거죠. 그런데 횟수가 빠르다가 약간 줄어지고 늘어진다는 거, 이런 거는 우리가 결국은 시간과 공간이 없는 무중력에서 좇아 돌기 때문에 이 지구도 맘대로 못한단 말입니다. 그러나 그것을 조정하는 것은 근본적인 생명의 근원입니다. 지구가 생겼다면 지구의 근원. 그런데 그것을 만약에 조금이라도 방치해서, 회전이 하나 둘 요렇게 찰나찰나 돌아가다가 만약에 휘깍 돌아간다면 그것은 어떻게 되느냐? 그건 세상이 뒤집히는 거죠. 산이 물이 되고 물이 산이 되고 이렇게 하다 보면 그것도 일리가 있다고 봅니다.

어떤 사람은 이렇게도 말합니다. 이건 과학적으로 볼 때에 그냥 스스로 난 게 아니라 물에서 났다. 아니, 물에서 났든 흙에서 났든 그 원 자체가 없다면 어떻게 났겠습니까? 이것이 바로 자연법칙이며, 바로 인간의 한 점의 운전대를 쥔 어떠한 생명의 근원이 없다면, 물의 근원이나 흙의 근원이 없다면 불의 근원도 없을 것이고 바람의 근원도 없을 것이고 태양의 근본도 아주 소진해 버리는 거죠. 자체가 없는 것이니까.

그러니 오늘날의 모든 것이 점차적으로 찰나찰나 나투면서 그렇게 온 것은 거기에서 한바탕 벌어진 일로 인해서, 말하자면 뒤집어엎어서 다시금 우리의 몸이 화해서 생긴 것인데, 우리가 진화돼서 생기고 난 뒤로 그 회전력이 빨라진 게 아니라 속도가 줄었다는 얘깁니다. 속도가 줄고 열을 자꾸 분출을 하니까 이게 속도가 느릴 수밖에는 없는 거죠. 그러니까 어디까지나 이것은 열을 뺏기면 추워질 수 있고 열을 들이면 더워질 수 있다는 사실입니다. 그렇기 때문에 그때는 백 년 자랄 거를 하루에 자랐는데 이거는 백 년을 자라야 하루 자란 것밖에는 안 된다 이 말이야, 응? 이만큼 달라진 겁니다. 기후와 모든 이치가 달라짐으로써, 즉 말하자면 자연의 법칙이 달라지고 인간의 생활이 달라지는 것이 아니라 생명의 생활이 달라지는 거죠. 그래서 사람이, 생명이 생겼다 하면 벌써 따뜻한 데로 찾아들게 마련이고 자동적으로 자기가 추우면 덥게 만들고 또 더우면 벗게 마련이거든. 그러니까 바로 자력을 기른 거죠. 스스로서 길러진 거죠. 구르면서 길러진 거죠. 길러지면서 우리는 여기까지 모습 모습을 바꿔 가지고 왔다고 생각합니다.

그런데 우리가 하루하루 살아가면서 어떠한 것을 책정해서 이렇다고 말을 하겠느냐는 얘깁니다. 지금 과학자들이 말을 할 때도, 때로는 지구 길이가 얼마고 중력이 얼마고 또는 어떠어떠해서 요렇게 되고 요렇게 되고, 요거를 책정해서 말씀들을 모두 하시는데 나로서는 도대체 그게 이해가 안 갑니다. 왜? 온도나 습도도 줄었다 늘었다 하니까 이것도 책정을 못합니다, 찰나찰나 하루살이로 돌아가는 거기 때문에. 그래서 하루살이라고 할 수밖엔 없는 것입니다. 어저께 더웠다 할 때 더운 건 이미 지나갔습니다. 오늘 추웠다 한다면 추운 것이 한 찰나에 벌써 없어졌다 이겁니다. 그러니 이 지구는 춥다, 또 다른 데는 덥다 이렇게 할 수가 없다는 얘깁니다. 중력이 늘었다 줄었다 하고 온도, 습도도 줄었다 늘었다 하기 때문에 어떠한 책정을 할 수가 없다는 얘깁니다.

그래서 말을 하는 것도 하루살이요, 돌아가는 것도 하루살이로 찰나찰나 돌아간다 이거야, 찰나찰나. 사람들이 하루하루 살면서도 찰나찰나 이렇게 돌아가는데, 돌아가면서 변천하는 거고 변천하고 변질되고 부서지고 이렇게 하는데, 고정된 게 하나도 없는데 고정되게 말을 해 놓을 수는 없는 거 아닙니까? 고정되게 돌아간다 할지라도 그것이 그 부피대로, 그 말대로 그대로 돌아간다면 별문젠데 그게 아니거든. 하루에도 몇 번씩 찰나찰나 달라지는 이 모습들, 하루에도 몇 차례씩 다르게 생각이 드는 것도 모두 여러분이 확신하고 있지 않습니까? 보는 것도 고정되게 한 물건만 보는 게 아니거든요. 만남도 한 사람만 만나는 게 아니거든.

그러니 모두가 그렇게 돌아가는 이치가 무엇이며, 우리의 조상이 어떤 거냐는 얘깁니다. 얼마나 자비했으면 우리의 배 밑 바탕이 돼 주고…. 이 지금 흙은 우리 어머니라고 볼 수 있겠습니다. 그러면 물은 무엇인가? 길러 주는 아버지라고 볼 수가 있습니다. 지금까지도 흙 하나하나에서 마다하지 않고, 패면 팬다고 하지 않고, 또는 메우면 메운단 말도 없이 받아들이는 자비스러운 마음을 그대로 가지고 있거든. 물은 씻겨 주고 씻어 주고 먹여 주고 닦아 주고…. 이 모두가 지금 어떻게 하고 있습니까? 이렇게 여러분을 지금 길러 내고 있는 이 자체가 바로 무엇입니까? 이러면서 바탕이 되는데 지수화풍은 하나도 쓸모가 없다고 하거든. 왜 쓸모가 없습니까? 영원한 겁니다. 본래 나온 것이 없고 갈 것이 없다 함은 바로 그 탓입니다.

우리의 모습들은 바꿀지언정 어떻게 그 근원이 없어지는 것입니까? 한 개 한 개의 모습은 바꿀지언정 전체의 내 이 흙과 물, 이 모두는 이것이 사랑하기 때문에 거기에서 습도나 온도나 가스 또는 압력이 전부 올라와서 과학이 발전되고 물질을 만들어 내고 이럽니다. 연료가 없으면 안 됩니다. 생각해 보십시오. 여러분이 전기 원료가 부족하다면, 큰 공장을 돌리려면 작은 데는 다 스톱을 시켜 놓고서 돌립니다. 전기 연료가 적으면 불이 흐릿하고 안 들어오는 덴 아주 안 들어오고 들어오는 덴 들어오고 이렇게 됩니다. 예전에도 지내 보셨죠? 그와 마찬가집니다.

우리 지구에 만약에 연료가 부족하다면 이거보다 더 과학적인 문제를 가지고 볼 때 더 큰 활력소를 가지고서 이 전체, 우주 전체를 돌아다닐 수 있는 그러한 활력의 물건을 해낼 수가 없는 것입니다. 연료가 부족하니까. 그럼 어떻게 해서 이 연료를 충만하게 할 수 있겠습니까. 연료가 적어 가지고 연료를 뺏기기도 하지만 우리 지구가 여러분이라면 뺏기지 않을 수도 있는데 그건 내 원력이 있어야 뺏기지 않는 것입니다. 여러분도 살아 보시죠? 여러분이 힘이 부족하면 뺏기는 거죠. 여러분이 힘이 강하다면 뺏기지 않는 것입니다. 그리고 오히려 뺏어 옵니다. 이것이 자연의 법칙이며 인간의 법칙이며 바로 진리인 것입니다.

그러니 이렇게 광대무변한 법을 어떻게 한낱 그냥 소꿉장난 모양으로 거론을 하면서 하루하루 이렇게 정해 놓고 '이 컵은 이렇게 생겼다' 하겠습니까? 이 지구 상태도 그렇고 우리 생명들도 그렇고 모든 물질이 예전과는 모두가 달라지고 있는데, 지금 그걸 증명하려면 우리 자체가 살아나가면서 변질되고 달라지는 그 모습을 한번 보십시오. 어떤 거 할 때 나라고 할 수 없는데 '요 사람은 요렇게만 생겼다' 하고 책정해 놓을 수 있겠습니까, 점점 늙어 가는데. 지구에 사는 사람은 애들밖에 없다고 할 겁니까? 젊은이밖에 없다고 하겠습니까? 늙은이밖에 없다고 하겠습니까? 천차만별로 찰나찰나 나투면서 변질되면서 요런게 요렇게 차원대로 각본을 다 가지고 있는데 말입니다.

그래서 우리가 이런 공부를 하지 않는다면…, 공부도 공부라고 하는 말 자체가 공부가 아닙니다. 스스로서 우주 전체가 그냥 나 자체에서 돌아갈 수 있어야만 된다는 얘깁니다. 숙달이 돼서 내 마음을, 한 점의 그 마음을 깨쳐서 나를 알았을 때에 바로 세상을 알게 되고 세상을 굴리게 되고, 그럴 때에 지혜가 무기가 돼서 체험을 하면서 굴리게 됨으로써 바로 우주를 굴릴 수 있다는 점, 끌어들일 수도 있고 내놓을 수도 있다는 점을 아셔야 합니다. 사람이라는 게…, 예전에는 삼십 년만큼, 삼백 년만큼씩 어떤 재난이 들었다고 합니다. 그 재난은 우리의 마음이 깨쳐지지 않았기 때문에 문제가 된 것입니다.

여러분이 생각할 때 남녀가 있다 할지라도 둘이 사랑을 하지 않는데 어떻게 그 온화한 마음이 생기고 사랑하는 마음이 생기며, 사랑을 안 하는데 어떻게 자녀들이 생깁니까? 그와 마찬가지로 우리가 그렇게 사랑하기 때문에, 정자 난자가 사랑하기 때문에, 물과 흙이 사랑하기 때문에, 생명이 생기는 근원이 되기 때문에 우리의 조상은 바로 물과 흙이라고 볼 수 있겠죠. 그러면 지금도 여전하지 않습니까? 우리가 부모를 끼지 않으면 못 살아. 그런데도 물질로, 물이라 흙이라 이렇게 대수롭지 않게 여기고 감사한 줄을 몰라. 그 근원을 본다면 그 근원이 바로 내 한마음의 근원이라. 그런데 자기를 자기가 못 믿고, 그 부모로 인해서 바로 내 생명이라는 게 생겼고, 생명이라는 게 생겼기 때문에 이런 게 모두 이렇게 움죽거리게 돼 있는데도 불구하고, 내 몸속에서 어머니 아버지가 오르락내리락하는 것도 모르고 이렇게 한대서야 어디….

그러한 문제 등등이 나올 때에 우리는 근원을 캐내서, 물질과학이라기보다도 어떠한 초점을 맞춰서, 유한한 법보다도 무한한 법을 알아서 유한한 세계를 만드는 것이 우리의 도리라고 봅니다. 정신력보다도 도력이 있어야 되고 영력보다도 바로 도력으로써…. 영력이라는 것은 오관을 통해서 우리가 영력을 취하는 것입니다. 도력의 근본의 능력이 있어야 영력의 활용이 있는 것입니다. 도력의 능력이 없어 가지고 어떻게 영력의 활용을 하겠습니까? 그럼으로써 무한한 게 있어야 유한이 있는 거지 무한이 없는데 유한이 있는 것이 아닙니다.

우리는 이 공부를 해서, 부처님께서 말씀해 놓으셨듯이 다른 데의 연료를 우리가 끌어들일 수도 있습니다. 다른 데 많은 데에서 분출되는 걸 우리가 끌어들일 수도 있다는 얘깁니다. 제일 가깝게 우리가 끌어들일 수 있는 것은 목성에서 끌어들일 수도 있다는 점입니다. 연료가 많은 데서는 어디까지나 이것은 가고 옴이 없이 한 찰나에 들이고 내는 거기 때문입니다. 그것은 예를 들어서 한마디로 그냥 그렇게 얘기하는 겁니다. 목성을 비유한 겁니다. 그런데 여러분이 아무리 과학을 이루었다 할지라도 이렇게 되고 저렇게 되는 거, 이렇게 돼 있고 저렇게 돼 있는 거는 알아도 이렇게 하고 저렇게 하는 건 모르지 않습니까? 이렇게 하고 저렇게 하는 걸 모른대서야, 이렇게 생기고 이런 것만 보고 안다고 해서 어찌 그게 도력이라고 하겠습니까? 예를 들어 얘기하자면 이 돌아가는 이치가, 회전이 지금 이렇게 돌아가다가, 시공을 쫓아가다가, 이것은 우리가 자유자재하지 못하기 때문에 모든 생명들이 다 시공을 쫓아가거든. 꼼짝없이 쫓아다니게끔 돼 있거든. 꽁지가 꽁지를 물고 꽁지가 꽁지를 물고 쫓아다니게 돼 있어.

그런데 우리가 쫓아다니다가 만약에 급속도로 이것이 압축이 돼서 줄어든다거나 압축이 된다면 그냥 곤두박일 치는 거라. 빙그르르 돌게 되면, 곤두박일 치면 이것이 뭐? 천지개벽이라나? 그 말이 왜 천지개벽이라고 붙었는진 모르겠습니다마는 참 그게 천지개벽이지, 응? 이놈의 게 한 바퀴 훌떡 뒤집어져선 그냥 여기가 저기가 되고 저기가 여기가 되니 천지개벽이죠. 그렇게 될 때 여러분이 여기서 살면서 한 생각이 서로 상응하면서 우주 법계와 더불어 같이한다면 한 찰나에 건너뛸 수도 있다 이거야. 찰나찰나 요게 하루 한 시간, 요렇게 한 찰나 한 찰나 돌아가는 것을 만약에 솟구쳐서 거침없이 그냥 속도가 무중력 상태에서 돌아간다면 이것을 껑충 뛸 수도 있다 이거야. 한 가닥 껄척 이렇게 주름을 잡을 수도 있다 이거야. 시간과 공간을 주름을 잡는다 이거야. 그래서 무한의 도력이 있어야 유한의 도력으로서의 그 발전을 이루는 거지. 무한의 도력자가 있다면 유한의 도력이 있어서 과학자들이 생기는 겁니다.

무한의 소임을 맡은 거는 맡아서 맡은 게 아니라, 무한의 그 소임을 가지고 있는 사람들은 작은 걸 바라보지 않는다는 얘기가 있습니다. 작은 거는 딴 사람들도 다 하는데 무엇 때문에 작은 거를 좇아 다니면서 그것까지 참여합니까? 죽이 끓고 밥이 끓고 뭐가 어떻고 뭐가 어떻고, 시대는 어떻고 시대가 잘되고 이런 소릴 합니까? 아는 사람이 어떻게 아는 소릴 합니까. 모르는 사람이 되기 때문에 아는 소릴 하는 겁니다. 정말 진짜로 안다면 아는 소리가 어디 따로 있습니까? 규정해서 어느 해는 어떻고 어느 해는 어떻고, 이런 해는 이렇고 이런 해는 이렇다. 시대에 따라서 이렇게 된다. 이름을 붙여서 이름을 해 놓는다. 중량을 요렇다고, 거리를 이렇다고 말을 해 놓는다. '몇 킬로다' 이렇게 거리 책정을 할 수가 없는 겁니다.

여러분은 하찮은 내가 어떻게 이런 공부를 할 수 있으며, 어떻게 그런 어마어마하고 광대무변한 문제들이 내 한마음 한 점에 있다는가 하고 자기를 자기가 무시하는 겁니다. 자기를 자기가 무시하는 반면에 바로 자기의 조상을 무시하고 역대의 조사들을 무시하고 역대의 부처님들을 무시하는 겁니다. 여러분은 그 점을 똑똑히 아셔야 할 겁니다. 어떻게 해서 자기가 이 세상에 이렇게 출현했는지, 어떻게 앞으로 변하면서 어떠한 모습을 가지고 또 등장을 할는지 그것도 모르면서 어떻게 그렇게, 자기 한 생각으로써 규정을 짓고 '못한다, 한다. 미거하다. 나는 그렇게 할 수 없다.' 이런 생각을 할 수 있겠습니까? 도대체 불법이 어떠한 것이 불법입니까?

그래서 대천세계의 우주적인 무한의 도력으로 성장을 하고 나가는 그 사람이라야 바로 대인이요, 바로 자유인인 것이요, 앉으나 서나 참선이요, 앉으나 서나 도력이라. 무기라. 이렇게 하면 이런 무기가 되고 저렇게 하면 저런 무기가 되고, 이 방석에 앉아서 한번 돌리는 대로 달라져. 다른 무기가 돼 버려. 그런데 어떻게 이 무기는 이렇다고 무기 하나로서 책정을 할 수가 있느냐 이거야.

어저께도 얘기했지만 여러분이 이렇게, 여러분이 아닌 여러분이 이렇게 앉아 계신다 할지라도 이 공간에, 우주 공간에 꽉 차 있다 이거야. 이 자리에도 바로 우리 조상들이 지금 이렇게 있지 않습니까? 큰 게 있기 때문에 작은 게 있고 작은 게 있기 때문에 큰 게 있듯이, 이 크나큰 대륙에 무한의 그 생명이 있기 때문에 이렇게 유한의 한 개 한 개의 여러분이 생긴 겁니다. 한 개 한 갠데 한 개 한 개가 아니라, 모습들은 모두가 한 개수로다가 돼 있지마는 모두 대의적으로 따진다면 공심, 공생으로 돌아가니까 말이에요. 이것이 아니라면 이 지구의 운영을 할 수가 없어요.

그리고 여기에서는 지금 연료가 부족되고 있다는 걸 여러분 아셔야 됩니다. 위력이 있는 거는 만들 수가 없다는 걸 아셔야 돼요. 우리들한테 이익 되는 그러한 것을 앞으로는 할 수가 없다는 그 점도 아마 생각해 두는 것이 더 좋겠죠. 연료를 끌어들일 수 없다면 우리가 앞으로 어떻게 될지 그것도 생각할 수 없습니다.

오늘은 이걸로써 마치겠습니다.

무한의 뜻과 우주 개발

1986년 3월 29일

무한의 도력이 있어야 유한의 개발이 있다고 그랬습니다. 그 뜻을 지금 말을 하자면 아주 복잡합니다. 하지만 예를 들어서 말하자면 사람들이 공부를 안 해서 선맥을 잇지 못한 어떠한 혹성에 이르렀을 때, 인간들이 인간의 마음을 깨닫지 못했을 때에 선맥이 이어지지 않는다는 점은 우주와 더불어 상응하면서 같이 찰나찰나 한자릴 못한다는 뜻이죠, 그렇게 해야 하는데. 그러면 그렇게 선맥을 잇지 못해서 한자릴 못한다면 물질로써 고도로 발전을 했다 할지라도 한계가 있는 것입니다.

그런데 그 한계에 의해서, 만약에 자연의 법칙에 의해서 자동적으로 청소 기간이 있다면 천 년만큼씩 돌아간다고 할 수도 있겠습니다. 그럼 예를 들어서 천 년이다 하면 우리에게 천 년이지 거기선 한순간의 뜻이라고 봅니다. 이 공부를 안 한 사람에 있어서, 또 안 했을 때의 얘깁니다. 그렇다면 그 문제들이 위서부터 아래까지, 아래서부터 위까지 얼마큼 피해를 입는 건지 여러분은 모릅니다. 또 한 가지는 그것을 예를 들어서 말하자면 정부의 시책으로써 우리가 우주적으로 얘기 한다면, '우주적' 하면 벌써 이 혹성도 들어갑니다. 그런다면 그것을 비유해서 말할 때에 '빈집' 하면 공부를 안 한 걸 뜻합니다, 사람이 없어서 빈집이 아니라. 그러면 그러한 것은 빈집이고 헐었으니까 정부에서 어떠한 시책에 의해서 헐어 버려라 해도 노랑 모자 쓴 사람들이 헐어 버리게 돼 있고 청소하게 돼 있습니다.

그러면 어떠한 문제가 나오느냐는 겁니다. 모두 우리가 공부를 해서 한 찰나에 나투면서 시공을 쫓아 돌면서도, 언제나 같이 함께 이렇게 한자릴 하면서도 때에 따라서 무슨 일이 있다 하면 자기가 보살피기 때문에 자기가 자기 집 허는 법은 없습니다. 그래서 자기가 보살피며 아래 위로 항상, 우주적으로나 또는 혹성적으로나 항성적으로나 모든 것이, 지금 우리 인간 삶에 대한 진리적으로나 모두가 포함돼서 여기서 지키고 가는 겁니다. 작게 말하면 우리 국내를 지키면서, 더 작게 말한다면 내 몸을 지키면서, 내 가정을 지키면서, 사회를 지키면서, 국가를 지키면서, 세계를 지키면서 지구 자체를 바로 집으로 알고 섬기면서 모든 걸 조달하는 겁니다.

그런데 우리가 공부를 해서 한생각으로서에 같이 한자리에 할 수 있는 그 법칙을 따르지 못한다면 어떠한 영향이 오느냐는 얘깁니다. 그러면 여기에서 어떠한 조달이 없이 거기 마음대로 청소를 하게 둔다면, 너무 집이 오래돼서 참 쓸모없다 이렇게 상부에서 생각하면 그냥 헐어 버리는 겁니다. 이런 거와 같다는 얘깁니다. 그래서 어느 집으로 비유한다 하더라도 언제나 그 집에 주인이 있으면 조금만 헐어도 고쳐 가면서, 발라 가면서, 아주 잘 정돈해 가면서, 놓을 데에 놓고 이렇게 사는 겁니다. 그런데 그 집이 빈집이라면 상당히 문제가 있는 겁니다. 상하기도 빨리 상하고 고치지도 않고 먼지가 있고 케케묵는 거죠. 그럼 그건 폐허가 되는 폭이나 마찬가집니다. 그런 것과 마찬가지로 우리는 그렇게 권한이 없는 겁니다. 헐면 헐리고 뭐, 부수면 부서지고,

어저께도 얘기했듯이 천지개벽을 하면 개벽당했지 뭐, 별 수 없는 거죠. 화산이 일어나면 일어났지 별 수 없고, 여하간에 어떠한 거든지 만고에 하나도 계제할 수가 없어.

벌써 한 몇 달 전입니다마는 어느 과학자 되는 분이 이렇게 물었습니다. "과학적으로 볼 때는 우리 지구도 그렇고 이 세상이 팽창이 되고 우주적으로도 팽창이 돼서, 앞으로 위험한 상태가 올 것이라고 과학자들은 믿고 있는데 스님께서는 어떻게 생각하십니까?" 하고 물었습니다. 난 퍼뜩 오는 게 있었습니다. 사람들이 마음을 잘 쓰고 '요건 요렇다 요건 요렇다' 이렇게 두지 않는다면 해나 입지 않을 것을, 오히려 자꾸 말로, 생각으로 그렇게 규정을 자기네들이 해 놓는다는 얘깁니다. 그러니 그것을 누가 말립니까, 도대체.

그것은 어디까지나 사량적으로, 물질적으로 척도를 재서 '물질이 어디에 있고 이렇게 되면 아주 그것은 불리한 조건이다.' 이렇게 생각하는 겁니다. 대호가 옆에 있어서 아가릴 벌리고 전부 집어 먹겠다고 하더라도 내 정신만 차려서 내가 대호가 된다면 잡아먹힐 일도 없고 잡아먹을 일도 없는 것입니다. 모두가 각각 상대로 보고 상대성 원리로써 계산을 하려니 계산이 착오가 되는 거죠.

그러니 우리가 여기에서 살면서 이 공부를 해서 한생각으로 끈이 이어질 수 있고 통신이 될 수 있고, 전부 오관을 통해서 오신통으로 인해서 한 좌석에 같이할 수 있는 그러한 한생각이라면, 한 점의 생각이라면 그것이 무한의 법칙의 바로 한 점의 개발도 될 수 있는 겁니다. 또 어떠한 법칙에 의해서는 헐어 버릴 수도 있지마는 그 헐어 버린다는 생각은 아예 지워 버려야죠.

우리가 자유권을 가진 것이 무엇 때문에 자유권을 가졌다고 생각합니까? 모든 것을 이익하게 하기 위해서, 정돈하고 평등하게 이끌어 갈 수 있는 조화를 시키기 위해서 우리는 이 공부를 하는 게 아니겠습니까? 나쁘게 남을 이끌어서…, 아니 인간의 삶에 대한 생명들만의 문제가 아닙니다. 이 혹성 하나하나도 생명이 있는 겁니다. 그 안에 생명이 있기 때문에 돌아가게 하고 우리가 이렇게 걸어 다닐 수 있는 그런 압력에 의해서 공기도 있고 모든 것을 구비하는 것입니다. 만약에 원동력이 없다면 원동력이 없기 때문에 빈집이라는 얘깁니다.

그래서 그렇게 우리가 두 가지 여건에 대해서 이쪽으로 가느냐 저쪽으로 가느냐 하는 것은 그 무한의 법칙에 의해서 그 도리를 잘 알고 행할 수 있는 그런 우주 개발이 필요하다는 얘깁니다. 우주 개발이 필요하다는 건 무얼 뜻하느냐. 얼른 쉽게 말해서 어느 혹성이든지 유황 없는 혹성이 없고, 물론 수소가 다 모여서 전부 이렇게 돼 있는데, 그것이 안에서는 변질이 되고 변각이 되고 자꾸 이렇게 바뀌지고 진화가 되니까 문제는 거기에서 일어나는 거죠. 잘못되느냐 잘되느냐도 거기에서 문제가 일어나는 겁니다. 그럼 우리가 정돈할 수 있고 또 조절할 수 있고, 화하게 할 수 있고 아이스크림처럼 영양제로 만들 수 있는 그런 능력이 있다면 무엇 때문에 이 지구에 지탄이 오고 또는 어떠한 발생이 일어나겠습니까. 그리고 영원히 지탱할 수 없다는 소리가 나오겠습니까. 그렇다고 해서 무슨 이런 나무등거리로 만든 것도 아닌데 말입니다.

여기에서 영양이 모자라면, 열량이 모자라면 또 딴 혹성에서 열량을 집어넣고 또 저기서 모자란다면 저리로 집어넣고 또 그 열량에 의해서 똑같이 평등하게 해 나가면서 거기 열량을 다시 딴 걸로다가 영양제로 아이스크림을 만든다면 결국은 생명이 아주 굵고 튼튼하고 생동력 있고 능력 있게 만들어진다는 얘깁니다, 스스로. 그건 무한의 법칙에 의한 자연 발생이라고 볼 수도 있고 자연 자동적이라고 볼 수도 있습니다. 이것이 자동적이 아니라면 우리가 어떠한 유한에 의해서 유(有)의 법으로서의 어떠한 자동적인 기계를 만들어 놓는다 하더라도 그건 한계가 있는 것입니다. 그렇기 때문에 그 무한의 자동적인 법칙에 의해서 나가지 않는다면 유한의 지속이 될 수가 없는 겁니다. 그러니까 유한의 지속이 될 수 없는 반면에 어떠한 파괴력을 가져올 수도 있고 부서질 수도 있고, 이런 문제가 생깁니다. 지금 화성이다 할지라도 거기가 아주 개발된 나라였는데 때에 따라서 그러한 문제가 일어났기 때문에 거기는 빈집이 되어 버리고 말았다고 하는 것이죠.

그렇다면 그냥 빈집이 된 게 아니라 물질적인, 어떠한 생명적인 뭐가 보이지 않으니까 문제가 일어나는 거죠. 그러면 그 바람과 모든 것이 왜 그렇게 일어나느냐? 그것은 영양제가 부실하기 때문에 그런 것이 아니겠습니까? 자동적으로 영양제를 보급하고 보급해 들일 수 없는 문제가 있기 때문에 그런 문제가 일어나는 것입니다. 우리는 바람을 가라앉힐 수도 있고 영양제로 만들 수 있는 그런 열량을 가지고 있는 거죠. 우리 인간에게 다 주어져 있는 그러한 광대무변한 법을 가지고 있으면서도 활용을 못하는 까닭에 그런 문제가 생기는 겁니다.

우리가 공부하는 것이, 여기에서 사람들을 만나면서 하나하나 설법해 주고 또는 목탁 두들기고 또는 염불하고 이러는 것이 불교를 숭상하는 게 아니라 이 인간 사이에서 모든 걸 지배하고 모든 걸 이끌어 주는 길잡이가 되면서 우주적인 청소도 할 수 있고, 우주적인 모든 조절을 할 수 있고, 평등하게 만들 수 있고, 아이스크림처럼 영양제를 만들어서 여러분한테 보급할 수도 있는 그러한 바로 영양소가 되는 것입니다. 우리가 공부한다면서 그냥 책이나 써내고 말이나 해 주고 목탁이나 두들기고 여기에 오는 몇 분들 그분들을 건지기 위해서 이럭하고 있는 줄 아십니까? 머리를 깎는 이유는 다 버리고, 다 불살라 버리고 그다음에는 억겁을 통해서 내려오는 그 습을, 종의 문서를 다 불살라 버린 채 자기가 자기라고 내세우지 않는 그것이 어디에서 나오는가 하는 것입니다. 49년 설하고도 한마디도 안 했노라고 한 뜻이 거기에 있지 않은가 이렇게 봅니다.

우리 이 자체가, 때에 따라서 지금 과학자들이 말하는 걸로 봐서는 모두가 멸망할 수도 있는 시대가 돌아올 수 있는 그런 문제들이 나오곤 있습니다. 하지마는 그것조차도 믿지 못하는 사람도 있고 중두난발로 그렇게 생각을 하고 있는 사람이 있는가 하면 저렇게 생각하고 있는 사람도 있고 이런데, 남의 말에 의해서 좇아가지도 않아야 될 것이고 또 책에 써 놓은 남의 말을 보고 그대로 알아서도 아니 됩니다. 바로 내 중심으로서 내가 내 집을 지키는 마음, 그것이 그지없어야 하는 그런 뜻이 서리고 있는 것입니다. 그런데 여러분은 힘이 없고 한 동물에 불과하니까 아무것도 없다고 하지만 동물이기 때문에 그 무한의 뜻을 알 수 있고 법을 그대로 응용할 수 있다는 점을 아셔야 합니다. 우린 고도로 발달이 돼서 인간이라는 동물로서, 고등 동물로서 태어난 겁니다.

누가 태어나 주게 한 것이 아닙니다. 우리는 자신으로서 바로 진화를 가져온 거죠. 그래서 창조를 한 것뿐이지 누가 해 준 것이 아닙니다. 바로 지·수·화·풍이 모체입니다. 이 모체의 뜻을 우리가 받아들일 수 있는 그 역량의 그릇이 얼마나 큰가를 생각을 하는 거죠. 벌써 우리가 이 바닥에 앉아 있는 것만 해도 모체의 뜻이라고 보고 태양과 더불어 바람, 공기 이 모두가, 물을 쓰는 것도 하나서부터 전부 모체의 뜻이라고 봅니다. 그렇다면 어떻게 무시하겠습니까? 지금 당장 이 물이 증발이 된다면 우린 살 수 없죠. 자연적으로, 자연의 법칙으로서 물이 증발이 되고 모든 것이 타 버린다면 그것은 하릴없이 모두 타 버려야 하는 정도가 되는 거죠.

우린 배 밑창을 위로 삼고 배로 삼고서 돌아가는 것도 모르고 살다가 지금 내 몸이 돌아가는 걸 안다면 지구도 돌아가는 걸 알아야 합니다. 내 몸이 꼼짝 못하고 돌아가지 않는다면 지구도 그냥 서 있는 거죠. 내 몸이 돌아가는 걸 볼 수 있고 알 수 있다면 바로 지구도 돌아간다는 게 아주 세밀하게 거기에서 파악이 다 나옵니다. 이것은 사량적으로 나오는 거보다도 무한의 뜻을 가지고서 나 하나가 계발을 해서 모든…. 그래서 그런 말이 있지 않습니까? 내 마음의 한 개의 그 티 같은 한 불씨가 온 우주를 덮고도 남는다고.

그러니 이 공부 하는 자체가 얼마나 귀중하고 얼마나 소중하고 보배인 것입니까. 우리 한 점의 마음이 보당을 누르듯이 만약에 저 목성으로 보당을 누른다면, 그 목성의 어떠한 열량에 의해서, 유황에 의해서 모든 것이 잘못돼 돌아간다면 그것을 체인지 해서 지수화풍을 전부 한데 합쳐서 거기에서는 다른 요리를 해 버리고 말죠. 열량이 너무 많으면 오고 가는 사이도 없이 열량을 이리로 좀 더 끌어들일 수도 있는 그런 문제가 있습니다. 그럼으로써 여기는 생산이 잘 돌아가고 또는 우리의 몸집도, 또는 살아가는 이 머리 돌아가는 것도 잘 돌아가게 되고, 부족하지 않으니까 말입니다. 어저께도 얘기했듯이 전기가 충만하다면 어디고 잘 돌아가듯이, 그리고 환하게 켜지듯이 우리 인간이 살아나가는 데도 머리가 영리해지고, 뿐만 아니라 영양소가 들어가니까 사람이 모두 작게 나질 않고 크게 날 수도 있는 거죠.

그 반면에 어떠한 것이 또 잘못된 게 있느냐면 바로 모든 하(下)의 생물이나 동물이 그렇죠. 그런 문제들을 우리가 조절해서 잘해 나갈 수 있다면 그것도 또 괜찮은 문제죠. 그렇기 때문에 모두 여러분이 천 년에 한 분씩은 돼야 되지 않나 하는 생각이 듭니다. 그럼 천 년이면 정말 천 년인가? 아닙니다. 천 년이 일 년도 될 수 있고 삼 년도 될 수 있고 구 년도 될 수 있고, 백 년도 될 수 있는 것이 천 년입니다. 오백 년도 천 년이요, 천 년도 오백 년입니다. 시공이 없는 이 자체의 무한의 뜻을 우리가 알게 되는 것입니다. 점차적으로 나를 깨달아서 본다면 나의 모든 데서 벗어나고, 내가 나에게서 벗어났다면 모든 이 세계에서 벗어나고, 세계에서 벗어났다면 우주적으로 모든 게 확립이 되고 모든 게 조화를 이루고, 너 나 아님이 없이 나입니다.

이거는 말로 다 할 수 없는데 오늘은 요걸로써 끝마치고 내일 또 이어서 말씀드리죠. 이것이 '조절한다, 평등하게 요리를 한다'는 그런 뜻과 더불어 또 하마 입 벌리듯 이런 게 있죠. 재정이 튼튼해지고 그러면 얕은 공장들이나 얕은 회사들이나 얕은 상업가들은 다 죽습니다. 다 집어먹혀 버린단 말입니다. 그와 마찬가지로 우리의 항성 그런 것들도 다 생명이 있고 또는 외성도 그렇게 돼 있기 때문에 모두가 헤어져서 한데 합쳐 버립니다. 그것을 합친다는 원리는 집어삼킨다는 뜻입니다. 즉 말하자면 청소한답시고 모든 거를 다 긁어모으면 이것은 영양제로 혼합이 되는 것입니다.

그렇기 때문에 너무 참, 활력성이 많아지면 그냥 입을 벌리면 입 벌리는 대로 들어가게끔 돼 있습니다. 그러니 우리 지구에도 그런 영향이 무척 오리라고 생각하지만 우리는 그런 영향이 온다고 생각지도 말아야 한다는 얘깁니다. 온다, 안 온다가 없이 내 중심을 세워서 모든 거를 여러분이 관하고 있는데, 첫째의 문제는 지금 우리 국내의 문젭니다. 여러분도 모두 그런 예측을 하고 있겠지마는 그런 거는 예측에 의해서 오는 것도 아닙니다. 그러한 문제가 온다 하더라도 내 중심에 의해서 모든 거를 주인공에 맡겨 버린다면, 맡기고 놓는다면 모든 것을 보이지 않는 그 무한의 뜻에서 해결을 하는 것입니다. 마음대로 못합니다. 사람을 죽이려도 마음대로 죽일 수도 없고 살리려도 마음대로 살릴 수가 없는 문젭니다. 이 모두 돌아가는 이치가 모두 시대에 따라서 움죽거리고 있는 거지만 그 움죽거림을 평등하게 만드는 것은 한 사람의 마음입니다. 한 사람이라는 것은 전체의 뜻을 말하는 것입니다. 얼마나 귀중하겠습니까.

사람 한 사람 죽는 거를 보고도 아이구, 불쌍하니 어쩌니 어쩌니 하는데, 그렇다면 여기 이 지구 안에서 팽창된 생명들 반수 이상을 옮겨야 합니다. 그런 말을 누가 할 수 있으며 그런 행을 누가 할 수 있겠습니까? 이건 무한의 자연법칙에서 해결하는 것입니다. 우리의 한마음이 저 대천세계 근본, 본국이나 그 본국의 한 점이 내 본국의 한 점이니까요. 우리의 한생각이 그것을 봤으면, 들었으면 해라 이거야, 응? 듣는다. 본다. 과거에 어떻게 지내 왔는가. 과거에 어떻게 지내 왔는가를 알면 미래에 어떻게 갈 것인가도 알고 있거든. 그럼 지금은 어떻게 하고 있는가. 그것을 알아서 대치를 하는 것이 바로 조절이요, 이것이 바로 오신통을 굴리는 법이에요. 내 한 점의 마음이 바깥에 서지 않는다면 굴릴 수가 있겠습니까?

우리는 전자에 겁을 통해서 미생물에서부터 태어났지마는 지금은 인간으로 살던 습이 있어. 우리의 의식적인 그 자체가 있단 말이야. 살던 그 습에 의해서 의식이 있기 때문에, 잠재의식이 있기 때문에 그 씨를 갖다가 심으면 그냥 인간으로서 등장을 할 수도 있다 이거야. 이건 아주 극한 개발이다 이거야. 우주적인 개발! 그렇다면 저런 수성이나 금성이나 또는 목성이나 화성이나 모두가 10년 안팎으로 달라져. 우주의 청소 기간이면서도 개발이면서도 평등하게 조절을 하면서도 이것은 어디까지나 진화를 시킨단 말이야. 인간의 생명이 존엄성을 이루고 살 수 없게끔 된다면 살 수 있게끔 영양제로 만들고…. 이것이 자연의 법칙에 의해서 너무도 묘법이고 사람이 형용해서 말할 수 없는 이러한 묘법의 자동기가 있다 이거야.

한 보당이 한마음의 한 점이다 이거야. 누가 핵을 만들어 놓고 이 세상을 다 파괴시킨다고 하더라도 마음대로 못한다 이거야. 왜? 난 자부한다 이거야. 그 물질이 무한량으로 그렇게 돼 있고 그렇게 지금 악마구릴 치고 사대에서도 그렇지마는 세계적으로도 지금 마구 그러는데 그것도 마음대로 못해. 누구 마음대로 그렇게 해? 물질로 생긴 사람들이 사량으로 사는 거는 50%밖엔 안 돼. 우리 인간 자체에 그렇게 광대무변한 능력이 모두 본래 주어져 있기 때문에, 100%를 써야 할 텐데 50%밖엔 못 쓰기 때문에, 그 무한의 뜻이 항상 도사리고 있기 때문에 안 돼. 올바른 참인간이 다 되지 못한 인간들이란 말입니다.

그러나 지금 저런 수성이나 금성이나 저런 목성 같은 데는 생각으로 살고 발전을 이루니 그 황홀한 것은 말도 못한다 이거야. 그런데 목성하고 금성하고 또 다르지, 다르기야. 질이 다른 걸. 하지만 그 야광처럼 자체 내에서 빛을 내서 또 되는 법이 있거든. 그런데 이 목성 같은 데서는 자체 내에서 밤과 낮이 없다 이거야. 밝아, 모두가. 황홀해. 그건 어떻게 돼서 그런가. 모두 반사가 돼서 모두가 불빛이란 말이야. 그런데 불빛이라고 해서 뜨겁기만 한 건 아니야.

그래서 이런 게 있죠. 어디를 보면 불에다가 물하고 섞어 끓여서 이것이 열량이 식기만 하면 그거는 투명한 유리처럼 아주 밝게 황홀해지죠. 그와 마찬가지로 꼭 뜨겁고 살 수 없는 고장만은 아닙니다. 모두가 그렇게 예측하는데 사람이 보는 것도 올바로 못 보거니와 듣는 것도 올바로 듣지 못하기 때문에 상통이 되지 않아. 그러니 생각으로 사는 그 동네는 생각으로 살고 있는지 뭘로 어떻게 황홀하게 살고 있는지 그거조차도 해명 못하지 않습니까. 서로 상응을 하고 서로 한다면 돌 하나도 나 아님이 없는데.

예전에도 그런 말이 있었죠. 금전을 항아리에 넣어서 파묻어 놓은 지 백 년이 되니까 그것이 사(邪)가 돼 가지고선 사람으로 화해서 나와 가지고 항상 동네를 저거 했다고. 그것도 생명이 있는 겁니다. 왜? 사람들이 만날 쓸 수 있는 착을 뒀으니까 거기에도 생명이 붙은 겁니다. 어디고 생명이 없는 데가 없어요. 그런데 안 산다고요? 안 살면 어떻게 자연법칙에 의해서 조절을 합니까, 그렇게. 무한의 자전을 하면서 자체 내에서 달을 만들고 자체 내에서 밝게 살고, 이거 누가 이럭하는 겁니까? 없다면 그 혹성 자체가 없어야 없는 거죠.

이 모두가 하나서부터 열까지 물질이라는 것이 허망하다 하지마는 그 물질 자체가 허망한 게 아니라 바로 모체입니다, 우리가 생겨난 모체. 그리고 둘이 아닙니다, 모두가. 내가 항상 불을 가지고 있으면서도 뜨겁지는 않죠. 화를 내야만이…. (녹음 안됨) 어떻게 불이 나겠습니까? 그 불이 일어나는 걸, 그런 능력을 딴 데다가 영양소로 만든다면 얼마나 좋겠습니까. 영양제로 만든다면 우리는 화목하고 더 사랑할 수 있게 되고 조화를 이루고 평등한 이 진리 속에서 호화롭게 살 겁니다.

생각들을 그렇게 한 번도 해 보지 못하고 항상 그저 쫓아다니면서 만날 종으로만 살면서, 그저 이렇게 되면 이렇게 됐으니 이거 어떡하나, 저렇게 되면 저렇게 됐으니 이거 어떡하나 하고 만날 끌려 다니면서 볼일 못 보거든. 이렇게 됐으면 자기가 체인지 하고, 이렇게 되면 자기가 조절하고, 이렇게 되면 자기가 상응해서 서로 하면서 음식도 자기 마음대로 끓여 먹듯 아, 그렇게 하는 거죠. 내가 먹고 싶은 대로 음식을 끓여서 요리 해서 먹듯이, 그렇게 크나크고 넓은 우주적인 문제라도 한 그릇의 요리밖에 되지 않아요. 그걸 아셔야 돼요. 내가 입맛에 당기는 대로만이 아니라 여러분과 나의 삶은 똑같기 때문에 그 요리를 똑같이 해서도 맛 좋게 먹을 수 있다 이겁니다. 어느 사람 하나 맛이 나쁘다고 할 사람은 하나도 없습니다. 그것이 바로 선의 도리요, 또는 악도 선도 없는 아주 무한의 도리라고 봅니다.

아니, 먹고 살려면 나가서 벌이를 하면 얼마든지 삼시 먹고 살 수 있는데, 구경 다니고 다 할 수 있는데 무엇 때문에 자기 생을, 왜 머리 깎고 하필이면 그렇게 해야만 되느냔 말입니다. 그건 여러분이 진짜 사랑을 모르기 때문에도 그래요. 자기 마음대로 요리 해서 자기 마음대로 먹을 수 있다면 수없이 나 자신과 사랑도 정말로 착이 없는 사랑, 아주 영원한 사랑, 즐거운 사랑을 할 수 있으니 그 사랑 맛을 좀 보시도록 하시고, 우리가 제일 급한 것은 우리 국내의 모든 것을 순조롭게 리듬을 타고 넘어가게 할 수 있는 그것을 항상 주인공에 맡겨 놓으세요.

그럼 오늘은 이걸로써 끝을 마치겠습니다.

중성자의 우주적 활용

1986년 3월 30일

어저께 내가 무슨 말을 했는지도 모릅니다마는 이런 말을 한 것 같습니다. 다는 모르지마는 거기 말 중에, 이 지구와 우리 인간들이 살아나가는 데의 팽창된 문제와 또는 다른 데 우주의 팽창된 문제를 해결할 수 있는 방법이란 우리 무한의 도, 도심에 의해서 중성자의 활용으로서 일을 할 수 있어야만이 지금 유한의 인간의, 즉 무전자로부터 유전자가 우리의 몸을 움죽거리게 할 수 있는 사면에 근거를 두고 똑바로 해 나갈 수 있게끔 둔다는 얘깁니다.

그렇다면 이 팽창된 시점에서, 누가 듣든지 황당무계하게 말을 한다고 할는지는 모르지만, 우리는 씨를 심어야 싹이 나고 싹이 나면서 또 열매가 맺고 합니다. 그와 마찬가지로 이렇게 시작하는 날이 있어야 또 거두는 날도 있겠죠. 그럼으로써 어저께 10년 작정을 한 것은 그 과정을 얘기한 거고 근 19년을 가까이 있어야 승산을 본다는 얘깁니다. 우리 모두가 이것을 깨달아서 보이지 않는 데 중성의 활동을 할 수 있는 것은 무한의 법칙이며, 무한의 법칙에 의해서 아니 닿는 데 없이 광대무변하게 법을 활용할 수 있겠지마는 그 뜻을 모르는 자에게는 중성이라고도 할 수 없거니와 중도라고도 붙일 수 없다는 결론입니다.

그렇기 때문에 우리는 정자, 난자 이러지마는 정자와 난자가 어디까지나 모체가 되고 바로 정자와 난자가 있기 때문에 한데 합쳐서 원 중성자가 되는 거죠. 우리 인간이 된다는 얘깁니다. 그러면 인간뿐만이 아니라, 동물은 어디에서 났는가? '생물'의 모든 생명에서부터 진화돼서 나온 것이 이렇게 고등 동물로 이끌어 온 거죠.

우리가 지금 이 팽창된 지구에서 모든 것이 이익을 보려면, 모든 사람들이라고 하기에는 뭐하지마는 사람들이 좀 더 줄어드는 이치가 있다는 얘기죠. 그렇게 된다면 우리 무한의 그 중도의 중성자의 활동으로 우리는 가고 옴이 없이 수출을 하게 되는 것입니다. 예를 들어 수출이라고 하죠. 그 어디고 수출을 하게 되면, 그쪽으로 옮겨 심어 놓으면 그쪽은 그쪽대로, 즉 말하자면 탄소나 이런 에너지, 가스 이런 문제 등등을 해소시킬 수 있는 그러한 문제가 나오면서 그것을 우리 지구집으로 이끌어서 바로 그 양자의 에너지를, 다 이리로 활력을 불어넣어 줄 수 있다는 점입니다. 활력을 이쪽으로 불어넣어 줘 가면서 여기에 그런 그 의식, 즉 말하자면 영식을 갖다 다른 데다 심어야 한다는 점이죠.

그렇게 되면 어떻게 되느냐. 여기 우리 생명들이 좀 줄어든다는 얘기가 나오죠. 그건 왜? 우리는 안 보이는 생명들이 반이라면 보이는 생명이 반입니다. 그럼 안 보이는 것이 따로 있느냐? 우리가 보지 못하기 때문에 따로 있는 거나 마찬가지죠. 그러나 둘이 아니라는 점을 우리는 알아야 합니다. 자기의 그 영식을 항상 우리 산 사람도 가지고 있지만 몸이 없어지면 그 식만이 남는 것이죠. 그 살아온 습에 의해서, 차원에 따라서 그 의식을 가지고 있는데 그것을 바로 우리는 업의 문서라고 합니다. 그러나 그 업덩어리의 문서가 아닌 정말 자유권을 가진 그런 중성자라면 활동이 무수하게 나갈 수 있는 겁니다. 그럼으로써 여기에는 생명체들이 줄어들 수밖에는 없다는 얘깁니다. 그럼으로써 여기의 팽창된 문제는 해소가 될 수 있다는 얘기죠.

예를 들어서 사람이 늘어 가면 늘어 갈수록 에너지는 줄어드는 것입니다. 우리는 우리대로 나무 하나를 놓고 그 나무에서 양식을 파먹고 보면 그 나무는 껍데기만 남는 거나 마찬가지죠. 예를 들면 말입니다. 그래서 그러한 나무를 덜 파먹게 하고 약을 갖다가 불어넣어 주면 그 나무는 참, 싱싱하게 멸하지 않고 잘 살아갈 수 있는 그런 여건이 된다는 얘깁니다. 그러니까 우리도 일종의 벌레나 한가지죠. 우리는 지구를 파먹는 벌레나 한가집니다. 그렇기 때문에 지구의 모든 에너지를 불어넣어 줄 그 힘은 무한의 도력으로서, 그 중성자의 활동을 바로 도력이라고 합니다. 그 도력으로 우리가 활용하는 것은, 그 모든 영식을 갖다가 넣어 주고 꺼내는 건 아주 무난히 할 수 있는 무한대의 그 능력을 누구나가 다 충분히 가졌다고 봅니다.

그러면 누구나가 이 도리를 알면, "부처님" 이렇게 말을 하면 부처님으로서는 평등하기 때문에 일을 못한다는 얘기죠. 그건 무슨 소리냐 하면 우리가 가만히 앉아 있으면 부처고 생각을 냈으면 바로 법신이요, 몸을 일으켰으면 화신입니다. 그럼 무표정하고 생각 없는 사람들은, 즉 말하자면 앉았어도 생각이 있이 앉아 있어야 되는데 생각 없이 그냥 앉아 있으면 그거는 뭐라고 그럴까요? 목석이라 할까요? 생각 없이 그냥 앉아 있는 거는 공에 빠졌다고 합니다. 그러나 우리는 생각을 하면서도 생각이 없는 거라. 무심이라 이거야, 무심! 무생! 무심으로서 언제나 생각을 하게 되는 이치죠. 일을 하면서도 함이 없이 하니까.

그러니 일체를 다 그렇게 무심으로서 무행을 할 수 있는 그런 사람들에 한해서는 그 중성자의 활동으로 모든, 즉 말하자면 영식을 갖다가 그쪽에다가 불어넣어 줄 수 있다는 얘깁니다. 그럼으로써 어떠한 문제가 나오느냐 하면 저런 서해 같은 데는 생물도 아주 백 년, 이백 년, 삼백 년, 천 년 된 것도 있다 이겁니다. 그런데 그렇게 살면서 돌아가면서 체험을 하고 그렇게 해서 공부한, 이 마음공부 한 그 진화력이 아주 대단하거든. 그렇기 때문에 그것도 추리고 여기 인간들에게서도 추리고 해서 모든 걸 거기다 불어넣어 주면 바로 여기도 좋아질 뿐 아니라 거기도 좋아지는 폭이죠. 여기도 에너지가 많으니깐 좀 풍성하게 살 수 있고 거기는 에너지가 줄어드는 반면에, 즉 말하자면 가스가 줄어들고 잔잔해지고 아주 좋다는 말입니다.

그럼으로써 생각으로 사는 목성이나, 또는 생각으로 사는 금성이나 이런 데는 꼬집으면 아픈 이런 살을 가지고 사는 게 아닙니다. 그렇게 편리하게 사는 마음의 세계, 계발의 세계, 마음의 계발의 세계예요. 이런 데는 그냥 자기가 이렇게 해서 타고 가면 가는 겁니다. 이렇게 하는 시대 말입니다. 우리가 그것을 금방 어떻게 만듭니까? 그러나 그것은 생각으로 살기 때문에 금방 만들어서 먹을 수 있거든. 생각하면 배부르거든. 우리네처럼 그렇게 몸을 움죽거려서 귀찮게 사는 게 아니야. 그러니까 상세계라고 하는 거예요. 이게 황당무계하게 말하는 건 아니에요. 또 공상으로 얘기하는 것도 아닙니다.

만약에 그렇게 살아 있지 않다면 지금 저렇게 황홀하게 만들어 놓지도 못하고 저렇게 에너지로 인해서 그렇게 에너지를 만들 수가 없어요. 누구나가 다 자기 살 양으로 모든 사람들이 지금 나가서 일을 하고 돈을 벌고 하듯이 그냥 앉아서 에너지를 빨아들인단 말입니다. 에너지를 빨아들이면 그것을 또 굴려서 다시 자기한테 이익하게 만들어 가지고 나쁜 거는 또 내보낸단 말입니다. 난 뭐, 이름을 지어서 말하는 게 아니니까 그렇게 이야기할 수밖에 없네요. 그럼 인간에게도 그렇거든요. 한번 굴려서 오르고 내리고 해서 딱 배설하게 하거든요. 오줌으로 내려가게 하거든요. 그런데 그것을 우리가 한번 먹으면 그렇게 해서 굴려서 내보내는 그런 기구가 다 있듯이 그 역시 또 마찬가지란 말입니다.

그런데 뜨거우면 찬 게 있다는 걸 아셔야 돼요. 뜨거운 가스가 올라온다고 해서 찬 것이 없다는 건 아닙니다. 뜨거운 가스가 있기 때문에 찬 게 있다는 걸 아셔야 돼요. 그럼으로써 다 못 산다는 결론은 아주 짓지 마시라 이겁니다. 뜨거워서 못 산다는 결론도 짓지 말고 차서 못 산다는 결론도 짓지 말라 이겁니다. 어느 거 하나 생명 없는 게 없어. 그렇기 때문에 우리가 자체적으로 몸을 움죽거리지 않아도 무전자로서 움죽거리게끔 되는 것은 바로 중성의 그 활동력이다 이거야. 즉 불가에서 말하면 중도의 도력이다 이거야. 그러니 우리 몸뚱이가 한번 움죽거리려면 상당히 오래 시간이 걸리고 그러지마는 그것은 생각으로 움죽거리기 때문에, 한생각이라기보다 말을 하려니까 생각이라고 할 수밖엔 없어서 그러는 겁니다마는, 그 자동적으로 움죽거리는 거는 한 찰나에 움죽거리는 게 여기 왔다 갔다 세 바퀴는 할 거요.

그러니 우리가 몰라서 그렇지 우리는 에너지가 점점 줄어드는 폭이고 쇠퇴해지는 폭이고, 또 어떤 데서는 너무 승화하는 데가 있고 많은 데가 있어요. 그러면 우리가 세계적으로 따진대도 너무 약한 나라는 좀 도움을 청하고, 또 이것을 수출하면 저거를 가져와서 이익을 보기도 하고, 좀 도와주기도 하고 그러지 않습니까? 그러는 거나 마찬가지라 이겁니다. 그렇게 우리가 화목하게 돌아가면서 서로 줘 가면서 이렇게 살 수 있다면 그렇게 쇠퇴하고 낡아 빠져서 타 버리는 이런 경향은 없을 거다 이겁니다. 우리는 누가 태워 버리고 누가 부숴 버리고 누가 망가뜨리고 이러는 거는 아니에요. 우리가 주인이기 때문에 우리가 스스로서 보해야 되지 않겠습니까? 우리의 집들을 우리가 망가뜨리면 어떡합니까?

전자에 어려서는 아무것도 모르고, 집이 망가지는지, 제 어머니가 망가지는지, 모체가 다 없어지는지 모르고 파먹기만 했지만 이제는 여러분이 조금씩이라도 어른이 돼 가면서 알면서 보면 세계적으로나 또는 과학자들이 말한 것도 그렇고 모든 걸 볼 때, 그건 유학자지 무학으로서 무한한 것은 아닙니다. 무한의 유학자로서 바로 발전이 되는 것이지, 무한이 없고 유한만 가지고선 반밖에 되지 않는다는 결론입니다. 어딘가가 바로 막혀. 가다가 막히니까 '아, 이 막히는 것은 무엇인가.' 하고 이렇게 모두 연구들을 하다 보니까 '아! 이것은 바로 무한의 중성자로서 그 활동이 있어야 되겠구나.' 하는 것을 알게 되는 거죠. 그럼 그것은 어느 곳의 어디가 머리다 꽁지다 할 게 없다 이거야. 능력이 어디가 크다, 어디가 작다 할 것이 없으면서도 우주적인 활용과 무한의 그 뜻을 알아서 우리는 활용을 할 줄 알아야, 그것은 즉 말하자면 한 개의 영식을 갖다가 옮겨서 심어 준다 하더라도 모든 요리를 해서 정돈을 해야만이 갖다 심어 줄 수 있거든. 너무 뜨거워도 안 되고 너무 차도 아니 되고, 이 온도가 맞아야만이 씨를 뿌려도 그 씨가 나서 싹이 번성할 수가 있는 거죠.

그런 거와 마찬가지로 그 온도를 조절할 수 있고 그것을 에너지로 만들어서 영양을 줄 수 있는 그러한 물질로 만든다면 우리가 갖다가 심어도 능히 싹이 난단 말입니다. 인간의 영식이란 인간으로서 살던 그 습에 의해서 식이 있으니까, 그것을 심어 놓으면 인간으로 살아나가던 그 습이 있기 때문에 꼭 그걸로서 태어난단 얘깁니다. 그럼 여기도 저기도 다 분배를 해서 그 넓디넓은 데를, 응? 좀 좋습니까? 이리 뛰고 저리 뛰어도….

우리는 좁은 집에서 살다가 좀 넓은 집으로 가면 안 됩니까? 그런데 그렇게 갈 수가 없거든, 역량이 부족해서. 우리가 지금 식구가 일곱 식구나 여덟 식군데 좁은 방에서 그저 방 두 개 가지고 살려니까 죽겠거든. 넓은 집으로 가려도 그런 능력이 없어. 그래서 못 가는 거나 마찬가지죠. 거기가 어디라고…. 하물며 우리가 체를 가지고 거기다가 심고 말고 한다는 이런 말이 나오겠습니까? 무한의 뜻을, 도력을 가지고서…, 도력이라기보다도 무한의 그 한 점의 중성을 우리가 한 점의 마음이라고 그럽니다. 그러면 우주 간의 전체 한 점의 마음, 그 중성이 내 한 점의 마음의 중성에 의해 있다 이거야.

그러니 내가 잘나서 그렇게 한다는 건 아니지만, 그런데 내가 잘나서 그렇게 하는 것도 되죠. 왜? 그렇게 포함해서 한자리를 할 수 있고 한마음으로 굴릴 수 있고, 한 점이 됐다가도 한 점도 없을 수도 있고 수만 개도 될 수 있으니까. 영식의 씨를 하나 갖다가 얻다가 심었다 한다면 그 한 씨로 수만 씨가 나오는 것도 바로 능력이다 이거야. 여러분의 마음은 체가 없듯이 생명도 체가 없죠? 체가 없으면서도 그것은 어디까지나 우리를 형성시켜 놓고 움죽거리게 한단 말입니다. 그러면 우리의 몸과 같이 이 지구 자체도 바로 자기가 형성해 놓고 자기가 지금 자기 몸을 가지고 또 나왔고 이것이 전부 둘이 아니란 말입니다. 연쇄적으로 따지고 본다면 이 지구 자체의 모체도 바로 지수화풍이요, 우리들도 다 그 지수화풍이 생겼기 때문에 지수화풍 속에서 또다시 생산이 된 거예요.

우리나라의 기후가 추웠다 더웠다 하는 계절이 생긴 이유는 무엇일까요? 우리 인간들이 생김으로써, 생명들이 생김으로써 점점점점 그 에너지가 줄 때가 있으면, 그것을 이렇게 표현하죠. 시장에 가서 물건을 해다가 일주일 동안 다 먹으면 또 시장에 가듯이, 계절이 아니라면 우리는 충당할 수 없는 겁니다. 이 계절이 있기 때문에 우리의 영양소를 충당할 수 있는 겁니다. 우리 인간들이 다 먹고 살고 이렇게 할 수 있게끔 되는 원리도 있지마는 공기의 관계도 있는 것입니다. 에너지가 부족하면 인간이 병이 많이 들고 죽게 되죠. 스스로서 어디서 오는지도 모르고 어디로 가는지도 모르고 갖은 병들이 다 생기는 원리가 바로 그런 데서 오는 것입니다.

그래서 어떤 사람은 마음의 차원에 의해서 몸에 병이 덜 들고, 어떤 사람은 그 마음의 차원이 아주 낮음으로써 병이 쉽게 든다 이겁니다. 그러니 자기 몸 하나 자기가 이끌어 가지 못하는 이런 형편에 도달한다면, 병으로 여기서 마비가 되고 저기서 마비가 되고 저기서 발로를 일으키고, 이것도 혹성인데 혹성 안에서 별의별 발로를 다 일으킨다 하면 그것을 자장거려서 다 이끌고 갈 수 있는 그런 아량과 지혜가 충만해야 하는데, 하나만 알고 둘도 몰라서 내가 지금 살고 있는 내 몸뚱이를 나라고 하고 살고 있거든. 어떻게 나라고만 생각하겠습니까?

그런데 과학자들이 말하듯이 상대성 원리가 있다 하더라도 상대성 원리로서 그렇게 해 나가다가는 언젠가는 길이 막혀 버려, 지금도 막혀 있지만. 상대성이면서도 우리는 둘이 아니다 이겁니다. 상대성이면서도 둘이 아니요, 둘이 아니기에 지렁이 생명이나 사람의 생명이나 생명은 다 똑같아. 그러나 사람의 모습이 다르고 차원이 다르고, 자기가 살아온 그 분별에 의해서, 차원에 따라서, 습에 의해서…, 습이라고 말하겠어요. 그것이 바로 차원이 돼 버리고 마는 거죠. 그러면 어느 데까지는 선행으로써 할 수 있으나 도는 이루지 못한다 이거야. 그래서 그 선마저도 놔라 이거야. 그래야 바로 중도가 될 수 있는 거죠. 중도심이 될 수 있다 이 소립니다.

그러면 우리가 중도의 사상이라고 하는 거는 사 사, 이게 무와 유를, 사무 사유 이것을 한데 합쳐서 이끌고 돌아간다는 뜻입니다. 이끌고 돌아갈 수 있을 때에 비로소, 지금 시쳇말로 한다면 중성자라고, 중성자의 활동이라고 하지마는 우리 불가에서 말할 때는, 즉 무한의 중도 사상, 도력이라고 합니다. 이것이 도력이라고 한다면 벌써 그 안에 다 들어 있는 거라. 그래서 한 점의 마음에 있다 하는 것도 바로 중심입니다, 중심! 중심의 도력이 바로 화력을 넣어 주는 겁니다, 다. 거기에서 그대로 돌아가니 사무 사유를 한데 합쳐서 돌아가니까 이것은 어디에고 그 에너지가 아니 생길 수가 없고 어디에고 아니 닿는 데가 없는 거죠. 그러니 부처님 자리가 어디쯤 되겠습니까?

예를 들어서 은하계의 모든 초점을 지금 천체망원경으로 본다 하더라도 이 망원경으로 그걸 보려고 하면 영 안 보이는 겁니다. 그걸 끌어다 놓고 볼 수 있는 그런 우리의, 즉 말하자면 한 점의 그 마음의 눈에서 바로 면경알로 보듯이 볼 수 있는 겁니다. 그리고 화해서 찰나찰나 나투어서 내가 화하게 될 수가 있어야 합니다. 화해야, 이것도 되고 저것도 되고 할 수 있어야만이 환경에 따라서 '아!' 생각나면 '그걸 좀 조사해야겠구나.' 하고 내가 끌어다 볼 수가 있는 거죠. 무조건 아무 때나 그냥 이렇게 보는 것이 아니죠. 어떠한 일이 생겼을 때나 내가 일어나서 일을 하지 일도 없는데 괜히 일어나서 어정버정합니까? 앞에 일이 닥쳤을 때 마다하지 말고, 가는 거 잡지 말라고 했어요. 이건 자연의 법칙이면서도 무한의 한 점의 마음에 있다는 겁니다.

그러니 우리가 찰나찰나 나투면서 수만 개, 아니 수억 개, 수십억 개가 됐다가도 금방 하나도 없이 없앨 수도 있고 또 하나가 하나로 맺어 놓을 수도 있고 그렇기 때문에 우리가, 즉 말하자면 생물의 그 수백 년 된 영식을 갖다가 수천 개를 한데 합쳐서 큰 물건을 하나 만든다면 얼마나 좋겠습니까? 그렇게 된다면 우리의 집을, 즉 우리의 집이라 한다면 지구 집을, 그래도 자식들이 많으면 살기가 고통스럽지만, 해 놓은 거는 별로 없이 말입니다. 자식들이 적으면 적은 대로 하나를 낳아도 큰 자식을 낳는다면 우리는 살기도 편리하고 팽창도 되지 않을 것이고 무한의 뜻을 가지고 무한의 발전을 위해서 노력을 하고…. 어디든지 우리가 삼차원이 아니라 사차원 세계에서 살 수 있게끔 되는 것이 불국토라고 합니다.

그래서 어떠한 것을 나쁘다 좋다 이렇게 말을 할 수 있다면 그것은 소인에 불과하다 이겁니다. 그 말 못하는 이유가 바로 그런 데 있죠. 예를 들어서 찰나찰나 나투면서 환경이 바뀌지고, 보는 게 바뀌지고 물체가 바뀌지는데 어떻게 나라고만 말을 하겠습니까? 항상 얘기해 드리지마는 내가 금방 어머니를 만날 때 바로 내가 어머니가 돼 버리는 걸요. 그 어머니를 만났을 때 어머니가 돼 버리고 자식을 만났을 때 내가 자식이 돼 버린다 말이야. 자식이라는 생각이 있고 자식은 부모라는 생각이 있어서 중성이 돼 버리고 말지, 응? 양면이 다 이렇게 한데 합쳐진단 말이에요. 오고 가는 줄도 모르게 서로 마음과 마음이 합쳐지니까, 자식과 부모와 이렇게 합쳐지니까 이게 중성이 되는 거라.

그래서 모든 것이, 물질이 한데 합쳐진다면 중성으로서 그 두목이 되는 거죠, 본국이 되고. 본국에서 삼각원형을 이루고 돌아가는 이 점에서 그 원형을 이루고 돌아가는 반면에 에너지가 거기에서 모든 게 나오면서, 그것이 에너지가 나오는 게 아니라 네 가지에서 한데 합쳐서 모든 것을 이루는 역량을 가지고 있으니 나오면서 바로 에너지가 되고, 나오면서 가스가 되고, 나오면서 탄소가 되고 수소가 되는 거예요. 이 모두가 따로따로 있는 게 아니라 각각 있으면서도 한데 합쳐진 거죠. 합쳐져서 됨으로써 요리를 하나 만들어서 내놓을 수 있는 거죠. 그러니까 우리가 지수화풍이 모체다 이런 말을 하는 겁니다. 그러면서도 우리의 조상이다 이런 말을 해요. 지금 조상을 딛고 앉아서 있습니다, 모두. 위도 아래도 다 조상이라, 전부. 전부 조상 아닌 게 없고 나 아닌 게 없는 거라, 전부. 나도 지수화풍이거든, 다. 여러분이 다. 지수화풍이 한데 합쳤기 때문에 화를 내면 열기가 나오지. 그리고 뜨듯하지 않으면 살 수 있나, 몸이? 물이 없어도 못 살지?

그러니 모두 우리가 이 한데 합쳐진 한마음이, 한마음의 위력이 그렇게 무궁무진하고 이 삼라대천세계에 한자리 하면서 한마음으로 돌아가는 이 중도의 활용, 이것은 무궁무진한 겁니다. 무궁무진하면서도 우주적인 개발도 할 수 있고, 우주적인 법도를 법칙에 의해서 강렬하게 조절할 수가 있는 것입니다. 그럼으로써 지금 유한의 이 모든 생활 진리 이것이 포함되면서, 여기에서도 이 아들네가 적으면 이 아들네 좀 갖다가 주고, 저 아들네가 부자로 살면 저 아들네에서 부자 거를 조금 얻어다 이쪽에 넣어 주고 하는 것은 바로 부모에 달렸다 이겁니다. 부모가 될 수 있어야 되는 것이지. 그래서 여러분이 부모가 다 되라 이거야. 어버이가 되라 이거야. 손이 길어라 이거야. 이 세상 삼라만상 대천세계를 다 껴안고도 남음이 있게끔 손이 다 닿아라 이거야. 한생각이란 건 그렇게 무궁무진해서 온 누리에 다 에너지로 또는 통신으로 또는 향기로 꽃을 피우면서 그 모든 것이 다 부족함이 없이 이렇게 모두 모체가 돼 주고, 어버이가 돼 주고, 바로 내가 돼 주고, 이렇게 한다면 여러분이 싸울 일도 없고 좀먹을 일도 없어요.

세상에는 모두 몰라서, 한 나무에서 벌레가 자기 나무 쓰러지는 줄 모르고 거기에서 그냥 갉아 먹죠. 지금 젊은이들이 하는 일들이 환경의 때를 보지도 못하고, 눈도 어둡고 귀도 없어서 모두 데모들이나 하고 그러는데 지금 환경을 알아라 이거야. 세계적인 환경과 지금 국내적인 환경과, 우리 인간들이 살아나가는데 어떠한 점에서 우리는 지금 이렇게 살고 있는지, 그걸 확실하게 알고 살아야만이 인간의 도리를 다하는 게 아닌가. 하나하나가 오히려 좀먹어 들어가는 이런 이치가 돼서는 될 수가 없는 거죠, 인간으로서. 그것도 때에 따라서 돈이 좀 있고, 가정으로 친다면 "아빠 엄마! 아, 이런 때 돈 좀 씁시다." 하고 나가서 좀 저거 하고 뛸 수도 있고, 좀 나가서 격투도 할 수도 있고, 그런 때는 좋아. 그거는 재미로 볼 수 있고 아주 귀하게 볼 수 있어. 그러나 정말 어머니 아버지가 막 성이 나서 싸우려고 그러고 여기 이 집, 옆집 전부 싸움이 지금 벌어져 있는데도 불구하고 그냥 막 나가서 뛰고 끌어다가 막 쓰고 이렇게 하고, 저희들도 그걸 본을 봐서 막 때리고 싸우고 이런다면 아예 집안 꼴은 망쳐 버리는 거죠. 그러니 어른이나 애나 전부 좀 더 판단력이 있어야 된다는 얘기죠.

나는 예전에 수천 번 죽었어요. 예전의 이생이 죽고 엊그저께 대행이 또 죽고, 수만큼씩 죽어 왔거든. 그러니 어저께도 벌써 나는 없었던 거예요. 죽었어요. 어저께 있던 그 대행은 벌써 죽었다고. 지금뿐이에요. 나는 어저께 뭐라고 했는지도 몰라요. 그러나 뭐라고 했는지를 모르는 것은 무엇 때문이냐? 그때 직접 일을 했기 때문이에요. 여러분이 돈을 가져가서 물건을 사고서 그걸 또 거론하겠습니까? 물건을 사 왔으면 그냥 쓰는 거지 그 사 온 거를 또 기억에다 남기고 항상, '거기 가서 뭘 샀는데, 거기 가서 뭘 샀는데….' 하고 기억하시겠습니까? 사

왔으면 그뿐이지. 그럼 없어진 거야, 벌써. 그거는 벌써 돌아간 거야. 한 발짝 떼어 놨으면 벌써 그것은 없어진 거야. 그러면 또 앞으로 한 발짝 떼 놓으면 또 그거 없어진 거야. 앞으로는 한 발짝 떼 놓지 않았으니까 없는 거고.

그러니까 영원한 오늘이야. 죽고 또 죽고 또 죽고 또 죽어도 죽은 사이가 없다 이거야. 살고 또 살고 또 살았어도 산 사이도 없어. 말을 하고 또 말을 했어도 말한 사이가 없어. 누가 쪼금만 지내 봐. 일 초만 지내 봐. 없어. 그래서 그 수십억 겁 광년을 가지고 이게 멀다 저게 멀다, 갈 수도 없다 볼 수도 없다 이러지마는 부처님의 법이란 그렇게 광대무변해서, 내가 "오신통 오신통" 했는데 오신통을 부리지 오신통에 말리지 말라 하는 그 뜻이라. 과학자고 누구고 천체망원경을 내가 쓰지, 망원경에 내가 말리는 건 아니지 않으냐 이거야. 그러면 이거는 내 무기다 이거야, 무기. 내가 항상 환경에 따라서 쓸 때에 쓰는 무기다 이거야. 글씨가 안 보일 때 뭘로 보죠? 돋보기? 돋보기로 볼 때 큰 글씨로 보이죠? 그것이 망원경의 렌즈라고 하는 건데, 체가 없는 렌즈가 저기를 본다 하더라도 거기를 보는 게 아니에요. 생각으로써 거기를 생각하면 그냥 와서 요렇게 세세히 나와 있는 거예요. 그런데 세세히 나와 있는데 그것이 요렇게 돌아갈 때는 요렇게 환경이 달라지고, 요렇게 갈 때는 요렇게 환경이 달라지는 거예요. 근본은 달라지지 않지만 그 모든 돌아가는 이치는 전부 찰나찰나 달라지니 어떤 거를 먼저 요렇게 돼 있더라고 말을 할 수가 없는 거죠. 그래서 이 진리가 그러하니까, 진리 속에 우리가 있는 거니까 첨보해서 진리인 거지, 나를 빼놓고 진리는 없어요.

질문하실 분 있으면 질문하세요. 의아하죠? 어떻게 영식을 딴 데다가, 사람이 손도 안 닿는 데다가 어떻게 심을 수 있으며, 그래서 이것이 오늘 이렇게, 어저께 그렇게 했다 할지라도 10년이 가야 하고 10년 중에 또 8년, 9년이 가야만이 그것을 거둘 수가 있다는 점은 그것을 지금 했다고 해서 지금 불쑥 나오는 게 아니기 때문입니다. 우리가 물건을 사 왔으면 일단 요리를 해서 다 먹게 마련을 해 놓고서 사람이 오면 모두 나눠 줄 수 있는 그 기간이 그 차이야. 그때 가선 모르지. 모든 과학자들이나 그런 분들이 다 무한의 진리를 알아서 우리가 유한으로 쓸 수 있고 개발할 수 있다면, 우리는 거기 어떤 동네에 가듯이 세 다리만 거치면 갈 수 있으니까 거기가 큰 마을이 될지도 모르지. 생각도 해 보지 못하지만, 생각이야 왜 못해? 갈 수 없다 할지라도 그 생각이 진화인데 생각을 하면 다…. 꿈이 생시고 생시가 꿈이라. 둘이 아닌 그 생각 자체가 자기를 진화시키는 그런 능력이라고 볼 수밖엔 없죠.

그렇다고 해서 생각 생각 하는 거를 끊으라는 게 아니라 바로 자기 주인공에 놔서 맡겨라 이거야. 맡겨 놔라 이거야. 맡겨 놓지 않는다면 한데로 들지를 못하기 때문에 전체를 못 볼 수밖엔 없어. 전체를 못 보게 되는 일이죠. 보는 것만 능사가 아니라고 그랬죠. 사람이 된다면, 즉 아는 것이 사람이다. 앞뒤 분별을 재는 것이 사람이다. 또는 결정을 짓고 하는 것이 사람이다 이러죠. 사람이라면 그 세 가지의 문제가 한데 합쳐서 한마음에 들어 있다 이겁니다. 우리는 유(有)의 법을 불신하는 것도 아니고 무(無)의 법을 불신하는 것도 아닙니다. 우리는 우리가 가지고 있기 때문에 무한의 한 점도 우리가 가지고 있는 거고 무한이 다 유한이다 하는 것도 그 한 점에서 나오는 거기 때문에 무엇을 탓하고 아니다 기다 할 것이 없습니다.

여기서는 저런 것이 돌이지마는 그러한 곳에서는 모두 구워져서, 모두 반사돼서 모두 이렇게 물질로서 나온 것은 보석도 될 수 있고 금도 될 수 있고, 수없이 많은 거를 가지고 있어도 그거 하나 누가 캐 갈 사람도 없어. 사람이 살고 있질 않아서 그런 게 아니라, 사람이 살고 있으면서도 내 거라고 하지 않기 때문이다 이거야. 생각으로 사는 그 마음 차원으로 살기 때문에 내 거다 네 거다 할 게 없거든. 그것이 한번 다시 둔갑을 해서 인간의 몸을 가지고 피를 가지고 나오는 사람이라야

"으이그, 요건 내 거야." 하지. 그러나 요(要)는 내 거라는 게 없습니다. 여러분의 수중에 돈이 10만 원이 들어갔다 해 봅시다. 그 10만 원에다가 번호를 매겨서 한번 써 보십시오. 그것이 다시 수십 사람한테 돌아서 돌아서 또 나한테 도로 돌아옵니다. 도로 돌아왔으니, 그것 안 쓰고 배기나? 또 쓰죠. 돌고 도는 것이 돈이에요. 우리의 마음도 돌고 도는 것이 마음이에요.

그래서 어떤 것이 진짜 마음이냐고 물을 때에 어떻게 대답하시겠습니까? 여기 여러분이 계시는데 어떤 것이, 어떠한 마음을 쓰실 때 진짜 마음입니까? 난 아무것도, 진짜 마음도 어떤 것도 없으면서도 내가 입이 마를 때 목 이렇게 축이고 배고플 때 밥 먹는 거밖엔 좋은 게 없더군요. 시원하게 똥 싸고.

오늘은 이만 줄이겠습니다.

법망에 자유스러운 도리

1986년 3월 31일

세상 사람들은 모두가 거꾸로 다니는 것 같습니다. 거꾸로 붙어 돌아다니니까 볼 것이 올바로 보입니까? 걷는 데도 올바로 걷게 됩니까? 듣는 것도 올바로 듣지 못합니다. 또 하는 일도, 보고 듣고 다니는 것이 올바르지 못한 이상 하는 것도 올바로 못합니다. 한 발짝도 에누리가 없어요.

그래서 우리는 항상 이 뜻을 알아야 돼요. '내 몸에 왜 이렇게 세포가 많지? 아하! 이게 법망이로구나. 야, 내가 한생각 하는데 이 법망을 통해서 온통 내 몸뚱이 구석구석에 아니 닿는 데가 없이 통신이 되는구나.' 이 뜻을 알아야 합니다. 또 한 가지는 '내 몸으로부터 지금 나가서 돌고 도니 내가 아는 것을 모든 생명들이 다 알고 있구나.' 또 이 지구 자체도 전부 법망이 있거든요. 허공 자체도 그렇고. 모든 물질이 법망에 의해서 살고 있기 때문에 이것은 벗어날 줄을 모르고 우리가 한생각을 하고 한번 굿고 이러는 대로 내 법망을 통해서 전부 나가는 거예요. 발사가 되는 겁니다. 얼마나 빠릅니까? 여러분이 '야, 저 사람은 아예 모르고 나만 아는 거니까.' 하시지마는 벌써 그렇게 빠르게 돌아가는 겁니다. 여러분한테 얘기할 때 그렇게 법망이 빠르기 때문에, 내가 아는 것이 다 그렇게 빠르게 돌아가기 때문에 말로 잘못됐다고 애를 쓰지 말라 하는 것이 그겁니다, 바로. 내 마음 하나 가지고서 안으로 굴려서 활용을 한다면 전체가 알고 돌아가게끔 되어 있는데, 그렇게 발사가, 통신이 되는데 어째서 말로 해 가지고 불을 이루느냐 이 소립니다.

그러면 내 몸에 법망도 있거니와 지구나 또는 이 허공이나 어디에도 법망이 다 있음으로써 어느 물질에고 다 법망이 있는 거라. 보세요! 저 산도 맥이 있어요. 산맥이 있고 물맥이 있고, 사람들도 맥이 있지 않습니까? 세포의 이 모든 힘줄들이 어떻게 해서 생긴 겁니까? 하나하나가 한생각에 대뇌로 해서 전부 통신이 됨으로써, 내가 통신이 됨으로써 딴 데도 전부 나가는 겁니다.

그런데 여러분이 때에 따라서는 발을 천장에다 두고 머리로만 다니니 볼 수가 있어야지. 잘 보이나? 발을 거꾸로 다니지 않고 똑바로 서서 다녀야 똑바로 보고 똑바로 행하고 똑바로 할 텐데 거꾸로 다니거든. 똑바로 보지 못하고 똑바로 듣지 못하니까 거꾸로 갈 수밖에. 그러니 우리가 바로 다니려면 아직도 멀었는데, 때에 따라서는 그저 여러분이 하는 것만 기쁘고 좋아서 이렇게 해 주니까 모두 이것이 그냥 똑바로 다니는 줄 안단 말이야.

그러니 모든 것을 볼 때 우리의 한생각 자체가 얼마만큼 빠른가를 생각해 보세요. 만약에 유한의 물질의 자동 용이라면 그것은 물질로서 자동 용을 하기 때문에 지금 과학이 고도로 발달이 됐어도 어디까지나 물질 자동 용이란 말입니다. 그러니 벌써 이 물질 자동 용은 한 번 이렇게 하겠다는 생각으로부터 얼마만치 기간이 되는 거야, 벌써. 그런데 이 통신이 내가, 여기 세포에서 전부 알기 때문에 벌써 지구의 본부까지 다 들어가는 거야. 그럼 허공의 저 우주의 본부까지 다 들어

가는 거야. 내가 아는 것을 지구 본국에서 알고 우주 본국에서 안다 이거야. 삼세가 다 알아 버려, 이거는. 나와 더불어.

그러니 거짓이 어디 있겠습니까? 아무도 없다고 했는데 아무도 없질 않거든. 그러니 생각 하나가 그렇게 빠른데, 유한의 그 물질 자동 용이라고 하는 것이 그렇게 빠르다고, 지금 과학적으로 빠르다고 하고 전부 다 안다고 하더라도, 측량을 하고 또 부피를 알고 모든 것을 이렇게 해서 개발을 해 나간다고 하지마는 무한의 그 자성 자동 용이 아니라면 그만큼 더딘 겁니다. 여기서 이럭하겠다 하면 벌써 삼세가 다 알아서 그것을 대비 대책을 하고 있으니 이것은 즉흥적으로 들어갈 수가 없는 거지. 폭로가 되는 거지, 전부. 그러니깐 우주 개발이란 참 힘들지. 어떻게 우주 개발을 하며, 우주 개발을 하는 데서 이것을 이렇게 하겠다 저렇게 하겠다 하면 벌써 폭로가 되는데 어떻게 허가를 받지 않고 할 수가 있나?

그래서 여러분한테 항상 가르치기를 모든 것은 한생각을 하면 법망을 통해서 다 나가니 아예 그냥 거기다가 맡겨 놔라. 맡겨 놓는다면 자기 자성이 무(無)의 법으로서 활용을 하기 때문에 여기서 돌아가는 모든 일들을 잘해서 보고를 하지 않겠느냐 이겁니다. 예를 들어서 아직 깨치지 못했으면 보고라고 할 수밖에 없죠. 여러분이 깨치지 않았다 하더라도 여기에다 놓고 자꾸 들어가면 그것이 바로 본국에까지 이게 다 일치가 되는 거예요. 내 본국이나 지구 본국이나 또는 우주의 본국이나 셋이 다 각각 있는 게 아니라, 말은 각각이지만 다 한데 합쳐서 한 점에 불과하다 이거야. 그러니 그 마음 하나가 그렇게 빠름으로써 불 한번 번쩍하는 찰나에 벌써 한 바퀴가 아니라 세 바퀴를, 세 바퀴 반을 돌아. 그렇게 빨라. 빠르게 볼 줄 알아야 빠르게 들을 줄 알고 통신을 할 수 있고 통신을 받을 수 있어. 그렇게 빠르게 들을 줄 알아야 내가 빠르게 볼 줄 알아. 어떻게 돼서 이렇게 상황이 지금 벌어졌나를.

그래서 그것이, 즉 말하자면 숙명이나 타심이나 그게 동시에 돌아가. 어떻게 왔길래 지금 이런 결과가, 일이 벌어졌나 하는 걸 안다 이거야. 그러니까 숙명과 타심과 같이 돌아간단 말이야. 그러니 어떻게 이렇게 벌어졌나 하는 데서 재깍 거기에서 같이 돌아가는 거야, 결정이. 그러니 그 결정이 수없이 이렇게 돌아가는데 어찌 이 유한의 인공, 즉 말하자면 자동 용이 어떻게 무한의 자성의 자동 용을 따를 수가 있겠느냐 이거야.

우리가 지금 스님네들이나 스님네들 아닌 분들이나 지금 요 시점만 보고 '스님네가 아니니깐 나는 공부할 필요가 없다.' 이럭해서는 안됩니다. 여러분이 찰나에 모습을 화하게 해서 찰나에 승려가 될 수도 있고 또는 승려가 찰나에 승려가 아닐 수도 있습니다. 이건 모습을 보고 얘기하는 게 아닙니다. 여러분의 한 점의 마음이 그렇게 소중하고 빠르고 그렇게 화하기에 어떤 걸 내세울 수 없으면서도 여여함을 내포하는 것입니다.

그렇기 때문에 언제나 내가 이런 말을 하지만, 작년의 콩씨를 가지고 올해 심어서 콩나무로 화했는데도 불구하고 왜 작년 콩씨를 찾기에 바쁘냐 이거야. 그럼 십 년 이십 년이 가도 그건 못 찾는 거라. 턱 밑에 있기 때문에. 너무 가까워. 이렇게 옮겨 가면서, 화하면서, 변질돼 가면서 바뀌는 것을 어찌 모르느냐 이거야. 그래서 시간과 공간도 없다는 그 원리는 우리가, 모든 물질이 전부 시공을 좇아서 돌고 있어. 그런데 지금 부처님이 가르치는 뜻은, 일상생활이 그냥 참선이라고 하는 뜻은 시공을 쫓아가는 게 아니야. 시공이라는 언어도 붙지 않아. 자유스러운 거야. 그대로 자유스러운 거야. 아까 얘기했죠? 내 몸에도 법망이 있고, 지구에도 법망이 있고, 우주에도 법망이 있어서 내가 한생각을 내면, 누구 욕을 했다 할지라도, 누구 원망을 했다 할지라도 그건 습에 의해서…, 그게 업보라. 그게 업보야. 다른 게 업보가 아니야. 자기는 "나는 업보를 지은 예가 없다." 하는데 그 '지은 예가 없다'고 하는 그 자체가 업보야.

그런데 "그러면 다 맡겨 놔라." 하면 모든 사람들이 "맡겨 놓고 인간이 어떻게 삽니까?" 하거든. 그러면 어떻게 사는 거까지 놔야지. 걱정을 여러분이 해 봐도 그건 소수에 불과하고 걱정을 안 하고 맡겨 놓으면 대의의 무주상으로 돌아가는 거라. 자기 중생을 무주상으로 돌리지 못한다면 남도 무주상으로 돌릴 수가 없어. 내가 무주상으로 돌려야 남도 무주상으로 돌림으로써 공덕이 양면에 다 이익이 가는 거지. 내가 내 몸을 공으로서, 즉 공덕으로 돌리질 못하는데 어떻게 남을 공덕으로 돌릴 수 있겠나? 이것이 모두 상대성 원리면서도 한 점의 도리라. 한마음의 도리라.

옛날에 인도에서나 중국에서나 그 많은 선지식들이 났어도, 또는 우리 조선에서도 선지식들이 많이 났어도 모두 사람들이 마음으로 높은 데만 생각하기 때문에 찾지 못하는 거라. 못났든 잘났든 자기 턱밑에 있는데도 불구하고 먼 데서 전자의 선지식들이 선맥을 이어서 그렇게 훌륭했다는 거를 스승으로 삼고 화두를 쥐고 나가니까 허, 자기 그 법망도 해결 못하는 거라. 그러니 십 년, 이십 년, 삼십 년, 백 년이 간들 무슨 소용이 있으며, 아니 억 년이 간들 무슨 소용이 있겠습니까? 그리고 인도에서나 중국에서 하던 것을 그대로, 그때 시절에, 그때 상황에 그때의 방편으로써 했던 그 방편을 지금 시대까지 끌어 내려서 똑같이 이것을 해 나간다면 그것은 앞으로 길잡이의 뜻이 그릇돼 돌아가는 거라. 우리 스님네들은 그 티끌 같은 불씨로 전 우주를 비추면서 길을 인도해야 하는 의무를 가진 거야. 그렇게 하겠다는 각오로 내가 입산을 했기 때문에 그런 자격이 벌써 수여가 되어 있는 거야, 본래. 그런데도 그것을 아예 생각으로 어떠한 스승이 나 이외에 또 있는 줄 알고 생각하는 거야.

그래서 아주 위대하고 그런 걸 생각을 하다 보니까 아, 자기 콩씨도 못 찾는 거라. 자기 콩씨를 못 찾으면 남의 콩씨를 어떻게 봐? 어떻게 찾고? 자기 콩씨로 인해서 콩씨가 한데 모이는 법인데, 콩씨로 인해서 한자리에 콩씨가 담기는 법인데 콩나무로서 콩씨를 못 본다면, 콩씨가 없다면 아예 한 그릇에 담기지도 못할 거 아냐? 작년 콩씨 찾다가 올 콩씨 한 그릇에 들어갈 수도 없는 거지. 그 콩씨라는 것은 유생 무생을 다 먹이고도 그 콩씨 하나는 되남아, 항상.

이 도리를 우리는 넓혀서 선정에 의해서 모든 것을, 선정에서 나오는 거 선정에다 놓고…. 맡겨 놓는다고 하면 믿는 것에 의의가 있다 이거야. 믿어라 이거야. 믿고, 자기 몸이 자기 마음을 다스리고 자기 마음이 몸을 다스려. 그렇게 해 가면서 그것은 한생각에서 나오는 거니까 둘이 아니라는 그 공한 도리를 안다면 바로 거기에서 즉시 또 지혜의 무기로써 모든 것을 해 나가면서 체험하면서 보림하는 그것이 우리가 바로 공부해 들어가는 일이요, 그런다면 우리 평상시가 그대로 참선이라.

누가 떼라, 마라 해서 떼는 것이 아니다 이거야. 왜 석존께서 항복을 받았다고 했을까? 그런데 왜 지금은 떼라고 하는 건가 이거야. '끊어라' 이거거든. 끊으라는 방편하고, 녹인다는 방편하고, 항복받았다는 방편하고, 무엇일까? 그 한마디에 착오가 있는 거야. 끊는다면 목석이 되어야 끊지. 목석은 중노릇도 못해. 사람 노릇도 못해, 또.

모든 생각이 발로가 되고 일어나고 이러는 반면에 우리는 바로 개발을 하는 거야. 무(無)의 계발과 유(有)의 개발이 둘이 아니기 때문에 항상 여여하고 유유하고…. 팽창이다 팽창이 아니다 할 것도 없건만, 어저께 얘기한 팽창이란 물질적인 것이라 이거야. 어디까지나 인공으로 생긴 물질적인 것이기 때문에 이것이 너무 많아지고 치우지 않아서 만약에 사다 놓은 물건이 썩는다면 거기에서 벌레가 나고 생명이 나고 팽창되고 이렇게 해서 좀먹어 들어가는 일들이 있기 때문에 그걸 팽창이라고 하는 거야. 그래서 쓰레기를 다 치워야 되기 때문에 이건 우주적인 청소부가 있고, 이 한계에 의해서 우리 생활적인 청소가 있다 이거야. 물질적으로 돼 있는 이 삶의 도량에서도 치우는 게 있지만 바로 우주적인 물질 자체도 바로 청소가 있다 이거야.

그러면 우리 한생각 한생각이 전부 우주 법계를 통해서 나가고 있는데 어찌 인공위성으로써 과학이 발전됐다고 해서 그게 첨단이냐 이거야. 어떤 게 제일 빠를까? 세상에, 한생각을 한다면 벌써 우주 전체 삼천대천세계를 세 바퀴 반을 돌아, 찰나에. 그런데도 지금 인공위성으로 뛴다고 하더라도 수 달이 걸리고 이러는데 그 찍어오는 걸 가지고 연구를 해. 이게 얼마큼 차이가 있느냐는 얘기야. 빛으로 한다 하더라도 그만큼 빠르지는 못할 거야. 이러한 광대무변한 법이 인간에게 다 주어져 있는데도 불구하고, 만법이 다 주어져 있고 무한의 그 진리가 한 사람의 한마음의 한 점에 있는 데는 정말이지 말로는 다 형용할 수 없을 거야.

그런데도 불구하고 인간이 자기 하나 이끌고 가지 못한다면…, 모든 자기 중생들이 지금 몇억 마리가 여기 있다 이거야. 자기 중생이 여기 몇억 마리가 있기 때문에 그것을 포함해서 사람이라고 한다 이거야. 이 지구 자체도 그렇다 이거야. 지구 안에 우리가 망사를 씌워 놓고선 그 안에서 기르는 폭이나 마찬가지다 이거야, 우리 인간들이. 망사 속에서 한 발짝도 떼 놓지 못하는 인간들이기에 중생이라고 한다 이거야. 우리가 이 마음을 깨닫는다면 법망이라고 하는 것도 필요 없어. 왜 법망에 걸리고 인과에 걸리고 윤회에 걸리느냐 말이야. 안 걸린다 해도 아니 되지만, 그것은 자유스럽기 때문에 안 걸린다 걸린다도 없어. 두 가지 다 없기 때문이야.

그러니 여러분이 “이거는 이렇게 할 수가 없어서 놓을 수가 없습니다.” 이러는데 놓을 수가 없기는! 놓고 가면서도 놓을 수가 없다는 거라. 먹곤 싸 버리고, 하곤 없어지고 이러는 거를 항상 하면서도 그것을 놓을 수가 없다니 그게 말이나 됩니까? 그건 생각으로 자기가 업을 지어 놓고 담을 쌓아 놓고 만날 걸리고 돌아가고 이러는 거라. 자기 생각이 공했다는 이치를 알아서 좀 더 지혜를 넓히면 그 모든 걸 여여하게 하면서도 함이 없이 할 텐데도 불구하고 말입니다. 그러니까 "모두 천장에 발이 닿고 머리는 땅 밑으로 대어 있으니 어떻게 그걸 자세히 알 수가 있겠느냐. 똑바로 서라, 똑바로 서라." 이러는 겁니다.

지금 우리는 이 배 속에 들어 있는 벌레들과 같은 지구 벌레입니다. 지구 벌레라고 해도 과언이 아닙니다. 지금 우리가 여기서 이렇게 웅성거리고 살기 때문에 지구가 유지되는 겁니다. 만약에 우리가 우리 자성의 그 심오한 뜻이 없다면, 자성의 능력이 없다면, 자석의 능력이 없다면, 자동기의 능력이 없다면, 자동의 통신이 없다면 이거는 죽은 송장이야. 과학자들이 말하길 그러죠. 다른 집들이 비어 있다고요. 폐허가 돼서 있다고요. 그럼 죽은 송장이 지금 쓰러져 있는 거나 똑같거든요. 송장이 끌려다니는 거나 똑같아요. 우리도 지금 송장이 끌려다니는 거나 똑같거든. 그렇게 해서 되겠습니까? 이 지구 안에 주인이 없다면 지구는 폐허가 될 수밖에는 없죠. 그런 경과도 있지 없는 건 아니에요. 옛날에도 한 30억 년 전에, 아니 28억 년 전에도 그러한 불상사가 있어서 수없이 생명을 앗아 갔다고 봅니다.

그러면 그것은, 아까 얘기했듯 인공으로서 바로 유한의 인공 자동 용이 아니라 무한의 바로 자성 자동 용이란 말입니다. 그렇기 때문에 그 모습들을 다 없애고 새 모습을 등장시켜 놨는데, 그 모습만 바꿨다 뿐이지 그것이 그거예요. 우리 영식의 그 뜻은 우리가 차원에 따라서 나게끔 되어 있으니까. 콩씨에서는 콩 싹이 날 거고 팥씨에서는 팥 싹이 날 것입니다. 여러분이 살아 있을 때 여러분의 차원을 높이고 또 지혜를 넓히고 해서 모든 일체 신이 바로 내 한 점의 마음에 있다는 그 사실을 알고 방황하지 않는다면 내 앉은 자리가 부처 자리요, 법신 자리요, 화신 자리요, 보신 자리요, 어디에서 찾을 게 없어. 나한테 있으니까, 모두가.

그렇게 한다면 이 지구도 영원히 지속될 것이요, 여러분도 영원하게 지속될 것이요, 끄달리지 않을 것이요, 업보라는 언어도 붙지 않을 것이요, 또는 유전성도 붙지 않을 것이요, 가난과 우환도 붙지 않을 것이요, 모두가 붙지 않을 거다 이거야. 여러분이 선을 행했으면 선이 붙을 것이요, 악을 행했으면 악이 붙을 것이니 선과 악을 다 놔라 이거야. 그래야 자유인으로서 우리는 방방곡곡에 어디 손이 안 닿는 데가 없고, 늙은이 젊은이 다 늙어 버리고 말아 버려. 애 어른이 따로 없고 여자 남자가 따로 없고 모두가 다 늙어 버려.

옛날에 내가 그런 얘길 했죠? 공동묘지에 가니깐 애, 어른, 남녀노소가 따로 없이 전부 늙었더라. 이 뜻을 한번 생각해 보세요. 모습이 없어진 까닭에 전부 늙었다고 해도 과언이 아니죠. 그것을 사량으로 따져서, 이론으로 따져서 그런 말 하는 게 아닙니다. 얼마나, 얼마나 피를 삼키고…. 그 땀 한 방울 한 방울이 피가 돼서 바닷물을 벌겋게 물들이지 않고는 그 도리를 몰라.

그렇기 때문에 우리가 지금 시대에 옛날의 선지식들이 공부하면서 방편으로써 해 나간 걸 고집부리지 말고, 지금 현 시대에 물결치는 대로 전부가 그대로 참선인 것을 알아야 하죠. 전부가 참선이 아니라면 어디에고 걸려서, 앉는 데도 걸리고 서는 데도 걸려서, 참선이라고 하는 데도 걸리고, 좌선한다고 하는 데서도 걸리고, 인제는 다했다는 데서도 걸리고 모든 게 다 걸리는 거야. 내가 해야겠다고 발심을 내는 데도 걸리는 거야, 공에 들지 못하면. 어떤 사람은 공에 들어서 또 편안만 하면 되는 줄 알고 잘한다고 그러죠. 몸으로 아무리 공에 들어서 그 앉는 기술이 좋다고 해도 그건 기술이야. 참선이 아니라 그것은 기술이야, 어디까지나. 몸을 단련해서 잘 앉아 있고 오래 앉아 있는 거는 기술이지 그것은 참선이 아니야. 참선이라는 건 걸어가면서도, 빈 배는 걸어가면서도 나 할 일 다 하는 것이 참선이란 말이야.

여러분이 이렇게 살아 있을 때 알아 놓으신다면 뭐든지 길을 올바로, 눈이 떠지고 코가 뜨이고 맛을 알고 귀가 뜨이면 어디고 모르는 데 없이 착착 가시게 되는 거죠. 만약에 여러분이 이 도리를 모르고 기복으로만 나가는 그런 분이 있다면 살아서 모르니깐 죽어도 어딘지 몰라서, 항상 그러죠. 개집에도 들어갈 수 있고, 뱀 소굴에도 들어갈 수 있고. 그건 어쩌다 식(識)만 남아서, 살던 식, 그 습만 남아서 그냥 들어가는 거야. 캄캄한데 어떻게 찾아 들어가나요? 그러니 살아서 눈을 뜨지 못하면 아니 되고, 귀가 뜨이지 않으면 아니 되고 전 우주에 그 향기 냄새를 맡지 못하면 판단을 할 수가 없어. 그리고 맛을 못 봐.

오늘은 이걸로써 그치겠습니다.

광대무변한 자성 용(自性用)

1986년 4월 1일

유한의 용과 무한의 용, 그것이 빠르고 더디고 이러한 문제와 모든 것이 한 점에서 나간다는 그 점을 말씀드렸고요, 그러니까 그 무한의 자성 자동 용, 이것이 너무나 광대무변해요. 우리가 손쉽게 이렇게 말은 하지만, 일체제불의 마음은 내 한마음이라고 그랬죠? 그래서 그 자성 자동 용은 수없는 우주 대천세계의 모든, 우주적으로도 그렇고 물론 지구적으로도 그렇고 우리 생활적으로도 그렇고 모든 게 다 거기 부합이 될 수 있습니다. 그러니까 보이지 않는 세계는 세계대로 보이는 세계는 세계대로 응용할 수 있어야만이 보이지 않는 생명들도 보이는 생명들도 다 동시에 이끌어 나갈 수 있는 그런 길잡이가 될 수 있는 여건이 되죠. 어저께도 얘기했듯이 스님네들만 공부해야 된다 이런 건 없어요.

그것은 몸적으로나 가정적으로나 사회적, 국가적으로나 세계적으로 우리가 앉은 방석도 지키지 못해서야 쓰겠느냐는 얘기죠. 그러면서 한편 우리가 무한의 도력으로써 참 다양하게 해 나갈 수 있는 자성

용은 아주 말로는 형용할 수 없는 겁니다. 그렇기 때문에 이것을 어떻게 말을 해야 하나 하고 지금 생각하는 중입니다. 우리가 전 세계 어디에도 다 권리를 행세할 수 있는 그런 세계적인 왕이라면, 그러한 여건을 가졌다면 다양하게 어디에서든, 어느 부분에서든, 즉 말하자면 세계적으로 국방부라든가 행정 계열이라든가 또는 정보 계열, 정치 계열, 상업 계열 이런 모든 국민 계열에 모두 참석할 수 있는 그런 문제가 다양하게 돼 있습니다.

그럼 불법이 꼭 부처님 법에 의해서 이렇다 하는 것이 따로 없고 우리 모든 생활에 있어서, 생활뿐만 아닙니다. 생활이다 하면 벌써 우주 대천세계까지 포함해서 들어가는 것이 바로 우리의 그 진리니까요. 그러면 우리의 진리다 하는 그 한마디가, '한마음의 진리다, 진리는 한마음이다' 이러는 그 원리가 너무도 광대무변한 겁니다. 그래서 때에 따라서는 어떤 계열이든지 손을 댈 수가 있다는 겁니다. 오늘은 그 손 대는 데 대해서 잠깐 거론할까 합니다.

예를 들어서 '어디고 손 안 닿는 데가 없다' 이런 문제는…, 부처님 말씀에 이런 게 있죠. 마음은 몸을 다스리고 몸은 마음을 다스려서 선정에 들게 되면 홀연히 공한 도리를 알게 되고, 그때에 비로소 지혜로 무기를 만들어서 모든 데에 활용을 하고 돌아가면서 다시 거기 고요한 데 놔서 이것이 양면을 평균하게 들면서 나가야 된다는 얘기죠. 그런 이유가 있는 것은 우리가 이 무(無)의 세계, 유(有)의 세계를 다 겸해서 둘이 아니기 때문에 요것이 한 점의 마음에 다 들어 있으니까 때에 따라서는 우주적으로, 즉 말하자면 혜성이라든가 이런 문제가, 우리 지구에 어떤 문제가 있다 이런다면 어제도 얘기했듯이 우리한테 법망이 있기 때문에 제일 빠르다고 했죠. 인간에게 법망이 딱 주어져 있다 이겁니다, 본래! 지구에도 법망이 있고, 어느 사람한테도 법망이 있고, 어느 물건한테도 법망이 있고, 즉 말하자면 달에나 별에나 행성에나 이런 데도 다 법망이 되어 있습니다. 그렇기 때문에 하나의 법망에 들게 되면 전체의 법망으로 퍼지게 되죠. 전달이 빠릅니다, 아주. 그렇기 때문에 그러한 통신망이 전부 돼 있기 때문에 그 통신망을 부여잡고선 모든 것을 행해 나갈 때, 우주적으로도 다양하게 어떠한 문제가 생겼다 하면 그것은 그것대로 돌려 치우는 겁니다, 해(害)가 없이.

또 그러한 문제도 그렇지만, 우리 세상으로 따진다면 천 년이 된다 이런 말을 지난번에도 했습니다. 그런데 하루에 언제든지 청소를 한 번은 하거든. 우리도 가정에서 하루에 한 번씩은 청소하시죠? 그런 거와 마찬가지로 우주적인 문제도 청소를 한다. 또는 지구에서도 이 모든 세계의 분야 분야에서 청소는 다 한다 이거야. 무슨 청소냐? 쓰레기 치우는 것만 청소가 아니라 정리하는 것도 모두 청소입니다, 이게. 또 때에 따라서는 내보낼 사람은 내보내고 들일 사람은 들여보내는 것도 청소입니다, 정돈이고. 이러한 문제들이 전부, 무(無)의 우주적으로나 우리 세계적으로나 이것은 꼭 있는 것입니다. 그렇기 때문에 다양하게 어느 분야에든지 다 쓰일 수 있는 무기가 바로 여러분의 마음 한 점에 있다는 얘깁니다.

그런데 만약에 어느 마을에 물이 차서 큰일이 나겠다 한다면, 여러분의 마음이 미리 알았으면 막을 텐데 어리석으니까 누가 일러 줘도 듣지 않는 겁니다. 듣지 않을 때는 당해 봐야 또 그 경험을 얻죠. 그래서 모두 우리 살아나가는 게 아주 철두철명한 공부입니다. 우리 생활하는 것이 전부 공부예요. 여기서 몸을 가지고 부딪치면서 공부를 해야 차원이 진화되면서 넓어질 수도 있고, 차원이 올라갈 수도 있고, 아주 좌천될 수도 있는 거니까요. 우리가 여기서 아는 것만치 우주간 법계에서 전부 알고 있는 거니까요.

생각으로 살고 있는 세계도 있습니다. 그럼 생각으로 살고 있는 그 세계는 무엇을 가지고 생각으로 살 수 있을까 하지만, 여기서 이렇게 알고 또 맛있는 것 알고 맛없는 것 알고, 큰 거 알고 작은 거 아는 것 그런 것쯤이야 전체 대천세계까지 전부 통신돼 있습니다. 모르는 것

같지요? 그러니까 모든 것이 생각으로 먹고 살고, 생각으로 하고 살고 이렇게 하니까 육안으로 볼 때에는 우리의 차원 가지고는 힘듭니다. 그런 데서 그렇듯이 우리 모두가 세계적으로 어디든지 어떠한 능력을 가해서 자기가 누구를 시키는 것보다도…, 즉 말하자면 무슨 일이 생기면 변호사를 들이대고 일을 하고 그러지 않습니까? 그렇게 되면 한 다리 걸치고 두 다리 걸치고 이렇게 돌아가지만 이거는 그대로 법관이에요. 그리고 그대로 그대로 하는 거예요.

그렇기 때문에 어디든지 손 안 닿는 데가 없다는 얘깁니다. 그런 권리를 가졌건만 한 사람의 권리로써 이걸 모두 해 주려면, 때에 따라서 이 세상 법이나 똑같습니다. 저걸 풀어놔 줘야 할 텐데 세 사람, 네 사람이 얽혔어. 그럼 어떡합니까, 그걸? 그거는 그것대로 해결을 참, 그냥 무죄로다 빼낼 수는 없고, 엉겅퀴처럼 엉켰으니까. 이것이 잘 풀어져서 잘 나오도록 과정을 만들죠. 그러나 자기가 하고자 하는 일, 그거는 그저 단번에, 그것은 가차 없습니다. 그러면 부처님 법에 그렇게 가차 없이 처리할 수 있느냐, 자비로운 부처님이라고 하는데. 그런데 그게 아닙니다. 자비하기 때문에…, 이 "가만히 있으면 부처님이요." 하는 건 표현입니다. 가만히 있으면 부처님이요, 한생각 일어났다 하면 법입니다. 법신입니다. 그러면 법신의 그 권리로써 처리하는 겁니다. 죽이고 살리는 거, 그것도 다 자기 법에 의해서, 이 모든 것을 다 손 안 닿는 데가 없이 할 수 있다는 권리를 가졌다는 말입니다. 그건 왜? 부처님 자리에 한자리 하고 있기 때문입니다. 그것은 세상 살아나가는 데의 우리가 살고 있는 요런 소소한 걸 가지고 말하는 게 아니라 정말이지 대국적인 문제, 세상에 무슨 세계적인 일이 벌어진다거나 어떠한….

내가 이런 생각도 해 봅니다. 예전에 2차 대전도 있었고 그런 문제가 생겼었는데, 그런데 사람이라는 게 마음을 조절하면 그 마음이 다 하는 일인데 애당초에 우리가 이렇게 이렇게 했더라면 이렇게 이렇게 될 것을 갖다가 그랬다 하는 생각을 해 보기도 합니다. 그러면 그런 것을 경험한 까닭에 들었고 봤고, 6·25 때도 우리는 경험했고 그랬기 때문에 뭐든지…. 우리가 이 도량에 오시는 신도에게 목탁을 쳐서 염불을 해 주고 그저 책에 있는 걸 설법이나 해 드리고 이러는 게 중노릇이 아닙니다.

어느 단계에 있어서는 여러분이 오실 때 억겁 년을 거쳐서 그 습에 의해서, 즉 업보가 되고 유전이 되고 이런 것을 첫째, 유전부터 끊어 줘야만이 그 사람의 한계가 달라지니까 말입니다. 여러분이 말을 안 해도 여러분의 모든 것을, 유전을 끊어 줘야만이 이 세계적으로 문제가 달라지는 겁니다. 여러분이 유전과 업보가 그렇게 많다면 우리 지구 자체가 벌써 이건 흐려지는 겁니다. 그러면 여러분이 나 아님이 없다고 했을 때 벌써 나를 위해서 하는 것이 되는 겁니다. 여러분이 나 아님이 없으니까 말입니다.

지금 은하계에 별성들이 많고 행성이 많습니다. 그러면 거기에서 벌어지는 일들도, 하여간 태양계로부터 모든 것이, 이 법의 조절이 다 이게 가는 겁니다. 다 통하는 겁니다. 은하계로 친다면 이 별성이나 행성이, 심장 간 콩팥 대장 소장, 이런 게 다 요렇게 아주 부분 부분 기계화돼 있는 것처럼 은하계에도 그렇게 돼 있단 말입니다. 조금도 다르지 않게 그렇게 돼 있어요.

그러면 그거를 생각해 보십시오. 우리 지구 안에도 그렇게 돼 있지 않습니까? 세계적인 대국이 있고 또 그다음에 미국이 있고 소련이 있고, 아주 작은 나라가 있고 반쪽 나라가 있고, 우리처럼 말입니다. 이러한 것이 중두난발을 해서 아주 짝 째져 있습니다. 그런데 그 안에서, 그 나라 안에서 또 그렇게 째져 있습니다. 나라 안에서 째져 있으면 또 어느 각 분야에서 또 째져 있습니다. 각 가정에 째져 있습니다. 연쇄적으로 요렇게 째져 째져, 아주 다양하게 돌아가는 이 오장육부처럼 그렇게 돼 있단 말입니다. 그러면 어디에도 닿지 않는 데가 없습니니다, 그 분야 분야가.

마음이 나쁘면 스스로서 죄를 짓는다. 여기도 가만히 보면 그렇습니다. 여기를 안 다녔다 하더라도, 여기 처음 오시는 분이라 할지라도 마음이 선뜻 가는 사람이 있고, 10년 20년 다녔다는 사람들도 마음이 안 가는 분이 있으니 어떡합니까? 그것은 뭐냐? 자기의 마음을 헛되게 굴었다는 얘깁니다. 그래서 줄창 나오다 보니까 어떤 때는 그 한 생각을 이렇게 돌리는데 거기에, 마음에 들어서 '아, 그만하면 여직껏 내려오던 잘못이 그런 생각으로 돌아가니까 인제는 다 그것도 사해지겠지.' 그것이 한순간에 무너지는 겁니다. 잘못한 것도 업보도 한순간에 무너지는 법이 있죠. 그러니 마음 씀씀이에 달리지 않았습니까?

여기 다닌 지 오래됐다고 해서, 구신도라고 해서 전체 아는 것도 아니고, 새 신도라고 해서 모르는 것도 아닙니다. 그러니까 날짜가 많이 됐다고 해서 높은 게 아니고 날짜가 적게 됐다고 해서 아주 작은 것이 아닙니다. 우리가 시간과 공간을 초월해서 볼 땐 늙은이 젊은이 그것도 둘이 아니고 애 어른도 둘이 아니듯이 날짜가 많이 됐다고 공부 다 됐다는 사람도 없고, 또는 날짜가 적다고 해서 공부 못했다는 사람도 없습니다. 그런데 그런 착을 두고 살아나간다 하면 이 공부는 못합니다. 하루를 다녔다 하더라도 그 마음이, 즉 말하자면 삼천 년이 하루로 쳐질 수 있는 거니까요. 하루를 공부했다 하더라도 바로 삼천 년을 공부한 게 된다 이 소립니다. 우리가 이 도리를 모르면 만날 시공을 좇아서 다니다가 볼일 못 보는 거죠. 끌려다니다가, 끌려가고 끌려오고 이렇게 하니까 자유권은 하나도 없는 거죠.

내 지금 이 말을 하려는데 그게 말이 안 나옵니다. 왜? '아이고, 부처님 법에 저런 법도 있나?' 그러죠. 물론 한생각 일으켰다 하면 철퇴가 나갈 수도 있고 방망이가 나갈 수도 있고, 비호 같은 칼이 나갈 수도 있고 번개같이 불 덩어리가 나갈 수도 있는 겁니다. 이렇게 찰나찰나 무서운 법이 참 형용할 수 없는 겁니다. 그런 무서운 법이 아니라면 부처님 법이 뭐가 자비라고 하겠습니까? 그렇게 무서운 법이, 그것이 자비다. 그건 뭐냐? 선하게 이루어 주는 것도 법이요, 철퇴로 치는 것도 바로 법이야! 그러면 치는 건 무엇이냐? 이렇게 한번 치는데 그게 다른 사람처럼 죽이는 게 아닙니다. 한번 굴려서 자기 마음을 깨치게 만들어 주는 그런 굴림이죠. 그렇기 때문에 쳐도 치는 것이 아니요, 자비라 이거야. 그러면 몸을 앗아 갔다고 하더라도 무명만 쳤지 그 마음을, 생명을 죽이는 건 아니다 이거야.

옛날에 내가 그런 얘기도 했죠? 어떤 단체가 오는데 어쩔 수가 없어서 닭을 50마리나 잡았노라고요. 그런데 닭 50마리의 생명을 한군데다 합쳐 본다면, 즉 영식을 한데 또 합쳐 본다면 영, 영, 영, 영 50개를 그려 놔도 그건 하나도 없습니다. 그대로 영이죠. 그렇듯이 그 50마리를 한데 합쳐서 딱 떼니까 하나도 없더라 이거야. 그런데 그걸 모르니까 닭 50마리를 잡아서 온 사람이 꿈을 꾸니까, 그날 50마리의 발이 전부 한데 합쳐져서는 똘똘 뭉쳐서 불이 그냥 화악 일어나는데 그 불로 해서 공중으로 그냥 올라가더라 이거야. "세상에, 나는 이런 꿈도 처음 봤습니다. 50마리를 잡았는데 어떻게 몸뚱이는 안 비져나오고 다리만 한데 합쳐져서 그렇게 많은 덩어리가 그냥 불을 타고 올라가니 그 무슨 꿈입니까? 내가 죄나 안 지었는지 모르겠습니다." 하거든요. "그런 건 걱정하지 마시오." 했지만 그 도리를 모르면 그냥 살생이 되는 거죠.

이런 예도 있었죠. 그전에 흑석동에 와서 칠 공주를 낳고 사는 사람이 있었습니다. 그런데 그 집이 부자였습니다. 부자였는데 하루는 꿈을 꾸니까 말입니다, "나는 이제 옷 벗을 때가 됐어. 공부 다 끝마치고 오늘 옷 벗을 날인데 어떡하면 좋지?" 하면서 구렁이 모습을 해 가지고 나오는데 엄청나더랍니다. 길어 가지고 그냥…. 그런데 스르르 나오면서 하는 소리가 "인제 나는 옷을 벗고 가야 할 땐데 내가 가면 정신 똑바로 차려야 될 거야." 하더랍니다. 아, 그랬는데 그 이튿날 아침 새벽에 장에 가려고 딱 나서는데 글쎄, 대문 있는 데서 그냥 그게 쓱 내려오더라는 얘기야. 꿈을 그렇게 꿨는데. 그러니까 이게 꿈을 꾸면 지음(知音)이 좀 있어야 할 텐데 그것을 지음을 못하고 지혜를 못 쓰고 '야, 이거 나오면 집안 망한다고 했는데….' 하고 그냥 낫을 들고 막 쳐 버린 거예요.

낫을 쥐고 쳐 버리니까 이런 토막이 그냥 펄펄 뛰더랍니다. 그랬는데 그날 저녁 꿈에 하는 소리가 "여보게!" 하더랍니다. "여보게!" 하는데 보니까 자기가 낫으로 친 그거거든요. 그래서 "아이코!" 그러고 깜짝 놀라서 이러니까 하얀 할아버지로 다시 변색을 해서 보이는데, 자기 할아버지로 보이더랍니다. 자기 할아버지로 보여서 "얘야, 내가 네 6대조 할아버지니라. 우리 가문을 일으켜 세우질 못해서 항상 10대를 두고서 고민을 해 오던 6대 할아버지니라. 그런데 내가 이 집안을 일으켜 세우려고 착을 두고 그렇게 애를 쓰다가 어느 때 홀연히 생각이 나서 내가 이 허물을 쓰고 그냥 남한테 해로운 일을 안 하고 너희 그 땅속에 묻혀서 내가 천 년을 있었느니라." 6대조의 할아버지가 천 년을 있었다면 그거는 보통 말이 아닙니다. 백 년이라도 되고 그거는 오백 년도 되고 그러는 문제죠. 천 년이라고 부르는 것은 자기 마음 근본과 더불어 같이하기 때문입니다. "그래서 천 년을 묵었는데 네가 내 이 모습을 쳐 줬기 때문에 인제는 이 껍데기를 벗고 가게 됐느니라. 6대 손자로서 너는 앞으로 정신을 바짝 차리고 아들이 없다고 해서 너무 그렇게 걱정하지 말아라. 내가 네 아들로서 인젠 동참을 할 거니라." 이러거든요. 그렇게 꿈을 꿨다는 겁니다.

그래서 꿈을 깨고 나서 그거를, 자기가 낫으로 쳐 버린 거를 울면서 상자에다 담아서, 저 널판지로다가 상자를 짜서 거기다 전부 넣어서 공단 보자기로다 싸고 또 싸고 그래서는 갖다가 묻었거든요. 그 후에 그 산을 판다고 그래서 다시 가 파 보니깐 그것이 뼈다귀라도 남거나 물줄기나 뭐, 흠집이라도 있어야 할 텐데 하나도 없더랍니다. 그 상자는 상자대로 뜯어 보니까 감쪽같이 없어졌어. 그러니 현실로도 그런 문제가 있었습니다.

그러고 그 집이 아들을 낳았습니다. 아들을 낳았는데 얼마나 잘나고 그랬는지 모릅니다. 그런데 그렇게만 그때에 들었고 지금 아마 유학을 갔다는 소리는 들었는데 모르겠습니다. 박사 학위를 땄다나, 뭐 한다나. 그런데 한번 쳤는데 어째서 살생이 되지 않고 그렇게 됐느냐는 얘깁니다. 그러면 그 몸뚱이를 쳐 준 놈도 그놈이고 몸뚱이를 벗은 놈도 그놈이란 말이야. 그건 뭐냐? 손주하고 할아버지하고 그렇지마는 또 그 집의 아버지가 돼 버렸어. 이런 일이 있어? 이런 일이 지금도 있지. 요리로만 옮겨 놓아도 모르니까. 할아버지가 손주로 태어났는데도 모르는 거야. 손녀로 태어나도 모르고 형제로 태어나도 모르고 이러는 겁니다.

아까 충분히 이해가 되게 말씀을 드리지 못했습니다마는 우리가 이 생활 속에서도 이 무한의 광대무변한 자기 자성의 자동 용은 어디에나 씀씀이가 다 해당된다는 얘깁니다. 그럭하면 알아들으시겠죠? 그러니 급하면 어디에고 해당된다는 얘깁니다. 그걸 못 믿으면 안 됩니다. 자기가 자기를 못 믿는다면 그렇게 어리석을 수가 없는 겁니다. 남의 이름은 존중하고 남의 이름은 따르고 남의 형상은 믿으면서, 이 자리 저 자리 다니면서 그렇게 믿으면서 자기는 못 믿는다면 그건 될 수가 없습니다.

옛날에 그런 얘기도 했지 않습니까? 만공이 나무꾼을 시켜서 매를 때리게 하고 만공은 맞지 않았다고, "만공은 맞지 않았다!" 이렇게 말입니다. 만공은 죽지 않는다! 그래서 맞지 않았다니깐 돈을 못 받을까 봐 안 때리니 돈을 줘 가면서 맞았다는 얘기가 있습니다마는 우리가 그 뜻을 알아야 된다 이겁니다. 그 한마디 한마디가 우리에게 아주 뼈에 사무치도록 고마운 겁니다. 우리가 실질적으로 경험을 안 했다 하더라도 그 뜻을 깨달으면 전부 그분이 그분입니다. 모습은 다를지언정 한마음이 돼 돌아가니까 그것이 바로 그가 그고 그가 그죠. 만공 스님의 뜻을 받아서 누가 그것을 알았다면 그가 그고 그가 그라.

마음을 깨달아서 홀연히 단계 없는 세 단계를 그냥 넘었다면, 세 번 죽을 수 있어서 그렇게 했다면, 석존이 죽은 게 아닙니다. 여러분이 깨달아서 내가 탄생하고 또 자라서 사회인이 되고, 사회인이 돼 가지고 또 늙어서 모든 자손들과 모든 생활을 다 익히 해 나갈 수 있다면…, 그런 비유로 얘기하는 겁니다. 그런 거와 마찬가지로 내가 깨달았다고 해서 다는 아닙니다.

(녹음 안됨) … 바로 지혜의 무기다. 인간이 생활, 돌아가는 이 법에 의해서 무기다 이겁니다. 열반이라는 그 자체는 바로 너와 내가 둘이 아니면서 둘이 아니게 나툼을, 그대로 걸리지 않고 나투는 것이 바로 열반 세계라고 하죠. 한 번 죽기 어렵고 두 번 죽기 어렵고 세 번 죽기 어려워라 한 것은, 단계 없는 단계가 있어요. 그러니까 우리가 지금 생활 속에서 볼 때도 어린애 금방 낳아서는 사람의 도리를 다할 수 없는 거죠. 그래서 점차적으로 자라 가지고 사회인이 되죠. 사회인이 돼 가지고 또 나중엔 늙은 사람으로서 모든 일을 다, 안팎을 다 하고 가듯이, 성장하지 않은 어린애가 어떻게 어른이 될 수 있겠습니까? 그와 마찬가지로 이 세상에 내 마음을 깨달았다면 깨달은 것만 가지고는 아니 돼서, 거기에서 다시금 또 지혜로써 돌아가면서 체험하면서 다시 보림하는 것이 두 번 죽음이죠.

그렇듯이 우리가 지금 모든 것이 그 한 점 한 점에 해당된다는 것. 하여튼 해당 안 되는 데가 없고 나 아님이 없고, 내 자리 아님이 없고 모두가 법 아닌 게 없다 이겁니다. 이렇기 때문에 이거는 체험을 해 보지 않은 사람한테는 도대체 말을 해도 이게 헛창 내가 말하는 것 같아요. 아니, 그럴 수밖엔 없죠. 이해가 되지도 않고 자기가 실감을 하지도 못하고 맛을 보지도 못하면 이해가 안되죠. '설마한들 사람이 저 우주적인 저런 것을 어떻게 이렇게 할 수 있고 저렇게 할 수 있나.' 그러겠지만 그것이 요 우리네 이거 하나 옮겨 놓는 거와 같아요. 똑같아요. 그렇게 어렵지 않다 이겁니다.

이 마음이라는 건 체가 없어서, 체가 큰 행성이다 할지라도 그렇고 큰 혜성이다 할지라도 그렇고 항성이다 할지라도 그렇고, 여기의 바로 나이기 때문입니다. 그래서 이걸 운행을 하는 거죠. 들어가도 들어가는 사이 없고 나와도 나온 사이가 없어. 그래서 인간의 본점이 바로, 이 우주 삼천대천세계의 근본도 바로 내 한마음의 근본이다 이러는 겁니다. 천지 만물의 근본이 인간 한생각 마음에, 한 점에 있다는 겁니다, 근본이. 저 태양이 저렇게 밝고 저렇게 좋다 할지라도 내 마음의 태양보다 못할 거 아닙니까? 왜? 그게 내 마음의 근본이기 때문입니다. 태양의 근본이 내 근본이야. 태양은 저렇게 비춰 주지마는 우리 마음의 그 근본은 땅속이고 어디고 비치지 않는 데가 없습니다. 여러분의 이 도리를 알아서 이 자비로운 도리를 안다면 한번 철퇴로 쳐서 무명을 벗겨 줄 수도 있는 법이 있고…. 옛날뿐만 아니라 지금도 그런 예가 혹 있습니다.

원주에 계셨던 분들은 아시겠지만, 원주에 그, 뭡니까? 이름을 잊어버렸어요. 뼈가 없는 애를 죽여 달라고 왔습니다. 그래서 죽이는 거는 아무나 죽이느냐고, 죽이려면 당신이 죽이지 왜 날더러 그러느냐고 했더니 "내가 죽이면 떼 가지 않습니까?" 이거야. "그러면 나는 떼 가지 않습니까?" 이러니까 스님은 손도 안 대고 안락사로써…, 그렇게 해 달라 이겁니다. 그때 그 애가 열 몇 살인데 키가 이만한 게 그냥 그 자리에서 똥 싸고 먹여 줘야 하고 그러니 자기 부모 살아 있을 때는 그러지만 부모가 돌아가시면 어떡할 겁니까, 그거. 그러니까 자기 죽기 전에 그렇게 해 달라는 거죠. 그런 예도 봤습니다.

그랬듯이 우리가 그런 것을 그렇게 한다면 어떠한 이익이 있을까요? 몸을 벗겨 줘서 다시 똑바른 사람으로서 이 세상에 출현하게 만든다면…. 그걸로 인해서 죄를 짓고 자꾸 업을 짓고, 살아가면서 식구들이 다 웃음이 없는 그런 냉랭한 집안을 웃고 즐기고 할 수 있게 만들 수 있다면 그것이 자비 아닐까요? 그런 일들도 종종 있었습니다마는 내가 그것을 자랑하는 게 아닙니다. "진짜 사람이 어떤 겁니까." 하고, 예를 들어 이 세상에 물감이라는 종류는 다 갖다 놓고 어떤 게 진짜냐고 그러면 진짜라고 내세울 게 없는 게 부처라고요. 이 물감도 물감이고 이 물감도 물감이니 때에 따라서는 이것도 필요하고 이것도 필요한데 '나만 물감이니까, 내가 진짜 물감이라고, 그래서 이렇게 물을 들여 주노라' 고 그렇게 할 수는 없는 겁니다.

그렇기 때문에 여러 그 마음들이 한데, 한마음이라는 그 자체가 부처님이죠. 그래서 자기를 내세울 게 없고, 즉 말하자면 자기가 잘했다고 할 것도 없고, 또 잘해서 나왔다고 할 것도 없고, 앞으로 잘할 거라고 할 게 없고, 또 남을 원망할 것도 없고, 자기를 탓할 것도 없어. 왜? 같이 공했기 때문에. 나지만 내가 아니고 내가 아니지만 나야, 모두가. 여기 앉아 있는 사람들이 죄 각각이고 모습이 다르지만 어찌 다르겠습니까? 그 뜻을 아셔야 합니다. '아, 저 사람이 저렇게 말하니까 그럴 테지.' 그냥 이렇게만 넘기면 이 도리를 몰라. 내가 나무 덩이라면 그 나무 덩어리에서 나올 수 없는 피가 흐를 수 있게끔 돼야 돼. 내가 돌이라면 그 돌에서 피가 나오리만큼 진실해야 하고 그렇단 말입니다. 내가 아무리 말을 해도 아주 실감이 들어가서 딱 박히질 않아.

예를 들어서 다시 한번 살림에다 비유해서 반복해야 되겠네요. 살림하는 데에 때에 따라서는 애가 나가서 잘못되는 이치가 있을 때 붙잡아다 때리기도 하죠. 잘되게 하느라고. 그거는 사랑이 아닐까요? 또 집 안에 물건을 사다 놨는데 그것이 전부 망가졌어. 망가졌을 때는 이것저것 다 부숴 버리고선 다른 걸로 대치하는데, 그럼 그거 헐었다고 부숴 버린다고 해서 그게 살생일까요? 안 그래요. 그러니까 버리는 것도 법 갖다 놓는 것도 법, 죽이는 것도 법 살리는 것도 법, 청소하는 것도 법 청소 안 하는 것도 법. 때에 따라서 다양하게, 이게 청소할 게 있으면 그냥 무심으로써 그냥 하는 거죠. 여러분이 지금 가서 청소를 안 하고 있었다면 그냥 아무 소리 없이 가서 청소할 거예요. "누가 해라, 마라" 하고 그 법도가 있는 게 아니니까. 따로 법도가 있는 건 아니거든. 더러우면 치우고 치워 놨으면 안 치우고, 깨끗하면 안 치우고. 그래서 내가 그러는 거예요. 똥 마려우면 똥 누고, 배고프면 밥 먹고, 졸리면 잠자고, 이렇게 편안한 것을….

내가 말을 하는데요, 일일이 이거를 생각을 하고 일일이 책을 봐서 말을 한다면 신경 쓰여서 어떻게 삽니까, 매일같이. 그런데 여기 딱 와서 앉았죠. 마음을 잠시 정돈하셨죠? 여러분한테도, 듣는 사람이나 하는 사람이나 내가 "마음을 가다듬고 정돈해라." 그랬죠. 이 말을 어떻게 표현을 해야만이, 우리 생활에서나 또는 보이지 않는 이 우주성의 문제나 또는 우리 가정의 업보, 유전, 가환 이 문제들을 어떡하면 알아듣고 사무쳐서 해결을 할까, 자기 자신들이 스스로서 녹아질까 하는 겁니다. 그러니 이 애타는 마음도 여러분의 마음과 똑같습니다.

때에 따라서 모르는 분들은 아유, 지금 당장 밥거리가 없고, 당장 이것을 이렇게 해야 할 텐데 장사도 안되고 집도 안 팔리고 이런다고 합니다. "당장 이렇게 어렵기 때문에 빚을 자꾸 지고 가고 그러니 어떡하면 좋습니까." 할 때 날더러 어떡하라는 겁니까? 그런데 그것이 그렇다고 해서 그것만 생각하지 말고, 이파리 상해 들어가는 것만 생각하지 말고 뿌리를 붙들고 매달려라 이거야. 그러면 얼마 안 가서 이파리가 시들었던 것이 생생하게 된다 이거야. 그 이파리를 붙들고 애를 쓰고 야단을 하지 말고 뿌리를 붙들어라 이거야. 뿌리를 붙들면 이파리는 저절로 싱싱하게 되돌아간다 이거야.

오늘 말씀드린 거 잘 이해해서 들으셔야 됩니다. 이거는 참 무서운 법입니다. "철퇴가 갈 때는 철퇴가 가고, 칼이 갈 때는 칼이 가고, 정말이지 방망이가 갈 때는 방망이가 가고" 하는 소리가, 우주적으로나 이 지금 세계적으로나 모든 게 합일점으로 돌아가는 크나큰 얘긴데, 얘기를 도대체 그렇게밖에 할 수가 없었다면 내가 부실한 건지도 모르겠습니다. 어떤 방편으로 어떻게 대치를 해서 말을 해야 할지 나는 도대체….

오늘은 이걸로써 끝마치죠.

생명의 기원과 인간으로의 진화

1986년 4월 3일

우리 인간이 어떻게 돼서 이 인간까지 왔는가를 지난번에도 한번 언급한 것 같습니다마는, 즉 우리는 그런 불성 자체가 있기 때문에 지수화풍이 한데 모여서 큰 성을 이루고 그랬다는 얘기도 했습니다. 그 성을 이룬 자체가 바로 우리가 그냥 부서져서, 즉 말하자면 쩍쩍 갈라져서 그렇게 된 게 아니고, 물에도 생명이 있고 불에도 생명이 있고 바람에도 생명이 있고 흙에도 생명이 있기 때문에, 그것이 한데 모였기 때문에 물질적인 문제에서부터, 그 물질이 있기 때문에 생각 자체가 일어난다는 겁니다. 생명이 없다면 물질이 모일 수가 없어요. 그렇기 때문에 애당초에 그걸로 하여금 다 쪽쪽이, 지금 부모가 있으면 자식이 있고 자식이 있으면 또 그 아래 손주가 있고 그렇게 쪽쪽이 갈라져서 세간을 내서 살듯이…, 이렇게 표현을 할 수밖엔 없네요.

그래서 이 지구라는 자체가 생기고 그것이 생긴 이래로 생각한다면 아마 51억 5000년 전으로 그렇게 거슬러 올라가야만 되겠죠. 산도 물도 처음부터 있었던 건 아닙니다. 산과 물이 생긴 것은 그 후에 20억 년이나 지난 뒤의 얘깁니다. 그러니 집을 하나 지어 놓고 얼마만큼 실랑이를 했겠습니까? 그럼 아무것도 보지도 못하고 듣지도 못하고, 일어나는 거와 바람 부는 거와 모든 게, 이것이 한데 합쳐서 돌아가다 보니까 자꾸자꾸 이것이 정돈이 되고 그러는 겁니다. 우리가 집 하나 지어 놓고도 '이게 잘못됐구나! 이게 잘못됐구나!' 하고 정돈을 하고 정원을 만들고 이러듯이, 그런 정원처럼 우리가 처음부터 이렇게 하고 싶은 대로 해 놓는 게 없습니다. 저건 없었기 때문에 그랬겠지만 지금 이 사회를 본다 하더라도, 어떤 때는 차를 타고 가다가 '에이, 이거를 한꺼번에 파서 해 놓지 못하고선 전화줄을 하느라고 또 파고 뭐, 수도 하느라고 또 파고 그러는가.' 이럽니다. 육지같이 해 놨다가도 죄 파 재끼니까, 하고 또 부수고 하고 또 부수고 이렇게 된단 말이야. 그렇듯이 지구도 그렇게 수십억을 지나면서 진화된 거죠. 그러면서 결국은 1억 5천년이 지난 뒤에야, 거기에는 또 두 번이나, 즉 말하자면 밀물 썰물이 있듯이 그냥 바뀌어서 돌아가는 것이 벌써 그 안에 두 번씩이나 있었기 때문에 흙과 물이 혼합이 돼서 나중에는 50억 년 전이 될 때에는 이미 아주 쪼끄맣게 생기고 나게 되지요.

그런데 이것이 처음 이렇게 일어나다 보니까, 하나가 이런 물체로 이렇게 그냥 생기다 보니까 뼈도 없고 물렁물렁한 걸로 그냥 생겼다 이거야. 기어 다니다 보니까 사람이 얼마나 부자연하겠소? 그런데 또 어떻게 생각하다 보니까 이것이 물과 흙이 혼합이 됐기 때문에 대가리가 둘로 되고 꽁지가 하나로 될 수도 있고, 또 대가리가 하나고 꽁지가 둘이 될 수도 있고, 이러다가 결국은 둘이, 네 개가 한데 어울리니까, 그건 뭐냐 하면 생물이 생기다가 보면 숨을 쉬게 돼 있어. 그렇기 때문에 산소 호흡을 하기 때문에 자연적으로 공기와 산소가 이렇게 혼합이 되고 살 만하게끔 되는 거거든. 그렇기 때문에 그 안에, 그 물속에는 가득히 채워지게끔 돼 있었다는 얘기죠.

그러면 그러는 대로 또 10억하고도 5천년이 지나고 또는 20억이

지나고, 또는 10억이 지나고 이러는 동안에 그 생물들이 차차차차…, 이게 뭐, 물 밑으로 다니다 물 위로 뜨니깐 이리로 부딪치고 저리로 부딪치고 몸이 산산조각으로도 나고 그러거든. 그러니깐 누구나가 다 생하게 되면 자기 보전은 다 하게끔 돼 있어. 처음에 났기 때문에 자기 보전을 할 수 없게끔 돼 있으나, 자꾸 살아가면서는 자기 보완을 한단 말이야. 그러니깐 껍데기도 생기고 비늘도 생기고 그렇게 된단 얘기지. 그럼 두꺼운 것도 있고 얇은 것도 있고, 이렇게 되다가 나중에는 흐물흐물하게 저 문어처럼 그렇게 되다가, 심줄만 있어 가지고는 이러고 다니다, 결국 나중에는 뼈다귀가 생기게 돼 있죠. 그건 왜냐? 사람도 살아가면서 진화되고, 마음이 진화됨으로써 육신 이 모습도 바뀌는 겁니다. "아이고! 저 사람은 죽었구나. 저 사람은 인젠 영영 못 보는구나." 하지마는 그 모습을 바꿔서 딴 데다가 딱 심어 놓으면 그게 누군지 모르거든요.

그러면서 헤아릴 수 없이 생겨서 그렇게 먼저 난 거는 먼저 크고 또 나중 생기는 거는 나중 크고, 이렇게 해서 점차적으로 많은 생물이 생겼더랍니다. 그러면서 그 생물이 커지고 커지고…. 그러니까 그때에는 처음 생긴 생물들이라 누가 잡아먹을 일도 없고, 그러다가 나중에는 이 생물들이 서로 잡아먹고 잡아먹히고 하면서 자란 것들이라. 그러니 수없이 참, 수백 년 수천 년 자란 것들이 얼마나 많은 시일을 두고 살았겠습니까?

그런데 우리가 생각해 보면 보완하는 그 묘법이, 세상에 살아가면서 자기가 이렇게 해서 언짢은 거는 이걸로 보완을 하고 진화를 시키고, 몸뚱이가 있으면서도 하나하나 자꾸 이렇게 진화를 시키는 거라. 몸뚱이 그대로 있으면서도 몸뚱이가 달라지는 거라. 우리가 성장해 가면서 달라지듯이. 그렇게 달라지면서 많은 생물들이 참 사납게 그 생활들을 했다는 얘기죠. 나는 지금 생각을 하면 아주 사나웠다 하더라도 친근감이 생기는 게 한 가지 있습니다. 지금도 그런 얘기를 하고 있습니다마는, 우리가 어떤 거든지, 어떠한 물체가 돼서 서로 잡아 먹고 서로, 나중 판에 먹을 게 없으니까 그랬겠지마는, 역시 그렇게 하다가 그것들이 다 물 바깥으로도 나올 수 있고 그러니까 이 산소 호흡이 제대로 되는 겁니다. 그래 가지고 우리가 공기를 통하게 되고, 이 숨을 들이쉬고 내쉬고 하면 공기가 생기게 돼 있거든. 우리가 만약에 잔잔한 물에 들어갔다 나왔다 들어갔다 나왔다 펌프질을 한다고 해 보세요. 그런다면 거기서 스스로 산소가 생기게끔 돼 있어요, 움죽거리는 반면에. 움죽거리지 않고 가만히 있으면 송장처럼 그냥 썩어 버리지마는 움죽거리는 반면에 산소도 생기고 공기도 생기고 이러는 거거든요. 우리도 활동을 하기 때문에 이렇게 산 사람으로서 별일을 다 하고 있는 거지 만약에 송장이라면, 가만히 있다면 썩어 버릴 겁니다, 아마.

그렇기 때문에 수천 년 전에는, 아니 수억 년 전에는 그만큼 그렇게 오래 지탱을 하고 살다 보니까 그것들이 다 어디로 간 곳이 없는 겁니다. 왜 그런가? 사람뿐만 아니라 생명체들이 거대해지고 왕성해지고 그러니까 산소 호흡도 아주 제대로 되고 태양열도 제대로 빨아들이고 모든 게 아주 그 공급이 제대로 됐단 말입니다. 그러니까 물 아래서만 살던 것들이 물 바깥으로도 나오고 또 식물도 그렇고, 모든 게 바깥으로 진화돼서 자꾸자꾸 넓혀 갔죠.

가다 보니까 모든 것이 우리 자체가 그냥 변화가 돼서 그렇게 되는 건 줄 알고 있지마는 이 지구 자체가 바로 생명이 있다는 얘깁니다. 그렇기 때문에 모든 게, 지수화풍이 생명이 있기 때문에 그 놀라운 비법은 도대체 누가 알 길이 없는 겁니다. 그러니까 이 생물들이 그냥 생물이 아니라 동물이 되고, 물 바깥의 동물이 돼 가지고 막 바깥으로 다니면서 살다가 보니까 뼈가 아주 그냥 섬세하게 자꾸 생기면서, 하나 이렇게 없어지면 또 생기는 게 아니라, 그때 당시에는 몸이 무지하게 그 수명이 오래 갔단 말입니다. 수명이 오래 가는 반면에 그 몸집은 점점점점 달라지기 시작을 했죠.

우리가 살아서도 진화가 되지마는 죽어서도 진화로써 모습을 바꿔 가지고 나오거든요. 그런데 그것은 모습을 그냥 두면서 모습이 바뀌지는 겁니다. 그렇게 하던 시절을 많이 지낸 것으로 인해서 어떠한 문제가 생겼느냐 하면, 즉 말하자면 봄과 여름 가을 겨울, 이렇게 사계절이 생긴 겁니다. 이것은 어떻게 해서 왜 그렇게 됐느냐는 얘깁니다. 이 생물이 동물이 되면서 진화를 이루고 가는 그 묘법은 누가 그렇게 만들었느냐는 얘깁니다. 자기네들이 만들고 바로 자기네들이 진화시키고 자기네들 능력으로써 계절도 바뀌졌다는 얘깁니다.

지금도 그럴는지도 모르죠. 그걸로 비유하겠습니다. 그때 당시에는 요만한 벌레들이 많았었는데 그 벌레는 없어지고 딴 벌레가 생겼다고 합니다. 그런데 그게 아니거든요. 그 벌레가 그 벌렌데 요렇게 모습을 바꿔 놓으니까 그 벌레가 없어지고 이 벌레가 생겼다고 합니다. 면역성이 생겨서 인제는 이 벌레가 아무리 약을 뿌려도 안 죽는다고 합니다. 그리고 또 어떻게 보면 그 벌레가 대부분 싹 없어졌다고 합니다. 이런 걸 보십시오. 지금도 그렇지 않은가.

그러면 그때 당시에도 그 물건들이 다 없어졌다고 할 수도 있겠습니다. 사계절이 바뀌고 막 물이 밀어닥치고 밀려오고 하는 반면에 산도 생기고 들은 참 적어진 폭이죠. 그때는 들이 많았었는데 지금은 들이 적어지고 산이 많이 생겼고 물이 많아지고 이랬지마는 그때 당시에는 산이 없었고 들만 있었죠. 그랬으니 얼마나 벌판 같고 컸겠습니까? 그러니 숲이 어우러지고 그랬었지마는 한바탕 그렇게 난리를 겪고 나서부터는 그게 아주 싹 없어지다시피 했죠.

그게 묘한 것이 어디 있느냐 하면, 그렇게 무럭무럭 자라던 그것들이 다 없어지면서 사람이 나기 시작을 했죠. 사람이 나기 시작하면서 계절에 따라서 사람도 그렇게 꼭 그 수명을 가지고 있는가 하면, 어떠한 생물들도 다 그때는 몸집이 금방금방 커져서 이렇게 됐지만 지금은 그렇게 금방금방 커지는 게 어디 있습니까? 이게 조화란 말입니다. 이게 불가사의한 조화다 이거야. 이것이 부처님 법이자 진리고, 진리이자 부처님 법인데 여러분의 마음이 그렇게 99%의 그 능력을 다 가지고 있다는 얘깁니다. 왜? 그때에 그렇게 겪어 나왔기 때문에 너무도 잘 알아. 너무도 잘 아는데 지금 그때의 그것들이 다 인간이라고 한다면 누가 곧이듣겠습니까? 곧이 안 들을 겁니다, 아마. 그러나 난 그렇게 생각 안 합니다. 이 세상에는 지금 봐도 내가 현현히 알겠는 걸 어떻게 그때라고 해서 그렇지 않았다고 봅니까? 그건 가설로 할 수가 없는 겁니다.

그래서 그때에 하나하나가 무자비하게 그렇게 생겼던 그것들도 역시 무자비한 것만은 아니었습니다. 모두가 참 자비해서 생명들을 앗아 가지 않고 풀 이파리만 먹고 살던 그런 짐승들도 많았습니다. 그러면 그런 생물들이나 동물들, 아주 낮은 것들을 잡아먹고 이렇게 살았던 그때는 어느 때이냐? 그때의 시절이 한창 바뀔 땝니다. 우리가 난리가 날 무렵에 그렇게 나빠지듯이. 이파리도 없어지고 모든 게 그냥, 먹을 게 없어지자 서로가 서로를 먹고 다 이렇게 살던 그때가 돼서야 그냥 막 먹기 시작을 한 거죠. 그러나 그렇지 않은 짐승들, 동물들도 있었다는 얘깁니다. 식물을 먹다 식물이 없으니까 그냥 죽어 가도 모든 게 나이기 때문에, 모두가 내 족속이기 때문에 먹지 못한다는 것을 생각하면서 그냥 스러져 죽어 갔다는 얘깁니다. 계절도 바뀌어서 죽어 가지마는 먹을 게 없어서도 죽어 가고 말입니다. 계절에 따라서 공기와 모든 게, 산소가 풍부하던 그때하고 지금 우리하고는 판이 다른 겁니다. 그땐 그 몸 하나 가지고도 수명이 그렇게 길었지만, 바뀌어 가면서 그렇게 수명을 길게 가지고 껍질도 그냥 갑옷을 입고 이렇게 했지마는 지금 우리는 갑옷보다도 더 좋은 두뇌가 있습니다. 두뇌가 있고 뼈가 있고요.

그래서 우리는 그렇게 진화돼서 그저 점차적으로 돌아가면서 수

억겁을 지내면서 인간이 돼서, 우리 한생각이 그렇게 천차만별로 지금 모두 들이고 낼 수 있게끔 돼 있고 이렇게 인간이라는 큰 동물로서 등장을 해 가지고 부처가 될 수 있는 그 값어치를 우리가 가지고 있는 거죠.

그러면 그 몸에 대해서 점차적으로 말을 하려면 무지하게 길지마는 아, 쪼그마한 그것이 또 진화해서 딴 몸이 되고 또 되고 또 되고, 또 하나 붙이고 또 하나 붙이고 했으니 얼마나 많이 붙였겠습니까? 붙이면서 나면서 붙이면서 모든 종류에 의해서 늘어 가고, 몸 껍데기는 달라지면서 발가락도 하나도 없이 이렇게 됐던 것이 발가락이 두 개가 생기고 세 개가 생기고 나중에는 네 개씩 생기고, 어떤 거는 다섯 개씩도 생기고 이렇게 된 것도 자기가 다니다 보니까 그렇게 된 거죠. 그리고 물에서도 또 동물로서 무엇이 어떻게 됐으면 좋겠다 하면, 나는 것도 이 깃을 다듬고…. 그러니까 생각으로 다 이게 진화된 거죠.

우리가 살면서 진화시키는 것도 이 도리를 모르기 때문에 그렇지, 그냥 더퍽 대놓고 인간으로 태어났으면 인간이 다인가 보다 하고서 그냥 사는 겁니다, 자기라고 하고. 그런데 이것이 자기라고만 할 게 아니라, 엊그저께도 얘기했듯이 우리는 모든 게 한마음 한뜻으로서의 생각을 하면 이 법계에 다 통하게 돼 있거든. 그래서 공생이며 공식하고 있으며 또 공체로 돌아가면서 아, 공심으로 돌아간다 이거야. 공용으로 돌아가. 그렇기 때문에 우리는 한마음 한뜻이 아니고는 이렇게 생계유지를 할 수가 없는 거죠. 지금 당장도 그렇게 생각해 보세요. 우리는 남을 위해서 사는 게 아니라 나를 위해서 하고 있는 것이 남을 위하는 거고, 남을 위해서 하는 것이 바로 나를 위해서 하는 거죠. 모두가 같이 먹고 같이 지내고 있기 때문에 모든 사람들이 욕심낼 게 없어요. 부지런히 하면서 우리가 마음을 낸다면 그 마음을 내는 것도 내는 사이 없이 자기 주인공으로 인해서 만법이 들고 나는데 무엇이 억울하고 무엇을 탓을 하고 무엇을 증오하고 무엇을, 어떻게 그것을 나라고 하겠습니까? 내 회사가 잘되는 것도 역시 물건을 많이 소비해 주기 때문에 잘되는 것이지, 물건을 소비 안 해 주는데 어떻게 내 회사가 잘되겠습니까? 만약에 물건 소비하는 거기가 막혔다면 이 회사는 망하는 겁니다. 그렇기 때문에 독불장군이 없죠. 혼자 사는 사람 하나도 없습니다.

그러니 예전에 물에서도 그렇게 해서 같이 호흡을 하고 같이 조정을 하고 그랬다가, 거대한 물건으로 나왔다가 그게 사라지면서 바로 우리 인간으로서 등장을 할 때 이 지구가 그냥 바뀌는 거예요, 사계절로. 얼마나 묘합니까? 그럼 당신이 그렇게 잘 안다면 그때에 거기 있었느냐고 한다면, 나도 그때 거기 있었지. 그랬기 때문에 보잖아? 그랬기 때문에 알지. 왜? 뒤로 가도 오늘이요, 앞으로 가도 오늘이란 말이야, 응? 수십억 년 전으로 뒤로 가도 오늘이야. 삼세심이 한데 공해서, 오직 이 삼세심이 바로 한데 공해서 오늘 이 자리에서 이렇게 말하고 움죽거리는 거뿐이야. 그대로 움죽거리고 가는 것뿐이야. 그렇다고 해서 그것이 영원히 없어지는 게 아니야. 여직껏 수십억을 거쳐서 내려오면서도 한 번도 죽어 본 일이 없다 이 소리야. 이렇게 말해야 저거 하지, 세 다리 네 다리로 갈라진 문제를 또 들고 나오면 이게 엇갈려서 잘 안 되니까 이렇게만 얘기하겠어요.

우리는 그렇게 해 내려온 겁니다. 그래서 타심통이다 숙명통이다 하는 것을 볼 때 그것이 자기가 이날까지 억겁을 거쳐서 나온 그 자체를 알기 때문에 둘이 아니라는 거라. 그걸 모르면 항상 둘이고 너, 나 이러지. 그러나 그것을 거쳐 왔고 또 그때 당시의 모든 이치를 그렇게 손살피 알고 넘어왔기 때문에, 그때에 안 것이 아니라 나를 알고 보니까 내가 어디서 왔나를 알게 되는 거야. 어디서 왔나 알게 되면 벌써 그거 족보가 나오는 걸, 허허허. 족보가 아주 들통이 나는 거라, 응? 종문서가 들통이 나지, 족보가 들통이 나지. 아, 또 사계절이 문제가 돼서 사계절을 따져 보면 또 이 지구의 족보도 탄로가 나는 거라. 지구의 족보뿐이 아니라 지수화풍의 족보까지도 다 탄로가 나는 거라. 밝혀지는 거라.

그럼으로써 엊그저께의 일도 30억 년 전 얘기요, 또 수십억 년 전 얘기요, 어저께 얘기도 바로 그렇게 가까우면서도 수십억 년 전의 얘기도 될 수 있는 과거란 말이야. 그런데 과거를 갖다가 오늘 얘기한다고 그래서 과거 얘기가 아니야. 오늘 얘기야, 바로. 지금 물질적인 문제가 그 당시에는 그렇게 왕창왕창 커질 뿐 아니라 수명이 길었지마는, 인간 시대에 와서 이 계절이 바뀌고부터 우리가 지금 얼마큼 그 수명이 단축되고 또 단축되면서도 사람답게 살았느냐 이거야. 그러고도 내려오는 걸 봐라 이거야. 전자에 생겼던 그 물질들이 다 지금 이 지구에는 있다 이거야. 저 쓸데없는 게 왜 저렇게 생겼을까 하고 의심나지 않아요? 그때 우리가 최초에 생길 때의 얘기야. 개구리라든가, 뱀이라든가 또 지금 알 수 없는 그 모두가 생긴 것이 어디에서부터 생겼는가? 우리 옛 친구들이죠. 그래서 거기서 진화돼서 된 거는 되고, 그때의 미색으로 된, 미생물에 대한 그런 것들이 전부 새끼를 낳고, 낳아도 그렇게 커지질 않는 거죠.

그 반면에 그래도 공부하는 것들은 물속에 지금, 서해 바다니 동해 바다니 남해니 이런 데 물속에도 그 옛날 고집을 버리지 못하고, 습을 버리지 못하고 지금도 물속에서 간혹 밤이면 떠올랐다가 내려가고 그러는 것들이 있다 이거야. 지금도 그렇게 큰 것이 없다고는 못 본다 이거야. 방석 하나가 우리 방만 한 것도 있어. 수천 년이 지나서 말이야. 그것들도 때에 따라서, 우리들이 공부를 했다면 바로 우리의 벗들이요, 친우들이요, 모두가 둘이 아니라 이거야. 그러면 내가 그것을 이리로 가져오든지 내가 그리로 가든지 둘 중의 하나로 한다면, 모든 게 둘이 아니니까 영혼만 갖다가 집어넣는다면 그 물질은 그냥 없어지는 거야. 썩어 버리는 거야.

그러니 한 사람이 공부하는 데 얼마나 이익이 되느냐는 얘기야.

그뿐만이 아니에요. 물에 사는 거뿐만 아니라 물에 살다가 나와서 짐승들이 돼 가지고 사는 것들도 인간 새로 된 것보다도 더 영리한 게 있다는 얘깁니다. 왜? 우리는 내일 저거 할 것도 모르는데, 식물 하나도 그때에 전부 씨를 퍼트렸기 때문에 지금 이렇게 살고 있는 거 아닌감?

그러니 나보다도 '내'가 나 불쌍한 줄을 알고 있는데, 내가 지금 먹을 게 없어서 죽겠는데, 어느 산에 가는데 큰 나무 하나가 하는 소리가 뭐라고 그러는 줄 알아? "얘! 얘!" 그래서 "왜 그래?" 그러니까 "넌 먹을 게 없어서 죽겠구나. 내가 줄게." "네가 어떻게 주니? 움죽거리지도 못하면서." 하니까 "이렇게 서 있다고 해서 움죽거리지 않는 게 아니야. 나는 공기를 가지고 있거든. 나눠 줄게." 하거든.

또 어느 산에 올라가니까 그땐 기진맥진해서 지쳐서 있을 당시예요. 풀잎이 넓이가 이렇게 커요. 무슨 소철나무 비슷한 건데 말이야. 거기에서 또 식물에 대해서 모든 이치를 캐낸 거야. 그 족보가 드러난 거예요. 식물은 식물인데 말이야, 이게 어떻게 돼서 나무때기 가지고 이렇게 이렇게 장난을 하는데 이 나무때기를 따르르르 말아서 딱 물고 안 놓는 거라, 응? 나무가 순간, 찰나에 그냥 다그르르르 오그려 붙는데 그거는 손가락도 끊어져. 결국은 나무때기도 부러지더라고. 그런 나무도 있더라고. 신기해서 말이야, "넌 어떻게 해서 그렇게 됐느냐?" 하니까, "난 이렇게 해서 모든 걸 먹고 산다." 이거야. 그래서 "그런 능력이 어디서 났느냐?" 하니까 예전으로 돌아가는 거야. "그럼 너 이렇게 땅바닥에서 움죽거리지도 못하고 사는데 그때의 그 동물이었단 말이야?" 하니까 생물이었단 얘기지. 그래도 물에서는 왕이었다는 거지. 나도 얼마 안 있으면…, 이제 당신을 만나고부터 그렇게 할 용기가 생겼다는 거라. 내가 이럭하고만 있을 수 있겠느냐는 거야. 이렇게 부질없는 말을 내가 하는 것도 내 잘못이 아니야. 시대가 그렇고 진리가 그러하니 어떻게 이런 말을 안 하겠어?

옛날에 어떤 며느리가 말이야, 며느리로 들어가서, 예전에는 밥을 긁어 붙여서 부뚜막에 앉아서 혼자 먹었다 이거야. 그러면 그것도 혼자 많이 먹는 줄 알고 시집에서 간섭을 해 가지고 얼마나 배가 고팠으면 몰래 한 숟가락을 떠먹다가 시부모들한테 들켜 가지고 뒤통수를 맞고는 그냥 엎드러져서 죽었다는 거야, 밥을 물고. (녹음 안됨)

이것이 난설이 아니야. 우리는 식물도 됐다가 동물도 됐다가 생물도 됐다가, 이것은 한집안의 한 웅덩이 속이야. 그런데 어떻게 네가 잘났느냐 내가 잘났느냐 할 수 있겠느냐 이거야. 그러면서도 무엇을 어떻게 해야만 되는지 모르고, 지금 불법 믿는다고 하는 사람들이 전부 바깥으로만 찾고 자기는 업신여기고, 자기 조상은 그냥 밀어 던지고 남의 조상 찾으러 다니느라고 열났지. 자기 조상을 알아야 그 족보가 드러나지. 족보가 드러남으로써 남의 모든 것을 알고 부처님의 마음도 알 수 있고 부처님의 속에도 들어갈 수 있고 모두가 둘이 아닌 걸 알게 되지. 자기 모르는데 어떻게 알아?

그래도 과거지사를, 아니 쪼금쪼금 얘기하는 건데 진화력과 창조력과 그런 모든 얘길 하다 보면 이게 지나친 거 같아서 말이야, "아이구, 알기도 잘 안다, 되지 못하게." 그런 소리 할까 봐 겁나서가 아니라, 내가 얘기할 때마다 때로는 쪼금쪼금 이렇게…. 지금도 사람이 새가 되는 것도 있고, 또는 토끼가 되는 것도 있고, 토끼가 사람이 되는 것도 있고, 새가 사람 되는 것도 있고, 말이 또 사람 되는 것도 있고, 또 좌천하는 수도 있고…. 마음 씀씀이에 달려 있다 이거야. 그전에 물에 사는 생물들도 그 생물의 몸을 벗고서 동물이 되고, 동물의 몸을 벗고서 별의별 걸로 다 층층이 바뀌 가면서 나왔거든. 나왔는데 오로지 지금 이 몸 자체도 벗어야 될 거 아니냐 이거야. 이것도 동물이라는 얘기야. 이거조차도 동물이야, 이거. 전자에서 흘러나오면서 그 습에 젖어 가지고 이것도 동물이기 때문에 항상 상대를 뜯고 '으이구, 너는 못살아도 나는 살아야겠다.' 이러는, 그런 결단성이 있단 말이야. 그게 살아나오던 습이야.

그런 마음을 먹었기 때문에, 모든 우주간 법계에 오고 감이 없이 다 내 거건만, 쓸 때에는 다 생기건만도 그걸 못 쓰는 거지. 누가 주나? 아, 자기가 그렇게 마음을 쓰는데 어느 누가 동조를 해 줘, 마음이? 오고 감이 없이 말이야. 그러니 마음이 한 마음이 아니라 한마음이라 이거야. 개별적인 마음이 아니라 포괄적인 마음이라 이거야. 포괄적인 마음속에는 우주 천하의 모든 유생 무생이 다 거기 들어 있다 이 소리야. 보이지 않는 생명들과 보이는 생명들이 반반이라고 하지마는 우리가 살아나가면서 사람은 그래도 고등 동물이니까 사람을 조금만 낳지마는, 야, 그 밑의 동물들은 어떻게 되죠? 새끼들을 말이에요, 인간들이 잡아먹으니까 그렇지 만약에 그러지 않으면 수도 없을 거야. 그 밑으로 그 밑으로 수없이 지금 해산들을 만날 하고 있어요. 허허허. 새끼들을 그렇게 많이 낳는단 말입니다. 그런 것을 우리가 공부를 해서 그것을 좀 더 작게 만들려면 작게 만들고 크게 만들려면 크게 만들고 늘리려면 늘리고 줄이려면 줄일 수 있는 권한은 인간들이 가지고 있는 거야.

또 우리나라도 그렇고 내 몸뚱이도 부패를 시켜 가지고는 그냥 한쪽 한쪽이 착 부패되게 하고 모두 악성으로 가게끔 만들고 이러는 것도 마음이라, 모두가. 자연으로 몸뚱이는 썩고 자연으로 몸뚱이는 아프기도 하고 이런 것이 그대로 인간의 법이며 인간의 진리라고 부처님께서 가르쳐 주신 것도, 이것도 동물의 모습을 썼기 때문에 그런 거라. '이거까지도 벗기 위해서' 라기보다도 벗기 위하는 그 자체도 바로 주인공에다 맡겨 놔야 되지. 그런 욕심까지도 갖지 말라 이거야.

그러니까 내가 그러는 거야. 예를 들어서, 내가 도로 벌레가 된다 하더라도 작은 벌레와 내 이 큰 벌레가 뭐가 다를 게 있느냐 이거야. 그 삶에 의해서 활보하고 사는 거나 지금 동물로서 살면서 이렇게 활보하고 사는 거나 뭐가 다르냐 이거야. 그때에 밟히고 찢기고 잡아먹히고 그렇게 사는 거하고 우리가 지금 이렇게 사는 거하고 말입니다. 여러분 살아 보시죠. 밟히고 찢기고 다니고 이런 것들을 한번 생각해 보세요. 우리가 차원이 조금 다르다 뿐이지 삶에 대한 그 아픔이 어디 다른가!

사람이라는 거나 짐승이라는 거나 또는 어떠한 생명을 가지고 있는 거라면 자기 환경에 따라서 다가오는 거를 어쩔 수 없는 겁니다. 그래서 6·25 때 싸움이 나고 그렇게 했을 때에도 사람과 사람이 붙들어 매 놓고는 칼로 찌르고 그냥 막 눈깔을 빼도 어쩔 수 없이 당하는 거죠. 당하고 싶어서 당하나요? 매 놓고 그렇게 하니깐 당하는 거죠. 그런 거와 마찬가지로 우리는 그렇게 겁을 통해서 옮겨 가면서 이렇게 인간으로까지 오기에도 얼마나 힘이 들었느냐는 얘깁니다. 그런데 인간의 몸을 벗기 이전에 바로 좌천이 되고 이래서야 되겠느냐는 얘깁니다.

우린 그것도 모르고 그러거든요. 거짓말이라고 생각한다면 거짓말이라고 하는 자기 자신이 그렇게 돌아갈 것입니다. 그러니 거짓말이라고 하지도 말고 정말이라고 하지도 마세요. 왜? 정말은 정말이나, 주인공에서 다, 겁을 거쳐 온 것도 주인공이요, 앞으로 갈 것도 주인공이야. 나는 그저 자기가 형성시켜 놓은 이것이 바로 둘이 아닌 까닭에 그냥 이렇게 같이 있을 뿐이야.

그래서 아쉬움이 없게 자기를 자기가 형성시켰지만 그래도 인간이라면 아쉬운 게 많지 않습니까? 그런데 우리 모습은 아쉬운 게 없이 해 놨거든요. 요 계절에 아주 딱 알맞게 말입니다. 여름이 돼서 땀 흘리면 눈에 땀 들어갈까 봐 이렇게 성을 쌓아 놓고 말입니다. 야, 모든 걸 아주 적합하게 해 놨지 않습니까? 코로 물 들어갈까 봐 내려 뚫어 놓고. 예전에는 짐승들도 옆으로다가 이렇게 치켜 뚫린 것도 있고 그랬지만 아주 그게 무척 복잡했던 모양입니다. 그러니까 지금은 안으로는 치켜 뚫리고 겉으로는 내려 뚫렸거든요. 비 들어갈까 봐 그러는지도 모르죠, 뭐. 먼지 들어가고. 그리고 냄새를 맡으려면 내려 뚫려야 되거든요. 그리고 굴뚝도 보세요. 솥 걸고 굴뚝을 만드는데 한번 푹 파 놓고는 한번 이렇게 내려 뚫어 가지고서 위로 뚫어야 그것이 냄새, 즉 말하자면 연기나 이런 것들이 잘 나가거든요. 그러니까 우리 코도 그렇게 굴뚝과 같이 냄새 맡고 그러려면 푹 파 가지고선 한번 쑥 들어갔다가 다시 나오게끔 만들었으니 얼마나 묘합니까? 모두 하나하나가 너무나 묘한 일들입니다.

그리고 목젖도 보면 하여튼 하나하나가 그냥 교묘해요. 소리를 듣고 또 듣고 말하고, 이 귀 자체의 생김생김도 너무나 알뜰하게 만들었어요. 소라처럼 되고 그 소라 옆에는 바로 무전기가 달려 있고 요렇게, 어쩌면 고렇게 상세히 만들었겠습니까? 그것이 바로 수많은 억겁을 거쳐 오면서 진화되면서, 그것이 다 기술이죠. 수많은 겁을 거쳐 오면서 기술입니다, 그게. 기술로다 자기가 자기를 그렇게 형성시켰는데요, 뭐. 얼마나 묘합니까?

야, 꽁지만 끌고 다니려니 무거우니까 꽁지에다가 또 다리를 만들어 놓지를 않나, 그렇지 않으면 꽁지가 무거우면 꽁지를 떼어 버리질 않나. 얼마나들 영리한지 몰라요. 그리고 또 꽁지를 길게 해 가지고 균형을 잡고 다니게 만들질 않나. 지난번에도 얘기했지만 입에서 자기 새끼를 기르질 않나, 배 속에다 넣고 기르질 않나! 이게 참 묘하지 않아요? 그렇게 했던 것들을 가만히 보면 태로 낳는 생물들, 동물들이 다 아주 우리를 본 듯해요. 내 모습이지 그게 딴 모습이 아니에요, 전부.

그러면 다 없어졌다고 하지마는 있으면서도 자라지 못하고, 인간 위에 더 올라갈 수는 없죠. 그러니 인간이 고등 동물이 된 거죠. 그래서 지금 인간 세계의 시대에는 창조력을 가지고 진화력을 가지고 있는 우리 자체로서 좀 더 발전해야 되지 않겠느냐는 얘기입니다, 우주적으로나. "우주적으로나" 하는 거는 우리가 인간으로서 인간의 도리를 지키면서 다른 혹성에도, 다른 집에도 그때에 우리가 지나온 생각을 해서라도 그렇게 또 역경을 겪게 하지 말고 우리 인간의 모습으로서 인간의 씨를 심어 주는 것도, 즉 말하자면 개발이라는 얘깁니다, 우주 개발! 모두 엄청난 문제가 돼서 이런 말 하면 웃음이 날 테죠. "흥! 저게 미친 소리 하고 있네." 이러고 말입니다. 그렇지마는 참말 미친 소린 아닙니다. 꼭 한다면 할 거니까요.

여러분은 당해 보지도 못할 뿐 아니라 당해 온 거를 모르기 때문에, 내가 나기 이전에 어디서 어떡하고 살았는지도 모르기 때문에, 금방 죽어서 요 자리에다 비껴 놔도 모르는 걸 어떻게 알아요? 그러니 그저 제발 여러분은, 여기 오시는 분들은 자기 주인공에 모든 것을 맡겨 놓고 모든 것을 거기에서 해결을 하란 말입니다. 크든지 작든지 거기서 해결을 해. 내가 모르는 것도 거기서 해결을 해. 여북하면 자성신인가, 응?

조주 스님이 왜 신발 한 짝을 머리에다 이고 갔으며, 달마 선사를 묻은 데에 짚새기 한 짝이 왜 없어졌겠습니까? 그걸 여러분한테 가르치기 위해서란 말입니다. 여러분은 머리로 다니지 발로 다니는 게 아니야. 발로 다닌다면 참 좋겠는데 여러분은 머리로 다닌다고. 머린 위에다 두고 머리가 다닌다고, 지금. 그러니 발은 저 뒤에 가 있고 머리는 앞서간단 말이야. 그러니 엎드러지지 않을까?

그러고도 또 그래요. 날마다 내가 설법을 한다고 그래서 여러분이 귀동냥만 해서 알려고 하지 말고…. 인제는 앞으로 초하루, 보름이나 일요일만 설법을 할 양으로 작정을 하고 있어요. 왜냐하면 여러분이 귀동냥만 해서…. 여러분이 모르는 거를 여기에 넣고 굴리면서 강하게 자꾸 관하면 거기에서 다 나오게 돼 있거든. 그런데도 불구하고 만날 나한테만 들으려고 하다가 괜히 원숭이 될까 봐 겁나거든. 그래서 될 수 있으면 우리 생활의 근본 자체가 그대로 참선이라는 걸 알아야 한다 하는 거는 자기 주인공한테다 모든 걸 믿고 놓는 데 의해서 전체가 바로 참선이 되는 거거든. 그리고 억겁을 거쳐 나오면서 그 습을, 즉 말하자면 종 문서를 다 태워 버리는 격이거든.

그리고 또 한 가지 말할 것은, 여기 이렇게 앉아 있지마는 꼭 이렇게 해야만이 부처님 법이다, 꼭 이렇게 해야만이 부처님 법을 따라 간다 이러는 게 없어. 내가 지금 환경에 따라서 부모와 또는 자식과 사는 사람도 있겠지만, 부모와 자식들과 이렇게 살면서 요 환경에 맞게 항상 조절을 해 가면서 사는 것이 참선이야. 달리 생각하면 안 돼. 남의 속을 썩여 가면서, 남을 아주 버려 가면서 이렇게 '내가 공부해야겠다. 이래야 공부가 되지.' 이러는 거는 벌써 뒤떨어진 얘기야. 그렇게 되면 벌써 아주 어리석은 사람이 돼. 그리고 미지수의 그 묘법, 즉 말하자면 불가사의한 법은 알 길도 없거니와….

그러니까 모두 이 시대에 맞게, 자기 환경에 맞게, 자기가 어떠한 환경에 있는지 자기를 한번 돌아다볼 수 있는 그런 여건이 돼야 돼. 모든 것은 자기에 맞지 않아도 안 돼. 자기 환경에 맞지 않고 불법을 좇아서 껑충 뛴다고 해서 그것이 균형이 맞는 게 아니야. 통이 둥글면 언제나 뚜껑도 둥글어야 되듯이, 항상 내가 지금 내 환경에 처해 있는 대로 그대로 무난히 가면서 철저하게 자기가 자기의 그 앞길을 버리지 말고, 또 넘치게 욕심부리지 말고…. 불법을 배우는 것은 지금 우리 환경 속에서 살아나가면서 오로지 올바로 자기 몸이 자기 마음을 제도하면서, 마음은 몸을 제도하면서 이끌어 간다 이 소리지. 그러니 그렇게 해 가면서 균등을 잡아서 우리가 현재 법에도 또는 무(無)의 법에도 조금도 틀리지 않도록 이렇게 평등하게 가지고 나가야 하는 것이 지혜로운 마음이니, 오직 이것도, 이것도 다 한마음에서 나오는 거니 그 한마음의 주인공이 바로 모든 것을 하고 나가고, 또 내가 있는 반면에 바로 그 주인공이 있다는 점을 알아야지, 내가 없다면 모든 게 없는데 무엇을, 어디 가서 찾아? 나로부터 있는 거야, 모든 게.

그럼 오늘은 이걸로써 끝내겠습니다.

인간으로 형성시킨 근본 한 점의 뜻

1986년 4월 9일

우리 인간이 살아나가는 데에 너무나 할 말이 많고, 또 할 말은 많지만 말을 해도 여러분이 받아들일 수 있는 그 역량이 주어져야만이 말을 해도 한 본의가 있고 그것이 법에 응용이 됩니다. 그런데 그것이 제대로 되지 않을 시에는 모든 게 허탕하게 말이 떨어지게끔 돼 있습니다.

지금 아무리 모두들 이 공부를 한다고 하고, 문학이니 철학이니 또는 과학이니 이렇게도 하고들 있지만, 이 지구 자체 안에서도 그렇지마는 세계적인 문제에서도 우리가 물건을 만드는 것만이 물질과학이 아니라 그 물질을 쓰고, 우주적으로도 쓰고, 모든 것을 쓰는 것도 물질화란 말입니다.

인간이 어떻게 해서 이렇게 인간이 됐는가? 인간이 왜 이렇게 인간으로까지 등장을 했으며, 또 인간이라 하면 100%, 90%는 부처 될 가능성이 있다, 부처 될 수 있는 여건을 가지고 있다 이렇게 말씀들을 하셨습니다. 자기 마음으로서 자기 마음을 바로 정립시키고 자기가 쓰는 씀씀이를 자기 마음에다가 모든 걸 돌입해서 활용을 할 수 있는 그런 여건이 될 수 있게끔 인간을 이끌어 왔단 말입니다.

그런데 여러분에게 이게 참 이해가 갈지 안 갈진 모르겠습니다마는, 인간이 거저 생긴 게 아닙니다. 우연히도 아니고. 우연이라는 것도 없을 뿐 아니라 괜히 생긴 게 아니란 말입니다. 인간으로 태어나서 본다면 자기 자성이라는 그 자체의 한 자재성(自在性)인 인간의 마음, 한마음이 그렇게 자기를 지금 완성시켜서 인간으로 해 놨어도 완성이 되지 않을 때에는 백 번, 천 번, 만 번, 수억 번이라도 다시 굴려서 진짜 인간으로 만들려고 무척 애를 쓰는 것이 자기 자성불입니다.

그런데 그것이 왜 그렇게 할까요? 물론 어느 나라에서도 회사에서 쓰거나 또는 나라에서 쓰거나 이럴 때에 돈을 들여서 공부를 시켜 가지고 2년이라든가 그렇게 나라에서 쓰고 나중에 나라에 공헌을 하게끔 만들죠. 그와 마찬가지로 지금 자기의 자성이라고 내가 말을 했지마는 자성이라는 이 자체가…, 우주의 근본도 인간의 마음의 근본이라고 했습니다. 그렇기 때문에 여기 지구에서 난 사람들이 있다 하더라도, 지금 이거니 저거니 말을 많이 하고들 있지만, 과학이니 철학이니 여러 가지 말들을 하고 있습니다만 그것은 자기가 자기 손가락이 어떠니 자기 눈이 어떠니 코가 어떠니 머리가 어떠니 발가락이 어떠니 하고 지금 논의하는 것이지, 딴 거를 가지고 그러는 게 아닙니다.

이 세상만사가 전부 자기를 자기가 보고 지금 모든 것을 거기에서 이러니저러니 하는 겁니다. 그런데 자기가 나와서 자기 자리도 변변히 모른다는 얘깁니다, 지금. 자기 자리도 변변히 모르면서 우주적인 일을 거론한다면 말도 안 되는 일이죠. 그래서 우리 조선이라고 한다면 뭣하지만 세계적인 문화, 역사라든가 이런 문제들 등등을 우리가 되새겨 볼 때 많은 진짜 사람들이 나와서 여러분을 이끌었고 또는 계발시켰고, 문화적인 문제 그런 것들도 인간이 할 수 없는 거를 해냈습니다. 그렇게 해내 가지고도 사람들이 그것을 물질로만 받아들였기 때문에 망하고 돌아가고, 또는 폐허가 돼 버리고 이러한 문제들이 많이 있었다고 봅니다.

그러면 우리 인간 자체가 무엇 때문에 이렇게 났느냐는 얘깁니다. 한마디로 말해서 인간이 됐으면 이 자리를 지키고 이 자리를 계발시키고, 모든 거를 계발시키는 반면에 거기에 이런 뜻이 서려져 있습니다. 한 사람이 났을 때는, 사람사람이 모두 여기까지 등장을 한 것은 자기 자성에 의해서만이 생긴 거지마는 자기 개별적인 자성만이 한 거는 아니라는 얘깁니다. 모든 것이 한마음 한뜻으로 한 점의 그 능력으로 인간을 형성시켰고, 인간을 형성시켰으면 그 형성시킨 까닭에…. 그것을 어떻게 말을 해야 여러분이 이해를 할지 모르겠어서 지금 의아해하고 있습니다.

사람을 거저 만들어 놓은 게 아니에요. 누가 만든 것도 아니지마는 자기로 인해서 자기가 진화돼서 계발했고, 계발해서 창조가 된 거지마는 그것이 혼자만의 일이 아니에요. 소도 언덕이 있어야 비빈다고 했듯이 우린 혼자 사는 게 아니에요. 그렇기 때문에 천체 불성의 자동성의 한 점이 우릴 인간으로 만들어 놓을 때는 진짜 인간이 돼서 그 한 자동성의 근본을 알아 가지고 계발을 해라 하는 겁니다. 계발을 할 때 계발이라는 말은 한마디뿐이지만, 그 계발이라는 소리에는 수만 가지가 거기 포함돼 들어가 있습니다. 그러면 그 한 가지뿐만 아니라 이것은 진화력도 있어야 하고 창조력도 있어야 하고, 또는 거기에서 내가 모든 것을, 일체 만법의 근원, 근본을 알아서 만법을 작용할 수 있어야만이 되는 거죠. 또 내가 될 수 있어야 하고, 내 자리 아님이 없이 돼야 하는 문제가 있기 때문에 그런 사람이 많이 남으로써 우리가 4차원, 5차원, 6차원이 될 수 있는 지구가 된다는 얘깁니다. 이거를 어떻게 말을 해야만이 여러분이 알아들을 수 있나 하는 생각에서 참 답답합니다.

그러면 우리가 그렇게 계발이 됨으로써 세 가지 여건이 있습니다. 첫째, 한 가지는 우주적인 어떠한 다른 동네, 즉 말하자면 다른 혹성, 다른 별성 이런 데다가 인간의 그 자전성이 있는, 즉 말하자면 영식을 갖다가 넣어 줘서 계발을 하는 겁니다. 그래야 모든 게 화목하게 돌아가고, 모든 게 근본으로 돌아가고 또는 법칙으로 돌아가고, 우리의 모든 따뜻한 온기로써 아, 우리에게는 해가 없는 거죠.

그리고 또 두 번째는 지구 안의 세계적인 문제에서 이 도리를 알아서 인간의 마음으로부터 진화력이라든가 창조력이라든가, 또 머리가 빨리빨리 돌아가게끔만 해서도 아니 되지마는 근본적인 문제를 해결할 수 있는 자기의 자성을 좀 알게끔 할 수 있는 능력은…, 이런 게 있거든요. 내 밥은 내가 먹어야 배가 부르다 했지마는 만약에 그와 내가 둘이 아니라면, 내가 그쪽이 돼 줄 수 있다면, 일체 만물만생이 전부 나 아님이 없다면, 만약에 전부 내가 된다면, 하나도 빼놓지 않고 내가 된다면 바로 여러분의 마음은 슬기롭게 돌아갈 겁니다. 모르는 마음과 더불어 아는 마음이 결부된다면 아는 걸로 한데 합쳐지고, 물이 많고 물이 적고 이런다면 물 많은 데로다가 흡수가 되는 것입니다. 또 불이 작고 크고 이렇다면 불이 큰 데서 작은 걸 먹게 돼 있습니다. 그와 마찬가지로 그렇게 모두 할 수 있다면, 그렇게 될 수 있다면 우리 모두가 지능이 발달이 되고 또는 지혜가 넓어지고, 우리가 말 한 마디, 한 생각, 한 행을 하는 데에도 이것이 아주 우주와 근본 자체가 같이 법계로 돌아가서 우리의 역량이 미치지 않음이 없음으로써 역량을 맘대로 쓸 수 있는 여러분의 법신이, 화신이, 보신이 된다는 얘깁니다. 이름이 아니라 실질적으로, 자연적으로 그렇게 된다는 얘깁니다.

셋째 번에는 우리가 쓸모없는 것이 하나도 없지마는 애당초에 여기에서, 미생물에서부터 생긴 거기 때문에 제멋대로 생긴 것이 여간 많지 않습니다. 그것을 진화를 시키되 거기에 진화력을 모두 넣어 주게 됨으로써 쓸모없는 것은 쓸모없는 것대로 쓸모 있게끔 되는 원리가 돼 버리고, 쓸모가 없는 게 열 개라면 그 쓸모없는 것 열 개를 한데 뭉쳐서 쓸모 있는 것 하나로 만드는 그러한 영향력이 우리 이 지구 안에 돌아갈 것입니다.

그렇게 되는 이치의 그 세 가지 여건을 우리가 가지고 있다면 꼭 그렇게 해야 할 것입니다. 이 수많은 유생 무생이 다 같이 있는 동안에 지금 한 사람만 돼도 그렇게 할 수 있는 능력이 있다는 얘깁니다. 왜? 둘이 아니기 때문입니다. 그러는 까닭에 만약에 과학적으로 과학자들이 물건을 가지고서 아무리 초능력이다 또는 대능력으로써 쓴다 하더라도 그것은 마음과 이 물질과 동등하게, 균등히 쓸 수가 없기 때문에 언제나 이건 패배를 당하기 직전에 놓여 있다 이겁니다. 그건 무슨 소리냐 하면 한계가 있다는 얘깁니다. 그러니까 물건과 물건이 아니라 이것은, 예를 들어서 하나는 그 자동적인 생명의 근원이 들어서 자동적으로 자유자재하는 것이고, 이 불 덩어리는 자유자재할 수가 없어요. 인간이 이렇게 해서 어디까지 갈 수 있는지, 얼마나 화력을 낼 수 있는지, 부피는 얼마인지 이런 것은 조정돼 있고 한계가 돼 있어요. 그러나 이것은 한계가 없어요.

그렇기 때문에 언제나 과학만으로는 우주적인 개발은 할 수가 없는 거죠. 그러나 여기에 만약에 한 사람이 그렇게 있다 한다면 전체 우주의 근본이 인간의 한마음의 근본이라고 했으니 그 한마음의 근본이 우주적으로도 개발을 할 수 있고, 이 지금 지구적으로도 개발을 할 수 있다 하는 것입니다. 지금 우리 지구 안만이 우리 동네가 아니거든요.

지난번에 유람선이 아니라 무람선이라고도 얘기했고 그런 거와 마찬가지로 이 지금 지구 안에서 사는 사람들이, 우리가 그렇게 하면서도 에누리가 없다는 점입니다. 에누리가 없다. 인간이 이렇게 스스로서 돼 있을 때, 그것은 꼭 인간을 써먹기 위해서 이렇게 돼 있는 것이라는 얘깁니다. 그러면 만약에 우주 대천세계의 어머니 아버지가 있다고 합시다. 그 어머니 아버지는 바라는 것이 뭐냐 하면, 인간이 자동성으로서 뭐든지 만법을 들이고 낼 수 있는 그 불성의 값어치를 지니고서 또는 활용의 값어치, 또는 화현의 값어치, 법도의 값어치를 지닌 자식이 돼서 이 우주와 더불어 어디의 혹성이라도 다 같이 개발을 해 줬으면 하는 어머니 아버지의 소망이 아주 하늘 끝까지 닿아 있다 이거야. 그건 비유적인 얘깁니다.

그런데 우리 인간은 여기에서 태어나면 자기를 벗어나지 못하고 지구를 벗어나지 못하고, 그렇기 때문에 거기에서 물질에만 억눌려 가지고 살아나가니 저 대천세계, 중천세계, 소천세계 이런 데에 만약에 어머니 아버지가 거기 있다면, 한 작대기 하나가, 전체 한마음이 거기서 있다면 그 서 있는 한마음은 얼마나 바라고 이렇게 굴려 왔던가 이 말입니다. 인간까지 일으켜 세워 놓고, 인간까지 형성시켜 놓고…. 자기를 자기가, 인간을 형성시켰단 말입니다. 그러면 자기가 자기를 형성시켰다 할지라도 그 자기 하나가 개별적인 하나가 아니라 포괄적인 하나로서, '한' 으로서 하나를 만든 거예요. 그러면 '한' 으로서 하나를 만들었는데 그 하나는 한이 되고, 한은 하나가 되는 거죠. 그러니 그 하나는 하나가 아니라 한이에요. 그러면 그 한은 하나가 되고, 하나는 수억만 개가 돼서 어디고 다 계발을 할 수 있는 문제가 생기는 까닭에 우리가 앞으로 이것은 꼭 돼야만 하고, 해야만 되겠다는 얘깁니다.

이거는 소소한 얘기여서 거기다 비교를 해도 좋을는지 모르겠습니다마는, 나는 너무 아픈 눈물을 많이 흘렸습니다. 내가 몸이 아프거나 살기가 어려워서 눈물을 흘린 건 하나도 없습니다. 죽을까 봐 걱정이 돼서 눈물을 흘린 것도 없습니다. 여러분이 때로는 자식을 낳아 놓고 죽고 또 딴 사람이 들어오고 그랬을 때, 그것들을 봤을 때 너무나 아팠고, 자식을 낳아 놓고 이혼을 해 가지고 또 가서, 거기서 남의 자식을 기르면서 또 자기 자식을 낳는 사람도 많았습니다, 내가 볼 때는. 그랬을 때에 그 어머니의 가슴은 자기가 잘 먹어도 아프고 못 먹어도 아프고, 부모의 마음엔 그지없이 아픈 그 눈물 한 방울이 피로써 흘러내렸다는 얘깁니다. 이 사연 사연들을 어떡하면, 이 아픈 피의 눈물을 어떡하면 지워 줄까 하는 생각에 거듭거듭 사무쳤고 거듭거듭 생각에 빠져들어 있었죠. 그전에는 그런 생각 할 여지도 없었고요. 그렇게 생각에 빠져들어 있던 거는 그 후입니다. 내가 나를 찾기 이전에는 그런 생각 할 여지도 없습니다. 그런 생각 할 저것도 없고요.

그랬는데 지금 모든 거를 생각해 보니까 3년, 6년, 7년, 8년, 9년 전서부터 이런 생각을 했습니다. '세계를, 모든 것을 하나로 뭉쳐서 돌아가게 만들어야겠구나!' 하는 생각을 했고 두 번째는 '하나로 뭉쳐서 돌아가게 할 때 너무 인파가 많으면 안 되는데….' 하는 생각도 해 봤습니다. 또 너무 높으면 떨어지게 되는 사람들이 많으니까, 평등하게 돼 돌아가야 할 텐데 평등할 수가 없다. "평등할 수가 없다" 하는 데서 고심을 한 겁니다. 그러면 왜 평등할 수 없는가? 한군데선 자라고, 한군데선 크고, 한군데선 늙었고 이렇기 때문에 평등치가 못하다. 그러면 연방연방, 우리가 곤충에서부터, 인간에서부터 연방, 연쇄적으로 수없이 거듭거듭 거쳐야 하는 그런 형편에 있지 않으냐는 얘깁니다.

그러면 천차만별로 거듭거듭 거쳐야 하는 이 인생살이를 어떻게 우리가 해결을 해야만이 근본적인 해결이 되느냐는 문제죠. 그런 근본적인 해결을 우리가, 만약에 나 아님이 없이 모두가 내가 될 수만 있다면 그 세 가지 문제는 해결이 돼서 여기에서 앞으로는 4차원, 5차원, 6차원, 7차원까지도 될 수 있는 그런 여건이 생기지 않나 이렇게 봅니다, 인간으로서. 인간이 아닌 4차원, 5차원이 아니라 인간성을 지니면서도 4차원, 5차원, 6차원, 7차원까지도 될 수 있다 하는 것은 바로 그 세 가지 요건입니다. 그 세 가지 여건을 해결할 수 있다면 지구에서도 앞으로 점차적으로 해결 문제가 설 것입니다. 또 "해결 문제가 선다" 해서 되는 게 아닙니다. 모든 것이 천차만별로 돼 있는 걸 보살펴 가면서 이것을 점차적으로, 즉 말하자면 별안간에 있어서도 아니 되고 또 없어서도 아니 되고 아주 점차적으로 자연적으로 발생해서 자연적으로 될 수 있게끔 만드는 거죠.

여러분 모두 마음이 진화되고 여러분의 마음 성능이 우수해서 스스로서 알게끔, 자기도 모르는 사이에 스스로서 알게끔 되는 그런 위치에 놓여 있어야만이 우리가 4차원을 바라볼 수 있고, 4차원을 바라볼 수 있음으로써 5차원 되기는 조금 쉽지 않은가. 이것을 올바로 해나가는 길잡이가 돼 줘야 한다는 그 점입니다. 그러면 여러분을 여기에 앉혀 놓고서 일일이 어떻게 길잡이가 돼 줄 수 있겠습니까. 내 몸으로다가 여러분에게 이렇게 얘기하는 거보다도, 여러분이 다 돼 가지고선 해결을 해야만 되지, 하나하나, 만약에 만 명이라면, 만 명에게만 가르친다면 언제 어느 천 년에 4차원을 바라보며 5차원을, 6차원 7차원을 바라보겠습니까? 그렇기 때문에 어느 구석구석이라도, 개발 안 된 데든 된 데든, 과학자든 누구를 막론하고 내가 됐으면 합니다. 이거는 겸손해야지 왜 그렇게 아만덩어리고 왜 그렇게 네가 그렇게 한다고 하느냐 하겠지마는 이것은 아니 할 수가 없습니다. 꼭 나는 이 전체…, 아까 얘기했죠. 전체 우주의 대천, 중천, 소천이 다 한데 합쳐진 바로 한 점, 그 한 점에서 모든 것이 이루어지는 겁니다.

그러면 그 이루어지는 거, 거기서 어떻게 바라고 있었겠습니까? 인간으로 형성을 시켜서, 자기가 자기를 그렇게 형성을 시켜서 거기까지 올라오게 한 것은…, 인간은 오관을 가지고 있습니다. 요것이 부족하면 요것이 좋고, 요것이 좋고 요것이 나쁘고 요런 걸 너무나 잘 알기 때문에 살림살이를 얼마나 잘하겠습니까? 그러니까 인간으로서 계발되고 인간으로서 자유자재할 수 있는 자유인을 만들고자 해서 얼마나 노력을 했으며, 여러분이 여직껏 노력을 하고 윤회가 된 것도 역시 여러분이 따로 있고 그 근본이 따로 있어서 그렇게 된 게 아닙니다. 여러분이 고생을 하는 게 고가 아니라 바로 자기가 자기를 인내가 있게 하고 가르치고 그렇게 하기 위해서 굴렸던 것이지, 배움의 과정이지 여러분이 고생을 한다고 해서 고가 아닙니다. 지금 여러분의 자손들이 그 고생을 안 하고 사회에 나설 수 있겠습니까? 또 여러분이 노력을 안

하고 살림살이를 할 수 있으시겠습니까?

그와 마찬가지로 우리 인간으로 태어났다면 앞만 보지 말고 뒤, 앞, 옆, 위, 아래 다 볼 수 있고 다 할 수 있어야만이 '아, 내가 참, 대천세계의 근본적인 자식 하나를 참 잘 길렀구나!' 할 겁니다. 지금 바라고 바라고 있는 것이, 내가 만약에 저 대천세계의 전체, 유생 무생 일체가, 우주가 한데 합쳐진 근본의 한 점이라고 비교해서 말한다면 이렇게 말하겠습니다. "아, 너희들은 내가 이날까지 생각을 해서 이 자연의 법칙으로 자동적으로 형성을 시켰고 모든 걸 이렇게 형성을 시켰거늘, 그렇게 형성을 시켜 가지고 우주적으로나 어디고 손 안 닿는 데가 없이 이렇게 문화와 개발을 이루고 또 전체를 불국토로 만들려고 했거늘, 사람들이 그 구멍에서 나왔으면 그냥 거기서만 헤매고 도니 이 노릇을 어떡하면 좋은가!" 할 겁니다. 그건 누가 그렇게 하느냐?

만약에 여러분이 이런 생각을 하면 저 핼리 혜성만 온대도 '지구하고 부딪치면 어떻게 사나.' 벌써 달아나갈 궁리부터 하죠? 그리고 무섭다는 생각부터 하고요. 그러나 어느 거든지 하나도 두려운 것이 없습니다. 여러분이 바로 그 속에서 나왔기 때문입니다. 이 모두가, 모두 마음들이 한마음 한뜻이 돼서 모든 그 한 점의 근원이 된다면 어디고 손 안 닿는 데가 있겠습니까? 이런 생각을 내지 않는다면 우리는 영원히 이 지구에서 4차원, 5차원, 7차원까지 맛을 못 볼 겁니다. 우리가 물건을 하나 만들었으면 생각을 내야 이걸 갖다 주기도 해서 목마른 거를 축여 줄 수도 있지, 물은 여기 있는데 그냥 물이 있다는 것만 알고 갖다가 먹일 줄 모른다면 목마른 건 어떻게 하며 답답한 건 어떻게 합니까? (녹음 안됨)

이 물을 갖다가 전부 좀 먹일 수 있고, 또 한번 먹어 보면 갖다 먹을 수도 있는 겁니다. 그렇기 때문에 모두가 너 나 할 거 없이, 세 가지가 세 가지가 아닌 점에서 바로 세 단계 아닌 세 단계를, 우리가 공부할 때도 세 단계를 넘어섰듯이, 우주적인 개발과 또는 우리 인간적인 개발과 또 곤충적인 개발 이 세 가지가 만약에 합쳐진다면 우리가 점차적으로, 내가 말을 앞으로 안 해도 여러분이 세상 돌아가는 것을 잘 보고 느낄 것이요, 또 앞으로 자라나는 애들도 그것을 다 느끼고 알 겁니다. 아! 전자에는 역사가 이랬는데, 이렇게 이렇게 됐고 이렇게 이렇게 됐다. 나는 기필코, 여러분의 그 노고도 그렇지마는 나의 눈물 한 방울을 그대로 그대로, 그대로 흘려보낼 수는 없습니다. 그 눈물 한 방울은, 천 년이 가고 만 년이 가고 수억만 년이 가도록 그 눈물은, 한 방울 한 방울 그것이 바로 내 피이자 여러분의 피고 여러분의 피이자 내 피입니다.

그러니까 여러분이 그 아픈 눈물을 흘리는 것도 나는 볼 수가 없고, 또 점차적으로 길게 볼 수는 없다고 봅니다. 난 그런 생각 할 때마다 조그마한 문제지마는, 그것이 조그마한 한생각으로서 피눈물을 한 방울 떨어뜨렸다 할지언정 이 우주의 대천세계의 근본 한 점의 바로 그 눈물이라고 봅니다. 여러분이 때에 따라서는 나를 보고 "스님! 이 노릇을 어떻게 했으면 좋겠습니까?" 하고 오는데, 돈을 들여도 안되고 수술을 해도 안되고 이럴 때에는 문제가 있습니다. 보이지 않는 데서 정신이 돌았거나 하는 문제가 많은 것이, 여러분한테는 한 사람 앞에 한 건이지마는 나한테는 수십 건에 달합니다. 남들한테 알리면 시집 장가 가는 데도 문제가 있고 또 살아나가는 데도 문제가 있습니다. 그렇기 때문에 모든 건 비밀에 부칩니다. 그러면서 울어야만 했던 내 가슴에는 여러분의 그 눈물 한 방울 한 방울이 아주 시퍼런, 한 점의 멍든 피가 돼 버리고 말았습니다. 그럼으로써 더 이상 앞으로는 그런 눈물을 흘리지 않도록 우리가 할 수 있는 대로는 그렇게 해 보자는 뜻입니다.

그렇게 해 보자고 내가 말을 한다고 그래도 여러분이 하고 안 하는 건 나는 상관없습니다. 나는 기필코 그렇게 해서 앞으로 이 시대가 어떻게 점차적으로 변해 돌아가고 어떻게 화해 돌아가고 법칙이 어떻게 돌아가는지, 이 세상도 그렇지마는 이 세상 과학자들이 그렇게 늠름하게 잘, 더한층 나아가서 마음을 깨달아서 점차적으로 나아간다면 이 우주의 개발이 스스로 된 것도 점차적으로 발견해 낼 수도 있을 것입니다. 모두가 내가 될 수 있다면 그렇다 이겁니다. 그러면 '내가 될 수 있다' 하는 것은 개별적인 나가 아니라 포괄적인 나라는 얘깁니다. 모두가 나 아님이 없으니 그렇게 될 거는 정한 이치 아니겠습니까? 그러니 "모두가 부처님 아닌 분이 하나도 없으니" 이렇게 하는 것도, 인간이 마음을 깨달아서 그 마음 한 점 한 점이 티끌도 걸리지 않는 바로 그 한 점이라는 뜻에서 우주를 덮고도 남고 굴리고도 남고, 자동적으로 말입니다. 들고도 남음이 있는 그러한 까닭에 둘이 아니라는 뜻입니다. 둘이 아닌 까닭에 이렇게 창조하고 계발할 수 있고, 우리가 7차원까지도 바라볼 수 있는 그런 여건이 꼭 있다고 맹세합니다.

오늘은 이것으로써 끝마치겠습니다.

진한 피 한 방울의 자비행

1986년 4월 10일

나는 오늘 여러분한테 질문을 받는 게 아니라 내가 질문을 하고 싶습니다. 나는 이날까지 거짓된 말을 할 수도 없었을 뿐만 아니라, 말 한마디 한마디 함으로써 그 말이 떨어지기가 무섭게 실천에 옮기는 데에 속해 있습니다. 그래서 계획을 해서 말을 하는 게 하나도 없어요. 그런데 여러분이 귀로만 듣고 그렇게…. 여러분은 어떻게 지금 공부를 하고 계십니까? 물론 사람에 따라서, 환경에 따라서 천차만별의 물건들이 다 문이 되고 또 부닥침이 다 문이 되지마는, 그래서 자기의 그 환경에 따라서 공부도 다 다르리라고 봅니다마는 근본은 다 똑같지 않습니까? 마음으로부터 나고 든다는 그 자체는 말입니다. 어떻게 공부들 하고 계십니까? 한 사람 한 사람, 누구나 초하루, 보름, 일요일 빼놓고는 언제나 이렇게 질문을 해서 내가 어떻게 공부를 하고 있다는 그 점을 서로 상의를 하기 바랍니다.

사람이 올바로 가다가도 잘못 가는 수가 있어요. 그래서 폐단이 생기는 수가 있고 더딜 수가 있고요. 빠르다 하는 생각을 자기 나름대로 생각하는 거지, 그것이 천체가 한데 돌아가는 그런 이치는 못 되는 수가 많거든. 이것이 천체가 돌아가지 않는다면 우리는 첫째, 둘이 아님을 알아서…. 그것을 사량으로 아는 게 아닙니다. 이거 오해하시면 안 돼요. 내가 항상 말하죠. 인간의 육신이 탄생을 했으면 바로 마음 자체가 탄생을 해야 한다고요. 마음 자체가 탄생을 했다 하면 점차적으로 어른이 될 때까지 자라야 한다고. 그리고 또 자랐으면 거기에서 너와 나와 둘이 아님을 알아야 하고, 둘이 아님을 알았으면 그때 가서 둘이 아니게 서로 나툴 줄 알아야 하고, 둘이 아니게 같이 한자리에서 결정을 지을 줄 알아야 하고, 또 결정을 지었으면 같이 한 점으로 돌아가서 일을 할 수가 있어야 되는 것이 한마음입니다. 이 뜻이 말로 할 때는 아주 얍삽하고 아무것도 아닌 것 같은데도 그 한마디 한마디가 우주를 굴릴 수 있는 그런 법이거든요.

그러니 자재력이라 하는 것, 자동적이라 하는 것, 자동 용(用)이라 하는 그 자체가, 우리가 자동적으로 돌아가긴 하나 그 자동 용은 내가 생각해서 이렇게도 하고 저렇게도 할 수 있는 겁니다. 대의적으로 본다면 여러분이 인간이 살아나가는 데에 법이 이렇다, 진리가 이렇다 하는 거는 이건 이름일 뿐입니다. 우리가 그렇게 대의적으로 이름을 가지고 인간이 사는 걸 진리라고 하면서 '평등 진리다' 이렇게 말을 하는데, 그 평등 진리에서 살아나가는 데에 요모조모 살아나가고 요모조모 해결할 수 있는 거는 인간의 도리로서 하는 겁니다.

그렇기 때문에 그것은 말뿐만 아니라 진실로서, 어저께도 얘기했지만 우주의 개발이라는 자체도 또는 세계적인 개발이라는 자체도, 즉 말하자면 하생의 진화력과 개발이라는 말도 했듯이 이것은 우리가 남 듣기 좋으라고 보통 그냥 하는 말이 아니라 우린 실천을 하는 겁니다. 이 말 한마디가 억겁을 통해서 거쳐 나온 피 한 방울이라는 얘기를 하면서 또 그 한 방울을 그냥, 그냥 넘길 수는 없죠. 이거는 너무, 말로는 형용할 수 없는 진한 한 방울이기 때문에 그 한 방울이 진하게 우주를 덮고도 남음이 있게끔 되는 것이 인간의 참마음이며, 고독과 슬픔과 아픔과 모든 것이 한데 합쳐진 아주 진한 피 한 방울이라는 얘깁니다. 그 진한 피 한 방울은 어디에도 속하게 되고 어디에고 한마음으로 돌아갈 수 있는 자동 용인 거죠. 한마음의 자동 용이라는 것은 내가 한다 네가 한다 할 수는 없지만 내가 있음으로써 그렇게 할 수 있는 이치를 알아냈고, 내가 있음으로써 그렇게 이치를 알았기 때문에 한마음으로 돌아가는 그런 생각을 낼 수도 있다는 얘깁니다. 위대하게 한마음으로 자동적으로 돌아가긴 하나 그 한마음을 걷어잡고 작용을 할 수 있는 마음을 내는 것이 문제가 아니겠습니까?

만약에 외국에서 수많은 좋은 기계를 한국에 갖다 놨다 해도 그 기계를 돌릴 줄 모르는 사람에게는 아무 쓸모가 없는 것입니다. 그래서 전체적인 물리학이나 전체적인 그것을 내가 연구해서 다 안 사람이라야 어느 기계를 갖다 놔도 그걸 조금도 거침없이 자기가 활용할 수 있는데 그런 그 능력이 바로 자동 용이죠.

말을 하는데 콧구멍이 가려워요. 이 콧구멍이 가려운데 말이에요, 긁지 않고는 못 배기거든요. 그런데 이 콧구멍을 긁으면 속 콧구멍은 거꾸로 돼 있어서 말이에요, 이게 긁는 콧구멍은 바로 뚫렸다고 하나 그게 거꾸로 뚫린 거거든요. 그런데 둘 다 쓸모가 있다는 점입니다. 여러분한테 이것이 아니다, 기다 하는 그 습관성, 그 습을 다 놔라 하는 것은, 어떤 데고 환경에 따라서 조리 있게 이것도 하고 저것도 하되 '하지 말라, 하라' 이런 걸 떠나서, 고정관념으로서 그 습에 묻혀 있지 말고 환경에 따라서 조절을 할 줄 알아야 된다는 얘깁니다. 환경에 따라서 조절을 하고 환경에 따라서 내가 거기에 응용해서 활용을 할 줄 알아야만이 '이거다, 저거다' 하지 않고 그대로 그냥 자유스럽게, 지혜롭게 해 나갈 수 있는 그런, 습성 없는, 고정됨이 없는 그런 삶의 보람을 느낄 수 있고, 그것이 전 우주의 그 자동적인 활용을 그대로 하면서 세계적으로나 우주적으로나 이익을 가져올 수 있는 우리 삶의 보람이란 말입니다.

그래서 어저께도 얘기했듯이 나는 지금 심각하게 얘기하고 있으면서 심각한 행을 하고 있는 얘기를 그대로 할 뿐이다라는 얘깁니다. 내가 '한다' 하면 '얘기하고 한다' 하는 거하고 같이 맞아 들어갑니다. 그러면 내가 잘나서 나 하나가 하는 것이 아니라, 한마음의 뜻이란 모든 것이 그렇게 돌아간다는 얘깁니다. 아까도 얘기했듯이 한마음이 있되 활용을 못한다면 그건 쓸모가 없고, 한마음은 본래에 있는 거기 때문에 그 한마음을 휘어잡고 한마음으로 굴릴 수 있는 능력이 있어야 되는데, 모든 사람에게 이익을 가져올 수 있는 활용과 인내와 믿음이 투철해야만 되는 거죠.

그래서 지금 목성이라는 혹성에도 습도의 조절이라든가 또는 온도의 조절이라든가 가스의 조절이라든가 그런 모든 문제 등등을 한데 합쳐서 우리가 조절할 수 있다면 그것이 바로 인간에게, 아니 생명에게 이익을 줄 수 있는 에너지로 변질되고야 만다는 얘깁니다. 그럼으로써 우리는 거기에다가 한 역량, 그전에도 얘기했지만 여러분이 말할 때 혼백이라고도 하고 씨라고도 합니다마는 그런 영식의 씨앗을 우리가 심어 줄 수 있어야 하고 심어 주면 자랄 수 있는 역량의 바탕이 돼 줄 수 있는 그런 요리를 여러 모로 할 줄 알아야만이 우주의 개발이 될 수 있다는 얘깁니다.

우린 인간의 생명을 존엄성 있게 보호할 수 있고 또 서로가 서로를 먹여 살리고 서로서로 한마음으로서 살고 있다는 이 점을 예전부터도 항시 해 내려왔죠. 어저께도 잠시 잠깐 얘기했습니다만 여러분이 어떻게 받아들였을는지 모르겠습니다. 그럼으로써 우리는 그렇게 우주적인 개발과 세계적인 개발 또는 곤충에 이르기까지 개발을 원하고 있는, 이 전체 대천세계로부터 소천세계 중천세계가 한데 합쳐진 한 점의 근원이 이날까지 이렇게 성을 이루고 또는 분배를 해서 나누고 또 주워 담고 또 나누고 하면서 개발을 해서 인간의 형성까지 이렇게 올려놓은 거죠. 인간의 형성까지 올려놓은, 그 형성된 참된 인간으로서 아주 참되게 진미를 알고 사랑을 알고 실천에 옮길 수 있는 이런 삶의 보람을 갖기 위해서 이렇게 인간의 형성까지 이루어 놨는데도 불구하고, 바라고 있는 우주적인 근본 하나의 그 뜻을 우리는 이루지 못하고 있는 거죠. 바라고 있는 그 한 점의 뜻이 우리를 이렇게 형성시켰다는 걸 아셔야 합니다.

그럼 한 점의 그 뜻은 거기에만 있는 것도 아니고 나에게만 있는 것도 아닙니다. 모두가 우주와 더불어 같이, 어떠한 물질이든 어떠한 불성이든 다 똑같이 우리는 가지고 있다는 겁니다. 누가 잘하고 못하고 간에 그걸 가지고 있기는 하나 여러분이 안팎을 모르기 때문에 한번 이렇게 들어서 옮겨 놓을 수가 없고, 한번 생각할 수가 없고, 한번 굴릴 수가 없고, 한번 실천에 옮길 수가 없는 위치에서 이날까지 우리가 해 왔을 때에 전자에 공부하신, 선맥을 이어서 공부하신 대덕들과 더불어 인제 앞으로는 그렇게 해야 하지 않나 하는 거죠.

나는 한 점의 우주와 더불어, 즉 말하자면 대천세계와 더불어 하천세계까지 전부 합쳐진 한 점의 그 근원에 의해서, 나는 오관을 통해서 시대가 이러이러하니깐 이렇게 이렇게 해야 하지 않을까 하는 생각만 내 줄 수 있다면, 서로가 합일점으로 돌아가면 그대로, 역량의 양식은 그대로 심어지는 거고 우주적으로도 개발이 되는 거고 세계적으로도 개발이 되는 겁니다.

앞으로의 젊은 사람들은 내가 이런 소릴 하는 것을 소리로만 들어서는 아니 됩니다. 실천에 옮겨졌을 때 '아! 그때 그이가 그렇게 말을 하더니 이게 말이 아니라 실천이구나.' 하는 거를 그때서야 짐작을 하지, 지금은 '저이가 저런 설법을 하고 있구나!' 이거에 그치고 말 겁니다. 나는 그대로 갈 수 없다는 것이 뭐냐. 그 한마음의 뜻을, 자동적으로 돌아가는 자동 용을 알기 위해서 얼마나 피를 흘렸는지 몰라요. 그 피를 흘리면서 아무것도 아닌 공한 내 이 몸뚱이가 갈갈이 흩어져서 만약에 가루가 된다 할지라도 그것을 상관하지 않았거든요. 그러니 여러분 앞에 이런 말을 하는 거는 여러분에게 자존심이 꺾이는 일인지 모릅니다마는 우린 한마음의 뜻입니다. 너와 내가 따로 있는 한마음이 아니라 바로 같이 한자리의 한마음, 자동적으로 한 용이란 얘깁니다. 그럼으로써 이걸 최초에 여기까지 와서 이렇게 할 수 있게끔 생각을 내서 이렇게 하겠다는 결론을 내는 것이 중요하다는 얘깁니다.

그러면 여러분이 앞으로 점차적으로 살아가면서 보시길 바랍니다. 왜? 살아나가는 데에 달라지고, 옛날에는 육신으로 노력을 하지 않으면 안 됐는데, 그렇게 애를 쓰던 여러분이 지금은 아파트도 그렇고 살아나가는 데에 얼마나 여자들이 편리합니까? 그런 거와 마찬가지로 지금보다도 또 후일에 '아하! 그전엔 이랬는데 지금은 이렇구나.' 하는 거를 또 새삼스럽게 몇 번이고 느낄 수 있는 그런 시대가 올 수 있도록 우리가 지금 설계를 가지고서 일을 하기 시작을 한다 이겁니다. 무루에서 유루로 나오지 않는다면 그것은 아니 돼. 그걸 비교하자면 여러분이 마음이 동해서 하겠다는 생각을 하기 때문에 바로 현실로 하는 것이 나오는 겁니다. 그와 마찬가지로 무에서 유로, 유에서 우리가 개발을 해서 나올 수 있는 그런 영향력을 바로 무루에서 가질 수 있어야만이 유루의 현실의 환경에 따라서 조성되는 것입니다.

나는 여러분처럼 학식을 가지지 못했고 학식을 가지지 못했기 때문에 용어를 모릅니다. 나오는 대로 지껄이는 것뿐이지만 나는 거짓은 못합니다. 거짓을 하려면 내가 이날까지 살아 있지도 않을 겁니다. 내가 만약에 거짓으로 이 세상을 살고 또 학문적으로나 이론적으로 배우려고 생각을 했다면 아예 혓바닥을 끊고 이 세상을 하직하려고 했을 겁니다. 나는 그렇게 할 수는 없습니다. 여러분은 내가 이날까지 말을 해 오고 이렇게 하는 도중에 별의별 생각을 다 하는 분들이 많았을 겁니다. '스님들은 다 저렇지.' 하고 도매금으로 생각했을는진 모르나, 한 인간으로서 다르다는 건 아닙니다. 그러나 짙은 눈물이 있는가 하면 그냥 눈물이 있고, 좋아서 나는 눈물이 있고, 그것은 차원에 따라서 눈물도 가지가지니까요. 능력도 가지가지고. 부분적인 것이 있는가 하면 포괄적인 것이 있고 포괄적이 있는가 하면 전체적인 것이 있는 겁니다.

나는 예전부터도 목숨을 그렇게 중하게 생각 안 했습니다. 만약에 나같이 이러한 사람들이 있다면 같이 아주 없어지고 그 눈물을 흘리지 말자고까지 다짐을 속으로 수년을 해 오기도 했죠. 차라리 죄 없는 사람들이나 편안하게 살게끔, 그렇게 아픔을 느끼지 않고 살았으면 하는 생각에서 말입니다. 그것도 그때는 나도 모르는 생각에서 그랬다고도 볼 수 있어요. 진실한 마음만 있지 아주 몰랐었죠. 그런데 그런 모르는 생각이 있다면 왜 남을 탓하지 말고 또는 남이 잘 알고 못 알고 그것도 탓하지 말라고 했을까요? 모든 것은 내 탓이 아닐까요? 시대를 잘못 만난 것도 내 탓이요, 또 내가 만약에 이렇게 단호히 이 한 방울의 짙은 것을 가지고서 그냥 갈 수 없다 할지라도, 시대를 못 만나서 모든 사람들이 뒷받침을 해 줄 수 없는 그런 문제가 있다 하더라도, 예전에는 그렇게 해서 뒷받침이 안돼 가지고 그랬다는 걸 너무도 내가 잘 알고 있기 때문에…. 이 소리가 무슨 소리냐 하면 석존으로부터 수많은 선종들이 출현을 했습니다.

그러나 그거를 받아들이지 못해서 죽이기도 했고, 그냥 스러져 간 문제도 많았습니다. 그런데 몸뚱이는 스러져 갔으나 그 마음만이야 어찌 죽었겠습니까? 본래 나온 게 없기 때문에 본래 갈 곳도 없다는 그 사실을 여러분이 잘 기억해야 될 것입니다. 그런 반면에 나는 말입니다, 그것을 너무 잘 알기 때문에 '좋다' 이런 생각을 했습니다. 혓바닥을 깨물고 깨물어서 어떠한 생각을 했느냐 하면 '좋아. 옛날에 모든 사람들이 그 뜻을 받아들이지 못해서 죽이기도 했고 또는 그냥 몸이 변질돼서 스러져 가기도 했다. 그러나 그분들은 죽은 것이 아니다.' 나는 그 마음과 마음, 뜻을 한데 모아서 누가 받아들이든 안 받아들이든 상관없이 모든 것은 내 탓이다 이거야. 그러니까 내 탓인 관계상 나는 그대로 갈 수 없다는 얘깁니다. 그 뜻을 누구나, 한다든가 안 한다든가 나쁘다든가 좋다든가 너는 모른다든가 그런 거 상관없이 말입니다. 나는 실천이 문제야! 나는 말 백 마디 천 마디보다 실천을 중요하게 생각합니다. 말 한마디 한 것을 한데 떨어지지 않게끔 하려고 노력한다는 것은 아닙니다. 그 한마디가 얼마나 중요한지 몰라요. 그 한마디를 만약에 거짓으로 아무렇게나 하기 좋은 말로 그냥 해 버리고 말아 치운다면, 자기가 아는 것이 바로 이 우주간 법계에서 천체가 알기 때문에 그건 거짓으로 돌릴 수가 없고 또 거짓을 할 수도 없습니다.

그러니까 그 한 방울이 우주를 덮을 수도 있고 굴릴 수도 있고 들 수도 있다는 그 점에 의해서, 자동적인 용을 할 때에는 이익을 가져올 수 있는 개발을 할 수 있는 것이라는 얘깁니다. 우리가 조화를 시켜서 바로 한 점의 이 조화를 볼 때는 모두가 좋은 겁니다. 여러분, 가만히 저 산천초목과, 아니 이 한국만 보실 게 아니라 전 세계를 한번 보십시오. 보시면 모두가 울창하고 거룩하게 생명들이 살고 있고, 울창한 숲과 울창한 물과 울창한 생명들이 그렇게 조화를 이루고 살고 있단 말입니다. 그러면 한편 볼 때에 징그럽기도 하고, 살 것도 못 되는 것들이 그렇게 살고 있고, 그런가 하면 우리도 가만히 보면 연방 주워 넣거든, 연방. 연방 주워 넣고 살거든. 그런데 그런 물에서 사는 생명들이나 들에서 사는 생명들이나 산에서 사는 생명들이나 식물이나 모든 것이 주워 먹고 사는 게 뭐가 우리와 다를 게 있습니까? 그리고 서로 잡아먹고 사는 게 뭐 다른 게 있습니까? 고등 동물이라고 해서 뭣이 그렇게 다른 게 있습니까?

나는 어떤 때는 눈물이 저절로 나옵니다. 이 도리에서 벗어나지 못한다면 우리는 아마도 영원히, 이 삶을 보람 있게 살지 못한 이 진리에서 벗어날 수 없을 것입니다. 우리는 마음이 계발되지 않는 이상, 마음을 터득하지 못하는 이상, 전체적인 마음이 하나로 돌아간다는 이 모든 법칙에 따른 이 도리를 모른다면…. (녹음 안됨) 모두 살아나가는 거를 볼 때 너무나 심오하고 너무나 광대하고 무변한 것입니다. 세상에 어리석고 큰 게 하나도 없고, 깔볼 게 하나도 없고, 어느 거 하나 깔볼 수가 없이 바로 너나 나나 이렇게 주워 먹어야만 살고 주워 먹어야만 움죽거릴 수 있다는 그 점을 생각했을 때 나는 항시 눈물을 금치 못했습니다.

여러분은 여러분 가정에서 몇 식구가 살아나가는 데도 고달프다고 하고 또 거기에서 순간순간 삶의 보람을 느끼면서, 순간순간 괴로움을 당하면서 이렇게 사시겠죠. 한 부분만 볼 게 아니라 전체를 봐 본다면 하나의 뜻도 가질 것도 없고, 산다는 욕망도 먹는다는 욕망도 입는다는 욕망도 아무것도, 생각이 날 것이 하나도 없습니다. 세상에, 이럴 수가 있을까? 무엇을 더 가져야 하고 무엇을 더 먹어야 할 건덕지가 하나도 없어요. 또 남편들이 나가서 그런다 하더라도 이의가 없어, 나 같으면. 어떻게 어떻게 된다는 것에도 이의가 하나도 없고 자비로써만이 그저 묵묵히 펴 나갈 수 있는 그런 뜻을 갖는다면, 스스로 그 모두가 자비로워지고 스스로 영롱해지고 영리해지고 똑똑해지고 지혜롭게 펴 나갈 수 있는 그런 남편이 돼 버리고 만다는 얘기죠.

하나하나를 우리는 좀 더 넓게 보고 넓게 생각하고 세계를 좀 내다볼 줄 알아야 됩니다. 우리가 지금 안방에 앉아서 세계를 볼 수도 있지 않습니까? 얼마나 좋은 시대가 됐습니까? 지금은 좁은 시대가 아니라 넓은 시댑니다. 넓은 시대를 한 눈으로 바로 한 주먹에 쥐고 한번 판단을 해 보십시오. 얼마나 기묘하고 무변하고…, 뭐를 더 가져야 하는지 뭐를 덜 가져야 하는지 그것도 도대체 의미가 없을 겁니다. 그런 데다가 천체적인 우주와 더불어 같이 껴 있으니 너무나 이것은 광대한 것입니다. 그러나 우리가 알고 본다면 대천세계의 큰, 우주 세계의 모든 것들 또는 이렇게 작은 우리 소우주의 모든 문제들이 큰 거 작은 거 따로따로 있는 것이 아니라, 그렇게 가깝고 먼 게 따로 있는 게 아니라, 우리는 자유권을 가지고 큰 거 작은 거, 멀고 가깝고가 없이 자유자재할 수 있다는 그 점을 알아야 합니다. 이 진리를 없앨 수는 없지만 진리를 활용할 수는 있다는 얘깁니다.

언젠가도 이런 얘길 했죠. 이사를 가는데 어려운 집에서 덮을 것도 없이 가는 그런 이삿짐도 있었습니다. 이건 환경에 따라서 말을 하는 겁니다. 있는 집은 다 덮기도 하고 비 안 맞히고 갈 수도 있습니다, 돈 들여서. 없는 집은 그 비를 맞아야만 하고, 또 비 안 오는 날 갈 수도 있건만 계제가 그렇게 못 되면 비오는 날도 할 수 없이 가야만 하는 상황에서 눈물을 흘려야만 합니다.

난 여러분 가정을 내 가정이라고 생각했지, 한 번도 내 가정이 아니라고 생각해 본 예도 없거니와 내 몸이 아니라고 생각해 본 예도 없습니다. 내 생명이 아니라고 생각해 본 예도 없습니다. 그럴 때 나는 뭐라고 얘기를 해야 되겠습니까? 나는 나이기 때문에, 내 살림이기 때문에, 내 삶이기 때문에, 내 생명이기 때문에, 내 자식이기 때문에 이렇게 말을 했습니다. 아는 소리를 하고 싶어서가 아니라 이렇게, "비가 정히 올 때는 주인공에다 맡겨서 비를 안 오게 하고서 가거라. 환경에 따라서 이거는 씀씀이를 자유스럽게 쓸 수 있다. 정히 급하걸랑은, 남들은 돈이 많아서 병원에도 가지만 가난해서 돈이 없어 병원에도 가지 못하걸랑은 주인공에다가 맡겨라. 맡겨서 위기를 모면하고 거기에 맡겨서 다, 죽든 살든 당신이 알아서 해 달라고 맡겨 놔라. 그런다면 너희 가정은 살 수 있다." 이렇게 이날까지 일러 주고 나왔습니다.

이것이 잘못됐다고 누구든지 나를 가지고 말을 할 수 있다면, 또는 어떤 사람이 만약에 그 법도가 잘못됐다고 한다면, 나를 갖다가 구더기로 만들어 놔도 좋고 짓밟아서 아예 가루로 만들어 놔도 좋다고 각오하고 그렇게 하는 것입니다, 나는. 난 이 가슴에서 옛날부터, 어려서부터 피가 용솟음쳤으니까. 여러분도 이 뜻을 진실하게 알아서 여러분의 그 조상을, '여러분의 조상' 하면 자기 자신의 조상이란 말입니다. 자기를 자기가 형성시켜서 이날까지 끌고 오면서 진화시킨 자기 주인공을 그렇게 못 믿고 또는 배신하고 또는 그렇게 은공을 모른다면 당신네들은 육의 부모의 은공도 모를 거야. 진실한 당신 조상의 그 은혜를 모르면 당신 육신을 낳아 준 부모의 은공도 모를 거라는 소립니다.

나는 너무 사무치고 사무치고 또 사무쳐서 열 번, 백 번, 스무 번, 만 번 이 세상이 다 끝까지 돌고 또 돈다 하더라도, 부서지고 가루가 된다 할지라도 난 꼭 알아야 되겠다고 해서 어디고 안 뛰어든 데가 없어요, 누가 뭐래도! 그래서 '야! 인정으로 본다 하더라도 이렇게는 할 수 없을 텐데 인간의 인정이 이렇게 메말랐을까? 인정 빼놓고 사랑 빼놓고 불법이 따로 있을까?' 차마 그 소린 못하겠습니다마는 그것이 진정한 불법인데도 불구하고 모든 사람들이 그렇게 각각 보고 인정, 사랑을 베풀지 못할 때 '야, 참! 인간의 인정으로 그럴 수 없을 텐데도 어쩌면 이렇게 메말랐을까.' 하는 점이 너무나 많았습니다.

여러분은 평범하게 살았을는지 모르지만 나는 눈 속에도 비 속에도 파묻히고 또 파묻혀서 수없이 거듭거듭, 죽은 것도 한두 번 죽은 게 아닙니다. 나만 그런 것이 아니라 여러분도 수없이 죽음을 죽었고 또, 또, 또 죽고 쉴 새 없이 죽고 또 죽고 지금 여기까지 온 것입니다. 나날이 한 번 죽고 또 죽고, 또 죽고 한 번 죽고 또 죽습니다. 작년의 여러분은 벌써 이미 죽었고, 마음이 또 달라진 겁니다. 마음이 탄생한 겁니다. 예전의 여러분은 죽고, 이름이 개똥이라면 작년 개똥이는 죽고 올 개똥이가 또 탄생하고, 올 개똥이가 또 죽고 오늘의 개똥이는 또 살고 있는 겁니다. 그러나 그것이 환경에 따라서 얼마만큼 크냐 작으냐의 문제지 똑같이 그렇게 하고 가는 것입니다.

그전에 말입니다, 가재가 두 다릴 들고선 무엇을 그렇게 주워 먹는지 주워 먹는 걸 봤습니다. 나는 학식도 많지 않거니와 책을 볼 수도 없고 하얀 거는 종이고 꺼먼 거는 글씨라는데 도대체 그걸 볼 수가 없으니 어떻게 배우겠습니까? 어머니는 학문이 두터웠습니다. 은급이의 외딸로서, 백씨네 외딸로서 아주 투철한 분이었죠. 학문도 유식하고 모든 게 아주 투철했죠. 옛날 여자로서 부모들이 돌아가시면 염을 할 수 있는 그런 법도까지 다 배운 분이셨죠. 그러나 나는 어려서 국문을 거기에서 조금 얻은 것뿐이었지 아무것도 없습니다.

그럼으로써 시체로 지금 흘러서 새 법이 나오고 새 용어가 나오고 시대가 바뀌지고 이래도 도대체, 그것을 여러분과 같이 지금 잘 배우기만 했으면 좋겠습니다마는 어떻게 두 가지를 다 욕심내서 탐내겠습니까? 이 머저리 같은 내 인생이 이렇게 된 것만 해도 고맙고 감사하고, 감사함을 말로 어떻게 다 하리까. 여러분이 내 스승이고 여러 풀들이 내 스승이고 물이 내 스승이고 돌들이 내 스승입니다. 그 스승들을 보고서 나는 터득을 한 것뿐이지, 글을 보고 터득한 건 하나도 없습니다. 말을 배우고 싶지도 않았고 또 글을 모르기 때문에 많이 울기도 많이 울었습니다. 하지만 나는 울지 않습니다. 여러분은 모쪼록 부모와 자기 조상의 은공을 모르지 말고, 자기 조상, 그 주인공을 진실히 믿고 찾아서 자기를 낳아 준 육신의 부모도 바로 둘이 아니라는 것을 극히 아셔야 합니다. 가면 갈수록 허리띠를 졸라매고 자식들을 기르기 위해서 자기는 배가 부르다 하시고, 우거지 한 그릇이라도 더 먹이려고 했던 그 모습이 지금까지도 생생히 떠오릅니다. 내 법의 부모와 육신의 부모가 어디 다르며 부처의 부모가 어찌 다르겠습니까? 모두가 둘이 아닙니다.

내가 이렇게 눈물을 흘린다고 위약하게 보지 마세요. 나는 거듭거듭 수없이, 나뿐만 아니라 수많은 생명들이 이렇게 아프게 울면서 거듭거듭 피를 흘리면서 밟혀 가면서 이렇게 진화된 것입니다. 오늘은 죄송합니다. 그러나 깊이깊이 생각하십시오. 그리고 효도하십시오. 충성하고….

불국토를 이룰 수 있는 멋진 삶

1986년 4월 11일

바깥에서 막 들어오는데 나를 막 붙들어 들이는 거예요. 허허, 그래서 올라왔거든요.

내가 이날까지 설법을 한다고 한 자체를 여러분이 들으실 때에 어떤 사람은 이렇게도 듣고 저렇게도 듣고 천차만별로 다 각기 듣겠죠. 때에 따라서는 저 사람 미쳤다고도 할 겁니다. 그런데 가만히 생각을 해 보며 내가 혼자 웃습니다. 왜 웃느냐 하면, 미친 사람이 자기 미쳤다고 그러는 사람 없습니다. 그런 걸 한번 생각하면서 웃습니다. 허허허….

그런데 말입니다, 이 세상의 진리는 전부 마이너스, 플러스가 한데 겹쳐져서 돌아가는 것이 진리예요. 정맥 동맥이 돌아가듯 이 세상 이치가 다, 오르면 내리고 내리면 오르고…. 오늘도 차를 타고 시내를 이렇게 한 바퀴 돌아서 오는데 야, 세상은 변하지 않았건만 세상의 모든 물질은 변했기 때문에, 내가 변했기 때문에 모두가 변했구나. 예전엔 택시가 없더니 지금은 택시가 많아. 이렇게 사람사람이 변하고 있으나 그 노래, 음악을 들을 때마다 순간순간 과거로 마음이 돌아가서 생각을 하게 되고 또 미래로 가서 생각을 하게 되고 현실로 또 생각이 되고 이러기 때문에 과거심도 현재심도 미래심도 도대체 그것은 어느 거를 내 마음이라고 세울 게 없는 것이라.

그런데 물질도 역시 한 발 두 발 옮겨 놓을 뿐이지, 옮겨 돌아갈 뿐이지 본래에 여러분이 처음 나온 게 아니거든요. 그리고 처음 죽는 것도 아니에요. 그래서 본래 이 세상에 나온 게 없기 때문에 본래 갈 것이 없다는 이치가, 한 발 한 발 옮겨서 디디면서, 변하면서 옮겨서 디딜 뿐이지 도대체 없어진 게 하나도 없어요. 또 새삼스럽게 생긴 것도 없고요. 그러니 그런 생각을 하면서 '아유, 거꾸로 선 거를…. 어떤 때는 여러분은 날 미쳤다고 답답하다고 할 테고 나는 여러분이 하는 거를 답답하다고 할 테니 이거 서로 미쳤군. 서로 똑같이 미치고 똑같이 답답하고 서로 그런 것이지 그 누구 잘못도 없고 이렇구먼!' 하고선 웃고 왔습니다마는 말이에요.

오늘도 핼리 혜성이 온다고 그러고 요새 야단들을 합니다. 그런 소릴 들으면서도 나는 변동이 없는 마음, 흔들리지 않아요. 난 사람이라고 내세울 것도 없기 때문일는지도 모르죠. 단지 우리가 스스로 그냥 옮겨 갈 뿐인 것처럼, 발 한 짝 그냥 옮겨서 떼어 놓는 것처럼, 그저 무심히 듣고 무심히 행할 수 있는 그런 위치에서 가만히 생각해 봅니다. '아이고, 이러니저러니 이러니저러니 얘기들을 해 봤던들 아무 소용 없는 얘기들을 뭘 저렇게들 그냥….' 그래서 모든 사람들이 무슨 핼리 혜성이니 뭐니 하지마는 나는 생각할 때에 그것이 우리 태양에, 즉 말하자면 태양은 대법원이면서도 정보국이다 이거야. 모든 것을 검토할 수 있는 마음, 마음을 검토할 수 있는 그런 본국이면서도 한 개의 물질이기 때문에, 본국의 근본이 바로 내 본국의 근본이다 이거예요. 그와 그와 둘이 아니기 때문에 거기에서 핼리 혜성인가, 그런 이름을 지어 놓은 것도 바로 정보원이고 많은 정보원들이 있다는 얘기죠.

거기는 지난번에도 얘기했듯이 수십억 광년이 떨어져 있기 때문에 거기에서 하루 동안에 도는 것이 우리는 70년, 80년 되는 거죠. 은하계라는 그 자체도 말입니다, 우리가 정부와 국민이 있듯이, 정부와 국민이 있다면 있는 대로 그 정부, 국민이 같이해 나가면서…. 그러면 태양은 왜 그렇게 해 놨는가? 그건 어디까지나 국민으로서 또는 정부로서 한 팀이 돼서 한 나라가 한 국이라. 그렇기 때문에 거기에서 대법원이나 또는 정보국을 모두 만들어 놓은 것이 아니냐는 얘깁니다. 그것은 어디까지나 마음의 근본이기 때문에 불성이라는 뜻입니다. 모든 별성의 그 한마음이 한데 모여진 진짜 참, 그 온화한 에너지를 모든 사람들한테 줄 수 있고 생명이 생기게 해 줄 수 있는 에너지가 거기에 다 들어 있다는 얘깁니다. 빛만 비춰 주는 게 아니라 생명체를 보호해 줄 수 있는 에너지가 거기에 다 들어 있다는 얘깁니다.

그럼으로써 그 모든 것이, 우리 인간이 돌아가는 걸, 세상을 잘 살펴서 잘 알게 되면 우주 천하가 돌아가는 이치를 다 알게 된다는 얘깁니다. 내 앉은 데서 보지 못하는 사람이 어떻게 먼 데 걸 봅니까. 내 앉은 데서 나 자신을 벗어나고 나 자신을 알고, 나 자신을 알았다면 세상을 벗어나고 세상을 알아야 한다 이거야. 그거를 올바르게 안팎을 다, 균등을 잡아서 다 알 때 바로 자연스럽게 자기는 자동 용을 할 수 있는 거죠. 그럴 때 비로소 저 대천세계나 중천세계나 소천세계, 상천세계 우주적인 모든 물질이 돌아가고 모든 마음들이 돌아가고, 자동적으로 돌아가는 위치를, 네가 무슨 행을 하는 거를 알고 전부 같이 한마음으로서 돌아가면서 바로 둘이 아니게 행할 수 있는 그런 멋진 자유인이 된다 이겁니다.

그러면 지구에서 이렇게 살림을 하면서 한 인간으로서, 한 가정의 어떠한 사람으로서, 어떠한 도량의 어떠한 스님 한 분으로서 이렇게 하는 게 아니라 전체에 바로, 어느 선신계라면 선신계, 어느 물질이든지 물질이 아니든지 어디든지 나 아니 되는 데가 하나도 없다는 얘깁니다. 그렇기 때문에 거기까지 그렇게 먼 데 거를 어떻게 아느냐고 먼 거를 생각하시지 말고, 바로 요 문지방 너머가 저 몇 수십억 광년이 될 수도 있고, 요 문지방 너머가 바로 내 눈앞이 될 수도 있고, 수십억 광년이 바로 내 눈앞이 될 수도 있는 거예요. 그러니 얼마나 빠르겠습니까?

이 마음의 공부를 하는 것이, 공부라고 이름을 해서 공부지마는 이 선맥을 우리가 잇는다는 그 자체가 바로 우주의 근본을 내 마음의 근본과 더불어 같이 한데 굴려서 한마음이라는 얘깁니다. 그럼으로써 먼 데 것도 가깝게 볼 수 있고, 가까운 거나 먼 데 거나 더 멀지도 않고 가깝지도 않다 이거예요. 항상 가깝다 이거야! 그런데 멀다 가깝다 이런 언어가 붙을 필요가 있나요? 과거심이다 미래심이다 그 언어가 붙을 필요도 없고, 죽었다 안 죽었다 이런 언어가 붙을 필요도 없거니와 윤회가 있다, 업보가 있다 이런 언어가 붙을 필요도 없다 이거야.

자연스럽고 언제나 자동적이고 언제나 자비스러운 포괄적인 지혜로서 언제나 아니 닿는 데 없기 때문에, 나 아님이 없기 때문에, 모든 것이 상대성이 있어야 되는데 상대성이 있으면서도 상대성이 하나도 없는 거라. 모두가 나 아님이 없기 때문에 바로 여러분의 몸이 내 몸이요, 여러분의 마음이 내 마음이요, 여러분의 근본이 내 근본이니 어디 우주의 근본이 따로 있고 여러분의 근본이 따로 있겠습니까? 또 수억겁 전에도 부처님께서 내려오면서 여러분을 가르쳐 왔지마는 그 부처님의 마음도 또는 역대 조사들도 다 근본이 바로 여러분의 마음의 근본이기 때문에 우주의 근본도 모두가 다 한마음으로 통해서 찰나찰나 우리는 같이 돌아갈 뿐입니다.

여러분이 이 도리를 아신다면 하나도, 오늘 그 핼리 혜성이라는 그러한 정보원이 와도 정보원 그 자체가 나이기 때문에 절대로 나를 해치진 않아. 그러면 나 개별적인 하나냐? 아닙니다. 이 세계가 전부 포괄적인 하나이기 때문에 전체 해를 줄 수가 없는 겁니다. 그러니 핼리 혜성이 오면 핼리 혜성이 둘이 아니요, 나요, 또 별성이 나요, 또 그 위성이 나요, 은하계가 나요, 대천세계가 나요, 모두 하나하나가 나 아님이 없는데 왜 나를 해칩니까? 그리고 또 내가 왜 그를 해칩니까? 바로 내 아픔이요, 내 몸이요, 내 물질이요, 자동적인 내 원력인데 말입니다, 모두가! 어떤 것이 진짜 사람이며 어떤 것이 진짜 부처님이며 어떤 것이 진짜 근본이겠습니까? 그러니 아무 걱정도 할 필요가 없는 거라. 예전에는 몰랐기 때문에 모든 사람들이 이렇게 생각을 했을 테죠. '아, 저게 한번 왔다 가면 모든 게 좋지 않을 거야.' '좋지 않을 거야' 했으니깐 좋지 않았고 '아, 저게 왔다 가면 뭐, 그래도 괜찮을 거다.' 한 사람은 괜찮았다 이거야.

내가 예전에도 얘기했지 않습니까? 부처님께서 설법을 하고 계신데 두 상인이 생각을 할 때, 한 사람은 부처님이 인군과 같다고 했고, 한 사람은 사기꾼 같다고 생각을 했기 때문에 사기꾼 같다고 한 그 사람은 새벽길에 수백 개의 수레가 굴러가는 데서 그냥 술을 잔뜩 먹고 거기 쓰러져 있다가 죽었고, 또 한 사람은 정말 딴 나라에 가서 인군이 돼 가지고 부처님을 초대를 해서 그 나라를 불국토로 만들었다는 얘기도 있습니다. 그렇듯이 사람은 생각하기에 달린 거라. 왜? 여러분이 여기 앉아 계시지만 여러분에게 내가 만약에 "당신은 사람도 아니고 나빠!" 한다면 당신 마음이 어떻겠어요? '두고 보자.' 이럴 테죠? '두고 보자' 한다면 언젠가는 두고 봅니다.

그런 거와 마찬가지로 핼리 혜성이나 그런 것도 역시 말 그대로 핼리라고 하지 말고 그냥 '혜리 혜성'이라 그랬으면 좋겠군요. 허허허. 응? '지혜 혜' 자에다가 '이할 리' 자를 붙이면 얼마나 좋겠습니까. 왜 하필이면 '핼리' 그렇게 그냥 부릅니까? 그러니까 우리가 생각하기에 달린 거야. 이름이라는 건 아무 소용 없어. 좋게만 생각한다면, 친근하게 나로만 생각한다면 나를 해치지는 절대 않아! 어느 누구든지!

그러니 오히려 정보원이 탐사를 해 갈 때에 "아, 이 지구 동네는 참 좋더라. 사람들의 마음이 인의롭고, 모든 게 의합하고 조화롭고, 모든 게 지혜 있고, 모든 게 사랑스럽게, 사랑하면서 조화를 이루고 그렇게 잘 사노라." 하고 정보계에서 저 정보국으로다가 신호를 하면 아마 여기에 좋은 현상, 4차원 현상이 올 거야.

이런 생각 해 보셨어요? 옛날에 살던 사람들과 지금 사는 모습들을 가만히 볼 때 '야, 변하는 줄도 모르게 변하고 있구나.' 그러니 차원이라는 것도 차원이 올라가는 거를 모르면서도 차원이 올라가고 있었어요. 차원이 얼마나 높아졌습니까, 오늘날에. 그렇다면 차원이 높아지는 줄 모르게 높아졌는데 여기에서 조금만 더 높아지면 5차원도 될 수 있지 않을까요? 허허.

우리가 마음먹기에 달린 겁니다. 마음을 빈약하고 약하고 아주 구질구질하고 좁게만 생각하지 마세요. 좀 앞가슴을 떡 펴고 두 팔을 쩍 벌리면 우주가 전체 들어오게끔 이런 마음의 지혜를 가지세요. 그렇게 되면 우리는 저절로 불국토를 이룰 수 있는 그런 멋진 세계가 될 수 있고 멋진 인간이 될 수 있고 멋진 삶을 누릴 수 있을 거예요.

그러면 오늘은 이걸로써 그칠까요?

어느 소녀의 둘 아닌 발걸음

1986년 4월 18일

옛날에 어린 소녀가 길을 걸은 얘기를 잠깐 해 드리겠습니다. 그 소녀가 걸은 길은 너무도 진리였습니다. 이 마음과 마음이 서로 한마음으로서 연결이 된다는 것을 그 소녀는 항시 응시했으니까요.

옛날에 어느 가난한 소녀가 있었습니다. 그 가난한 소녀는 위로 윗분들, 아래로 동생들, 또 부모가 다 있었죠. 그랬는데 어느 날 갑자기 저 산골에 들어가서 나무를 베어야만 했습니다. 그건 왜냐하면, 지붕을 만들고 풀을 깎아서 이어야 했고 또 그 안에는 나무를 베어다가 이렇게 등상을 매고 그 위에다 풀을 깎아 말려서 거기 놔야 잠을 잤기 때문입니다. 이런 얘길 왜 하느냐 하면 여러분이 불법을 모두 우습게 생각하고 기복으로만 알기 때문에 이런 얘길 하게 되는 겁니다. 그 소녀는 아버지를 따라 나무를 자르는 데 가서 잘라 놓은 나무의 가지를 항상 낫으로다가 매끈하게 잘라 냈습니다. 그러고 나머지 가지는 한데 합쳐서 놓기도 하고 이렇게 했죠. 솔방울은 솔방울대로 또 따서 한데 합쳐 놓고 이렇게 했습니다.

그랬는데 그 나무가 하는 소리입니다. 소녀는 이렇게 말을 했습니다. "너를 자르게 된 것은 우리가 어쩔 수가 없어서 잘랐잖아." 하고 말을 했습니다. 그때는 어떠한 생각이 들었느냐 하면 자기의 목숨을 자르는 거나 진배 없이, 똑같이 생각을 했기 때문입니다. 그래서 그런 말을 하게 됐습니다. 답변이 오기를 "어쩔 수 없잖아. 너도 바로 나고 나도 너니깐 어쩔 수 없잖아. 내가 너를 도와서 할 수 있는 일이라면, 네가 또 나로 인해서 편리하게 잘 수 있다면 좋아." 그러고 대답이 왔습니다. 소녀는 그것을 낫으로 자르면서도 "어린 동생은 아파도 아픈 줄 모르잖아? 이걸 가지런히 다 눕혀서 등상을 매야만이, 또 풀도 이렇게 두껍게 놔야만이 우리 동생을 뉠 수가 있지." 하니까 그쪽에서 답변이 "그러니까 낫으로 곱다랗게 요렇게 두드러지지 않게 잘라 내." 하거든요. 옹이가 진다면 풀잎을 깔아도 아픔이 오니까 그것을 매끈하게 자르라는 겁니다.

그리고 껍데기를 벗기라는 얘깁니다. 이게 잔소리 같지만 잘 들으세요. 내가 생각할 때는 그렇게 생각이 들었습니다. 껍데길 벗기면 바로 나의 살 껍데기를 벗기는 거와 같아서 참 마음이 안됐습니다. 결국은 "야, 껍데길 벗기면 아프잖아." 하고서 소녀는 눈물을 흘렸습니다. 그러니까 나무는 자기도 눈물이 난다고 하면서 "나도 눈물을 흘리잖아. 네가 울면 나도 눈물이 나잖아." 하는데 "눈물 흘리는 것 좀 봐." 하는 순간, 그 소녀가 보는 순간에 거기에서 진물이 묻어나고 흘렀습니다.

그러자 소녀는 그날 아버지가 가지런히 해 놓으신 거를 갖다가 연결해서 등상을 매고 그 풀 깎아 놨던 거를 거기다 두둑하게 깔았습니다. 깔고서 그날 밤을 지내는데 날은 좀 추웠습니다. 등상 맨 그 바닥은 땅바닥이었죠. 그러니까 웅덩이를 이렇게 파고선 거기다가 솔방울 삭정이를 넣고선 불을 질러 놓고 거기다 젖은 나무를 놓게 되니깐 연기가 자욱했습니다. 연기가 자욱하니까 그 연기 나는 것을 소녀의 아버지가 바깥으로 굴뚝을 만들어서 이렇게 해 놨습니다. 소녀가 풀밭에 누워서 하늘을 쳐다보니까 지붕 사이사이로다가 별빛이 비쳤습니다. 그리고 불 놓은 그 울 안에는 따뜻한 기가 항상 이렇게 자기의 몸을 스쳐 갔습니다.

그랬는데 소녀는 어떠한 생각을 했느냐 하면 '아, 아래서는 나를 따뜻하게 해 주는 저 불빛, 따뜻하게만 해 주는 게 아니라 밝게 비춰 주는구나. 그런데 위를 쳐다보니까 저 지붕에서는 별빛이 또 저렇게 밝게 비춰 주는구나. 누가 별이라고 이름을 지었을까?' 하는 생각을 했습니다. 그러면서 밤새도록 잠을 못 잤습니다. 소녀는 너무 아픔을 견디지 못했습니다. '그래, 한 친구, 한 식구기 때문에 저렇게 따뜻하게 해 주고 또 비춰 주고 이렇게 하는 것을, 어찌 모두 각자 딴 사람이라고 할 수 있으며 딴 거라고 생각을 할 수 있을까?' 하는 생각을 최초로 하기 시작했습니다. 그 소녀는 그렇게 하면서 수없는 나날을 보내기도 했지만 그 모두를 벗들로 생각을 하고 나무 한 잎 한 잎도 벗으로 생각을 했고 자기로 생각을 했습니다.

그랬는데 우리가 지금 그 소녀가 하던 그것을 한번 되새겨서 생각해 보십시다. 우리는 최초에 지수화풍을 다 가지고 있었기 때문에 큰 성을 이루었습니다. 모두가 우연이 아니라, 우리가 지금 물이 없어도 아니 되고 불이 없어도 아니 되고 바람이 없어도 아니 되고 흙이 없어도 아니 되듯이, 모태로서의 우리는 전부 친근감을 갖고 있고 한 식구, 한마음, 한 생명, 모두 이렇게 한마음으로서 돌아가고 있습니다. 그런데 어떤 것을 떼 놓을 게 있겠습니까? 우리 모두가 각자 '내가 산다' 고 하고 각자 살지마는 이거는 어디까지나 기복입니다. 기복이라고 누가 이름을 지어 놨는진 모르지마는 말이 그렇게 돌아가고 있으니까 나도 그렇게 말을 할 수밖엔 없습니다.

'그러면 우리 인간이 인간 되기까지 얼마나 애를 썼으며 또 어떻게 그런 생각이 그렇게 들었을까. 그 어린 소녀의 머릿속에는 어째서 그런 생각이 들었을까.' 이런 생각이 듭니다. 그때는 불교라는 것도 없고 기독교라는 종교도 없었는데 그 머릿속에서 어떻게 그런 생각이 들었을까? 그건 천연적으로 우리가 같이 한 몸에 지니고 있기 때문에, 한마음에 들어 있기 때문에 그런 생각도 나지 않았나 이렇게 봅니다. 그리고 한 인간의 그 위력이 얼마나도 광대무변하고 참 묘한지, 그것은 여러분이 살아가면서 체험을 해 보지 않고 그것을 생각해 보지도 않고 연구를 해 보지도 않고, 그렇게 행도 해 보지 않은 분들에게는 체험이 갈 리가 없죠.

우리가 불이 가설이 돼서 다 들어와 있다 할지라도 여러분이 코드를 꽂지 않으면 불이 안 들어옵니다. 여러분의 마음이 코드를 꽂을 수 있고, 때에 따라서 환경에 따라서 모터를 돌리려면 모터의 코드를 꽂아야 하고 또는 내가 컴컴하다면 불을 켤 수 있게 코드를 꽂아야 하고 또는 어떠한 전기 기구를 쓰려면 그 코드를 꽂아야만 합니다. 내가 수천수만 가지 그렇게 다양하게 쓸 수 있는 것은 바로 우리가 현실에 가지고 있는 것입니다. 우리 오관을 통해서, 어저께 그저께도 얘기했습니다마는 습도력이나 온도력이나 자동력이라든가 또 전자력이라든가 통솔력이라든가, 이 통솔력이라는 건 지혜로운 마음인데 그 지혜로움이라든가, 통신력이라든가 이런 자동력, 이 자체를 바로 우리가 가지고 있는 겁니다. 우리가 가지고 있어서 언제나 항상 쓸 수 있는 건데도 불구하고 우리가 쓸 수 없으니까 물질만 가지고 이거다 이거다 하고서 요렇게만 돼 있지마는, 여러분이 이 도리를 알아서 앞으로 성장이 된다면 5차원, 6차원, 7차원의 그 차원이 높아져서 우리는 세계적으로 정말이지 개발된 우리 인간의 삶에 생동력 있는 보람을 느낄 겁니다.

나는 이런 생각을 합니다. 지금뿐만 아니라 그전에도 그런 얘길 했습니다. 내가 나갈 줄 알고 내가 들어올 줄 알고 내가 할 줄 알아야만이, 이런 생각도 저런 생각도 한생각 낼 줄 아는 것이 말하자면 법이 되는 것이지 우주 천하가, 전체가 한데 합쳐져서 한마음으로 돌아갈 줄 모르는 사람이 한생각을 낸다고 해서 어찌 우주가 달라지고 세상의 역사가 달라질 수 있겠는가? 그래서 나는 예전에 그 어린 어떤 소녀도 그렇게 해 나갔다는 거를 생각하면서, 그걸 또 본보기로 생각하면서 나 자체가 그대로 그 소녀가 한 일을 본받아서 항상 진행해 나갔던 겁니다.

그럼 우리가 앞으로 살아나가는 문제에 대해서 우리 몸으로나 우리가 7차원의 차원을 갖고 살아나갈 수 있다는 그 결론은 우리의 능력이 바로 이 우주의 능력이기 때문에, 대천세계의 능력이기 때문입니다. 그 대천세계의 능력이 바로 우리의 능력이며 수많은 별들이 무리를 지어서 있는 은하계의 능력도 바로 우리 한 점의 마음의 능력과 똑같이 돌아가기 때문에 크고 작음이 없이 똑같이 돌아가는 그런 원리입니다. 멀고 가까움도 둘이 아니요, 능력이 크고 작음도 둘이 아니요, 가고 옴이 둘이 아니요, 또는 물질 자체가 둘이 아니요, 바로 마음 자체가 둘이 아니요, 생명 자체가 둘이 아니니 살아나가는 그 자체도 둘이 아닙니다. 그렇기 때문에 우리 자체가 모든 것을 해 나가는 데는 한마디로 말한다면, 이것이 엄청난 문제로 비화될지도 모릅니다마는 정녕코 그럴 수 있다는 거를 증명해서 내놓을 수 있는 여러분의 능력이 있다는 겁니다. 즉 말하자면 은하계도 우리 한 점의 마음에서 좌우할 수 있다는 얘깁니다.

그러면 우리 지구를 지금 지구에서 사는 사람들이 어떻게 해야 앞으로 진화력으로써 진화를 시킬 수 있느냐는 겁니다. 미생물에서부터 나오던 그 물질, 그 생명들에 의해서 이 모습으로도 나오고 저 모습으로도 나오고 쓸데없는 모습으로도 나온 것이 허다히 많습니다. 그래서 인간에게 해를 끼치는 것도 있고 이익을 주는 것도 있고 그렇게 천차만별로 돼 있습니다. 그런데 지금 시기에는 과학이 발전이 되고 이랬지만 그건 유전자의 발전이지 무전자로 하여 유전자로, 유전자로 하여 물질로 나온 것은 아닙니다. 인간이 몰라서 그렇지 모든 게 무전자가 있기 때문에 무전자는 수만 개를 해 놓을 수도 있고 수만 개를 없앨 수도 있는 것이 바로 무전자이며, 또는 유전자라는 것은 수만 개를 만들 수도 있지만 그 만들 수 있는 자체, 그 무전자를 없앨 수는 없는 겁니다. 유전자는 한계가 있기 때문입니다. 그렇기 때문에 유전자로 하여금 또 수만 개를 만들 수도 있는 그러한 신비한 연구를 해서, 생물학자도 그렇게 연구를 했고 철학자도 또는 과학자도 그렇게 연구를 했습니다마는 이 물질 자체가, 지수화풍 자체도 모두가 생물 아닌 게 없습니다.

그럼으로써 지금 현재에 나가고 있는 이 마음들이 전부, 무슨 말세가 됐다는 둥 무슨 파동이 온다는 둥, 지금 스위치 하나만 누르면 풀 한 포기 생명도 다 앗아진다는 말을 하고 있습니다. 또 사실이 그렇습니다. 그렇다면 그거 조절을 누가 하는가. 그것은 대천세계와 더불어 그 속의, 한마음의 한 점의 도리에 달렸다고 봅니다. 지금 살아나가는 이것도 과학이 발전이 돼서 좋다고들 하는데 우리가 좋다고 하기 이전에 좋은 거는 좋되 만약에 생명이 많이 앗아진다면, 우리들이 없고 무슨 발전이 필요하겠습니까? 우리들이 있고 존재하면서, 지속되면서 발전을 하는 것이 근본의 목적이 아니겠습니까? 그렇기 때문에 모든 것은 모든 것대로 물질로다가 여러 가지 나오는 거를 무전자로서의 그 유전자의 능력으로, 또는 현실에 물질로 나온 우리 인간의 한 점의 마음이 그 모든 쓸데없는 거는 없애고, 진화시켜서 모습을 없애는데 그 근본 생명을, 영원한 생명을 없앤다는 게 아닙니다. 사람이 그 차원을 진화를 시키면 바로 딴 물건으로 나올 수 있다는 얘깁니다.

그렇기 때문에 만 개를 축소해서 하나로 만들 수도 있는 겁니다. 쓸모 있게 만들 수 있다는 겁니다. 그러면 물질로서의, 물질과학으로서의 쓸데없는 거 만 개를 버리고 한 개를 세계적으로 쓸모 있게 만든다는 것과 같습니다. 무루에서 그렇게 만들 수 있어야 유루의 물질로다가 나올 수 있다는 겁니다. 이거는 삼합이 똑같이 균형을 맞잡아 나가면서 균등하게 항상 지혜가 무기가 돼서 우리가 활용할 수 있는 자동적인 능력, 진화력 또는 전자력 이 모든 것이 여러분 몸에도 다 오관을 통해서 오온의 그 뜻이, 아까도 얘기했습니다마는 그 능력이 다 주어져 있다는 겁니다.

그러므로 그렇게 축소해서 좋은 물질로서 나와서 우리가 한마음 한뜻으로서 이익을 서로 도모하면서 한마음으로 돌아가게 만들 수 있는가 하면, 우리가 이 무전자로서의 자원을 끌어들인다면, 예를 들어서 굼벵이가 매미가 되는 것은 알고 있으나 무전자로서 어떻게 매미가 되는지 그 과정, 그 찰나는 모릅니다, 모두. 어떻게 해서 그렇게 되는지 모른다 이 소립니다. 그래서 거기의 첨단을 넘어갈 수 있어야만 된다는 문제가 바로 우리가 공부하는 것의 결론입니다. 그렇기 때문에 지금 사람 사는 데에, 엊그저께도 얘기했습니다마는 굼벵이의 식구들이 한마음, 한뜻, 한 식구다 이렇게 말하는 이유는 그렇게 한 식구기 때문에 우리는 멸종하지 않는다는 얘깁니다. 그래서 "겁내지 마라. 모든 것은 한생각에 달렸다." 이 소립니다. 어저께도 얘기했지만 매미가 됐다고 해서 이 매미는 자기가 굼벵이었는 걸 모르고 굼벵이의 식구가 자기의 식구였다는 걸 모르고 또 자기가 지금 매미의 식구가 된 거를 매미는 매미대로 모르고, 차원에 따라서, 바로 계발되는 데에 따라서 진화가 돼서 모습을 바꿔서 자꾸자꾸 생산이 되고 있는 겁니다.

그럼 우리 인간도 그렇게 해서 나왔으면 인간의 참뜻을 알고, 우리가 그 참뜻을 안다면 영원한 무루의 그 진화력이나 무루의 그 참, 무전자를 알아서 그 무전자의 뜻에 의해서 전부 한 우주간 법계를 통하면서 자동적으로 용을 할 수 있는 한생각이라는 것이 그렇게 거북상스럽지도 않습니다. 그렇기 때문에 우리는 7차원의 차원을 지구에서 꼭 가질 거라고 믿어 마지않습니다.

우리는 지금부터가 문제가 아니라 삼 년 전서부터 이 계발을 하는 데에 문제가 있고, 또 한 가지는 우리가 그렇게 마음을 쓰고 공부하는 데에 대해서는 반드시…, 우리 중세계의 은하계가, 가까이 있는 그 은하계가 지금도 한 몇 미터가 아래로 내려왔다고 봅니다. 그렇다면 몇 미터라기보다도 지금 킬로수로 말한다면 한 5킬로나 6킬로, 7킬로 이렇게, 9킬로까지도 내려올 수 있는 겁니다. 내려온다면 우리는 그렇게 7차원의 맞이를 하게 되는 겁니다. 우리 자원력도 그렇게 앞으로 점차적으로, 차원적으로 자꾸자꾸 이렇게 활동을 하게 된다면 모든 게, 어떠한 별성 하나하나가 우리의 생명 아닌 게 없고 우리의 몸 아닌 게 없습니다. 우리의 형제 아님이 없고 우리 부모 아님이 없고 우리 동생 아님이 없습니다. 그렇기 때문에 한마음 한뜻이….

불이 말입니다, 산불이 나 보십시오. 먹을 게 있으면 수천수만 톤을 막 그냥 집어삼킵니다. 그런데 먹을 게 없으면 그렇게 힘이 없는 겁니다. 여러분이 그 원자의 능력이 없다면, 그렇게 불이 타 들어가다가 불씨가 온통 산을 다 집어먹을 수도 있는 건데 능력이 없다면, 바로 거기에 먹을 게 없다면 그냥 시들하게 꺼져 버리고 말듯이, 우리 인간의 마음도 항상 체가 없는 마음이 그렇게 능력이 있는데, 그 주어져 있는 것도 쓰지 못하고 있는 것은 자기가 계발을 못했기 때문에 먹을 게 없다는 얘깁니다. 할 수가 없다는 얘깁니다.

그래서 한마음의 티끌처럼 돼 있는 그 불씨가 우주 삼천대천세계를 집어삼키고도 남음이 있다는 그 여건의 언어는, 여러분의 능력에 따라서 바로 그런 언어가 주어지는 것입니다. 그러면 우리가 스위치 하나를 눌러서 하는 것도 인간의 조작이라는 걸 아셔야 합니다. 스위치 하나를 눌러서 그것을 죽이고 살리는 것도 사람의 한생각에 의한 조작이라는 생각을 할 때 누구나가 자기 죽자고 그 스위치를 누르지는 않습니다. 그러면 이 세상을 다 집어삼키는 것도, 생명을 앗아 가는 것도 다 한 스위치에 달렸다고 하지마는 죽으려면 자기도 포함돼야만 되는 것입니다. 또 그런가 하면 아주 풀포기 하나 남기지 않고 생명들을 다 죽였다 하더라도 그 생명은 여전히 남아 있습니다. 모습만 없어졌다 뿐이지 그 생명이 어디 가겠습니까? 우리가 살던 그 차원의 습에 의해서 '혼' 이라는 것은 여전히 살아 있습니다. 그래서 여기 와서도 심어지고 저기 가서도 심어지고 이렇게 되는 것이죠.

그러니까 우리가 자원이 튼튼하다면, 원자력이 튼튼하다면 바로 원자로서 전자를 끌어들이면서 그 전자에서 끌어들인 그 자체를 끌어들여서 생산한다면 자원도 풍부하게, 공업도 풍부하게 될 수 있다는 그런 결론이 나오는 것입니다. 그러면 원자가 튼튼치 못한 까닭에 전자로 하여 에너지를 끌어들이지 못한다는 그 말은 무엇인가. 우리는 마음의 공부, 근본적으로 무전자의 들이고 낼 수 있는 광대무변한 그 법을 모르기 때문에 유전자까지만 간 것입니다, 지금. 그러니 무전자에까지 이른다면 우리는 자원을 풍부하게 끌어들일 수도 있다는 그 점을 여러분이 다 아셔야 할 것입니다. 만약에 여러분의 모습이, 모습은 지금 여기 있지만 여러분은 여러분 생긴 모습을 잘 아시죠? 색경을 보시고 면경을 보셔서 잘 아시죠? 내가 키가 크다 작다, 어떻게 생겼다 이러는 거를 말로는 증명할 수 없지만 뜻으로는 다 알고 계시죠? 내가 얼마만치, 어떻게 생겼다는 거를요. 알고 있기 때문에 그 모습을 수만 개로 만들 수가 있다는 겁니다.

그리고 모습으로도 만들 수가 있지마는 여러 사람들의 모습, 선신의 모습, 부처의 모습 그리고 또 어떤 사람의 모습, 어떤 물건의 모습, 모두 알고 있기 때문에 사람들은 첨단을 넘어설 수 있다는 얘깁니다. 그래서 그 모습들의 생김생김과 모든 거를 알고 있기 때문에 우리는 어디에고 둘이 아님이 없이 내가 될 수 있다는 얘깁니다. 이것이 무전자의 바로 자동력이라는 그 뜻입니다. 쓸데없는 생명들이 지금 여기의 자원을 잡아먹고 있는 폭이나 마찬가집니다. 알지 못하게, 보이지 않는 그런 자원을 지금 먹고 지내고 있습니다. 그렇기 때문에 여기 우리의 자원은 사람이 많아지면 많아질수록 점점 줄어드는 폭이죠. 공기가 탁하게 되고요.

그러는 문제가 우리들의 마음 한생각에 달려 있으니 그 여러 가지 문제는 여러분이 공부하는 데 달려 있다고 봅니다. 그리고 또 그 마음을 우리는 전자의 선지식들이 배운 것처럼, 앞서 배운 것처럼 배우셔야 됩니다. 근래에 가르치는 배움이라는 것은 꽁꽁 언 얼음에다가 펄펄 끓는 물 한 바가지 갖다가 붓는 형국이니 봄이 온 거보다는 못하지 않겠습니까? 스스로 봄이 온다면 꽃도 피고 얼음도 녹을 텐데, 창창한 물이 자연적으로 그냥 흐를 텐데 말입니다. 그런데 아주 추운 겨울에 끓는 물 한 바가지 부어 봤자지 뭐를 하겠습니까? 그러니 우리가 스스로 깨달음으로써 자원이 튼튼하다는 얘깁니다.

그러니 인제는 기복을 벗어날 때도 되지 않았습니까? 기복을 벗어나서 내 원자에 근본적으로 그 능력이 주어져 있다는 것을 깨닫고 해 나갈 수 있어야만이 내 몸도 지탱하고 잘 끌고 다닐 수가 있고 남의 몸도 좀 끌어 줄 수도 있는 문제가 나오지 내 몸을 끌고 다니지 못하는데 남의 몸을 어찌 끌고 다니며 내가 길을 모르는데 남을 어찌 리드해 나가겠습니까. (녹음 안됨)

오늘 여기에 더 이어서 얘기를 하려다가 그만 그 길을 놓쳤습니다. 까맣게 그냥 길을 놓쳤습니다. 하, 그랬으니까 오늘 요것으로써 끝내면서 여러분의 질문을 들어 보고자 합니다.

처음 오신 분들은 총무 스님이나 여기 계신 스님네들이나 또 사무실에 있는 분들한테나 뭐든 잘 물어봐서 해 나가시기 바랍니다. 어저께도 얘기했지마는 이 주인공은 어떠한 목표가 세워져 있는 것을 주인공이라고 하는 게 아니라 세워져 있지 않기 때문에, 천차만별로 찰나찰나 나투기 때문에, 그리고 옮겨 가기 때문에 주인공이라는 걸 아셔야 하고, 여러분이 남한테 화두를 받아서 공부한다면 절대적으로 은산철벽을 넘지 못하고 뚫지 못한다는 거를 진짜로 아셔야 할 것입니다. 못났든 잘났든 자기, 참자기로부터 그 철벽은 뚫릴 것입니다. 그리고 나는 이렇게 말합니다. 내가 한 것이 없다 하는 것은 그렇게 찰나찰나 자기가 화해서 나투니까 내가 한 것이 없다고 말을 하지마는 만약에 그 모태인 내가 없다면 무엇이 있겠습니까? 나로부터 이 세상이 모두 생겼고 나로부터 이 세상을 알았고 나로부터 이 세상을 알았으니까 했고, 이렇게 왔습니다.

여러분은 못난 게 아니고 능력이 없는 게 아닙니다. 여러분이 생각하기에 달렸고 생각하면서 밀고 나가는 데 의의가 있고, 생동력 있고 또 삶의 보람이 거기에서 오는 것입니다. 바로 한 생각에서 '아이고, 이렇게 삼재가 들었다는데, 이렇게 언짢다는데, 내가 몇 살이면 죽는다는데, 새 달에 언짢다는데…' 이런 것에 말린다면 여러분이 바로 귀신 아닌 귀신입니다. 미신이 따로 있습니까? 여러분의 마음이 미신이지. 그렇게 한다면 바로 미신의 생각을 했기 때문에 미신의 행을 하는 겁니다. 그것은 아마 세세생생에 떨어트리기 어려울 겁니다. 잠재의식 속에 그것이 바로 습이 돼서 돌아가기 때문에 그것이 인과응보가 되고 유전이 되고 그래서 떠날 수가 없습니다. 툭툭 다 떨어 버리고 나 자체, 그 근본의 근원을 가지고 나가면서 하나하나 체험하면서 나가신다면 얼마나 이것은 다양한 일이고, 우리가 근본적으로 우주적인 문제도 해결할 수 있는 한 점의 그 한 티, 한 불씨 하나가, 온 누리를 다 집어삼킬 수가 있는 그 불티 하나가 말입니다, 이렇게 능력이 있다는 걸 어찌 여러분은 모르십니까?

여러분 담뱃불 하나가 온 집을 다 태우는 거 못 보셨습니까? 그 불티 하나가 다 태워서 여러분을 못 살게 했다고 그러지만 그 불티 하나를 잘못 써서 그렇지, 칼 하나를 가지고도 사람을 죽일 수 있게 쓸 수도 있고 전체 사람을 살릴 수 있는 그런 칼 하나를 지금 쓰고 있지 않습니까? 불씨 하나 잘못 쓰기 때문에 온 집안을 다 태우는 거지 그 불씨가 집어먹는다고 했습니까? 여러분이 사용하기에 달린 거지. 그 불씨 하나하나는 전부 나인 것입니다. 바로 내 생명인 것이고 나인 것입니다.

불교를 잘못 알아서는 아니 됩니다. '불교' 한다면 지렁이의 생명도 생명은 생명이라는 뜻입니다. '불' 입니다. 이 불성 자체가, 전체에 불성 아닌 것이 어디 있습니까? 그러면서 우리는 말 없이 말을 하고 있고, 돌도 말 없이 말을 하고 있고 저런 식물들도 말 없이 말을 하고 있습니다. 그리고 여러분도 말 없이 말을 하고 계시지만 말을 하고도 계십니다. 그러니 이 불성 자체가 바로 나이면서 생명이 있기 때문에 생각을 하게 되고 그 생각을 잘했다면 말을 잘할 것입니다. 그 생각을 잘못해 가지고 말을 잘못하면 그건 한데 떨어지는 말이 될 것이고 한생각을 잘해서 말을 잘했다면 그건 말씀이 될 것입니다. 그래서 부처님의 말씀이라고 했고 바로 종교라고 했고 불교라고 한 것입니다. '교' 라는 것은 말씀을 말하는 것입니다. 그런데 우리가 모든 종교를 어떻게 믿고 가기에 이렇게 힘없는 송장 같은 삶을 살아야만 합니까? 송장같이 이리 끌리고 저리 끌리고 이리 밟히고 저리 밟히고 누르면 떨어지고 올리면 그냥 동그라지고, 이렇게 살아야만 합니까? 자기 중심을 자기 중심대로 가지고 활용하고 삶을 보람 있게, 생동력 있게 살지 못한 채 이렇게 살기 때문에 예전 어린 소녀의 눈에도 피가 흘렀고 지금 어느 소녀의 눈에도 피가 흐르고 있습니다. 각 별들도 피를 흘리고 있는 거나 마찬가지로, 따뜻하게 주면서도 어딘가가 냉철한 피를 흘리고 있다는 사실을 아셔야 할 것입니다.

여러분의 마음을 그렇게 잘못 쓴다면 멸망할 것이다 하는 것도, 심판을 받는다 하는 것도 여러분의 마음들끼리 심판을 하는 거지 누가 심판을 합니까? 한 사람의 마음이 악으로 간다면 악의 심판이 나올 거고 또는 선으로 간다면 선의 심판이 나올 것입니다. 여러분의 마음에 달린 것이지 아, 심판이 따로 있습니까? 여러분 빼놓고 무슨 심판이 있습니까? 그리고 무슨 말세가 있습니까? 여러분과 더불어 내가 있기 때문에 심판도 있을 것이고 또는 말세도 있을 것이고 이런 것입니다.

그래서 이것을 잘 조절해서 나갈 수 있는, 한마음의 근원을 잘 리드해 나갈 수 있는, 자기 몸을 자기가 리드해 나가고 자기 몸은 자기 마음을 리드해 나가고 할 수 있도록 균등하게 딱 잡아 가지고 자기 주인공에 의해서 들이고 낸다면, 감사한 것도 자기고 잘하는 것도 자기고 못하는 것도 자기니 어찌 남을 원망할 수 있으리까? 그리고 남을 증오할 수 있으리까? 조상을 원망할 수 있으리까? 부모를 원망할 수 있으리까? 누구를 원망할 수 있으리까? 자식이 잘못한다고 원망할 수 있으리까, 부모가 나를 가르치지 못해서 요렇게 산다고 원망을 할 수 있으리까? 여러분이 지은 것만치 지어 가지고 나온 것입니다. 여러분이 하고 있는 거만큼 여러분은 살고 있는 겁니다. 나는 지금도 눈을 똑바로 뜨고 하늘을 쳐다보고 땅을 내려다보면서, 눈을 똑바로 뜨고 눈물이 하염없이 흐를 때도 있습니다. 여러분이 우리 형제며 부모며 바로 나이기 때문입니다.

그래서 우리는 거짓이 있어서는 아니 된다는 얘깁니다. 반드시 생각을 했으면 설계가 있어야 하고 설계가 있으면 현실로 집이 나와야 된다는 결론입니다. 죽어서 천당에 갑니까? 살아서 차원을 기르지 못한 내가 어떻게 죽어서 천당에 갑니까? 살아서 사람이 못 된 사람이 어떻게 죽어서 천당에 갑니까? 종교를 믿어서 천당에 갑니까? 내가 잘 못하고 한 가정을 잘 이끌어 나가지 못하는 사람들이 어떻게 한 세계가 잘되길 바라며 어떻게 국가가 잘되길 바랍니까? 이 종교를 잘못 생각하면 안 되십니다. 우린 앉은 자리의 한 방석에서 한번 이렇게 돌라 생각하고 한번 이렇게 돌라 행하는 데에 이 우주 전체가 달려 있다는 걸 아셔야 합니다.

여러분의 질문이 없으시다면 이걸로써 마치겠습니다.

불교 공부의 길

1986년 4월 19일

기복으로 믿는 게 불교가 아니라 우리 진리 이 자체, 우리 살아나가는 삶, 생활 또는 생물에 의해서, 일체를 생물이라고 볼 때 그 생물 속에서 과학이니 하는 문제가 다 나온 거지요.

그런데 지금 불교를 믿고 공부하는 사람들이 요걸 분별해서 잘 리드해 나갈 수 있는 두 가지 여건이 돼 있질 않은 거 같아요. 그건 뭐냐 하면 첫째, 무조건 믿는다. 믿음으로써 물러서지 않는다. 이건 무조건 믿어야 한다는 얘깁니다. 공부하는 사람들이 자기를 자기가 의심한다면 이건 있을 수가 없습니다. 그래서 자기가 자기를 못 믿는다면, 실질적으로 자기에게 일상생활을 돌려서 자기로 하여금 일체 만법이 나고 들게 하는 참자기의 맛은 보기 어렵다고 봅니다.

그런데 예전에 스님네들이나 또는 부처님들께서도 말씀하시기를 많이 그렇게 했거든요. "야, 너희들뿐만 아니라 일체 만물이 다 색이자 공이다. 즉 공이자 또 색이다." 이렇게 한 것을 볼 때 우리는 하나든지 둘이든지 고정된 게 하나도 없다 이거야. 그래서 찰나찰나 나투며 화해서 돌아가니까 이건 어떤 거 할 때 나라고 세울 수 없으니 공이라 이거야. 보이는 것이자 공이다 이거야. 하는 거는 열 가지를 하더라도 열 가지가 다 보이는데 그것이 아주 찰나찰나 고정되지 않다 이런 얘기지. 그래서 없어서 공이 아니라 너무 빨리 찰나찰나 돌아가기 때문에 공이야! 이거를 알라 이거야. 그게 주인공이다, 이름해서. 과거심이나 현재심이나 미래심이 한데 합쳐서 돌아가기 때문에, 합쳐서 무궁무진하게 진화되면서, 화하면서 차원에 따라서 천차만별로 돌아가거든.

그런데 그렇게 올바른 말을 하면 오히려 저건 이상스럽다고 하고 오히려 "관세음보살 찾으시오." 관세음보살, 지장보살, 문수보살, 보현보살 이렇게 따로 따로 따로 해 놓는 그게 옳다고 하는 거야. 옳게 생각이 드는 거라, 쉬우니까. 자꾸자꾸 그것을 찾고 또 내가 병이 들면 약사보살을 찾아야 하고 이렇게, 따로따로. 그리고 그 약사보살을 찾을 때는 반드시 절에 가서 약사보살을 모셔 놓은 데 가서 청하고, 석가모니 찾고 관세음보살 찾고 지장 뭐, 보현, 문수 이렇게 자꾸 찾는다 이거야. 심지어는 용왕까지 찾으러 다녀. 또 산에 올라가면 물 떠 놓고 빌지를 않나. 그렇게 해 가지고 병나는 사람이 얼마나 많은 줄 알아요? 정신병자가 되는 것인데, 내 집이 비면 빈집이 되기 때문에 영계가 들락날락해도 몰라. 여러분이 중심을 세우지 않는다면 집은 빈집이라. 그러면 빈집에 유전성이나 세균, 악령, 영력(靈力)이, 영이 그냥 쉴 사이 없이 들락날락해도 여러분은 어찌해 볼 수 없는 거야.

그건 우리가 최초의 한 생각을 잘못했기 때문에 그렇거든. 나로부터 이 세상이 생긴 게 아니라 그로부터 내가 생긴 걸로 안단 말이야. 나로부터 생긴 걸 알아야 그와 나와 둘이 아니게 이것이 공동체로 돌아가고 공체로 돌아가고 공심으로 돌아가고 공용으로 돌아갈 텐데 그렇지 못하기 때문에 항상 노예 노릇을 하는 거야. 자유인이 못 되고 노예 노릇을 하는 거야. 그러니 항상 복잡하고 마음이 작고 가난하니까 가환, 우환 그 모든 복잡한 일들이 항상, 요거 끝마칠 때 되면 요거 나오고 요거 끝마칠 때 되면 또 요거 나오고, 쉴 사이 없이 돌아오는 거라.

우리가 한 가지의 근본을 알면…, 그래서 전자의 부처님들도 그랬거든. "책도 보지 말고 다 보지 마라. 물질에 너무 치우치지 말고 망상에 치우치지 말고 모든 것은 네 마음으로, 안으로 돌려라. 돌려라." 수없이 그렇게 말씀을 해 놓으셨어도 그 뜻을 옮기지 못한다 이거야. 가르치는 사람도 그걸 잘못 가르쳤기 때문에 그렇지 않은가 생각이 됩니다. 왜냐하면 내 몸을 내가 끌고 다니지 못하는 사람이 남의 몸을 어떻게 끌어 가지고 길을 인도하겠습니까? 그전에도 얘기했듯이 각 절에 부처는 똑같은 부처지마는 그 절에 사람이 없으면 부처가 없어.

그렇듯이 설법을 해도 설법을 만들어서 하는 거는 그건 만든 얘기야. 자기가 목마르면 그냥 물 떠 먹듯이, 여러분을 만나면 그냥 얘기하는 거야. 여러분도 다 말할 줄 알잖아요? 말할 줄 알면 족하지 뭘 또 거기서 구상을 하고 생각을 하고, '어떤 걸 해야 옳을까. 내가 목마르면 뭘로 떠 먹어야 옳을까. 목마르면 무엇을 떠 먹어야 옳을까. 무슨 그릇을 가져가야 옳을까.' 이 걱정을 하느냐 이거야. 그까짓 놈의 거 못하면 못하고 하게 되면 하고 말게 되면 말지. 열 마디, 백 마디보다 실천에 한 번 옮기는 게 그토록 어렵다 이거야.

그러면 한마디가 법이 될 때 그대로 법인데 어찌 한데 떨어질 수가 있느냐 이거야. 벌써 그걸 생각해서 내가 계획을 하고, 그 얘길 하려고 우선 준비를 해 놨다면 그건 벌써 죽은 거야. 죽은 소리다 이거야. 모두가 한생각을, 이렇게 말을 함이 없이 탁 할 때 벌써 이것은, 못하든 잘하든 그게 문제가 아니야. 벌써 이거 하나만 들어도 이건 법이야. 한 번 올려다보고 한 번 내려다보고 한 번 여러분을 쳐다보면 그걸로써 족한 거야, 본래. 하지만 여러분이 나와 따로따로 있는 게 아니기 때문에, 같이 공체로서 공용을 하기 때문에 나 아님이 없어. 그렇기 때문에 나를 내가 이끌고 가려면 어쩔 수 없이 말을 해야 하고 또는 길을 인도해야 해.

그런데 길을 인도하는 것은, 여러분이 생각하는 거와 같이 저런 길이 길이 아니잖아, 이 공부하는 것은. 길이 없는 길을 찾는 거야, 지금! 만약에 내 발이 있다면 발이 없는 발이 있어야 없는 길을 디딜 줄 알아. 이 손은 한계가 있지만 이 손은 한계가 없어! 여러분이 부처님 법이 이렇게 안 되느니 되느니 이걸 따지기 이전에 여러분이 손이 짧아. 닿질 않아. 왜 닿지 않느냐? 왜, 누가 손 길지 말랬냐? 여러분의 마음이 가난하다면 요 한 치도 넘길 수가 없고, 여러분이 지혜가 넓다면 그 지혜로써 도구가 돼서, 무기가 돼서 일체 만법을 응용할 수 있고 활용할 수 있는 거야, 자동적으로.

불교가 죽은 불교가 아니야. 우리 생활이 불교며 세계적으로 생동력 있게 돌아가는 게, 지금 현재에 찰나찰나 돌아가는 게 불교야. 불교라는 것이 앉아서 좌선을 하는 것만이 불교가 아니고 공에 빠져서 가만히 수련을 잘하는 게 불교가 아니야. 앉으나 서나 먹으나 똥을 누나 모든 것이 일체, 함이 없이 같이 공생하면서 공용을 하기 때문에 우주의 근본이나 태양의 근본이, 천지의 근본이 다 인간의 한 점의 근본이야. 같이 돌아가. 그 도리를 알라 이거야. 그럼으로써 우리는 걱정 없이 이리로 가도 편안하고 저리로 가도 편안해. 저기다 세워 놔도 굶어 죽을 바가 없고 저기다 세워 놔도 집이 없어서 못 잘 여지가 없거든. 저런 나무 이파리 하나하나가 말을 못하니깐 우습게 생각하죠? 요런 뱀 하나가 지나가는 데도 우습게 생각할 테죠?

여러분 중에 오늘 처음 뵌 분들이 있기 때문에 내가 했던 말 다시 되합니다마는, 이 미생물에서부터 나 아님이 없는 거예요. 어저께도 얘기했지만 요기서 요기 옮겨 놓으면, 모습만 바꿔 놓으면 여러분은 모르죠. 나쁜 마음을 가지고서 그 도리를 알면 '너 그전에, 내가 나기 이전에 너하고 살 때에 나를 갖다가 도끼로 쳐서 죽였지. 내 이 원수 갚겠다.' 하고 아마 들이덤빌 거야, 알면. 그러나 그 도리를 다 아는 사람이라야 열쇠를 가질 수가 있고 금고를 맡을 수가 있어. 원수나 갚겠다고 하는 사람 앞에는 열쇠가 맡겨지지 않고 금고가 맡겨지지 않아. 그건 소인이기 때문이야. 대인은 원수로 갚는 게 아니야. 덕으로 갚아. 덕으로 인도해. 그것이 남이 아니라 과거의 나이기 때문이야. 몰랐을 때 과거의 나이기 때문이야. 그래서 모른다고 해도, 또 어떠한 억울함이 있다 하더라도 그것이 나이기 때문에 원한도 없고 원망도 없고 증오도 없어. 그것이 참자비요, 참사랑이야.

불교라고 여러분이 다니면서 부처님 앞에 빌고, 또 인등이라고 해서 백 일을 켜고 뭐, 천 일을 켜고 이러고 다니는데, 왜? 지구가, 아니 우주 전체가 백 일만 돌아가나? 응? 또 백 일만 우리가 지금 살고 있나? 그렇지 않잖아? 좀 대의적으로 생각해 보자고. 우리는 일 초도 머무르지 않고 항상 불을 켜 가지고 있어. 그런데 무슨 인등이 따로 있어? 이 세상에 나와서 편리하게 살 거를 왜 긁어 부스럼을 만들어 가지고 자기가 미신이 되고 자기가 미신 행위를 하고, 남이 그걸 보고 또 미신 행위를 하게 만들고 이렇게 하느냐 이거야. 긁어서 부스럼을 만들어 가지고 그 마음이 미신이 돼 가지고 미신이 꼬여들게 하느냐 이거야. 그리고 자기 팔자 운명을 자기가 지어서 애를 쓰고 팔자나 운명을 찾는 거지, 그거 붙을 사이가 어딨어? 찰나찰나 돌아가는데 그것 붙을 사이가 어딨느냐고! 업보가 붙을 사이가 어딨으며 시간과 공간이 붙을 사이가 어딨어? 생사윤회가 어디 붙을 사이가 있나? 티끌 하나 붙을 사이가 없다고! 얼마나 빨리 돌아가는지….

그래서 여북하면 지난번에 이렇게 말을 했잖아요? 칠십 평생, 팔십 평생 사는 기간은, 길고 짧고 이것이 생각하기에 달렸다 할지라도, 칠십 평생, 팔십 평생 살아나가는 그 기간은 길지만 죽는 거는 빠르다고. 한 찰나야. 죽는 거는 생명 요거 딱 떨어지는 그 찰나에 인간이 미생물에서부터 억겁을 거쳐 나오면서 그 업을 지은 것이 이 도리를 알면 그 찰나에 떨어진다고. 이 세상에서는 불도를 믿는 데 돈을 수억을 가지고 그 공덕을 표시하거나 또 수억을 가지고 이 공부를 하려고 해도 안 돼. 그거는 다 떠나서 하는 거기 때문이야.

인간으로 태어나서 50% 미완성을 어떻게 100%로 만들 수 있나 하는 것을 한번 다시 음미하면서 생각해 봐야 될 거 아니야? 대의적으로 세상이 돌아가는 게 어떻게 돌아가는지 잘 파악할 수 있다면 견성할 수도 있잖아? 인간으로 태어나서 그냥 갈 수 없잖아? 우린 수억겁을 거쳐서 이렇게 진화를 해서 창조가 됐는데 자기가 형성시킨 자기 주인을 무시하고 또는 은혜를 모르고 바깥의 형상만 찾으러 다니고 고귀한 이름만 찾으러 다니고 부적이나 무슨 남의 점쟁이 말이나 듣고 다니고, 자기 고귀한 생명을 그리고 고귀한 삶을 그렇게 함부로 한대서야…. 그렇게 값이 쌀까? 어떠한 것이 부닥쳐서 뼈에 사무치는 눈물, 그 눈물이 흐를 때는 기가 막힌 그 한 방울의 피인데 어찌 그렇게 자기의 생명과 삶과 모든 거를 그런 존재로 체인지를 하느냐 이거야. 도매금이 되느냐 이거야.

그러니 아까 얘기하다 말았지마는 두 가지 생각하는 그 여건이, 하나는 찰나찰나 화해서 돌아가는 자기 자체, 고정됨이 없는 자기 육신 자체가 모체가 되는 거야. 화두! 그것은 죽는 것도 아니고 사는 것도 아니야. 원래 모습을 바꿔서 옮겨 갈 뿐이야. 여러분은 처음에 애기로서 태어났죠? 모습을 바꿔서 바꿔서 변질되면서 예까지 화해서 이렇게 왔죠? 애기 적이 여러분입니까, 젊었을 때가 여러분입니까? 지금 늙었을 때가 여러분입니까? 어떤 걸 나라고 할 수 있겠습니까? 그렇기 때문에 공이에요. 공했다는 얘기예요. 그러면 죽고 산다, 이것에 모두가 걸리는데 죽고 사는 것도 없습니다. 본래 산 게 없는데 죽을 게 어딨습니까? 그거는 이론이라고 말할지도 모르죠. 아닙니다. 천만에! 굼벵이가 떨어져서 한 찰나에 굼벵이가 저 매미가 될 때 그 과정을 몰라. 한 찰나의 과정을 모른다고. 한 찰나의 과정만 모르는 게 아니야. 굼벵이가 매미가 됐다고 해도 매미는 자기가 살던 굼벵이를 모르고 굼벵이는 매미가 된 자기 동료를 몰라. 이렇게 바꿔 가는데 어떻게….

그렇기 때문에 여러분 앞에 내가 이 말을 하는 거예요. 믿는 거는 자기 주인공을 진짜로 믿고 의심을 하지 말아라 이거야. 자기를 자기가 의심하지 말아라. 무조건 믿어라. 그리고 믿는 데는 무조건 물러서지 말아라. 일체 만법이 바로 자기 마음에서 나고 든다. 자기 마음이 움죽거려야 자기 몸이 움죽거린다. 자기 생명이 있기 때문에 분별이 있고 분별이 있기 때문에 움죽거린다. 그러니까 삼위일체가 내세울 게 없는 게, 공했으니까 거기에, 모든 것이 거기서 나오는 거 바로 거기에 믿고 맡겨 놔라. 풍차 돌아가듯 그렇게 돌아가는 거니까. 자동적으로 바람만 불면 풍차는 돌아가.

그러니까 생각만 나면 벌써 이거는 자동적으로 돌아가는데 왜 걱정을 하고 내가 산다고 하고 내 거라고 하고 내가 발발발발 방황해야 하느냐 이거야. 자기 주인이 어엿하게 스스로서 생각만 나면 벌써 우주 법계가 전부 알게 되는데, 응? 개별적인 내가 아니야. 전체가 포괄적인 나야. 포괄적인 나기 때문에 나라고 세울 게 없는 것이 나야. 그걸 이름해서 부처라고 하고 자유인이라고 하고, 각을 했다고 하고 도인이라고 하고 이렇게 말들은 많으나 그런 이름 가지고 짓지 마라. 이름을 가지고 우리가 살려면 그까짓 이름이야 어떤 걸로 이름을 짓든지 자기네들 환경에 따라서, 때에 따라서 자기가 이름이 본래부터 없던 거기 때문에 자기 이름을 따서 지을 수도 있고 산 이름을 따서 지을 수도 있고, 동네 이름을 따서 지을 수도 있고 물건을 봐서 이게 여기에 적합하다 하면 거기에 적합하게 이름을 짓고 이런 것뿐이야.

그래서 무조건 믿는다. 그런데 "의정을 가져라." 이런 게 있어요. 그거는 내가 참나를 알고 난 뒤에 거기서 스스로 나오는 의정이, 대의정이 있는 거야. 아! 이것이, 아! 미지수의 이 문제가, 이건 도대체 당신이나 알지 난 모르니까. 그 아비와 자식이 상봉했을 때의 그 기쁨, 또는 기쁘면 기쁜 대로 모든 것이 그렇게 돌아갈 때 모르는 거는 다시 자기 자신에게 '아, 이게 뭘까?' 하고 의정을 내는 거지 아니, 모르면서도 무조건 의정을 내야 되나, 이게? 기초적인 건 해 놓고, 주춧돌을 튼튼히 세워 놓고 기둥을 세워야지 아니, 주춧돌도 해 놓지 않고 기둥을 세울 수는 없죠.

그래서 여러분의 마음이 만약에 나무라면, 대들보로 쓴다면 대들보가 될 것이고 서까래로 쓴다면 서까래가 될 것이고 기둥으로 쓴다면 기둥이 될 것이야. 그렇기 때문에 나무 하나가 수만 가지로 쓰여지는데 구태여 이름 지어서 이게 따로 있고 저게 따로 있고, 용왕 따로 있고 칠성 따로 있고 신장 따로 있고 산신 따로 있고 이런 게 아니야. 순간순간 화해서 순간순간 찰나찰나, 내가 병이 나면 내가, 내 주인공 자체가 바로 약사가 되는 겁니다. 박사가 되고 의사가 되고 그러는 거고. 그러니까 안팎을 다 경영하는 거죠. 운행하는 겁니다. 또 내가 가난하면 내가 관세음보살이 되는 거야. 내가 어떠한 법에 걸렸다면 법의 위치에서, 지금 현재 생활에서 어떠한 일이 생겼을 땐 내가 뭐가 되는 줄 알아요? 바로 독성이 되는 거지, 산신이 되고. 내가 명이 짧다고 생각이 들었을 때는 바로 내가 칠성이 되는 거야. 지장이 되고.

이렇게 광대무변하고 이렇게 좋은 법을, 왜 좋은 법을 좋게 쓰지 못하고선 그렇게 미신적으로 작고 아주 졸렬하게 쓰느냐 말입니다. 부처님께서 그렇게 졸렬하게 가르쳤나요? 천만에요! 여러분이 생각하는 대로 가난을 끌어들이고, 생각하는 대로 바로 지혜를 끌어들일 수 있고 가난치 않게 살 수 있는 그 기반을 닦을 수가 있는 겁니다. 여러분의 생각이 여러분의 가정을 좌우하고 있고 여러분의 그 삶을 좌우하고 있어요.

이런 사람이 있어요. 어떤 사람이 생각을 하기를 항상 그냥 찌부리고 '사는 게 모두 이게 뭐냐. 뭐, 사는 게 모두 이렇고 그냥….' 하고 슬픈 생각만 하고 옹졸하게만 생각하니까 모두 옹졸하게 삽디다. 자기 몸이 병이 들고 옹졸하게 살아져. 그런데 그렇게 생각 안 하고 발랄하고 생동력 있고 '불법의 진리는 이게 아니다' 라는 걸 생각하면서, 자기 생각하기에 달렸다고 하면서 지혜롭게 산다면 그건 스스로서 풍부해지는 거라. 여러분 혼자 사는 게 아니야. 헤아릴 수 없는 몇억이, 조가, 아니 조라고 해도 틀리고 이것은 헤아릴 수 없는 그 생명들이 같이 돌아가고 있다는 걸 알아야 돼요.

어떤 사람이 뱀을 아주 무지하게 때려 죽였대요. 땅꾼이겠죠. 그런데 산을 다니며 땅꾼 노릇을 하다가 어느 날 어느 스님을 만났다는 거예요. 그래서 같이 얘기하다가 스님께서 "살생을 그렇게 많이 하고선 돌아가니 어찌 억겁을 거쳐서 그 죄를 벗어날 수 있겠느냐." 하니까 땅꾼이 이렇게 말을 했거든. "수만 명을 죽였다 하더라도 나는 죽인 사이 없고, 그 수만 명의 몸이 내 몸이니 지금 현재에 이렇게 있습니다." 수만 명의 뱀이 자기라는 거야. "수만 명의 뱀의 마음이 자기 마음이요, 생명이 자기 생명이니 어찌 둘이겠습니까?" 하더라는 거야. 그 스님이 그만 기겁을 했다는 거야, 그 소릴 듣고. 기겁을 해 가지고서 그 스님은 거기에서 그냥 홀연히 터득을 한 거야.

스님한테만 배우는 게 아니에요. 저 지나가는 어린애들이 어떡하고 가는 것도 내가 보고서 잘 참작한다면 그것도 스승이라. 스승 아닌 게 어딨습니까? 서로가 스승이라. 그렇다고 해서 겸손치 않아서는 안 됩니다. 그렇게 대의적인 문제로 돌려서 크게 생각하고 언제나 자기는 머리를 숙이고, 그러면 뺨 맞는 법 없거든. 항상 겸손하게 마음을 가지고 항상 자기 아픔으로 돌리고, 자기로 돌려야 돼. 잘못을 자기로 돌리고. 둘이 아닌데 어떻게 남을 원망하겠나? 이렇게 돌아갈 수 있는 배움이라면 인간의 몸을 벗어나서, 지구의 몸을 벗어나서, 즉 말하자면 지구의 벌레에서 벗어난단 말이야.

우리 인간 이 자체 하나가 이것도 혹성이야. 지금 이 혹성 속에 뭇 생명이 살고 있거든. 이 뭇 생명이 살고 있는 이 속의 생명들이 내가 지금 어디로 돌아다녀도, 이리로 가도 어디 간지 모르고 저리로 가도, 막 돌아다녀도 지금 여기가 어딘지도 몰라, 이 속의 생명들은. 그러면서 여길 가도 거기에 있고 저길 가도 거기에 있거든. 거기 거기 거기, 간도 거기 붙었고 뭐, 생명들도 거기 있고 거기 있고 모두가 거기, 거기 있잖아?

그런데 우리들도 그렇죠. 야, 봐요. 지구의 우리는 지금 배를 타고선, 유람선이 아니라 무람선을 타고 지금 가는 거야. 무람선을 타고 가는데 달도 별도 항상 거기 있거든. 거기 있고 거기 있거든. 그러니 이 지구가 어디까지 갔어도 그 자리가 어디인 줄 몰라. 우린 지금 그 안에서 똑같이 가니까. 아무 데 가 있어도 달은 거기 있고 거기 있거든. 북극성도 거기 있고 거기 있고. 이 별성도 그대로 있는 게 아니야. 사람이 움죽거리듯 그렇게 움죽거리고 있거든. 한군데 머물러져 있는 것도 아니거든. 그런데 우리는 머물러져 있는 줄 알거든. (녹음 안됨) 그 안에서 자기는 가는 줄도 모르고 서로 살고 있고 그러는데 차는 달린단 말이야. 그럼 어디로 달렸는지도 몰라. 차는 가는데 우린 가는 줄 몰라. 그와 똑같다 이거야.

한배 타고 가면서, 같이 공동생활을 하면서, 같이 공동으로 먹으면서, 같이 주고받고 먹으면서 말이야. 별의별 게 다 생겨서 우리는 이렇게 살고 있는데 같이 증오(證悟)할 수 있고, 같이 좀 지혜를 넓혀서 우리가 이 불법의 뜻을, 근본을 잘 음미해 볼 일이 있지 않을까요? 불법이 우주와 더불어 같이…, 우리 인생관 자체가, 바로 진리가 불법이니까.

어저께도 얘기했지만 불이 가설이 됐다 할지라도 코드를 꽂지 않으면 불이 안 들어와. 우리가 생각하지 않고 숭상하지 않으면 영원히 우리는 세세생생에 거듭거듭 모르게, 차원이 얕으니까 얕은 대로 생산이 될 거야. 진화될 거라 이 소리예요. 이것을 못 믿걸랑은 세상을 보세요. 무쇠는 헌 무쇠가 새 걸로다가 생산이 될 때 원소가 무쇠 아닙니까? 아무리 좋은 걸로 생산이 됐다 할지라도 무쇠는 무쇠지 금은 아니거든요. 끼리끼리 모여 있지 않습니까, 모두가. 사람 사는 것도 끼리끼리 물건도 끼리끼리, 차원도 끼리끼리 배움도 끼리끼리. 야, 어떻게 더 잘돼 있습니까? 끼리끼리 있는데, 끼리끼리 있는 데는, 즉 말하자면 행성이 수만 개가 있고 또 별들이 수만 개가 있어도 부부 생활 하는 것처럼 같이같이 돌아가지 않습니까? 조금도 더하고 덜함도 없어.

남녀가 애를 낳고 산다 하더라도 그렇고, 누가 얕고 높은 게 없어. 단지 어머니 아버지라는 거, 이것만 우리가 있는데 그 어머니 아버지라는 건 항상 얘기하듯이, 콩을 심으면 콩나무로 화해 버리거든. 그런데 그 콩나무는, 불교를 믿으라고 하니까, 그리고 "너를 찾아라" 그러니까 아, 과거의 콩씨를 찾으니 있나? 아, 콩나무가 돼 버린 게 어디 있나? 과거의 콩씨는 없어졌으니 없고 콩나무의 콩씨는 아직 달리지 않았으니 없고, 그랬으니 자기가 그것은 알아야지, 응? 그것마저도 공했다는 걸 알아야지. 그런다면 참자기는 전부 나 아님이 없게 됨으로써 우리는 참 삶의 보람을 가질 거요. 그리고 내 몸 속에서 이 중생들이 한데 합쳐서 있기 때문에 이 몸이 움죽거리고 이것이 소용이 있는 거지 만약에 이 속의 생명들이 다 없다면 이거 무슨 소용이 있겠소? 이 생명들이, 즉 한데 합친 '나' 라! 이것이 살고 있기 때문에 나도 이 집이 있는 거야. 집이 있음으로써 이것이 한데 합쳐서 인간이라고 말하는 거야.

지구가 이렇게 빛이 나고 지구가 이렇게 존재 되는 거는 바로 우리가 살고 있기 때문에 지구가 존재하고 있는 거죠. 만약에 우리가 없다면 존재하지 않죠. 폐허죠. 여기만 우리처럼 이렇게 생물이 살고 있는 건 아니죠. 그러니까 내 집만 내 집이고 나만 나고 그런 게 아니에요. 우리는 대천세계와 상천세계, 중천세계, 소천세계가 그대로 우리의…. 넓게, 크게만 생각하지 마세요. 한 티끌에다가 모든 것을 갖다 넣어도 손색이 없어요. 콩 한 알, 한 쪼가리에다가 대천세계 전체를 갖다 넣어도 손색이 없어요. 그런데 그 콩 한 쪼가리도 세울 게 없는 존재예요. 그렇게 광대하다는 얘깁니다. 여러분이 질문하실 게 있으면 질문하세요.

질문자1(남) 질문하겠습니다. 저 같은 중생의 입장에서 보면 현실생활에 너무, 말하자면 끌려다닌다는 생각이 듭니다. 좋은 차도 타고 싶고 또 좋은 집에서 살고 싶고 직업도 좀 편한 거, 또 남들이 좀 우러러보는 직업 이런 거에만 지금 속아서, 부모님도 남 부모님보다 좀 더 잘 모시고 싶고 이런 속된 마음에 휘둘려 가지고 살고 있습니다. 그런데 도를 깨닫는 입장에서 그런 물욕이라든가 이런 모든 걸 놔 버린다 할 거 같으면 어떤 직업을 갖든, 하다못해 제가 어디 공사판에 가서 짐을 지더라도 그 일 가운데 어떤 기쁨을 느끼고 행복하게 살 수 있으면 참된 도를 깨달을 수 있는 것인지요. 이런 속된 욕심에 끄달려 다니면서도 어떻게 공부를 하면 깨달을 수가 있는 것인지, 도를 깨닫는 입장에서는 모든 걸 다 놓고 그렇게 살아도 되는 것인지 좀 일러 주셨으면 감사하겠습니다.

큰스님 그런데 질문을 하실 때요, 요건만 잡아서 그렇게 길지 않게 질문해 주시기 바랍니다. 그런데요, 지금 말씀하신 뜻을 우리가 생각하는데 누구든지 거기에 걸려 가지고 모든 사람들이 공부를 못하고 있습니다. 그런데 나는 이렇게 생각합니다. 가는 거 잡지 않고 오는 거 막지 않는다는 얘깁니다. 물 흘러가는 대로 구덩이가 있으면 거기를 메꿔 가면서 넘어갈 것이고 앞산이 있으면 물은 돌아갈 것이고, 그건 자연의 법칙 아니겠습니까? 또 자연의 법칙이면서도 그건 우연히가 아닙니다. 그러면 그렇게 살면서도 불교를 참되게 믿을 수 있으며 참선을 할 수 있으며 참나를 찾을 수 있는가? 그렇습니다. 찾을 수 있습니다.

우리는, 즉 말하자면 하나하나 손 하나 움죽거리는 거 또는 생각 한번 하는 거, 자고 깨는 거, 먹고 일하는 거 모든 것이, 나쁜 거 좋은 거를 떠나서 우리한테 주어진 대로 지극하게 사는 그 자체가 공했다는 얘깁니다. 불법이 따로 있고 생활이 따로 있는 게 아니지 않습니까? 우리 하나하나 살아나가는 것이 그렇게 공해서 찰나찰나…, 물감 얘기 또 합니다마는 표현을 어떻게 할 수 없으니까 이렇게 얘기할 수밖에 없군요. 물감을 삼십 가지를 갖다 놨는데 우리가 지금 그 물감 삼십 가지를 놓고선 그리고 있습니다. 그런데 때에 따라서는 흰 거 쓸 때, 노란 거 쓸 때, 여러 가지로 다양하게 쓰고 있습니다, 지금. 이게 생활이라고 한다면. 그런데 이 불교를 노란색이 따로 있고 흰색이 따로 있고 이렇게 본단 말입니다. 이게 전부, 우리 생활이 불법이지 생활 떠나서 뭐가 있습니까?

그러니깐 삼십 가지의 물감을 쓰되, 우리 생활입니다. 삼십 가지의 물감을 쓰되 내가 고정되게 하나만 쓰지 않으니 그 삼십 가지의 물감 속에 나까지 공했단 얘깁니다. 쓰여지는 것도 공했고 쓰는 나도 공했단 얘깁니다. 이해가 가십니까? 이 물감 자체도 진짜 물감이 어떤 건지 이름 지어서 말할 수도 없고 또 삼십 가지의 물감을 쓴 나도 어떤 거 쓸 때 나라고 할 수가 없는 것이 공했고, 그러니 이 전체가 한데 합쳐서 모두가 공했다는 얘깁니다. 우리 생활입니다, 그게 전부.

그렇다면 '어떤 거는 아니 해야만이 내가 불법을 준수하고 믿고 숭상할 수 있고 연구할 수 있다' 이런 게 아닙니다. 그대로 참선입니다. 그대로 찰나찰나 나투어서 화해서 돌아가는 게 그대로 참선이며 행선입니다. 그리고 자기가 난 게 그대로 화두입니다. 공했으면서 그대로 화두고 그대로 색이면서 그대로 공입니다. 그런데 무엇을 떠나고 무엇을 안 떠나고가 있습니까? 도대체 부처님이 어디 고정되게 형상으로 있는 것이 부처님입니까? 그렇지 않으면 부처님이라고 이름이 돼 있는 것이 부처님입니까? 그러면 허공이 부처님입니까? 여러분이 있기 때문에 바로 부처님은 계신 겁니다. 여러분이 화장실에 들어가면 화장실에 계신 거고 법당에 올라가면 법당에 계신 겁니다. 여기 와 앉아 계시니까 여기 계신 겁니다.

아까 뱀 얘기 했죠. 어떤 사람이 토끼 사냥을 나갔습니다. 이런 얘기 한다고 그래서 아무거나 막 잡아서 먹는 것을 도라고 생각을 해서는 안 됩니다. 우리가 환경에 따라서 소소영영하게 판단을 할 줄 알아야 된다는 얘깁니다. 줄창 얘기했죠. 우리가 한생각이 이렇게 탁 부딪칠 때는 대뇌로 해서 통신이 전체로 돌아간다고. 그와 마찬가지로 우리는 습도력이나 또는 원자력이나 통신력이나 또는 무전력이나 이런 것이 다 같이 돌아가고 있습니다. 예전에 말했던 걸 이름을 다시 부르기가 싫어서 이렇게 등근등근 넘어갑니다마는, 그 여러 가지가 사람에게 주어져 있기 때문에 우리는 무엇이든지 할 수 있는 겁니다.

그런데 이 도리를 모르고서 그대로 생각했다고 되는 게 아니야. 내가 나기 이전과 더불어 이전도 없고 지금도 없고 미래도 없고, 이렇게 같이 들어서 돌아갈 수 있어야 우주와 더불어 같이 돌아갈 수 있는 거죠. 그럴 때에 비로소 우리는 한생각이 법이 돼서 그대로 이 세상에 나오는 겁니다. 여러분의 머리에 그렇게 주어져 있기 때문에 지금 과학적으로도, 물질과학 또는 유전자도 거기까지 알게 된 거 아니겠습니까?

그런데 우리는 지금 인간이 유전자로 그렇게 많은 생명이, 모습이 나타날 수 있고 바뀌어서 진화돼서 나타난다는 그런 거까지는 알 수 있으나, 무전자로 그렇게 없앨 수도 있고 있게 할 수도 있는 그런 자유성은 어디서 오는 건지 모르고 있다는 얘깁니다. 그럼 우리 자체가 이 부처님의 도리를 알아서, 부처님의 도리를 알라는 게 아니에요. 이 세상의 이 진리의 도리를, 우리 인간이 살아나가는 데에 참나를 알고 세상 도리를 알고 우주의 도리를 알아서 천체 둘이 아니라 이랬을 때, 우주가 발전함으로써 우리 지구도 발전할 수 있고 내 몸도 발전할 수 있고 내 가정도 발전할 수 있고 내 국가도 발전할 수 있는 겁니다.

그리고 이렇게 말을 하면 물질로만 생각을 하시고 '아, 그건 그렇게 할 수가 없는데 어떻게 그렇게 할 수가 있을까?' 여러분이 생각할 때 남이 하나도 모르고 있어도 모두 장본인들은 알고 있는 겁니다. 내가 무엇을 하나 하겠다고 생각을 했는데 딴 사람은 하나도 모르거든. 속으로만 생각하고 있었으니까. 그게 설계가 나와야 이제 몇 사람 알게 되죠. 그게 완전히 이루어져야만이 딴 사람들은 다 알게 되는 겁니다. 그러면 무루에서 유루로, 유루에서 세상으로 나오는 거 아니겠습니까? 이것이 어찌 둘이겠습니까?

불교는 속에 있는 것도 아니고 겉에 있는 것도 아니고 모두가 합쳐서 돌아가는 그 자체가 바로 불교입니다. 그런데 누가 하지 말랬나요? 누가 사랑을 하지 말랬나요, 돈을 갖지 말랬나요? 네? 살림을 하지 말랬나요, 고관직에 있질 말랬나요? 자기 분수를 지켜서 너무 과도하게 가지 마라. 그러면 빠진다. 분수를 지켜라. 분수를 지키면서 너무 욕심 차리지 말고, 너무 욕심에 착을 두지 말고 나라는 데 착을 두지 말고 모두가 나 아님이 없다고 그렇게 둥글게 살아라. 가는 거를 억지로 붙잡아서 자기가 권리를 가지려고 한다면 자긴 죽는다. 그러니까 분수를 지키면서 둥글게 삶으로써, 가는 거 잡지도 않고 오는 거 막지도 않고 스스로서 둥글게, 지혜롭게 지혜로써 이 세상의 모든 것을 도구로 삼아서 그 한 마디, 한 행이 그대로 법이 되고 그대로 생활이 되고 생동력 있는 삶의 보람을 느낄 거다 이거야. 죽은 불교가 아니야, 우리는. 이름이나 찾고 죽으면 천당에 가자고 믿는 게 아닙니다. 우린 지금 이 자리에서 살아나가는 거에 의해서 하는 겁니다. 지금 없는 게 후일에 천당이 어딨겠습니까? 한 달 내내 일을 안 해 놨는데 새달에 월급 탈 게 있을까요? 에누리가 없는 겁니다.

수차적으로 어저께도 이런 얘기를 했지만, 여러분이 내가 지금 이 말을 한다고 해서 달리 생각하지 말고 잘 음미를 해 보시기 바랍니다. 우리가 "살생을 한다. 이것도 걸리지 마라." 하는 것은, 환경에 따라서 일부러 생명을 죽여도 괜찮다더라 하지 마세요. 그것도 내 생명이야! 그렇기 때문에, 그 생명을 너무 사랑하기 때문에, 내 생명과 같이 사랑하기 때문에 그 몸을 내가 먹을 수도 있어요. 원효 대사가 삼학도에 가서 상을 차려 놓고선 고길 구워 놓으니까 "난 고기가 고기로 보여서 못 먹겠습니다." 할 때 "사람 되려면 아직도 멀었구나!" 했어. 왜? 사람이 됐다면, 진짜 사람이라면 소를 사람으로 할 수도 있잖아? 그 자리에서 요리를 할 수도 있지 않을까요? 갈비 한 접시를 사람으로 금방 진화시킬 수도 있지 않겠습니까? 어떻습니까? "그렇게 지혜가 좁아 가지고야 무슨 일을 하겠느냐. 네가 사람이냐? 아직도 덜 떨어졌구나. 네 배꼽이 아직 덜 떨어졌구나." 이런 말을 들었죠, 대안 대사한테. 그렇듯이 이 도리만은 알고 있어야 돼요.

그러면 식물이나 모든 게 생명 아닌 게 없고 그런데, 여러분은 허구장창 살생을 하시는데, 그럼 살생해서 아주 죽겠네요. 업도 없고 살생도 없어. 단지 자기가 너무 허욕을 부리고 탐내고 남의 생명을 우습게 생각하고 이런다면 그것은 바로 유전의 업보라. 그건 인과응보라. 네가 네 생명만 아주 귀하게 생각하고 남의 생명을 우습게 생각했으니까 너도 한번 이렇게 당한다는 그 자연의 법칙에 의해서 꼭 받아. 모르고 한 거는 모르고 받기 마련이고 알고 한 거는 알고 받기 마련이거든.

그러나 우리가 이 도리를 알아서 언제나 내 아픔같이 생각하고 내 생명같이 생각하고 내 몸같이 생각을 해서 부모라든가 내 형제라든가 또는 딴 사람이라도 어떠한 사람이 허기가 들어서 꼭 고길 먹어야 살 수 있을 때, 그럴 때 그 고기는 약이 되는 거야. 남의 살덩어리가 아니라 진짜 그 먹는 순간 그 마음의 도력으로써, 그것은 도력이라고 이름 붙이기 이전에 가서 먹는 순간에 벌써 그 사람의 살이 되고 그 사람의 마음이 되고 그 사람의 생명이 되니 그냥 즉석에서 요리를 해서 탕! 탕! 해 버렸잖아. 주장자만 들고 탕 친다고 해서 탕이 아니야. 진짜로 요리를 해 먹을 줄 알아야 그것이 탕이지.

여러 마디를 한 것 같습니다, 거기에 대해서. 선생님도 길게 말을 했고 나도 길게 말을 했습니다. 하하하. 그러니까 하여튼 우리가 서로 질문하고 대답하고 이러는 동안에 다 지혜롭게 음미하면서 다시 한번 옷깃을 여미고 불교가 어떤가를 생각해 볼 수 있는 이러한 계기가 됐으면 참 감사하겠습니다. 오늘은 이걸로써 마치죠.

질문자2(남) 스님!

큰스님 예.

질문자2(남) 우주는 돌아가고 있는데 저희는 어디로 가고 있습니까?

큰스님 하하하. 어디로 갔다고 하는 그 사람 자체가, 그 성품은, 그 말은 어디로부터 좇아 나왔습니까? 지금 "어디로 갑니까?" 했잖아요? "어디로 갑니까?" 하고 말을 했는데 그 말은 어디로부터 좇아 나왔습니까?

질문자2(남) 마음에서 나왔습니다.

큰스님 마음은 또 어디로부터 나왔습니까? 이것은 이 도리를 무조건, 무조건 자기 주인공을 믿고 모든 것이 벌써 거기에서부터 나오고 있고 자기 성품으로부터, 자기 마음이라고 합시다. 자기 마음으로부터 모든 일체 만법이 움죽거리고 있으니 거기에 모든 것을 맡겨 놓고 믿고 또 감사하게, 우리가 좋으면 감사하게 생각하고 거기 맡겨 놓고 '참 감사하구나. 내 주인공 참 감사하구나.' 이렇게 하고, 무조건! 또 안되는 거면 '어휴! 안되는 것도 당신이 끌고 가는 거, 당신이 길잡이가 돼서 잘 끌고 가야 당신의 심부름을 하지 않겠느냐? 내 손은 당신의 손이요, 내 몸은 당신의 몸이니 당신이 이끌고 가.' 즉 운전수가 차 끌고 다니는 거나 같아. 그러니까 그것부터 알아야 그 도리를 알게 돼요. 그냥 내가 이해를 하고 이론으로써 요렇게 맞아 들어가게 할 양으로 해서는 안 돼요. 뚱그런 통에 네모진 뚜껑 덮는 거나 똑같은 일이에요.

그러니까 무조건 자기 주인공을 믿어요. 지금 말씀하는 그 자체,

그것이 벌써 고정되지 않죠? 하루 종일 얘기하고 왔는데 지금 여기 이 자리에선 그 말을 했어요. 질문을 했어요. 그랬는데 벌써 그렇게 돌아갔거든. 그러니까 고정됨이 없다고. 그 고정됨이 없이 자기가 그렇게 수없이 말을 하게 하고 수없이 움죽거리게 하는 그 장본인 자체가 공했다니깐, 모두가. 그러니까 그 이름이 공했다고 하고 행이 그렇게 공해서 돌아가니 그것이 바로 삼위일체 성으로서 그건 자동 성이죠. 자동 불성. 그러니까 그것부터 '아! 내 자동 성 그 자체 주인공이 바로 나를 억겁 전으로부터 끌고 왔구나.' 이런 것도 떠나서 '아! 자동 불성이 있기 때문에 우리 살을 가진 엄마 아빠의 정자와 난자를 통해서 나의 그 씨가, 뿌리가 삼합이 한데 합쳐져서 바로 이 세상에 나왔구나. 그렇다면 나온 거를 이끌고 가는 것도 역시 나의 참나가 나를 끌고 다니는 게 아닌가. 그렇다면 내가 모든 거를 다 믿어야지.'

이런 예가 있었거든요. 댁 같은 청년이 하나 있었어요. 근데 댁보다 아주 어렸어요. 그랬는데 부모를 일찍 여의고서 돌아다니게 됐거든요, 얻어먹으면서. 그랬는데 그 아이가 가다가 고만 배가 고프니깐 어느 결에 빵을 하나 훔쳐 먹게 됐어요. 그러니깐 고만 쫓기게 됐죠. 그 주인한테 쫓기게 되고 어떻게 할 수가 없어서 쫓기다 쫓기다 고만 우물로다가 들어가 버린 거예요. 자기가 죽는다 안 죽는다를 떠나서 그냥 쫓기다 급하니까 우물로다 뛰어든 거예요. 물에 뛰어들어 보니까 한 길이 넘는단 말이야. 옛날의 우물은 이렇게 돌로다가 쌓아 올라갔단 말이야. 그래서 물에서 허우적거리다가 돌을 양면에 딛고서는, 이렇게 돌을 붙잡고 있으면서 생각한 거예요. 급하니까 생각한 거예요.

무슨 생각 한 줄 아세요? 자기가 그냥 물속에 저거 하면 죽겠거든요. 그러니까 자기더러 한 소리예요. 엉겁결에 자기더러 한 소리예요. '아유, 우물에 빠졌는데 말이야, 너는 어떻게 해서 나를 살리련?' 하고 소리친 겁니다, '나 좀 살려 줘!' 하고. 그런데 바깥으로 생각을 하고

'살려 줘.' 한 게 아니라 아무도 없으니까 '나 좀 살려 줘.' 한 게 바로 자기더러 한 거예요. 바깥으로 했으면 살아나지 못해요. 그러나 자기 안쪽으로, 마음 안으로 들이대고선 '나 좀 살려 줘.' 하니까 마음속의 그 모습 없는 참자기는 모습을 수만 개로 낼 수도 있거든. 그러니 '살려 줘.' 하니까 그때 살아서 돌아다니는 사람의 그 마음속으로 딱 들어간 거야. 들어가서 그 사람이 바로 그 애가 된 거야. 애가 돼 가지고선 보니까 우물에 괜히 가고 싶은 거야, 목마르고. 그러니깐 그냥 우물로 간 거지. 우물로 가서 두레박으로 물을 뜨려고 보니까 사람이 걸쳐져 있다 이거야. 그러니까 물 먹고 싶은 마음이 싹 없어지고 그 두레박줄을 튼튼하게 다시 꽈서 들이밀어 가지고는 건져 냈단 말입니다.

그때에 그 아이가 생각한 거예요. '아하, 내 모습 아닌 모습은, 이게 하나지마는 내 이 모습 없는 모습은 수천 개도 될 수 있구나.' 하는 걸 그때에 그 아이가 거기에서 느낀 거예요. 그래서 가난한 사람을 다 구제를 하고 그랬대요. 있는 사람한테서 자기가 좋은 일 해 주고 좀 얻어다가 없는 사람에게 주고 이렇게 해서 자기 평생을 그렇게 살았다는 거예요. 그렇게 훌륭한 소녀도, 소년도 있었어요. 그러니 바깥으로 찾는 자는 절대 이익이 없어요.

인간으로서 제일 급한 일

1986년 4월 21일

큰스님 … 다른 점이 어디에 있는가를 얘기해 드릴까요? 우리가 꼭 공부는 해야 한다는 점입니다. 공부를 한 사람에 한해서 그래도 진실하게 내 안으로, 낱낱이 안으로 굴려서 안으로 돌리는 거, 이 생활하는 모든 거, 죽고 사는 거, 생사윤회를, 모든 거를 내 마음 안으로 돌리는 데에 묘미가 있는 거죠? 지금도 돌려놓으라고, 놓으라고 그러듯이 말이에요.

그렇게 해 가지고 가는 사람이 만약에 죽을 때는, 죽기 전에 자기 갈 자리를 자기가 다 마련해 놓고 가요. 이건 죽는 게 아니거든요. 이 공부를 하게 되면 죽는 게 아니란 말입니다. 거기에 요점이 있어요. 공부를 그렇게 하는 사람에 한해서는 몸을 벗을 때도 벗기 전에 자기가 자기를, 벌써 정자와 난자를 쫓아서 어디를 자기가 선택해요. 자기가 선택해서 자기가 열 달 내내 길러요. 그래서 여기서 생명이 딱 끊어지면요, 사람뿐만 아니라 저런 다른 큰 생명이 된다든가 이래도 말이에요, 그걸 꼭 사람으로만 비유하지 마세요. 사람 이외의 정말 벗어난 선인들이 된다 하더라도 그걸 정망해서 다 해 놓고, 또 사람이 된다 하면 만 아홉 달이 되지만 이 만 아홉 달은 우리 지구에서 쓰는 거지 딴 데서는 만 아홉 달이라는 게 똑같이 쓰여지질 않아요.

그렇기 때문에 단 순간에, 우리가 생각할 때 이 목숨이 떨어지기 전에 벌써 그쪽으로 가고 이 옷은 벗어요. 또 사람으로 내가 화한다 할 때는 거기 배 속에 들어가서 아홉 달 내내 길러 가지고 내가 목숨이 한 찰나에 딱 떨어질 때 벌써 그리로 가요. 이건 벌써 미리 가 있어요. 여기는 사는 습만 있다 뿐이지 그리로 가서, 바로 자기가 길을 알기 때문에 자기가 선처해서 벌써 자기를 기르고 있어요. 그래 길잡이는 자기죠. 자기 이외에 길잡이가 없어요. 그걸 아셔야 돼요.

또 공부를 안 한 사람에 한해서는 자기가 자기 개척을 못하고 자기가 길을 모르고 컴컴하고 그러니까 죽어도 누가 인도할 사람이 없단 말이에요. 살던 자기의 습이 있어 가지고 눈이 캄캄하니까. 그래서 살던 습에 의해서 자기가 착을 두고 있는 데에 그냥 머물러 버리죠. 거기에 머물러져 버리니까 때에 따라서 그 영계는 집에서 뱅뱅뱅뱅 산 사람한테 도는 거죠. 자식과 부모 뭐, 누구를 막론하고 얘기예요. 집안의 친척은 다 알지 않습니까, 자기가? 죽기 전에 말입니다. 그렇기 때문에 다른 길은 몰라도 그 길은 알거든. 그러니깐 그 습에 의해서 뱅뱅뱅뱅 돌아다니죠, 자기에게 잘해 준 사람 앞에 또는 자기 친구한테. 그래서 그 친구로 인해서 남의 논 등에 주저앉는 법도 있죠. 저희 집 식구들이 시원치 않고 그러면 친구한테로 가거든요. 이게 참, 문제가 여기에도 있는 겁니다.

그러니까 공부를 안 한 사람에 한해서, 바깥으로만 만날 돌고 다니던 사람들은 그렇게 자기 길을 자기가 인도할 수 없는 겁니다. 그래 타의에 의해서 내가 길을 인도받아야 할 텐데 그 은사도 똑바른 사람을 못 뒀다면 그마저도 또 없는 겁니다. 그러니 캄캄하고 그래서 결국은 개집이나 뭐, 새 둥우리나 무슨 쪽제비 소굴이나 돼지 소굴이나 소외양간으로 뭐, 이런 데로 그냥 떨어지는 거죠. 또 자기가 마음이 착해서 참, 요행히 걸려서 간다면 그 사람이 어떤 차원을 가진 줄도 모르고 그냥 그런 데로 가는 거죠. 그러니까 그건 십중팔구란 말입니다. 아니, 열 번에 한 사람 그렇게 되기가 어렵다는 얘깁니다. 그러면 열 사람이라면 그 도리를 공부하지 못한 컴컴한 사람으로서는 사람 되기가 열 명 중에 두 명 되기가 어렵다는 얘깁니다.

그러니까 이 공부를 안 하면 안 하는 대로 왜 우리에게 이득이 없느냐 하면, 인간에게도 이득이 없고 사회에도 이득이 없고 국가적으로도 이익이 없고 세계적으로도 이익이 없는 겁니다. 그런데 오늘날은 여러분이 너무 잘 알아, 세계를. 예전보다도요. 예전엔 그렇게 알지 못했거든요. 그런데 지금 안방에 앉아서도 잘 알지 않습니까? 그래 알고 있는 자기가 벌써 계발이 된 겁니다, 본래. 그렇기 때문에 내가 인식하기를, 예를 들어서 평상시에 '난 저게 좋다, 저게 좋다' 이렇게는 그냥 우리가 보고 할 수 있는 거 아닙니까? 그런데 그게 잠재의식 속으로 가서 컴퓨터에, 자연 컴퓨터에 정해져 있거든요.

그렇기 때문에 자기가 이 도리를 모르면 그렇게 박혀 있기 때문에 그 박혀 있는 대로 길을 갈 것이고, 자기가 자유권을 갖고 자유자재한다면 그대로 자기 가고 싶은 대로 미리미리 그렇게 다 해서 자기가 한 찰나에 딸칵하면 그냥 옷만 벗는 거뿐이에요. 우리가 옷을 벗으려면 훌훌 그냥 벗죠. 그 순간뿐이란 말이에요. 그러니까 옮겨 놓는 거뿐이다 이겁니다. 그러면 우리 공부 못한 사람은 '길다, 짧다' 이런 것이 있는데, '한 찰나다' 이거야. 이쪽에서 한 찰나는 이 집으로 들어가느냐 저 집으로 들어가느냐의 문제, 즉 한 찰나는 한 찰난데 이 집으로 들어가느냐, 저 집으로 들어가느냐야!

그러면 열 달이 걸리고 한 찰나가 걸리고 일 초가 걸리고 열흘이 걸렸다 또는 아홉 달이 걸렸다 이래도, 모르는 사람이 그렇게 됐대도, 만약에 본래 이렇게 믿고 다니던 데에 아는 사람이 길잡이로 있다면 벌써 그것을 알게 돼 있어. 왜? 그 사람이 그 사람을 믿고 다녔기 때문에. 그랬기 때문에 즉시 그것을 막아 줄 수 있는 거야, 즉시! 막아 줄 수도 있는가 하면 그것이 아홉 달이 됐다 하더라도 일 초로 축소한단 말이야, 이건 체가 없는 거기 때문에. 그렇기 때문에 눈뜬 사람 하나 만나기가 극히 어렵다. 하나 만나면 헤아릴 수 없는 이익이 있는 것이죠. 사람 하나 만나기가 그렇게 쉽습니까, 어디? 그러고도 또 똑똑한 사람도 아니고 못난 사람 하나 만나기 참 어렵습니다.

어떤 사람은 '아이고, 죽으면 뭐, 그냥….' 그러는데 이런 물건으로다가 비유해 볼 때도 무쇠가 물건으로 나왔다가 망가지죠? 그러면 그거 시일이 많이 걸립니다. 무쇠 고물은 전부 한데 모아 놨다가 어느 회사에서 쓴다 하면 그게 쓰여지거든요. 그렇기 때문에 기간이 있는 겁니다. 그런데 우리가 이 공부를 하면 자유권을 가졌기 때문에 원소 자체가 무쇠가 아니죠, 금이니까. 항상 우리는 한 찰나에 자기가 하고 싶은 대로, 생산이 되려면 되고 그냥 금덩어리로 돼 있으려면 금덩어리로 돼 있고…. 금덩어리로 돼 있어도 아주 귀하게 있단 얘깁니다, 비유하자면. 그런데 무쇠는 쓰다가 아무리 저거 해도 무쇠 쪼가리로 그냥 어느 곳간에 가서 그냥 쟁여져 있죠. 그거하고 얼마나 다릅니까? 우리가 쓰던 반지라든가 목걸이라든가 또는 보석이 있다면 그것이 아무리 쓰던 거라도 으레 보석함에다 넣어서 얼마나 중요하게 간직합니까? 그와 똑같은 겁니다.

그렇게 간직하고 있는가 하면, 무쇠는 무쇠 쪼가리로 그냥 나가 동그라져 있다가 그것이 인제 쓰여질 때, 어떠한 인연에 따라서 그것도 생산된단 말입니다. 생산이 되는데, 그것도 자기 차원에 따라서 여러 가지로, 불 아궁이 뚜껑이 되느냐, 그래도 사람이 집안에서 소중하게 쓸 수 있는, 근기 있게 쓸 수 있는 그러한 물질이 될 수 있느냐? 또는 엔진이 될 수 있느냐? 이 보링 하는 데에도 그러한 문제로 딴 금속하고 섞여서 또 어떠한 물체가 되느냐? 이런 것도 있는 겁니다.

그렇기 때문에 우리 마음 씀씀이에 의해서 거기에 여러 가지로 섞이는 법도 있고, 무쇠는 무쇠대로 쓰이는 법도 있고 또는 우리 마음에 따라서 금이 될 수도 있고 은이 될 수도 있고 중석이 될 수도 있고, 이렇게 해서 씀씀이가 쓰이는 거죠. 보석이 된다면 더욱더, 지금 아주 중요하게 쓰이는 거죠. 지금 보석이 끼지 않고는 돌도 뚫지 못하고 또는 비행기도 움죽거릴 수가 없습니다. 그렇기 때문에 인간의 마음의 보석이 되라는 얘깁니다. 그럼으로써 어디에든지 쓰이게 되고, 또 보석이기 때문에 누구든지 가져가려고 애를 쓰고, 크게 쓰이는 거기 때문에 누구든지 가져가려고 눈독을 들이고 있으니 이건 잘못 갈 일이 없어요, 가만히 있어도. 보석이 땅바닥에 떨어졌어도 그것은 중요한 물건이기 때문에 중요하게 쓰이는 데에 가는 겁니다.

그런 거와 마찬가지로 인간이 꼭 이 공부는 해야 한다는 것이 바로 이런 점이 있을 뿐만 아니라 타의에서 구하면 절대로 그것은 세세생생에 해로운 것이 닥쳐온다는 얘깁니다. 왜냐? 그것이 습의 인과가 돼서 유전이 되거든요. 그러니깐 부모들 한번 잘못하는 까닭에, 잘못 생각하고 잘못 행하는 바람에 그만 자기가 씨를 뿌려 놓은 거까지도 그냥 몇 대손까지 내려가는 거죠, 뭐. 그러니 글쎄, 얼마나 그게 중요합니까? 우리가 그냥 그저 기도나 하러 다니고 이런 게 아니란 말입니다, 지금. 식구가 다 금이 되느냐 하는 아주 심각한 문제죠.

그런데 모두 우린 장사를 하기 땜에 못 오고, 바빠서 못 오고 그런단 말입니다. 아니, 어떤 사람은 가게 문 잠가 놓고 왔다 갔는데도 하루 종일 파는 것보다 더 많이 팔았다고 합디다. 그러니까 마음먹기에 달렸지, 어째서 이 중요한…. 지금 제일 급한 게 뭐냐 하면 이 공부하는 게 제일 인간으로선 급하죠. 먹고사는 문제, 그것도 이차죠. 그렇다고 해서 굶고 벌지 말고 다니라는 건 아니거든요. 버는 거 벌면서도 쪼끔만 부지런하면 할 수 있다는 거죠. 그게 일상생활의 참선이니까.

우리가 지금 살아서 모른다면 죽어서 어떡할 겁니까? 그것도 우리가 설법을 해서 당겨 주니까 여러분이 '아! 우리가 살아 있을 때에 미리 이런 생각을 하고 있는 데에서 우리가 그렇게 그 길을 찾아가게끔 돼 있구나.' 이런 걸 알기 때문에 길을 잘못 들어설 수가 없는 거죠. 들어 보지도 않고 먹어 보지도 않은 그런 음식이 먹고 싶은 생각이 날 거는 하나도 없어요. 우리가 해 보고 먹어 보고 그래도 그러한 경험을 쌓고 맛을 보고 그랬기 때문에 '아! 그건 참 맛있더라. 그거 또 먹고 싶더라.' 이런 생각이 나고 '아, 참! 그 천은 참 좋아.' 이러기도 하고 '그 사람 참 좋기도 해.' 또 '집을 요렇게 지으면 참 좋을 거야.' 이러기도 하죠. 어떤 사람이 '어우, 우린 왜 이렇게 광대뼈가 나왔지? 이거 광대뼈가 이렇게 나오지 않았으면 출무상하고 좋을 텐데.' 이런 생각을 하게 되면 그것은 없어지는 거거든요. 그러면 자기 죽을 때까지 기간이 바로 한 찰나의 기간밖엔 안 되는 겁니다. 그 생각이 얼마나 중요합니까? 공부들을 하려고 애를 쓰고 눈을 까뒤집고 하지 않아도 공부한 분들이 여기 계시거든요. 그렇게 달라고 달라고 하고, 그렇게 남을 밀치고 그냥 막 하려고 애를 쓰는 사람이 아니라면 오히려 쉽지 않은가 이렇게 봅니다. 이 마음 씀씀이에 얼마나….

그래서 내가 남의 일을 남의 일이라고 생각하지 않고 진실하게 내 일이라고 생각했을 때 바로 나에게 주어지는 게 있는 거지, 그게 공덕이 돼서 주어지는 게 있지, 이것은 내가 갖겠다 하고 일을 하니까 항상 남도 이롭게 되지 않고 자기도 이롭게 되지 않습니다. 또 내가 저 좋은 일을 해야지, 요것을 '내가 줬지' 하고 주면 요건 한계가 딱 붙어 있는 겁니다. 요 몇 원어치가 있어요, 몇 푼짜리. 그러면 몇 푼짜리를 생각하고 내가 요렇게 규정을 지어서 누구한테 좋은 일을 했다면 몇 푼짜리밖에 나한테 올 게 없지 않습니까? 그러나 이걸 무주상 보시로 했을 때는 이거보다 몇 곱쟁이가 올 수도 있는 거거든요.

이 도리를 여러분이 아셔서 이왕지사 우리가 욕심을 부리려면 욕심을 조그만 데다 두지 마세요. 어차피 욕심이 있걸랑은 그저 모르는 척하고 못난 척하고 그냥 아예 바닷물을 다 집어삼키는 겁니다. 쪼금 쪼금 뭐, 누구 주고 안 주고 간에 내가 다 집어삼킬 수가 있어야 남에게 마음대로 줄 수가 있죠. 이왕 도둑놈이 되려면 아예 그냥 우주 전체 대천세계를 몽땅 집어 자시지, 뭣 때문에 그 쪼끄만 거 도둑질을 해 가지고 붙잡혀 들어가서 10년 징역을 받고 20년 징역을 받고 평생 징역을 받습니까? 그럼 우리가 지금 인과응보를 받고 유전에 의해서 그렇게 고통을 받고 이러는 게 창살 없는 감옥이지 그게 감옥이 아닙니까? 창살만 없다 뿐이지, 여러분이 지금 감옥이지 감옥이 아니겠습니까? 이 공부 한 사람만이, 해 가는 사람만이 바로 자유롭고 그럴 겁니다. 아무리 창살 안에서 산다 하더라도 그건 자유로울 겁니다. 돈이 없이 산다 하더라도 풍부한 대장부의 살림살이일 거고 말입니다.

여기뿐이 아닙니다. 우리 인간이 사는 살림살이뿐만 아니라 어느 생물이 사는 데도 다 마찬가집니다. 그러니까 그렇게 조그마한 것으로부터 이렇게 인간까지 진화될 수 있고 창조될 수 있었지 그렇지 않으면 인간까지, 여기까지 올라올 수가 없는 거죠. 고정되게 있다면 그건 진리가 지속될 수도 없거니와…. 그래서 사람은 사람대로 어디까지나 고집을 부리지 말라. 이게 어떠한 모자라는 일이라도, '아하, 저 사람은 참 몰라.' 이러더라도, 또 '저 사람은 참 대인이야.' 그러더라도 대인은 대인대로 넣고 소인은 소인대로 넣어라 이거야. '소인이다' 하고 꼬집어서 업신여기지 말고 '대인이다' 하고선 아주 높다랗게 보지도 말고 오직 나로만 봐라 이거야, 나! 얕지도 않고 높지도 않은 나한테 낱낱이 안으로 굴려라 이거야. 안으로 돌려! 내 마음 안으로 돌리기만 한다면 그건 정말이지 지금 농담으로 '왔다' 죠.

그래서 전자의 부처님들도요, "책도 보지 마라. 앉아서 좌선한다고 해서 그게 다 되는 게 아니고, 행주좌와 어묵동정이니 전부 앉으나 서나 자나 깨나 모두가 참선이니라. 그것을 납득하고 깨쳐라. 그 자고 깨고 모든 살림살이를 네 마음 안으로만 낱낱이 돌린다면, 어디서 구하겠느냐. 딴 데서 찾을 게 뭐가 있겠느냐." 그러지 않으셨습니까. 그러니 거기에서 생산이 되면 바로 또 자기가 자라서 맘대로, 그 도구를 지혜롭게 길러 가지고서 그 지혜를 도구 삼아서 마음대로 자기가 응용할 수 있는 그런 어른이 됐을 때에 비로소 남을 이익하게도 할 수 있는 거죠. 남이 아니라 바로 자기 육신으로부터 남의 육신이 둘이 아니거든. 선지의 중생이 있고 또 악인의 중생이 있거든.

그러니 중생이다 부처다 둘이 아니게 그대로 활용할 수 있는 그런 자유권을 가졌을 때, 우리는 마음대로 죽는 것도 아니고 본래 이 도리는, 처음에는 '아! 내가 이 세상에 태어나서 이렇게 사는구나.' 이랬지마는 나중에 그 도리를 알고 보면 '아, 내가 본래 살아나온 것이 아니기에 죽을 것도 없구나. 아! 옮겨 놓을 뿐이로구나. 모습을 바꿔 놓을 뿐이로구나. 어차피 그럴 거라면 모습을 이걸로 저걸로 바꿔 놓는다, 없앤다 이럴 필요도 없다.' 이렇게 되는 것입니다. 모두가 내가 된다면 구태여 내 몸을 가지고서 화해서 또 나올 필요도 없는 거죠. 그래서 살아서 모두가 내가 될 줄 알고 앉아서 그이를 나로 만들 줄 알아야 된단 말입니다. 지난번에도 얘기했듯이 미국에서 "병이 났으니, 지금 죽게 됐으니, 머리가 돌았으니 이거 좀 고쳐 주시오." 하고 전화를 했어도 내가 갈 줄을 알아야 어떻게 하지. 만약에 육신으로 간다 하면 못 가잖아? 그럼 내가 천 개도 되고 만 개도 되고 때에 따라서 일거리가 없으면 두 개도 되고 한 개도 되고 이럴 줄 알아야 되죠. 그렇지 않아요?

그래서 바깥으로만 찾는 사람들은, 주문을 외우고 물을 떠 놓고 빌고 온통 야단들을 하는 사람들은 이름을 불러서 보이지 않는 신들을 꽉 그냥 불러 놓고선 내보낼 줄을 모르는 거야, 불러 놓기만 하고는. 그러니 망할 수밖에. 하하하. 자기가 앉을 틈도 없이 갖다가 모셔다 놓는 거야. 신장이니 지장이니 무슨 뭐니 다 불러서는. 그런데 그런 사람들 앞에 진짜 지장이 옵니까? 전부 가짜지. 자기가 가짜기 때문에 가짜만 오는 거야. 거리 중천에 떠다니던 신들도 '내가 바로 서산 대사다. 지장보살이다.' 이러고 온다고. 그거에 속는다고, 다! 그러면 모습만 그렇게 그려 놓고선 자기가 그렇게 찾아 봤던들, 그 안에 그냥 욱시글득시글하는 거야. 그러니 진짜가 아니고 가짜니 자기도 가짜요, 그것도 가짜라는 얘기야. 자기가 가짜니까 그것도 가짜지. 가짜가 득시글득시글하다 보니까 가짜 짓만 할 수밖에. 그러니 집안에 뭐가 좋아요? 온통 망하고, 무당 집에는 무당이 꼭 나고, 박수 집에는 박수가 꼭 나고 이렇게 유전이 되게끔 만들어. 이게 뭔 짓들이야, 글쎄? 아니, 사람이 그렇게 그냥 남의 꼭지에 매달려서 다녀야만 돼? 그래?

나는 만날 설법이라는 게 이런 것만 하니 글쎄, 이걸 어떡하면 좋우, 또? 허허허…. 아니 글쎄, 부처님이 좋은 말씀 해 놓으신 거를, 그거를 차곡차곡 그냥 넘겨 가면서 얘길 해 드렸으면 참 좋을 텐데 나는 그렇게 하기 싫단 말이야. 또 난 못나서 그걸 차곡차곡 이렇게 넘기면서 얘기 못한다고. 내 말이라야 이렇게 그냥 순순히 나가지, 남의 말은 또 그냥 어줍어서 말도 못해. 그리고 그거는 벌써 한 다리가 지나서, 어저께가 벌써 과건데 아니, 어저께 방편을 쓴 거를 오늘 말을 하면 되겠소?

그러니 여러분이 내가 못났더라도, 말을 잘 못하더라도, 순서 없이 하더라도 배운 여러분이 잘 이해를 해서 차곡차곡 들어 줘요. 그렇게 해서 낱낱이 듣는 대로 자기 그 마음으로 그냥 돌리란 말이에요. 잊어버리면 어떻고 안 잊어버리면 어떻겠소. 듣는 순간순간 그냥 자기 마음으로 드는데. 말한 거야 잊어버려도 상관없거든. 벌써 듣는 순간 주인 자기는 알고 있거든요. '이게 무슨 뜻에서 이 말을 하는구나.' 하는 게 벌써 직감적으로 오기 때문에 그건 뭐, 멋들어지게 자기가 활용하는 데에, 체험하는 데에 쓸 수 있는 그런 말이기 때문에 자기가 그걸 듣고 안 해 본 거라면 모든 걸 또 해 보게도 되거든요. 그러니 이 모든 것이 길잡이의 이치예요.

그래서 그 도리를 그전에 나도 무척 애를 쓰고 배운 거거든. 내가 항상 그러죠. '야! 너, 이게 길이 아니니라.' 그러는 거야. 아, 신작로를 두고 길이 아니라니 이게 말이 되는 거냐 말이야. 난 그렇게 애를 쓰고 배웠다고요. '길이 아니라. 길이 아니라. 그럼 길이 어떤 건가?' 내 스승은 내가 찾았지마는 내 스승한테 내가 배우는데 또 그런 문제가 나오는 거예요. 야, 이건 길이 아니고 저 아주 삐죽한 산 너머, 풀이 그냥 뭐, 나무가 그냥 빽빽하게 들어선 거길 길이라는 거라, 응? 대번에 그걸 말을 해 주면 내가 모르니까 그렇게 빙그르르 돌려서 얘기한 거라고, 내가 나한테! 똑똑히 들으세요. 내가 나한테 말입니다. 여러분이 안으로 낱낱이 돌리면 거기에서 참자기가 바로 길잡이가 되는 겁니다.

아, 그래서 그냥 낭떠러지로 떨어졌는데 그렇게 하면서도 그때 무슨 생각을 했느냐 하면, '아하! 저기 길만 길이 아니라 아, 그렇지. 체가 없다면 길이 길이냐?' 이거야. '그러니 내가 발이 없어야 없는 길을 걸을 수 있는 거지, 내가 발이 있는데 있는 길로만 찾아다니지 어째 없는 길을 갈 수 있겠느냐.' 이걸 생각한 겁니다. 그러니 그거 생각하는 데에 얼마나 걸린 줄 아십니까? 얼마나 눈물을 흘리고 얼마나 피를 흘렸기에 그 도리를 그때서야 알았겠습니까? 참, 지금처럼 나 같은 못난이라도 좀 있어서 이루종차 좀 일러 줬으면 좋겠는데, 그렇게 일러 줘서 아는 거는 아니 되거든, 또. 그러니까 자기 스승을 자기가 찾아 가지고 자기가 바로 자기 스승한테 배워야 돼. 길을 인도받아야 돼.

그러니 우리가 설법을 많이 한다고 해서 되는 게 아닙니다. 설법을 해도 진실로써, 남의 말, 죽은 말 하는 게 아니라 진실되게 생활에 지침이 되고 공부하는 데 지침이 될 수 있는 설법을 하니깐 망정이지, 만약에 다른 걸로 돌렸다간 여러분에게 죄 이익이 없이 하고 나는 나대로 귀신이 되고, 여러분은 여러분대로 귀신을 만들게 되는 이치죠.

그러니 거기에 대해서 여러분이 '어떻게 이날까지 공부를 해 나왔는가. 지금 여기 와서 어떻게 공부를 하고 계신가. 전자에는 어떻게 했는데 지금은 어떻게 하고 계시고, 또 어떻게 하고 있으니까 모든 것이 상황 상황이 하나하나가 이렇게 이렇게 되더라.' 하는 거를 여러분이 때로는 점검을 하셔야 됩니다. 잘못 나가도 자기 생각에는 그게 잘 나가는 걸로 생각이 될지도 모르니까요.

질문들 해 보세요. 공부하면서 여러분이 올바로 잘해 나가신다면, 또 얘길 하면 딴 사람도 배울 수가 있지 않겠습니까?

어떤 땐 이 뚜껑, 이 컵 이것을 얘기는 그냥 하나, 요 컵과 뚜껑과 그 안에 든 그 야릇한 맛, 그 맛을 얘길 하려다가도 어떤 땐 잊어버리는 수가 있어요, 얘기하다가도. 그걸 얘길 한다고 하면 잊어버리고, 어떤 땐 무뜩 그냥 나오는 때도 있어요. 그래서 오늘도 그렇고 항상 그렇습니다마는, 오늘도 그냥 아무 생각 없이 올라온 거예요. 여러분을 보니까 그 생각이 무뜩 나서 지금 얘기하는 거죠. 설법하는 데 계획적으로, 만약에 내가 오늘은 이런 설법을 해야겠다 하고선 생각을 하다 보면 그거는 벌써 어저께가 돼 버리고 만단 말입니다. 그러니 실질적으로 지금 한마디 해서 그것이 법으로서 법계가 전부 하나로 들려 가지고 이게 이익이 갈 수 없단 말입니다, 벌써 어저께로 돌아갔기 때문에. 생각 자체는 어저께로 돌아가고 말 자체는 오늘 하게 되니까 이거는 뚜껑과 이 그릇이 맞지 않는 셈이죠. 그러니 안에 들어갈 수가 없는 거죠.

그러니 설법해 주기도 어렵고 듣는 사람들도 이것을 잘 판단해서 들어야 합니다. 우리는 이날까지 설법을 들어 와도 죽은 설법을 들었지 산 설법을 들은 예가 별로 없어요. 그러니까 그 시각에, 바로 한 찰나에 그대로 생각나는 대로 말을 하게 되면 그 생각과 말과 더불어 둘이 아니게 여러분한테 그냥 하나로 돼 버리는데, 그게 아니고 어저께 생각했던 거는 '내일 이렇게 해야겠다.' 했기 때문에 벌써 어저께 생각한 이익 된 그 생각이 여러분한테 부합이 되지 않는 겁니다. 말만 지금 듣고 있는 거나 똑같죠. 그렇기 때문에 이 산 설법 듣기가 상당히 어려운 겁니다. 잘하든 못하든.

우리가 살림하면서 돈을 많이 벌어오지 않는다 하더라도 그렇고, 돈을 많이 벌어온다 하더라도 그렇고, 만약에 일을 하다가 금방 들어왔는데 식구가 물을 길어다 놨다고 봅시다, 물이 없는데. 그 얼마나 기쁘고 반갑겠습니까, 바쁘긴 한데. 먹여야 하고 먹어야 하는데 말입니다. 그와 마찬가지로 우리는 스스로서 들어와야 되거든, 스스로서. 내가 물 없다는 생각이 없었어도 벌써 주인은 알고 있기 때문에 그냥 물을 갖다 놓는 거지. 어디로 통해서도 와. 그래서 돈 없다, 옷 없다, 먹을 게 없다 이런 거 걱정하지 않아도 어차피 아예 공동체로서 내놨기 때문에 뭐, 이거 없다, 저거 없다 하지 않아도 될 수 있지 않으냐 이거야. 이렇게 유생 무생이 다 벗이고 나 아님이 없는데 어디서든 안 갖다 놓을까 봐 그 걱정을 하느냐 이거야. 배고파 죽을까 봐. 또 못 먹는다 하더라도 뭘 먹고라도 생명은 유지해, 맛이 있고 없고 간에. 요새 같은 세상에는 뭐, 고구마 하나를 먹어도 하루 저녁을 지낼 테니까 말이야, 응? 빵 한 개를 사 먹어도, 야, 우유 한 컵하고 빵 한 개만 먹어도 살 수 있어. 그런데 뭐 먹지 못해서 애를 쓰느냐 말이야.

요새 먹지 못해서 굶어 죽을까 봐 애를 쓰는 사람 별로 없겠죠? 이 지구 시내도 있겠지만, 지구촌은 어떤 거고 지구 시내는 어떤 건지 모르겠습니다마는, 지금은 지금대로 참 예전 같지 않아요. 지금은 뭐, 버리는 것도, 저 시장 바닥에 나가도 먹을 거 많아요. 예전엔 그게 없었어요. 저 어려서는 무척 주리고 살았다고 볼 수 있죠. 사탕이 어딨고 설탕이 어딨습니까? 버리는 토마토 썩은 거 그거 하나가 어딨습니까? 시골에서 토마토 한 소쿠리를 팔러 나오면, 보리쌀이라도 사서 먹으려고 팔러 나오면 저 일본 경찰들이 그냥 발길로 쾅 차 버린단 말입니다. 그러면 그냥 드그르르 굴러서 절로 막 달아나가죠. 여러분은 그런 거 자세히 못 보신 분들도 많을 겁니다. 그때 그렇게 겪은 사람들이 6·25를 또 당했을 때의 그 처참한 꼴을 못 보신 분들도 많이 있을 테고요.

실질적으로 자기가 체험해 보지 않은 사람은 "설만들 뭐, 그럴 수 있겠느냐?" 그럽니다. 설마가 사람 죽이거든! 설마가 뭡니까, 설마가!

그래서 나는 그럽니다. 아, 우리 OO 부장도 그렇고, 그런 얘기가 나와서 얘기하다 보면 "아이, 아무리 그래도 설만들 그럴까요, 스님!" 이러거든요. "흥, 요놈! 너는 그때 그저 한 너덧 살, 서너 살 먹어 가지고 불알 요만한 걸 달고 그냥 발가벗고 다닐 땐데 이놈아, 네가 뭘 안다고 그래?" 그러거든요. 시골에 소 한 마리나 남겨 놨습니까, 그때? 사람을 그걸로다 부역을 다 시키고 말입니다. 그리고 부역 다 시키고 그거 탄로날까 봐 모두 죽였단 말입니다. 그렇게 할 때에 그 눈으로 현장에서 한 가지만 본 게 아니에요. 뭇 사람들, 어린애 뱄건 안 뱄건 그저 그때만 하더라도 경찰들 뭐, 이런….

벌어먹고 살려니까 어디는 안 뛰어듭니까, 응? 그때만 하더라도 그, 뭡니까? 지금처럼 청년 단체가 있었죠. 그걸 뭐라고 그랬더라? 그때도 제이 국민, 아니, 하여튼 뭐가 있었어요. 그래 젊은 사람 다 다니지 어떻게 안 나갑니까? 그런 가족들까지도…. 지금 그렇게 된다면 아마 하나도 살 사람 없어요. 전부 공직에 있고, 회사에 나가고 뭐, 전부 그런 걸 어떻게…, 상인 노릇 하는 사람들도 부자는 그냥 다 저거 하고 아주 가난하게 우거지나 주워다 먹고 이러는 사람들만 세워 놓고 하니까 말이에요. 이것이 거짓말이라고 그럴지도 모르죠. 난 너무 실감을 했기 때문에요, 나한테는 그게 먹혀 들어가질 않아요. 너무 실감을 했기 때문에. 장작개비처럼 모두 사람 송장이 널브러져 있는 거를 사이사이 딛고 넘어가기도 했으니까요.

그런데 나만 얘기하게 하실래요? 말씀들 하세요.

질문자1(여) 스님, 이 공부를 하다 보니까요, 제 생활에 맞춰서 길을 가다가도 노래가 다르게 나오거든요. 저도 모르게요. 그런데 지금 시댁에 들어가서 부모님하고 많이 부닥쳐요. 부닥치는데 어머니 아버지가 신경통으로 이날까지 평생을 항상 병으로 이렇게 고통을 겪으면서 사시는데, 제가 사실 들어갈 때는 굉장한 각오로 들어갔어요. 물론 공부도 하지만 '어쨌든 한마음이 되어서 어머니 아버지 고통을 덜어드려야 되겠다.' 그런 마음으로 들어갔는데 들어가서 생활을 하다 보니까 제가 상상하지 않았던 그런 고통을 저에게 주시는 거예요. 그동안은 아빠하고 아들하고 셋이서 공부를 하고 그랬기 때문에 체험을 많이 하면서 많이 놓는 중인데, 아빠한테 그 고통이 가니까 아빠가 저를 또 공부를 시켜요.

그러는데 그때마다 요즘은 저도 모르게 길을 가면서 둘로 보지 말라는 노래가, 요즘 여기서 부르는 노래가 항상 나오더라고요. 그래서 그 노래를 저도 모르게 항상 이렇게 부르다 보면 너무나 제 생활에 맞게끔 저를 깨우쳐 주는 노래거든요. 그러는데 어저께도 일요일이라 제가 여기를 다녀갔는데 어머니 아버지가 너무나 고통을 겪으셔서 며칠을 각오를 한 거예요, 제가. 마음속으로 마음을 전달을 하면서. 그래서 아, 그냥 끌어안고 손을 꼭 붙들고 울면서 "어머니 아버지, 내가 이 고통을 덜어드릴 테니까 나를 좀 따라 주세요. 내 말 한마디만 들어 주세요." 하고 모시고 오고 싶은데 그게 마음뿐이지 행으로 나타내지를 못하겠어요, 아직까지.

큰스님 마음 안으로 두고 항상 낱낱이 그 마음으로 돌려요. 자기 마음 안으로 돌려요. 그러면 그것이 다 해결 날 때가 와요. 고집멸도 사제법이 결국은 이런 거예요. 고가 고가 아니고 인간이 참인간으로 벗어나기 위한 과정이라고 봐야 돼요. 그러면 지금 댁이 시어머니 시아버님을 모시고 이렇게 고생을 하는데 억압적인 말을 하고 당치도 않은 말로 모함을 해서 참, 남편한테 매도 맞고 별의별 일 다 있지 않겠어요?

그렇다고 하더라도 '그것이 바로 내 탓이지 남의 탓이 아니다. 부모의 탓도 아니요, 남편의 탓도 아니니 내 주인이 바로 그쪽으로 연결을 시켜서 나에게 부딪히게 해서 나를 다지고 다져서 둥글게 만들기 위해서, 모진 거를 없애게 하는 그 과정이구나.' 하는 생각을 한다면 바로 그것이 도를 이루는 길이라고.

질문자1(여) 감사합니다. 근데 저는 한 가지 안타까운 게요, 식구들이 아픈 몸을 이끌고 살려고, 몇 푼씩 벌려고 고생을 하시는데 그 돈이 그냥 병원으로…, 낫지도 않는 약만 잡수시는 거예요. 그러니까 굉장히 안타깝고 마음은 그냥 바쁜데, 제가 마음은 이래야지 하는데 행으로 그렇게 탁 안 되더라고요.

큰스님 이거 봐요. 그렇게 안타깝더라도 우리가 초식을 심어서 자랄 때까지는 그냥 길러야지 별 수 없거든. 아무리 따 먹을 때가 급박하고 아무리 그것을 빨리 추수를 해서 먹어야만이 우리가 살 수 있을지라도 '이거 언제 자라서 먹을 수 있을까. 또 언제 길러서 내 낭군 삼을까.' 하하하. 노랑두 상투 말이야. 옛날에 그런 속담의 말이 있죠. 그렇게 해도 어느 땐가 가야 그것이 익어 들어간다고. 그러니 당신이 익음으로써 그쪽도 익어요. 당신이 그렇게 급한 마음으로 가기 때문에, 급한 마음도 꼭지가 덜 떨어져서 급하거든. 그러니 꼭지가 덜 떨어졌음으로써 그쪽도 그렇게 자꾸 나오거든. 그러니 당신이 하루바삐 꼭지가 떨어져서 익음으로써 그쪽도 그게 멎어져.

질문자1(여) 감사합니다.

큰스님 그러니까 그쯤 알고요, 모든 건 자기 탓이에요.

그러면 오늘은 설법을 이걸로써 마치고요, 또 개인 말씀 하실 거나 집안 뭐, 말씀하실 거 있으면 얘기하세요.

질문자2(여) 저는요, 여기 다니기 전에 사실은 그냥 절에 다니면서 관세음보살을 굉장히 많이 염하면서 다녔거든요. 근데 작년 12월달부터 "주인공한테 무조건 맡기고 들어가라." 그래서 그냥 의심 없이 무조건 믿고 들어갔어요. 그런데 사실 제가 맏이로서 이제 친정 부모님이 안 계셔서 동생들 문제들이 참 복잡하고 하여튼 여러 가지 문제들이 한꺼번에 막 닥쳐와서 한 6, 7년간을 제가 헤맸거든요. 그러다 보니까 뭐, 어딘들 안 가 봤겠어요? 무당 집이고 뭐고 안 가 본 데가 없이 다 돌아다녔어요. 그래 가지고 부모님 돌아가시고 엎친 데 덮친 격으로 남편 사업까지 안되는 거예요, 그냥 몽땅. 그렇게 뭐, 허둥대고 하여튼 좋다는 거 다 해 봤는데도 안돼요, 안돼.

그런데 동생들 문제가 사실은 급했거든요. 근데 아이들도 어느 정도 자라서 학교도 가야 되고 이렇게 다 헤어져야 됐는데 주인공한테 무조건, 남편한테도 말을 못하고 저 혼자서만 꾹 이렇게 새기면서 그걸 돌렸어요. 그랬더니 하나씩 하나씩 풀려서 나가더라고요, 그게. 그래서 스님한테 얘기했듯이 너무너무 기쁘더라고요. 그 기쁨을 뭐라고 말할 수가 없어요. 이제 동생들의 문제가 다 해결되고 나니까. 그리고 뭐, 그럭저럭 우선 아쉬운 대로, 물론 빌려서라도 쓰지마는 금방 죽을 거 같더니만 그래도 살아나가요, 지금까지 계속해서.

근데 지난번 꿈에 사과를 봤거든요. 그래서 부처님 법당에다, 제 딴에는 이천 원어치를 사야지 했는데 가져와서 보니까 다섯 개밖에 안 돼요, 여기 법당에 와서 씻고 보니까. 그래서 '아유, 왜 그럴까? 왜 그럴까?' 하고 생각을 하다가 가면서 그분한테 얘기를 했어요. 나는 탁 믿고 이렇게 했는데 왜 다섯 개밖에 안 줬느냐고 그랬더니 어머, 그러냐고 미안하다며 다시 한 개를 주더라고요. 그래 집에 가서 식구들하고 '부처님이 우리 식구 한번 나눠 먹으라고 줬나 보다.' 이러고 그걸 받아 가지고 나눠 먹었는데 과일에 대해 스님이 말씀하시니까 지금 그런 생각이 들어요. 왜 그 많은 과일 중에서 사과를 했나 싶은데, 사과는 심어서 자라서 어느 정도 시기가 돼야 꽃이 피고, 봄이 되면 꽃이 피고 익어서 가을에 따 먹을 수 있는데 아, 그러면 나의 그게 어느 정도 만기가 오지 않았는가, 남편의 모든 그것이. 이런 생각도 들었어요. 또 제 나름대로 꿈에서요, 누구를 막 도와준다고 이렇게 가게를 차려 주고 이런 꿈을 꾸었거든요. 그런데 오늘 아침에 남편이 하는 말이 "아이고, 아직 멀었나 보다. 물건을 금방 사 가지고 가겠다고 맞추어 놓은 사람들이 안 찾아가고 금방 해 가지고 갈 것도 안되고 하여튼, 이렇게 생돈이 자꾸 들어가니 아직도 멀었는가 보다." 이런 말을 해 가지고 오늘 스님한테 사실은 꼭 말씀드리고 싶어서 쫓아왔거든요.

큰스님 그런데요, 생시에 우리가 모든 것을 고정됨이 없이 자기 마음으로 낱낱이 돌려서 놓지 않는다면 꿈에도 그렇게 안되거든요. 그런데 꿈도 생시고 생시도 꿈이거든요. 그래서 꿈을 꾼다 할지라도 꿈이다 생시다 이런 생각 말고, 그것도 바로 자기의 살림살이거든요, 모습의 살림살이.

그러니까 그 다섯 개는 그냥 둥글게 돌아가는 거지만 한 개를 더 받은 것은 바로 자기 아니겠소? 그러니 오온을 굴린다. 이 세상의 사대오온이 다 공했으니까, 공해서 있었는데 이것이 바로 툭 튀어서 하나를 더 줬단 말이야. 그랬으니까 그 하나의 무기라면 우리가 앞으로 살 수 있지 않겠느냐 이거야. 그 하나의 한 점의, 한마음의 한 점이라는 그 마음은 바로 지혜로운 무기로서 생활을 해 나갈 수 있고 앞으로 넉넉하게, 자유스럽게 살 수 있지 않은가 이렇게 봐요.

그럼 오늘 이걸로써 그칠까요?

길잡이의 지혜로 양식을 삼아

1986년 4월 22일

생활 속에서 인간이 살아나가는 데에 가장 중요한 문제는 우리 몸입니다. 우리 몸이 쇠약해지고 병이 들고 또는 어느 한편 짝이 기울어진다면 살맛이 안 나고 덧정이 없어지고 모든 것을 포기하게 되고, 그 마음이 여러분도 잘 아시는 바와 마찬가지로 의욕이 생기지 않습니다. 그건 왜 그럴까요?

그런데 나는 그전에 이런 것을 느꼈습니다. 어느 집을 정해 놓지 않고 떠돌아 다니다 보니까 먹는 것도 어디서 어느 시간에, 저녁이다 점심이다 아침이다 그런 거 먹는다는 생각조차, 어느 시간을 두지 못했습니다. 닥치면 닥치는 대로 물도 마셔야 하고 그래서 그것이 고정되지가 않고 '네가 있다면 먹게 될 것이고 네가 없다면 못 먹게 될 것이지.' 하고 생각을 했던 거죠. 근데 거기에서 무엇을 느꼈느냐 하면 이런 걸 느꼈습니다. 모든 것은, 이 오장육부 내의 나쁜 가스라든가 나쁜 것은 다 이 안에서 조절을 해서 내보내고 또 온도와 공기를, 안에서 모든 것을 좌우해서 이 원조가 튼튼하다면 모든 것을, 바깥의 자원을 끌어

들인다고 생각을 했습니다.

그건 왜냐하면 사람이 풀뿌리나 또는 어떠한 문제를 가지고 물을 마시고 이럭하고는 생명을 길게 지속할 수가 없는 겁니다. 그런데 길게 지속이 되더라는 얘깁니다. 그것을 어디에서 또 한번 힌트를 얻었느냐 하면 내가 공부를 했다면 나의 길잡이가 반드시 있어야만 된다는 점입니다. 나의 길잡이가 없다면 한 치도 떠날 수가 없는 겁니다. 자리를 옮길 수가 없어. 저 하늘을 지붕 삼을 수도 없을 뿐만 아니라 저녁이 다 아침이다 하는 그런 문제에 자기가 착을 두지 않고 살 수는 없는 겁니다. 그런데 자기가 자기를 리드할 수 있는 스승이 스스로 지혜로이 생기면서 그 지혜가 무기가 되고 양식이 됐을 때 비로소 그것을 좌우하리라고 믿습니다.

요즘도 이렇게 살면서 이런 걸 또 한번 느낍니다. 어떤 땐 어느 분이 이것도 드셔 보시라고 그러고 가져오곤 합니다. 거기에서 만약에 한 공기를 가지고 하루를 지내야 할 것을 좀 더 먹었다 이렇게 하면 반드시 정신이 흐려지고, 또 정신이 흐려진다는 건 둘째 쳐 놓고 거기서 내 육체를, 덜 먹은 거보다, 알맞게 먹은 거보다 오히려 이끌어 나갈 수가 없이 돼 버리는 것을 느꼈습니다. 그 이끌어 가는 내 주인공이, 참나가 있기 때문에 안에서 모든 부분을, 소임을 맡아 가지고 해 나가는 데에 정상적으로 해 나가면서 먹는 것도 여기에서 정상적으로 줘야 된다는 얘깁니다.

그러면 "인간으로서의 이 중도를 지켜라" 하는 것은, 그리고 분수를 지켜라, 환경에 따르라, 질서에 따르라…, 질서를 문란하지 않게 하는 도리는 바깥세상에도 있지만 안에도 질서를 문란하게 해서는 안 된다는 얘깁니다. 더 먹는 것도 질서가 문란해질 수 있는 겁니다. 더 갖는 것도 질서가 문란해질 수 있고요. 내 거라고 고집을 하는 것도 질서가 문란해질 수 있는 겁니다. 내 거라고 생각한다면 신경을 더 써야 하고요. 모든 것이 이 신경 쓰는 데에 사람의 몸은 망가질 수밖엔 없는 겁니다. 신경을 쓰지 않게끔 하면서 공부를 하게 하기 위해서 모든 역대의 그 습들을 떼어 버려라. 그 습을 떼면 모든 과거의 업보, 유전이 다 떨어진다는 얘기죠. 그럼으로써 알맞은, 내 참나로서의 지혜로운 그 평등의 활용이 그대로 내부 외부를 평등하게 쥐고 균등을 잡아서 나간다는 얘깁니다.

그런데 접때 이런 일이 있었습니다. 누가 맛있는 거를 가져왔습니다. 그래서 "스님이 이렇게 애를 쓰시고 또 말을 많이 하시니까 맛있는 거를 더 잡수셔야 합니다." 하고 주기에 그냥 아무 생각 없이 먹었습니다. 그런데 맛있는 걸 먹었으면 기운이 더 나야 할 텐데 말입니다, 아니, 반칙을 한 겁니다. 허허허…, 이 공장에 위반을 한 겁니다. 법도의 위반을 한 겁니다. 자루가 이렇게 요만큼만 돼야 될 텐데 자루 위로 아주 멜 수가 없이 돼 버렸단 말입니다. 나는 그렇게 먹지는 않습니다마는 나한테는 그렇죠. 왜? 나는 가만히 앉아 있는 사람이고 여러분은 뛰는 사람이야. 그럼 뛰는 사람은 곱을 먹어야 하고 앉아 있는 사람은 반밖에 먹을 수가 없는 겁니다. 상식적으로 생각해도 그거는 아마 아시리라고 믿습니다. 그래서 언제나 때에 따라서, 환경에 따라서 조절을 해야 된다 이겁니다.

그래 가지고 말입니다, 어떠한 단서가 나왔느냐 하면 야, 그냥 쪼끔 저거 하니까 목이 칼칼하고 아, 기침이 나오고 골이 띵하고 그렇단 말입니다. 그래서 내가 속으로 그랬죠. '너 맛있는 걸 더 줬는데 왜 그러냐?' 이랬더니 말입니다, 걔 하는 소리가 또 우습죠. 아니, 그게 요한 그릇이 들어가야 될 일인데 만약에 두 그릇이 들어간다면 이것이 그냥 막 돌아간단 말입니다. 짤깍짤깍 돌아갈 게 막 돌아간단 말입니다. 그러니 이게 반칙이다 이겁니다. 그래서 그것을, '그러면 내가 더 먹은 것을 평상시에 먹는 데서 뺄 것이다, 그럼.' 허허허…. 이거 재밌는 얘기도 됩니다마는 이걸 잘 들으십시오. 여러분 생활에 그것이 아주 좋은 결과가 될지도 모릅니다.

평소의 한 공기를 가지고 반씩 나누어서 아침 저녁을 먹었거든요. 그랬는데 그날서부터, 그걸 또 반에서 반을 줄였습니다. 왜 줄였느냐? '너 반칙했다. 그러니 반칙한 거 빼겠다.' 이겁니다. 그러면 그것이 지금 이 내 상황 속에서 맞느냐 하면 맞지 않는 얘기죠. 그러나 그것을 반씩 줄이니까 그것이 도로 없어지더라는 얘깁니다.

그래서 배고프면 먹고 배부르면 그만두고, 잠자고 싶으면 자고 자기 싫으면 밤을 새우더라도 나 자기 싫은데 어떡하냐. 그것을 잠이 안 온다고 안달복달할 필요가 없어요. 잠이 안 오면 안 오는 대로 그냥 즐겨. 그런데 잠이 안 온다고 막 신경을 쓰고 이러니까 오히려 사람이 망가지고 못쓰게 되죠. 그런데 밤에 잠이 안 오는 거를, 안 오는 것도 '네가 자기 싫으니까 그런가 보다.' 하고서 밤에 참, 조용한데 즐기거든요. 즐기니까 그 이튿날 피곤한 것도 없다는 얘깁니다. 그러면 하나서부터 열까지 어떻게 해야 우리 몸을 조절해 나가면서 참답게, 괴롭지 않게 살 수 있느냐는 얘깁니다. 그리고 포기 상태로 들어가고 허망하다 그러고 또는 아프면 의욕이 안 생기고 이러는 이유가 어디에 있는가. 그건 우리 자신이 조절해야 된다는 얘깁니다.

그런데 더군다나 늙으면 이젠 허망하고 다됐다 이러지만, 늙으면 늙는 대로 바로 나는 젊어진다는 걸 아셔야 됩니다. 모습을 바꿔서 우리가 어린애로 탄생을 한다면 벌써 우리는 삶에 의해서 기초를 닦는 과정을 지금 하고 있다. 또 늙어 간다 그럴 땐 우리가 젊어질 것을 준비하는 겁니다. 그러니까 하나도 고가 없어요. 모든 게 준비 과정이에요. 그러니 요기서 요기 옮겨 놓고 요기서 요기 옮겨 놓고 이럴 뿐이지, 모습을 바꿔서 옮겨 놓을 뿐이지, 아무 죽는 것도 없고 죽을 것도 없고 새삼스럽게 나온 것도 없고 그렇습니다.

그저께도 얘기했지만 굼벵이도 애당초에 굼벵이로만 나오지 않았기 때문에 죽을 게 없어서 죽지 않았단 말입니다. 굼벵이라는 몸만 갈아 가지고 매미로 옮겼을 뿐이지 그것은 죽은 게 아니란 말입니다.

모습만, 옷만 벗고서 딴 옷을 입었을 뿐입니다. 그런데 우리가 딴 옷을 입을 때까지 어떻게 의욕이 없어지지 않고 삶의 보람을 느끼고 즐겁게 살 수 있겠느냐는 문제입니다. 우리는 허망하다고 그러는데, 난 허망할 것도 거기 붙을 게 없다고 봅니다.

그러면 여러분이 병이 나는 원인이 신경을 너무 쓰고 일일이 간섭하고 일일이 자기 거, 증오 이런 걸로 인해서 신경을 많이 쓰거나 또는 음식으로써 생기는 병이 아마 삼분지 이는 될 거라고 봅니다. 이것은 어떠한 비결이 따로 있는 게 아니라 여러분의 조절에 달렸다 이겁니다. 그러면 우리 몸을 지탱하고 나가는 것도 조절에 달려 있고 지금 내 배 속에 든 생명들을 이끌어 나가는 것도 역시 조절에 달렸다고 보고 또는 바깥에서 살아나가는 생활도 조절하기에 달려 있어요. 자기가 지혜로운 마음으로써 그것을 한 개의 지혜로운 무기로 삼아서 해 나갈 수 있는 그 조절. 그리고 또 세계적으로도 우리가 색으로만 사는 게 아니라 바로 무루인의 내놔도 내놓을 게 없는 나 자체, 또 내놓을 게 있는 색으로 봐도 그 색조차 공해 버렸으니 뭐가 있을 것인가? 색조차 공해 버렸다고 그러는 거는 아주 삶의 근본적인 바탕이라고 봅니다. 여러분이 변질돼 가고 늙고 병들고 이러는데, 늙어 가는 것도 과정이라고 아까 얘기했듯이 우리가 살아나가는 데에 발 하나하나 떼어 놓는데 말입니다, 오늘로, 하루살이로만 살아보세요. 하루살이로만 산다면 걱정할 게 하나도 없습니다. 앞도 뒤도 끊어진 자리입니다. 그러면 나라는 것도 공해서 고정됨이 없기 때문에 나라는 것도 세울 게 없는데 어찌 거기 붙을 게 있겠습니까? 뭐가 붙습니까, 거기?

그래서 이 말도 했던 말이 항상 반복되지만 새삼스럽게 요것이 하나가 거기 지금 들어가는 것은 여러분의 몸에 대해서, 생활을 하는 데도 내가 마음의 한생각과 또는 행과, 음식을 먹는 데도 또 마음을 쓰는 데도 항상 조절의 활용을 제대로 지혜로운 마음으로 할 수만 있다면 나쁜 거는 소탕하고…, 이 안에서도 말입니다. 나쁜 건 왜 소탕이 되느냐? 내 안에서 작업을 하면서 이 원자력에서 모든 나쁜 거는 태워 버리기 때문입니다. 이 안에서 그 원자가 태워 버리는 역할을 합니다.

그러니까 어떠한 썩은 물이나 나쁜 물이나 좋은 물이나, 좋은 건 좋은 것대로 받아들이면서 굴리고 또는 체내에나 이 세포에 모든 것이 공급이 되게끔 되지마는 만약에 나쁜 물질이 잘못 공급이 되면, 사람이 나쁘게 될 땐 그거는 태워 버리게 되는 것입니다. 이것은 여러분한테 말만 하는 게 아니라 내 자신이 체험하고 돌아가는 얘기를 그대로 하는 겁니다. 여러분이 아시다시피 내가 이날까지 약을 지어다 먹으면서 누워서 앓아 본 예가 없습니다. 아, 쪼끔 사람들하고 이렇게 만나면 즐겁고, 또 비켜나면 참 웃지도 않고 울지도 않고 항상 입을 딱 다물고 선…, 내가 내 몸 하나로 있는 게 아니라 공동체로서 수만 개가 돼서 돌아가는 거 같습니다. 그러니까 나라고 이렇게 표현해서 집착을 할 사이가 없는 겁니다. 그러니 뭐가 붙습니까, 거기?

그래서 우리는 말만이 아니라 실천을 자꾸자꾸 해야 하고, 여러분은 지금 내가 이렇게 설법을 하는 것이 요다음에는 또 그것도 늦다고 할는지도 모릅니다. 그러니 여러분이 살아가면서 앞으로 점점 자라나는 사람들은 점점 새 기분으로써 새 세대로서, 또 시대가 바뀌짐으로써 점점 연구를 해서 더 우리가 연구해 나갈 수 있는 그런 기본 자세가 돼야 됩니다. 그리고 우리가 한번 이런 생각도 해 볼 수 있는 거죠. 예전에도 그랬지 않습니까? 야, 사람들이 백 명이 할 일을 지금은 열 명이 앉아서 다 해낸다 이랬을 때 "아유, 그때는 참 어떻게 살았는지 몰라." 이러거든요. 여러분이 옛날에 버선 깁고 그걸 잿물에다 빨아서 다듬고 또 그냥 날른날른하게 명주를 다듬어서 바지저고릴 해 입히면 나가서 그저 하루도 못 입고 그냥 술 먹고는 흙탕에 다 튀여 가지고 들어온단 말입니다. 그러면 그날로 벗겨서 또 빨아야 돼. 이게 손이 얼마가 돌아갑니까. 그랬을 때 지금 생각을 해 보세요, 어땠나. '그때 어떻게 살았지?' 이렇게 되지 않습니까?

그런 거나 마찬가지로 지금 내가 아무리 이런 얘기를 하고 이렇게 빠르다고 해도, 그것은 변치 않고 돌아갈 겁니다마는 혹시나 말 자체가 더딜는지 모릅니다. 그러니까 항상 그 모든 살아나가는 게, 우리가 한생각으로 뛰는 게 나으냐? 빛이 더 빠르냐, 내 한생각이 더 빠르냐 이런다면 빛보다 어떤 게 더 빠르겠습니까? 빛으로 하는 것은, 그것도 인간이 참, 수없이 연구를 해야만이 그것도 빛으로 갈 수 있고 올 수 있다는 얘깁니다. 그러나 이건 천연적으로 빛과 모든 게 구비가 돼 있습니다, 우리 인간에게. 만날 얘기해 드리죠. 그래도 그게 이해가 안 갈 겁니다.

지금 오관을 통해서 하고 원자력과 통신기와 천안기와 천이기 또는 우리의 타심기 또는 숙명기, 이 모두가 종합해서 있기 때문에, 지금 내 모습이 아닌, 모습도 없는 어떠한 데 저런 것이 전부 나 아님이 없기 때문에, 그 구름도 나 아님이 없기 때문에 구름 따라서 흘러서 그냥 한생각에 그저 왔다 갔다, 가고 옴이 없이 가고 오는 것이 얼마나 빠릅니까? 한번 여러분, 생각해 보세요.

만약에 육안이 아닌 마음의 눈으로 미국을 본다 하고 저 은하계를 본다 할 때, 그럼 여러분이 아시는 집을 생각하고 보는 그것하고 은하계를 보는 그 생각하고 차이점이 납니까, 안 납니까? 가깝고 멀고 차이점이 안 나죠. 요기 요 바깥의 요거 한번 생각하는 거하고 저 은하계 생각하는 거하고 차이점이 안 납니다. 이렇게 빠른 겁니다. 그래서 시간과 공간도 초월되고 또는 무중력 상태에서 어디까지나 멀고 가까움이 없이, 가고 옴이 없이, 이게 말을 하려니까 "가고 옴이 없이" 이런 말을 하고 또 말을 하려니까 모든 게 이런 말이 붙습니다마는 가고 옴이 없다는 그 말조차도 붙지 않는 거죠.

그럼 여러분이 마음의 눈으로 보신다고 생각하고, 집에서 항상 사셨으니까 집은 잘 보시겠죠, 여기 앉아서. 한번 봐 보세요. 시간이 걸리나 안 걸리나. 몽땅 보세요! 집을 한번 보세요. 그냥 이렇게 한번 보실 때에 어디가 대문이고 어디가 뭐고 어디가 뭐고 이런 거를 막론하고 아예 그냥 몽땅 봐 보세요. 그럼 이 생각으로, 머리로, 벌써 그거는 뜻으로 이게 어디가 뭐가 있고 어디가 뭐가 있다는 게 종합해서 나오죠. 어떻습니까? 이래도 못 믿겠습니까? 그래서 이 공부를 안 하면 안 된다는 점입니다.

그래서 그렇게 보건마는 보는 것만이 도가 아니라고 했으니 엄청난 말입니다, 이게. 보기만 하면 뭘 합니까? 여기 지구 안에 공기가 없어서 다 죽게 생겼는데, 사람에게 보급되는 공기나 또는 어떠한 에너지를 가져와야만 우리 여기 지구 안에 있는 사람들이, 생명들이 다 산다고 할 때 이것을 보기만 하고 가져 올 수 없다면 그 본 것이 소용 없지 않습니까? 그렇기 때문에 보고 듣고, 또는 가고 오고, 함이 없이 가고 오고 또는 내 몸을, 모습을 수만 개로 바꾸고 한다, 또는 남의 속을 뚫어지게 본다, 남이 이날까지 살아온 거를 뚫어지게 안다 하더라도 이것을 갖다가 목마른데 마실 수 없다면 소용도 없는 겁니다. 이것을 갖다 마실 수 있을 때에 비로소 그것은 내가 활용할 수 있는 다섯 가지의 용입니다. 그러니까 내 부하죠.

십대 제자가 손으로만 돼 있는 게 아니라 뜻으로도 돼 있고 한생각에 내가 그 집을 몽땅 보듯이, 몽땅 보기 때문에 그것은 보는 게 아니라 순간 생각할 때 벌써 집에 뭐가 있고 뭐가 있고 이게 그냥 뜻으로다가 다 나오는 겁니다. 근데 여러분이 항상 사시면서도, 여러분의 집에 뭐가 있고 뭐가 있는 거 다 알면서도, 자기가 쓰면서도 어디 가 있는 줄 모르는 게 더러 있습니다. 그런데 제삼자가, 만약에 이런 공부 한 사람이 볼 때는 그거까지도 볼 수 있다는 얘깁니다. 그래서 쥐구멍까지 볼 수 있고 쥐구멍에까지 에너지를 보급할 수가 있는 것은 인간의 참마음입니다. 저 태양이 아무리 저렇게 따뜻하게 비춰 주고 모든 일체 만물을 다 성장케 만들어 준다 하더라도 저 쥐구멍에는 햇빛을 못 들여보내. 그런데 인간의 마음은 쥐구멍에까지 들어갈 수가 있다는 얘깁니다.

그러니 너무나 광대하고 무변하고, 우리 인간이 이렇게 알아서 앞으로 해 나간다면…. 그것을 날더러 어떤 사람은 천부당만부당한 소리라고 할는지도 모르죠. 그런데 여러분이 살아가면서 또는 자녀들을 키워 가면서, 그 자녀들이 앞으로 점점 성장해 가면서 아마 내 이 말을 증명해 줄 겁니다. 사람사람이 누구나가 지금 이 시대에만 있는 게 아니고 우리는 또 이 자리에서 이렇게 하고 있으면서 오백 년 후에도 또 똑같이 이 자리에서 같이 이렇게 앉아 있을 거라는 그 신념을 꼭 잊지 마셔야 합니다. 불법은 없어지는 게 아닙니다. 우리 생명이 돌 하나라도, 풀 한 포기라도 있다면 그것은 불씨가 있는 것입니다. 왜 없어집니까? 불법이 쇠퇴해진다고 아주 망가진다, 없어진다 이러는데 우리 생명 하나만 있어도 불씨는 있는 것입니다. 생명 아닌 게 어디 하나라도 있나요? (녹음 안됨) 내 지금 이런 말을 했는데 이런 말을 듣는다면 바로 거기에서 생각나는 게 있을 테니까 질문하세요.

여러분한테 이렇게 같이 앉아 있으면서 오손도손 서로 토론을 하자고 하는 것은, 내가 높으면 얼마나 높고 알면 얼마나 더 알겠습니까? 또 여러분이 모르면 얼마나 더 모르고 얕으면 얼마나 더 얕겠습니까? 우리는 한마음 한뜻으로 공생 공용을 하고 지금 공체로 돌아가는 입장에서 모르는 사람은 모르는 사람대로 스승이 될 수가 있고 아는 사람은 아는 사람대로 스승이 될 수가 있고 제자가 될 수 있는 것입니다.

여러분, 가만히 보세요. 모르는 사람은 아는 사람을 부리게 돼 있습니다. 세상 살아가면서 가만히 보세요. 아주 잘 배우고 똑똑한 사람은 꼭 밑에서 일을 합니다. 허허, 가만히 생각 좀 해 보세요. 모르니까, 못났으니까 그런 것이 아니라 좀 더 이것이 활달하고 또 똑똑하고 잘 알고, 아주 학식으로써 풍부한 사람은 풍부한 사람대로 똑똑하고 풍부하기 때문에, 일을 안 하면 안 되겠기에 실무자가 되는 겁니다. 그러니까 항상 공부를 더 못한 사람들이 위에 앉고 아주 철두철명한 사람들은 밑에서 실무자가 돼 가지고 일을 하거든요, 가만히 보면. 모르면 모르는 대로 사람을 부리게 돼 있고 알면 아는 대로 또 쓰게 돼 있거든요. 하게 돼 있고, 밑에서.

그런데 여러분이 딸을 기르고 아들을 기르다가도 어떤 때는 '야, 우리 딸은 저렇게 배운 게 없으니 어디 가서 무얼 해 먹고 사나. 남의 집에 가서 뭐를 어떻게 하고 저거 지탄이나 받지 않을지 모르겠다. 또 우리 아들은 한 번도 경험해 본 예가 없이 저렇게 살다가, 부모가 번 거 가지고 공부하고 저렇게 살다가 저거 어떻게 살까?' 이러지마는 환경에 닥치면 다 하게끔 돼 있어요.

그래서 어떤 분들은 날더러 "그렇게 어떻게 지내셨습니까? 인간으로서 그렇게 할 수는 없습니다." 이러는데 나는 "닥치면 어쩔 수가 없더라." 이 말 한마디밖엔 못합니다. 닥치면 어떡하느냐 이거야. 영화에서 말입니다, 노예를 부리는 사람이 노예를 말입니다, 그냥 막 두들겨 패서 피가 철철철철 나도 튀지도 못하고 어쩔 수 없이 그대로 그냥 맞아 가면서 일을 해야 하는 그 입장을 생각해 보십시오. 그 환경에 따라서 어쩔 수 없는 거 아닙니까? 매달고 치면 뭐, 맞았지 별 수 없는 거죠. 그러니까 자기가 그 환경에 들어서 보지 못했기 때문에 그런 말들을 하는데 닥치면 여러분도 어쩔 수가 없습니다.

6·25가 났는데 말입니다, 그때도 그 모래톱에서 말입니다, 강을 건너려고 수백 명 수천 명이 모래톱으로 들어섰습니다. 저 광나루 쪽으로 말입니다. 그랬는데 어떡하든지 튜브나 뭐, 이런 걸 얻어 가지고서는 그냥…. 그러니까 건넌다 안 건넌다 할 게 없이 남들이 건넌다니까 그냥그냥 모두 무조건 따라선 것이죠. 그랬는데 그 환경에 닥치니까 어쩔 수 없이 요만한 널판지 하나를 가지고도 건너더라 이겁니다. 아이, 참! 밤중에, 그것도요. 그러니 사람이 자기한테 닥치면 어쩔 수가 없는 겁니다.

그리고 또 거기서 총으로 위에서 그냥 막 이렇게 내리긋는데도 환경에 닥치니까 어쩔 수 없이 그냥 웅덩이 모래톱으로도 들어가고 뭐, 헤엄을 치든 말든 그냥 물로도 들어가고 이러는 걸 볼 때, 환경이 아닙니까? 할 수 없다고 그러겠죠. 그건 환경이 좋을 때 얘기예요. 환경에 닥치면, 매달고 치면 어쩔 수가 없어요. 죽는다는 생각은 이차예요, 벌써! 앞에 닥치니까! 다리가 끊어졌는데도요, 여기 총알에 맞아서 막 피가 철철 나는데도 그냥 하나도 끊어진 사이가 없이 막 뛰어요. 난 그걸 봤어요. 흐들흐들하게 그냥 막 이렇게 저거 하는데도, 그게 무슨 '다리가 저거 해서 못 뛴다.' 그것도 편안했을 때 '아이고, 못 걷겠다.' 그러고 쓰러지는 거죠, 아주 위급하니까 그냥, 그냥 뛰던데요!

이 환경이라는 게요, 얼마나 중요한지 몰라요. 할 수 없는 게 없어요. 할 수 없는 게 없다 있다 할 수 없어요. 두 가지를 다 놓고 볼 때 할 수 있다도 아니요, 할 수 없다도 아닙니다. 지금 우리 공부하는 게 '할 수 있다, 할 수 없다' 이걸 떠나라 이겁니다. 떠나서 환경에 닥치는 대로 우리가 조절하고 또 자기의 분수에 맞게 생활을 하라 이겁니다. 그러면서 분수에 맞게 하되 분수에 맞게 하는 그 자체가, 누가 하는가 이겁니다. 이날까지 누가 해 왔으며 지금도 누가 하고 있는가를 보시라 이겁니다.

언젠가 한번 가니까요, 개천에 물이 그냥 철철철철 흘러내려 가는데 나는 기진맥진해서 아주 기다시피 해서 물을 찾아서 거기까지 갔는데 손을 댈 여지도 없었죠. 고개를 디밀어야만 했으니까요. 그래 고개를 디밀고 물을 벌떡벌떡 이렇게 먹는데요, 그것도 많이 먹는다는 겁니다. 물이 말하기를 많이 먹는다는 거예요. 많이 먹는대요. 이게 공짜 물이라고 해서 그렇게 남의 걸 많이 먹느냐 이겁니다. 그래서 그때에 무슨 소릴 했느냐 하면 '내 거 나 먹는데 뭐가 어때서?' 하니까 내 거라도 내 게 아니다 이거죠. 모두가 공동으로 돼 있다는 얘기죠. 네 몸속에도 물이 있고 바깥에도 물이 있는데 바깥의 물과 안의 물이 공동이라는 얘깁니다. 그러니까 알맞게 먹어라 이겁니다. 그 당시에는 몰랐는데 그것이 뭐냐 하면 이것이 시공이 없는 걸 가르쳐 주는 반면에 내가 너무 지쳤으니까 물을 많이 먹으면 그게 여기가 안 좋거든요. 그러니까 그 조절을 하는 겁니다. '야! 참 신비하구나.' 또 그 당시에는 몰랐는데 그 후에 '참 고맙구나!' 이 주인공이 이렇게 고마울 수가 없는 겁니다.

그러면 또 한 가지는 열무 무청을 가지고 먹는데 이 '무청만 먹으면 안 된다.' 그래서 '무청만 먹지 않으면 뭐 있느냐?' 하니까 그것도 말을 하는 게 아니죠. 이게 그냥 생각이 아니라 그냥 나오는 대로입니다. 그래서 자기 길잡이가 자기 몸에서 스스로 생긴다는 얘깁니다. 그랬는데 '그러면 알았어. 그럼 안 먹으면 되지, 뭐. 네가 있다면 먹을 거고 없다면 못 먹는 거지, 어쩌겠어. 죽고 사는 것도 네가 있다면 살 거고 네가 없다면 죽는 거고 뭐, 하상 이게 뭐라고.' 그러니까 쪼금 있더니요, 웬 영감태기가 콩을 가져왔어요. 야, 내가 나무를 지고 가다 보니까 여기 참, 꽃 몽우리도 피지 않아 가지고 이렇게…. 그런 생활을 나도 좀 해 봤다 이거죠. 그러면서 콩을 한 됫박 가져왔으니, 그걸 생각을 해 보세요. 그게 우연입니까? 그렇지 않으면 어떻게 생각하시겠어요? 기적입니까? 우연입니까? 천만에요. 내가 있기 때문에 그이가 있었던 겁니다. 그 마음이 같이 바로 통신이 됐기 때문입니다, 무전통신이. 그러니까 돌에 세워 놔도 산다는 소리가 거기에 있는 겁니다. 멀고 가깝고도 없이 통신이 된다는 뜻입니다.

되고 못 되고가 아니라 이런 생활 속에서 우리가 얘기를 하고 이러는데 생활 속에서 또 여러분이 말씀하실 거 있으면 얘기하세요. 스스럼없이 말입니다. 줄창 말씀해 드리지마는 생활에서 살고 벌이하고 나가서 일하고 이러는 거 낱낱이 내 마음 안으로 돌려야 됩니다. 그래야 성사를 보지 그러지 않으면 못 봅니다. 모든 게 자기가 있기 때문에 자기 고놈이 있는 겁니다. 고놈이 자기를 이끌고 다니고 참, 평소에 모든 거를 다 좌우합니다. 그러니까 다른 저 행성에서도 자원이 넉넉히 있는 데서는 바로 그 안에서 그 자원을 가지고 자작으로 자동적으로 돌리면서 그것을 자기 이익이 되게끔 자꾸 에너지를 만들어서 쓸 수 있는 그런 자원이 있습니다. 그래서 이것은 나가서 벌이를 안 해도 우리가 그 자원이 풍부하다면 다 돈이 돈을 벌어 주듯이, 자원이 풍부하니까 벌써 전자로서의 모든 자원이 스스로 들어오는 거죠. 스스로 들어와요.

그런데 우리는 지금 가난한 집이나 똑같습니다, 우리 지구가. 그러면 자원이 이 안에 풍부하질 못하기 때문에 언제나 얻어 써야 되죠. 얻어 써야 된단 말입니다. 어떻게 어떻게 연구해서 얻어서 자꾸 자원을 들여서 쓰는 거죠. 우리가 한 달 한 달 어떡하든지 먹고살 양으로 나가서 기가 막히게 일을 하듯이. 그러나 부잣집에서는 자원이 풍부하니까 아, 불도 뭐, 양쪽에 켜 놓고 말이야 아이, 그냥 컴컴하지도 않게 살거든요, 이 자원이 넉넉하니까. 불이라면 예를 들어서 달로 비유합니다. 그러나 우리는 자원이 넉넉지 못하니까요, 그거나마도 하나를 가지고 반쪽씩 반쪽씩 쓰니까 어떤 때는 서쪽이 되고 어떤 때는 동쪽이 되고 그렇지, 뭐. 허허허. 그러니 우리가 동쪽 서쪽도 부를 것도 없는데 우리 자원이 풍부치 못하니까 참, 쪼개서 쓰는 폭이나 똑같죠.

우리 인간이 살아나가는데 벌레처럼, 돼지처럼 먹고 사는 데만이 문제가 아니라, 우리는 이 세상에 먹고 살기 위해서 나온 게 아니라 살기 위하고, 또 살기 위한 게 아니라 바로 자기는 성장되는 과정을 이끌어 가기 위해서 생겼다고 봐야 됩니다. 그러면 그것이 따로따로, 성장되기만을 위해서 사느냐? 그것도 아닙니다. 먹고 살고 즐기고 하면서도 그것이 바로 우리가 진화되는 과정이라고 봐야 됩니다. 그러니 인간이 된 게 얼마나 좋습니까? 고생을 해도 좋은 겁니다. 죽을 먹더라도 그 도리만 안다면 살아 있는 동안에도 벌써 햇볕이 따뜻하게 들어옵니다, 봄이 오고. 그런데 모두 덜 믿기 때문에 그렇고 잘못 믿기 때문에 그렇습니다. 가르치는 사람도 잘못 가르치고 배우는 사람도 잘못 배우고 이런다면 나중에 가서는 자기만 그렇게 귀신이 되는 게 아니고, 미신이 되는 게 아니고 자식들까지도 버려 놔요.

지금 기독교 안에서 벌어지는 일들 많이 보시죠? 불교에서는 그렇게 많이 없습니다. 이 지금 불교에서는 어디에서 생기느냐 하면 타의를 좇아서 기도를 하러 다니거나, 진실하게 그냥 저 산으로 쫓아다니면서 물을 떠 놓고 기도를 하고 밤을 새우고 그러는 사람들이 많습니다. 그런 데서 미치광이가 생기는 거고 또 기독교에서는 뭘 받았다고 그러던가? 성령 받았다고 그러죠? 그런 것이 왜 그렇게 되느냐? 전자에 살던 그 영계가 기독교를 진실하게 믿다가 만약에 죽었다 하더라도 눈이 컴컴해, 타의에서 찾았기 때문에. 귀가 밝지 못해. 그러니까 기독교 믿는 사람들을 쫓아서 사는 겁니다, 쫓아다니면서. 그러다 보니까 진실히 믿는 사람이 타의에서 자꾸 찾으니까, 이거는 자기에게 중심을 두지 않고 빈집을 만들어 놓고 타의에서 자꾸 찾으니까 들어올 수밖에 없는 겁니다. 지금 기독교의 문제가 기도처에서 그렇게 된 사람이 얼마나 많습니까? 수십 명에 달하고 수백 명에, 전국을 따진다면, 여기뿐만 아니라 전체를 따진다면 아마 헤아릴 수가 없을 겁니다. 성해서 다닌다는 사람이 딴소리하고 다니는 수가 많죠. 자기 미쳤다고 안 그럽니다. 그리고 가정에 어떠한 분란이 일어나느냐 하면 자꾸 딴소리하고 다니니까, 타의에서 그렇게 찾으니까 타의에서 들어올 수밖에 없어요. 그러면 제 본바탕을 가지고 사는 것도 잠깐, 또 타의에서 들어온 것이 자기 몸뚱일 빌려서 사는 그것도 잠깐, 이러다 보니까 잠깐잠깐 바뀌는 거죠. 그러니 이게 삶의 보람을 가지고 살 수 있는 겁니까, 없는 겁니까? 몸뚱이는 하나고 마음은 둘이니 말입니다. 어떤 땐 몸뚱이는 하나인데다가 마음이 셋도 되는 게 있거든, 또.

예전에 그런 예가 있었습니다. 그러니까 제가 치악산에서 내려오고 얼마 안 돼섭니다. 여기 앉아 있는 분도 잘 알고 있습니다. 저 '내사랑' 이라고 하는 별호가 있었던 신도 하나가 있었습니다. 이거 참고

적으로 들으시라고 이런 말을 하는 겁니다. 내가 뭐 잘났다 못났다 이걸 떠나서 들으셔야 합니다. 그랬는데 그분의 조카가 있었습니다. 그런데 그 조카가 머리가 좀 돌아서, 그냥 군인들한테도 막 들어가고 옷도 막 벗어부치고 그냥 뭐, 안하무인이었습니다. 자기 어머니고 누구고 막 두들겨 패고 어디 가서든지 팔을 쩍 벌리고 있고 그냥 막 돌아다니는 겁니다. 돌아다니다가 들어와도 그건 뭐, 사람 같지도 않고요. 그런데 데려다 놨습니다, 인제 그때.

그런데 보니까 내가 만약에, 그게 이렇게 되고 이렇게 되고 당신네 이런 이런 문제 때문에 죽은 사람들이 이렇게 들어와 있습니다 이러면 벌써 점쟁이가 돼 버려. 이건 뭐, 이렇게 말할 수도 없고 저렇게 말할 수도 없어. 그래서 뭐라고 말할 게 없이 본인을 시켰습니다. 나는 가만히 있고 본인 입에서 다 하면 될 거 아닙니까? 그래서 본인을 시켰더니 본인이 전부 얘기했습니다. 자기 몸은 하난데 누가 이렇게 있고, 나는 누구고, 나는 누구고 이렇게…. 그 몸 하나 가지고 세 사람이 살았습니다. 그러면 몸 가진 사람하고, 그러니 네 사람이 한꺼번에 산 거죠, 몸 하나 가지고요. 그러면 우리 집, 방 하나 가지고 지금 네 집 식구가 사는 거나 똑같죠. 그 얼마나 괴롭겠습니까? 생각해 보세요. 그러니까 그렇게 될 수밖에 없죠.

그래 본인이 그렇게 얘길 하니까 제 어머니고 모두 앉아 있는 사람들도, 그때 신도님들이 우리처럼 이렇게 앉아 있었습니다. 그렇게 말하면서 제 어머니더러 하는 소립니다. "이년아, 내가 아무 때 연분에 이렇게 이렇게 해 놓고 갔는데 네년이 이렇게 했기 때문에 내가 이러지 않느냐." 그러니까 딸이거든요, 바로. 딸인데, 자기 남편 역할을 안 하나, 또 딴 사람, 자기 큰어머니 역할을 안 하나. 그러니까 "네년이, 내가 죽기 전에 이렇게 이렇게 했는데 네년이 이렇게 이렇게 했으니까 네 딸애한테서 내가 살 수밖에 없어. 너도 좀 아파 봐라!" 이러는 거라. 그러더니 조금 있다가 또 딴 놈이 나오는 거라. 또 조금 있더니 딴 놈이 나와. 그러더니 다 나오고 난 뒤에는 "야, 이년! 너 좀 맞아 봐라." 이러더니 그냥그냥 복 패듯 하는 거야, 제 어머니를. "이년아! 너, 집이라도 팔아다가 날 좀 줘야 되겠어. 이리로 갖다 놔. 응? 이리로 갖다 놓으면 내가 가질 테니. 좀 나도 써 봐야겠어. 내가 살 때에 구두 한 번을 못 신어 보고 살았어, 일만 죽도록 하고 돈 버느라고. 그랬는데 돈은 네가 다 써? 이년!" 하면서 아 이거는, 옷 한 벌도 하얀 그…, 왜 있잖습니까? 투피스 그거를 하라는 겁니다. 그리고 구두도 해 달라, 핸드백도 해 달라 이럽니다. "나는 그런 거 하나도 못했는데 너만 그런 거 들고 다니고 그래? 이년아!" 아이, 이러는 겁니다, 딸이. 그러니까 난 가만히 앉아 있는 겁니다. 그러니 얼마나 무서웠겠습니까?

그래서 다 하고 난 연에 다른 거 없이, 그때에 요런 그릇에다가 꽃꽂이를 해서 나한테다 줬습니다. 꽃공양 한다고 인제 사다 놓았던 겁니다. 나야 뭐, 그때 아무것도…, 거기서 내려와서 그냥 있었으니까요. 있을 데가 없으니까 거기 있었죠, 사무실에. 그랬는데 내가 그걸 갖다 여기다 이렇게 놓으면서 "야, 극락이 어때? 나 좇아 설 수 없어? 내 구경시켜 줄게. 구경을 하고 나 따라서 나서." 하니까 가만히 있어요. 그래서 그걸 갖다가 앞에 놔 주며 "여길 들여다봐 봐. 이 극락이 얼마나 좋은 데인가." 하고 그 꽃 꽃꽂이해 놓은 걸 앞에다 갖다 놨습니다. 그랬더니 그걸 한참 들여다보더니 "야, 여기는 뭐가 있고 여기는 뭐가 있고 이렇게 좋은 데가 있고…." 이런 거 처음 봤다는 겁니다. 이렇게 좋은 데가 어딨느냐는 겁니다. 이것이 인제 누구든지 미쳤다고 보지마는 그 순간에는 이게 미친 게 아니라 가깝고 멀고를 초월해서 보는 겁니다. 이걸 기준으로 삼아서. 그래서 보고 나더니만 따라선다는 겁니다. 그래서 그때에 세 사람을 천도를 시키고 나니까 그 사람이 성한 사람이 돼서 오늘날까지 잘 산다 합니다.

그러니까 그런 문제를 놓고 볼 때에 시식을 지내고 또 관음시식을 지내고 이러고 또 기독교에서도 뭐, 손으로 만지고 무슨 안식 기도를 하고 이런다고 해서 낫는 게 아닙니다. 부처님 법이라는 것은 말 한 번 안 해도 됩니다. 서로가 통하면 되는 거야. 그런데 그 문제가 맞지 않을 때는, 사람의 마음이 맞지 않을 때, 뚜껑이 이렇게 맞지 않을 때, 그러면 벌써 이게 네모반듯한 걸로 이렇게 덮으면 여기 구멍이 다 나서 새듯이 이게 더딘 겁니다. 그래 그때에 '내 사랑' 이라고 별호를 가진 그분이 조카를 위해서 참 많은 시주도 하고 이 절 짓는 데도 보조를 하고 그랬습니다. 그리고 또 그분이 시주한 것은 지금 저 치악산 상원사 기와 올리는 데로 보조가 됐던 거죠.

그랬으니까 참작하시고, 우리 인간들이 마음이 비면 집이 빈 거나 같아서 보이지 않는 남들이 들어와서 살아도 어쩔 수 없는 겁니다. 그러니 내 집을 내가 비우지 말고 항상 주인이 살아야 하며 또 언제나 주인이 있기 때문에 그 일체 만법을 다 응용할 수 있고 활용할 수 있다는 걸 아셔야 합니다. 이 주인은 언제나 비우지 않는 것입니다. 본래 비우지 않고 있는 거를 여러분이 마음으로 우정 집을 비워 놓고 있는 겁니다. 욕심이 많아서 바깥으로만 찾고 다니다 보니까 내 집은 항상 비어 있고 남이 들어왔다 나가는지, 이 몸뚱이를 어디 부분을 갖다…. 즉 말하자면 '너 예전에 살 때 나한테다 얼마만큼 했어. 너 잘못한 게 많으니까 원수 갚겠다.' 이러고 들어올 때는 집이 비었기 때문에 무난히 들어와서 칠 수 있거든요.

그래서 예전에 공부한 사람들끼리도 '너 얼마나 공부했나 보자.' 그러고선 철퇴로 치거든요. 그거는 친다 안 친다도 없이 치거든. 그러면 나한테 내 집 주인이 있다면 벌써 그것을, 하다못해 곡괭이 자루로라도 막아야잖아! 아이, 주인이 있다면 치러 들어오는 거 알잖아요. 그럼 곡괭이 자루로라도 막아야지! 그런데 만약에 집이 비었다면 그거 뭐, 어굴없이 맞아야 되죠. 그러니까 병이 들게 되고 결국에는 원수를 그쪽에서는 갚게 되고 이쪽에서는 받게 되고 그러는데 그걸로 인해서 또 만약에 내가 죽어서, 영계로 인해서 그거 받았다면 '요놈 또 보자!'

그러고선 또 가서 또 그렇게 하게끔 돼 있거든요, 그 사람들 자손 대에 가서. 그러니까 그칠 수가 없는 거예요, 그 인과응보는.

그러니 우리가 인과를 짓지 말고 전부 녹여 버리도록 하고 한 대를 맞았다 하더라도 '아하, 그것이 내가 언젠가 저 사람을 때렸으니까 한 대 맞았겠지.' 하고 자기 앞으로 돌려야 그것이 끊어집니다, 녹아지고. 그러니까 그저 모든 건 자기 탓으로 돌리고 사는 거….

오늘은 이만 그치겠습니다.

해와 달도 내 한마음 한 점에

1986년 4월 23일

한 말 또 하고 한 말 또 한다고 생각하지 마시고 잘 들으세요. 우리 인간이 살아나가는 데에 얼마나 도움이 되고 얼마나 이익이 되는지 몰라요.

오늘이 보름입니다. 여러분한테 오늘 보름날 말씀드릴 것은 이 허공 우주 대천세계에 모두 전율이 흐르고 있습니다. 너무나 강렬하게 흐르고 있습니다. 그렇게 모두가, 무루의 그 대천세계의 우주 만유가 다 전열이 흐르고 전자력이 흐르고 또는 습도력이 흐르고 온도력이 아니 닿는 데 없이 흐르고 있기 때문에 우리는 그걸 잡아서 쓸 수 있었고 또 그걸 잡아서 쓰는 반면에 수만 가지의 활용을 했고 또 물건이 나왔고 발전을 했습니다.

그런데 우리 인간으로서는 어떻게 해서 그렇게 모든 것을 다양하게 잡아 쓸 수가 있는가. 우리 인간에게도 전열이 흐르고 모두가 같이 동일하게 돌아가기 때문에 우리 모두가 안팎에 전부 가설이 돼 있듯이 본래에 그렇게 돼 있습니다. 그럼으로써 지금 그 전열이 흐르고 있는 이 마음 자체가 바로 마음이 통하면 전기가 통하는 거처럼 전기가 통하는 반면에 그것이 화해서 좋은 일도 하고 또는 나쁜 일도 하게 되고, 또 좋은 일을 하는 반면에 물건이 나오기도 하고 또는 거래가 되기도 합니다. 그리고 웃음도 날 수 있고 또 울음도 날 수 있는 것이 그 전열의 마음입니다.

부처님께서도 말씀하시기를 "나는 너희를 배척하지 않는다. 너희들의 마음이 멀리 떨어지면 또한 나도 멀리 떨어지느니라." 하셨습니다. 물론 인연이 없는 중생은 구제할 수가 없다고 그런 것은 마음이 떠났기 때문입니다. 우리는 마음을 떠나지 않게 하기 위해서, 항상 수시로 코드를 뺐다 끼웠다 하는 자유권을 우리 인간이 가지고 있음으로써 우리는 자유스럽게 뺐다 끼웠다 하는 것입니다. 쓸 때는 끼고 쓰지 않을 때는 빼고 하는 것이죠. 뺐다 하면 전체 전열이 같이 돌아가기 때문에, 일체 만물만생 우주 대천세계가 같이 돌아가기 때문에 부처인 것이고, 코드를 끼웠다 하면 그것이 바로 서로 교화가 되는데, 서로 전열이 같이 흐르기 때문입니다. 또 둘이 흐르고 셋이 흐르고 이러는 것은 전기 코드 꽂기에 달려 있습니다.

여러분이 지금 생활해 나가는 데서도 큰 회사는 회사대로 모터가 돌아가게 꽂고, 가정에서는 가정대로 전기 제품을 쓰기 위해서 다양하게 쓸 수 있는 코드를 꽂을 수 있고, 또 그것을 다 끓였으면 빼고 이러는 것이 우리의 생활입니다. 그거 한 가지로만 생각하지 마시고 일체 만법에 대한 문제가 바로 그런 거와 똑같은 뜻이라고 봅니다. 하나만 얘기하면 하나만 알지 마시고 전체를 한번 검토해 보시고 음미해 보시는 것이 좋을 것 같습니다.

오늘 달이 밝고 한데 어떠한 데는 우리의 반나절, 즉 말하자면 열두 시간 그 자체가 보름이 될 수 있는 겁니다. 우리 반나절이 보름이 된다면 하룻밤 사이가 어떤 행성에서는 바로 보름이 될 수 있다는 점입니다. 또 우리의 하루가 어떤 나라에서는 한 달이 될 수 있는 것입니다. 그러므로 우리 반나절을 세세생생 그냥 밝게 사는 사람도 있다고 봅니다. 밝게 사는 사람이라기보다는 사람의 형상은 형상대로 있지만 형상 없는 형상도 얼마든지 있습니다. 우리 이 별성이라든가 우리 지구 자체를, 세계 지도를 한번 잘 검토해 보셔도 그건 음미할 수 있는 것입니다.

우리 국기를 봐도 국기에 하늘과 땅을 그려 놓고선 그 가장자리에 어떻게 쓰여 있는지 한번 음미해 보시렵니까. 그것은 천지만물이 돌아가는 이치에 무와 유를 한데 합쳐서 균등을 잡아서 해 나가는 도리를 바로 국기 가장자리에다가 써 놓은 것입니다. 그려 놓은 것입니다. 여러분은 그것을 하나의 국기로, 대상으로서만 생각할 게 아닙니다. 천지지변 하며 돌아가는 이치를 그대로 거기 그려 놓은 것입니다. 우리가 마음을 밝히는 것은 '항상 밝음'을 밝히는 것입니다, 보름달처럼. 우리는 보름달이라고 했지만 해는 항상 있는 것이죠. 우리 마음만 컴컴하지 않다면 항상 마음은 태양과 같이 그렇게 밝은 것입니다.

그렇기 때문에 어떤 분이 이랬답니다. 자기가 어렸을 때는 부모의 은공도 모르고 살아나가는 게 어떠한 건지 그것도 몰랐답니다. 그러다가 어느 날 삼십이 넘어서 생각하다 보니까 아, 위로는 부모의 은공을 알게 됐고 아래로는 자식을 보살펴야 하는 걸 알겠더랍니다. 즉 말하자면 내가 묵은 빚을 졌으니 묵은 빚을 갚으면서, 빚 진 거를 생각하면 참 기가 막힌 생각이 들어서 햇빛을 주면서도 다시는 묵은 빚으로 나는 받지 않겠다고 생각을 하면서, 오직 사랑을 주는 것만이 사랑이지 받는 것이 사랑이 아니라고 생각했답니다. 그래서 그 모든 것을 준다 안 준다 없이 진실하게 살아나가는 것도 주는 것이라고 생각을 했다는 얘깁니다.

그래서 진실한 마음으로 거짓 없이 행을 하고 거짓 없는 말을 하고 거짓 없는 뜻을 가지고 달과 해와 모든 것이 자기 마음 안에 들어 있다고 생각하면서, 그 들어 있다고 생각하는 그 밝음을 항상 부모에게 연결을 하면서 항상 자식에게 연결을 했답니다. 그럼으로써 자식을 밝게 비추어서 자기 길을 자기가 아주 끄달림 없이 밝게 해 나가는 동시에 부모는 부모대로 그 길이 훤히 터져서 그렇게 밝게 길을 걷게 됐답니다. 그럼으로써 부모는 바로 저승 천자가 되고 자식은 이승 천자가 됐답니다. 그런 거와 마찬가지로 우리가 중간에서 부모 노릇 하기가 얼마나 어려우며 또 자식 노릇 하기가 얼마나 어려운 줄 아십니까.

우리는 모두가 눈물 없이는 이 진실을 밝혀낼 수가 없는 것입니다. 여러분은 나를 흉을 볼는지 모르지마는 그 진실한 눈물, 그 피 한 방울이 아니라면, 오장육부의 뼛속에서 흘러져 나오는 그 피 한 방울이 아니라면 이 우주에 전율이 흐르는 그 대도의 이치를 아마도 까맣게 모르실 겁니다. 딴 데는 선방에서 좌선을 하고 그러는데 여기에서는 앉아서 좌선하는 것도, 서서 일하는 것도 또는 화장실에 가서 똥 누는 것도 참선이라고 가르치는 원인은 바로 그러한 모든 것을 종합해서 가르치기 위해서, 어떠한 점도 이지러지지 않게 가르치기 위해섭니다.

여러분은 그저 어디서나 만날 기복으로 나가지 마시고, 언제나 낱낱이 한마음으로 돌려서 그 마음속에서 낱낱이 나가고 드는 것을 아신다면 위의 부모에게도 은혜를 갚는 법이요, 아래 자식한테도 길잡이가 되는 법이요, 밝게 비춰 주는 것입니다. 그러면 밝게 비춰 준다, 또는 밝게 이끌어 준다 하는 그 도리 속에, 수많은 각계각층을 전부 천차만별로 밝게 길을 인도한다는 그 속에 다 전체 들어 있습니다. 그렇기 때문에 저승 천자가 됐고 이승 천자가 됐다는 얘깁니다.

그러니 한생각을 할 때 우리는 밝은 것만 찾는 게 아니라 자유권을 찾기 위해서…, 아주 밝다고 하는 것만도 아니고 컴컴하다고 하는 것만도 아니다. 단지 내 씀씀이에 달려 있는 것이다. 전기는 항상 들어와 있는데 적게 쓰고 많이 쓰고 하는 것은 나한테 달린 것이고 또 다양하게 쓰는 것도 나한테 달려 있는 거고 그런 것이지 누가 쓰라 해서 쓰는 거고 쓰지 말라 해서 쓰지 않는 것은 아닙니다. 여러분이 살림하면서 다양하고 슬기롭게 항상 생활 속에서 쓰는 거지마는 생활 속에서 쓰는 그 참다운 우리 삶이 바로 우주 만유에 있다고 생각을 해 보셨습니까.

그래서 어떠한 세계에서는 밤도 없고 낮도 없고, 어떠한 세계에서는 낮이 있고 밤이 있으되 한 달이 아니라 보름씩이나 캄캄한 밤이 되고, 어떠한 데서는 석 달씩이나 캄캄한 밤이 되고 또 어떤 데서는 석 달씩이나 낮이 되고 이렇게 되는 세계도 있다는 사실을 여러분은 몰라서는 아니 됩니다.

우리가 지금 보름이다 또는 초하루다 그믐이다 이렇게 하는 것은, 우리 마음이 컴컴하게 참참할 때는 그믐이 아니겠습니까. 우리가 보름달이면 마음이 활짝 핀 것을 뜻하니 우리 마음에 전부 달린 것입니다. 어찌 해와 달이 있다 해서 마음보다 크리까! 이 세상을 다 점령하고도 남음이 있고 바다를 다 삼키고도 남음이 있고 세상을 다 굴리고도 남음이 있는 이 한 점의 마음이라는 것은 태양보다도 더 밝고 저 달보다도 더 위대하고 이 세상 우주 만유보다도 더 위대하다는 거를 여러분은 아셔야 할 겁니다. 이 한 점의 마음이 전 우주의 개발과 또는 자비와 또는 서로서로의 그 활용으로 스스로서 바뀌지면서 화하면서, 바로 영양소로 만들어서 우리가 불국토를 만들 수 있는 그런 역량을 우리 인간들이 다 가지고 있다는 점입니다.

그러니 다른 절에서처럼 '우리는 보름 기도를 드린다' 그게 아닙니다. 우리는 마음을 밝히고 또 한번 음미해 보고, 다시금 옷깃을 여미고 음미해 볼 수 있는 그런 시간을 갖자는 의미의 바로 삼 일입니다. 삼세심을 가지고 인간이 태어나서 삼세의 뜻을 몰라서야 되겠습니까. 가난하다고 울지 말고 또 부자라고 웃지 마십시오. 모든 것은 찰나찰나 바뀌면서 가난한 것도 못 박혀 있지 않고 등에 써 붙여져 있지 않고 부자도 등에 써 붙여져 있지 않고 고정돼 있지 않습니다. 모두가 천차만별로 찰나찰나 바뀌지면서 화해 나가는 이러한 옮겨 놓는 살림살이. 찰나에 이렇게 옮겨지고 찰나에 저렇게 옮겨지고, 성하던 몸이 금방 병들고 병든 몸이 금방 또 죽고 죽으면 또다시 애로 태어나고, 또 어떠한 물질로서 모습을 바꿔서 태어나는 이런 세상 진리 속에서 우리가 어떠한 것을 그르다 좋다 하겠습니까. 좀 나쁘더라도, 좀 이익이 덜 가더라도, 밑지더라도, 누가 또 나쁘더라도 그것을 눌러서 낱낱이 마음 안으로 놓으면서, 맡기면서 모든 것을 안으로 돌리는 작업을 하실 때에 비로소 거기에서 진짜 자비가 나오고 진짜 사랑이 나오고 진짜 인간의 미가 흐릅니다. 우리가 인간으로서 살면서 참자비, 이 뼛속에서 우러져 나오는 그 피의 자비가 아니라면 어찌 이 만유의 근본을 알겠습니까.

우리가 보름, 초하루를 음미해서 이것을 알아보기 위해서 이렇게 날을 정한 것입니다. 인간이 정하는 것도 없고 정하지 않는 것도 없지마는 바로 우리의 역할은 코드를 끼고 빼는 데 있습니다. 아니, 끼워도 아니 되고 또 빼지 않아도 아니 되는 것은 우리 인간에게 자유권을 수여했기 때문입니다. 우리는 그렇게 살림살이하면서 뺐다 끼웠다 할 수 있는 여건을 가졌으면서도 이거는 빠지지 않는다고 그냥 복통을 하고 저거는 끼워지지 않는다고 복통을 하니 이 노릇을 어떻게 합니까. 누가 그걸 그렇게 하지 말랬습니까, 하랬습니까? 자기 자유자재로 할 것인데도 불구하고 만날 바깥으로 빌고, 나를 좀 잘되게 해 달라고 하는 사람이 있는가 하면, 산골에 들어가서 태양의 능력을 받으려고 물을 떠 놓고 기도를 하는가 하면, 저 달의 원력을 얻기 위해서 물을 떠 놓고 기도를 하는가 하면, 밥을 지어 놓고 하는가 하면 또 포대기라도 둘러쓰고 밤이 가는 줄 모르게 가서 기도를 하다가 미치광이가 되는 사람도 많고….

우리 앉은 자리가 바로 들이기도 하고 산이기도 하고 물이기도 합니다, 허공이기도 하고. 우리 앉아 있는 자리가, 그대로 내 앉은 자리는 그대로지 어느 자리에 또 다른 자리가 있으리까. 우리가 변소 자리에 앉아 있으면 그 자리가 바로 천당 자리요, 바로 내가 그 자리에 앉아 있음으로써 거기는 부처 자리도 되고, 법신 자리도 되고, 화신 자리도 되고, 보현 자리도 되고, 문수 자리도 되고, 신장 자리도 된단 말입니다. 신장도 잘 쓰면 신장이 아니고 착한 법신이 되는 것이고 또는 법신 자리라고 해도 잘못 마음을 써서 행을 잘못한다면 그건 신장 자리만도 못해. 우리 마음 씀씀이에 달려 있으니 이 해와 달이 어떻게 우리한테 종합해서 내 한마음 한 점에 들어 있는가를 상세히 음미해 보십시오.

이 보름날, 만약에 저 부처님의 형상이 내 형상이 아니고 저 부처님의 마음이 내 마음이 아니라면 여기 앉아서 이렇게 할 필요도 없습니다. 여러분은 이렇게 앉으셔서 저 형상이 내 형상이요, 저 마음이 내 마음이라면, 둘이 아니라면 어디에나 누구, 유생 무생 어느 고장이라도 팔이 아니 닿는 데가 없고 발이 아니 닿는 데가 없어서 발은 평발이요, 이마는 지혜가 넓어서 바로 평이마요, 청이마라 이 소립니다. 그리고 눈은 아니 닿는 데가 없이 보기 때문에 청눈이요, 똑바로 보고 똑바로 행하기 때문입니다. 그리고 똑바로 듣는 귀는 바로 이 세상에 어디고 무전통신이 아니 되는 데가 없습니다.

그러니 이 뜻을 우리는 잘 음미하고 잘 공부를 하셔서 생활의 지침이 되고 또는 세상의 지침이 되고 이익이 되고 나라에 충성이 되고 또는 호국 불교로서 군인들에게, 내 밝은 마음이 바로 그 군인들의 마음속에, 모두가 내가 될 수 있다면 그것은 태양보다도 더 크지 않겠습니까. 그래서 내 앉아 있는 방석을 지킴으로써 남의 나라의 방석도 지켜 줄 수 있는 그런 대도의 이치가 바로 거기에서 나오면서 손자병법도 바로 거기에 들었다고 봅니다. 따로따로 있는 것이 아닙니다. 내 한 손가락을 드는 데에 모두가, 우주가 들린다는 그런 뜻이 바로 여기에 있는 것입니다.

나는 크지도 않고 작지도 않습니다. 여러분이 크다고 생각해 주기보다도 여러분과 똑같이 사랑할 수 있고 또 걸림이 없이 아픔도 같이할 수 있는, 항상 영원히 그런 분이라고 생각하면 우리는 항상 그렇게 될 것입니다. 그리고 큰스님이라고 해서 큰스님이 아닙니다. 그건 이름입니다. 누구나가 오래되고 노인이 되고 도량에서 나이를 먹고 그러면 큰스님이라고 부르게끔 되는 이치가 많습니다. 그러나 학식이 높다고 해서 큰스님도 아니요, 항상 얘기드리지마는 어린애를 금방 낳았다고 해서 그것이 어른이 아닙니다. 큰스님이 아닙니다. 한 소식 얻었다고 해서 큰스님이 아닙니다. 달마 대사 얘기 들으셨죠. 한 소식을 얻어서, 그렇게 깨쳐서 했건만 몇 년을, 6년이고 7년이고 8년이고 면벽을 하고 계셨다는 그 자체를 볼 때, 앉아서 우주의 섭류를 다시 한번 검토해 보는 그 기간이 여기 기간으로는 그렇게 길었죠. 그러니 모두가 그렇게 하나하나 정립하고 나가면서 조금도 어긋남이 없이 자기가 체험할 수 있게끔 하기 위해섭니다. 그건 진실입니다.

그리고 내 몸뚱이 남의 몸뚱이 전부 둘이 아니니 어찌 내 몸뚱이 남의 몸뚱이 둘로 보겠습니까. 모두가 내 몸뚱이 남의 몸뚱이 둘이 아니요, 내 마음 남의 마음이 둘이 아니요, 내 마음 아픔과 남의 마음 아픔과 둘이 아니요, 모든 게 둘이 아니기 때문에 조금도 허탈하지 않고 진실하게, 만약에 실수가 있어서 잘못될까 봐 다시 한 번 검토하고 다시 한 번 검토하고, 또 검토하고 또 검토해서 다시 다시 하다 보니까 그런 오랜 기간이 걸리는 것입니다. 여러분은 그냥 생각났다고 훌떡 해버리고 이게 옳다고 주장하고 그러기 이전에 한번 옳다고 생각했다면 다시 한번 검토해 보고, 다시 한번 넓게 생각해 보고, 다시 한번 좁혀 보고 이렇게 작업을 해 보는 것이 우리 공부하는 사람의 원리라고 봅니다.

그러니까 여러분은 어떻게 생각할지 모르지만 이 팔만대장경이 딴 데 있는 게 아니라 우리 생활에 있는 것이요, 세상에 있는 것이요, 우주에 있는 것입니다. 다른 데 있는 게 아닙니다. 우리가 이렇게 움죽거리고 살고 쓰고 자유스럽게 코드를 뺐다 끼웠다 하는 데에 바로 도는 있는 것입니다. 여러분이 괴롭다고 해서 낙망하고 또는 포기하고 이러는 작업은 하지 마십시오. 그러는 마음을 항상 슬기롭게, 그런 마음이 있다면 바로 높여서 즐겁게 삶의 보람을 갖게끔 하시면서 진실한 마음으로만 이끌어 가실 수 있다면 그 대가는 누가 주지 않아도 여러분 앞에 그냥 스스로 올 것입니다.

오늘 보름, 이걸로써 마치겠습니다.

선약도 생명들이 합친 내 근본 한 점에

1986년 4월 24일

여러분이 초하루 보름 삼 일을 기도드리는 거와 정진하는 거와 또 삼배를 올리는 거, 이것이 어디에서 유래가 생긴 건가. 우리 부처님은 어디고 닿지 않는 데가 없고 하지 못하는 일이 없고 또 자유자재권을 가지시고 만법의 그 굴림을 여여하게 굴리신다는 말을 항상 합니다.

그렇다면 평상시에 우리를 이렇게 생각해 보세요. 우리는 가만히 있을 때는 부처고…. 가만히 있을 때는 왜 부처라고 하느냐 하면 가만히 있을 때는 그대로 일체 만물 대천세계 우주의 근본이 같이 돌아가는 때기 때문입니다, 아무 생각 없을 때는. 그런데 생각을 일으켰다 하면 갖은 각색의 천차만별로 찰나찰나 생각을 내는 것입니다. 생각을 내면 그것을 법이라고 합니다. 우리가 찰나찰나 생각을 내는 데는 반드시 몸도 항상 찰나찰나 움죽거리게 됩니다. 그렇기 때문에 삼배를 올리게 된 것입니다. 그래서 이 도리를 완벽하게 알게 되면 삼배가 일배고, 일배가 삼배야. 삼배가 구배고, 구배가 바로 삼배고, 삼배가 일

배라. 그러면 삼천배가 일배도 될 수 있는 거죠. 이 도리를 얘기하는 것은 여러분이 고정되지 않다는 실감과 실천을, 실험에 의해서 생활 속에서 아시라고 이런 말을 하는 겁니다.

또 우리가 "부처님은 어느 거든지 하실 수 있다. 죽이는 것도 살리는 것도 모두가 자비로다." 이런 말을 했습니다. 그런데 일체 우주의 섭류가…, '생물' 이라 하면 벌써 전체, 천체가 들어갑니다. 어느 거 생명 아닌 것이 없는 거를 말해서 생물이라고 그럽니다. '생물' 하면 그 생물 속에 동물도 식물도 무정물도 모두 한꺼번에 차원이 따로 없이 들어가는 것입니다, 우리 '불성' 하면 전체가 들어가듯이. 그런데 그 생물 가운데 작든지 크든지 그 마음과 또는 생각 내는 거와 움죽거림은 다 같습니다. 풀잎 하나도 움죽거리지 않는 게 없고 생명 없는 게 없고, 그 마음 내는 것은 항상 누구나가 다 일체 같습니다.

그럼으로써 우리가 생활 속에서 어떤 때는 "주인공한테 모든 걸 맡겨 놔라. 그런다면 거기에서 다양하게 굴려 줄 것이다."라는 얘기를 했습니다. 그러면 우리가 몸이 아프다 할 때 약을 따진다 하더라도 천 가지 만 가지가 되니 그 천 가지 만 가지 구차하게 이름을 부르고 천 가지 만 가지 찾아서, 내가 아프면 아픈 방향에 따라서 또는 아픈 데에 따라서 꼭 약을 써야 할 텐데 어떤 약인지 몰라서 방황하고, 또 그게 한두 건이라야 이것을 여러분이 잘 알아서 공편하게 또는 편안하게 살 수 있을 텐데 모르는 사람들은 어떻게 할 수가 없죠. 내 입장으로 따진다면 참 귀찮은 일입니다, 그게. 그렇다면 여러분도 그렇게 편리하게 살게 하기 위해서 내가 체험한 얘기를 한번 해 드리겠습니다.

옛날에 그렇게 다니다가 보니까 이런 걸 느꼈죠. '야 참, 모든 게 살아나가는 게 귀찮구나.' 사람 사는 것도 천차만별로 움죽거려야 하고 천차만별의 이름이 있어야 하고, 천차만별의 이름을 알아야 그 종류를 찾을 테고 그 종류는 또 천차만별로 돼 있고 이러니 종류마다, 사람 종류도 차원도 또는 어떠한 약의 종류도 이름도 천차만별입니다.

또는 우리 살아나가는 데 천차만별로 이렇게 움죽거리는 이 방향 속에서, 또는 우리만 살아나간다 하면 모르겠지마는 돌 하나, 흙 하나도 전부 움죽거리지 않음이 없음으로써 바로 그것이 약의 종류가 된다는 뜻입니다. 하다못해 물도 약이 되는데 물만 약이 되는 게 아닙니다.

때에 따라서는 풀잎을 수없이 베어다가 큰 가마솥에다 넣고 푹푹 삶아 보십시오. 나중엔 끓다 끓다 끓다 조청같이 됩니다. 여러분이 생각할 때에 모두 어지럽게 생각을 하고 남의 말만 듣고 그렇게 사니까 어지러운 거지. 그래서 수만 개, 수만 짐을 베어서 고니까 똑 조청같이 되는데 그것을 쪼그만큼씩 하게 하려니까 거기에다가 풀뿌리나 이런 거 말린 거를 가루로 만들어서 섞는다 해도 그렇고, 오징어 뼈를 갈아서 가루로 만들어서 거기 섞어서 먹는다 하더라도 그것은 선약입니다.

왜 그런가. 지, 수, 화, 풍이 전체 약의 근원도 되고, 살아나가는 데 근원도 되고, 법의 근원도 되고 일체 만법의 그 전율 모두, 자동 전자, 무전통신, 잠재의식 이런 것이 거기에서 발생하는 겁니다, 전부 모태가 돼서. 그런데 그 하나하나가 전부 약에만 종류가 돼 있는 게 아니고 우주간 법칙에도 종류가 돼 있고 또 우리 살아나가는 데에 가난과 부자 이런 것도 거기에 소관이 돼 있습니다. 모두의 근본입니다. 근본 모태가 돼서, 우리가 허망한 게 아니라 우리 자체는 아주 영원한 것입니다. 그리고 물질이 허망하다는 생각은 하지 마세요. 이 물질 하나하나가 영원한 거지 영원하지 않은 게 하나도 없습니다. 요렇게 요렇게 변해서, 요렇게 바꿔서 옮겨 갈 뿐이지 영원한 것이다라는 얘깁니다.

그런데 묘한 것은 뭐냐. 우리가 공부하는 데에 제일 편안하게 살 수 있는 요리를 지금 얘기하는 겁니다. 그리고 또 여기서 배우는 겁니다. 풀이 만 개라면, 그 풀의 종류가 전부 선약이라고 한다면, 즉 말하자면 만 개가 전부 이 인체에 똑같이 쓰이는 풀이 아닙니다. 다 각각 돼 있습니다. 요거는 뭣에 먹고 요건 뭣에 먹고 요건 뭣에 먹고 하는 그것이 천차만별로 뭐, 헤아릴 수도 없습니다. 그거를 일일이 따져요?

나는 그전에 이렇게 생각했어요. '야! 물질로 본다면 이름도 천차만별이고 생김생김도 천차만별이고, 하고 돌아가는 것도 천차만별이니 이거 귀찮아서 어떻게 살지?' 이런 생각을 하고 이렇게 생각을 했습니다. '야, 너 말이야. 너 물질이 있다면 나도 물질이 있고, 네 마음이 있다면 나도 마음이 있고, 네 마음 가운데에 선약이 있다면 나도 내 마음 가운데에 선약이 있다. 그러니 내가 이렇게 부족할 땐 네가 받쳐 주고, 네가 부족할 땐 내가 주마.' 이렇게 한다면, 이 주인공한테 모든 걸 맡겨 놓는다면 주인공은 하나지 둘이 아니야, 모두가. 그런다면 물질로서 일일이 이름을 따지고 일일이 종류를 찾지 않아도 내 주인공에다 모든 것을 맡겨서, 만약에 어디가 아프다, 또 가난하다, 무슨 법에 걸렸다 이런 종류에 따라서 전체를, 하나하나 닥치는 대로 거기에다 맡겨 놓는다면 바로 거기에서 모든 분야와 같이 한마음으로 돌아가기 때문에 선약은 거기에 다 돼 있어. 그런데 일일이 그놈의 거를 종류를 따지자니 얼마나 살기가 불편하고 고통스럽고 귀찮습니까.

내 오면가면 봐도 그렇고 참, 이 세상 살기가 얼마나 귀찮았던가. 내 참 잘 생각했지. 아니, 여러분도 생각을 내지 않는다면 발전이 없어요. 여러분이 숭상하지 않는다면 대우주의 근본의 원리 또는 활용 이 자체를, 또는 내가 한 발 한 발 옮겨 간다는 그 진화력 이런 거를 도저히 생각해 볼 수가 없습니다. 이렇게 생각을 해서 내가 터득을 한다면 모두 우리가 편리하게 앉아서 천리만리 있는 약도, 즉 말하자면 불로초를 구할 수도 있는 법이 있는 겁니다. 왜? 인간은 불로초를 구하지 못하지만 참인간은 불로초를 구할 수 있다는 겁니다. 알아들으시겠습니까, 이거? 여러분이 일일이 요거는 약풀이고 요거는 약풀이 아니고 이렇게 종류 종류를 따진다면 수효가 천차만별로 돼 있고 도대체 어떠한 이름과 어떠한 종류를 찾아야 될지 몰라서 방황하게 되고 귀찮게 되고 인생살이가 고가 되지 않을 수 없고 도대체 그렇게 귀찮은 겁니다.

그런데 이 원 근본에다가 모두 놓으니까 근본끼리 전부 주고받습니다, 근본끼리. 그 뜻을 아신다면 아니, 저승에 가서 불로초는 구하지 못하리까. 그래서 안락사라는 것도 저승에 가서 모든 문서를 파악할 수 있고 자유자재권을 가져서 그거를 들춰 볼 수 있기 때문입니다. 그럼 들춰 볼 게 있어서 들춰 보느냐? 그게 아닙니다. 그냥 이 자리에 앉아서 근본에 넣으면 전부 보이게끔 돼 있습니다. 수명은 어떻게 돼 있고 또는 죄상이 얼마나 돼 있고 인과가 얼마나 돼 있고 유전이 어디서부터 어떻게 돼 있고, 이것을 전부 알기 때문입니다. 그렇기 때문에 거기에 맡겨 놓으면 모든 것은 바로 그 근본 한 점에서, 한 점과 한 점이 수천, 수만이 된다 하더라도 그 한 점은 한 점일 뿐입니다. 그렇기 때문에 약도, 선약도 우리는 그대로 섭취하는 겁니다. 여러분은 눈에 보여야만 약인 줄 아는데 진짜 약은 무전자에서 나오는 그 액 자체의 선약이기 때문에 그게 바로 불로초라고 해도 과언이 아닐 것입니다. 여러분이 구할 수 없는, 저런 은하계나 저런 다른 혹성, 별성에서도 구할 수 없는 거를 구할 수 있다는 거는 바로 한 점의 마음에서나 구하지 절대로 딴 데서는 구할 수 없다는 얘깁니다.

그런데 우리가 정말로 편리하게 사는데도 불구하고 그렇게 일일이, 어떤 때 테레비에서 보면 무슨 꽃가루만 와도 알레르기, 뭐만 와도 알레르기, 고등어만 먹어도 알레르기, 뭐, 천체가 모두 그냥 이름도 많고 종류도 많고 그런데 이걸 어떻게 쫓아가며, 그렇게 끄달리면서 이 한 몸뚱이 살아가는 게 얼마나 불편합니까? 이 한 몸뚱이 살기가 그렇게 불편하다면 '차라리 나지나 말 것을….' 하고 아마 대동소이하게 여러분도 생각해 보셨으리라고 믿습니다.

그런데 이 공부라는 것은 하고 볼 일입니다. 꼭 해야만 합니다. 그 수많은 약이 다양하게 내 한 점의 마음에 있다는 거 말입니다. 그리고 가난도 부자도 바로 한 점에 있다는 겁니다. 죽고 살고 응보라든가 인과라든가 유전이라든가 모든 것이 한 점에 있다는 겁니다. 일체 생명이 다 그것이 한데 합쳐서 내 한 점에 다 포괄돼 있다는 겁니다. 그렇기 때문에 벗이 아닌 게 없고, 내가 급하면 이 여기에다가만 바로 맡겨 놓고 만약에 한생각을 일으킨다면…. 아, 생각 안 일으킬 수가 없지. 만약에 예를 들어서 가다가 다리가 어그러졌다면 생각이 안 날 수가 없지 않아요? '어이, 다리가 어그러졌네!' 그런 생각이 뭐, 손살피 아주 그냥 금방 신호가 오죠? 신호가 올 때 그냥 '흥, 나를 끌고 다니는 장본인이 다리가 어그러졌으면 날 어떻게 끌고 다니노?' 하고 웃으면서 생각할 수 있는 그 여유, 당당하고 도도한 여유, 그것이 바로 시시때때로 나를 보조할 수 있고, 그 모든 것이 나의 부하가 될 수 있다는 점입니다.

그럼 어저께도 얘기했지만 내 마음속의 중생들은, 이 몸속의 중생들은 어떻게 끌고 가렵니까? 여러분이 지금 인과로 인해서 또는 선업이든지 악업이든지 다 억겁을 통해서 지내 왔기 때문에 진화돼 가면서 그 모든 것을, 자기를 살리기 위해서 자기 부하들을 지금 이 속에 잔뜩 넣어 놓고 있습니다. 그러면 자기 몸뚱이 속의 그 부하들의 중생은 자기 한생각에 진화가 되느냐. 이 몸속에서, 그 갑갑한 몸속에서 벗어나느냐 못 벗어나느냐도 자기한테 달렸는데 어떻게 하겠습니까.

모든 게, 물질 아닌 선약이 수천수만 가지 헤아릴 수 없는 게 있으며, 이 법이 자연의 법칙과 자동적인 활용과 자동적인 무전통신과 바로 자동 전자, 이 도리가 전체의 이 여기에 모두가 포괄돼서 구성되고 있으니까 모든 게 여러분 앞에 주어져 있다는 사실을 아셔야 합니다. 그래서 인간이 됐다면 90% 부처님이 될 수 있다, 인간이라면.

여러분이 지금 한 이름에 끄달리고 남의 말에 끄달리고 바로 어떠한 종류에 끄달리고 이렇게 하다 보면 인간 살맛이 어디 나겠습니까? 나는 사람이 오고 가며 이렇게 되면 이런 병이고, 이렇게 되면 이런 병이고 이런 소리만 들어도 아휴, 전체가 아니라 저 병 분야에 대해서, 알레르기 종류 하나만 가지고도 저렇게 천차만별로 이름이 많고 저렇게 종류가 많고, 그러면 계란에도 뭐가 있고 고등어에도 뭐가 있고, 풀꽃에도 있고 풀잎에도 있고 이슬에도 있고 모두 그렇다면 이거는 도무지 있을 수가 없습니다. 예전에도 이런 예가 있었습니다.

상대방은 영 모르니 할 수 없이 나는 이렇게도 한번 해 본 예가 있습니다. 예전에 그 이름이 뭐더라? 꽃이 일어났다고 그러던가요? 그것만 일어났다 하면 뭐, 예까지 차면 죽는다고 합디다. 뭐 저, 풍란이라고도 그러던가? 그게 무슨, 무슨 꽃, 빨갛게 전부 그냥 두드러기처럼 일어나면서 진물이 나면서 전체 몸뚱이가 그냥 그렇게 되는 것도 있고, 전체 몸뚱이가 또 하얗게 백목이 먹어서 들어가는 것도 있고, 여러 가집디다. 나는 그런 거를 너무 많이 봐 왔습니다. 근데 그거 한 가지만 해도, 지금 의사들이 말하는 그 하나 가지고도 그냥 여러 가지 종류의 이름이 많고 그것이 어디에서 오고 어디에서 오고 어디에서도 오고 어디에서도 온다 이럽니다. 근데 귀찮아서 사람이 살 수가 없는 겁니다. 이루종차 거기에 끄달려서, 한 번 죽기는 마찬가진데 그냥 거기에 끄달려서 여기에서도 저기에서도, 이게 여기에서 일어난 거다 저기에서 일어난 거다 이럭하고선 찾다 보면 사람은 지칠 대로 지치고, 살기가 고달프고 참 막연하고 어처구니없을 때가 있죠.

예전뿐만 아니라 우리 여기에서도 아는 사람은 다 압니다마는 저 미국으로 간 어떤 중령이 있습니다. 그 아들도 그 병을 얻었죠. 그래서 이 잔등이로 어디로 배고 뭐, 그냥 하나 성한 데 없이 그것이 나면서 숨이 차올라 오면서 정신을 잃게끔 자꾸자꾸 희미해 갔습니다. 그때 그 집은 병원으로 찾아다닐 돈도 없었습니다. 딴 데 가서 병원 의사, 박사한테 물어보면 이것이 여기서 생기고 저기서 생겼다니까 병원에 와서 약 치료를 하는데, 이게 한 자리라야 어떻게 해 볼 텐데 온통 여러 자리고, 그것을 따고는 물을 빼고서 약을 발라 주는데 얼마 안 있으면 딱정이가 앉으면서 그 속에 또 물이 앉는 겁니다. 그러니 이거를 어떡합니까. 그러면서도 이게 뻘겋게 일어나는 겁니다, 아주 뻘겋게 그냥. 그래

가지고 예까지 차면 죽는다는 겁니다. 그게 옛날에 이름이 있습디다. 지금 새 이름을 붙여서요, 뭐가 뭔지 모르겠어요, 나는. 귀찮아서 나는 알려고도 하지 않아요. 그런데 이 엄마가 나한테 와서 이렇게 벗겨서 보이는데 엄청나요. 이거는 뭐, 거기에 안으로 들이굿기만 하면 뭐, 옴폐부득 없이 그냥 죽겠어요. "엄마의 마음에 달렸어. 어디든지 이 약이 있어. 이 산천초목에 그 약이 없을라고. 주인공에다가 모든 것을 맡겨. 죽이고 살리는 건 여기에 매였다고 맡겨 놔 버려." 했습니다.

그랬더니 그날 저녁에 가서 촛불 켜 놓고선 그냥 앉아서 밤을 새다시피 하고 잠을 자려니까 하얗게 소복한 의사 셋이 들어오는데 한 분은 스님이고 한 분은 또 간호원이고 한 분은 기계 가방을 들었더랍니다. 들어와서 이 가방 속을 탁 여는데 보니까 전부 풀뿌리에 싹이 난 그거더랍니다. 그런데 한 가방인데 풀어 놓으니까 그냥 너도 나도 전부 일어나더랍니다, 이렇게. 전부 살았더랍니다. 그래 가지고 내가 거기에 맞는 거라고 이럭하니까, 스님이 있다 하는 말이 "너희들은 다 들어가고 이 한 이파리만 나와도 되느니라." 하고 말을 하니까, 그 이파리가 나와서 거기 아픈 데 가서 전부 붙더랍니다. 그러더니만 그 이파리가 붙어서 진을 묻히고 진을 묻히고 이럭하곤 돌아가더니만 가방 속으로 다시 들어가서…. 그러니까 가방 속이라고 그런다고 가방인 줄 알지 마세요. 전체 우주 삼라만상 한데 합쳐진 가방이라고 보세요. 그렇게 하고 가더니 그 이튿날 아침부터 그게 꾸득꾸득하더니 그냥 씻은 듯 부신 듯 나았더란 얘깁니다. 그러니 우리가 그렇게 복잡하게 이름을 알려고 그러고 또는 종류를 쫓아다니고 끄달리고 이러지 않아도 편안하게 살 수 있지 않을까요?

(녹음 안됨) … 점점 닥친다면 우리는 이렇게 고달프게 중생으로서 살지는 않을 겁니다. 우리가 지금 하나하나 보고 하나하나 듣고 남한테 끄달리기 때문에 괴로운 거지, 내 이 주인공에 모든 것을 맡겨 놓는다면, 이게 가방 하나라면, 내 마음 한 점이 우주 전체의 대천세계의

가방 하나라면 끄달릴 거 하나도 없죠. 죽는다 하더라도 끄달릴 거 없고 산다 하더라도 끄달릴 게 없고 거기에 뭐가 끄달릴 게 있습니까. 종류에 끄달려? 이름에 끄달려? 만약에 한생각이면 배가 부르고 한생각이면 그 어디 아픈 게 낫고, 한생각이면 저기 가고 한생각이면 여기 오고 이럴 정도라면 우리는 살맛이 있지 않겠습니까? 이렇게 고달프게 살지 않고 말입니다.

지금 인간으로 태어나서 그 도리를 모르면 영원히 또 이렇게 끄달릴 거라 이 소립니다. 그러니까 이렇게 끄달리는 이 자체가 한 점의 마음에 달렸으니 그 한 점의 마음에 천 가지 만 가지 나오는 거, 천 가지 만 가지 보는 거, 천 가지 만 가지 듣는 거, 천 가지 만 가지 활용하는 거 모두 일체 자기의 성품에 의해서, 그 한 점에 달렸다는 겁니다. 그러니 거기다 모든 걸 맡겨 놓는다면 자기가 그렇게 맡겨 놓는 반면에 거기에서 천 가지 만 가지가 다 약이 돼서, 부당한 게 오는 게 아니라 다 바로 거기에 맞는 약이 주어집니다. 그런데 왜 보이는 약만 생각하고 보이는 이름만 찾고 보이는 데서 방황합니까.

그리고 포천에 살던 분이 지금도 오시는데, 그러니까 물도 병 종류에 따라서 물이 따라 줍니다. 물이 종류가 있는 게 아니라 우리 마음 씀씀이에 따라서 물도 선약이 돼 줄 수가 있고 아주 또 그냥 독약이 될 수도 있는 겁니다.

예전에 이런 예가 있었습니다. 저는 이 세상에서 나서 그렇게 살고 싶지 않았습니다. 모든 게 부질없고 귀찮기만 하고 모든 게 종류도 많고 끄달리는 것도 너무 한두 건이 아니고, 사람 살아나가는 게 역사를 봐도 그렇고 모두 편편치가 못하고 귀찮았습니다. 지금은 모두 칫솔로 쓰시지마는 그때는 소금을 가지고 손으로 쓰는 분들이 많았죠. 그때에 모두 빗이나 이런 것도 때로는 뭐, 지금도 외출을 할 때 가지고 다니시지만 나 같은 사람이야 빗은 소용없지요. 그러나 칫솔은 가지고 다녀야 할 텐데 칫솔도 다 소용없고 귀찮은 겁니다. 그래서 맨손으로

다니다 보니까 아무것도 없는데 이빨이 좀 텁텁할 때나…, 또 항상 닦아야 되지 않습니까? 그래서 개천 바닥에 가서 개천 앙금을, 요렇게 앉은 아주 가느다란 앙금 모래를 가지고선 항상 닦았습니다, 다니면서.

그랬는데 거기에서 얻은 게 뭐냐 하면 '야, 여기에도 선약이 있고 독약이 있구나.' 만약에 위가 헐어서, 즉 먹지 못해서 마른 데는, 바로 여기에 느끼가 같이 포함돼서 한데 이렇게 합쳐져서 있으니 이 느끼가 같이 한데 합친 걸로 이를 닦으면서 모래는 뱉고 물은 삼켜 봤습니다. 그러니까 왜 그것도 삼켰느냐 하면 물이 출출 흘러 내려가는 데가 아니기 때문입니다. 그걸로라도 목을 축여야 사니까 말입니다. 그런데 얼마나 좋았는지 모릅니다.

그러니까 세상은 생각하기에 달려 있고, 어떠한 독약이라도 바로 내 생각에 달려 있으니 그 생각에 의해서 그건 독이 빠질 수도 있고, 독이 생길 수도 있다는 겁니다. 물이 얼음이 되고 또 종류가 암모니아도 되고 가스도 되고, 석유 기름도 모두 우리 생명의 근원이 되기 때문입니다. 이 진흙도 항생제의 역할도 하고, 모든 그 폐병의 근원도 없앨 수 있는 그런 항생제 역할도 한다 이겁니다. 그러니 돌에도 생명이 있고 약이 되고 모두가 약이 아니 되는 게 없는데 왜 그 종류를 찾아서 그렇게 헤매야만 합니까.

그래서 지금도 포천에 계시지마는 아, 그 집의 영감님은 벽에 저, 뭡니까? 진흙 그거를 만날 그냥 맛있게 먹었거든. 맛있게 먹은 게 그냥 먹은 게 아니에요. 폐가 너무 망가졌으니까 그걸 먹을 수밖에 없었어요. 그리고 숯도. 숯은 왜? 숯이 열을 제거할 수 있느냐? 이거는 나무가 탄 거기 때문입니다. 숯이 나무가 탄 거기 때문에 끓는 물에다가 넣어서 다시 그 물을 식혀서 먹으면 열이 내린다 합니다. 그건 들은 얘기가 아니라, 예전에 그런 걸 생각해 본 예가 없는 건 아닙니다. 그러면 어떠한 생물, 말하자면 메뚜기나 메뚜기같이 생긴 오줌싸개나 이런 것도 다 선약이 되는 겁니다.

그런데 그 종류를 우리가 일일이 쫓아다니면서 이름 찾고 뭐 찾고 종류 찾고 이럴 게 없이 한 점의 마음에는 우주 섭류의 그 근원이, 약뿐만 아니라 천체가 들어 있는데도 불구하고 왜 딴 데 가서 헤매고 있느냐 이겁니다. 내가 살고 있는 이 생활에 이익이 있고 생활의 지침이 되고 생활의 연구가 되고 생활의 개발이 되고, 우리는 이 마음의 차원을 좀 더 높여서, 그렇게 방황하며 살고 고에서 휘달리며 애를 쓰지 말고…. 내 마음에 달렸다는 겁니다, 고도. "고가 아니라고 생각하면 아니다." 이렇게 가볍게 말할 게 아닙니다. 진짜 내가 체험하고 진짜 여기의 근본이, 우주의 모든 근본이 여기의 한 점에 있다는 거를 알게 되면 거기에서 다 내가 아쉬운 대로 꺼내 쓰니까 뭐가 급한 게 있고, 뭐가 겁나는 게 있고, 뭐가 걱정되는 게 있겠습니까. 그러니까 항상 나 아님이 없으면서, 항상 겸손하면서도 그렇게 도도하게 흐르는 물과 같다고 말을 하는 겁니다.

그리고 우리 또 여기 스님네들도 앉아 있지마는 스님네들은 세 살을 먹었어도, 다섯 살을 먹었어도 어버이는 어버입니다. 왜냐? 이 스님네들은 한 번 이 순색 옷을 입고 한 번 머리를 깎을 때, 이 머리, 이것은 무명초라고 해서 이 세상의 모든 물질, 이름, 끄달리는 모든 것을 몽땅 다 소멸해 버렸다는 증거입니다. 한생각으로 입산할 때 그렇게 하는 겁니다. 그러면 누구나가 다 자기가 머리를 깎을 수는 있지마는 자기가 자기 머리 깎기 참 어려운 것입니다. 이거는 머리 깎는 데 의의가 있는 게 아니라 참 아주 귀중한 뜻이 거기 새겨져 있습니다.

그렇기 때문에 속가에서 여러분이 부모의 상을 입은 사람한테 함부로 따귀를 때리지 않고 아무리 나이가 적게 먹었어도 상복을 입은 분에게는 초상집에 가서 절을 합니다. 늙은이도 거기에서는 절을 하게 돼 있습니다. 그럼과 동시에 다섯 살 먹은 스님이라도 어버이이기 때문에, 여러분은 전부 자식이 되기 때문에, 항상 너그럽고 자비롭게, 겸손하게…. 속가에서도 그런 예가 많죠? 자식들이 늦게 들어오거나 어디 갔다가 오거나 학교를 갔다 오거나 그런다면 왜 이렇게 늦나 하고 바깥에 있으면서 "아이고, 얘야! 너 인제 오니? 왜 이렇게 늦었니?" 하고 먼저 인사를 해야만 되는 것이 어버이의 도리입니다.

딴 사람들이 가르치는 거보다 내가 하는 것은 좀 뒤바뀌었습니다, 허허. 뒤바뀌었으나 그것이 바로 진짜라는 얘깁니다. 그렇기 때문에 여러분도 존중해야 하지만 스님네들은 여러분에게 자비를 베풀어야 한다는 거, 먼저 심부름꾼이 돼야 하고 먼저 그렇게 모든 거를 이끌어 줘야 하는 길잡이가 돼야 된다는 그런 얘깁니다. 그 모두를 그래서 하치 않게 봐서는 절대로 아니 됩니다. 여러분은 애정과 모든 거를 다 가지고 사는 분들이지마는 이 스님네들은 그렇지 못합니다. 그러나 한 가지 말을 하자면 여러분네들이 더 고초가 많습니다. 그러니까 우리가 스님 노릇을 한다 하더라도 이 한 점에 우주의 대천세계의 근본이 여기에 있다는 것만 알면, 이름도 헤아릴 수 없는 이름, 법도도 헤아릴 수 없는 법도, 찰나찰나 옮겨 가는 그 진화력, 이 문제가 전부 여기에 들었다는 걸 알게 되면 귀찮지 않게 살죠.

난 모든 게 귀찮습니다. 왜 귀찮은가? 그 일일이 종류 종류…, 참 귀찮아. 인간 사는 게, 이 세상 사는 게 너무도 고초스럽고 아주 골치가 아플 지경이죠. 골치 아프게 살지 마세요. 전부 여기에 선약이 다 있고 가난과 우환도 해소할 수 있는 그런 능력이 여기에 다 있고, 편안함을 가지고 우리가 도도하게 굴러 흘러 돌아가는 이 자체도 여기에 있고 우리가 몸뚱이로 났어도 우리는 영원히 죽지 않는다는 것도 여기에 있습니다. 태양보다도 더 밝은 불이 바로 나한테 있다는 그 점 말입니다.

이렇게 그냥 얘기를 간단하게 해 둡니다. 그러니 여러분이 잘 새겨서 근본으로 이익하게, 우리가 지금 살아나가는 데에 앞으로 미래에 올 것을 점차적으로 질문도 하시면서, 우리가 살아나가는 이것이 연구면서 토론이면서 계발이면서 우리 삶의 생동력이며 이게 불법입니다.

그럼 오늘 이걸로써 끝마치겠습니다.

지혜로 천차만별의 법칙을 활용하라

1986년 4월 25일

말씀드린 바와 같이, 이론으로만 가는 것이 불교가 아니라 우리 생활에서 실천을 하는 데에 목적이 뚜렷하다는 얘기를 어저께 했는데 똑바로 알아들으셨는지 모르겠습니다. 뚜렷하다는 그 자체를 실감하고 자기가 실험하고 나갈 수 있는 그런 철저한 마음이 됐는지 모르겠습니다.

다시 한번 반복하되, 즉 말하자면 지수화풍이 모태가 돼서 나와 더불어 우주와 전체는 지수화풍이 근본이요, 또 그 근본에 따라서 우리는 천차만별의 생명의 모습, 그 모습이 바로 이 세상에 나와서 이렇게 천차만별로 움죽거리고 있다는 점입니다. 또 그렇게 천차만별로 돼 있는 그 생명들로 하여금…, 물도 생명이요, 불도 생명이요, 또는 돌도 생명이요, 흙도 생명이요, 모든 게 생명 아닌 게 없기 때문에 거기에서 나오는 기름도 바로 여러 생명들이 한데 합쳐진, 모아져서 화해서 나오는 기름으로서, 그것이 석유 종류라고 봅니다.

그렇다면 그 자체로서 응용되는 물질들이 얼마나 많으며 우리 삶에 보람을 갖다 주는 문제가 얼마나 많습니까. 또 한 가지는 무중력 상태에서 이 전기 전자가 스스로서 우리 몸에도 있고 딴 데도 있다고 어저께도 얘기했습니다. 허공에도 그렇게 있고 무루의 천차만별로 돼 있는 광대무변한 그 법이 그렇게 만별로 돼 있기 때문에 우리는 만법을 그대로 생각나는 대로 응용할 수가 있다는 그 점을 아셔야 합니다.

그렇다고 해서 인간으로 태어나서 마구 나쁘게 하라는 거는 아닙니다. 종종 말씀드리지마는 인간으로 태어났다면 나쁘고 좋은 거를 알게 돼 있고, 또는 상식이나 모든 교양이나 이러한 것을 얘기 안 해도 아시리라고 믿습니다. 그렇기 때문에 그것은 언급을 안 하고 우리가 "요러한 데 착을 두지 마라." 한다면 그거 하나만 생각할 게 아니라, 주판을 놓을 때에 일 원을 놓을 줄 안다면 만 원도 놓을 줄 알듯이 "착을 두지 마라" 하는 것은, 만약에 음식을 만드는데 요걸로 요렇게 만드는 법만 배웠다면 고걸로만 알지 말라 이겁니다. 환경에 따라서는 이것도 넣고 딴 것도 넣고 요리를 할 수가 있다는 얘깁니다.

사람의 마음이 그렇게 지혜로워야지 지혜롭지 못하다면 그 구멍에 끼웠다가 그 구멍에서 빼서 쓰는 그런 좁은 마음밖에 없기 때문에 지혜로운 마음이 무기가 될 수는 없습니다. 그렇기 때문에 그 지혜로운 마음으로서의 요리를 요렇게 배웠는데, 이 요리를 크게, 더 맛있게 딴 거를 넣고도 할 수 있다는 점은 뭐냐. 우리가 생활하는 데에 어떠한 물질을 연구해서 크게 보탬이 될 수 있게도 할 수 있으며, 또한 우주적으로도 개발을 할 수 있는 그런 능력이 우리 인간에게 주어져 있다는 겁니다. 또는 우리 생활에서도 이 혹성 하나, 어저께도 얘기했지요? 다시 반복한다고 뭣하게 생각하지 마시고 똑똑히 들으세요. 이 몸 자체가 바로 내 혹성의 샛별이라는 얘깁니다. 그렇기 때문에 이 몸 안에도 헤아릴 수 없이 많은 중생들이 있는데, 그 중생을 이끌고 가는 장본인이 바로 한마음의 한 점입니다. 한 점이 그 많은 중생들의 생명을 끌고 가는 겁니다. 그런데 그것도 못 끌고 가면 딴 것은 어떻게 하며, 딴 것은 어떻게 끌고 길잡이가 될 것입니까.

그럼으로써 우리는 닥치는 대로 '나쁘지 않다, 이익이다, 나와 상대와 전부 이익이라면 이렇게 해야겠다' 고 한생각을 하는 겁니다. 또 바쁠 때는 '부처님 법은 대의적으로 따지기 때문에 어떤 거를 망하게 하고 어떤 거를 흥하게 할 수 없다' 이런 것도 고집하지 마십시오. 왜냐? 환경에 따라서 내 부하들에게나 내 가정에나 나의 몸에 칼을 들이대는 데는 그와 나를 둘이 아니게 보고 또 둘이 아닌 거를 공부했기 때문에 상대방이 칼을 들고 나를 찌르지는 못합니다. 왜냐하면 자기이기 때문입니다. 이 육신이 모두 자기라고 그러는데, 마음이 육신을 부리는 거지 육신이 마음을 부리는 게 아닙니다. 그렇기 때문에 마음의 근본은 에너지에 의해서 영양소를 만들어서 우리가 지혜롭게 남을 주고 내가 먹고, 내가 쓰고 남을 쓰게 할 수 있는 그런 무궁무진한 능력이 모두 여러분한테 주어져 있고 또 자아낼 수 있는 그런 이치가 있습니다.

요게 우리가 어저께도 얘기했고 요새 내리 얘기하는데, 어떤 분들은 그럴싸하게 듣고 어떤 분들은 까맣게 잊어버립니다. 잊어버리는 게 원칙이겠지마는 근본은 알아야, 사람이라는 게 뭐든지 음식도 먹어 보고 또 봐야 다시 먹을 때가 되면 그 음식이 먹고 싶기도 하고, 또 쓰일 때가 되면 그거를 '아, 이걸로 쓰면 되겠다.' 하고 생각이 나지, 보지도 않고 먹어 보지도 않은 것을 어떻게 생각하겠습니까. 그렇기 때문에 얘기를 해 드리는 겁니다. 우리가 지금 삼차원에서 헤매고 있고 이차원에서 헤매고 있는 원인이 우리 마음의 지혜를 도구로 천차만별의 법칙을 그대로 활용할 줄 모르기 때문입니다. 그래서 항상 끄달리고 괴롭고 고에서 헤어나지 못하는 이런 문제들이 왕왕 많지요.

그러니 하나의 우리 이 인간에게 주어졌으니 원자력이 아주 튼튼하다고 하는 소리는…, 진짜로 자기 주인공을 믿어서 고정됨이 없는 한마음, 그 한마음의 한 점은 바로 우주와 더불어, 나와 더불어 같이 한 점의 마음입니다. 그렇기 때문에 그 한 점의 마음에서는 어떠한 거를 부릴 수 있느냐. 나에게 주어진 것만 해도 무전통신기라든가, 지금 시체 이름으로 부릅니다마는 망원경이라든가 또는 탐지기라든가 컴퓨터라든가 책정기라든가 무전기라든가 이런 것이 나에게 주어져 있기 때문에 그거를 사용할 수 있는 사람이라면, 부릴 수 있고 사용할 수 있고 응용할 수 있고 그것을 가지고 마음대로 자유자재할 수 있는 자유권을 가졌다면 내가 우주도 움죽거릴 수 있다. 우주의 물질도 움죽거릴 수 있고, 바로 나 아님이 없으니까 모두가 나의 한생각에 그 또한 똑같은 생각으로 움죽거릴 수가 있으니 무엇을 못하리까.

그럼으로써 지금 현재 모든, 내 몸에도 그렇고 생활에도 그렇고 사회에도 그렇고 모든 게 그렇게 걱정 없이 살 수 있건만도 우리에게 주어져 있는 거를 까맣게 모르고 위대한 사람을 보면 위대한 사람 이름을 좇아 다니고 또 부처님이 위대하시다, 예수가 위대하다 또는 알라신이 위대하다, 성모 마리아다 뭐, 이러한 위대한 사람의 이름을 보면, 또 그런 사람이 공부한 자리를 찾아다니고 이런다면 그렇게 어리석은 사람이 없을 겁니다. 종교라는 것은 그렇게 고교하고 생동력 있고 우리의 살림살이에 그대로 지침이 되고, 바로 우주와 더불어 같이 응용할 수 있는 그 광대무변한 법이 우리에게 주어져 있는 겁니다. 그런데도 우리는 종교가 무슨 상대성으로서 어떠한 대상을 놓고 빌고 또는 대상을 놓고 내가 잘되게 해 달라 그러면 잘되는 줄 아는 이런 어리석은 마음을 가졌기 때문에 중생임에 틀림없다 이겁니다.

왜 중생이라는 소릴 듣겠습니까? 나는 지금 내 몸에 내 마음, 이 전체의 생명들을 한꺼번에 가지고선 운행을 하는 배나 마찬가집니다. 우리들을 껴안고 전부 태워 가지고 가는 지구 배나 똑같은 얘깁니다. 그럼 우리 몸뚱이 속의 생명들을 끌고 가는 배나 지금 우리 이 몸들을 끌고 가는 저 지구나 뭐가 다를 게 있습니까. 크고 작을 뿐입니다. 그러면 저런 은하계가 항성들을 끌고 행성들을 끌고, 또 서로가 서로를 한마음의 뜻으로, 뜻과 행과 말 없는 말 이것이 같이 돌아가면서 이렇게 조화를 이루고 있는 그 자체가 바로 무엇입니까? 우리가 쌈질을 하고 이렇게 하지마는 우리도 조화를 이루고 간다는 뜻입니다.

가만히 세상을 살펴보십시오. 물건이라면 넝마는 넝마대로 금은 금대로 또는 무쇠는 무쇠대로 이렇게 모여서 있는가 하면, 사람은 차원대로 또 그렇게 끼리끼리들 모여 있고 또는 직업이라면 직업대로 또 끼리끼리들 모여 있는 겁니다. 그러면 이것은 누가 시켜서 그렇게 되는 것도 아니고 자연법칙에 의해서 인간이 살아나가는 데에 이것이 바로 조화를 이루고 살아나간다는 뜻입니다.

그렇다면 우리가 얼마만큼 그런 능력을 가졌나 하는데, 자기 스스로서 주어져 있기 때문에, 지금 과학과 문명이 이렇게 발달이 됐느니 문화가 이렇게 좋아졌느니 하고 이렇게 역사가 달라지겠지요. 그래서 그렇게 보이지 않는 데에 주어져 있기 때문에 보이는 데로 나오는 것은 기정사실이건만 우리가 원자의 그 무궁무진한, 내 한마음의 그 세울 수 없는 한 점을 그렇게 무시하고 모든 것을 남한테 끌려만 다니는 이런 존재가 돼 버려서야 쓰겠습니까, 어디?

어저께 한 말을 반복해서 한다 하지마는 나는 똑같이는 못합니다. 똑같이는 못하는데 듣는 분들이 잘 이해를 해서 듣되, 우리가 참, 이거를 말로 어떻게 형용을 해서 가르쳐 드릴 수가 없는 부분이 많습니다. 예를 들어서 내가 비가 안 와서 기우제를 지낸다 이럴 때도 여러분의 마음에 달린 거지, 기우제가 무슨 아랑곳 있습니까? 내가 아쉬우면, 또 목마르면 내가 물 켜는 거지, 물 마시는 거지 그게 무슨 아랑곳 있습니까. 그건 왜 그렇게 되느냐? 왜 자유스럽게 되느냐 한다면, 모든 우주의 근본 그 생명이 전부 내 한 생명과 한 점이라는 뜻을 말씀드립니다. 한 점인데 그 한 점도 내세울 게 없다는 것은 전부 나 아님이 없기 때문에, 내 생명 아님이 없기 때문에, 내 행이 아님이 없기 때문에, 모든 게 내 말 아님이 없고 그렇기 때문에 모두 삼합이 일심으로 돌아가면서 이것이 그대로 자유스럽게 돌아간다는 뜻입니다. 그 자유스럽게 내가 쓸 수 있는 거를, 엊그저께도 그렇게 표현을 했지요. 불을 이렇게 쓰려면 이런 코드를 꽂고 저렇게 쓰려면 저런 코드를 꽂아서, 또 안 쓰려면 코드를 빼고 이것이 바로 자재, 자유라 이런 얘깁니다.

이것은 이런 모든 섭류에 활용할 수 있는 자유권을 가진 엄청난 소립니다. 그런데도 여러분은 그 실감을 하지 못하고…. 이게 지금 엄청난 문제입니다. 우주 건으로도 그렇고 세계적으로도 그렇고 어떠한 유생 무생으로도 그렇고, 모든 점에 의해서 지금 과학이니 의학이니 모든 게 이렇게 발전되고 나가는 이런 위치에서도 앞장설 수 있는 무루의 무전자로서 유전자로 통해서 바로 물질로 나올 수 있는 그런 참, 형편있다 할 수도 없고 형편없다고 할 수도 없는 자유권을 가진 것입니다.

그래서 우리는 지금 현재에도, 지난번에도 얘기했지마는 하나하나 이것을, 쪼그만 그릇에 있는 것을 '이게 물이다' 이러면 얼른 쉽게 말해서 이걸 석유로도 쓸 수 있고 '이것이 석유다' 할 때면 물로도 쓸 수 있다 이런 얘깁니다. 독이 든 풀은 독이 들었기 때문에 사람이 죽는다 하는데 내 한 점의 마음에는 일체 우주의 섭류가 다 들어 있기 때문에 거기에 맡겨 놓는다면, 독이 들어 있는 것을 그대로 벌써 그 독을 빼고 영양소로 만든다면 이것은 인간에게 이익한, 생명에 이익한 바로 에너지가 될 수 있는 그런 문제입니다.

그렇기 때문에 조화가 있다, 조화가. 모든 것이 진화력만 있다고 해서 되는 게 아닙니다. 원자력이나 모든 거, 아까 얘기했듯이 천체망원경이나 무전기나 이러한 것을 모두 종합해서 구상 돼야 이것이 이루어지는 겁니다. 이 독이 참 좋은 에너지로 바뀔 수 있고, 약으로 바뀔 수 있고, 좋은 약이 독으로 바뀔 수도 있는 이치가 있다 이 소립니다. 이거는 무루에서 무전자로서, 즉 말하자면 무루의 모든 천차만별이 그렇게 될 수 있기 때문에 바로 유전자로 인해서 모든 과학이 연구가 되는 것이지, 지금 무루의 무전자의 그 광대무변한 법칙이 아니라면 현재에 과학이 발전될 수도 없거니와 과학을 이룰 수도 없는 거고 의학을 이룰 수도 없는 겁니다. 그런데 지금 의학도 그렇고 과학도 그렇고 십분지 삼밖에는 안 됩니다. 그러니 우리가 그것을 100% 쓰자면 70%를 갖다가 더 보태야만 합니다. 우리는 100% 쓸 수 있어야만이 5차원 6차원의 그런 인간의 삶의 보람을 가지고 살 수 있다는 얘깁니다.

그렇다면 이 불교가 그냥 떡이나 해 놓고 밥이나 해 놓고 비는 기복 이런 건 줄 아시면 참말이지 이거는 정말 원통할 일이고 슬플 일입니다. 여러분이 억겁을 미생물에서부터 거쳐 오면서 아무렇게나 살던 그 습이 얼마나 쌓이고 쌓였기에 이 밝은 세상, 이 밝은 도리를 모르겠습니까. 참답게 음미해 보시고 참답게 체험해 보시고, 체념하지 말고 체험해 보시면서, 항상 굴리면서, 생활에서도 굴리고 내 몸으로도 굴리고 그렇게 하면서 조그마한 거를 한번 해 보신다면 큰 것도 할 수 있습니다. 그렇다 해서 내가 이렇게 할 수 있다는 걸 말을 하지 말고 내 마음으로만 알고 그저 항상 이렇게 하고, 도반들을 만나서 "이러이러한 것이, 이런 게 법이 아니겠는가." 하고 질문을 한다면 대답할 수 있는 정도로만 하지, 절대로 남이 묻지 않는 말에 청하지 않는 말을 할 수 없다는 점입니다.

올바로 배우고 올바로 하시는 분들이라 할지라도 청하지 않는데 살벌하게 배우는 그 배움에 대해서 얘기를 한다면, 그거는 무효로 떨어질 수도 있는가 하면 무효로 떨어지진 않지만, 자기는 자유자재하고, 즉 함이 없이 말을 하고 이러지마는 모르는 사람이 듣고 "아, 공부한다더니 저거 헛하고 돌아다니는군." 이렇게 말을 한다면 그것도 또한 좋지는 않을 겁니다.

모두 우리가 이 세상에 살아가면서 너무나 많은 고통을 받고 너무나 많은 아픔을, 견딜 수 없는 거를 견뎌 나왔습니다. 날더러 어떤 사람은 어떻게 당신은 그렇게 고행을 했느냐고 합니다. 그런데 여러분은 그 억겁을 거쳐 오면서 밟히고 칼로 찔려서 피를 흘리면서 어떻게 그 고행길을 걸어왔습니까. 세상에 사람이 환경에 부닥치면, 밧줄로다 매 놓고 때리고 찌르고 한다면 아니, 맞아도 별 수 없고 찔려도 별 수 없지 않겠습니까? 그러니까 환경에 따라서 어쩔 수 없는 거는 큰소리하지 말자 이겁니다. '그렇게 할 수 없다, 그렇게 할 수 있다' 이런 거 두 가지가 다 틀립니다. 환경에 따라서 지배를 받고 환경에 따라서 우리는 언제든지, 목숨을 잃는 것도 환경에 따라서 잃는 법이요, 목숨을 살리는 것도 환경에 따라서 살리는 것입니다. 그러니까 죽는다 산다, 아니다 기다 또는 '그렇게 엄청난 일을 우리가 자유자재할 수 있을까?' 이러는데 천만의 말씀! 자유자재할 수 있습니다. 부처님이 49년 설해 온 것도 역시 여러분이 그것을 파악 못하고 진의를 모르고 체험을 못해 봤기 때문에 그저 이론적으로만 알고 '아, 부처님은 그렇게 했다더라.' 이런 정도로만 알고 있는 것입니다. 우리는 그대로 한 발 한 발 떼어 놓으면서 실천에 옮기는 실천자임에 틀림없는, 바로 고등 동물에 속합니다. 고등 동물에 속하는데 이 거죽만 고등 동물에 속했지 속에는 중생들이 우글우글해.

그러니 그 중생들마저도 내 한생각에 먹고, 내 한생각에 저기 가고 싶으면 가고 이리로 오고 싶으면 오고, 내 한생각에 저런 다른 별성에, 다른 혹성에 바로 우리 같은 생명들이 다 살고 있게끔 할 수 있는 그 마음 한생각의 그 도리를 다 알 수 있는 사람은, 깨친 사람은 그렇게 할 수도 있다는 점입니다. 우리가 모든 것을 들이고 내는 데, 우리가 원자력을 가졌다면 그 또한 원자력을 가지고 있고, 전자력을 가지고 있다면 우리도 전자력을 가지고 있고, 마음대로 끌고 다니고 할 수 있는 그런 능력을 우리는 가지고 있는 것입니다. 모든 게 각각 노는 게 아니라 조화를 이루면서 같이 돌아가기 때문에, 나 아님이 없고 내가 안 함이 없고 그렇기 때문에 '내가 했다고 세울 게 없는 게 바로 부처다' 한 것입니다.

그러니 어저께 말씀드린 거하고 똑같지는 않지만 여러분이 다시 한번 반복해서 생각하고 음미하시길 바랍니다.

오늘은 이걸로써 마치겠습니다.

내 한생각에 전체가 한생각이 된다

1986년 4월 27일

처음 오신 분을 위해서 서두에 쪼금 얘길 하고선 하렵니다. 처음에 이 얘길 듣지 않고는 지금 설법하려고 하는 말의 뜻을 납득할 수가 없으니까요. 선법이라는 것은 내가 쫓아다니면서 설법하는 게 아닙니다. 선 강의라는 것도 없고, 여러분의 마음과 내 마음이 동시에 같이 합할 수 있는 그러한 믿음과 더불어 진실한 마음이라야만이 받아들일 수 있는 겁니다.

주인공이다 하는 것을 생각할 때는 "주인공" 이랬다고 해서 없는 것이 주인공이 아니고 고정된 관념도 없을 뿐 아니라 행도 없고, 고정된 들음도 없고 봄도 없고, 먹는 것도 고정된 게 없고 모두가 공식하면서 공생하면서 공용을 하고 공체로 돌아가는 겁니다. 내가 나를 위해서 일을 했다면 그쪽에 이익이 가는 반면에 그쪽에서 나에게 이익을 줍니다. 이것이 공통된 우리 사회의 모든 생활이라고 봅니다. 그렇다면 생활 빼놓고 불법은 없습니다. 내가 있고 나서 모든 게 있는 것이지, 내가 없고 종교라는 게 있는 건 아닙니다.

여기에서는 기복으로 나가는 이런 것을 몰락, 아예 용광로에 넣듯이 없애 버리는 공부를 합니다. 그럼으로써 우리는 인간의 삶의 보람을 느끼면서 생동력 있는 현실의 삶을 그대로 여여하게, 도도하게, 정당하게 자유인으로서 해 나갈 것입니다. 그래서 나투는 그 주인공의 뜻은 하나하나 고정됨이 없기 때문에 찰나찰나 바로 화하면서 나투면서, 즉 말하자면 진화되면서 옮겨 갈 뿐입니다. 24시간 살아가면서 한 번 음미해 보실 점이 있다고 봅니다. 여러분은 찰나찰나 옮겨 가면서 고정된 행을 하는 사람 하나도 없습니다. 고정된 말을 하는 사람도 하나도 없고. 그렇기 때문에 어느 말 할 때에 내가 말했다고 할 수 없는 것이 부처라는 얘깁니다. 그리고 공이라는 얘깁니다. "색이자 공이고, 공이자 즉 색이다." 하신 말씀, 부처님 말씀이나 똑같은 얘깁니다.

또 요거 한마디를 하고 넘어가야 되겠습니다, 처음 온 분들을 위해서. 인간에게 주어진 이 사대 오온이 다 지수화풍으로 뭉쳐진 거기 때문에 모든 것이 공했다는 뜻입니다. 이 세상이 이루어진 것도 지수화풍으로 인하여 한데 합쳐진 그 자체의 성이 커진 거고 그 성이 커진 반면에 우리는 이렇게 분류돼서 항성이다, 행성이다 하는 여러 가지 별들이 많고 인간들도 또 하나의 혹성으로서 이렇게 생긴 것입니다.

그런데 찰나찰나 나투어 돌아가는 이 원리를 볼 때에 이렇게 나투어서 돌아가는 이 자체가, 우리는 모습을 바꿔서 옮겨 갈 뿐이지 죽는 것도 아니요, 사는 것도 아닙니다. 그런 언어가 붙지 않는 자리입니다. 그러니 윤회라는 것도 그렇습니다. 윤회를 하되 윤회에 끄달리지 않고 자유성 있게, 내가 윤회를 하되 남한테 끌려가는 게 아니라 자유스럽게 이쪽으로 발을 디뎌 놓으려면 이쪽으로 발을 디뎌 놓고 이러는 것입니다. 화가가 이런 걸 그리려도 그리고 저런 걸 그리려도 그리고 자유껏 그리는 거지, 누가 이런 걸 그리라고 해서 그리는 게 아니다 이 소립니다, 비유할 때. 그래서 오늘은 요러한 서두를 얘기해 놓고서 얘기하겠습니다.

우리가 이 오관의 다섯 가지의 문제, 시쳇말로 망원경이라든가, 이건 처음 온 분들을 위해서 요 얘기를 해야만 되겠기에 하는 겁니다. 천체망원경이라든가 무전기라든가, 알겠지요? 망원경, 무전기, 책정기 또는 탐지기, 컴퓨터 또는 영사기, 이런 것이 어느 누구에게든지 자연 법칙에 의해서 주어져 있다는 얘깁니다. 주어져 있는데 여러분이 그거를 다 쓰질 못해요. 주어져 있는데도 불구하고 쓰지 못하는 반면에 3차원이다 2차원이다 하는 소리가 나오고, 중생이라는 소리가 나오는 겁니다. 그 주어져 있는 걸 다 부릴 줄만 안다면 4차원보다도 7차원으로 우리는 등장을 할 겁니다. 또 한 가지는 그렇게 오관을 통해서 돼 있기 때문에 원자력, 전자력, 즉 말하자면 통신력 이런 것을 수없이 내가 가지고 활용을 할 수 있는, 코드를 뺐다 끼웠다 뺐다 끼웠다 할 수 있는 그 근본을, 자기가 자유스러운 열쇠를 가졌다는 얘깁니다.

그렇기 때문에 우리가 지금 세상 살아나가면서 비가 온다 또는 물이 많이 생긴다, 폭풍이 일어난다, 또는 화산이 일어난다, 또는 홍수가 난다 이런 문제, 또는 허공에서 비가 오고 그럴 때, 또 뭐라 그럴까요, 그걸? 무지개가 선다, 또는 번개가 친다 이런 문제 등등이 왜 그렇게 되는가를 우리가 잘 음미해 볼 수 있는 그러한 연구가 필요합니다.

지금 사람 사는 데에 그런 문제들이 생기는 원인이 우리가 한마음 한뜻으로 돌아가기 때문에, 우주와 더불어 이 모든 천체, 삼천대천세계의 우주의 근본이 바로 우리 한 점, 마음의 근본으로 전체가 같이 돌아가기 때문입니다. 우리 인생이 태어난 거, 이 생명이 이루어진 것도 흙과 물이라고 봅니다. 지금도 우리가 살아나가는 데의 원료가 바로 물, 흙에서 나오지 않는다면 우리는 그 원료를 쓸 수가 없습니다. 그 원료로 인해서 얼마나 많은 발전이 됐으며 지금 발전이 됐으면서도 과학적으로 증명할 수 있는 문제가 얼마나 많이 나와 있습니까? 이게 모두 어디에서 나왔겠습니까? 그럼으로써 이 모든 무지개가 선다, 번개가 친다, 비가 온다 하는 것이 정맥 동맥이 오르고 내리듯이 그렇게 하면서 순조롭게 순환을 한다는 뜻입니다.

그러면 그 순환을 하는데, 우주와 더불어 우리 이 지구의 혹성, 이 삶에 대한 모든 에너지, 그 원료가 바로 순환이 되는 데서 원료를 우리에게 점차적으로 가져온다는 뜻입니다. 우리에게서 원료가 나갈 수도 있지마는 우리에게 원료가 들어올 수도 있다는 얘깁니다. 그러면 원료가 많은 데서 우리에게 들어오면 원료가 있으니까 되고, 원료가 없는, 즉 말하자면 원료를 다 쓰고 만약에 맹물이 원료가 많은 데로 들어간다면 그건 정화가 돼서 영양소가 돼 버리고 맙니다.

그와 마찬가지로 우리는 이렇게 옮겨 가면서 변화해서 에너지를 스스로서, 자연법칙으로서 지금 쓰고 있다는 얘깁니다. 어떠한 것이 포함되어 우리는 그렇게 그 뜻을 알며, 그 도리를 알며, 그 활용을 할 수 있을까? 그리고 또 모든 게 한마음으로 돌아가면서 그렇게 한다는 것을 증명해서 내 자신이 알 수 있을까? 이 공부를 하지 않는다면 그것은 누구나 절대로 모를 겁니다.

우리에게 원자력과, 즉 공한 진화력, 이 원자력이 튼튼함으로써 진화력도, 또 전자력도 또는 통신력도 또는 망원경도 책정기도 또는 영사기도 모두가 스스로 돌아가는 겁니다. 컴퓨터, 그것을 불교에서 말하면 숙명통이라고 합니다. 또 탐지기, 이것을 타심통이라고 합니다, 불가에서 말할 때. 그러면 이것이 포함돼서 나에게 주어져 있는 것을 활용해서 내가 쓸 수 있어야만 원료를 얻어 올 수도 있고, 이걸로 인해서 저 우주에서도 더불어 같이, 그것이 옷을 벗으면 새것이 나오고 새것이 나오면 옮기고 옮기고 옮기고 옮겨서 옷을 벗고 옮길 뿐이지, 그게 없어지고 죽어 버리는 게 아니라는 얘깁니다. 우리 인간도 그런가 하면 모든 별성들도 다 그렇다는 얘깁니다.

그렇다면 우리가 원료를 얻어 오려도 이런 도리를 알아야 어떠한 한생각에 원료를 얻어 올 수도 있다 하는 것은, 번개가 치거나 무지개가 서고 이럴 때, 비가 무지하게 오거나 비가 안 올 때, 창창한 때에 번

개가 치고 이럴 때는 바로 우리가 물 호수를 대 놓고 서로 교환하는 그 때이다 이런 얘깁니다. 이 자연의 이 섭류를, 무루의 이 섭류를 어떻게 인간으로서 다 알겠습니까마는 우리가 천체, 모든 것을 알려면 나부터 알아야 천체를 알 것입니다.

종교가 무슨 밥이나 해 놓고 떡이나 해 놓고 비는 그러한 것이 종교라고 잘못 생각한다면 역대의 조사들과 역대의 부처님과, 부처님이 나기 이전에도 있었던 이 진리 자체를 아주 망각하는 그런 의도라고 봅니다. 지금 어떠한 문제가 이렇게 발생되고, 또는 화산이 일어나고 하는 것도 모두 교환, 즉 말하자면 나는 이거를 줄 테니까 너는 이거를 달라는 격이나 똑같습니다. 소가 똥을 누어 놓으면 수많은 벌레들이 그것을 먹고 삽니다. 마르면 그걸로 집을 만듭니다. 나뭇가지를 갖다가 집을 만들고 그걸로다가 벽을 치고 그럽니다.

여러분이 그런 문제들을 볼 때 너무 신비하고 그렇지마는, 그 신비한 도리가 어디서 나왔겠습니까? 낮은 동물들도 전부 통신이 돼 있고, 즉 말하자면 식별을 할 수 있다는 뜻입니다. 식물들도 식별을 해서 앞으로 바람이 부는 거를 알고 있고 앞으로 모진 바람이 불어서 뿌리가 패어지는 걸 알기 때문에 뿌리를 깊이 박고 이 세상에 탄생을 하는데, 어찌 인간이 고등 동물로서 우리 자체에 주어진 거를 파악 못하고 쓰지도 못하고, 중생이라는 이름에 못 박혀서 그냥 옮겨 가지도 못하게 되는 것입니까. 또 그러한 반면에 창살 없는 감옥에서 허덕이고 또는 그 창살을 벗어나지 못해서 애를 쓰는, 자유권이 없이 끌려만 다니는, 바로 종 문서를 면치 못하는 그러한 사람들이 많다면 여기 지구 안에는 지구 중생이라고 하겠지요. 지구 자유인이라는 소리를 못 듣고, 지구 벌레라는 소리를 듣고, 지구 중생이라고 듣겠지요. 그러한 것은 우리의 마음에 달린 겁니다.

그럼 상구보리 하화중생이라 그랬는데, 그건 우리 인간들이 그 존엄성을 위로는 가지고 아래로는 자기 배 속에 든, 이 세포에 들어 있는 중생들을 제도하라는 뜻입니다. 자기 몸에 있는 중생들도 제도 못하면 자기 자체를 끌고 다니지도 못해. 어느 스님네들이나 어느 사람들이나 누구든지 '중생들' 하면 여러분을 모두 제도해야 할 중생인 줄 아는데 자기부터 제도할 줄 알아야 한다는 말입니다. 수천수만 개 헤아릴 수 없는 자기 몸에 들어 있는 자기 중생을 제도 못하는 사람이 어떻게 남의 중생을 제도합니까? 수많은 제도를 할 수 있음으로써 자기 몸에 있는 그 중생들의 마음을 한마음으로 만들어서…, 즉 말하자면 마음이라는 건 체가 없어서 살던 습이라는 것도 체가 없는 겁니다.

업이라는 것도 체가 없는 거야. 자기 마음으로써 자기가 쌓아 놓고, 긁어서 부스럼 만들어 놓고 빠지고 울고 하는 거지, 어떠한 체가 있어서 빠지고 울고 그러는 건 아닙니다. 그런데도 불구하고 이 몸에 있는 그 마음이 모든 거를, 한생각이 투철하다면 이 5억이라는 생명뿐만 아니라 이 생명의 한 근원이 내 한마음의 근원으로 접어드는 겁니다. 그러니 자유스럽게 이 몸을 끌고 다니면서 모든 것을 이렇게 진화시켜서 옮겨 놓고 옮겨 놓고 하는 데에 뭐, 죽는 것을 그렇게 죽는다고 하겠습니까?

옛날에도 그런 얘기 했지 않습니까? 어느 친구가 중이 됐는데, 한 친구는 중이 안 되고 그랬는데 어머니가 돌아가시니까 그 친구를 불러와서 "우리 어머니 천도 좀 잘해 다오." 하니까 대답도 없이 들어오면서 하는 소리가 "허허, 애당초에 태어나지나 않았더라면 죽지나 않을 것을…." 하고 그냥 바깥으로 발을 돌리며 나가더랍니다. 모르는 사람들이 듣기에는 그것이 하치않게 들리겠지마는 그것은 무진 법문이자 무진 법칙에 의해서 동시에 바로 요리를 해서 동시에 바로 인간으로 천도를 시킨 한 찰나입니다.

지난번에도 얘기했지만 죽을 때가 되면 벌써 공부한 사람하고 안 한 사람하고 달라. 공부한 사람은 그렇게 고통을 받지 않고 하면서도, 고통을 받는다 하더라도 간단하게, 간편하게 받고 또 그 도리를 모르는 사람, 자기가 마음으로 업을 지어 놓고 긁어 부스럼을 만들어 놓은 사람은 무지하게 고생을 해. 자기 마음으로 지은 모든 생명들이 자기한테 붙어서 떠나질 않아. 그렇기 때문에 그 생명이 있는 이상 자기 생명이 갈 수가 없어. 그러니 모두가 자기가 만들어 놓고 그렇게 받는 것이기에 누구를 원망하고 누구를 증오하고 누구에게 기대고 누구를 믿고 그러는 게 아닙니다.

진정한 사랑을 알려면, 진정한 자비를 알려면 이 도리부터 알아야 되겠습니다. 우리가 인간으로 태어나서 하룻밤 사이에 죽어 가고 하룻밤 사이에 태어나고 이러는 거, 우리가 사는 것도 그렇습니다. 이렇게 살면서 그저 "내가 잘 먹고 잘 입고 야, 오늘은 예쁘게 차리고 누구하고 만나고, 또 오늘은 돈을 얼마를 벌고, 오늘은 식구들끼리 이렇게 앉아서 또 저거 하고, 어디 가서 술 먹고, 어디 가서 또 만나고, 또 살고 재미있게 지내면 이게 사는 보람이지." 이러지마는 천만의 말씀입니다! 사람은 죽을 먹더라도 진실하고 올바르게 나갈 수 있는 꿋꿋한 자기 중심이, 분수를 지키면서 언제나 항상 인간의 도리를 다할 수 있는 바로 그러한 행이 필요한 것입니다.

그러면서도 '자기가 어떠한 것을 할 때에 자기라고 할 수 있으며, 어떠한 사람을 만날 때 자기가 만났다고 할 수 있으랴.' 하는 것을 생각해서 자기는 종이라고 자기를 내세울 수 없는 게 공이 아닌가. 그거를 안다면 이 우주, 전체가, 즉 말하자면 원료를 튼튼하게 공급을 받을 수도 있고 할 수도 있습니다. 누구한테 받습니까? 내가 그 원료를 갖다 쓰려면 갖다 쓰는 거지. 어디고 나 아님이 없고 어디고 내 마음 아님이 없기 때문에 내가 한생각을 내면 전체가 바로 한생각이 된다는 뜻입니다. 그러니 그대로 자유스럽지 않겠습니까?

그리고 굼벵이가 매미만 되라는 법도 없습니다. 사람이 또 이런 게 있지요? 요걸 한 가지로 표현하겠습니다. 사람도 똑같습니다. 굼벵이가 떨어질 때는 벌써 생각이 있어서 떨어진다 이겁니다. 그래서 굼벵이가 떨어지기 전에 생각을 했습니다. 굼벵이 껍질 이 자체가 굼벵이가 아닙니다. 굼벵이의 마음도 생각이 있으니까, 자기가 날 것을 미리 해 놓고서 날 때가 되면 여기에서 떨어지는 겁니다. 그래서 몸뚱이가 없어지자마자 벌써 여기에서는 매미로 탄생이 된다는 뜻입니다. 사람도 만 9개월이 되는데 인간이 여기에서 내가 '간다' 그러면 어디로 갈 거를 벌써 정해 놓고, 여기에서 벌써 정해서 아홉 달이 돼서 날 때에 여기에서는 생명이 끊어지고 저기에서는 탄생을 찰나에 하는 겁니다.

이렇게 묘한 인간의 법칙과 더불어 우주의 법칙이 동시에 같이 한 찰나 한 찰나 이렇게 돌아가는 이치를 여러분은 뭐, 이렇고 저렇고 이렇고 저렇고 하기 때문에 그 원료를 지속적으로 쓸 수가 없는 것 아닙니까. 모르면 지속시킬 수가 없는 겁니다. 만약에 지속시킬 수 없다면 내 집도 망가지거니와, 내 집을 바꿔서 좋은 집으로다가 옮길 수도 없거니와, 자유자재할 수도 없거니와 이 지구의 집도 내가 지속시킬 수가 없는 것입니다.

모든 것이 이렇게 될 때에는 얼마나 한 점의 마음이 중요한가 하는 거를 여러분이 깨닫고 알아야 합니다. 마음들을 올바로 써야지 마음들을 올바로 쓰지 않으면서, 진실치 못하면서 내가 잘살겠다, 못산다, 뭐, 어쩐다 이런 말들은 다 핑계이고 좋은 말이 못 됩니다. 내가 하나를 알면, 뿌리 하나만 싱싱하면 이파리고 뭐고 가지도 다 싱싱하듯이 내 중심이 완벽하다면 가환, 우환, 액난 이런 모든 게 다 거기서 녹아 버리고 마는 겁니다. 그런데 뭐가 필요합니까? 하나라도 뭐 걱정될 게 있습니까.

어느 분이 이렇게 말을 하더군요. "스님을 믿으면서도 설법도 바쁘니까 잘 못 듣고 그랬으나 내가 스님한테 와서 서너 번 말씀을 듣고 보니까, 내 주인공에 딱 맡겨 놓는 그 순간 벌써 한마음으로 돌아간다는 걸 알았습니다." 그러면서 지금 당장 파산을 해서 아주 이 집을 그냥 다 몰아갈 텐데 아, 그날 저녁에 이것이 해결이 됐답니다. 누가 와서 그냥 이걸 사겠다고 하더랍니다. 그래서 사겠다고 하니까 팔아서 그거 갚고 나서도 반이 남더랍니다. 그러니 살았지 않습니까? 그것이 왜 그렇게 됐느냐? '내일 아침이면 벌써 이걸 다 뺏기고 거지가 될 텐데 에라, 거지가 되든지 말든지 당신 알아서 하시오.' 그러곤 편안하게, 내일 죽을 테니까 아예 가서 잠이나 자야겠다 이러고선 가서 잠을 잤는데, 밤은 늦었는데 죽든지 살든지 마음이 편안하더랍니다. 그 이튿날 아침에 전화가 오기를 "집 살 사람이 여기 왔습니다. 빨리 나오시오." 하더랍니다. 그래서 팔고 거지가 안 됐더랍니다.

사람이 어떠한 급한 일이다 할지라도 자기 믿음이 진실하다면 죽으나 사나지. 자기 안 믿어 봤자지, 뭘 그래? 그럼 누굴 믿습니까? 자기로부터 이 세상이 나왔는데 자기를 억겁 전년서부터 이렇게 끌고 진화시키고 창조를 하고 이렇게 해서 형성시킨 이 몸뚱이가 누구로 인해서 이렇게 살고 있습니까. 지금도 여러분이 자기 마음에 의해서, 자기 마음이 운전수가 돼 가지고 자기 몸뚱이가 움죽거리고 있지 않습니까?

그렇다고 해서 마음을 함부로 써서는 안 된다. 인간이라면 상식과 교양 모두, 잘못되고 잘된 거를 알기 때문에, 말을 안 해도 인간은 인간답게 알고 있으니까 나쁜 일을 한다 하고 이렇게 생각이 났더라도 그것은 자기 마음이 자기 몸뚱이를 리드해 나가면서, 또 자기 몸뚱이는 마음이 잘못되면 '이건 안 된다.' 하고 주인공에 맡겨 놓고, '이건 된다.' 할 때는 주인공에 감사하게 놓으면서, '내가 움죽거리는 것이 바로 나의 성품으로부터 나온 것이니까 그 성품 자체가 고정됨이 없으니 공이 아닌가. 모든 것은 공이면서도 소소영영하게 아프면 만져 주고, 또 아프면 금방 통신이 오게 하고, 이렇게 하는 당신이 얼마나 고마우랴.' 이렇게 자기 주인공을 생각하면서 우리가 살아나간다면 억만금을 줘도 바꾸지 않을 보배는 자기가 모두 가지고 있는 것입니다.

부처가 딴 데 있습니까? 저기 저 형상, 저 부처님이 당신네들 몸이고, 저 부처님의 마음이 당신네들 한 점의 마음에 다 들어 있는 겁니다. 그러니 우리가 어찌 둘로 보겠습니까. 절대로 둘은 아닙니다. 여러분이 어느 절에 가든지 부처는 한 부처라고 하지마는 그 절에 사람이 있어야 부처가 있는 거지, 도둑놈이 있는데 어찌 부처가 있겠습니까. 모두 사람이 있어야 부처가 있는 겁니다. 그러니 우리가 칠성이다 독성이다 뭐, 전부 해 놓은 거를 열 가지를 만들어 놓은 절에 간다 할지라도 그 독성도 나인 것이요, 부처도 나인 것이요, 신중도 나인 것이요, 모든 것이 나 아님이 없어. 그거를 다 둘로 보면서 모든 것을 각각으로 본다면 끄달려서 어떻게 인간이 이루종차 삽니까. 그것뿐만 아닙니다. 여기도 놔야 되고 저기도 놔야 하고, 여기 안 놓으면 우리 남편이 나빠지면 어떡하나, 우리 자식이 나빠지면 어떡하나. 이걸 왜 각각 찾습니까. 물부처, 불부처, 흙부처, 바람부처 이것이 여기에 다 한꺼번에 있는데 어떻게 그 수많은 이름을 일일이 찾고 그렇게 나가야만 하겠습니까.

그러니 오늘은 이걸로써 끝마치겠습니다.

믿고 물러서지 않아야 다 녹일 수 있다

1986년 4월 30일

어느 절간이든지 어느 도량을 막론해 놓고 부자는 드물고 가난한 사람은 많아요. 어려운 사람이 적은 것 같지만 어려운 사람이 더 많아요. 갖은 각색의 괴로움도 작다 크다 그것뿐이지, 괴로운 건 다 마찬가지로 여러분 앞에 주어져 있을 겁니다. 그런데 제일 어려운 것은, 없을수록 더 이 공부를 해야 한다는 조건입니다. 없다고 해서 나는 가져올 게 없고, 어렵게 사니깐 벌어먹어야 하고, 또 어렵게 사니까 올 새가 없고 차비가 없고…. 이건 다 핑계야.

또 어떠한 애로점이 있다거나 하는 것은, 여러분 앞에 누구누구라고 공개는 안 하지만 이 세상에 어느 집 어느 집 쳐 놓고 비밀 없는 집은 없어요. 내가 한 30년 쭉 계속해서 내려오면서 여러분을 이렇게 친견하고 만나고 토론하면서 내가 아는 비밀만 해도 수천수만에 달해요. 1대에, 2대에 그런 문제가 생기고 유전성, 인과응보 이런 문제 등등으로 인해서 오는 그런 그 인연, 그 인연줄을 끊지 못하고 얽히고설켜서 애를 쓰는 걸 볼 때 그런 까닭에 가난도 거기에 쫓아오거든.

딴 데 다닐 때는 타의에서 구했으니까 이익이 없어. 그러나 우리 이 도량에 왔을 때는 뭐든지 주인공을 믿고 맡겨 놔라 이랬습니다. 어려운 거, 가난한 거, 외로운 거, 고독한 거, 어떤 우환, 가환, 병…, 또 병도 그래요. 이것은 말로 할 수 없으리만큼 인간으로서는, 의학으로는 어떻게 해 볼 수 없는 병들이 너무 많거든. 많은 까닭에 그런 걸로 인해서 왔다 할지라도 그것이 급한 게 아니라 그 뿌리를 끊어 주는 게 급하기 때문에 이거를 찾으라는 거야, 이거를. 이게 시급하거든. 이걸로 인해서 그게 끊어지니까. 그런데 그것들은 모르고 '나는 지금 급해서 아주 발등에 불이 떨어지겠어서 왔는데 허, 주인공을 찾으래. 저이는 남의 급한 걸 모르니깐 그렇지. 그래, 저 말이 나와?' 그럴 거라고. 이건 분명히 그럴 거라고.

그러나 그것이 어디로부터 온 거를 당신네들이 모르니깐 그렇지, 그게 어디로부터 온 거라는 걸 안다면 자기 주인공을 믿고 거기다가 맡겨 놓고 살아라. 일체 만법은 거기서 나오는 거, 거기다가 맡겨 놓고 살게 되면 바로 그것이 우환, 가환, 병 이런 모든 것을 거기 용광로에 놓는 셈이나 마찬가지다. 그리고 새로 생산될 건 생산되고 바로 녹여 버리는 건 녹여 버리고 이렇게 해서 가환을 면하고 우환을 면하고, 가난을 면하고 내 마음의 지혜를 넓히고, 넓히면 넓힌 그 마음이 무기가 돼서 일체 만법을 자유스럽게 활용할 때에 내 근본의 인간이 거기에서 뚜렷하다.

이렇게 얘기해도 당장 급한 거 있으면 '그것 때문에'야. 물론 나부터라도 그러겠지. 급하면 그것 때문이라고. "그것 때문에 지금 죽겠는데 공부할 새가 어딨어?" 아니, 그게 공부라는 이름이 아니라 나로부터 나온 거니까 모든 거, 그런 거 저런 것을 다 맡겨 놔야 그것이 녹아 버리지, 만약에 나로부터 생긴 건데 거기다 놓지 않는다면 어떻게 그것이 면해 돌아갈 수 있겠느냐는 얘기예요.

그래서 석존께서도 6년 동안 고행하실 때 모든 것을 항복받았다는 그런 얘기가 있죠? 항복받은 것은 왜냐? 내 몸의 중생들, 모든 것이 자기가 공부하려니까 모습을 바꿔서 자꾸 앞에 탁탁, 인연에 따라서 나오는 거야. 그러면 자기 모습이야, 그게 다. 그런 걸 부처님께서 '아, 이것은 바로 내 모습이로구나.' 하는 걸 알았기 때문에 다 항복을 받은 거라. 자기가 억겁을 통해서 살던 그 습의 모습을 다 항복받은 거라. 이 원점 한 점에다가, 입자 하나에다가 그냥 모두 몰아친 거야. 그러니 항복을 받았다 이 소리야.

그런데 그렇게 항복을 받을 것 같으면 우리가 살아나가는 데 지탄이 없어. 그냥 아무렇게나 우연히 온 거고, 무슨 이유가 많아서 이렇게 이렇게 됐기 때문에 이런 병이 났다. 이건 이유야. 사람들이 모두 그렇게 살고 있기 때문에, 믿지 않기 때문에 의학적으로도 그렇고 과학적으로도 그렇고, 요건 요렇고 요건 요렇고 요렇게 내놔야 모두 그것이 아주 똑바로 철두철명하다고 하는 거야. 그러나 철두철명한 거는 그게 아니야, 오히려. 안으로부터 철두철명해야 바깥으로도 철두철명한 거야. 내가 안으로 기필코 눈이 밝고 청림하고 참, 오고 감이 없이 그 오관을 다, 다섯 가지를 내가 부릴 줄 알아서 소소영영하게, 철두철명하게 찰나찰나 응용을 할 때 그것은 아주 참인간의 모습이라. 그 모습도 허망한 모습이 아니라 영원한 모습이라.

그러니 우리가 지금 어려운 문제를 가지고 있는 거, 누구 탓하지 말고 모든 건 자기 이 자원에 있으니 모든 건 거기에다가, 거기서 한 일이니까 거기에 놔라. 수억겁을 거쳐서 나온 어떠한 잘못, 과오가 있다 할지라도 거기서 한 거니깐 거기다 놓는 거뿐이야.

'어떠한 인간 하나다' 하면 하나가 아니야. 생각해 봐. 우리가 과학적으로도 생각하고 이론적으로도 생각해 보자고. 그러면 사람 하나가 어떠한 걸로 인해서 모여서 사람이 됐을까? 응? 중생이 많이 모였기 때문에 사람이라는 부처가 하나 났지? 안 그럴까? 여러분, 사람이라는 그 속에 중생이 얼마나 많은 줄 알아요? 중생이 그렇게 모여 있기 때문에 하나의 사람으로 성장된 거야. 한 사람이 됐다면 그 중생들을 다 이끌어 갈 수 있는 사람이라야 사람이지, 그 중생들을 이끌어 갈 수 없는 사람이라면 사람이라는 이름만 가졌지 그건 사람이 아니란 말이야.

그래서 그 많은 인연에 따라서 중생들이 한데 모여서 내가 사람이라고 인정을 받고 나왔다면, 그것을 이끌어 가지고 가는 그 사람이 어떻게 살았든 수만 억겁을 거치면서 생활하던 그 습의 모습, 그것들이 모두 나의 인연이 있기 때문에 바로 여기에 한데 모인 거거든. 뭉친 거거든. 뭉쳐서 한 사람이 생산된 거기 때문에, 이것은 하나가 그렇게 된 게 아니라 수억 개가, 억만 개가 그렇게 됐기 때문에 나라고 세울 수가 없는 거야, 이게.

그래서 사람들은 모두 내 속에 있는 생명들을, 자기의 그 소임을 맡아 가지고 하는 일꾼들을 무시하고 자기 사장, 즉 말하자면 사람이라는 그 하나에서 자기가 산다는 거라. 여기서 한 부분만 폐허가 돼도 자긴 죽는 건데 그걸 무시하는 거야, 다. 그렇게 무시하고, 자기 속에 들어 있는 자기 중생들을 무시하고 어떻게 이끌어 갑니까. 지난번에도 얘기했지만 상구보리 하화중생이다 하는 것이 바로 그 짝이라. 위로는 자부처와 더불어 한자리 한 부처님을 모시고, 아래로는 자기 중생을 제도할 줄 알아야 네 중생 내 중생이 따로 없느니라. 내 중생을 내가 이끌어 갈 수 있어야만이 네 중생도 이끌어 갈 수 있다. 네 중생 내 중생이 어디 따로 있나. 그러나 내 중생을 모르고 내 중생을 이끌어 갈 수 없을 때엔 네 중생 내 중생이 아주 낱낱이 수만 개, 억만 개에 달하고 있다 이거야.

그러니 그 억만 개의 모습이 여러분한테 인과, 응보, 유전 이런 것을 지은 대로, 자기가 한 거만치, 그것이 살던 대로, 사는 대로 어떤 게 나온다 이런다면 1년에 나올 수도 있고 당대에 나올 수도 있고 2대에 나올 수도 있고, 또 이렇게 살아가면서도 될 만하면 안되고, 될 만

하면 안되고 야, 이건 자빠져도 코가 깨져. 이건 누구의 짓이냐 이거야. 자기가 한 거만치야. 자기가 해 놨기 때문에 그런 법이야.

그러니까 하나하나를 닥치는 대로 마다하지 말고 녹여라 이거야, 선이든 악이든. 그 대신에 악을 녹이려면, 인과를 녹이려면, 유전을 녹이려면, 업보를 녹이려면 바로 내가 한 거마저도, 내가 잘했다는 거마저도 놔야 그것이 놔진단 말이야. 그래서 내가 잘했다 못했다를 몽땅 놓을 수 있는, 믿고 놓을 수 있는 거라면 녹일 수 있다. 내가 여러분을 가르치는 데에 얼마나…, 만약에 피가 많다면 피가 다 녹았을 거야. 아, 정말이야. 그런데 이 전 우주가 전부 한 피이기 때문에 아마 말라 없어지지는 않았을 테지.

그런데 여러분은 그것을 생각해서 참, 낱낱이 주저주저하고 '야, 내가 이렇게 되니까 요거 조금 낫게 되면 어떻게 해야겠다.' 이러거든. 그럼 이미 걸린 거야. 당장 죽게 된다 할지라도 탁 넘어설 줄 알아야 돼. 그래야 그것을 다 녹일 수가 있는 거야. 우리는 이게 시급해. 이거 놓는 거부터, 맡겨 놓는 거부터, 믿는 거부터, 물러서지 않는 거부터 배워야 그것이 다 홀랑, 나중에는 다 점차적으로 '어, 이런 게 다 없어지고 우린 약도 필요 없네. 아이고, 이런 게 언제 이렇게 없어졌지? 어머, 어느 때 보니까 웃고 살게 됐어.' 이렇게 된다 이거야.

사랑이라는 것도 그런 업보의 인연줄이 없어야 웃고 살 수 있고, 평화롭고 항상 봄처럼 꽃이 피고 향기가 나고, 항상 봄바람이 불면 보리이삭이 무르익어서 우리가 보릿고개를 넘어 보리밥을 해서 고추장에 비벼서 맛있게 먹을 수 있다면…. 이건 뜻이야. 그렇다면 우리는 항상 배를 곯지 않고 사시사철 평화롭게 살 수 있을 거다 이거야.

그런데 조그마한 우환 하나, 조그마한 병 하나, 그런 걸 가지고도 애를 쓰는가 하면, 또 한 가지는 여러분이 지어 놓은 거, 이 세상에는 몸을 못 쓰는 사람도 있고, 귀를 못 쓰는 사람도 있고, 눈을 못 쓰는 사람도 있고, 손을 못 쓰는 사람도 있고, 몸 전체를 못 쓰는 사람도 있고,

말을 못하는 사람도 있고, 당최 이건 하고많아.

예전에도 그런 예가 많았는데, 그때에 상원사 절을 지을 때도 그랬거니와 이 절을 지을 때도, 이 앞의 이 절을 지을 때도 "스님, 나는 이 절을 짓는 데 얼마 얼마를 하겠으니 이거를 좀 어떻게 판단을 내 주십시오." 이런단 말야. "좋아." 이거는 안락사를 하는 것도 살리는 거 못지않아. 똑같아. 예를 들어서 전의 판사가 10년 징역을 매 놨다면 지금 현재 판사가 할 수 없어. 이건 무효로 할 수 없는 거야. 전자의 판사가 그렇게 해 놨잖아. 자기가 해 놨단 말이야. 자기 판사가, 자기가, 자기가 지어 놓은 거 자기가 그렇게 해 놨어. 이거는 자기 개별적인 게 아냐. 자기가 알고 있는 걸 전체 우주 법계에서 아는 거야. 전체 포괄된 한 점에서 바로 판결이 나온 거야.

그렇다면 현재에 내가 한 점의 한마음으로 있다 하더라도 '전자에 지은 거 너 알아서 해라.' 그래서 내가 현재 판사라면, 그러면 그렇게 지은 거는 그렇게 지은 것대로 그 마음이 동해야 내 마음도 동할 수 있고 또 이유가 붙어야 돼. 그것도 이유가 있기 때문에 그렇게 된 거거든, 자기가 만들어서. 그러면 여러분도 이유를 붙여야 그놈의 게 소송이 걸어지고 아니, 그걸 무효를 시키려면 서류를 대동해야 하고, 예를 들어 얘기야, 지금 현재 법으로. 서류가 들어가야 하고 그래야 그것이 무죄 석방으로 판단을 내릴 수가 있는 거지, 거론이 붙지 않는데 어떻게 판단을 내릴 수 있단 말인가? 우리가 마음과 마음이 이렇게 통하는 것도 전율이야, 전율. 응? 전자력이란 말이야, 이게. 그래서 불성이라고 해.

그런데 우리가 이렇게 마음과 마음이 통하는데 뭐가 가난하고 그런 게 거기 붙느냐? 그렇게 마음이 통한다면 스스로 떳떳해, 스스로. 그래서 자기 힘이 부족하면 부족한 대로 "스님, 이렇게 이렇게 했는데 어떻게 해야만 이것이 결정이 날까요?" 하고 질문하는 데에, 문제가 있을 때 나는 그 길을 인도해 주는 데의 길잡이란 말이야.

그리고 어떤 사람은 "주인공에만 놓으면, 맡기고 살면 된대." 예전에 그런 사람 있었거든. 주인공에다 맡겨 놓고 모든 걸 살라고 했어. 어려운 사람이니까 그때도 돈이 없어서 셋방도 얻을 게 없으니까 어떻게 어떻게 해서 스님들하고 의논을 해 가지곤 돈도 없는 거를 다 긁어서 이렇게 한 삼백 해서 전세를 얻어 줬다고. 그랬더니 가르치는 게 잘못된 게 아니라 공부를 하다가 나라는 존재가 발로가 되니까, 예를 들어서 아, 여기서 자기가 어떻게 하는지 보려고 그러한 문제가 나오는 거를 모르고 자기는 주인공에서 시키는 대로만 하면 되는 줄 알아.

주인공에서 시킨다 할지라도 내가 의당히 옳지 않다면 옳지 않은 거론을, '아하, 이거는 옳지 않다.' 하는 생각을 해야 이것이 여기에서 '아, 이거는 옳은 생각을 하는구나.' 그러고 없어질 텐데 그렇지 않고 '야, 주인공이….' 예를 들어서 저기 지금 우리 절에 호박을 심었습니다. '이 호박 이파리, 호박 따 가도 괜찮다. 이것도 주인공이 그러니깐 난 괜찮다.' 하고선 이제 따 가는 거야. 이거 우리가 상식적으로 생각하면 어떻습니까? 이것이 공부한다고 하는 겁니까?

그것은 공부가 아니다. 그것은 네 마음이 너를 제도하고 네가 마음을 바로 이끌어 가는 데에 있는 거다. 그러면 서로가 서로를 바로 맞춰서, 유와 무를 맞춰서 이렇게 해서 현 생활에 쪼끔도 어김없는 이러한 길을 걸어야 이게 공부다. 주인공이 도둑질을 하라고 그러면 하겠네? 이거는 애당초에 네가 예전에 살던 그 습이 아직도 남아서, 남을 못살게 하던 습이 남아서 그렇게 지금도 마음이 나오는 거를, 그걸 고치라고 하는 건데도 불구하고 그래도 여전히 그 습을 못 버리고 있으니 이건 공부가 잘못된 거다.

그리고 또 때에 따라서, 여러분이 잘 생각하세요. 어떤 신도들은 신도를 이용해 가지고 빚을 내 가지고 가서 떼어먹고 간다거나, 또는 돈을 꿔 달라고 해 가지고선 간다거나 그러한 문제들이 많습니다. 또 집문서를 빌려 달라고 한다거나 이런 문제들이 많기 때문에 절대로 그런 거는, 우리가 상식적으로 판단해도 자기가 못살면서 남에게 주는 것은 그릇된 거다 이거야. 사리가 밝아야지, 이건 현재 법에 어긋나도 안 되고 사람의 참마음에서 어긋나도 아니 되는 거야.

그럼 주기만 하면 좋은 건가? 줘서 되지 않을 일이라면 주지 않아야 되고 줘서 될 일이라면 받을 생각을 하지 말고 줘라 이거야. 그래야 고가 아니다 이거야. 나는 이날까지 30여 년을 이렇게 해 왔어도, 누구를 줬어도 내가 받으려고 생각을 하고 준 예는 없어. 여러분이 부처님 앞에 시주하는 거나 내가 그렇게 여러분이 가져온 걸 유익하게 쓰는 거나 마찬가지야. 그건 다 한마음 한뜻의 한 땀방울이라고. 피라면 피일 수도 있어.

어떤 중에게 불사를 자꾸 하는 이유가 어딨느냐고 내가 한번 물어본 예가 있어요. 지금 우리가 요렇게 해야만이 이 학생들과 전부 이렇게 해 나갈 수 있고, 특별히 이것은 꼭 해야겠다 하니깐, 우리가 바쁘니까 하는 거지마는 멀쩡한 절 가지고 괜히 저거 하고 멀쩡한 거 가지고선 돈 걷어서 뭐 하고 이러거든. 그런 거를 한다고 그럴 때 난 그렇게 생각하거든. 당장 급하면 사람들을 인도하고 길을 인도하기 위해서 그러지마는, 우리에게 하등 그렇지 않은 거를 그럭한다고 해서 패물이나 뭐, 돈이나 받아서 그냥 이렇게….

어떤 사람이 그런 사람이 있었어요. 돈을 참 많이 모았어요. 내가 알기에도 빌딩을 세 개씩이나 이렇게 따로 해 놓고 부인이 셋씩이나 있어. 이런 스님네도 있어. 이거는 누구라고 말은 안 해. 그러나 그게 나중에, 그 세 몸에서 낳은 애들이 어떻게 된 줄 알아요? 전부 반은 비늘이 있고 반은 비늘이 없어. 또 반벙어리고 몸을 못 써. 그러니 그 고통은 말도 못하는 거라. 중노릇하다가 그렇게 해 가지고선 돈이 많으니까 옷을 다 벗어 버리고 나가서 사는데 그 모양 그 꼴이라. 공부는 많이 해서 어디로 취직은 했으나, 취직을 해도 그 애들 때문에 더 올라갈 수도 없는 거야. 신상 명세에 그게 다 있단 말이야. 세 몸에서 낳은 애가 여섯, 일곱이거든. 하나는 아예 몸을 못 써. 하나는 아예 그냥 그렇단 말이야.

이러한 업보들은 그 하나하나가 근중한 줄 모르고 무서운 줄 모르고 남의 피가 무서운 줄 몰라서 그래. 남의 땀이 무서운 줄 모르고 내 배만 부르면 되고, 내가 잘살면 되고, 내가 편안하면 되고, 내가 사랑하고 살면 되고, 내가 좋으면 되고, 좋은 거 타고 다니면 좋고 이런 거야. 그래서 어떤 때는 내가 차를 타고 다닐 때 웃어. 스님네들 차 타고 다니고 고생 안 한다고 무조건 욕하지 말라 이거야. 타고 다니고 그러는 것도 자기에 의해서 닥치면 닥치는 대로, 못나서 집 한 칸 장만 못하는 거, 또 남의 절에 다니면서 구걸하는 것도 저 못났기 때문에, 저 공부 안 했기 때문이다 이거야.

공부를 했으면 왜 그러냐 이거야. 공부만 하면 돌에 갖다 세워 놔도 살아. 그리고 남한테 이익만 줘. 길을 인도를 잘해. 한마디 잘못해서 만약에 여러분이 그걸 믿고 지속된다면 잘못돼 돌아가는 그 업보는 누가 다 받습니까? 그게 주모자가 되는 거야. 그래서 도둑질도 처음에 시킨 놈이 더 죄는 중한 겁니다. 다 똑같이 죄를 받되 더 중하게 받는다. 이와 똑같은 겁니다.

그래서 여러분이 무조건, 딴 절에 나가든지 안 나가든지 모든 데서 끄달리지 말고 모든 것을, 열 가지 백 가질 해 놨더라도 그것이 바로 내 주인공의 모습이라고만 하면 된다 이거야, 모든 게. 하나도 그걸 둘로 보지 마라. 그걸 둘로 보면 어리석게 속아 넘어간다 이거야. 지금 그 수많은 거, 종교뿐만 아니라 살림살이하는 것도 그렇고 물건의 이름도 그렇고 참, 천차만별로 살기 어렵습니다. 얼마나 끄달리고 인간이 고달픈 줄 아십니까? 어느 날이 편안할까요? 아니, 잠시 잠깐 그저 얘길 하다가 웃음이 나서 웃는 거뿐이죠. 그 웃음이 그치고 나면 다시금 멍멍해지죠. 여러분의 그 마음속에 나도 같이 항상 하기 때문에 너무 잘 알죠.

그러니 어떠한 문제가 있더라도, 부처님 불사 하고 이러는 데에…, 이 등도 그래요. 등을 5전을 내고 켰든 1원을 내고 켰든 억만 원을 내고 켰든 그건 진짜 공덕이 돼야 됩니다. 여러분! 불이라는 건 수만 냥을 내고 불을 켜도 만약에 그것이 기복이라면 공덕이 하나도 없고 불 켠 게 하나도 없습니다. 진심으로 울면서, 진심으로, 참으로 이 안으로 해서 내가 요거를 백 원 백 원 모아서 등을 켰다 할지라도 그것이 진짜라면, '가난해서 이렇게 쪼끔 내서 등을 켜는 것도, 바로 내 주인공에서 모든 것이 이루어지는 거니까 많으나 적으나 당신이 하는 일이니 어쩌겠소. 이 몸과 더불어 당신은, 바로 당신이 이 몸이요, 이 몸이 당신이야. 그러니 당신이 형성시켜 놓고 당신이 이렇게 이끌고 다니는 거 내가 어겨서 도둑질을 할 수도 없는 거….' 정성을 지극하게 그렇게 해서 불을 켠다면 그건 우주와 더불어, 내 마음과 더불어 모든 게 한데 합쳐서 그 불이 항상 켜지는 거거든.

그러니 따로따로 인등을 켠다는 그런 수작들은 아예 하지 마라. 내가 빨래를 하면서도 항상 불을 켜. 그게 인등이야. 석 달 이름 써 붙여 놓고 그저 전기로다 요만하게 해 놓고서 갖다가 켜는 게 그게 인등인 줄 알아요? 사람의 마음이 인등이야. "마음의 불을 항상 켜라." 그러는 건 항상 지혜로운 마음으로써 남을 해롭게 하는 마음이 없이 항상 내 탓으로 돌리고 그 불을 켜라 이거야. 그러면 항상 밝아질 거다 이거야.

기복으로 하는 절에는 지금 먹을 게 치렁치렁 쌓여 있어요. 내 그거 모르는 줄 알아요? 내가 가서 구경을 해도 치렁치렁 있는 거를 되써요. 새 거 사다 하는 줄 아세요? 자른 것만, 그리고 못 쓸 것만 다 치우고선 쓸 건 다 도로 쓰거든. 그거는 진실이 아니라 가면이고 가(假)의 생각으로써 그저 여러분의 눈을 속이고…. (녹음 안됨)

또 내가 진실하게 '어머니! 저희를 기르시느라고 수없이 애를 쓰시고 고생하신 어머니의 그 뜻과 그것을, 오늘 이렇게 내가 자식을 길러 보기 전에는 그렇게 따뜻한 어머니의 마음을 진작 몰랐습니다.' 하고 촛불을 하나 켜 놓고 물을 한 그릇 떠 놓는다 할지라도 그것이 바로 우리의 진실이야. 형제들이 주욱 그냥 돈을 거둬 가지고서는 네가 더 많이 냈느니, 내가 더 많이 냈느니 하고 싸움들을 해 가면서 그런다면 아무리 진수성찬을 차려 놔도 소용없어. 만약에 여러분이 그렇게 했다면, 그러한 사람들이 있다면 그것은 자기가 그렇게 한 거를 알기 때문에 조상들도 다 알고 부처도 다 알고 우주간 법계에서 다 알아. 그런 걸 올바로 잘했다고 볼까?

끝으로 옛날 얘기 하나 할게요. 옛날에 소금 장수가 하나 있었어요. 너무 가난해서 소금 장사를 했죠. 예전에는 상자에다가 이렇게 메고 다니면서 곤소금을 팔고 또는 굵은 소금도 팔았어요. 항상 도부를 치고 그랬는데 어렵고 가난하니까 총각으로 장가도 못 들고 노모 한 분을 모시고선 그냥 사는데, 그거라도 팔지 않으면 노모를 섬길 수가 없었어요. 그 총각은 항상 그거를 메고 다니면서 "소금 사려. 소금 사려." 하고 다녔더랍니다.

그러다가 어느 날 어머니가 보리곱삶이 한 거를 소금에다가 쟁여서 반찬도 별로 없고 그러니까 김치쪽 몇 쪽 넣고 베보자기에다가 한 꺼번에 싸서 허리춤에다 매 주시더랍니다. 그것을 매고 가다가 풀어 놓고선 먹다 보니까 해가 다 져서 산소 옆에서 잤어요. 자다가 가만히 들으니까 새삼스럽게 말이 들리는 겁니다. 이 사람이 너무 노모에게 잘하고 착하니깐 그것이 다 자기의 주인공 자리에서 바로 그렇게 잘살게 하느라고 그렇게 한 거겠죠, 너무 착하니까.

"얘야, 저 소리 좀 들어 봐라." 하는 소리가 들리거든요. 그래서 가만히 보니까 자기 마음속에서 스스로 나오는 소리예요. 그래서 거기서 "그래요." 하고선 깜짝 놀라서 들으니까 아, 산소 속에서 하는 소리 좀 봐요. "애! 아무개, 아무개! 오늘 내 제삿날인데 우리 삼 형제가 지금 모두 차리느라고 열났는데 우리 가 보세." "그럼, 오늘이 자네 기고 인가?" 그러고선 뭐, 발자국 소리가 그냥 나더랍니다, 산소가 많은데. 죽은 척하고 그 소릴 다 듣고 있었어요.

그래 모여서 있는데 "아차!" 무릎을 치면서 "자네들, 내가 다 이렇게 모시고들 가려고 그랬는데 한 가지 안된 게 있으니 이해해 주게." "그래, 뭘 가지고 그러나?" 글쎄, 삼 형제가 제사상을 차렸는데 위 맏며느리는 얼마나 착한지 모른다는 거야. 그런데 자식이 없다는 거라. 그래서 시아버지 되는 사람이 너무 자기 며느리가 착하고 아들이 착하고 그러니까 어린애를 하나 주십사 하고 삼신할머니들 모두, 거기서 인제 그분들하고 서로 의논을 하고 같이 호응해서 어린애 하나를 점지하게 만들려고 그렇게 청했던 거예요.

그런데 그 막내며느리가 어떻게 밉살머리스럽게 하는지, 위 맏아들은 가난하고, 막내는 어떻게 긁어다가 모았는지 잘살고, 가운데 있는 사람은 가운데 있는 대로 좀 망하고…. 그러니까 셋이 싸움이 났는데 형은 "그래, 너희들이 다 이렇게 해도 나는 없으니까 어떡하면 좋으냐. 모든 걸 너희들이 다 이렇게 부모를 위해서 했구나. 장하다." 이러고선 자긴 피하거든요. 자기가 절반 이상을 다 들이대도 자긴 하나도 들이댔다는 소리 안 해요. 그렇기 때문에 싸움이 안 붙은 거지요.

그런데 요놈의 며느리들이 나가서 부엌에서 말이에요, 형님은 만날 제사 때마다 대는 것도 없고, 어떻게 그 자리에서 며느리가 그렇게…, 그러고선 우리가 막낸데 왜 부모 제사에 만날 돈을 많이 내야 하느냐고 아, 이러고 그냥 폭발을 하거든, 제사 음식을 하면서. 그러니깐 시아버지가 "글쎄, 그렇게 하지 않소? 그래서 내가 너무나 얄미워서 국 끓이는 아궁이에다 그 막내…." 인제 손녀지. "그걸 그냥 아궁이에다 넣었다오." 그러니까 "아휴, 여보! 자네 참 해도 너무했소. 쪼금만 혼내지 왜 아궁이에다 그렇게 했소?" 그러니까 아니라고, 그놈은 그냥 그렇게 해서 혼내 줘야 한다고 아, 이러거든요.

아, 이러는 걸 듣고선 "근데 우리 며느리가 내일 아침에 자리를 가지고 올 테니깐 여보게! 이번에는 꼭 좀 부탁하네. 꼭 좀 부탁하네." 시아버지가 하는 소리예요. "꼭 좀 부탁하네. 우리 큰며느리가 잔을 먼저 올릴 때 고 술잔에다가 구슬 하나만 딱 넣어 주게." 그러면 티가 있는 줄 알고, 우리 며느리는 그렇게 깔끔하고 그렇게 부모한테 잘했기 때문에 '여기 티가 들었나 보다' 하고 건지려고 그럴 거다 이거야. 건지려고 그럴 때, 요기에 뭐가 들었나 하고 자세히 볼 때 입으로 쏙 들어가게 해 달라고 아주 신신부탁을 했거든. "자네가 정히 그렇다면 그럼세. 그러나 자네 손녀를 그렇게 해 놨으니 얼마나 고생을 하겠나." 하니까 "아이, 될 대로 되라지, 그까짓 것들." 그러거든요. "그리고 우리 둘째는 너무나 형을 가지고 그냥 들볶고 형수에게 막 삿대질을 하고 그래서 내가 팔을 부러뜨려 놨네." 그러거든. 허허허…. 그러니까 "아이, 나도 그런 예가 있지만 자네, 그래 봤자야 바로 자네 손 아프지 않겠나?" "아이고, 한번 혼쭐나야 그런 줄 알 거라고." 그러면서 아주 그냥 큰며느리 어린애 있게만 하려고 애를 쓰거든.

그래서 이 소금 장수가 가만히 드러누워서 그 소릴 다 듣는데 "그럼 전부 내일 아침에 만나세." 그러고선 그냥 다 헤어졌거든. 아니, 헤어진 게 아니라 "그럼 가 보세." 그러고선 가서 얼마 있더니 오거든요. 오는 소리가 절절절절 나더니만 "가 보니까 자네 큰며느리 참 착하데. 착하고, 아이고, 그 막내며느리, 둘째 며느리, 둘째 아들은 아주 그거, 독종도 이루 말할 수 없는 독종이더군그래. 그러니 자네가 그럴 수밖에 없었더구먼." 하면서 글쎄 아, 이런 얘기가 들리거든요.

그래서는 "내일 아침에 만나세." 하고선 다 헤어지는 걸 듣고선 그 밤에 소금 짐을 짊어지고 인제 내려간 거예요. 거기서 다 들은 얘기니까 내려가서 그 큰형님을 찾은 거예요. 이름도 거기서 다 알았겠다. 그래 인제 아무개 댁이시냐고 그러니까 그렇노라고. 제사를 막 끝내고서는 아닌 밤중에 이게 웬일이냐고 그러니까 지나가다가, 이렇게 소금을 팔러 다니다가 들어왔노라고 그랬습니다. 그러니까 큰아들이 있다 하는 소리가 아이, 들어와서 그러면 진지라도 잡숫고 가시라고 그래서 인제 한 상을 차리라고 그러니까 아, 그때만 하더라도 그이가 들으니까 “아니, 소금 장수가 대낮도 아니고 이 밤중에 와 가지고 남을 성가시게 굴고 그래, 응?” 이러면서 그냥 쫑알쫑알쫑알하고 부엌으로 들어가서 막 그냥 부수고 그러니까 큰며느리가 있다 하는 소리가 “여보게, 자네 피곤한데 들어가게. 내가 하지.” 그러고선 들어가라고 그러니까 “그럼 형님이 알아서 하시구랴.” 이러곤 그냥 들어가거든.

들어갔는데 그 큰며느리가 주섬주섬 알뜰히 담아서 차려다 놓으면서 “얼마나 시장했겠어요?” 하면서 “그래, 몇 식구나 됩니까?” 요렇게 물어보니까 노모가 한 분 계시다고 그러니까 “에이유, 참 어렵겠어요.” 하면서 딱하게 생각을 하면서 먹을 거를 주섬주섬 챙겨다 주면서 배부르게 잘 먹게 하거든요. ‘아, 역시 그렇구나.’ 속으로 이러면서 그 남편 되는 분을 찾았어요. 그러니까 나왔어요. 밤이지마는 맛있게 잡수라고 그러고 또 소금을 팔다가 배고프시걸랑 잡수라고 이러면서 마른 거를 싸서 이렇게 한 보따리 해서 여기 이렇게 주거든요.

그래서 주니까 그이가 그런 사실 얘기를 다 쭉 했어요. 보니까 둘째도 팔을 처매고 있고, 허허허…, 방에서 나오지도 못하고 처매고 있고, 손녀는 엉덩이 뭐, 이런 데가 다 데서 펄펄 뛰고 뭐, 야단났더라는 거야. 그러니까 가만히 생각을 하니까 ‘아, 이거는 조상님이 그런 거니까 거기만 해결을 하면 빨리 낫겠구나.’ 속으로 이렇게 생각하고선 그 형님더러 그 얘길 다 했어요. 둘째나 셋째나 아침에 올라가서 제사 지낼 때 그저 죽을 죄라 잘못했노라고만 그렇게 하고 빨리 낫게 해 주십사 하고, 이젠 다신 안 그러겠노라고 그렇게 하라고, 다신 그러지 말라고 그 얘기를 다 해 주었더랍니다. 형이 너무나 고마워서 없는 살림에도 노모하고 살라고 행랑채 따로 지은 거를 소금 장수한테 주고, 그 땅을 반을 떼어서 다섯 마지기를 소금 장수를 줬답니다. “돌아가신 우리 아버님 소리를 들어서 나한테까지 이렇게 옮겨 준 그 은혜를 내가 다

드려도 갚지 못하겠지만 당장 애들하고 먹고살아야 하니까 반만, 다섯 마지기씩만 나누어서 우리 형제 삼아 이렇게 사세." 그러고 "장가도 들어야 노모를 모시지." 하고선 자기 처제를 이렇게 해서 맺어 주고 살게 해 주었어요. 그래서 살게 됐거든, 노모도 그렇고.

그런데 그 이튿날, 이거 먼저 할 거를 내가 나중 하는 거야. 인제 음식하고 자리를 가지고 다 올라가서 이렇게 지내는데 큰며느리가 "그러면 우리가 자리를 가지고 이렇게 올라가서 제사를 지낼 테니까 그 소리를 좀 들어 달라." 그래요, 소금 장수더러. 그래서 그럼 그러라 그러고 쫓아 올라가서 산소에다 기대고는 가만히 있으니까 아, 우리 며느리 저기 올라오고 우리 큰아들 저기 올라온다고 야단법석이거든. 그러니까 아, 저 우리 며느리 보라고, 우리 아들하고 저게 큰며느리라고 이러면서 이번에는 꼭 좀 그렇게 해 달라고 그냥 뭐, 신신당부를 하거든요. 그러니깐 "그럼세. 이번에는 꼭 그럼세. 내가 가 봐도 너무나 착하고 그러니까 꼭 그렇게 하지." 그러더랍니다. 인제 그렇게 해 놓고 나더니 나중에는 "여보게, 내가 너무나 밉살머리스럽고 화가 나서 그랬으니 우리 아들 팔도 좀 낫게 해 주고 저, 손녀 그것도 빨리 좀 낫게 해 주게. 자네가 약 한 번만 발라 주면 다 낫지 않나?" 하거든요. 그 소리를 거기에서 다 들은 거예요.

그러고선 아들 올리고 며느리가 따로 또 잔을 올리니까 며느리 잔에 구슬을 넣었어요. "지금 넣어. 넣어, 넣어." 하니까 넣었다 이거야, 인제. "넣었어." 그러니까 그거를 들고는 아, 이 며느리가 술을 따르긴 따랐는데, 들어서 이렇게 이렇게 올려야 할 텐데 보니깐 티가 하나 들어 있거든. 남실남실하거든. 그러니깐 요걸 요렇게 앞에다 놓고 '이게 뭔가?' 그러고선 요럭하다가 입으로 쑥 들어간단 말이야. 그러니까 그 일은 모르고 '아이고, 참 이상스럽다.' 하는데 그냥 입으로 그게 홀랑 들어가 버린 겁니다. 그런데 그걸 들어서는 다시 올리잔 말도 못하고 내리잔 말도 못하고 이러곤 엉거주춤하고 있으니까, 박장대소를 하고 손바닥을 치면서 우리 며느리 저것 좀 보라고, 저거 홀딱 들어가니깐 지금 뭐가 뭔지 모르고 엉거주춤하고 야단법석이라고 그러면서 손바닥을 치면서 인제는 됐다고 좋아서 그냥 노인네들이 모두 앉아서 그러시거든.

그러니까 "알았네. 인젠 자네 손녀딸도 소금 장수가 얘기만 하면 나을 걸, 뭐." 그러거든요. 소금 장수가 벌써 거기서 듣는 줄 아는 거야. 그러니까 아, 큰며느리 작은며느리가 큰아들이 그렇게 얘길 하니까, "와서 형식으로라도 그렇게 해야지 어쩌겠나." 하고 우리 딸 좀 낫게 해 달라고 이러고…. 예전에야 조상을 얼마나 저거 했나. 그래 인제 그렇게 해서 낫게 해 달라고 하면서 그때 마음을 고친 거야. '모든 것을 내가 더했으면 어떻고 덜했으면 어떤가. 우리 형님이 소금 장수한테 겨우 열 마지기 있는 걸 다섯 마지기씩 나누어 갖는 걸 볼 때, 그리고 그렇게 부모한테 들은 소리를 전해 줬다고 그걸 은인으로 삼고 이렇게 하는 걸 볼 때, 우리는 이날까지 뭐를 했나?' 그러고 두 형제가 다 거기에서 탄복을 한 거예요. 그래서 착한 삼 형제가 됐대요. 그리고 아들을 낳고요. 그래서 소금 장수도 살게 됐고요. 그러니 우리 마음 씀씀이에 달려 있다 이거야, 모든 게.

어떤 사람들은 지금도 그렇게 나쁜 마음을 먹는 게 아닌데 지금 가르치는 사람들이 "부모 조상이 잘못돼 가지곤 이렇게 하니 이거는 이렇게 해라." 자꾸 그렇게 해 나갔기 때문에 걸핏하면 조상 탓이라. 걸핏하면 조상 탓이야. 어떻게 돼서 이렇고 어떻게 돼서 이렇고 어떻게 돼서 이렇고, 이 문제가 나와.

그거는 이런 문제가 있겠지. 예를 들어서 한마디 얘기하죠. 원주에서 대령 부인이 있었는데 도대체 두 손을 다 놀리질 못해요. 그런데 칠 남매를 낳았어요. 그러니 대령이 얼마나 기가 막혔는지 그 아내를 고치기 위해서 돈을 아무리 써도 낫지를 않고 그래서 인제는 전세 든 거밖에는 없는 거예요. 이 손을 이렇게 놀리지도 못하고 항상 요렇게 붙잡고는 그냥 몸을 요렇게 떨어요, 눈을 감고요. 몸을 비틀고. 그러니까 그 대령이 나한테 와서, 그때 난 서른 두서너 살 될 때죠.

지금은 잘 입은 셈이지요. 그때엔 뭐, 밀짚모자 하나 쓰고 산에서 내려오면 그저 볼썽사나웠죠. 아, 그렇게 한참 젊었는데도 절을 하면서 뭘 갖다 주느냐 하면 자기 실반지 끼었던 걸 하나 내놓고 사탕 한 봉지를 사 가지고 왔어요. 그러면서 우리 아내 좀 살려 달라는 거예요. 그래 보니까 자기가 이북에서 월남을 했거든. 월남한 탓으로 그 형제들도 죽이고 홀어머니도 죽인 거야. 치마를 씌워 놓고선 총으로 쏴서 죽였거든. 그러니까 눈을 감고 거기서 비틀어져서 죽은 거라. 그러니까 자식들더러 하소연을 하는데 이 자식들이 알질 못하는 거야, 도대체. 그러니깐 그 모양이라.

그런데 그 공적으로도 이거는 안 돼, 응? 이거 사탕 한 봉지 가지고 어떻게 할 수 없으니까 차라리 그냥 하면 했지 이 사탕 한 봉지 가지고 뭘 하느냐 이거야. 그래서 그때에 그 반지를 파니까 삼만 얼마가 나왔어요. 그래서 그걸로다가 그때에 교육감 댁, 지금도 나오시지요, 답십리 보살. 그 집이 그때 경찰서 옆댕이 봉산동에서 잘살았습니다. 그때 그 집에 조그만 방이 있는데 그 조그마한 방 옆에는 변소가 있었죠. 이렇게 법당에다가 뭐 차려 놓고 이런 것도 아니거든요. 그랬는데 거기 있을 때 제사 지낸다고 그걸로다가 쌀 한 말에다가 뭐 사다가 놓고 좀 살려 달라고 그냥 엉엉 울더라고요, 남자가. 얼마나 가엾은지 몰라.

그때만 하더라도 그이도 젊었고 나도 젊었지만 참, 너무나 내 눈에도 안됐어. 그게 안된 게 아니라 그 어머니가 안됐고 그 어머니가 아들을 생각할 때에 기가 막힌 그 사랑, 그런 거. 그 사람만 어머니고 자식인 게 아니거든. 그러니 내 눈에도 참 아프더라고. 그 순간 그게 벗겨진 거야. 천도가 된 거야. 그래서 그 즉시 그 여자는 아주 괜찮아진 거죠. 그래서 칠 남매를 다 잘 길러서 대학을 다니게 하고 그렇게 해 가지고 잘살게 되고 인제 집 장만을 하게 됐죠. 병원으로 만날 다니다가 돈이 안 들어가니까.

그래 집 장만을 하고 살게 되니까, 그때 내가 이사를 왔는데 여길 찾아왔어요. 찾아와서 "우리 아빠가 승진을 해야 할 텐데…." 그 사람이야, 바로. "승진을 해야 할 텐데 아이 참, 어떻게 정성을 들일까요?" "뭘 어떻게 정성을 들여? 마음대로 해. 댁이 하는 대로 해." 그러니까 정성을 지극하게 참, 이거 지을 때에 시주도 넉넉히 많이 했죠. 그때에 몇백만 원이라면 많죠. 지금 몇천만 원 되죠. 그렇게 인제 정성을 들였는데 아, 이게 그냥 승진이 안 됐단 말이야. 안 되니까 펄펄 뛰고 야단을 한 거란 말이야, 응?

내가 이렇게 시주를 했는데도 왜 승진이 안 됐느냐 이거지. 그래서 내가 웃으면서 "안 됐다고 생각하걸랑은 이 돈 도로 가져가. 절 지은 거, 이거 한쪽을 뜯어 가든지 마음대로 해. 난 저거 필요 없어." 그랬거든. "한쪽을 어떻게 뜯어 가요?" 그런단 말이야. 그러기에 내가 얘기를 했어요. "안 되는 것도 법, 되는 것도 법이다 이거야. 이것은 부처님께서 너의 남편을 위해서 안 된 거지, 그거는 잘못되게 하려고 해서 안 된 게 아니니 이렇게 말한 거를 너 반성하고 돌아가라. 만약에 그게 안 됐다 하더라도 예전에 너 죽게 됐을 때, 네가 살고 칠 남매가 다 대학 다니고 너희 집 장만해서 잘사는 것만 해도 그 돈 값어치가 넘어! 어디 그렇게 말할 수가 있느냐?" 그러고선 인제 갔다고. 그러곤 안 와요.

그러더니 한 서너 달 있다가 왔어요. 그때 월남 전쟁 났을 그 무렵이에요. "아이고! 원장님, 원장님!" 하고 "왜 이래, 또? 또 누구를 죽이려고?" 그랬더니 "아이고, 스님! 아이고, 고맙습니다, 고맙습니다." "뭐가 고마워, 또? 한 편짝 뜯어 가라니까 빨리 뜯어 가지도 않고." 그랬단 말이야. 그러니까 하는 소리가 "아이고 글쎄, 그 당시에 우리 아빠가 승진이 안 되고 딴 사람이 승진을 했거든요." "그래서?" "그 사람이 승진을 해 가지고 월남을 갔는데 글쎄, 뼈다귀만 왔어요." 그러면서 "우리 아빠가 안 간 게 천행 중 다행이에요. 그랬는데 내년에 또 승진이 있다는데, 스님!" 그래.

그러기에 "다 귀찮아. 너 알아서 해, 인제. 뜯어 가려면 뜯어 가고 너 알아서 해. 나는 받은 새도 없고 네가 나 준 새도 없어. 왜냐? 네가 너를 위해서, 하다못해 그전에 사탕봉지 하나, 반지 하나를 갖다 놓은 것도, 그것도 팔아서 너를 위해서 네가 한 거고, 여기 갖다 시주한 것도 너를 위해 네가 한 거지 내가 그렇게 강요한 것도 아냐. 그게 왜 날 준 거냐. 가게 가서 물건 살 때 너 물건 사 왔으면 고만이지, 그 돈 준 거 또 받으러 갈 테냐." 그러곤 야단을 쳤더니 그때 고맙다 그러고 자기 남편 오히려 살려 줬다고 그러곤 가더니만 다신 안 오는 거야, 야단을 얼마나 쳤던지. 허허….

지금만 같아도 좀 야단을 안 쳤지. 그냥 넘어가지. 그까짓 거 뭐, 그렇게 했을 게 뭐겠소? 그러나 그때만 하더라도 쪼금 팔팔했거든. 어떻게 글쎄, 그럴 수가 있느냐 이거야. '사람이라면, 인정이 있다면 법도가 아니라고 하더라도 그렇고 내가 진정한 마음으로, 진실한 마음으로 이렇게 살아나가는 떳떳한 사람인데 그럴 수가 있나.' 하는 생각이 들고 속으로 '야, 이놈아! 네 남편이 죽겠으니까 그렇게 안 된 건데 넌 그렇게 모르느냐?' 이랬는데 좀 안됐더군그래. 그러더니 그럭하고선 여직껏 안 와. 언제 또 인연 있으면 만날 테지.

그러니까 오늘은 여러분이 어떠한 지탄과 어떠한 가난과 어떠한 문제가 닥치더라도 그것을 주인공에 맡겨 놓고 진짜로 주인공에서 모든 일을, 그 안 된 일을, 업보와 인과응보와 유전을 다 녹여 주고 해 나가고 삶을 보람 있게, 이렇게 생동력 있게 끌고 가는 바로 길잡이라고 생각하고 믿고 물러서지 않는다면 되는 겁니다.

오늘 이걸로써 끝마치겠습니다.

참다운 인생의 길

1986년 5월 1일

이렇게 인간으로서 여러분과 같이 이렇게 앉아 있는 중에 이런 생각을 해 봅니다. 옛날에 몽고에서 쳐들어와서 어떠한 지경에 이르렀을 때에 마지막 손을 한데 모으고 빌었던 것이 바로 팔만대장경입니다. 나라가 살고 국민이 살고, 그때는 백성이라고 그랬지마는 지금은 국민이라고 그러죠. 살기에는 너무도 희박하고 너무나 처참하게 짓밟히는 까닭에 마지막 소원을 빈 것이 바로 팔만대장경입니다.

지금 학생들이 칼을 가지고 나무로 파서 부처님도 만들고 또 다른 것도 만들고 여러 가질 만듭니다. 그런 거와 같이 그런 칼을 가지고 팔만대장경을 하나하나…, 그때 시절하고 지금 시절하고는 판히 다르죠. 그거를 쇠뭉치로 치고 마치로 쳐서 불에다 넣었다가 만들어서 그 하나하나 날카롭게 갈고 그렇게 해서 했던 거죠. 그 수많은 팔만대장경을 목각으로 했으니 사람들이 먹지도 못하고 지친 데다가 24시간을 교대로 해 가면서 항상 그거를 파고 앉아 있는데, 사람이 없어서 그것도 잘 파지 못하고 참 어렵게 그것을 했던 거죠. 그럭하면서도 몽고 사람들이 그것을 하는 사람들을 붙들어다가 가두고 죽이고 또 그것을 옮기지도 못하게 했고, 너무나 치열한 문제가 있었을 때에 그래도 그 팔만대장경을 이루었습니다. 지금은 없다고 하지만 팔만대장경을 할 때에 그 마음과 땀, 그 피가 거기에 한데 합쳐진 거지, 그게 그냥 팔만대장경이 아닙니다. 사람의 피와 땀이 한데 뭉친 겁니다, 그게. 그래서 지금 시체로 말한다면 팔만대장경이 전체 우주와 더불어 같이 한 마음의 한 점이라고 표현을 합니다.

그 조각 하나 하나를 이고서 옮겼을 때에…, 지금은 발전이 돼서 그것을 간편하게 한꺼번에도 가지고 갈 수가 있죠. 또는 한꺼번에 가져가기 이전에 한 테이프에다 넣어서 한 손으로 들고 갈 수도 있게 발전이 된 거죠. 그런데 그때 시절에는 그렇게 하지 않으면 안 될 그런 환경 속에서 그것을 하다가 사람이 죽으면 죽는 대로, 파다가 죽으면 갖다가 태우고 또 하다 죽으면 갖다가 태우고, 또 대리로 들어서고 대리로 들어서고, 아버지가 하다가 만약에 죽으면 아들이 대리로 들어서고 이렇게 해서 나라를 세우고 백성을 살렸다는 얘깁니다.

그 정성이 얼마만큼 뼈저리게 내 나라와 내 국민을 생각했기에 그렇게 이루어졌겠습니까? 또 그렇게 이루어진 까닭도 역시 그러한 마음으로 지극하게 했기 때문에, 몽고 사람들이 말리고 죽이고 하는데도 불구하고 그냥 공중에서 천둥 벽력을 치면서 그 모든 것을 물리쳐 준 것입니다. 또 그 사람네들이 이고 가던 사람들의 눈을 빼는가 하면 창으로 그냥 배를 갈라서 오장육부를 다 빼서 나뭇가지에다 걸고 모가지를 베어서 걸고 이래도 굴치 않았다는 거. 굴하지 않고 이고 갔다는 겁니다. 그러한 까닭에 그 모든 것을 다 허쳐서 막아 줄 수 있었던 그런 아슬아슬한 시대가 있었습니다. 또 거기에서 몽고 사람들이 굴복한 것도 바로 그런 데서 시험을 했기 때문입니다. 지금 내가 이렇게 설법하죠? 그 모든 한 부처님의 그 마음이, 전체가 그냥 수만 개의 신장이 돼가지고 앞에 그냥 전부 닥치니, 그 사람네들의 눈에는 전부 무서운 신장으로 가득 찼으니 뭐, 자기네들이 어떻게 할 수가 없이 되니까 자기 혼자서들 모두 자빠지고 둥그러지고…. 그러니까 사람 손이 안 가도 자빠지고 둥그러지고 고함을 치고 이렇게 미치는 거야. 눈에 그냥 막 칼을 대고 덤비니까. 그렇게 해서 길을 비켰다는 얘깁니다. 그만큼 정성이 지극하고 그렇다면 안 될 일이 뭐 있겠습니까? 우리가 하려고 한다면 안 되는 일은 없습니다.

여러분은 살림을 하시고 그러니까 그런 생각도 해 볼 여지가 없었으리라고 믿습니다마는 나는 이런 생각을 가끔 해 봅니다. 어느 때 어떤 사람들은 날더러 "좀 쉬시죠. 어디 저런 데 좀 가십시다." 이럽니다. 근데 나는 그것이 부질없는 일이 되는 게, 나는 외려 쉬는 게 아닙니다, 더 고달픈 거지. 여러분에게 이렇게 접근하다 보면 아주 나도 그 사람과 더불어 같이 답답하고 그 사람과 더불어 같이 아프고 괴롭습니다. 그런 때가 있습니다. 많습니다. 그런 때는 한번 이렇게 검토합니다. 구경을 합니다. 과거로 한번, 수억만 년 전으로 돌아가서 한번 거쳐 옵니다. 그러고서 바로 지금 현재 상황을 살피고 나를 한번 다시 봅니다. 그렇게 한번 구경을 하고 돌아오는 그 한순간의 생각에 나도 모르게 눈에서는 눈물이 주르르 흐릅니다. 그럴 때가 나는 제일 쉬는 겁니다.

여러분은 그렇게 겪어 보지 않았고 또 실감 나지 않는 일이 돼서 모르시겠지마는, 이런 걸 얘기로 한다고 해서 여러분이 실감 날 리는 없겠지요. 그러나 지금도 그렇게 하고 있는 것이 증명이 되고 또 지금도 그렇게 하고 있다는 사실을 아셔야 합니다. 만약에 물속에서 이끼만 먹고, 예를 들어서 물속의 돌에 있는 이끼, 또 흙의 이끼 그런 것만 걷어 먹고 남하고 싸움하기 싫고, 또 연쇄적으로 잡아먹어 가면서 먹기 위해서 사는 것이 싫은 그런 생물들이 있습니다. 그런 거는 돌 틈에 가서 살면서 그저 남을 피해서 그런 거라도 걷어 먹고 사는 동시에 천년을 그렇게 살아야 합니다. 여러분이 사람 된 것이 호락호락하게 해서 사람 된 게 아닙니다. 그렇게 해서 천 년을 지내고 난 뒤에야 바로 인생이라는 한 꺼풀을 쓰고 나옵니다. 이건 간단하게 그냥 얘기하는 겁니다. 그 과정은 말고도 말입니다.

그렇게 해서 한 꺼풀을 쓰고 나왔는데, 내가 오늘 아침에도 눈물을 흘린 것은 그렇게 천 년을 견디면서 남하고 싸움하지 않고, 남에게 시비를 걸지 않고, 남을 해롭게 안 하고 그렇게 했건만도 인간으로서 한 꺼풀을 쓰고 나온 그 인간의 모습이 어땠던가? 한 나무의 수많은 이파리들이 가을이 오면 그저 바들바들 떨면서 단풍이 져서 어디로 흔적 없이 하나하나 날아 떨어지는 거와 같은 인생살이, 한번 생각해 보신 점이 있습니까.

또 한 가지는 동물들에 관한 건입니다. 동물들은 남들하고 싸움하기 싫어서 아주 사람들의 인적이 없는 그런 곳에서, 살 수도 없고 추운 기도 면할 수 없는 그런 곳에서 그저 눈을 헤쳐 가면서 풀뿌리만 먹고 사는 그러한 동물들도 있습니다. 남을 해치지 않고 싸움도 하지 않고, 또는 동물들도 많이 오지 않는 그런 데에 가서 생명을 유지하고 사는 것들도 있는데 때에 따라서 위에서는 자기를 잡아먹으려고 그러고 찬기가 오고 먹을 것은 별로 없고, 아래서는 아래대로 어느 때 비가 억수같이 쏟아지면 산골짜기의 물이 흐르는 데서 일 년에 몇 번 먹기 어려운 거를 얻어먹으면서 그것을 지키고 있단 말입니다.

그런 데서 오는 것은 하나님이 주시는 거라고, 즉 말하자면 하나님이라면 기독교만 하나님이 아니라 하나로 뭉친 그 뜻을 말합니다. 전에는 산골짜기에도 물이 올라갔다 내려올 때 그런 것이 많이 떨어졌습니다. 그런 거는 일 년에 몇 번 얻어먹기 어렵고, 그렇게 살면서도 남한테 해롭지 않게 하면서 또 남하고 어울리지 않고 외롭게 이렇게 살면서도 천 년을 견뎌야 사람의 꺼풀을 쓰고 이 들에 내려옵니다. 그런데 그런 과정, 그 어려움은 다 제쳐 놓고라도 사람의 꺼풀을 쓴 그 사람의 꺼풀이 한갓 나무 이파리와 같으니 말입니다. 여러분, 만약에 이런 모두를 아신다면 앉아서 목을 놓고 울어도 시원치 않은 일입니다. 하늘을 하루 종일 쳐다보고 껄껄대고 웃어도 시원치 않고 땅을 내려다보고 하루를 땅을 치고 울어도 시원치 않은 일입니다.

그런데 우리는 그 인연들이 수없이 겹겹이 쌓이고 쌓여서 어우러져 있습니다. 그걸 비켜 놓고라도, 그 어려움을 비켜 놓고라도 그것도 또 못다 해서 인간의 한 이파리로 태어나서 그렇게 서로 어울려서 한 이파리가 모두 한 나무에 있다가 그저 하나 떨어지고 둘 떨어지면 울고들 합니다. 그러나 그 이파리는 떨어지면서 간다는 얘기도 없고 온다는 얘기도 없이 그냥 떠나갑니다, 바람에 날려서. 그러나 거기 붙어 있는 것은 아직 붙어 있으니까 너는 가면 어디로 가느냐고 하면서 친지처럼, 형제처럼, 부모처럼 같이 있다가 떨어지는 그 나무 이파릴 보고 애원합니다. 그런데 자기는 자기대로 얼마 안 있다가 또 그렇게 해서 바람에 날리거든요. 그런데 바람에 날리는 그 낙엽은 그래도 생명이 소중한 거라, 그 몸 하나하나를 아주 허탕하게 내버리지 않고 그 땅에 도로 거름이 돼 줍니다.

우리가 몸 바쳐서, 우리 마음과 생명이 소중하게 바쳐집니다. 그런데 그 소중한 생명이 도둑에게 바쳐지느냐, 그렇지 않으면 착한 부처에게 바쳐지느냐 하는 문제가 있습니다. 생명을 아무리 많이 바치고, 여러분이 아무리 많이 시주를 하고 그 많은 거를 다 한다 하더라도 목석, 즉 도둑의 마음으로 사는 사람들한테 시주를 하면 그건 아무 쓸모가 없고 또 생명을 바친다 하더라도 그건 지옥에 떨어질 것입니다. 뭐라고 대답을 할 것입니까. 그래서 "인간 만나기가 어렵고 돈 벌기가 어렵다 했더니 돈 쓰기도 어렵더라." 했던 겁니다.

사람사람이 살아가면서 그렇게 겹겹이 겹쳐진 인생의 그 생로를 거쳐 오면서, 슬프게 아프게 거쳐 오면서도 그걸 이겨 나가고 그 비호같이 살을 에어 내는 바람도 우리는 마다 않고 이렇게 겪어 나와서, 오늘날에 인간이 돼 가지고 그렇게 했기 때문에 그런 논의들을 하는 그런 장소에, 우리가 한 좌석에 이렇게 같이 앉아 있는 겁니다. 즉 말하자면 금방에 금이 모이듯이, 넝마전에 넝마가 모이듯이 예전에도 같이 한자리에서 그렇게 에이는 그 아픔을 서로 견뎠기 때문에 우리는 한자리에 이렇게 앉아 있는 것입니다. 그 뜻을 아셔야 합니다.

그래서 여러분만 보면 나와 더불어 같이 그렇게 한번 과거로 돌아가서 다시 한번 내가 돼 볼 때에 여러분과 그 에이는 아픔을 같이 해 봅니다. 그럴 때에 '그러면 아, 이것이 무엇인가? 세상은 끊임없다고 말들 하지만 나는 번지수도 없고 문패도 없는 한 주막을 또 거쳐서, 주막을 거쳐도 번지수도 없고 이름도 성도 없더라. 또 한 주막을 거쳐도 번지수도 없더라.' 번지수 없는 주막을 거치고 거쳐도 끝이 없고 또 한 구름과 바람을 스쳐 가는 것처럼 이렇게 인생의 한 발걸음은 끝이 없어. 끝이 없는 반면에 대장부의 그 마음이, 내 생명까지도 내버린 이 꿈쩍 안 하는 장부의 마음도 한 방울 한 방울 떨어지는 가랑비 빗방울에는 그렇게도 마음이 약했던지, 왜 울지 않으면 안 됐는지, 왜 울어야만 하고 그렇게 가야만 하는지…. 내 생명도 내버린 한 장부의 마음이 조그마한 아픔에도 이렇게 약하게 되는지…. 너는 바보냐. 아니다. 그것은 바보가 아니야. 바로 같기 때문이야. 같이 지내 왔기 때문이고 같이하기 때문이고 같이 살기 때문이야. 같이 그렇게 걷기 때문이야. 그렇게 바람과 구름같이 스쳐 가는 그러한 인생이기 때문이야. 또는 그렇게 스쳐 가는 그런 인생이라 할지라도 그것이 스쳐 가면 스쳐 가는 대로 다른 모습으로 또 옮겨 가고 했던 그 시절이 얼마나 많았던가.

여러분, 잘 생각을 해 보십시오. 우리 인간 몸 탄 것이 얼마나 아픔을 참고 참고 견뎌 왔는지. 그래서 인간의 꺼풀을 썼건만 이렇게도 한 이파리에 지나지 않는 인생이라면, 또 낙엽 같은 인생이라면…. 그 낙엽이 수많이 떨어져서 사람들의 발밑에 밟히는 것은 인간의 거름이 돼 주려고 밟히는 것이 아니겠습니까? 그래서 사람 썩은 물이 바로 죽는 사람을 살린다고 합니다. 그건 왜 그러는가? 인간은 수없는 나날을 그렇게 걸어오면서 많은 것을 배워 왔고 알아 왔고 진화됐고, 그래서 선약이죠. 그래서 인간은 선약이면서도 전 우주를 같이하고 있는 한 점의 마음이죠.

그러면서도 여러분의 삶을 한갖 이파리에 지나지 않게 생각하면서, 아니 그런 생각을 안 하면서도 허망하다고 생각을 하면서 한 이파리와 같이 사는 그런 모습들을 볼 때…. 나는 때에 따라서 나무 밑을 걸으면서도 혼자 걷기 좋아하고, 비 맞고 걷기 좋아하고, 눈 맞고 걷기 좋아하고, 혼자 있기 좋아하고 그럽니다. 누가 있는 거 싫어합니다. 그러나 그렇게 혼자 걸음을 걸을 때 혼자 걷는 게 아니라 저런 길에 가다가도 나뭇잎이 떨어지면 '허, 또 하나 떨어졌군.' 떨어졌으면 떨어진 대로 이렇게 한번 중얼중얼거리고 갑니다.

임이시여! 임이시여!
나는 간단 말 없이 가지마는
가는 것이 아닙니다
나는 바로 당신 밑에 떨어져서
당신이 성장하기를 바라면서
손을 한데 모으고 거름이 돼 주렵니다
당신이 추우면 추운 기를 면해 드리기 위해서 덮어 주렵니다
봄이 올 때에 따뜻하면 나는 당신의 거름이 진짜 되렵니다

하고 말이에요.

이 세상에는 모두가 다, 지금 현재에도 한 이파리에 지나지 않게 한 인생이 뜬구름처럼 그냥 훌쩍훌쩍 훌쩍훌쩍 가 버립니다. 어찌 한 동료로서 한 항아리 속에서 같이 지내면서 눈물도 피도 없겠습니까마는 타 버리고 그런 것은 모든 게 우연히도 아니고 모두가 자기가 만들어서 자기가 받는 걸 어쩌겠습니까. 그러니 불교를 믿는다, 기독교를

믿는다 이런 거는 모두가 난설입니다. 도깨비장난과 같은 겁니다.

우리가 참다운 인생의 길을 안다면 너무도 참…, 참이라는 것이 있다 이겁니다. 아무리 지식도 모르고, 학식도 모르고 그런다 할지라도 참이라는 게 있습니다. 진실이라는 게 있습니다. 진실은 속일 수가 없습니다. 진실이라는 것은 누가 알기 이전에 내가 알고 있기 때문에 진실이라는 게 있습니다. 진실은 내가 알고 있기 때문에 괴로움도 바로 내가 갖는 겁니다. 내가 잘못됐다면, 속였다면 바로 내가 알고 있기 때문에 그게 지옥입니다. 진실이라는 거는 진실했기 때문에 바로 떳떳한 것입니다.

여러분, 여러분이 뭐 하나를 먹으라고 가져와도 그렇고, 무엇을 가져와도 그것이 부담스럽지도 않고 부담스럽지 않지도 않습니다. 단지 그것은 여러분의 땀과 피기 때문에, 바로 내 땀과 내 피와 똑같기 때문에 그저 씁쓸히 한번 웃어 보기도 하고 씁쓸히 한번 눈물을 흘려 보기도 합니다. 하물며 내 생명도 초개같이 버리고 내 몸도, 쓰다듬고 만졌던 것을 다 버리거늘, 그리고 모습을 바꾸거늘…, 그 모습은 바로 물질과 똑같은 것입니다. 그 물질이 하상 뭐겠습니까. 그것은 왜 그러냐?

이 세상의 모두가, 바로 한 점의 마음에 무루와 유루가 다 한꺼번에 있다면 내 통장에 전부 다 있는 거나 똑같습니다. 그런데 허무하다고 하거든요. 허무한 건 아닙니다. 내 통장 속에 다, 그 물질과 재산과 보물과 내 고귀한 생명이 다 그 안에 들어 있기 때문에 달아나가는 걸 악착같이 잡으려고 할 필요도 없고 오는 거를 마다해 가지고 걸릴 필요도 없습니다. 단지 유이하게, 바람직하게, 기름이 있는 집에서 쪼금 덜어 주면 없는 집으로 옮겨 주는 것이 바로 길잡이의 일입니다.

여러분은 고귀한 생명과 삶을 헛되이 보내지 마십시오. 우리가 살아나가는 데에 마음을 착잡하게 또는 어둡게 두지 마십시오. 영원한 것입니다. 모습만 바꿀 뿐이지, 우리의 이 삶은 영원한 것입니다. 그러면서도 영원하기 때문에 영원히 남한테 얻으러 다니지 않고, 영원히 담 밑에 돌아가면서 눈물을 흘리고 남한테 짓밟히고 그렇게 하지 않으려면 올바로 진실하게, 남에게 주더라도 무주상 보시로 주어야, 내가 상(相)을 두지 않고 주어야 상을 두지 않은 그 물건이 바로 나한테 다 있는 것입니다. 그건 왜냐하면 그것도 한 통장에 있기 때문에.

어느 분이 이렇게 말하더군요. 여기서 설법을 한 서너 번 들었답니다. 근데 부모가 일찍 돌아가시고 맏이로서 동생 일곱을 다 키웠답니다. 밥장사를 하고 물장사를 해서 키웠답니다. 그랬는데 키워 놓은 동생들은 언니가 동생들을 공부시키느라고 그렇게 고생하면서 공부도 못하고 자기네들을 공부시킨 걸 모르고, 그 나오는 것이 핏방울인 줄 모르고 아무렇게나 자기들은 구경 다닐 것 다 다니고 없으면 손 벌린답니다. (녹음 안됨)

그래서 동생들은 부모만 그리웠지 자기처럼 고생하지 않으면서 잘 공부해서 맞이맞이 만나서 잘 사는데도 조금만 부족하면 와서 막 압박을 하고, 언니는 그렇게 벌어서 쓰면서 왜 주지 않느냐고 그런답니다. 그래서 '올바로 그 뜻을 알고 나간다면 줬을 텐데, 그럼 좋겠는데….' 하고 아주 괴로워했답니다. 그랬는데 내 설법을 듣고 그런 생각을 했답니다. '애, 쟤가 쓰는 것이 바로 부처가 쓰는 거고, 만약에 그것이 아니라면 저 애가 바로 나이기 때문에 내가 쓰는 거니까 그냥 내가 써 보자.' 하고서 자기도 없는 걸, 장사를 하기 때문에 빚을 져 가면서 사는데도 '에라, 이것도 시주다.' 하고선 집어 줬더랍니다. 주니까는 그렇게 마음이 편안하더랍니다. 그렇게 마음이 편안하다 보니까 그저 조그마한 거라도 또 뭐가 팔려서 그걸 메워 나갔답니다.

그랬다고 하면서 "너무도 고맙습니다. 내 마음을 이렇게 넓게, 부드럽게 사랑할 수 있고 둘로 보지 않게 해 주셔서 참 감사합니다. 이날까지 그 불쌍한 동생들을 키워 왔건만 오늘날에 보니까 내 동생이 언제 적의 내 동생도 아니고 내 동생 아닌 것도 아니고 모두가, 남들이 남이 아니라는 걸 알았습니다. 그리고 또 쓸 때 쓰는 것이지 그렇게도 내가 안 써야만 하겠다고 할 필요도 없고, 그 애 잘못된 거를 아니, 내가 타이른다고 되는 것도 아니건만 왜 그렇게 내 속을 썩여 가면서 쌈을 했는지 모르겠습니다. 인제 쌈 안 하렵니다." 그러면서 고마워하더군요. 그러니 여러분이 남에게 주어서 쓰는 것도 자기가 쓰는 겁니다.

그러나 공자, 노자가 말씀하셨듯이 "얻으러 온 사람도 주지 않을 사람은 주지 않아야 되느니라." 했습니다. 그건 나도 똑같이 말합니다. 왜 그러냐? 그 뜻을 모르고, 고마운 줄을 모르고 그렇게 함부로 하는 사람 앞에는, 남한테 기대기만 하는 사람, 이런 사람한테는 천만 냥을 보태 주어도 그건 온 데 간 데가 없고, 오히려 반성하는 기간이 늦어져만 갑니다. 그렇기 때문에 주지 않는 겁니다. 그러니 우리가 주지 않는 것도 덕이 되고 공덕이 되고, 주는 것도 공덕이 되고 이러는데, 모든 게 공덕이 된다 하는 것은…, 우리가 이 한 점의 마음, 여기 바로 중심에 부처가 있다는 걸 아셔야 됩니다. 일체 우리가, 만법의 만 부처가, 그리고 만 생활이 다 이 한 점의 마음에 들어 있기 때문에, 모든 게 나고 들고 하는 것이 이 한 점에 있기 때문에 모든 것을 그렇게 살펴서, 오관을 살펴서 오관으로써 모든 걸 해 나가는데 정밀하게 해 나갈 수 있는 건 내 한 점의 마음을 알아야 그렇게 정밀하게 해 나갈 수 있는 것입니다. 깨닫지 못했다 할지라도 올바로 진실을 안다면 그게 바로 깨달음의 길입니다.

우리가 진실치 못하고 거짓으로만 나가고 또 나의 어떠한 이름만 가지고서 위대한 어떤 직위만 탐을 낸다면 그것은 바로 나 자체를 모르고 이름만 나려고 하는 것입니다. 그러한 가상(假想)스러운 인생살이는 하지 않아야 될 것입니다. 나부터 진실하고 나부터 알아야 모든 살림살이가 아마 적당하고 소소영영하게 나갈 수 있으리라고 믿습니다.

내가 그걸 샅샅이 얘기 안 해도 여러분이 다 아시리라고 믿고, 천 년이라 하면 천 년을 견뎌 나올 때 어떻게 아픔을 견뎠겠습니까. 또 산에서 천 년을 견뎠다 하면 천 년을 어떻게 견뎠겠습니까. 여러분은 사람으로서 그렇게 견뎌 나왔으면서, 사람의 이 껍데기를 쓰고 사람이 돼 가지고도 어렵다고 하면서 자기 뒷생각은 한 번도 안 해 봤지 않습니까. 내가 나기 이전을 알아야 내가 전에 살던 걸 알지 않겠습니까.

우리가 고려 시대에도 있었고 고구려 시대에도 있었어요. 몽고가 쳐들어올 때에도 우리는 있었고, 여러분과 같이 이 자리에, 아마 여러분 중에 몇 분도 그 시기에 같이 있었다는 것을 난 짐작하고 있습니다. 그러나 우리가 그 시절에 얼마나 고생을 했었던가. 또는 그 시절 아니라 할지라도 얼마나 우리는 사람 되기까지, 또는 이런 공부를 할 수 있는 이 자리에 인연이 닿을 때까지…, 이렇게 인연이 닿은 것은 바로 그런 인연이 있기 때문에 이렇게 닿는 것입니다. 이것은 우연히가 아닙니다. 절대 우연이라는 건 없습니다.

오늘은 이걸로써 마칩시다.

질문자 (녹음 안됨)

큰스님 예를 들어서 우리가 살아온 길을 생각한다면 여러분은 요기서 요기만 옮겨 놔도 몰라. 그래서 이 공부를 꼭 해야 한다는 거야. 그래서 어느 때 말이야, 그렇게 지극한 마음으로써 뼈를 부숴서 바친대도 아깝지 않게 다 내놨지 않느냐 할 때 얼마나 울었던가!

옛날의 그 시절과 지금도 역시 마찬가지야. 여러분은 내가 여러분이 이렇게 가져오고 그러니까 흔하게 쓰고 많이 먹고 그러는 줄 알지만 천만의 말씀이야. 나는 지금도 이렇게 지내는 데에 조그만 뭘 하나를 먹든지 좋은 거, 맛있는 거 그런 거 난 재미없어. 조금 먹어도 살 수는 있잖아. 난 본래 그렇게 살아왔기 때문에 또 그런 거 먹어 보지도 않았기 때문에 생각조차 없어. 그러나 그런 거 먹어 보고 잘살아 본 사람들은 그렇게 해도 좋다 이거야. 발랄하게 살아라 이거야. 사는 동시에 진실해라.

그리고 또 남에게도 줄 줄 알아라. 주더라도 내가 요다음에 받겠다고 그러고 주지 마라. 내가 했단 생각 하지 마라 그거야. 그리고 믿음을 자기한테 둬라. 지금 현실에도 봐라. 내 돈 떨어지면 누구 하나나 도와줄 사람 없어. 그와 같이 내 마음 믿지 않고 딴 사람에게 기대고 딴 이름을 찾고 허공을 찾고 형상을 찾고 돌아다니다 보면 나한테 이익은 하나도 없어. 오직 못났든 잘났든 자기밖엔 없어. 물론 처음에는 외로운 것 같지만 나중엔 외롭지 않고 전부 나 아님이 없어. 모두가 벗이 되고 나무 밑으로 갈 때는 새들, 나뭇잎들이 다 벗이 돼. 그러니 얼마나 좋겠어.

그리고 지금 이 학생도 어떻게 살아나가야 하느냐고 하는데 "천지만물 중에 사람 밖에 또 있는가?" 이런 말도 있지. 그러나 이렇게 사람이 돼서도 제대로 사람 노릇을 못하고 사람이 어떻게 살아나가야 한다는 그것조차도 모른다면 어떡한단 말이야? 벌써 사람의 꺼풀을 썼다 하면 좋고 나쁜 것도 알고 인간이 살아나가는 데 진실도 알고 그저 닥치는 대로, 예를 들어서 내 분수에 맞게 진실하게만 살아나간다면 끝이 있는 거야. 잘 먹고 잘살려고 하지 마라. 그렇게 하지 않아도 내가 진실하고 내가 진실하게 행하면 스스로서 먹을 거는 와. 거짓이 아냐. 그대로 살아가 봐. 거짓말하는가. 나 거짓말 안 해.

내가 만약에 거짓이라면 나를 천 갈래 만 갈래 내서 벌레를 만들어 놔도 좋아. 그렇게 할 수만 있다면 해라 이거야. 그렇게 살아도 나는 각오가 돼 있어, 애당초부터. 얼마나 많이 짓이겨서 나왔는데 허, 그쯤이야 면역성이 생겨서 말이야. 나, 헤아릴 수 없이 여러분과 같이 그렇게 나온 사람이야. 그럼 그대도 역시 마찬가질 거야. 몰라서 그렇지.

나는 욕심이 많아. 그래서 한 부분만 가지고 난 나가고 싶지 않았어. 내가 한 부분만 가지고 나가려고 했다면, 전자에 원주에 있을 때 육영수 여사가 그런 말을 했어. 당신께서 그렇게…, 문둥병 환자가 거기 많았거든. 그런 분들을 위해서 한다면 땅 6만 평을 내주겠다고 그랬어. 집을 지어 주겠다고 그랬어. "잘못 보셨습니다. 난 아무것도 모릅니다. 나는 땅을 바라고, 또는 이름이 위대하게 나기 위해서 이렇게 다니는 사람이 아닙니다. 전 거지도 아주 하치의 거지입니다. 모릅니다. 저는 인간으로서 참답게 살기 위해서 이렇게 걷고 있는 것뿐입니다. 닥치면 닥치는 대로 마다하지는 않겠습니다. 그 대신에 가는 것 잡지도 않겠습니다." 이렇게 말한 예가 있어. 한 부분을, 내가 어떠한 목적을 달성하고 이름이 나려고 그러고 이렇게 살았다면, 그 진실을 모르고 말이야, 자기 분수도 모르고 이러고 살았다면 내가 이름깨나 났겠지.

그런 거 다 필요 없어. 물거품 같은 거야. 진실이라는 건 그런 걸 넘어선 거야. 그러면 바로 올 것이 와. 돌에 세워 놔도 살아. 그래서,

저 산 넘어
이 산 넘어
돌바구 밑에 앉았던 새가

이것은 쓸데없는 말 같지만, 말을 하다가 중동무이할 수도 없네.

가다 가다가
날으다 날으다 보니
고요한 달밤 아래 강은 많은데
달빛은 비춰서 수많은 강에 도장을 찍더라

이것은 무엇일까 했더니
바로 내 마음의 한 티의 한 불빛일세
이 한 불빛을
내 한마음 속에 거둬 쥐고 또 날으니

그 날으는 힘은 바로 없어도
날으는 힘은 항상 끝이 없어라

(녹음 안됨) … 그리고 모든 것에 걸리지 말고요. 모두 걸리지 마세요. 모두 한마음에 모든 것을 맡겨 놓고 사신다면 그것이 전자의 업도 없어지고 녹아 버리면서, 우리는 스스로 차원이 높아지면서 스스로 진실을 찾게 되고 스스로 중심을 잃지 않게 되고 아무 데 가나 참선이 됨으로써 자유인으로서, 예전에 그렇게 아프게 해서 인간의 한 껍질을 쓰고 나왔거늘 오늘날에 인간의 껍질이 바로 무엇이던가를 또 알 수 있게끔 되는 겁니다. 인간의 껍질이 저런 나무 이파리와 다름없는 겁니다.

그러니 우리는 항상 봄이 오기를, 그거를 기대를 하는 게 아닙니다. 여러분 한 분만, 한 사람만 그렇게 된다 하더라도 우주의 만물이 다 양식을 얻는 거나 마찬가집니다. 여러분 한 분이 깨달았는데 만물이, 이 산 저 산의 푸른 산이 전부 만물이라면 전부 양식을 얻는 거나 같습니다. 깨달음이 없는 동네는, 세계는 우환, 가난 이런 것만 오고 파괴만 와요. 싸움만 오고. 그러니까 우리가 하루속히 공부를 해서 극락세계, 즉 말하자면 사람 살기 좋은 나라를 만들어서 잘 살 수 있다면 좋은 겁니다.

오늘은 말이 길어진 것 같습니다.

왜 자기를 믿지 못하나

1986년 5월 2일

제가 가만히 볼 때는 전자부터 쭈욱 내려오면서 한 걸음 한 걸음 디뎌 나올 때, 그때에 한 걸음 디딜 때의 생각과 한 걸음이 없어지고 또 한 걸음 걸을 때의 생각과, 또 그게 없어지고 또 한 걸음 걸을 때의 생각과 그 지혜와 또는 체험이 낱낱이 다릅니다. 나는 이렇게 이 모습을 가지고 나와서, 얼마 안 됩니다마는 여러분하고 접촉하기 이전이 참, 또 많은 세월이 걸렸다고 보고 여러분과 같이 접촉한 것이 한 30여 년 가까이 된다고 봅니다. 그런데 한 발 한 발 디디면서 가는 그 길이, 체험도 다르고 내가 한 발 떼어 놓은 것도 다르고 생각도 다르고 본 것도 다르고 모든 게 다른 겁니다. 똑같지가 않아요. 그러니 똑같이 말할 수도 없고….

그런데 그렇게 쉽고 그런 거를 왜 그렇게 못 믿을까? 이게 의문입니다, 지금. 그렇게도 쉽고 그렇게도 빠르고 그런 게 자기한테 주어져 있는데 어째 그렇게 모두 믿지 못하고 애를 쓰고 즐겁지 못하게 살고 울고불고 야단들인가 하는 생각에서 말입니다. 물론 날더러 말한다면 "당신은 그렇게 해 왔으니까 알겠지만 우린 모르지 않느냐?" 이렇게 말하겠죠?

그런데 사람의 마음, 자기라는 그 자체를 참 믿고 말입니다, 그 무조건적인 믿음과 물러서지 않는 그 마음을 가져야 하는데…. 왜 못 믿는가? 진짜 왜 못 믿나? 그 생명이 그 생명이고 바로 그 몸이 그 몸이고, 그 행이 그 행이고, 그 사람이 만법을 행하고 있는데 자기를 자기가 못 믿어! 이건 도무지…. 어떤 때는 나로서는요, 전 어려서 그렇게밖에 살아오지 않았기 때문에 그런지 몰라도 '참 이상하구나.' 내가 살아온 걸로 봐서 나는 남을 의지한 게 없고 못난 자기만을 의지를 했는데, 왜 자기를 못 믿고 의지 못하나? 자길 의지했기 때문에 자기를 발견했고, 자길 발견했기 때문에 수많은 그 행과 법칙과 그 모든 게 나한테 주어져 있다는 걸 알고, 과거에 내가 어디서부터 거쳐 왔다는 것도 알게 되고 그렇게 되는데 어째 자기를 모를까? 왜 자기를 믿지 않을까? 그냥 깨닫고 안 깨닫고 그건 떠나서라도 왜 자길 못 믿을까 이겁니다.

문제는 그런 데에 있습니다. 이거는 '깨닫는다 안 깨닫는다, 못 깨달아서 못한다, 깨달아야만 한다' 이런 걸 떠나서 자기를 못 믿는 겁니다. 그걸 떠나서라도 믿는다면…. 지금 여기 수많은 사람들이 거쳐 갔습니다마는 난 어떤 때는 그런 생각도 합니다. 없는 사람이 어떤 때는 자기의 손가락에 끼워 보지도 못했던 반지 하나를 빼 놓을 때도 있습니다. 물론 너무나 소중한 그거라도 빼 놓을 수 있는 그 정성은 지극하지만 그거 하나 빼 놓을 수 있는 정성보다도 나는 '자기를 좀 믿어 줬으면' 하는 겁니다. 그것도 못 믿기 때문에 빼 놓는다는 겁니다. 내가 참 답답한 게 많습니다. 때에 따라서 이렇게도 얘기해 본 적이 있습니다, 예전에. 깨닫고 안 깨닫고, 그것이 본래 깨닫는다는 언어도 붙지 않고 깨닫지 못한다는 언어도 붙지 않는 것이다. 본래 우리가 가지고 있는 것이다. 주어져 있고 우리가 행할 수 있는 그런 광대무변한 이치를 우리는 그대로 가지고 수여받고 있다는 얘깁니다.

그런데 예를 들어서 전체 한, 뚱그런 맷방석 같은 게 하나 있다면, 애들이 화가 나면 나가서 스트레스를 제거하기 위해서 마치를 가지고 탁 때리면 쑤욱 올라오고, 또 탁 때리면 쑤욱 올라오고 이러는 것이 있습디다. 그런 걸 비유했습니다. 그런 것이 이렇게 맷방석에 쭉 있다면, 쑥 올라오고 쑥 내려가고 하는 이것이 어느 혹성이라고 해도 좋고, 혹성도 될 수 있고 세계도 될 수 있고, 어느 국가도 될 수 있고 또 사회도 될 수 있다. 사회에서 살아나가는 개별적인 어떤 한 집도 될 수 있다 이겁니다.

그런데 때에 따라서 이것이 불덩어리일 때는 불마치로 때려야 돼. 만약에 불덩어리를 불로 때리지 않는다면, 또 무슨 막대기로나 이런 걸로 때린다면 그게 되지를 않죠. 그렇기 때문에 여러 가지로 때리면 들어가고 또 어떤 것이 쑥 불그러져 나오면 또 때린다. 이것이 여기서 나오고 저기서 나오고, 여기서 나오고 저기서 나오고, 여기 때리면 저기 나오고, 저기 때리면 여기 나오고 하는 것이 우리 세계적으로 살아나가는, 조그맣게 친다면 세계적이고, 아주 더 작게 친다면 국가적이고, 더 크게 친다면 우주와 더불어 같이 돌아가는 거다. 그럴 때에 그렇게 여기서 나오고 저기서 나오고 저기서 나오고 그럴 때는 혼돈이 오는 거다 이거야, 이게. 혼돈이 발생할 때에 우리는 조그맣게 치면 한 가정이지만, 또 아주 작게 치면 내 몸의 혹성이지마는 크게 치면 우주적으로도 대비할 수가 있는 거다. 그럴 때에 내가 이런 말을 한다면 건방지게 되고 허, 안 하자니 여러분한테 이익이 돌아가지 않고 참, 이걸 어떡하면 좋겠습니까? 어떻게 말을 표현을 해야만이 여러분한테 이익이 가겠습니까?

사람은 이런 게 있습니다. 옛날에도 그랬지만, 엊그저께 일이었습니다. 이런 걸 내가 건방지다고 생각하지 마십시오. 여러분이 진짜로 믿고 진짜로 꼬리를 붙이지 않고 무조건 그렇게 믿는 반면에 '이게 그럴까, 안 그럴까?' 하는 것도 아주 없고 그냥 절대적으로 그냥, 무심으로 믿어지는 그 마음이라야만이 될 수 있는 것입니다, 모든 게. 이유가 거기 붙지 않습니다. 무슨 이유가 붙습니까.

우리가 아까도 그랬습니다. "얘! 일요일이 언제냐?" 그러니까 "내일 모레예요." "참 빠르기도 하구나." 그러니까 "눈동자가 이리로 돌아갔다 저리로 돌아갔다 쉴 사이 없이 돌아갑니다." 그래요. "그래, 세상은 그렇게 돌아가는 거로구나. 한 번 눈동자가 돌아갈 때 우주가 돌아가듯 이렇게 빠르구나." 이래 버리고 말았습니다마는, 그것이 그만큼 빠르게 돌아가는 반면에 이렇게 불쑥불쑥 튀어나오는 것도 빠르게 튀어나오게끔 돼 있어요. 그런데 나와 가지고서 벌어져야 알지, 나오는 것도 모르고 그렇기 때문에, 믿지 못하기 때문에 그것이 어떻게 돌아가는지 모르거든요.

엊그저께 테레비에서 리비아를 미국에서 쳤다고 했습니다. 그러니까 리비아에서 소련으로 우리가 보복 단계를 가져야겠다는 그런 전문을 띄웠다고 합니다. 누구와 같이 앉아 있는데 그런 소리를 띄웠다고 테레비에 나왔습니다. 그런데 그 사람이 "아이, 이거 그러면 미국에는 곤란한 점이 생기겠네." 이렇게 말을 했습니다.

그래서 나는 그 당시에, 요 얘기가 거기 포함되는 얘깁니다. 예를 들어서 이 마치도 사람을 때릴 때는 몽둥이가 되고, 또 그런 걸 때리는 데는 불망치가 되고, 또 쇠를 칠 때는 쇠망치가 되고, 또 전자력을 칠 때는 전자 망치가 돼야 된다는 말입니다. 이거는 전부 이런 문제입니다. 이 망치도 하나가 아니야. 찰나찰나 이거는 환경에 따라서 쓰여지는 게 다 달라. 찰나찰나 화해서 옮겨 가면서 씀씀이를 쓰고 있는 우리 생활에서도 그것은 알 수가 있는 겁니다, 여러분이. 여기에서 이렇게 닥치는 건 이렇게 막고, 여기에서 이렇게 닥치는 거는 이렇게 막고 이렇게 살지 않습니까? 고정되지 않고 말입니다.

그래서 나는 "그럭하면 안 되지. 그럭하면 곤란해지고 회담도 곤란해지고 오손도손 조화를 이루기도 어렵고, 불쑥 튀어나오는 거는 그저 쳐서 너무 나오지 못하게끔 해야 이게 평등해질 테지. 그저 나오면 좀 때려서 들여보내야 될 거야. 그래야 혼돈이 오지 않겠지." 이런 말을 했습니다. 나는 그냥 이렇게 말을 했습니다. 그런 데서 여러분은 어떻게 생각할까요. 여러분과 나와 똑같이 그런 말을 그대로 했어도 내가 그대로 그냥 말한 거하고 여러분 말한 거하고 다른 것은 단지 그것뿐입니다. 나는 이것을 한다 안 한다를 떠나서, 예를 들어서 '이럭하면 안 되지.' 하는 생각이 남으로써, 그 말이 나옴으로써 이게 법이 되는 것입니다.

또 엊그저께 얘깁니다. 비가 왔습니다. "스님, 아이고, 그냥 가시면 안 됩니다. 비 맞으면 안 됩니다. 우산을 쓰고 나가셔야 됩니다." 이런단 말입니다. 그래서 내 말이 딱 그랬습니다. 이거는 여러분한테 내가 자랑하는 게 아니라 여러분한테 체험을 드리기 위해서 얘깁니다. 모든 걸 믿고, 생활하는 데 하나하나를 점검하면서 체험하면서 돌아가십시오. 그렇게 되면 자기한테 모든 일체 만법이 주어져 있다는 거를 스스로 알게 됩니다. 그것을 느껴 보지 않고 생각도 안 해 보고 지켜보지도 않았다면 그냥 무의미하게 넘어가 버리고 말지요.

그래서 거기에서 내 말이 그랬습니다. "이거 봐. 모든 것이 환경에 따라서 이 공기와 바람 또는 무중력의 전자력을 이렇게 중단시키면 이리로 그것이 오질 않아. 우리가 이 허공에도 모든 것이 우리의 마음에 의해서 울타리가 쳐질 수도 있고 울타리가 안 쳐질 수도 있어. 그러니까 비 맞아도 좋아. 그 비를 맞으면 외려 생기가 날 텐데." 거꾸로 이런 말을 했습니다. '아무리 검증을 해 보라지, 나오는 게 있나.' 하고선, 우리의 그 빛보다도 더 빠른 인간의 참마음이, 그 참마음 한 점이 우주의 일체 만법을 우리 삶과 더불어 같이 조화를 이루면서 자유자재할 수 있다는 그 점을 여러분은 그렇게 아시라는 얘깁니다.

그러니 얼마나 자유스럽고 걱정이 없을 겁니까. 죽을까 봐 걱정할 겁니까. 더 잘살자고 걱정할 것도 없습니다. 왜? 전부 내 거 아닌 게 없으니까 말입니다. 왜 싸 짊어지고 다닙니까? 놔두어도 내 건데. 산에 꽃이 만발을 해서 피었어도, 여러분은 혹시나 산에 올라가서 예쁜 꽃이 있으면 꺾어서 갖다 병에다 꽂으려고 하겠지만 난 그렇지 않습니다. 거기다가 두고 가도 그것이 바로 내 꽃이기 때문에, 나이기 때문에 그대로 그렇게 놓고 가는 것이죠. 일부러 꺾어서 들고 다닐 필요도 없고, 또 벌어서 짊어지고 다닐 필요도 없고, 모두 내 거 아님이 없고 나 아님이 없고 내 자리 아님이 없는데 뭐 때문에 그렇게 짊어지고 다닙니까.

그래서 옛날에도 그런 점이 있다고 얘기 들었습니다. 중이 걸망 하나만 지고 가는데 도둑이 "내놔라!" 하니까 "뭘 내놓느냐?" 하니까, "물건 있걸랑 내놔라." "난 내놓을 게 없다." 그러니까 "안 내놓으면 생명이 무섭지 않으냐?" "흥, 너희들한테 내놓을 생명은 없다. 너희들한테 내놓을 생명이 있다면 내가 여직껏 살질 않았다. 그러니까 아예 그런 생각 하지 마라." 하니까 도둑놈들이 가만히 생각을 하다 "그러면 철판을 깔았느냐, 안 죽게?" 그러니까 "철판은 안 깔았어도 스스로 봄이 오면 꽃이 피어서 너희가 스스로 꽃 핀 거를 알 게다. 그런데 지금 내 몸을 잘라 봐도 거긴 진미스러운 꽃도 나오지 않을 거고 또 진가 나가는 보물도 나오지 않아. 그러니 봄 올 때를 기다리면서 잘 생각해 봐라." 하니까 그 말에 고만 감복을 해서 자기가 그 스님의 제자가 되고 "우리가 이날까지 도둑질하고 나를 모르고 항상 물건들만 알고 물건들만 집으러 다녔는데, 그런 것을 다 버리고서 이 생명을, 행을 또는 내 모든 만법의 그 진리를 알아서 하나하나 우리가 딛고 나가는 이 삶의 보람을, 그 참나라는 거를 알게끔 함으로써 참나를 인제 보게 해 줬으니 참 고맙습니다. 참나를 알기 위해서 인제 스님의 제자가 되겠습니다." 하고 따른 사람도 있었답니다.

그런 거와 마찬가지로 여러분이 살면서 헛되게 아무렇게나 생명을 버린 사람은 누구든지 "아이고, 똑같은 놈들. 외려 그거 잘 죽었지, 뭐." 이렇게 하고요, 또 어떤 사람이 어린애가 차에 들어갔는데 그 애를 끄집어내다가 죽었다면 "아이고, 그 사람 그것 참…." 그럽니다. 그런 조그마한 일에도 생명을 아주 슬기롭게 썼다 이겁니다. 또 나라가 망할 때에 나라를 위해서 쓰다가 생명이 갔다면 위대하다고 합니다. 그러면 여러분이 소중한 이 생명을 어떻게 씀씀이를 쓰면서 옮겨야 됩니까. 그 생명은 영원한 것이며 모습은 잠시잠시 뜬구름처럼 바꿔 옮겨 갑니다. 그런데 이 모습으로 나와서 이 모습으로 헛되게 살다가 그냥 가시렵니까?

어떤 사람은 날더러 이렇게 말합니다. 스님이 돼 가지고 경에 있는 얘기를 안 해 주시고, 부처님 얘기를 안 해 주시고 만날 그런 얘기만 한다고 그럽니다. 아니, 경 얘기가 세상 얘기고 세상 얘기가 경 얘기지, 경 얘기가 따로 있고 세상 얘기가 따로 있느냔 얘깁니다. 그럼 사람 빼놓고 부처가 어디 있느냐. 그런데 중생이 있어야 부처가 있고, 부처가 있어야 중생이 있다 이런 말들을 하는데 그 의미를 아십니까? 엊그저께 내가 얘기를 해 드렸는데, 그 의미를 어떻게 생각하십니까? 중생이 있어야 부처가 있다는 말을 말입니다, 네?

대중 가운데서 (청취 불능)

큰스님 그것도 희미합니다, 그것도 이치는 됩니다만. 냉정하게 판단한다면 우리는 중생이 한데 모여서 내 몸속에 꽉 차 있습니다. 그랬기 때문에 바로 사람이라는 두 글자가 생긴 겁니다.

그렇기 때문에 자기 몸뚱이 속의 그 생명들이 소임을 맡아 주지 않는다면 인간이라는 게 어떻게 존재합니까? 인간은 바로 자기 속에 있는, 소임을 맡아 가지고 일해 주는 그 중생을 제도하기 위해서 아래로는 이끌어 가는 길잡이가 돼야 합니다. 선장이 배에 사람을 태워 가지고 잘 가게 하듯이 이 마음 씀씀이, 행 하나하나를 말입니다, 지금 이 인간의 마음 하나하나 씀씀이는 선장과 같은 겁니다. 선장과 같고 나침반과 같은 겁니다. 나침반을 놓고서 선장이 지금 배를 끌고 가는데 그 배 안에는 지금 뭇 중생이 있습니다. 그러면 여러분 몸뚱이 하나하나가 지금 배이고 마음은 선장이며 자기 그 배 안에 지금 중생들이, 수많은 중생들이 우글거리고 있습니다. 요렇게 냉정하게 한번 판단을 해 보신다면 이걸 봐도 지구를 상상할 수 있고, 지구가 배라는 것도, 지구를 끌고 다니는 태양도 알 수 있고 태양계를 능가할 수 있는 은하계도 알 수 있고 소천세계와 중천세계와 대천세계를 알 수 있다 이겁니다.

그러니 우리가 지금 왜 부처님 경의 말씀…. 그때 시절에는 물동이를 이고 다니고 통에다가 물을 들고 다니고 이런 시절에, 또는 무명옷을 입고 또 그때 인도에서는 발에 뭐를 신지 않고, 옷을 만들어서 입은 게 아니라, 즉 말하자면 가사를 두르고 다녔단 말입니다. 칠조는 우리가 두루마기 삼아 이렇게 입었던 거고, 구조는 아마 도포나 마찬가지로 입었겠죠. 그런데 그것이 유래가 돼서 우린 "가사" 이렇게 하고 그 다음부터는 장삼도 입기 시작했죠? 이렇게 해서 우리가 가사 장삼을 수했다는 그런 이치가 생겨났죠. 그것이 말하자면 옷입니다.

옷인데 그 옷을 어떻게 만들었는가 하는 문제입니다. 하나하나를 들어갔던 자리로 다시 나오게끔, 콩 하나가, 굵은 콩 하나가 들어갔다가 다시 나오게끔 한 것이 바로 가사입니다. 오조 가사나 칠조나 구조나 다 마찬가집니다, 만의 가사나. 그러니 그렇게 들어갔던 자리로 다시 나오게 한 거는, 그렇게 구조나 칠조를 그렇게 할 수 있다고 하지마는 만의 가사라는 거는 언제나 조금도 걸림 없이 돌아가는 뜻을 말한 겁니다.

어떻게 얘길 하다 보니깐 당치도 않은 말을, 내가 하려고 생각지도 않은 말이 지금 이렇게 얘기가 됐네요. 그런데 우리가 살림살이하는 것도 그렇게 진짜로 정말 믿는다면…. 여러분이 이 세상에 살아나오면서 살던 그 습 때문에 모두가 못 믿어요. 이론이 많고, 상상이 많고, 사념이 많고 뭐, 이렇게 정성을 들여서 뭐 어쩌고저쩌고…. 도대체 그러한 마음 가지고는 망치를 들기커녕 그거 하나 때리지도 못해. 때린다는 게 때린다는 게 아니라 혼돈이 오면 그것을 나즈란히, 높아가면 이거를 한번 쳐서 똑같이 만들 수 있는 그런 역할을 하는 우리 자유인이라는 얘깁니다. 잘한다 못한다 이런 것을 얘기 안 들으면 어떻습니까. 모두 우리가 그렇게 지속적이고 평화스러운 생활을 할 수 있다면…. 그런 거뿐이겠지요.

그럼 오늘은 이걸로써 끝은 마치겠습니다마는 질문할 분 있으면 질문하십시오.

찾아보기

ㅇ

ㅈ

ㅊ

대행 스님 법어집

허공을 걷는 길

일반법회 2

엮은이 / (재) 한마음선원 출판부
펴낸이 / (재) 한마음선원
펴낸데 / (재) 한마음선원

1판 1쇄 2018년 9월 20일

출판등록 2000.12.15. 제 2000-16호
13908 경기도 안양시 만안구 경수대로 1282
전화 (031)470-3100 팩스 (031)470-3116
http://www.hanmaum.org

값 30,000원
ISBN 978-89-91532-21-2
ISBN 978-89-950859-0-5 (셋트)

* 이 도서의 국립중앙도서관 출판예정도서목록(CIP)은
서지정보유통지원시스템 홈페이지(http://seoji.nl.go.kr)와
국가자료종합목록시스템(http://www.nl.go.kr/kolisnet)에서
이용하실 수 있습니다.(CIP제어번호 : CIP2018028254)